Joy Fielding lebt mit ihrer Familie teils in Toronto und teils in Palm Beach, Florida. Schon während ihrer High-School- und College-Zeit hatte sie den Vorsatz, Schriftstellerin zu werden, wurde jedoch zunächst durch eine Karriere beim Theater und Fernsehen davon abgelenkt. Ehrgeiz trieb sie nach Hollywood, Frustration zurück nach Toronto, wo sie sich wieder aufs Schreiben besann. Mit Erfolg veröffentlichte sie bisher sechs Romane.

Von Joy Fielding sind außerdem erschienen:

Ich will Ihren Mann (Band 1667)
Verworrene Verhältnisse (Band 3100)
Ein mörderischer Sommer (Band 60387)
Lebenslang ist nicht genug (Band 60388)
Sag Mammi Goodbye (Band 60386)
Ein mörderischer Sommer/Verworrene Verhältnisse (Band 60459)

Dieses Buch wurde auf chlor- und säurefreiem Papier gedruckt.

Vollständige Sonderausgabe Juni 1995
© 1995 Droemersche Verlagsanstalt Th. Knaur Nachf., München
Umschlaggestaltung Agentur ZERO, München
Umschlagfoto Bildarchiv Peter W. Engelmeier
Druck und Bindung Ebner Ulm
Printed in Germany
ISBN 3-426-60458-2

2 4 5 3 1

Joy Fielding

Sag Mammi Goodbye
Lebenslang ist nicht genug

Zwei Romane in einem Band

Sag Mammi Goodbye

Aus dem Amerikanischen
von Günter Panske

Die Vergangenheit

1

»Könnten Sie das ein wenig konkretisieren, wenn Sie von ›sonderbarem Verhalten‹ sprechen?«

»Konkretisieren?«

Der Anwalt ließ ein Lächeln wohlgeübter Geduld sehen, und seine Stimme war voller Verständnis, als er fortfuhr: »Ja. Könnten Sie uns vielleicht Beispiele nennen für das, was Sie uns beschrieben haben als sonderbares Verhalten Ihrer Frau im Laufe der letzten Jahre?«

»O ja. Gewiß.« Der Mann nickte.

Wie erstarrt saß Donna Cressy auf ihrem Stuhl, und voll Anspannung beobachtete sie den Mann im Zeugenstand – ihn, der sechs Jahre lang ihr Ehemann gewesen war: Victor Cressy, achtunddreißig, fünf Jahre älter als sie. Unbeirrt fuhr er fort, ihr Selbstbewußtsein zu zerstören, Stück für Stück, Atom für Atom (wie Aschestäubchen aus dem Ofen eines Krematoriums). Alles wurde seziert: jedes Wort, das sie in ihrer Ehe jemals geäußert hatte, selbst der Tonfall, die kleinste Nuance. Es schien nichts zu geben als eine Interpretation oder, anders ausgedrückt, den Blick durch *seine* Brille. Sie fühlte sich versucht zu lächeln. Warum auch hätte es bei der Scheidung anders sein sollen als während ihrer Ehe.

Sie betrachtete sein Gesicht und wünschte, sie könnte so sein wie eine der Frauen, von denen sie so oft gelesen hatte: die beim Blick auf den einstigen Ehemann oder Geliebten nicht mehr verstehen konnten, was sie in *dem* denn je gesehen haben mochten. Was sie selbst betraf, so sah sie noch immer alles genau wie damals – das attraktive, freundlich wirkende Gesicht mit den nachdenklichen blauen Augen, dem fast schwarzen Haar, dem vollen Mund. Bei aller Sensibilität besaß es auch etwas Herrisches, und die Stimme war die Stimme eines Mannes, der sich Respekt zu verschaffen verstand, aber auch Respekt zollte.

»Sie hörte auf, Auto zu fahren«, sagte Victor wie verwundert. Offenbar war dies etwas, das über sein Begriffsvermögen ging. »Hörte auf – ja, wieso denn?« hakte der Anwalt nach. »Hatte sie einen Unfall gehabt?«

Es war wirklich ein ausgezeichneter Anwalt, mußte Donna zugeben. Hatte Victor nicht sogar gesagt, er sei der beste in ganz Florida? Verwundern konnte das kaum. Für Victor war das Beste immer gerade gut genug. Anfangs hatte sie das an ihm bewundert, später mehr und mehr verabscheut. Schien es nicht unfaßbar, daß man das, was man einmal geliebt hatte, am Ende verachten konnte?

Komisch eigentlich. Komisch, daß der routinierte Anwalt und sein Mandant die einstudierte Szene so »brachten«, daß alles ganz spontan wirkte. Von ihrem eigenen Anwalt wußte sie: Ein guter »Mann vom Fach« stellt niemals eine Frage, deren Beantwortung er nicht im voraus kennt. Auch ihr Anwalt genoß einen ausgezeichneten Ruf als Jurist – konnte jedoch mit Victors Anwalt nicht ganz mithalten.

»Nein. In all den Jahren, die ich sie kannte, hatte sie niemals einen Unfall«, erwiderte Victor. »Mit sechzehn lernte sie fahren, und soweit ich weiß, geht nicht einmal eine Delle im Kotflügel auf ihr Konto.«

»Wie war das nach der Heirat? Ist sie damals viel gefahren?«

»Aber ja, dauernd. Zu unserem zweiten Hochzeitstag kaufte ich ihr ein Auto, einen kleinen Toyota. Sie war überglücklich.«

»Und eines Tages hörte sie plötzlich mit dem Fahren auf?«

»Ganz recht. Urplötzlich weigerte sie sich. Wollte sich nicht mehr ans Lenkrad setzen.«

»Gab sie irgendeine Erklärung dafür?«

»Sie sagte, sie wolle nicht mehr fahren.«

Ed Gerber, Victors Anwalt, hob die Augenbrauen, runzelte die Stirn und spitzte die Lippen. Ein Meister der Mimik, dachte Donna. »Wann genau war das?«

»Vor ungefähr zwei Jahren. Nein. Ist vielleicht schon ein wenig länger her. Muß so um die Zeit gewesen sein, als sie mit Sharon schwanger war. Sharon ist jetzt sechzehn Monate alt. Ja, doch, vor ungefähr zwei Jahren.« Seine Stimme klang tief und nachdenklich.

»Hat sie seither wieder ein Auto gefahren?«

»Nicht daß ich wüßte.«

»Und eine mögliche Ursache für dieses Verhalten ist Ihnen nicht bekannt?«

»Ganz recht. Allerdings . . .«, er hielt inne, schien nicht recht zu wissen, ob er fortfahren sollte, »einmal habe ich beobachtet, wie sie sich ans Lenkrad setzte. Das war etwa vor einem Jahr, und sie dachte, ich schliefe noch . . .«

». . . schliefen noch? Welche Uhrzeit war es denn?«

»Kurz nach drei Uhr morgens.«

»Was suchte sie dort draußen, um drei Uhr morgens?«

»Einspruch.« Er kam von ihrem Anwalt. Mr. Stamler. Mr. Stamler und Mr. Gerber glichen einander fast wie ein Ei dem anderen. Gleiche Größe, gleicher Körperbau, etwa das gleiche Alter. Ja, sie schienen austauschbar. Allerdings: Victor hatte ihr gesagt, sein Mr. Gerber sei der bessere.

»Ich ziehe die Frage zurück. Wie war Ihre Frau zu diesem Zeitpunkt gekleidet?«

»Sie trug ein Nachthemd.«

»Und wo befanden sich die Kinder?«

»Im Haus. Sie schliefen.«

»Würden Sie bitte genau schildern, was Sie an jenem Morgen beobachteten?«

Victor schien perplex. Und Donna sah deutlich, daß seine Verwirrung nicht gespielt war. Vergib ihnen, Vater, dachte sie unwillkürlich, denn sie wissen nicht, was sie tun. Victor hatte geschworen, die Wahrheit zu sagen. Und er sagte sie – so wie er sie sah. So wie er sie wußte. Seine Wahrheit, nicht ihre. Ihre Chance würde später kommen. Ihre letzte Chance.

»Ich hörte die Haustür zuklappen und blickte durch das Fenster zum Parkplatz. Donna schloß das Auto auf und stieg ein. Ich war überrascht. Offenbar wollte sie nun doch wieder selbst fahren – und dazu noch um drei Uhr nachts. Wo mochte sie um diese Zeit nur hinwollen? Das war lange, ehe ich das mit Dr. Segal erfuhr, natürlich.«

»Einspruch. Nichts weist darauf hin, daß Mrs. Cressy an diesem Morgen die Absicht hatte, sich mit Dr. Segal zu treffen.«

»Stattgegeben.« Der Richter. Gleiche Größe und so ziemlich gleicher Körperbau wie Mr. Stamler und Mr. Gerber. Ungefähr zwanzig Jahre älter.

»Ist Mrs. Cressy überhaupt irgendwohin gefahren?«

»Nein. Sie steckte den Schlüssel ins Zündschloß, und dann saß sie dort, als könne sie sich nicht bewegen. Plötzlich begann sie zu zittern. Am ganzen Körper. Sie saß dort und zitterte. Schließlich stellte sie den Motor ab und kehrte ins Haus zurück. Ich ging ins Wohnzimmer, um nach ihr zu sehen. Sie hatte ganz offensichtlich geweint. Ich fragte sie, was denn los sei.«

»Und welche Antwort gab sie Ihnen?«

»Ich solle wieder ins Bett gehen. Und dann ging sie in ihr eigenes Zimmer zurück.«

»Ihr eigenes Zimmer? Sie hatten getrennte Schlafzimmer?«

»Ja.«

Das Eingeständnis schien Victor überaus peinlich zu sein.

»Wie kam es dazu?«

»Es war Donnas Wunsch.«

»Von Anfang an?«

»Nein. O nein.« Er lächelte. »Wir haben zwei Kinder, vergessen Sie das nicht.« Auch Mr. Gerber lächelte. Und wenn nicht alles täuschte, lächelte sogar der Richter. Nur Donna blieb ungerührt. »Nein, sie, äh, sagte mir, sie würde nicht mehr mit mir schlafen – und das war an dem Tag, wo sie entdeckte, daß sie mit unserem zweiten Kind schwanger war.«

»Fanden Sie diese Erklärung nicht – sonderbar?«

»Nicht allzusehr. In dieser Hinsicht war sie schon seit längerer Zeit mehr als zurückhaltend. Von wenigen Ausnahmen abgesehen.« Sein Lächeln war das eines traurigen Welpen. Donna hätte ihm ins Gesicht schlagen können.

»Ihre Frau verweigerte Ihnen also den Geschlechtsverkehr?«

»Ja, Sir.« Fast unhörbar.

»Hat sie Ihnen einen Grund dafür genannt?« Weshalb fragt der dauernd nach Ursachen, nach Gründen, dachte Donna.

»Anfangs sagte sie, sie sei einfach zu müde, wo sie sich doch unentwegt um Adam kümmern müsse – er ist inzwischen vier.« Ungläubig starrte Donna Victor an. Hatte er ihr nicht einmal gesagt, er besitze das Talent, den Eskimos einen Kühlschrank zu verkaufen oder den Arabern Sand? In der Tat war er ja seit fünf Jahren bei Prudential der Top-Versicherungsagent. Was sie im Augenblick erlebte, kam schon einem kleinen schauspielerischen Wunder gleich: Da verwandelte sich ein Yankee aus Connecticut in einen Ureinheimischen des Südens, Palm Beach, Florida. Selbst in seiner Sprechweise klang der behäbigere Dialekt durch. Nun ja, praktisch hatte sie ihm das seit acht Jahren abgekauft.

Seine Stimme klang in ihr nach. »... *wo* sie sich doch unentwegt um Adam kümmern müsse.« Normalerweise hätte sich ein Victor Cressy nie so ausgedrückt. »... *weil* sie sich« oder »*da* sie sich« – das hätte seiner üblichen Ausdrucksweise entsprochen. Und dann noch der kurze, gefühlvolle Nachsatz: »... er ist inzwischen vier.« Das war genau die richtige Dosis Schmalz; Land-Schmalz, wenn man so wollte. Aber war sie nicht mit Pauken und Trompeten darauf reingefallen? Genauso wie jetzt, augenscheinlich, der Richter.

Für einen Augenblick stieg Panik in ihr auf. Rasch wandte sie sich um, blickte zu Mel. Ja, dort war er, und er lächelte. Dennoch wirkte er verwirrt. Genauso verwirrt, wie sie sich selbst fühlte. Sie drehte den Kopf zurück, starrte wieder zum Zeugenstand. Und zum erstenmal ließ sie in sich einen Gedanken aufsteigen, der von ihr konsequent unterdrückt worden war, seit sie Victor verlassen hatte – daß am Ende er Sieger bleiben könne. Weniger was die Scheidungsklage als solche betraf; es war ihr ziemlich gleichgültig, wer hierbei als schuldiger Teil gelten würde (schließlich war es ja eine Tatsache, daß sie Ehebruch begangen hatte). Doch während der behäbige und weiche südliche Dialekt aus Victors Mund an ihr Ohr drang,

11

schien urplötzlich dies eine mögliche Realität zu werden: daß sie ihre Kinder verlieren könne – das einzige, was sie in den letzten sorgenvollen Jahren sozusagen über Wasser gehalten hatte, und gewissermaßen auch bei Verstand.

Bei Verstand?

Victor schien da anderer Meinung. »Und dann war sie natürlich so oft krank.«

»Krank?«

»Nun ja – sie schien eine Erkältung nach der anderen zu haben, und wenn es keine Erkältung war, dann war es die Grippe. Tagelang lag sie im Bett.«

»Und wer kümmerte sich um die Kinder?«

»Mrs. Adilman von nebenan. Sie ist Witwe, und sie schaute bei uns herein.«

»Hat Mrs. Cressy einen Arzt aufgesucht?«

Victors Lächeln war eine säuberliche Mischung aus Ironie und Bedauern. »Anfangs konsultierte sie unseren alten Hausarzt, Dr. Mitchelson. Als der sich dann ins Privatleben zurückzog, konsultierte sie fortan nur noch ihren Gynäkologen, Dr. Harris. Bis sie dann Dr. Segal traf. Plötzlich wurde er der Hausarzt.«

»Dr. Melvin Segal?«

»Er behandelte Ihre Frau?«

»Und meine Kinder.«

»Sie hatten keinen Spezialisten – keinen Kinderarzt?«

Zum erstenmal an diesem Vormittag klang aus Victors Stimme so etwas wie Zorn. Es war überaus wirksam. »An sich hatten wir einen ausgezeichneten Kinderarzt. Den besten. Dr. Wellington, Paul Wellington. Aber Donna bestand darauf – und sie war in diesem Punkt absolut unnachgiebig –, daß Sharon und Adam von Dr. Segal untersucht wurden.«

»Gab sie dafür irgendeine Erklärung?« Wieder die Ursachen, die Gründe.

»Nun, jedenfalls keine befriedigende.«

Der Rechtsanwalt legte eine Pause ein. Er glich einem Wanderer, der eine Weggabelung erreicht hatte und sich nunmehr entscheiden mußte. Sollte er jenen Pfad wählen, bei dem er sich auf Donnas eheliche Untreue kaprizierte? Oder war es ratsamer, sich auf Donnas absonderliches Verhalten zu stützen? Augenscheinlich entschied er sich für das Letztere – und war offenbar der Meinung, gegebenenfalls später auf den anderen Pfad ausweichen zu können.

»Etwas später würde ich gern wieder auf Dr. Segal zurückkommen«, fuhr Mr. Gerber fort, während er seine Stirn glättete und seine Lippen zu absonderlichen Formen stülpte. »Doch jetzt möchte ich, daß Sie sich auf jene Handlungen Ihrer Frau konzentrieren, die Ihnen merkwürdig vorkamen. Können Sie uns einige weitere Beispiele nennen?«

Victor blickte zu Donna, senkte sodann den Kopf. »Nun«, begann er zögernd, »unmittelbar nach Sharons Geburt gab es eine Zeit, wo sie ihr eigenes Aussehen haßte und sich entschloß, ihr Haar umzufärben.«

»Nach allem, was ich über Frauen weiß, ist das nicht gerade ungewöhnlich«, sagte Mr. Gerber und ließ ein leises, herablassendes Kichern hören. Victor war klug genug, nicht mit einzustimmen. Er ließ die präzise berechnete Unterbrechung seines Anwalts über sich ergehen und fuhr dann in seinem Bericht fort, wobei er zum Ende hin das Tempo immer mehr beschleunigte.

»In der Tat«, stimmte er zunächst einmal zu, »wäre es im Grunde keineswegs ungewöhnlich gewesen, und anfangs dachte ich mir auch gar nichts dabei – außer daß mir ihr Haar immer lang und natürlich am besten gefallen hatte, und das wußte sie auch.« Pause. Wirken lassen. *Absichtlich* hatte sie etwas geändert, obschon sie wußte, daß der ursprüngliche Zustand bevorzugt wurde. »Zuerst färbte sie nur ein paar Strähnen, so daß es noch immer braun war, mit – wie soll ich sagen – ein paar blonden Glanzlichtern darin. Das sah gar nicht übel aus, aber nach ungefähr einer Woche entschloß sie sich zu einer weiteren Änderung. Plötzlich war sie fast völlig *blond,* mit wenigen braunen Strähnen. Als nächstes entschied sie, daß langes Haar ganz blond vielleicht wirkungsvoller wäre; also färbte sie es fast weißblond. Aber dann beklagte sie sich darüber, daß es von der Sonne eine gelbliche Farbe bekomme. Also war die nächste Phase Rotblond, bis sie

13

sich absolut für Rot entschied.« Er hielt inne, um Atem zu holen. Donna erinnerte sich. Erinnerte sich an das Rot. Sie hatte gehofft, wie ein Star auszusehen. Statt dessen sah sie dann aus wie ein armes Waisenkind. »Das Rot dauerte auch nicht länger als die anderen Varianten, und bald war sie bei Kastanienbraun und schließlich sogar Schwarz angelangt. Unter diesem fortwährenden Umfärben hatte ihr Haar so sehr gelitten, daß sie es kürzer tragen mußte, etwa bis zum Kinn. Es bekam wieder seine natürliche Farbe, die gleiche wie jetzt, und es stand ihr großartig. Das sagte ich ihr auch; als sie aber am nächsten Morgen ins Frühstückszimmer kam, erkannte ich sie zunächst gar nicht. Sie sah aus wie die Insassin eines Konzentrationslagers, derart kurz hatte sie ihr Haar geschoren, und sie war so dünn.« Wie ratlos schüttelte er den Kopf.

»Was meinten ihre Freundinnen zu diesen dauernden Veränderungen?« fragte Mr. Gerber.

Sofort beugte sich Donnas Anwalt ein winziges Stück vor. Gar kein Zweifel: Bei der leisesten Andeutung, daß irgendeine Aussage bloß auf »Hörensagen« beruhte, würde er sofort Einspruch erheben.

»Nun«, erwiderte Victor vorsichtig, »zu dieser Zeit hatte sie nicht viele Freundschaften. Zumindest kam niemand ins Haus.« Wirkungsvolle Pause. Kurzer Blick auf Mel. »Allerdings – einmal hat Mrs. Adilman mich gefragt, ob mit Donna alles in Ordnung sei.«

»Einspruch. Hörensagen.«

»Stattgegeben.«

Victor wartete darauf, daß ihm sein Anwalt weitere Stichworte zuspielte. Was dieser auch tat, geschickt, behutsam.

»Was dachten Sie denn über all diese Veränderungen, Mr. Cressy?«

»Ich hoffte ganz einfach, daß es sich bloß um eine Phase handelte, die sie nach der Entbindung durchmachte. Ich hatte gehört, daß Frauen mitunter ein wenig unzurechnungsfähig werden nach ...«

»Einspruch, Euer Ehren. Also wirklich ...«

»Stattgegeben. Sie bewegen sich da auf gefährlichem Terrain, Mr. Gerber.«

Mr. Gerber demonstrierte leise Zerknirschung. Er senkte den Kopf, und in dieser Haltung stellte er die nächste Frage.

»Mit der Zeit wurde es wieder besser?«

»Nein, es wurde schlimmer.«

Donna spürte, wie ihr Fuß einzuschlafen begann. Unmittelbar vor Sonnenaufgang ist es immer am dunkelsten, hatte ihre Mutter einmal gesagt. Aus irgendeinem Grund fiel ihr diese Bemerkung jetzt ein. Sie fühlte das Kribbeln, bewegte die Zehen. Unwillkürlich mußte sie lächeln. Immerhin bewies das Kribbeln, daß dort Nerven waren – daß sie also noch lebte.

Deutlich bemerkte sie, wie sich Victors Augen verengten; er hatte ihr Lächeln gesehen, und sein Blick drückte gleichzeitig Frage und Mißbilligung aus. Du Dreckskerl, dachte sie, und am liebsten hätte sie es laut geschrien. Aber das war natürlich unmöglich. Schließlich ging es darum, den Herren hier zu beweisen, daß sie eine *richtige* Mutter war: ein Wesen, das Kinder nicht nur in die Welt setzen, sondern auch großziehen konnte. Victors Stimme klang wie ein Surren, das unentwegt fortdauerte. Er sprach von Mißhelligkeiten, von Demütigungen, von irgendwelchen Dingen, die sie ihm angetan hatte. Sie wollte keine Gäste bei sich haben, nicht einmal Geschäftspartner oder potentielle Kunden. Hatten sie ihrerseits Partys besucht (wogegen sie nichts einzuwenden hatte), so sei sie sarkastisch und taktlos gewesen und habe an ihm kein gutes Haar gelassen. Oder aber: Sie verfiel ins andere Extrem und sprach den ganzen Abend praktisch kein Wort. Ein wahrer Alptraum sei es gewesen. Nie habe er gewußt, wie sie reagieren würde. Niemand wußte es.

Und dann diese andere Sache: das mit dem Hausputz.

Victor verstand es, die Geschichte so zu erzählen, als höre er sie selbst zum erstenmal. »Das fing nach Sharons Geburt an. Sie mußte mitten in der Nacht aufstehen, um das Kind zu stillen. Das war regelmäßig so gegen zwei Uhr früh. Sie steckte die Kleine dann wieder ins Bett, aber statt sich selbst wieder schlafen zu legen, begann sie aufzuräumen und sauberzumachen. Wohnzimmer, Speisezimmer, Küche. Manchmal wischte sie sogar den Küchenfußboden. Bald mußte Sharon nachts nicht mehr gestillt werden. Trotzdem stand Donna weiterhin in aller Frühe auf, gegen zwei oder drei Uhr, und beschäftigte sich wenigstens eine Stunde lang mit Hausputz. Als ich einmal in die Küche kam, spülte sie das Geschirr.« Er hielt einen Augenblick inne, fuhr dann wie bedrückt fort: »Dabei haben wir eine Geschirrspülmaschine.«

Wer war diese absonderliche Dame, von der da gesprochen wurde? dachte Donna. Eine Mrs. Victor Cressy? Nun, die war wohl in der Tat unzurechnungsfähig gewesen.

Ihre Gedanken gingen zurück in jene Zeit, als das Wort Hölle für sie mehr geworden war als ein abstrakter Begriff. Etwa sechsundzwanzig mochte sie damals gewesen sein, alleinstehend, ihre Freiheit und Selbständigkeit genießend. Sie hatte viele Verabredungen, mal mit diesem, mal mit jenem. Eine Gruppe von Kollegen bei der McFaddon-Werbeagentur beschloß, am 4. Juli, dem Unabhängigkeitstag, zu einem gemeinsamen Wochenende in ein Haus in Meeresnähe zu fahren. Es gehörte den Eltern eines Angestellten, die den Sommer weiter nördlich verbrachten; sie war mit von der Partie und genoß die Sache sehr – bis sie dann zum Küchendienst abbeordert wurde. Von Mitternacht bis zwei Uhr früh war sie mit Geschirrspülen beschäftigt – die Geschirrspülmaschine hatte beschlossen, übers Wochenende gleichfalls zu »feiern«.

Sie spülte und spülte. Im heißen Wasser und in der Seifenlauge schienen ihre Hände buchstäblich zu schrumpfen, und jedesmal, wenn sie endlich fertig zu sein glaubte, erschien prompt wieder jemand mit einer Ladung Geschirr. Unwillkürlich mußte sie an ein Buch denken, das sie auf dem College gelesen und nie wieder vergessen hatte, Albert Camus' »Der Mythos von Sisyphos«. Der uralten griechischen Sage zufolge hatte Sisyphos die Götter erzürnt (an die Gründe konnte sie sich nicht mehr erinnern), und zur Strafe mußte er einen riesigen, ungeheuer schweren Felsbrocken bis in alle Ewigkeit zu einem Berggipfel emporrollen, von wo dieser dann prompt wieder in die Tiefe stürzte.

Camus hatte eine scheinbar absurde Frage gestellt: War Sisyphos glücklich? Seine Schlußfolgerung, noch absurder wirkend, lautete: Ja, Sisyphos war in der Tat glücklich, weil er im voraus wußte, daß das Felsstück seinen Bestimmungsort nie wirklich würde erreichen können. Er wußte um die Vergeblichkeit seines Tuns, wußte, daß es keine Hoffnung auf ein Gelingen gab. Und indem er alle Hoffnung fahrenließ, gewann er seine Erlösung: weil er sein Schicksal kannte und akzeptierte, wurde er ihm überlegen.

Während sie über die These des Existenzphilosophen nachgrübelte, die Hände im Spülbecken, die Arme voll Seifenschaum, kam ihr dieser Gedanke: Wenn es für jeden Menschen seine eigene und besondere Hölle gab, dann bestand diese Hölle für sie zweifellos in ewigem Küchendienst.

Es war alles andere als eine komische Vorstellung. Vielmehr erschien ihr der Gedanke, bis in alle Ewigkeit Geschirr spülen zu müssen (kaum glaubte sie, fertig zu sein, brachte wieder jemand eine Ladung Teller), absolut grauenhaft. Was keine Sonntagspredigt je bei ihr bewirkt hatte, ergab sich jetzt ganz automatisch: eine Ahnung von der Hölle. Und zum erstenmal in ihrem Leben fürchtete sich Donna Cressy vor dem Tod.

Jetzt, in diesem so kahl wirkenden Gerichtssaal sitzend, hörte sie zu, wie sie beschrieben, wie sie charakterisiert wurde – absolut korrekt, jedenfalls dem äußeren Anschein nach: als vom Putzteufel besessene Frau, die mitten in der Nacht aufstand, um Geschirr zu spülen, und das zu allem Überfluß, da ja die Geschirrspülmaschine einwandfrei in Ordnung war.

Tat so etwas eine Frau, die sich und ihr Leben noch unter Kontrolle hatte? Würde eine Frau, die wirklich noch *sie selbst* war, sich dauernd die Haare umfärben – zwar nicht in allen Regenbogenfarben, aber doch so ziemlich in sämtlichen Tönungen, die man bei Hollywoodschauspielerinnen fand, von Gloria Steinam über Lana Turner, Lucille Ball und Dorothy Lamour bis zu Mia Farrow? Schien sie nicht, auf diese Weise gleichsam

17

in andere Persönlichkeiten hineinschlüpfen zu wollen? Konnte man der Obhut einer solchen Frau die Erziehung zweier kleiner Kinder anvertrauen, die unter ihren naturfarbenen Haaren zweifellos einen völlig normalen Verstand besaßen?

Nun, nach allem, was ihr hier bisher zu Ohren gekommen war – hier im Gerichtssaal –, schien dergleichen überhaupt nicht zu verantworten. Und dies, sie wußte es, war kaum erst der Anfang. Noch hatte niemand von Mel gesprochen, von ihren außerehelichen Beziehungen. Auch war, zumindest detailliert, noch nicht von den Kindern die Rede gewesen.

Victor war der erste Zeuge, der seine Aussagen machte. Eine ganze Reihe weiterer Zeugen würde noch folgen – samt und sonders bereit, sie zu verdammen oder jedenfalls zu bemitleiden. Sie hatte nur sich selbst. Wieder einmal mußte sie unwillkürlich lächeln: Aus welchem Grunde auch sollte sich ihre Scheidung irgendwie von ihrer Ehe unterscheiden? Plötzlich spürte sie, daß der Richter sie anstarrte. Er schien ihr Lächeln recht merkwürdig zu finden, unter den Umständen absolut fehl am Platz.

Er glaubt, ich sei übergeschnappt, dachte sie, während der Richter mit seinem Hämmerchen schlug und die Verhandlung bis nach der Mittagspause vertagte.

Bevor sie sich überhaupt erhoben hatte, stand plötzlich Victor neben ihr. Sein Gesicht spiegelte leise Besorgnis wider.

»Kann ich dich ein paar Minuten sprechen?« fragte er.

»Nein«, sagte sie und stand auf, schob ihren Stuhl zurück. Ihr Anwalt befand sich inzwischen am anderen Ende des Raums und sprach mit Mel.

»Bitte, Donna, sei vernünftig.«

Sie musterte ihn, mit ehrlicher Überraschung. »Ja, wie kannst du *das* von mir erwarten? Von einer Frau, die du doch soeben als absolut unvernünftig, ja unzurechnungsfähig beschrieben hast? Du erwartest zuviel, Victor, wie gewöhnlich.« Sie kratzte sich an der linken Hand, unmittelbar oberhalb des Daumens.

»Ausschlag? Allergie?« fragte er.

Sofort hörte sie mit dem Kratzen auf. »Das hast du heute vormittag ganz vergessen zu erwähnen. Aber der Tag ist ja noch

18

jung. Du wirst sicher noch Gelegenheit dazu haben.« Sie wollte aufhören, doch sie konnte nicht. »Außerdem hast du vergessen, ihm zu sagen, daß ich Hämorrhoiden habe vom Lesen auf der Toilette, obwohl du mich ja dauernd davor gewarnt hast.« Sie gab sich selbst einen Klaps. »Nichtsnutziges kleines Mädchen.« Er griff nach ihrer Hand. »Donna, bitte. Bedenk nur, was das bei dir anrichtet.«

»Laß mich los.« Widerstrebend tat er's.

»Ich möchte dir doch nur die weiteren Schmerzen und Demütigungen ersparen, die diese ganze scheußliche Geschichte dir bereiten würde.«

»Du wirst mir die Kinder also lassen?«

Er wirkte aufrichtig betrübt: »Du weißt, daß das nicht geht.«

»Ja, glaubst du etwa im Ernst, ich sei nicht fähig, meine Kinder großzuziehen«, schrie sie fast. Mel und Mr. Stamler drehten sofort die Köpfe und blickten zu ihr hin. Mel kam näher.

»Es sind auch *meine* Kinder«, sagte Victor, »und ich tue nur das, was ich für richtig halte.« Mel stand jetzt neben Donna.

»Du wirst nicht gewinnen, weißt du«, sagte Donna, doch die Überzeugung, die sie zur Schau trug, war nur zu einem Bruchteil echt. »Der Richter wird sich meine Seite der Geschichte anhören. Er wird mir die Kinder nicht wegnehmen.«

Victors Blick glitt von Donna zu Mel, mit unverhohlenem Haß. Als er wieder zu Donna schaute, zeigte sich auf seinem Gesicht nicht mehr die leiseste Spur von Besorgnis. Und aus seiner Stimme klang nichts von südlicher Behäbigkeit oder Sanftheit. Sie war kalt und beißend wie der Wind im nördlichen Chikago.

»Ich verspreche dir«, sagte er, und er schien die Worte in die Luft zu speien, »daß du verlieren wirst, selbst wenn du gewinnst.«

»Und was soll das bedeuten?« frage Donna, doch sie sprach bereits zu seinem Rücken, und Sekunden später hatte er den Gerichtssaal verlassen.

2

Als das Telefon zum drittenmal läutete, hob sie ab. Niemand sonst im Büro schien sich dazu bequemen zu wollen. »McFaddon-Werbeagentur«, sagte sie. »Donna Edmunds am Apparat. Augenblick bitte. Ich werde nachsehen, ob er hier ist.« Sie beugte sich zu dem benachbarten Schreibtisch. »Für dich, Scott«, sagte sie, während sie per Tastendruck die Leitung neutralisierte. »Bist du hier?«

»Männlich oder weiblich?«

»Zweifellos weiblich.«

»Stimme – sexy?«

»Zweifellos sexy.«

»Dann bin ich auch zweifellos hier.« Er übernahm das Gespräch auf seinen Apparat, und während Donna ihren Hörer auflegte, hauchte er ein rauhkehliges »Hallo« in seine Muschel. »O ja, natürlich, Mrs. Camping. Wenn Sie sich bitte einen winzigen Augenblick gedulden würden.« Er drückte auf eine andere Taste und starrte Donna wütend an. »Heißen Dank – du hast mir nicht gesagt, daß es sich um eine Klientin handelt!«

»Du hast ja nicht gefragt.«

»Liebenswerte Person! Du weißt genau, daß ich Kopfschmerzen habe.«

»Ich würde es einen Kater nennen – oder einen Affen.«

Er grinste. »Tolle Party«, sagte er und widmete sich dann seinem Gespräch mit Mrs. Dolores Camping.

»Wann bist du eigentlich von der Party weg, Donna?« Plötzlich war Irv Warrick hinter ihr aufgetaucht. »Und woran arbeitest du da?«

»Wann ich von der Party weg bin? Na, jedenfalls vor dir.« Sie zeigte ihm die Skizze, die sie für ein Layout anfertigte. »Für die Petersen-Sache.«

»Nicht übel. Wird McFaddon gefallen.« Pantomimisch zog er an einer mächtigen Zigarre. »Eine große, große Zukunft haben Sie hier, meine Liebe.« Sie schnitt eine Grimasse. »Bist nicht zufrieden?« fragte er, augenscheinlich verwundert.

Donna legte die Zeichenfeder aus der Hand. »Soweit bin ich ganz zufrieden. Aber ich weiß nicht recht. Ich meine, bis an mein Lebensende möchte ich dies nicht unbedingt tun.« Sie blickte in die freundlichen Augen ihres Kollegen. »Ich mache momentan wohl so eine Art Übergangsphase durch. Klingt das pathetisch?«

Er lächelte. »Kaum spürbar.« Er beugte sich zu ihr. »Weißt du, liebste Kollegin, wer so einen Superknüller aufreißt wie ›Von unser Urväter Erbe. Ein Originalkonzept für Originalamerikaner‹, der – nein, die hat gefunden, was sie bis an ihr Lebensende ausfüllen kann. Kapiert?« Sie lachte. »Muß weg«, sagte er und richtete sich auf.

»Wo willst du hin?«

»Nach Hause«, erwiderte er. »Bin total geschlaucht. Du etwa nicht?«

»Wir haben noch nicht mal Mittagspause!«

»Was – *so* spät schon?« Er ging zur Tür. »Muß mich erholen. Ich führe heute abend eine Freundin aus.«

»Susan?«

»Getroffen. Prachtweib. Gib mir für heute Feuerschutz, okay?« Er öffnete die Tür. »Übrigens – hat sich dein Freund wieder blicken lassen?«

»Was für ein Freund?«

»Gestern abend. Der Typ, den du dauernd angestarrt hast.«

Unwillkürlich fuhr Donna leicht zusammen. Hatte sie sich derart auffällig benommen? »Ich bin vor dir von der Party weg – weißt du doch.«

»Ach, richtig. Na, jedenfalls – schönes Wochenende.« Er verschwand.

»Warrick macht blau?« fragte Scott Raxlen, der sein Telefongespräch gerade beendet hatte. Donna nickte. »Na, wenn das keine gute Idee ist.« Er stand auf und reckte sich. »Ich glaube, ich haue gleichfalls nach Hause ab. Muß meine Kopfschmerzen auskurieren.«

Donna blickte sich unwillkürlich im Büro um. Guter Gott, wer blieb dann noch außer ihr? »Was ist bloß mit euch allen los? Wir veranstalten eine kleine Party, um das Ende einer erfolgreichen Kampagne zu feiern —«

»›Urväter Erbe, direkt von der Mayflower. Ein Originalkonzept für Originalamerikaner‹ . . .«

»Und am nächsten Morgen bricht hier alles zusammen. Rhonda kreuzt überhaupt nicht auf, Irv macht fünf Stunden früher Feierabend, und du bist drauf und dran, es ihm nachzutun.«

»Wer war der Typ?«

»Was für ein Typ?«

»Der, nach dem Warrick dich gefragt hat?«

Donna schüttelte den Kopf. »Mir ein Rätsel, wie du das schaffst. Hast du vielleicht *zwei* Paar Ohren?«

»Wer ist er?«

»Keine Ahnung. Wir wurden einander vorgestellt, dann verschwand er.«

»Gut so. Ich meine, Donna, kannst mir's glauben, ist so das beste.«

»Schieb ab, nach Hause, Scott.«

Er ging zur Tür. »Sah *so* verdammt gut aus, wie?«

»Verschwinde, Scott.«

»Gibst mir Feuerschutz, okay?«

Sie winkte ihn hinaus. Dann wandte sie sich wieder dem Layout zu. Doch die Zeichenfeder in ihrer Hand bewegte sich nicht. Vielleicht war es das beste, sie machte genauso blau wie die anderen. Aber nein, das ging natürlich nicht. »Warum bin ich nur so ein dummes, treues Lieschen?« fragte sie laut in den Raum hinein. Stets bis zum – nicht selten bitteren – Ende ausharren. Außer bei Partys. Da gehörte sie meist zu den ersten, die verschwanden.

Sie dachte an die gestrige Party zurück, die ein zufriedener Klient veranstaltet hatte. Sofort sah sie wieder das Gesicht jenes Fremden vor sich – was für ein Gesicht! Plötzlich empfand sie das Bedürfnis, sich jemandem anzuvertrauen. Sie griff zum Telefon. »Susan Reid, bitte. Danke.« Einige Sekunden vergingen. »Oh –

na, gut. Ich werde warten.« Warum auch nicht? Mit der Arbeit würde es bei ihr heute ohnehin nichts werden, soviel stand fest. Sie blickte sich im Raum um. »Einfach phantastisch«, sagte sie in den Hörer. »Ich bin hier der letzte Mohikaner. Was? Oh, Verzeihung. Ich habe nicht zu Ihnen gesprochen. Wird es noch lange dauern, bis sie frei ist? Danke.« Fast fünf Minuten vergingen, ehe Susan Reid sich meldete. »Meine Güte«, sagte Donna, »bis man endlich zu dir durchkommt. Ich warte schon seit einer kleinen Ewigkeit. Bin selbst ziemlich beschäftigt, weißt du.« Sie brach ab. Durch das große Fenster blickte sie auf die pittoreske Royal Palm Road im fashionablen Herzen des fashionablen Palm Beach. »Was? Oh, tut mir leid. Hör, Susan, ich muß fort. Ich kann jetzt nicht mit dir sprechen. Nein. Was? Hör doch, ich muß fort. Er ist hier. Er! Der! Dieser phantastische Mann, den ich gestern abend kennengelernt habe. Steht draußen vor dem großen Fenster und hält etwas, das wie eine Flasche Champagner aussieht. Guter Gott, es *ist* eine Flasche Champagner. Und zwei Gläser. Kann's einfach nicht glauben. Mein Herz schlägt wie verrückt. Ich muß Schluß machen. Er kommt herein. Kann's einfach nicht glauben. Ich spreche später mit dir. Tschüß.«

Sie legte auf, und im selben Augenblick trat Victor Cressy von draußen herein.

»Hi«, sagte er beiläufig, stellte die Gläser auf ihren Schreibtisch und entkorkte die Champagnerflasche.

Der Korken knallte, und sie rief laut: »Oh!« Dann fügte sie, so lässig sie nur konnte, hinzu: »Guter Schuß.«

Er lächelte, und seine kristallklaren blauen Augen schienen an ihren gleichfalls blauen – doch dunkleren – zu haften. Er schenkte den Champagner ein (die Marke war Dom Perignon, Donna konnte nicht umhin, das zu bemerken) und reichte ihr dann eines der Gläser. Als sie miteinander anstießen, suchte Donna die unversehens aufsteigende Furcht zu unterdrücken, ihr Magen könne plötzlich »rumoren«. Schließlich war es fast Mittagszeit, und sie hatte noch nicht einmal gefrühstückt.

»Auf uns«, sagte er mit lachenden Augen. Macht er sich über mich lustig? dachte Donna unwillkürlich.

Plötzlich spürte sie das dringende Bedürfnis zu verschwinden – auf die Toilette.

»Ich bin Victor Cressy«, sagte er, jetzt über das ganze Gesicht lächelnd.

»Ich weiß«, antwortete sie.

»Ich fühle mich geschmeichelt.« Er nahm einen großen Schluck. Donna tat es ihm nach.

Er weiß verflixt genau, wie gut ich mich an ihn erinnere, dachte sie, und sie rief sich die kurze Begegnung vom letzten Abend zurück.

»Donna, dies ist Victor Cressy, der vermutlich beste Versicherungsagent der südlichen Hemisphäre.« Und schon war er wieder davon, eine Art Köder für einen hungerleidenden Fisch, der diesem dann nicht gegönnt wurde. Einen Drink in der einen Hand, ein unterzeichnetes Dokument in der anderen (Urväter Mayflower Erbe. Ein Originalkonzept für Originalamerikaner), entschwand er in der Unmenge meist ältlicher Gäste.

Und das war eigentlich alles gewesen, wie ihr mit leisem Stich bewußt wurde. Wenige kurze Wörter, auf denen eine ganze Nacht aus Phantasie aufbaute. Ebenso beharrlich wie verstohlen hatte sie immer und immer wieder versucht, möglichst in seine Nähe zu gelangen. Dennoch war es nicht dazu gekommen, daß sie auch nur ein einziges weiteres Wort miteinander wechselten. Nie hatte er versucht, sich ihr zu nähern. Auch schien er auf ihre verstohlenen Blicke nicht zu reagieren. Was sie bewundern konnte, war in der Hauptsache sein sozusagen klassisches Profil – bis er dann endgültig aus ihrem Blickfeld geraten war. Als sie endlich all ihren Mut zusammenraffte und irgendwen fragte, wo er denn sei, erhielt sie zur Antwort, er habe die Party inzwischen verlassen.

Und jetzt befand er sich hier. Genauso, wie sie es sich in ihren »nächtlichen Phantasien« erträumt hatte.

Er sprach, und ihr Blick haftete an seinen Lippen. Ab und zu zuckte seine Zungenspitze hervor, um ein wenig Champagnerschaum von dem so überaus sinnlich wirkenden Mund abzulecken. Die Oberlippe war ein wenig voller als die Unterlippe, und irgendwie verlieh ihm dies das Aussehen eines verwöhnten Schülers oder Studenten aus gutem Haus. Sonderbar: Gerade das fand sie an ihm besonders attraktiv, wenn auch auf eine schmerzliche Weise – sie hätte nicht erklären können, wieso. Denn was immer nach Arroganz und Hochmut aussah, hatte sie nie geschätzt.

Seine Stimme klang kraftvoll, aber nicht unbedingt herrisch. Augenscheinlich war er ein Mann, der sich und sein Leben recht gut unter Kontrolle hatte – und der genau zu wissen schien, was er wollte. Er verstand es, sich geläufig auszudrücken, bediente sich kaum irgendwelcher Klischees, besaß die Fähigkeit, ein Gespräch in die von ihm gewünschten Bahnen zu lenken. Von der Party sprach er, von der Begegnung mit ihr, Donna. Sogleich habe er sie entdeckt, behauptete er, inmitten all der Unwichtigkeiten: mit ihrem naturbraunen Haar über dem untertriebenen Fliederblau ihres Kleides. *Untertriebenes Fliederblau* – sein Ausdruck.

»Immer so fleißig?« fragte er. Sie lächelte. Kaum zwei Worte hatte sie seit seinem unvermuteten Auftauchen gesprochen, hatte ihn statt dessen lieber stumm beobachtet. »Können Sie sich nicht den Rest des Tages freinehmen?« fragte er unvermittelt. Sie blickte sich im Raum um, erhob sich dann prompt. Es war, als spreche eine fremde Stimme zu ihr: Nur immer mit der Ruhe, Donna, mach's ihm nicht zu leicht.

Sofort stand er neben ihr. »Na, dann beeilen wir uns besser.« In raschem Tempo folgte sie ihm zur Tür. »Weshalb eigentlich diese Eile?« Guter Gott, es war ihre eigene Stimme, die da fragte. »Ich dachte, wir würden irgendwo gemeinsam exzellent speisen.«

»Es ist noch nicht einmal Mittag«, sagte sie, während sie schon mit den Schlüsseln hantierte, um das Büro für das Wochenende abzusperren. Zwar hatte sie für den Fall, daß irgend jemand kam, keine Notiz hinterlassen, aber was tat's. Wer sollte schon kommen, und wer konnte schon »Feuerschutz« geben?

»Wir werden im Flugzeug lunchen.«

»Im Flugzeug?«

»Das Restaurant, in das ich Sie zum *Dinner* führen möchte«, erklärte er – und zögerte dann, nicht ohne einen Hauch von Behaglichkeit, während er die Tür seines hellblauen Cadillac Seville öffnete, »befindet sich in New York.«

»Ist es dies, was man umwerfend nennt?« fragte sie, während beide wieder mit Champagnergläsern anstießen und einander in die blauen Augen blickten.

»Tut mir ehrlich leid, daß das Dinner so früh sein mußte. Ich hatte vergessen, daß die mit ihren Rückflügen immer schon vor Mitternacht am Ziel sein wollen.«

»Oh, ist doch wunderschön«, beschwichtigte sie ihn. »Dinner vor achtzehn Uhr – irgendwie besonders kultiviert.« Beide lachten. »Kann gar nicht glauben, daß ich tatsächlich hier bin.« Wieder ein Lachen, diesmal sie allein. Warum bin ich nur so nervös? dachte sie. Hotelreservierungen hatte er offenbar nicht arrangiert. Nein, sie würden die Nacht nicht miteinander verbringen. Es gab keinen Grund zu irgendwelcher Besorgnis – außer daß er *keine* Hotelreservierungen arrangiert hatte und sie die Nacht *nicht* miteinander verbringen würden.

Warum eigentlich nicht? War er während der Fahrt zum Flughafen zu dem Schluß gelangt, im Grunde sei sie für ihn gar nicht so attraktiv? Nein, ausgeschlossen. Dann hätte er ganz gewiß nicht eine weitere Flasche Dom Perignon kommen lassen.

»Und so etwas, ist das bei Ihnen üblich?« sagte sie und machte eine vage halbkreisförmige Handbewegung. Er würde die Anspielung hoffentlich verstehen, dieses »so etwas«.

»Nur für besondere Personen«, erwiderte er und verstand es, ihr mit vier kurzen Wörtern zu sagen, daß sie für ihn zwar eine »Besondere« sei, jedoch längst nicht die erste. Eine winzige und sehr geschickt eingesetzte Spitze.

»Eine ziemlich aufwendige Art, Eindruck zu schinden, oder?«

Er lachte. »Das kommt auf die jeweilige Lebensphilosophie an.« Er schwieg einen Augenblick, fuhr dann fort: »Sehen Sie, manche Menschen möchten bei ihrem Tod eine Million Dollar hinterlassen. Das möchte ich auch. Allerdings eine Million Dollar Schulden.«

Sie lachte. »Gefällt mir nicht übel, Ihre Lebensphilosophie.« Sie senkte den Blick.

»Worauf starren Sie so?« fragte er plötzlich.

»Auf Ihre Hände«, erwiderte sie, über ihre eigene Antwort überrascht.

»Warum?« In seiner Stimme klang ein Hauch von Gelächter.

»Weil meine Mutter mir immer gesagt hat, man müsse auf die Hände eines Mannes schauen.«

»Warum?« wiederholte er.

»Sie meinte, es seien ja die Hände eines Mannes, mit denen er zärtlich ist.« Verdammt noch mal, dachte sie. Wie konnte ich das nur sagen!

Auf seinem Gesicht zeigte sich ein breites Lächeln.

»Scheint eine interessante Frau zu sein, Ihre Mutter. Ich würde sie gern kennenlernen.«

Unvermittelt sah Donna das schöne Gesicht ihrer Mutter vor sich. »Sie ist tot«, sagte sie mit einem eigentümlichen Lächeln und sehr ruhiger Stimme. »Krebs.«

Über den Tisch hinweg griff er nach ihren Händen. »Erzählen Sie mir von ihr.«

Sie schüttelte den Kopf. »Nein.«

»Warum nicht?«

Sie zuckte die Achseln. »Ich finde, das gehört nicht hierher. Viel zu ernst für ein Rendezvous. Das ist alles.«

»Mir scheint, ich habe gerade einen Denkzettel erhalten«, sagte er. Doch er machte keine Anstalten, seine Hände von ihren Händen zu lösen; auch verlosch sein Lächeln nicht.

»Oh, nein, nein. Wirklich. So war das nicht gemeint. Es ist nur – wenn ich über sie zu reden anfange, dann endet das bei mir meist mit Tränen, obwohl es nahezu zehn Jahre zurückliegt. Ich weiß, es ist albern ...«

»Kommt mir keineswegs albern vor. Ich hätte Verständnis für Ihre Tränen.«

Donna schwieg. Vor sich sah sie das lächelnde Gesicht ihrer Mutter.

Er würde dir gefallen, Mom, dachte sie.

»Sie war so reizend«, begann sie. »Eine wirklich unglaubliche Frau. Mit ihr konnte ich über alles reden. Ich kann Ihnen gar nicht sagen, wie sehr sie mir fehlt.« Sie sah ihm in die Augen, und ihr Blick hatte etwas eigentümlich Starres. Angestrengt versuchte sie, jenes innere Bild zu verdrängen, das sich über das vorherige schieben wollte. Das so gesund wirkende, lächelnde Gesicht drohte von jener maskenhaften Miene mit der durchsichtigen Haut überlagert zu werden, die sich mehr und mehr in etwas Ungeheuerliches verwandelte. Alles war verändert; das Lächeln eine Grimasse, in den Augen nur Schmerz. »Ich würde sonst etwas darum geben, wieder mit ihr sprechen zu können.«

»Was würden Sie zu ihr sagen?«

Sie hob die Augen, blickte zur Decke. Mit aller Kraft versuchte sie, die aufsteigenden Tränen zurückzuhalten. »Ich weiß nicht.« Plötzlich lachte sie. Es war ihr gelungen, die Tränen zu unterdrücken, und jetzt sah sie nur noch *sein* Gesicht vor sich. »Ich würde sie wahrscheinlich nur fragen, was ich tun soll.«

»In welcher Hinsicht?«

»In jeder Hinsicht.« Beide lachten. »Ich weiß nicht – aber irgendwie hatte ich immer das Gefühl, sie würde da sein, wenn ich sie brauchte, um mir bei einer Entscheidung zu helfen, selbst wenn es um etwas völlig Belangloses ging – was soll ich heute anziehen, na, und andere Lächerlichkeiten. Sie schien stets für mich bereit zu sein. Hoffentlich klingt das in Ihren Ohren nicht wie lauter Unfug.«

»Nein, klingt ganz und gar nicht wie Unfug. Aber ist *das* der Umstand, dem ich's verdanke, daß ich für Sie das Dinner bestellen durfte?«

Sie blickte sich im Restaurant um. Das Licht war ausgesprochen trüb. Erst jetzt konnte Donna die Tische und Stühle in dem kleinen Raum einigermaßen erkennen. Erstaunlich, daß bereits um diese Stunde fast alles besetzt zu sein schien. »Ich habe mir gedacht, daß Sie schon wissen werden, was auf der Speisekarte das Beste ist«, erwiderte sie lächelnd. War ja wohl auch nur logisch: Ein Mann, der mehrere Flugstunden in Kauf nahm und Hunderte von Dollars dafür zahlte (um noch am selben Abend zurückzufliegen), der *mußte* schon irgendein Lieblingsgericht haben.

»Weshalb diese präzise Anweisung – Hummer, genau siebeneinhalb Minuten gekocht?«

»Das habe ich von einem alten College-Professor gelernt. Fragen Sie mich jetzt nicht nach Einzelheiten. Aber ich sehe ihn noch deutlich vor mir, wie er da hinter seinem Pult stand und rief: ›Niemals einen Hummer länger oder kürzer als siebeneinhalb Minuten kochen.‹«

»Und aus welchem Grund?«

Victor lächelte. »Tut mir leid, da bin ich schlicht am Arsch.«

Es war das erste Mal, daß er sich so völlig ungeniert ausdrückte, und Donna wurde davon gleichsam überrumpelt. Sie schüttelte sich vor Gelächter.

»Es drehte sich um Mathematik«, fuhr er fort, »und wahrscheinlich sprach er gerade von Präzision. Wer weiß? Ist schon so lange her. Eigentlich erinnere ich mich im Zusammenhang mit diesem Professor – von den bewußten siebeneinhalb Minuten einmal abgesehen – nur noch an eines. Wenn wir schriftliche Prüfungen hatten, schmuggelte ich unter die öden mathematischen Formeln immer ein bißchen Haiku-Lyrik aus eigener Produktion.«

Donna musterte ihn erstaunt. »Haiku-Lyrik?«

»Ja. Wissen Sie, das ist so eine japanische lyrische Kurzform, drei Zeilen mit insgesamt siebzehn Silben. Es kommt darauf an, mit Wörtern ein Bild zu schaffen, ganz, als male man ein Gemälde innerhalb eines festgelegten Rahmens.«

»Warum haben Sie das getan?«

Er dachte nach, lächelte. »Bin mir da nicht ganz sicher. Vielleicht, um dem alten Knaben zu zeigen, daß Poesie genauso präzise sein kann wie Mathematik. Ich weiß nicht. Vielleicht einfach zu meiner Erholung.« Er hielt inne. »Warum lächeln Sie?«

»Es ist so schön, mit jemandem ein richtiges Gespräch zu führen«, sagte sie ernst. »Die meisten Männer, mit denen ich in letzter Zeit ausgegangen bin, sprechen im Grunde über gar nichts, von Haiku-Lyrik ganz zu schweigen. Mit allem, was sie sagen, scheinen sie immer gleich auf Sex loszusteuern.« Sie brach ab. Plötzlich wurde ihr bewußt, daß sie eben dies gerade selber tat, und zwar bereits zum zweitenmal.

»Stammen Sie ursprünglich aus New York?« fragte sie.

»Connecticut.«

»Und Ihre Familie lebt noch dort?«

»Mein Vater starb, als ich fünf war. Herzschlag.«

»Meiner auch – aber da war ich schon dreiundzwanzig. Und Ihre Mutter?«

»Tot.«

»Zwei Waisen«, sagte sie mit traurigem Lächeln. »Ich habe eine Schwester. Joan. Sie lebt in Radcliffe.«

»Ich war ein Einzelkind«, erklärte er.

Der Hummer wurde serviert, ein Riesenexemplar. Sie aßen, schwiegen, durchbrachen dieses Schweigen immer wieder durch kurze stakkatoartige Gesprächsfetzen und Gelächter.

Sie: »Sie wohnen direkt in Palm Beach?«

Er: »Ich habe ein Haus in Lantana. Sie?«

Sie: »Ein Apartment in West Palm.«

Wieder Schweigen. Wieder Champagner.

Sie: »Wie kommt's, daß Sie ein Haus haben?« Pause. Warten mit angehaltenem Atem. »Sie sind doch nicht verheiratet, oder?«

Natürlich, das mußte es sein. Er war verheiratet. So erklärte sich auch, daß er noch am selben Abend zurückwollte. Verdammt noch mal! Natürlich! Er war garantiert verheiratet!

Er: »Nein, ich bin nicht verheiratet.«

Sie: »Sind Sie sicher?«

Er: »Ganz sicher.«

Wieder Schweigen. Dessert. Kaffee. Rechnung bitte.

Er: »Warum zupfen Sie so an Ihrer Haut?«

Sie: »Reine Nervosität.«

Er: »Sie sind nervös – weswegen?«

Sie: »Nur so. Das Leben.«

Viel Gelächter. Eng umschlungen fuhr man zum Flughafen. Und während des Rückflugs lehnte man sich leicht gegeneinander, halb im Schlaf. Landung auf dem Flughafen von West Palm Beach. Wenig später saßen sie in seinem Seville. In rascher Fahrt ging es zum Ozean. Dort hielten sie und lauschten auf das Dröhnen der Wogen.

War all dies Wirklichkeit? War es wirklich geschehen, geschah noch immer? Sie blickte ihm ins gutgeschnittene Gesicht. Ich könnte diesen Mann lieben, dachte sie plötzlich, während ein Gefühl von Panik in ihr aufstieg. Ich könnte diesen Mann wirklich und wahrhaftig lieben.

Zärtlichkeiten im Auto? Guter Gott, wie viele Jahre war das wohl her, sie konnte sich kaum noch erinnern. Wie hatte er eigentlich ausgesehen, ihr letzter Liebhaber im Auto? Ein knappes Dutzend weiterer war gefolgt, nicht im Auto, sondern im Bett, und bei einem oder zweien schien auch so etwas Ähnliches wie Liebe mit im Spiel gewesen zu sein. Bloß irgendwie lief die Sache jeweils ganz auf Sisyphos hinaus: mühsames Hochwälzen eines Felsbrockens zum Gipfel und anschließendes unaufhaltsames Hinabrollen in den Abgrund – dort, wo er am allertiefsten schien. Diesmal jedoch war alles ganz anders.

Victors Lippen wirkten nicht fordernd, sondern zärtlich. Seine Küsse hatten etwas Romantisches, mit dem unbeholfenen, eher groben Geknutsche eines quasi noch Halbstarken überhaupt nicht zu vergleichen. Seine Lippen waren geöffnet, doch gab es nichts Unbeherrscht-Gieriges. Er wußte genau, wann und wie und wieviel. Der Rat ihrer Mutter erwies sich als stichhaltig – er hatte gute Hände.

»Warum hörst du auf?« hörte sie eine Stimme fragen. Und begriff dann, daß es ihre eigene Stimme war. »Wer hat das gesagt?« lachte sie und versuchte, es ins Scherzhafte zu wenden. Sie war überrascht: über ihre eigene Begierde, über ihren Mangel an Scheu.

»So sehr ich den Ozean auch liebe«, erwiderte er sehr ruhig, seinen Kopf dicht an ihrem, während ihr sein Atem sacht übers Kinn strich. »Ich bin nie sehr dafür gewesen, daß man sich auf den Vordersitzen eines Autos liebt – oder auch auf den Hintersitzen.«

Überraschen konnte seine Reaktion eigentlich kaum. Eine solche Einstellung sah ihm nur allzu ähnlich, paßte genau zu ihm. Und so wartete sie geduldig, bis er nach etlichen Sekunden weitersprach.

»Außerdem«, fuhr er fort, »fange ich nicht gern etwas an, das ich nicht zu Ende bringen kann.«

»Weshalb kannst du's nicht zu Ende bringen?« fragte sie, und wieder fühlte sie sich überrascht sowohl von dem drängenden Ton in ihrer Stimme als auch von der Enttäuschung, die sich hineinmischte. Sie lachten beide.

»Weil ich morgen schon in aller Frühe auf den Beinen sein muß«, sagte er und nahm ihre Hand, seine Finger mit ihren Fingern verschränkend.

»Du mußt irgendwohin?« fragte sie und hörte, wie eine laute Stimme in ihr sagte: »Wußte ich's doch – war viel zu schön, um wahr zu sein. Gleich morgen früh schwirrt er ab ins schwärzeste Afrika, Friedenscorps oder irgendso was!« Diese innere Stimme war so laut und so beharrlich, daß sie kaum hörte, was er wirklich sagte. »Wo mußt du hin?« rief sie, während der Schwarze Kontinent für sie immer mehr zur fixen Idee wurde und die Stimme in ihr seine Stimme buchstäblich zu überschreien schien.

Er wiederholte, was er bereits gesagt hatte. Und er sagte es mit ruhiger Stimme, sogar mit einem leisen Lächeln. »Ins Gefängnis«, erklärte er erneut, und dann schwiegen beide.

3

Um sieben Uhr am Sonntagabend holte sie ihn vor dem Gefängnis von West Palm Beach ab. Er lächelte. Seine zweitägige Haft schien ihm nicht das mindeste angehabt zu haben, er sah eher noch besser aus als zuvor. Ganz lässig war er gekleidet, Bluejeans und offenes Hemd. Und er wartete bereits auf sie – man hatte ihn zehn Minuten vor der Zeit auf freien Fuß gesetzt. »Wegen guter Führung«, witzelte er, während er sich auf den Beifahrersitz schwang. Sofort nahm er sie in die Arme, mit leichtem Druck nur berührten seine Lippen die ihren, doch es schien berauschend wie etwa ein Schluck Brandy. »Also ehrlich«, sagte sie, während sie den Zündschlüssel drehte, »ich kann das Ganze überhaupt nicht fassen.« Vor allem, wie mir das Herz gegen die Rippen schlägt, dachte sie. Rasch lenkte sie das Auto in die Mitte der Straße. Der Zufall – oder was immer – wollte es, daß sich dieses Gefängnis an einer von West Palms Hauptstraßen befand, in unmittelbarer Nähe eines Gebrauchtwagenlagers. Von außen sah es aus wie eine der etwas heruntergekommenen Geschäftsfassaden, die West Palm von Palm Beach trennten – eine Grenzlinie, die mehr durch einen Geldstrom als durch den tatsächlich vorhandenen Kanal gezogen wurde. Während West Palms Atmosphäre Leben verströmte, verriet in Palm Beach nichts Benutzung oder Alter – mit Ausnahme vielleicht von seiner Bevölkerung.

»Saust du immer so flott los?« fragte Victor beiläufig. »Dann werden deine Reifenprofile wohl bald hin sein.«

Donna lächelte und konzentrierte sich. Allerdings weniger auf das Fahren als auf das schwärzliche Haargekräusel, das oben in seinem aufklaffenden fahlblauen Hemd zu sehen war.

»Nun, ich habe jedenfalls meine Lektion gelernt«, sagte er ernst und legte eine sekundenlange dramatische Pause ein. »Nie wieder werde ich ein Haltesignal überfahren.«

»Hast du mir nicht gesagt, du hättest es gar nicht überfahren?«

»Die haben das zumindest behauptet.«

»Aber mir hast du erzählt, du hättest es nicht getan – und eben deshalb lieber die zwei Tage Haft in Kauf genommen, statt für den unberechtigten Strafzettel zu zahlen. Eine recht zweifelhafte Sache, selbst wenn du unschuldig warst. Und jetzt läßt du durchblicken, du seist durchaus schuldig gewesen.«

»Gemäß Anklage schon«, räumte er mit einem Kopfnicken ein. »Aber das konnte ich doch nicht zugeben, nachdem ich so viel Wirbel gemacht hatte. Schon aus Prinzip nicht, weißt du.« Er lachte.

Sie stimmte in sein Lachen ein. Dabei war sie sich nicht einmal im geringsten sicher, weshalb eigentlich. Irgendwie versuchte sie, innerlich mit einem Mann zurechtzukommen, der lieber eine zweitägige Haft absaß, als ein Strafmandat zu bezahlen – obschon er nun doch zugab, schuldhaft gehandelt zu haben, und sich gleichzeitig auf irgendwelche Prinzipien berief.

Sie überquerten eine Brücke und fuhren in Richtung South Ocean Boulevard. »Wie war's denn?« fragte sie. »Schlimm?«

»Das kannst du mir glauben. Zwei Tage Einzelhaft.«

»Einzelhaft?«

»Außer mir war keiner da.«

»Du warst der einzige Häftling?« Er nickte. »Dann bist du also nicht vergewaltigt worden«, sagte sie – mehr Feststellung als Frage. Aber warum nur, Himmelherrgott, sprach sie dauernd von Sex?

»Ich hatte gehofft, das würden wir uns für heute abend aufheben«, erklärte er, während sich ihre Augen trafen. »Obacht – rote Ampel!«

Sie reagierte sofort, trat so hart auf die Bremse, daß sie beide drohten, durch die Windschutzscheibe zu sausen. Dabei waren sie noch rund fünfzehn Meter von der Ampel entfernt – und kein weiteres Auto befand sich in der Nähe.

»Tut mir leid«, sagte er sofort. »Hab's nur so aus dem Augenwinkel gesehen und mich in der Entfernung verschätzt.«

Donnas Herz raste. »Schon recht. Ich hätte den Blick nicht von der Straße wenden dürfen.«

»Bist du beleidigt, wenn ich dich bitte, mich ans Steuer zu lassen?« fragte er plötzlich.

»Du möchtest fahren?«

»Ja – falls es dir nichts ausmacht.« Er schwieg, lächelte. »Aus irgendeinem Grunde fühle ich mich heute abend ein wenig nervös, und wenn ich am Steuer eines Autos sitze, so beruhigt mich das für gewöhnlich.«

»Nein, es macht mir überhaupt nichts aus«, versicherte Donna nachdrücklich.

Victor stieg aus, und während er vorn um den roten Mustang herumging, glitt sie auf den Beifahrersitz.

»Schon besser«, sagte er, als er hinter dem Steuerrad saß, und sie stimmte sofort zu. Im Nu näherte er sich über die fünfzehn oder zwanzig Meter Distanz der Ampel, die genau im Augenblick seiner Ankunft auf Grün umsprang. Ein gutes Zeichen, dachte sie.

Er warf ihr einen kurzen Blick zu, und die schmalen Linien um seine Augen schienen sich, so jedenfalls wollte es ihr scheinen, zu einem Lächeln zu entspannen. Seine Stimme hatte einen leisen, sanften Klang. »Nach Hause?« fragte er und konzentrierte sich dann, ohne ihre Antwort abzuwarten, voll auf die vor ihm liegende Straße.

Donna wußte nicht recht, ob sie wachte oder träumte.

Natürlich hatte sie gehofft, ja erwartet, er werde ein guter, wenn nicht sogar hervorragender Liebhaber sein (gleichzeitig hatte sie sich in den vergangenen beiden Tagen darauf gefaßt gemacht, daß genau das Gegenteil der Fall sein mochte). Aber dies war dann alles viel zu schön, um wahr zu sein – nicht einmal Träume waren so gut wie diese Wirklichkeit.

Ja, sie schien auf alles vorbereitet – und war es doch nicht. Nur, wie hätte sie damit rechnen können, daß etwas gleichsam Unvorstellbares geschah?

Noch nie hatte sie einen Liebhaber gehabt, der so darauf bedacht gewesen war, alles – wirklich alles – zu tun, um sie glücklich zu machen. Seine Hingabe (ein sonderbares Wort, wie ihr bewußt wurde, doch fand sich kein treffenderes) – seine Hingabe schien allumfassend. Einzig um ihr Glück ging es ihm. Er seinerseits verlangte von ihr nichts. Ihm genügte es, wenn er sie lächeln sah.

Sie brauchte wahrhaftig nicht zu heucheln. In einem wahren Glücksdelirium befand sie sich – bei gleichzeitiger Passivität, Entspanntheit.

Mit raschen Schritten waren sie vom Auto zu seinem Bungalow gegangen. Ein relativ großer Bungalow schien es zu sein. Er nahm sie bei der Hand und führte sie durch den Flur, vorbei an Wohn- und Speisezimmer, an der Küche. Alles wirkte sehr hübsch, sehr geschmackvoll, wie Donna sehr wohl bemerkte. Sie gelangten zum hinteren Teil des Hauses, wo sich die Schlafzimmer befanden.

Drei, wenn nicht gar vier mußten es sein, sofern die Länge des Korridors ein Anhaltspunkt dafür war. Er führte sie ins erste Zimmer, in dem sanfte Beige- und Blautöne dominierten (»Sand und Surf«, sagte er scherzend, während sie zum Doppelbett gingen und er sie zu küssen begann, zärtlich rings um den Mund).

Wortlos entkleidete er sie. Um so beredter waren seine Hände, seine Finger. Als sie dann sein Hemd aufknöpfen wollte, wich er kaum merklich zurück. »Laß nur«, sagte er, während er die Bettdecke zurückschlug und Donna sacht darauf zuschob. Nun begannen seine Finger, rasch sein Hemd aufzuknöpfen. »Laß mich alles tun.« Eigentümlich dunkel klang seine Stimme, als er dies sagte, und noch nie hatte Donna etwas gehört, das so sexy klang wie diese vier Worte.

Sie beobachtete, wie er sich das Hemd auszog. Schuhe und Socken folgten. Vielleicht hätte sie ihren Blick abwenden sollen, als er die Jeans und Shorts abstreifte. Aber sie tat es nicht. Er war der schönste Mann, den sie je gesehen hatte.

Er glitt neben sie ins Bett und nahm sie sofort in die Arme. Sanft berührten seine Lippen ihre Lippen. Sie küßten sich, endlos, wie es schien. Doch war zeitlos wohl das treffendere Wort.

Was immer er tat, es war mehr, so viel mehr, als sie sich erhofft hatte. Wie er sie berührte, anrührte, aufrührte (sie »stimulierte«, hätte es in bestimmten Büchern wohl geheißen)! Für sich hingegen verlangte er nichts. Einmal war sie im Begriff gewesen, sein Glied in ihren Mund zu nehmen; doch zog er sie zurück, zog sie ganz über sich, immer höher, bis ihre auseinandergespreizten Schenkel sich über seinem Mund befanden.

»Laß mich«, sagte sie leise – und es waren praktisch dieselben Worte, die zuvor er gebraucht hatte.

»Nein«, erwiderte er, während er, seine Hände noch an ihren Brüsten, ihren Schoß dichter an seinen Mund zog. »Ich möchte alles haben. Ich kann von dir einfach nicht genug bekommen.«

Als er schließlich in sie eindrang, glaubte sie, eines weiteren Orgasmus überhaupt nicht mehr fähig zu sein. Ihr Körper war schweißgebadet, feucht klebte ihr das Haar am Schädel, sogar an der Wange. »Ich kann nicht mehr kommen«, flüsterte sie, während sie spürte, wie er mit seinen Händen den Rhythmus ihrer Hüften seinem eigenen anzupassen suchte.

»Du wirst kommen«, versicherte er. Und veränderte die Position. Jetzt kniete er, während ihre Beine, hoch in die Luft ragend, auf seinen Schultern lagen.

»O mein Gott!« rief sie, als sie spürte, wie tief er jetzt in ihr war. »O Himmel!« Mehr und mehr geriet sie außer Atem.

Minuten später ließ er ihre Beine von seinen Schultern gleiten, sacht, ganz sacht. Seite an Seite lagen sie nun. Leise lösten sich ihre Lippen von seinem Mund. Und sie sah, daß er sie buchstäblich anstarrte.

»Würde es dich sehr überraschen«, fragte er, »wenn ich dir sage, daß ich offenbar im Begriff bin, mich in dich zu verlieben?«

Sie begann zu weinen – spürte im selben Augenblick, wie sie abermals im Kommen war, und zog ihn so fest an sich, daß sie nicht mehr wußte, was ihr Körper und was sein Körper war.

Zwei Monate später beschlossen sie zu heiraten. Das war bei einem Mittagsimbiß in einem Restaurant, wo es Hamburger aller Art gab.

»Wann?« fragte sie, als sie ihn anschließend in sein Büro zurückfuhr.

»Sobald ich alle notwendigen Arrangements getroffen habe«, erwiderte er. Plötzlich wirkte sein Körper eigentümlich angespannt.

»Was ist denn? Was hast du?«

»Tut mir leid, Honey«, sagte er, und aus seiner Stimme sprach aufrichtiges Bedauern. »Es ist nur – wenn du deine Hände *so* am Lenkrad hältst, werde ich immer sehr nervös.«

Sie blickte auf ihre Hände. Sie ruhten, wie sie es meist zu tun pflegten, in ziemlich lässiger Haltung am unteren Teil des Steuers.

»Weißt du«, fuhr er fort, »wenn irgend etwas Unvorhergesehenes geschieht, wenn irgendein Idiot irgendwas Idiotisches tut ... dir bliebe, so wie du die Hände hältst, nicht genügend Zeit, richtig zu reagieren. Du wärst hin.« Sofort brachte sie ihre Hände in die korrekte Position: an beiden Seiten des Lenkrads.

»Du hast recht«, sagte sie. »Ich sollte wirklich vernünftiger und vorsichtiger sein.«

Sie hielten vor seinem Büro, das sich in einem großen stuckverzierten, ganz in Kanariengelb gehaltenen Gebäude befand. Ein mittelgroßer, untersetzter Mann ging am parkenden Auto vorbei und entschwand durch die imposante Eingangstür.

»War das nicht Danny Vogel?« fragte sie. Er nickte. »Ist dieser unsinnige Streit noch nicht beigelegt?« Er schüttelte den Kopf. »Ich dachte, er hätte sich entschuldigt.«

»Hat er.« Victor stieg aus und beugte sich dann zurück. »Überlege dir, wen du einladen möchtest. Stelle eine Liste zusammen. Was mich betrifft – je weniger Leute, desto besser.«

Er begann, die Tür zu schließen. »Victor?« Er zog die Tür wieder auf und steckte seinen Kopf ins Wageninnere. »Ich liebe dich«, sagte sie.

»Ich liebe dich, Honey«, erwiderte er und ließ die Tür sacht zuschwingen.

Donna sah ihm nach, während er in der großen, weißen Eingangshalle verschwand. Er blickte nicht zurück. Er schien nie zurückzublicken. In keiner Beziehung. Bei allem, was er tat, wirkte er so ungeheuer selbstbewußt. »O Gott, Mutter«, hörte sie sich plötzlich selbst rufen, als ihr bewußt wurde, wie wenig sie im Grunde über diesen Mann wußte. War es mehr als das übliche »Nervenzittern«, bevor man eine Ehe einging? »Bitte, Mutter, sag mir doch, ob ich das Richtige tue?« Aber die einzige Stimme, die sie vernahm, war die aus dem Radio: zwei Uhr, Zeit für die Nachrichten.

Seit über einer Stunde saß sie da und starrte auf den Namen. Leonore Cressy. Eine Vielzahl anderer Namen, Adressen und Telefonnummern fand sich auf der Seite in dem kleinen, ledergebundenen Buch, doch Donna starrte unentwegt auf *diesen* Namen mit der Connecticut-Adresse und entsprechender Telefonnummer: Leonore Cressy.

Er hatte ihr erklärt, eine Ex-Frau gebe es nicht, seine Mutter sei tot, er sei das einzige Kind gewesen. Wer also war diese Leonore Cressy? Womöglich eine Tante oder eine Kusine. Jedenfalls eine Verwandte.

Sie hob den Blick. Was sollte sie tun? Bis zur Hochzeit waren es nur noch zwei Wochen, und bisher hatte er sie eigentlich nur gebeten, ihm zwei Dinge »abzunehmen«, nämlich alles hinsichtlich der Blumen und der Fotografen zu arrangieren. Das bedeutete praktisch nicht mehr als zwei Telefonanrufe, und nun also saß sie hier und fühlte sich unversehens höchst irritiert.

Sie versuchte, sich ganz auf die vorliegende Aufgabe zu konzentrieren. Sie hatten sich für weiße und gelbe Rosen entschieden, überdies kamen Margeriten hinzu (er hatte erwähnt, daß er diese sehr mochte). Donna blickte sich im Raum um, und plötzlich war sie sehr froh, daß er die Hochzeit hier haben wollte, in diesem Haus, das bald auch ihr Heim sein würde.

Auf seiner Gästeliste standen ganze fünf Namen. Machte insgesamt zwanzig. Sie hatte sein Adreßbuch hervorgesucht, nicht, um darin zu spionieren, sondern um die Telefonnummer des von ihm empfohlenen Floristen zu finden. Carnation Florists, direkt unter dem Buchstaben C. Genau sieben Zeilen über »Cressy, Leonore«.

Sie hob den Telefonhörer ab und wählte.

»Carnation Florists«, meldete sich eine nasale Frauenstimme. Sie klang betont gelangweilt.

»Ich möchte ein paar Blumen bestellen«, sagte Donna, während sie an alles andere dachte, nur nicht an Blumen.

»Ja. Was hätten Sie denn gern?«

Donna erklärte hastig, mußte dann wiederholen: Die Blumen seien für ihre Hochzeit; ja, für ihre eigene Hochzeit, und sie wünsche genügend weiße und gelbe Rosen, um ein Wohnzimmer, etwa fünf mal sechs Meter, damit zu schmücken, mit Margeriten dazwischen. Ein entsprechendes Arrangement wünsche sie für ihr Bouquet. Sie hatte beschlossen, das einfache weiße Seidenkleid zu tragen, das Victor im Schaufenster von Bonwit Teller in der Worth Avenue gesehen hatte (und nicht jenes fahlblaue, das sie auf der anderen Straßenseite bei Saks erspäht hatte). Was die Details anbetraf, schien soweit alles unter Dach und Fach.

Allerdings dauerte es geschlagene fünfundzwanzig Minuten, bis sie sich mit der nasalen weiblichen Stimme von Carnation Florists am anderen Ende der Leitung wirklich einig war. Blieb nur noch der Rest: die Fotografen, von denen Victor als den besten ·in ganz Palm Beach gesprochen hatte. Messinger-Edwards, hatte er gesagt, und auch deren Nummer stand in seinem Adreßbuch.

Donna wollte die Seite umblättern, tat es jedoch nicht. Nach wie vor haftete ihr Blick auf diesem Namen: Leonore Cressy. Ihre Finger spielten mit der Wählscheibe. Wer war Leonore Cressy? Ein Anruf, und sie würde es wissen. Und dann? Was würde sie entdecken? Irgendeine längstvergessene Kusine von ihm, die er schlicht übersehen hatte, um sie auf seine Gästeliste zu setzen?

Aber diese Frau anrufen, nur um die eigene Neugier zu befriedigen, war genau das, was sie selbst so verabscheute: das Eindringen in eine fremde Privatsphäre.

Rasch blätterte sie weiter, zu M. wie Messinger-Edwards. Was es mit Leonore Cressy auf sich hatte, konnte sie auch herausfinden, indem sie später ganz einfach Victor fragte.

4

Die Auseinandersetzung begann unmerklich. Keine der beiden Seiten konnte sich später erinnern, wann es eigentlich genau angefangen hatte. Irgendwie machte sich ein vages, unbehagliches Gefühl breit – und intensivierte sich immer mehr: von einer kaum nennenswerten Meinungsverschiedenheit steigerte es sich zunehmend zum ersten ausgewachsenen Krach. Ihrem ersten.

»Ich habe den Floristen angerufen«, sagte Donna.

»Und?«

»Alles arrangiert. Weiße und gelbe Rosen. Und Margeriten. Genau, wie du's gesagt hast.«

»Ich dachte, das sei *dein* Wunsch«, erklärte Victor aufrichtig.

»Ist es auch.« Sie lächelte. Weiße und gelbe Rosen – eine herrliche Vorstellung. Dazu Margeriten. Victor war entschieden ein Mann von gutem Geschmack.

»Wir könnten natürlich auch weiße und rosa Rosen nehmen, falls dir das lieber wäre«, erklärte er.

»Nein«, sagte sie und erinnerte sich: Das mit den Rosen war im Grunde ausschließlich ihr Wunsch, doch schließlich handelte es sich genausogut um ihre wie um seine Hochzeit. »Also mir wären weiße und gelbe Rosen schon recht. Sie sind wunderschön.«

Er lächelte. »Nun ja – ich dachte nur, bei der Farbe, die der Raum nun einmal hat.«

Donna blickte sich sorgfältig um. Gewiß, hier war alles in heller Florida-Sonnentönung gehalten. Weiße Wände, geschmückt mit modernen Lithographien, Estève neben Jim Dines Serie von Herzen, ganz in der Nähe der kanariengelbe Drehstuhl, außerdem ein imposanter Rosenquist über dem grün und weiß geblümten Sofa, neben dem sich der hellfarbene eisgrüne Doppelsessel befand.

Was sonst noch? Eine schwarze Lampe dazwischen, deren Schein den üppigen Teppich erst recht zur Geltung brachte. Es war wirklich ein wunderschöner Raum. Und gar kein Zweifel: Was Ausstattungen betraf, so besaß Victor einen sehr feinen, fast schon untrüglichen Instinkt. Es war etwas, das ihn intensiv interessierte. Und zwar nicht nur, *daß* es wirkte, sondern auch, *warum* es wirkte. Das gleiche galt ganz allgemein für seine Kunstinteressen. Er war nicht einfach jemand, der etwas sammelte, bloß um einem Trend zu folgen. Es lag ihm ehrlich daran, wenn er ein Kunstwerk erstand, genauso bewandert zu sein, wie die Menschen, mit denen er zu tun hatte. Er studierte, plante alles genau. Und nur selten unterlief ihm ein Irrtum.

»Sonst noch was?« fragte er.

»Ich habe die Fotografen angerufen.«

»Welche?«

»Messinger-Edwards«, erwiderte Donna. Victor lächelte. »Sie werden um vier hier sein.«

»Wieso um vier?«

Die Frage traf sie unvorbereitet. Unwillkürlich begann sie zu stottern. »Ich dachte, vier sei eine gute Zeit. Eine Stunde, bevor die Zeremonie beginnt. Du weißt schon, noch so ein paar Aufnahmen von uns machen ...« Ihre Stimme schien zu verstummen. »Wieso? Ist vier Uhr keine passende Zeit?«

Er nickte. »Doch, natürlich.« Er schwieg einen Augenblick. »Ich hätte das zwar *so* nicht arrangiert, aber sicher, ist schon in Ordnung.«

»Wie hättest du's denn arrangiert?«

Er schüttelte den Kopf. »Nein, nein, vier Uhr ist in Ordnung.« Sie wechselten das Thema. »Ich habe das Kleid bei Bonwit gekauft. Fuhr heute hin und probierte es an, und es sah großartig aus. Du hattest recht.« Er lächelte.

»Es ist dir doch wohl klar, daß du ziemlich lange darin herumsitzen mußt – da du die Fotografen schon für vier Uhr bestellt hast.«

»Möchtest du, daß ich das umarrangiere?«

»Nein, vier Uhr ist schon in Ordnung. Du mußt dir nur klarmachen, daß das gewisse Konsequenzen beinhaltet, weiter nichts. Könnte sein, daß das Kleid bereits ein wenig zerknittert wirkt, wenn die eigentliche Zeremonie beginnt.«

»Was wäre eine bessere Zeit? Fünf?«

»Um fünf ist unsere Trauung.« Er lachte leise. »Scheint dir schon nicht mehr ganz bewußt zu sein.«

»Nun, wann sonst? Später?«

»Nein. Später sind wir zu erschöpft, um noch für ein formelles Bild zu posieren.«

»Nun, wann also?« fragte sie wieder.

»Hab dir doch gesagt: Vier Uhr ist soweit ganz in Ordnung.«

»Aber du hast auch gesagt, du hättest es *so* nicht arrangiert.«

»Hab's mir inzwischen anders überlegt. Ich begreife jetzt, daß du recht hattest. Ich stimme mit dir überein.«

»Und was soll das dann bedeuten mit diesen ›gewissen Konsequenzen‹?«

»Was willst du von mir?« fragte er, und seine Stimme senkte sich in demselben Maße, wie sich die ihre hob. »Ich habe doch gesagt, ich stimme mit dir überein.«

Weshalb sie sich so frustriert fühlte, hätte sie selbst nicht sagen können. Sie wußte nur, daß sie am liebsten die Miró-Lithographie hinter ihm von der Wand gerissen hätte, um sie ihm über den Schädel zu knallen.

»Wer ist Leonore Cressy?« fragte sie urplötzlich und begriff sofort, daß sie für diese Frage den absolut falschen Zeitpunkt gewählt hatte.

Zu dieser Erkenntnis bedurfte es nicht viel. Das verriet ihr sein Gesichtsausdruck.

»Woher weißt du von Leonore Cressy?« fragte er, und es klang fast wie ein Fordern. »Hat sie dich angerufen, während ich außerhalb war?«

»Nein.« Donna fühlte sich von Sekunde zu Sekunde unbehaglicher. Diese Frau – wer immer sie auch sein mochte – war augenscheinlich mehr als nur eine halbvergessene Verwandte. Wegen einer altjüngferlichen Tante etwa zuckte man nicht urplötzlich aus seinem Sessel hoch. In der Tat: Victor bewegte sich jetzt auf sie, Donna, zu.

»Du hast meine Frage nicht beantwortet«, sagte er mit beherrschter Stimme.

»In deinem Adreßbuch bin ich auf ihren Namen gestoßen«, erklärte sie. »Und zwar, als ich nach der Telefonnummer von Carnation Florists suchte. Weshalb bist du so erregt? Wer ist sie?«

»Hast du sie angerufen?«

»Nein, natürlich nicht. Das würde ich niemals tun.« Allerdings war ich ziemlich in Versuchung, hätte sie um ein Haar hinzugefügt, besann sich jedoch rechtzeitig. »Wer ist sie?«

Eine lange Pause trat ein. Victors Gesicht entspannte sich. »Eine ausweichende Antwort würdest du an diesem Punkt ja wohl kaum akzeptieren.« Sie schüttelte den Kopf, lächelte, spürte deutlich, wie sich die Situation zu entkrampfen begann. »Meine Mutter«, erklärte er mit irgendwie tonloser Stimme.

Donna war so verblüfft, daß sie sekundenlang kein Wort hervorbrachte. »Deine Mutter?« fragte sie schließlich fast schrill. »Deine Mutter? Ja, hast du denn nicht gesagt, sie sei tot!?«

Er hatte sich inzwischen gesetzt. Jetzt erhob er sich wieder. »Das ist sie auch«, sagte er mit der gleichen tonlosen Stimme wie zuvor. »Für mich ist sie tot.«

»Was soll das heißen?« Unwillkürlich war sie aufgesprungen.

»Es soll genau das heißen, was ich gesagt habe. Für mich ist meine Mutter tot. Inzwischen seit über drei Jahren.«

»Was bedeutet das? Ich begreife nicht ...«

»Warum regst du dich so auf?«

»Warum? Warum? Wir wollen in ein paar Wochen heiraten, und plötzlich stellt sich heraus, daß du mich über deine Mutter belogen hast. Sie ist gar nicht tot!«

Auf seinem Gesicht spiegelte sich Zorn. »Nun mal langsam. Mit Beschimpfungen solltest du vorsichtig sein.«

»Inwiefern habe ich dich beschimpft?«

»Du hast mich gerade einen Lügner genannt. Ich habe dich niemals belogen.«

»Du hast mir gesagt, deine Mutter sei tot.«

»Für mich ist sie tot.«

»Und weshalb steht dann ihre Telefonnummer in deinem kleinen schwarzen Buch?«

Er schwieg lange, sehr lange. Donna spürte, wie es in ihrer Kehle würgte. Sie unterdrückte die aufsteigenden Tränen. »Ich weiß nicht«, sagte er schließlich. »Ich weiß es nicht.«

Langsam ließ sich Donna wieder auf den Sitz sinken. Plötzlich wirkte alles sehr kalt. »Ich glaube, du sagst mir besser, was da vor sich geht.«

»Gar nichts geht da vor sich. Was auch immer geschehen ist, es liegt über drei Jahre zurück. Es ist tot und begraben.« Er brach ab.

Noch immer sah sie ihn erwartungsvoll an, konnte die Tränen nicht mehr zurückhalten. Sie rannen ihr über die Wangen, doch sie machte keine Anstalten, sie abzuwischen.

»Du ruinierst dein Make-up«, sagte er leise, fast scheu.

»Erzähle«, forderte sie ihn auf. Ihre Hände fühlten sich an wie leblose Eisklumpen.

Er setzte sich neben sie, griff nach ihren Händen. Sie ließ es geschehen, verhielt sich völlig passiv.

»Ich liebe dich«, sagte er.

Sie lachte. »Nun wirst du mir vielleicht außerdem gestehen, daß du eine Frau hast, die an sich zwar noch lebt, aber für dich gemeinsam mit deiner Mutter gestorben ist.« Sie sah ihn an, suchte in seinem Gesicht verzweifelt nach einem Zeichen, das ihr verriet: ihr schlechter Witz war in der Tat nichts als eben dies – *ein schlechter Witz.*

Doch da war nichts in seinen Augen, das auch nur versuchte, in Abrede zu stellen.

»O nein«, sagte sie und wollte ihre Hände befreien, um aufzustehen. Doch er ließ sie nicht los. »O nein«, wiederholte sie. »Ich kann's nicht glauben. Ich kann's einfach nicht glauben.«

»Hör mir zu«, sagte er, und seine Stimme hob sich. »Sei für ein paar Minuten still, und hör mir zu.«

»Kommandiere mich nicht herum!«

»Halt den Mund!« schrie er. »Ich sage dir, was du tun sollst, und du wirst es tun. Das heißt, sofern dir daran liegt, die Wahrheit zu hören.«

»Es ist jetzt ein bißchen spät für die Wahrheit, findest du nicht?«
»Meinst du?« schrillte er. »Meinst du? Ist es *das,* was du mir klarzumachen suchst?«
Er ließ ihre Hände los, schien sie fast von sich zu schleudern und sprang auf, eilte im Zimmer hin und her. Er glich einer Bombe, die jeden Augenblick explodieren konnte.
»Die Wahrheit zu hören interessiert dich wohl nicht? Lügen oder Halbwahrheiten sind dir lieber. Es macht dir nichts aus, mich einen Lügner zu nennen; aber wenn es darum geht, die Wahrheit zu hören, bist du nicht interessiert!«
»Dreh mir doch das Wort nicht im Munde um!« schrie Donna und erhob sich mit einem Ruck. »Versuche nicht, die Sache so hinzustellen, als sei das alles meine Schuld.«
»Davon ist überhaupt nicht die Rede, Donna«, sagte er. »Wer spricht hier denn von Schuld? Liegt dir soviel daran, irgendwem für irgendwas Schuld zu geben? Wir reden über Wahrheit. Entweder interessiert es dich, die Wahrheit zu hören, oder es interessiert dich nicht.«
»Ich kann's einfach nicht fassen – wie alles verdreht worden ist!«
»Du hast den Ball, du bist am Aufschlag, Donna. Was wirst du tun? Aufschlagen oder aber streiken und den Platz verlassen?«
»Allmächtiger, verschone mich mit deinen Metaphern.«
Eine kurze Pause trat ein. »Was wirst du tun, Donna?« wiederholte er. »Es liegt ganz bei dir.«
»Bei mir«, sagte Donna fast unhörbar. Unwillkürlich preßte sie die Faust gegen ihre Brust. »Bei mir.«
»Ich bin bereit, dir die Wahrheit zu erzählen, wenn du bereit bist, sie anzuhören.«
»Ich bin bereit«, erklärte sie und setzte sich wieder, saß ganz steif. Minutenlang schwiegen beide. Dann hob Donna den Kopf und sah Victor an. Zwar blieb sie noch immer stumm, doch ihre Geste besagte eindeutig: Sie war bereit, ihm zuzuhören.
Victor atmete tief ein. »Danke«, sagte er. Abermals eine lange Pause. »Vor über fünf, nein, fast sechs Jahren«, begann er, vorsichtig seine Worte wählend und sich dennoch mehrmals verhaspelnd, »lernte ich Janine Gauntly kennen und heiratete

sie.« Donna sog tief die Luft ein. Plötzlich schien es rings um sie zu wirbeln, und in ihrem Magen rumorte es. »Hör mir zu«, fuhr er fort und schien ihren Zustand sehr genau zu erkennen: die wachsende Beklemmung, den sich gleichsam verdunkelnden Blick (obschon sie sich angestrengt bemühte, ihre Augen klar auf ihn gerichtet zu halten). »Wir sind geschieden«, versicherte er hastig. »Ich schwöre dir, wir sind geschieden. Das war schon, als ich hierher zog. Die Ehe erwies sich als Katastrophe – warum, kann ich beim besten Willen nicht sagen. Es klappte einfach nicht, so gaben wir nach zwei Jahren auf, und ich zog aus. Kinder hatten wir nicht, irgendwelche Komplikationen schien es nicht zu geben. Aber dann gab es trotzdem eine.« Er legte eine dramatische Pause ein. Selbst jetzt, in diesem Augenblick der Krise, war er ungemein auf Wirkung bedacht. »Meine Mutter.«

Fast unhörbar atmete Donna aus, doch in ihrem Magen rumorte es weiter. Sie schwieg; wartete darauf, daß er fortfuhr. »Ich habe dir ja gesagt, daß ich ein Einzelkind war«, erklärte er, um sogleich hastig hinzuzusetzen, »und das stimmt. Meine Eltern konnten keine weiteren Kinder haben. Nachdem ich auf der Welt war, hatte meine Mutter noch eine Reihe von Fehlgeburten – einmal war sie praktisch schon im sechsten Monat. Ein kleines Mädchen, das man nicht durchbringen konnte. Hiervon hat sich Mutter nie wirklich erholt, und mag es sich auch wie ein Klischee anhören – Janine wurde später für sie so etwas wie eine Tochter. Sie standen einander sehr nah, sehr, sehr nah. Allzu nah.« Er schwieg einen Augenblick. »Gab es zwischen Janine und mir irgendwelche Probleme, so ergriff sie stets für Janine Partei. Man hätte meinen können, Janine sei ihr Kind und ich der ›Angeheiratete‹. Mag sein, daß ich das übertrieben gesehen habe, aber es gefiel mir nicht. Andererseits versuchte ich, mich damit abzufinden. Solange es zwischen Janine und mir einigermaßen stimmte, ging das auch. Dann trennten wir uns, und ich zog in eine eigene Wohnung. Daß es meine Mutter hart ankommen würde, war mir klar gewesen. Was ich jedoch nicht ahnte, war dies: Meine Mutter fuhr fort, sich mit Janine zu treffen, und sie sprach mit ihr tagtäglich, wie sie's seit langem zu tun pflegte.« Er hielt inne. Sein Blick forschte in Donnas Gesicht nach einem Hauch von Verständnis – er fand nur einen Ausdruck von Verwirrung: eine leicht gekräuselte Stirn. »Meine Mutter schien sich ganz und gar auf die Seite der Frau zu stellen, der ich zwei der elendesten Jahre meines Lebens verdankte. Vielleicht erkläre ich das nicht richtig, ich weiß nicht, aber ich fühlte mich – fühlte mich wirklich – verraten. Ja, verraten. Das ist das Wort. Die Vorstellung, daß die beiden miteinander befreundet blieben, war mir unerträglich. Zwischen Janine und mir war es aus. Ich wollte sie endgültig raus haben aus meinem Leben.« Von Satz zu Satz, von Wort zu Wort klang seine Stimme eindringlicher. »Schließlich stellte ich meine Mutter vor die Wahl: entweder Janine oder ich, die Ex-Schwiegertochter oder der Sohn.« Er schüttelte den Kopf. »Klingt jetzt vielleicht kleinlich oder kindisch, ich weiß nicht. Damals allerdings war es für mich ungeheuer wichtig, und hauptsächlich darauf kommt es an. Nicht, wie wichtig oder unwichtig es für andere war, sondern wie wichtig für mich.« Wieder brach er ab, und das Sprechen schien ihm zunehmend schwerer zu fallen. »Ich – äh – ich sagte meiner Mutter, wie mir zumute war. Ich sagte ihr auch, daß sie sich offenbar bereits klar entschieden habe; und es war auch nicht, daß sie die falsche Wahl traf, es war vielmehr . . .« Er brach ab, schwieg ein, zwei Sekunden, fuhr dann fort: »Sie zögerte.« Wieder hielt er inne. Was sich im Tieferen – im Psychologischen, wenn man so wollte – abgespielt hatte, schien er nach wie vor nicht zu begreifen. »Ich bot ihr die Wahl zwischen ihrem eigenen Sohn und jemandem, der erst zwei Jahre zuvor in ihr Leben getreten war – und sie zögerte. Also sagte ich, augenscheinlich habe sie ihre Wahl getroffen, und ansonsten gäbe es zwischen uns wohl nichts weiter zu sagen. Ich würde aus ihrem Leben scheiden. Und genau das tat ich. Ich gab meinen Job auf, packte meine Siebensachen und zog nach Florida.« Sein Blick suchte Donna, ein liebevoller Blick. »Mach den Mund zu«, sagte er zärtlich. »Sonst schwirrt noch eine Biene hinein.«

Sie ignorierte seinen plötzlichen Plauderton. »Du bist einfach so fort«, sagte sie verwirrt. »Hast alles zurückgelassen?«

»Nichts habe ich zurückgelassen«, versicherte er. »Denn da war nichts, das ich hätte zurücklassen können.«

»Hast du deine Mutter seitdem nicht mehr gesehen?« Er schüttelte den Kopf. »Weiß sie, wo du bist?«

»Ja.«

»Und?«

»Nichts«, erklärte er. »Sie hat mich ein paarmal angerufen, aber ich habe ihr nichts zu sagen.«

»Nach all dieser Zeit?«

»Es gibt Wunden, die nie verheilen.«

»Und es gibt Mütter, die sterben«, erwiderte Donna nicht ohne Härte. »Ist das, was sie tat, wirklich so unverzeihlich?«

Nun war es an Victor, verwirrt den Kopf zu schütteln. »So habe ich's jedenfalls immer gesehen«, sagte er. »Aber vielleicht irre ich mich ja. Ich weiß es einfach nicht. Dennoch wäre ich im Augenblick nicht bereit, sie wiederzusehen.« Er setzte sich neben Donna. »Was ich weiß, ist, daß ich niemals die Absicht hatte, dich anzulügen. Als ich dir sagte, sie sei tot, wußte ich noch nicht, daß ich dir zwei Monate später einen Heiratsantrag machen würde. Damals hattest du mir so viel über deine eigene Mutter und deine Gefühle für sie erzählt, daß ich einfach nicht wußte, wie ich dir mein Verhältnis zu meiner Mutter darstellen konnte. Wie hättest du auch verstehen sollen?« Abermals schüttelte er den Kopf. »Für einen Mann, der sich auf seinen gesunden Menschenverstand einiges zugute hält, ist dies eine – äh – recht unübliche Art des Verhaltens.«

Donna nickte stumm. Dann fragte sie: »Und was ist mit deiner früheren Frau?«

»Was soll mit ihr sein?«

Wieder spürte Donna aufsteigenden Zorn. »Warum hast du mir nie gesagt, daß du schon mal verheiratet warst?«

»Für mich zählte nur die Gegenwart, nur sie war wirklich wichtig.«

»Hör endlich damit auf«, sagte Donna und stand auf.

»Aufhören? Womit denn?«

»Mit diesem dauernden *für mich*«, erklärte sie. »*Für mich* ist meine Mutter tot, *für mich* zählt nur die Gegenwart. Bedauerlicherweise stimmt das, was für dich zählt, nicht so ganz mit den Fakten überein. Findest du nicht, ich hatte das *Recht* zu wissen?«

»Nein«, erwiderte er und erhob sich gleichfalls. »Nein, es wollte mir beim besten Willen nicht in den Kopf, daß meine frühere Ehe mit uns auch nur das geringste zu tun haben könnte. Kinder entstammten ihr nicht. Mit Janine hatte ich seit Jahren keine Verbindung, und es ist auch nicht meine Absicht, in Zukunft mit ihr Verbindung aufzunehmen.« Hastig ging er hin und her. »Mir leuchtete nicht ein – und mir leuchtet nach wie vor nicht ein –, inwiefern ein Gespräch über meine früheren Fehler irgendeine Bedeutung für *unser* Zusammenleben haben könnte.«

Donna suchte nach Worten, um ihm zu widersprechen.

»Habe ich dich jemals über deine Vergangenheit befragt? Über ehemalige Liebhaber?«

»Das ist doch nicht dasselbe«, protestierte Donna. »Ich war jedenfalls nicht verheiratet.«

»Habe ich dich danach gefragt?«

»Brauchtest du ja nicht. Ich habe dir ja freiwillig alles über mich erzählt.«

»Nun, ich bin eben anders als du. Ist das so furchtbar? So verkehrt? Daß ich mich da von dir unterscheide?«

»Das ist nicht der springende Punkt.«

»Und was ist, deiner Meinung nach, der springende Punkt?«

»Daß du's mir hättest sagen sollen.« Sie ließ sich wieder auf den Sitz fallen. Langsam näherte er sich ihr, blieb dann vor ihr stehen, sank auf die Knie.

»Hätte es denn irgendeinen Unterschied gemacht?« fragte er. »Hätte es etwas an deinen Gefühlen für mich geändert, wenn ich dir gesagt hätte, ich sei bereits verheiratet gewesen?«

»Damals nicht.«

»Und jetzt?« fragte er, während seine Augen unversehens so

trübe wurden, daß Donna erschrak: Nein, auf Tränen von seiner Seite war sie wirklich nicht vorbereitet. »Macht es jetzt irgendwie einen Unterschied in deinen Gefühlen für mich?«

Donna schüttelte den Kopf. »Ich weiß nicht.« Sie hielt inne. »Ich habe nur ganz einfach das Gefühl, daß irgend etwas geschehen ist, das – das mir die Luft zum Atmen nimmt.«

Seine Hand strich über ihren Arm. »Tut mir leid«, sagte er. »Es war falsch von mir. Ungeheuer dumm. Eine andere Erklärung dafür gibt's einfach nicht.« Er saß jetzt neben ihr. »Ich bin es wohl einfach nicht gewohnt, Fehler zu machen, und wenn mir welche unterlaufen, scheue ich zurück, sie zuzugeben.«

Sie sah ihm in die Augen, und seine Tränen erschienen ihr als eine Art Parodie ihrer eigenen. »Aber wieso denn? Fehler, Irrtümer – sie machen dich doch nur menschlicher.«

»Bin ich in deinen Augen denn nicht menschlich?« fragte er.

»O Gott, ich liebe dich so sehr.«

Schluchzend lagen sie einander in den Armen. Und in Donna herrschte ein furchtbarer Wirrwarr: Gefühle, Instinkte, Gedanken, alles wie Kraut und Rüben durcheinander. Sie wußte kaum noch, wer sie war oder wo sie war.

»Bitte, sag mir, daß du mich liebst«, flehte er.

Sie schüttelte den Kopf. »Ich liebe dich«, sagte sie unter Tränen. »Ich liebe dich.« Sie löste sich von ihm. »Ich weiß nur nicht, ob wir nicht ...«

»... ob wir nicht was?«

»... ob wir uns mit allem nicht ein bißchen Zeit lassen sollten«, erklärte Donna.

»Wozu? Entweder liebst du mich, oder du liebst mich nicht.«

»Vielleicht ist Liebe nicht genug.«

»Was gäbe es denn sonst noch?«

»Vertrauen«, sagte sie nur.

Sofort fühlte sie, wie er sich von ihr zurückzog. Wo waren seine Arme? Wo blieben die sanften, beschwichtigenden Worte? Sie brauchte doch beides, Zärtlichkeit und Trost. Und die Versicherung, daß es ihm leid tat, daß er bedauerte – aufrichtig bedauerte.

Er öffnete den Mund, und voll innerer Anspannung wartete sie, hoffte.

Doch seine Stimme klang kalt, distanziert. »Da kann ich nichts weiter tun«, erklärte er. »Ich habe alles, so gut ich irgend konnte, dargelegt. Ich habe mich entschuldigt. Mehr kann ich nicht tun. Mehr werde ich nicht tun. Entweder du akzeptierst meine Entschuldigung, oder du akzeptierst sie nicht. Ich liebe dich. Ich möchte dich heiraten. Aber wenn du das Gefühl hast, daß du mir nicht länger vertrauen kannst, dann bin ich machtlos. Vertrauen – das braucht seine Zeit. Mehr noch: Es gehört von vornherein ein Stück blindes Vertrauen dazu. Entweder hat man's, oder man hat's nicht. Ich kann dir sagen, daß ich dich liebe. Daß ich von nun an all deine Fragen so offen und aufrichtig beantworten werde, wie nur möglich. Ich kann dir versichern, daß ich nie im Zorn die Hand gegen dich erheben werde. Auch werde ich dich nie betrügen. Niemals. Das kann ich schwören. Doch beweisen kann ich es nicht. Du mußt mir vertrauen. Du mußt bereit sein, immer hundert Prozent zu geben.«

»Ich dachte, in einer Ehe sei es fünfzig-fünfzig«, sagte sie ruhig.

»Wer hat dir das erzählt?« fragte er und versuchte ein Lächeln. Seine Stimme klang wieder sehr sanft. »Gewiß niemand mit genügend Grips.« Er berührte ihr Gesicht. »Bei einer Ehe kann man nicht ›halbe-halbe‹ machen, sonst wird nur eine halbe Sache daraus.« Sie lachte leise, unter Tränen. »Es wäre buchstäblich ein Stehenbleiben auf halbem Wege. Ist das wirklich der beste Treffpunkt? Kaum. Geh dem andern so weit entgegen, wie nur möglich. Geh ihm ganz entgegen. Nimm ihn in die Arme und sage ihm, daß du ihn liebst. Selbst wenn er sich im Recht glaubt und meint, du seist im Unrecht; selbst wenn du sicher bist, daß er sich mies verhält – zögere nicht. Denn es mag sehr wohl sein, daß er genau weiß, wie falsch und wie mies sein Verhalten ist – und daß er nur nicht die Kraft hat, sich das in dem betreffenden Augenblick auch selbst einzugestehen.« Er schwieg einen Moment. »Gib mir diesen Extra-Bonus, Donna«, bat er. »Vertrau mir. Ich weiß, daß bei mir einiges mies ist. Aber ich liebe dich. Bitte, schieb unsere Hochzeit nicht auf. Geh vorwärts, nicht rückwärts.« Er nahm ihren Kopf zwischen seine beiden Hände. »Werde meine Frau.«

Die Fotografen trafen um Viertel nach vier ein. Donna wartete bereits seit einer Dreiviertelstunde, voll angekleidet. Und trotz der Klimaanlage begann sie, sich genau so zu fühlen, wie Victor es vorhergesagt hatte: verwelkt. Immer wieder prüfte sie ihr Abbild im Spiegel, strich ein paar widerspenstige Strähnen nach dieser, nach jener Seite. Immer wieder sagte Victor zu ihr, sie möge doch ihr Haar in Ruhe lassen, dadurch werde ja alles nur noch schlimmer. Und als sie ihre Frisur endlich in Ordnung gebracht zu haben glaubte, starrte er sie an und fragte: »Warum hast du das gemacht? Vorher hat's mir viel besser gefallen.«
Verstohlen ließ sie ihre Blicke unablässig über ihre Achselhöhlen gleiten, bis ihr Victor schließlich erklärte, je mehr sie sich wegen des »Transpirierens« sorge, desto mehr werde sie schwitzen. Danach forschten ihre Blicke noch verstohlener, wenn auch kaum weniger häufig. Plötzlich begannen ihre Handrücken zu jucken; Victor sagte zu ihr, sie dürfe auf gar keinen Fall kratzen. Alles nur Nervensache, versicherte er. Nur zu gern hätte sie ihm geantwortet: Mit ihren Nerven sei alles in Ordnung – abgesehen von der Tatsache, daß er ihr auf »selbige« ging.
Und am liebsten hätte sie zu ihm gesagt: Halt endlich den Mund, und verzieh dich nach Connecticut. Ein Drink wäre jetzt eine wahre Erlösung gewesen. Einer? Wenigstens vier, fünf. Und es wäre herrlich gewesen, in diesem Raum voller Blumen gleichsam Amok zu laufen – zu hausen wie jene sprichwörtlichen Vandalen. Denn von Minute zu Minute schien sich hier alles immer mehr in eine Art Totensaal zu verwandeln, wobei niemand anderer als sie selbst die frischaufgebahrte (und noch schweißverfleckte) Leiche war. Nur zu gern hätte sie sich all dessen entledigt, was sich wie eine Zwangsjacke anfühlte: weg mit den Schuhen, weg mit dem Kleid, weg mit dem Schleier, weg mit dem Blumenbouquet – und dann nichts wie fort, irgendwohin.

Wie mochte Victor zumute sein? Doch plötzlich läutete es an der Tür. Es war Viertel nach vier, und die Fotografen erschienen, stotterten irgendwelche Entschuldigungen, bauten ihr Gerät auf und »schossen« drauflos, erst die Braut allein, dann Braut und Bräutigam, zunächst förmlich, anschließend ganz »locker«; ein paar frühzeitig eintreffende Gäste wurden mit auf die Platte gebannt. Nunmehr tauchten, gleichfalls verspätet, jene Service-Leute auf, die sich eben um den ganzen Service kümmern sollten. Selbstverständlich hatten auch sie entsprechende Ausreden parat, und natürlich wünschten sie dem Brautpaar alles Glück der Welt et cetera, et cetera.

Bald darauf erschien der Friedensrichter mit seinem Schreiber. Er war auf die Minute pünktlich, also keine Entschuldigungen, keine Ausreden. Nur eitel Freude und Lächeln und allerbeste Wünsche.

Auf einmal trat Stille ein – eine Stille, die ebenso laut wirkte wie der Lärm, den sie ablöste. Der Friedensrichter sprach, und er sagte etwas über den feierlichen Anlaß dieser Zusammenkunft. Er äußerte sich über den freudvollen gemeinsamen Weg, den das Brautpaar zu unternehmen gedächte; und das Stichwort »unternehmen« löste bei Donna die Assoziation »Bestattungsunternehmer« aus, denn genauso wirkte all dies auf sie.

Was der Friedensrichter im einzelnen sagte, konnte sie nicht verstehen; sie sah nur, wie er seine Lippen bewegte – und ob Trauung oder Begräbnis, das schien so ziemlich einerlei.

Gleichzeitig spürte sie, wie ihr der Schweiß nicht nur aus den Poren, sondern direkt durchs Kleid quoll und dieses verfleckte. Ihre Handrücken begannen wieder zu jucken, und vertraute Stimmen sprachen: Victors und ihre eigene sagten irgend etwas wie »Ja«. Sacht spürte sie den Druck von Victors Lippen an ihrem Mund, ringsum schien man sich vor lauter Jubel zu überstürzen.

Es war vorüber. Was eigentlich? Was war vorüber, und was fing an?

Sie blickte zu Victor. Stolz und zufrieden strahlte er sie an. Aber wie war ihm wirklich zumute? dachte sie.

Später – inzwischen hatte man sich mit etlichen Bissen und Schlucken gestärkt – wandte sie sich direkt an ihn, an Victor (und in der Tat hatte sie jetzt die erforderlichen vier, wenn nicht gar fünf Drinks intus): »Weißt du, ich habe mich gefragt, wie das wohl so war, damals mit dir – einfach deine Sachen packen und weg aus Connecticut …«

»Ich verstehe nicht ganz«, sagte er. »Wie meinst du das?« Seine Frage klang absolut arglos, er hatte inzwischen selbst etliche Drinks gekippt.

»Nun, ich meine nur – was passiert, wenn's mit uns nicht klappt? Packst du dann auch deine Siebensachen und schwirrst einfach ab aus Florida? Würdest du einfach verkünden, ich sei für dich tot, um anschließend mit unbekanntem Ziel zu verreisen?«

Er lächelte. Sein Gesicht drückte nichts aus als Liebe, und seine Stimme klang so sanft und so zärtlich, daß wohlvertraute Schauer ihren Körper überliefen.

»Ich würde dich auslöschen«, erwiderte er sacht. Und dann küßte er sie.

Die neue Mrs. Donna Cressy verbrachte einen nicht unbeträchtlichen Teil ihrer Hochzeitsnacht im Bad, wo sie sich erbrach, wieder und wieder.

5

Donna beobachtete den Mann ganz genau. Weit hinten im Gerichtssaal hatte er gesessen. Jetzt erhob er sich und schritt an ihr vorüber, um seinen Platz im Zeugenstand einzunehmen. Sonderbar, wie linkisch seine Bewegungen wirkten. Starr war ihr Blick auf ihn gerichtet – auf diesen Mann, der gegen sie aussagen würde. Er war von mittlerer Größe, war mittleren Alters. Dieses Wort »mittel« kennzeichnete ihn samt und sonders: Mittelschicht, Mittelmaß. Donna mußte unwillkürlich lächeln. Bekam einen irgendwie absurden Klang, dieses Wort, wenn man's mehrmals wiederholte: mittel ... mittel ... mittel.

Sein braunes Haar war sorgfältig zur einen Seite gekämmt, um eine aufknospende kahle Stelle zu bedecken. Wieder mußte sie über ihre eigene Wortwahl lächeln. Wie konnte man von einer kahlwerdenden Stelle als »aufknospend« sprechen? Andererseits – wieso eigentlich nicht? *Sie* konnte sich so etwas leisten. Sie war ja nicht zurechnungsfähig. In diese Kerbe würde wohl auch jener »mittlere« Herr hauen. Donna Cressy, von Haus aus meschugge. Unfähig, ihre beiden kleinen Kinder aufzuziehen. Plötzlich schien es ringsum kein Lächeln mehr zu geben. Verdammt soll er sein, dieser Kerl, dachte sie. Wer immer er sein mochte.

Mit einem Mal wurde ihr bewußt, daß ihr keineswegs klar war, um wen es sich eigentlich handelte. Victor würde ihn für sich und seine Sache einspannen, soviel stand fest – und irgendwie machte sie das nervös. Unwillkürlich warf sie Mel (der etliche Reihen hinter ihr saß) einen hastigen Blick zu: einen fragenden Blick, mit erhobenen Augenbrauen angedeutet. Kannte er diesen Mann? Seine Antwort bestand in einem kaum merklichen Schulterzucken.

Donna blickte wieder zum Zeugenstand. Der Mann dort besaß ein solches Durchschnittsgesicht, daß man es sich selbst bei aller Konzentration kaum merken konnte. Das einzig wirklich Auffällige schien die schlaffe Haut zu sein. Obwohl sie in ihrer Tönung durchaus gesund wirkte, war es, als habe er sich über das nackte Fleisch einen zu großen Mantel gezogen.

Im übrigen wies er keinerlei bemerkenswerte Kennzeichen auf. Er sah weder hübsch aus noch häßlich, weder freundlich noch unfreundlich, sondern ganz einfach – mittel. Mittelmaß in jeglicher Hinsicht. Genau jener Typ also, den man zu übersehen pflegt, wenn es etwa um eine Beförderung geht.

Seine Stimme klang ruhig. Keineswegs unangenehm. Donna beugte sich auf ihrem Sitz unwillkürlich ein Stück vor. Sie wollte genau hören, was dieser Mann zu sagen hatte.

Der Protokollant fragte ihn nach Namen, Adresse, Beruf.

»Danny Vogel«, sagte der Mann und mied den Blick in Donnas Richtung. »114 Tenth Avenue, Lake Worth. Ich bin Versicherungsagent.«

Der Richter forderte Danny Vogel auf, lauter zu sprechen, und Danny Vogel nickte wortlos.

Sie erinnerte sich an den Namen. Danny Vogel. Nach und nach kam auch der Rest richtig ins Bild, ähnlich wie bei einer Polaroid-Kamera, wo man buchstäblich zusehen kann, wie sich das Foto »aufbaut«.

Seine Adresse – nicht unvertraut. Sie war dort gewesen, war dort hingefahren. Unwillkürlich schauderte sie zusammen. Sie erinnerte sich. Er arbeitete mit Victor. Natürlich kannte sie diesen Mann. Allerdings hatte er inzwischen ungeheuer abgenommen. Deshalb wirkte die Haut so schlaff, und deshalb hatte sie ihn auch zunächst nicht wiedererkannt.

Dennoch: Was suchte er hier? Weshalb wurde er in den Zeugenstand gerufen? Wann war er wohl das letzte Mal in ihrem Haus zu Gast gewesen? Hatte er ihre Kinder jemals wirklich gesehen? Wie also sollte er bezeugen, was für eine Art Mutter sie war?

»Seit wann kennen Sie Mr. Victor Cressy?« fragte Ed Gerber, Victors Anwalt.

Mit deutlich vernehmbarer Stimme (er hatte sich die Ermahnung des Richters also sehr zu Herzen genommen) erwiderte Danny Vogel: »Seit ungefähr acht Jahren. Wir arbeiten im selben Büro.«

»Würden Sie sich als guten Freund von Victor Cressy bezeichnen?«

»Ja, Sir.« Er nickte und heftete seinen Blick auf Victor, suchte Bestätigung. Ob Victor darauf reagierte, war für Donna nicht feststellbar.

»Und Mrs. Cressy?«

»Sie kannte ich weniger gut«, erklärte er, den Blick nach wie vor auf Victor gerichtet.

Weniger gut, dachte Donna. Er hat mich überhaupt nicht gekannt. Wir wurden einander vorgestellt, das ist auch alles. Bei verschiedenen gesellschaftlichen Anlässen haben wir miteinander ein paar belanglose Worte gewechselt: Hallo. Auf Wiedersehen. Ja, ich nehme noch einen Drink. Weniger gut! Was sich aus – oder zwischen – solchen Worten heraushören ließ!!
Nicht einmal bei unserer Trauung war er anwesend! schrie es in ihr – schien es aus ihren Augen zu blitzen. Und warum nicht? Fragen Sie ihn doch mal nach dem Grund, Mr. Gerber, bester Advokat von ganz Florida. Fragen Sie doch mal Mr. Danny Vogel, weshalb er nicht zur Hochzeit seines guten Freundes kam, obwohl ihn die Braut dieses guten Freundes – die Frau, die er »weniger gut« kannte – ausdrücklich auf der Gästeliste hatte haben wollen.

»Was für einen Eindruck haben Sie von Victor Cressy?« fragte Ed Gerber.

»In welcher Hinsicht?« wollte der Zeuge wissen. Donna mußte unwillkürlich lächeln. Nun, Mr. Gerber, dachte sie, dann lassen Sie sich mal was Gescheites einfallen. Daß Danny Vogel die Frage präzisiert haben wollte, verstand sie nur allzu gut.

»Ganz allgemein«, wich der Anwalt aus. »Als Mensch, als Freund, als Kollege.«

Donna konnte Danny Vogel buchstäblich ansehen, wie er in seinem Kopf eine Art Liste aufzustellen begann. Genau diese Funktion war in ihn einprogrammiert: die Wünsche eines Kunden »auflisten« und dann ausführen. »Als Mensch«, begann er ein wenig zögernd, »ist Victor Cressy stark, kraftvoll, sogar dynamisch. Er ist intelligent, besitzt eine hervorragende Auffas-

sungsgabe, vergißt kein Detail. Er verlangt, würde ich sagen, anderen eine Menge ab; allerdings niemals mehr, als er auch sich selbst abverlangt. Mir gegenüber war er stets fair, diszipliniert, absolut beherrscht.« Er schwieg einen Augenblick, schien innerlich den ersten Punkt abzuhaken: erledigt. »Als Freund ist er loyal, aufrichtig – wenn er mit einem ein Hühnchen zu rupfen hat, so läßt er einen darüber nicht im Zweifel. Er sagt einem die Meinung, was natürlich zu Hochs wie zu Tiefs führen kann.« O ja, natürlich, dachte Donna, aber sagt er einem wirklich, was er denkt, oder glaubt man das nur? »Er ist jemand, der sich einem anderen nicht so leicht anvertraut. Tut er es aber, so weiß man, daß es sich um eine ziemlich ernste Sache handeln muß. Andererseits ist er immer bereit, einem zu helfen, wenn man selber Probleme hat.« Nun gut, Punkt zwei abgehakt: Victor Cressy, der gute Freund, bereit, immer bereit. »Als Kollege – nun, da kann es gar keine Frage geben, er ist der beste Versicherungsmann im ganzen Büro. Ein harter Arbeiter, ein wirklicher Perfektionist.« Danny Vogel blickte sich wie suchend im Gerichtssaal um, als warte er auf eine Eingebung, die ihn jetzt das einzig richtige Wort gebrauchen ließ. »Er ist ganz einfach der *Aller*beste.«
Ein Superlativ, wie er sich superlativischer schwerlich finden ließ. Punkt drei – Victor Cressy, Kollege – durfte abgehakt werden. Ausgezeichnet, Mr. Vogel.
Und wenn Sie damals nicht zu unserer Hochzeit kamen, so hatte das natürlich seinen Grund, seinen »triftigen« Grund: Victor hatte Ihnen, dem hochgeschätzten Kollegen, noch nicht verziehen, daß Sie ihm bei einem potentiellen Klienten dazwischengekommen waren –, ein Frevel, dessen Sie sich seinerzeit überhaupt nicht bewußt waren. Und dann verbrachten Sie fast ein geschlagenes Jahr damit, sich Victor gegenüber zu entschuldigen – intelligenter, fairer Mensch, der er doch ist. Und als er meinte, er habe Sie genug gestraft, da ließ er sich herab, wieder mit Ihnen zu sprechen.
Seither hatten Sie stets das Gefühl, absolut im Unrecht gewesen zu sein, während Victor völlig im Recht war: mit seiner Beschul-

digung ebenso wie mit der späteren Behandlung, die er Ihnen »angedeihen« ließ. Ihr »guter Freund« ist ja auch ein meisterhafter Manipulierer. Sein Genie besteht nicht nur darin, daß er andere fortwährend davon überzeugt, einzig er sei dauernd im Recht – o nein. Vor Urzeiten hat er sich selbst eingeredet, er sei praktisch unfehlbar, eine Art Doktrin, mit der er selbst seine lächerlichste Handlungsweise verbrämt. Einfach grandios: Er hat die Schuld, doch schuldig fühlen sich immer nur die andern! Donnas Blick glitt vom Zeugenstand hinüber zu Victor Cressy. Ein solches Talent durfte man wohl getrost eine Gottesgabe nennen.

»Und Ihre Eindrücke betreffs Mrs. Cressy?«

»Bei unseren ersten Begegnungen war ich von ihr stark beeindruckt«, erklärte der Zeuge. »Sie war reizend, schien einen ausgeprägten Sinn für Humor zu haben . . .«

Wieso spricht er von mir in der Vergangenheit? dachte Donna. War sie plötzlich »heimgegangen«? Und bestand ihre Hölle nicht im Spülen von schmutzigem Geschirr, sondern in diesem Gerichtssaal, im Waschen schmutziger Wäsche? Sisyphos wälzt den Felsbrocken hinauf und bricht irgendwann dann doch zusammen, mit dem Ruf: »Ja, ihr habt recht, es ist alles meine Schuld!«

». . . sie schien sich zu ändern«, sagte Danny Vogel.

»Wann war das?«

»Schwer zu sagen, denn ich sah sie nur selten, bei irgendwelchen gesellschaftlichen Anlässen; sie machten sich beide immer rarer.« Er legte eine Pause ein. In seinem Mund schien sich eine Menge Speichel angesammelt zu haben, er schluckte. »Als ich Donna kennenlernte, wirkte sie recht – nun ja, weltoffen. Doch über die Jahre hin schien sie sich mehr und mehr zurückzuziehen. Sie empfing keine Gäste mehr im eigenen Haus.«

»Einspruch«, sagte Donnas Anwalt, indem er sich erhob. »Dieser Zeuge kann uns keine begründeten Informationen darüber geben, wer das Haus der Cressys besucht und wer nicht.«

»Stattgegeben.«

Danny Vogel blickte verwirrt um sich.

»Mr. Vogel«, fuhr Ed Gerber fort und nahm den gleichsam baumelnden Faden wieder auf, »wie oft sind Sie – Sie persönlich

– von den Cressys eingeladen worden, sei es zum Dinner oder sonst zu irgendeinem gesellschaftlichen Anlaß?«

Danny schwieg, dachte nach. »Nun, während ihrer ersten Ehejahre wohl mehrmals pro Jahr. Nach Adams Geburt vielleicht noch einmal pro Jahr. Nach Sharons Geburt überhaupt nicht mehr.« Wie fragend blickte er zu Ed Gerber. Dieser schien recht genau zu wissen, was der Zeuge sagen wollte. Er gab ihm das Zeichen fortzufahren. »Einmal kam sie, um Victor von der Arbeit abzuholen, und Victor und ich standen wartend auf der Straße – sie hatte sich verspätet. Ich steckte den Kopf ins Auto, um ›Hallo‹ zu sagen, und Victor meinte, Renée und ich könnten doch in der kommenden Woche ihre Gäste sein – irgendwann abends zu einem Barbecue-Dinner. Doch sie erwiderte: Nein, das käme überhaupt nicht in Frage. Victor war das sehr peinlich. Mir auch, wie ich wohl kaum zu betonen brauche.«

»Gab sie irgendeine Erklärung ab?«

»Nein. Mehr sagte sie nicht. Es war sonderbar.«

»Fiel Ihnen sonst irgend etwas ›Sonderbares‹ auf?« wollte Ed Gerber wissen.

Danny Vogel schüttelte den Kopf. »Nein, eigentlich nicht. Außer – o ja, ihr Haar. Es war knallrot – so karottenrot. Ich hatte sie in der vorhergehenden Woche bei einer Party gesehen, und da war sie noch blond gewesen.«

»Sie hatten also Gelegenheit, Donna Cressy bei verschiedenen gesellschaftlichen Anlässen zu sehen?«

»O ja. Wir bewegten uns so ziemlich in denselben Kreisen. In unserem Büro war man recht gesellig. Und dauernd gab irgend jemand eine Party.«

»Über die Jahre hinweg – zeigte sich da, bei solchen Anlässen, in Mrs. Cressys Verhalten irgendeine merkliche Veränderung?«

»Nun, wie ich schon sagte, sie schien sich mehr und mehr zurückzuziehen, in sich selbst. Sie wurde immer weniger gesprächig. Sie lächelte kaum noch. Oft war sie erkältet. Stets schien irgend etwas mit ihr nicht in Ordnung zu sein ...«

»Einspruch.« Mr. Stamler schlug einen unwirschen Tonfall an.

»Stattgegeben«, sagte der Richter. »Was Schlußfolgerungen betrifft, Mr. Vogel, so ist das Gericht durchaus in der Lage, diese selber zu ziehen.«

Danny Vogel wirkte tief bestürzt, daß er dem Richter Anlaß zu einer solchen Schelte gegeben hatte. »Tut mir leid, Euer Ehren«, beteuerte er fast unhörbar und wiederholte dann lauter, weil ihn der Richter in diesem Punkt ja bereits ermahnt hatte: »Tut mit leid.«

»Hat es solche Partys auch in Ihrem eigenen Haus gegeben, Mr. Vogel?« fragte Ed Gerber, der die Antwort natürlich im voraus kannte.

»Ja, Sir.«

»Und die Cressys wurden eingeladen?«

Erneut eine bejahende Antwort.

»Wann war das?«

»Vor gut zwei Jahren«, erwiderte Danny Vogel. »Mein vierzigster Geburtstag.«

Donna erinnerte sich sehr genau. Fünfundzwanzig Monate war es inzwischen her. Präzise neun Monate vor Sharons Geburt. Jener Abend, oder jene Nacht, da Sharon gezeugt worden war.

»Könnten Sie genau schildern, was von dem Zeitpunkt an geschah, als die Cressys auf Ihrer Party erschienen?«

Donna dachte an die Party zurück. Was, um alles in der Welt, konnte Danny Vogel da zu berichten haben?

»Nun, sie hatten sich verspätet. Sie waren die letzten, die eintrafen. Aber Victor war sehr freundlich, sehr herzlich. Donna hielt sich irgendwie zurück. Sie lächelte nicht, als sie eintrat, schien mit den Gedanken ganz woanders zu sein. Ich dachte mir, daß das wieder so eine ihrer Stimmungen war ...«

»Einspruch.«

Zwischen dem Richter und ihrem Anwalt entspann sich ein Juristenkauderwelsch, dann fuhr der Zeuge fort. »Jedenfalls kann ich mich kaum erinnern, daß sie irgend etwas sprach. Blickte ich einmal in ihre Richtung, stand sie immer ganz für sich. Stand einfach so da, einen Drink in der Hand, schien sich überhaupt nicht zu bewegen. Ab und zu nahm sie ein Schlück-chen, und im übrigen schniefte sie – sie hatte einen Schnupfen,

62

und ich weiß noch, daß ihr die Nase lief. Unentwegt schien sie ein Papiertaschentuch vor dem Gesicht zu haben.«

Wollen sie mir meine Kinder wegnehmen, weil ich mir mit einem Papiertaschentuch die Nase geputzt habe? dachte Donna fassungslos. Papiertaschentuchkonsumentin – nicht qualifiziert, ihren eigenen Kindern die Nase zu wischen! Ja, gottverdammt noch mal (murmelte sie in sich hinein), wer war es denn gewesen, der nachts um drei aufstand, um ihnen die Nase zu putzen, wenn sie riefen (»Mammi, die Nase, die Nase«, hatte Adam stets geschrien, wenn diese sich auch nur anschickte, ein ganz klein wenig zu laufen). Sie hatte ihnen die Nasen gewischt und die Tränen und auch ihre süßen, runden Popos. Irgendwie schien es jedoch pervers zu sein, daß sie sich die eigene Nase wischte, selbst wenn sie einen Mordsschnupfen hatte.

Aber genau das war natürlich der springende Punkt. Sie hatte *schon wieder* eine Erkältung gehabt. Victor hatte ja bereits davon gesprochen, in welchem Maße sie dafür anfällig sei. Sprach man in einem solchen Fall nicht von »aussagekräftigenden Indizien«?

Ein Papiertaschentuch, gegen sie in die Waagschale geworfen, die sich endgültig zu ihren Ungunsten senkte?

»Schließlich ging ich zu ihr, um mit ihr ein paar Worte zu wechseln«, fuhr Danny Vogel fort, »aber es wurde eine ziemlich einseitige Unterhaltung.«

»Können Sie sich noch an Einzelheiten erinnern?«

»Ich sagte ihr, sie sähe reizend aus.« Er ließ ein Glucksen hören. »Sie stimmte mir zu.«

War natürlich idiotisch von mir, dachte Donna.

»Ihre Stimme klang sehr rauh. Sie schien an Laryngitis zu leiden, was bei ihr recht häufig der Fall war. Deshalb nahm ich an, daß das Sprechen sie anstrengte – zumal ich etliche Fragen gestellt hatte, auf die sie keine Antwort gab.«

»Was für Fragen?«

Danny Vogel zuckte mit den Achseln. »Ich erkundigte mich nach ihrem Söhnchen – Adam. Wie es ihm ginge, ob sie ihn in den Kindergarten schicken wolle. Sie antwortete nicht. Sie blickte mich nur so an. Ich erinnere mich, daß sie aussah, als hätte sie Angst ...«

»Angst? Wovor?«

»Das weiß ich nicht. Sie sagte nichts.«

»Euer Ehren.« Donnas Anwalt, Mr. Stamler, erhob sich. »Ich vermag beim besten Willen nicht einzusehen, welchem Zweck diese Aussage des Zeugen dienen soll. Wenn es die Absicht der Gegenseite ist, ihn als sogenannten ›Charakterzeugen‹ für Victor Cressy auftreten zu lassen – bitte, wir haben nichts einzuwenden. Was er jedoch bislang in bezug auf Mrs. Cressy geäußert hat, war absolut irrelevant. Aus der Tatsache, daß Mrs. Cressy seine Fragen nicht zu seiner Zufriedenheit beantwortete, zieht Mr. Vogel offenbar den Schluß, ihr Verhalten sei irgendwie ›nicht normal‹ gewesen. Nun, Donna Cressy hatte eine Erkältung, sie hatte Laryngitis. Fällt ihr Verhalten damit etwa in die Kategorie ›abnorm‹? Disqualifiziert sie das vielleicht als taugliche Mutter?«

»Wenn ich das Gericht um Geduld bitten darf«, warf Ed Gerber ein, bevor der Richter antworten konnte. »Es ist unsere Absicht, die Relevanz dieser Aussage unverzüglich zu belegen.«

Der Richter setzte eine angemessen skeptische Miene auf, gestattete es dem Anwalt jedoch fortzufahren.

Ed Gerber, augenscheinlich in Gedanken versunken, verzerrte seinen Mund. Als er die nächste Frage dann für sich formuliert hatte, stülpte er seine Lippen vor – gleichsam bereit, Worte auszuspeien.

»Hat Mrs. Cressy weiteres Verhalten während der Party auf irgendeine Weise dazu beigetragen, in Ihnen Zweifel hinsichtlich ihres Geistes- oder Gemütszustandes zu nähren?«

»Nun ja, so mitten während der Party«, erwiderte Danny Vogel, sorgfältig seine Worte wählend, »änderte sich ihr Verhalten plötzlich total. Es war wie Dr. Jeckyl und Mr. Hyde. Oder Mrs. Hyde«, fügte er hinzu und lachte leise über seinen kärglichen Scherz.

Niemand stimmte in das Lachen ein, nur Ed Gerber ließ ein Lächeln sehen. »Eben noch hatte sie geschnieft und mit niemandem gesprochen, und im nächsten Augenblick kreischte sie drauf los. Und wenn ich Kreischen sage, dann meine ich

Kreischen. Sie schrie, sie rief – und ihre Stimme klang völlig klar, ohne die geringste Spur von Erkältung – und so blieb's dann für den Rest des Abends.« Er hielt inne, schien darauf zu warten, daß irgend jemand protestierte. Doch niemand tat's. Donna blickte zum Richter. Sein Interesse war offenkundig wiedererweckt. Aufmerksam hörte er zu.

»Geschah irgend etwas, das Ihnen den abrupten Wechsel im Verhalten von Mrs. Cressy bewußt machte?«

»Donna stand gegenüber der Bar – in derselben Haltung wie zu Beginn der Party –, als Victor auf sie zutrat, um ihr ein Papiertaschentuch zu reichen. Ich sah, wie er es hielt, und auf einmal schlug sie ihm so kräftig auf die Hand, daß er das Papiertaschentuch fallen ließ. Mit dem Arm stieß er dabei gegen den Arm eines anderen Gastes – einer Dame, die daraufhin ihren Drink verschüttete, und zwar direkt auf ihr Kleid. Ich glaube, es war Mrs. Harrison. Was Donna betraf, wo wurde sie recht aggressiv. Ihre Stimme war laut, sehr laut, und blieb es auch, bis sie gingen. Wann immer irgendwo ein Gespräch begann, schaltete sie sich ein und tat ihre Meinung kund, die den jeweiligen Ansichten exakt zuwiderzulaufen schien. Sie beleidigte eine ganze Reihe von Gästen, wobei sie sich verschiedentlich höchst ordinärer Ausdrücke bediente. Victor gegenüber verhielt sie sich absolut unbarmherzig. Jedesmal, wenn er den Mund öffnete, fuhr sie ihm mit irgendeiner sarkastischen Bemerkung in die Parade. Sie machte ihn, wie man so zu sagen pflegt, richtig herunter. Kritisierte ihn, äffte ihn nach. Es war ungeheuer peinlich. Victor meinte schließlich, es sei Zeit, zu gehen. Wieder äußerte sie irgend etwas Bissiges – die Stimme ihres Herrn oder so –, und dann entschwanden sie. Ich muß gestehen, daß wir alle recht erleichtert waren.«

Ed Gerber ließ eine längere Pause eintreten, eine taktisch genau berechnete Pause. »Mr. Vogel, hatten Sie Anlaß zu der Annahme, dieses plötzlich veränderte Verhalten sei auf Mrs. Cressys Alkoholkonsum an jenem Abend zurückzuführen?«

Danny Vogel schien geradezu beglückt, daß ihm diese Frage gestellt wurde. Er gab die Antwort in der Art eines Schuljungen, der – umständehalber – allzu lange gezwungen war, ein Geheimnis für sich zu behalten. »Nein«, stotterte er eifrig. »Wie ich schon sagte, stand sie ja ganz allein, gegenüber der Bar. Und genoß den Drink – den ich ihr übrigens selbst gebracht hatte – nur schlückchenweise. Sie rührte sich nicht vom Fleck. Besorgte sich, soweit ich sah, nie einen weiteren Drink.«

»Sie haben zuvor ausgesagt«, fuhr Ed Gerber überaus sorgfältig fort, »daß Victor Cressy ein Mann war, der seine Probleme anderen höchst selten anvertraute.«

»Das ist richtig«, pflichtete der Zeuge bei.

»Nun sagen Sie mir – aber seien Sie vorsichtig, ich möchte nicht, daß Sie mir genaue Gesprächsinhalte wiedergeben, denn all das würde man als ›Hörensagen‹ bezeichnen ...« Mit einem verschmitzten Lächeln blickte Ed Gerber zu Mr. Stamler. »Sagen Sie mir, ohne irgendwelche Gesprächsdetails wiederzugeben – hat Ihnen Mr. Cressy jemals anvertraut, er sei über das Verhalten seiner Frau beunruhigt?«

»O ja. Häufig.«

»Und gab er auch der Sorge wegen seiner Kinder Ausdruck?«

»Ja, Sir.«

»Was für eine Art Vater war Victor Cressy?« wollte Ed Gerber wissen. Wieder fiel Donna auf, daß er in der Vergangenheit sprach. War etwa auch Victor plötzlich dahingeschieden?

»Soweit ich das beobachten konnte, war er ein wunderbarer Vater. Sehr um seine Kinder bekümmert, und zwar von dem Zeitpunkt an, wo er wußte, daß Donna schwanger war. Er las alle möglichen einschlägigen Bücher, besuchte mit seiner Frau auch die Kurse für werdende Eltern – und zwar beide Male –, kannte sich aus mit sämtlichen Atemübungen. Während der Wehen blieb er bei Donna, und bevor Adam zur Welt kam, waren das wohl nahezu vierundzwanzig Stunden ...«

Sechsundzwanzig Stunden, du Clown! schrie Donna innerlich und mit blitzenden Augen. Im übrigen war *ich* es, die die Wehen hatte, und nicht der angelernte Fachmann für Atemübungen. Jawohl, ich hatte die Wehen.

Aber hatten ihr die Schwestern nicht immer wieder versichert, sie könne sich glücklich preisen, einen so einfühlsamen Ehemann zu

66

haben!? Zumal nach Sharons Geburt war da diese eine Schwester gewesen, die Victor geradezu angehimmelt hatte. Miststück. Und am liebsten hätte Donna geschrien: Fragen Sie ihn doch mal, unter welchen Umständen das Kind gezeugt wurde!

»Er beharrte ganz strikt darauf, daß Donna genau die richtige Nahrung zu sich nahm, und als sie sich entschloß, die Kinder zu stillen – beide Kinder –, war er vor Glück schier außer sich. Er fand, dies sei gesünder. Auf seine Kinder war er ungeheuer stolz. Manchmal brachte er sie mit ins Büro. Man konnte deutlich sehen, daß er ganz verrückt mit ihnen war.«

»Und haben Sie jemals Donna mit ihren Kindern erlebt?«

Danny Vogel verneinte. Irgendwie gelang es ihm, dieses »Nein« wie ein Verdammungsurteil klingen zu lassen.

Als es ans Kreuzverhör ging, ergriff Donnas Anwalt sofort die Offensive.

»Mr. Vogel«, begann er, und seine Stimme klang so hart und so abgehackt wie das Hämmern einer Schreibmaschine, »sind Sie zufällig ein ausgebildeter Psychologe?«

Danny Vogel lächelte und schüttelte den Kopf. »Nein, Sir.«

»Haben Sie irgendeine spezielle Ausbildung in den Verhaltenswissenschaften genossen?«

»Nein, Sir.«

»Hatten Sie an der Universität zumindest das Fach Psychologie belegt?«

»Nein, Sir.« Das Lächeln war verschwunden.

»Somit dürfen wir wohl feststellen, daß Sie – sagen wir einmal – für die Beurteilung von Mrs. Cressys Verhalten einer wirklichen Wissensgrundlage entbehren.«

»Ich verlasse mich da auf meine Augen und Ohren«, gab Danny Vogel zurück – nur glich der Vogel jetzt mehr einer Schlange: in die Ecke gedrängt und voll Angst, jedoch zusammengeringelt und bereit zuzustoßen.

»Augen und Ohren, Mr. Vogel, können getäuscht werden, wie wir alle wissen. Kein Außenstehender kann jemals auch nur einigermaßen ahnen, was in einer Ehe wirklich vor sich geht. Sind Sie nicht auch dieser Ansicht?«

»Nun ja, so ziemlich.« Er schwieg einen Augenblick. »Aber Donnas Verhalten war mehr als ...«

Mr. Stamler fiel dem Zeugen abrupt ins Wort. »Würden Sie sagen, daß Sie besonders qualifiziert sind, sich über weibliches Verhalten zu äußern? Wie oft waren Sie verheiratet, Mr. Vogel?«

Danny Vogel wand sich unverkennbar. »Zweimal«, räumte er ein.

»Ihre erste Ehe endete mit einer Scheidung?«

»Ja, Sir.«

»Und Ihre zweite Ehe? Ist sie glücklich?«

»Wir leben getrennt«, erwiderte er deutlich hörbar, während er den Kopf senkte.

»Es läßt sich also kaum behaupten, Sie seien hinsichtlich weiblicher Wesensart ein Experte, Mr. Vogel, wie?« fragte der Anwalt sarkastisch.

Und fuhr sogleich fort: »Vor wenigen Augenblicken sagten Sie aus, Sie hätten Mrs. Cressy niemals mit ihren Kindern beobachtet, ist das richtig?«

»Ja, Sir.«

»Nun, dann sind Sie wohl so oder so außerstande, hinsichtlich von Mrs. Cressys Befähigung als Mutter eine Meinung zu äußern – oder?«

»Nein, Sir, aber ...«

»Danke, das ist alles, Mr. Vogel.«

Danny Vogel zögerte einen kurzen Augenblick, ehe er den Zeugenstand verließ. Er sah zu Victor. Doch dieser schien ihn zu ignorieren. Weitgehend jedenfalls. Danny Vogel ging zu seinem Platz zurück. Donnas Blick mied er.

Mr. Stamler tätschelte ihr aufmunternd die Hand. (Guter Gott, hatte er eigentlich einen Vornamen, überlegte Donna.) Augenscheinlich glaubte er, diese Runde hätten sie gewonnen. Der Zeuge hatte einräumen müssen, daß er in keiner Weise qualifiziert sei, über Donnas »Befähigung« als Mutter ein Urteil abzugeben.

»Nun, dann sind Sie wohl so oder so außerstande, hinsichtlich von Mrs. Cressys Befähigung als Mutter eine Meinung zu äußern – oder?« So hatte die Frage gelautet.

Und die Antwort. »Nein, Sir, aber ...«

Ihr Anwalt hatte es verstanden, dem Zeugen das Wort abzuschneiden. Dennoch schwang dieses »Aber« weiterhin mit, war aktenkundig.

Das Gericht hatte es gehört. Sie hatte es gehört. Dem Richter war es gewiß nicht entgangen. Aber.

Sie wiederholte es, in ihrem Kopf, unentwegt – aber, aber, aber. Bis es – genau wie das Wort »Mittel« – seine exakte Bedeutung verlor und irgendwie schwammig klang, absurd.

»Erzähl mir eine Geschichte.«

Donna betrachtete ihren kleinen, knapp vier Jahre alten Sohn. Kaum eine Armlänge von ihr entfernt, saß er in seinem Bettchen, die hellblaue Decke bis zum Gesicht hochgezogen. Er scheuerte seine Nase daran. »Adam, ich habe dir schon drei Geschichten erzählt. Und die letzte, das habe ich dir gesagt, war wirklich die letzte. Wenn die zu Ende ist, darüber hatten wir uns doch geeinigt, kriechst du unter die Decke und schläfst.«

»Bin ja unter der Decke«, beteuerte er hastig und schien noch tiefer hineinzukriechen.

»Gut.« Donna erhob sich. Sie fühlte sich müde und erschöpft. Dennoch zögerte sie, ihr Söhnchen zu verlassen, sozusagen auf der Stelle alleinzulassen. Und Adam spürte ihre Unentschlossenheit.

»Bitte ...«, sagte er, und auf seinem Gesicht zeigte sich ein Lächeln erwartungsvoller Vorfreude.

Donna setzte sich wieder zu ihm aufs Bett. Sofort stützte er sich neben ihr hoch.

»Also gut«, sagte sie. »Welche Geschichte soll ich dir vorlesen?«

»Nicht vorlesen. Erzählen.«

»Bitte, ich bin so müde. Ich weiß wirklich nicht, was ...«

»Erzähl mir eine Geschichte über einen kleinen Jungen, der Roger heißt, und ein kleines Mädchen, das Bethanny heißt.«

Donna lächelte, als sie die beiden Namen hörte – Adams neueste Freunde aus dem Kindergarten. »Nun gut«, sagte sie, »es war einmal ein kleiner Junge namens Roger und ein kleines Mädchen namens Bethanny, und eines Tages gingen sie beide zum Park ...«

»Nein!«

»Nein?«

»Nein. Sie gingen zum Zoo, um die Giraffen zu sehen!«

»Wer erzählt diese Geschichte? Du oder ich?«

Adam schien sich kurz besinnen zu müssen. »Erzähl mir eine Geschichte«, beharrte er, »über einen kleinen Jungen Roger und ein kleines Mädchen Bethanny, und wie sie zum Zoo gingen, um die Giraffen zu sehen. Würdest du mir die erzählen?«

»Okay«, willigte Donna mit leisem Lachen ein. »Sie gingen also zum Zoo ...«

»Nein! Von Anfang an! Es war einmal ...«

»Du verlangst wirklich eine ganze Menge, Schatz!«

»Erzähl mir eine Geschichte von einem kleinen Jungen, der Roger heißt, und einem kleinen Mädchen, das Bethanny heißt, und sie gingen zum Zoo, um die Giraffen zu sehen. Und sie nahmen ein paar Erdnüsse mit. Aber auf einem Schild stand: ›Türen füttern verboten!‹«

»Was?«

»Türen ...«, wiederholte er ungeduldig.

»Tiere, meinst du.«

»Sag ich ja.« Sein Blick sprach Bände: Hörst du *wirklich* so schwer? »Würdest du mir diese Geschichte erzählen?«

Donna holte tief Luft. »Es war einmal ein kleiner Junge namens Roger und ein kleines Mädchen namens Bethanny, und sie gingen zum Zoo, um die Giraffen zu sehen. Und sie nahmen ein paar Erdnüsse mit. Aber auf einem Schild stand: ›Tiere füttern verboten.‹ Okay?« Adam nickte. »Und so ...«

»Und so ...?«

»Und so aßen sie die ganzen Erdnüsse selber auf«, fuhr Donna hastig fort, »und hatten eine Menge Spaß und kehrten nach Hause zu ihren Mammis zurück und lebten fortan herrlich und in Freuden.« Sie küßte ihn sacht auf die Stirn, erhob sich wieder und knipste das Licht aus.

»Wo ist deine Mammi?« fragte die Kinderstimme, und diese Frage traf Donna völlig unvorbereitet.

Sekundenlang schwankte sie unschlüssig. Es war das erste Mal, daß er diese Frage stellte. Was für eine Antwort sollte sie ihm darauf geben? Eine möglichst einfache, entschied sie – und hörte, wie ihre Stimme leise durchs Halbdunkel klang. »Sie ist tot, Liebling. Sie ist vor langer Zeit gestorben.«

»Oh.« Lange Pause. Donna wandte sich zum Gehen. Ja, sie hatte ihm die richtige Antwort gegeben. War nicht einmal so schwer gewesen.

»Was ist das – gestorben?« fragte er plötzlich. Donna blieb stehen. Guter Gott, mußte das jetzt sein? Im Halbdunkel sah sie Adams Gesicht. Ja, es mußte wohl sein. Sie ging zurück, setzte sich abermals aufs Bett und versuchte, sich in Erinnerung zu rufen, was für Ratschläge ihr Erziehungshandbuch in diesem Punkt gegeben hatte.

»Äh – laß mich mal nachdenken.« Einem Kind, das am Einschlafen war, konnte man doch unmöglich erklären, der Tod sei so etwas Ähnliches wie Einschlafen. Und das Wort »Himmel« wollte ihr irgendwie nicht über die Lippen. Verdammt, dachte sie, konntest du mit dieser Frage nicht noch ein paar Tage warten? Sollte Victor vor Gericht mit seiner Klage durchkommen, so wäre diese kleine Sache dann sein Problem.

»Nein, *ich* werd's dir sagen«, erklärte sie laut. Victor würde nicht gewinnen. Niemand würde ihr die Kinder wegnehmen. Adam musterte sie erstaunt. »Warum schreist du denn so?«

»Tut mir leid.« Plötzlich fielen ihr die Ratschläge des Buches wieder ein. »Alle sterben, Schatz«, begann sie. »Das geschieht mit jedem Wesen, das lebt – Blumen, Tiere, Menschen. Es ist eine ganz natürliche Sache und tut nicht weh oder so. Man hört einfach auf zu leben. Für gewöhnlich geschieht das erst, wenn jemand schon sehr alt ist.« Adam starrte sie an. »Verstehst du? Genügt dir die Antwort?«

Er nickte stumm und kuschelte sich tief unter seine Bettdecke. Wieder gab Donna ihm einen Kuß auf die Stirn.

»Ich hab dich sehr lieb, mein Schatz.«

»Gute Nacht, Mammi.«

Donna trat hinaus auf den Flur und ging die wenigen Schritte zu Sharons Zimmer. Sofort richtete sich die Kleine in ihrem Bettchen auf.

»Warum bist du noch wach?« fragte Donna.

Das Mädchen schwieg, und schweigend streckte sie ihrer Mutter in der Dunkelheit die Hände entgegen. Donna trat auf sie zu, hob Sharon heraus und hielt den warmen kleinen Körper dicht an ihren eigenen.

»Du solltest eigentlich schlafen, weißt du.«

Sharon blickte ihrer Mutter tief in die Augen. Und dann hob sie langsam das rechte Händchen und strich Donna ganz sacht über die Wange.

Donna drückte sie an sich. »Schlaf ein, Kleines. Ich habe dich sehr lieb, mein Engel. Schlaf ein, Baby.«

Sharon ließ ihren Kopf auf Donnas Schulter sinken und fiel sofort in Schlaf.

»Mammi!« Adams Stimme durchschnitt die Stille.

»Ich bring ihn um!« sagte Donna laut. Behutsam legte sie Sharon in ihr Bettchen zurück.

»Mammi!«

Wenige Sekunden später war Donna in Adams Zimmer. »Was ist, Adam?« fragte sie, und aus ihrer Stimme klang leise Verärgerung. Der Junge hatte sich wieder aufgerichtet.

»Ich möchte dich eine Frage fragen.«

Bitte frag mich nicht, was passiert, wenn du stirbst, flehte sie innerlich. »Was für eine Frage denn, Schatz?«

»Wer hat mich gemacht?«

O nein! dachte Donna. Nicht jetzt. Nicht Leben und Tod an ein und demselben Abend. Nicht nach einem harten Tag voller Gerichtskram. Ein weiteres Mal setzte sie sich – nein, sank sie auf sein Bett. »Mammi und Pappi haben dich gemacht, Schatz.«

Die Neugier in seinen Augen schien unauslotbar. »Woraus?« wollte er wissen.

»Aus Liebe, aus sehr, sehr viel Liebe«, erwiderte Donna. Doch Sekunden, nein, Minuten waren vergangen, ehe sie diese Antwort gab. und während sie noch sprach, hoffte sie, daß Sharon ihr nie, niemals dieselbe Frage stellen würde.

6

Du atmest nicht richtig.«
»Doch.«
»Nein, tust du nicht. Das sollte jetzt Atmen gemäß Stufe A sein.
Von tief unten soll es kommen, so aus der Magengegend. Du
atmest gemäß Stufe B.«
»Ich denke, ich soll so atmen, als ob ich eine Blume rieche.«
»Nein, nein. Das entspricht ja Stufe B. Wir sind jetzt dabei,
Stufe A zu üben.«
»Ich bin müde«, sagte Donna gereizt. Langsam und mit einiger
Mühe setzte sie sich auf. »Machen wir für heute Schluß.«
Doch Victor zeigte sich unerbittlich. »Wenn wir das Atmen
nicht tagtäglich richtig üben, hat das Ganze überhaupt keinen
Zweck.« Auf seinem Gesicht erschien ein eigentümlicher Aus-
druck – wie ein Schmollen oder wie jungenhafter Trotz.
»*Jetzt* befindest du auf einmal, es hätte womöglich alles keinen
Zweck?« In Donnas Kehle saß ein Lachen. »Jetzt, wo ich gut
zwanzig Pfund zugenommen habe und nur noch zwei Monate
vor mir liegen.« Mühselig raffte sie sich hoch. »Nicht fair, Victor,
ganz und gar nicht fair.«
»Wenn jemand nicht fair ist, dann du«, widersprach er. »Dem
Baby gegenüber.«
»O Victor, sei bloß nicht so stur. Du hast doch sonst so viel
Sinn für Humor. Wenn wir beim Unterricht sind, stellst du dich
immer als ein wahrer Ausbund von Lustigkeit dar.« Mit schwer-
fälligen Schritten bewegte sie sich zur Hausbar und goß sich ein
Glas Ginger Ale ein. »Na, die sollten dich erleben, wenn du im
trauten Heim bist.«
Betreten blickte er beiseite.
»Wir werden morgen üben, Victor. Wenn wir mal einen Tag
auslassen, so wird uns das schon nicht umbringen – und auch
das Baby nicht.«

»Wie du willst«, sagte er in jenem Tonfall für unangenehme Situationen. »Aber du wirst es sein, die später bedauert ...«

»O Victor, verschone mich.« Sie schüttelte den Kopf und versuchte, den aufsteigenden Ärger zu unterdrücken. Es roch nach Zank, nach Krach, und nur zu gern hätte sie das vermieden. »Ich möchte nur mal wissen, was die Frauen getan haben, bevor es diese ›vorgeburtlichen Unterweisungen‹ gab.«

»Sie haben gelitten«, erwiderte er prompt. Mit Betonung fügte er noch hinzu: »Und das nicht zu knapp.«

»Aber sie haben überlebt«, erinnerte sie ihn.

»Manche.«

Die Behendigkeit, mit der er für alles eine Antwort bereithielt, begann ihr gehörig auf die Nerven zu gehen. Und ihre Geduld, so stellte sie fest, nahm im gleichen Maße ab, in dem ihr Bauch wuchs. Von Mal zu Mal wurde die Gefahr größer, daß ihr die Sicherung durchbrannte.

»Victor, mein Überleben hängt gewiß nicht davon ab, ob ich während der Transition fachgerecht eingestimmt bin.« (Neuerworbenes Vokabular, kaum eine Woche alt.)

Victor zuckte mit den Achseln und beugte den Kopf zur Seite. Dann drehte er sich wortlos um und verließ das Zimmer. Sie sah ihm nach. Trotz ihres übergroßen Zorns (der in keinem vernünftigen Verhältnis zum eigentlichen Anlaß stand – das war ihr durchaus bewußt) verlangte es sie nach wie vor nach Victor, und hätte er in diesem Augenblick kehrtgemacht und wäre auf sie zugetreten, sie würde ihn gewiß nicht zurückgewiesen haben, ganz im Gegenteil. Ohne Rücksicht auf ihren augenblicklichen Zustand hätten sie es miteinander gemacht, womöglich direkt auf dem Fußboden, gar kein Zweifel.

Wenn sie sich früher gezankt hatten, pflegte es mehr oder minder regelmäßig auf diese Weise zu enden. Wenn man sich die Sache nicht gar zu primitiv dachte. Es war keineswegs so, daß er einfach seine Hosen herunterließ, und schon war alles eitel Wonne und Seligkeit.

Einmal hatte er es allerdings getan, nach einem Streit, unmittelbar und ganz buchstäblich. Die gesamte Länge des Zimmers mußte er hüpfend zurücklegen, und bis er schließlich bei ihr anlangte, schüttelten sich beide so sehr vor Lachen, daß Victors Erektion verschwunden war und Donna buchstäblich Bauchschmerzen hatte. Dennoch: Nachdem sie sich dann ihrer Kleider entledigt hatten, klappte es zwischen ihnen genauso wunderbar wie sonst auch. Ihre beiden Körper schienen miteinander zu verschmelzen, direkt auf dem Fußboden des Wohnzimmers.

Vielleicht war eben dies das augenblickliche Hauptproblem, der Grund dafür, daß sie immer häufiger miteinander zu streiten schienen: Seit fast einem Monat hatten sie nicht mehr miteinander geschlafen. Obschon sowohl die einschlägigen Bücher als auch die Herren Doktoren befanden, dem stünde nicht das mindeste entgegen, zeigte sich Victor zunehmend besorgt, daß er dem Baby irgend etwas antun könne. Simple Tatsache war allerdings, daß die Geschichte unter diesen Umständen nicht gerade bequem war, was immer die Fach- oder Nichtfachleute darüber sagen mochten. Sie mußte unwillkürlich lächeln, als sie sich Victor über sich vorstellte: mit leicht zitternden Armen angestrengt hochgestützt, um ihr nach Möglichkeit sein Gewicht zu ersparen.

»Ich glaube, wir halten's besser umgekehrt«, hatte er gesagt. »Du nach oben.« Irgendwie versuchten sie's, doch es schien nicht gelingen zu wollen, und er stöhnte: »Gott, ich heb' mir noch 'n Bruch.« Schließlich – während beide noch lachten und von Sekunde zu Sekunde erschöpfter wirkten – gelangte sie mit einer Art *plupp!* auf seinen Bauch. »Die Amerikaner sind gelandet!« rief er.

Und jetzt stand Donna allein im Wohnzimmer und lachte. In der Tat: Mochten sie einander auch noch so sehr in den Haaren liegen – wenn Victor nur wollte, konnte er sie mit einem Scherzwort aus ihrem verbissenen Zorn lösen. Voraussetzung dafür war natürlich, daß er nicht selbst wütend war. Dann allerdings wurde die Sache verflixt problematisch.

So war es fast von Anfang an gewesen. Nach den kurzen Flitterwochen in Key West (ihm mißfiel es dort, während es ihr durchaus gefiel – »Zu viele Spinner und Schwule«, behauptete er, während sie befand: »Eine Menge Typen und Charaktere, es handelt sich halt um Künstler«, die Wahrheit lag zweifellos irgendwo in der Mitte) – ja, danach kehrten sie nach Palm Beach zurück, und schon befanden sie sich inmitten einer ganzen Reihe von Dilemmas, die keineswegs einfach zu lösen waren.

Wo eigentlich der Grund für die Streitereien zwischen ihnen lag, vermochte Donna nie so recht zu ergründen. Was sie wußte, war einzig dies: Es begann mit einem Gespräch, einem ganz gewöhnlichen Gespräch, mit einer leichten Meinungsverschiedenheit in diesem oder jenem Punkt. Wenige Minuten später flammte das wild auf, strebte einer heftigen Explosion unausweichlich entgegen, und es schien nur noch dies zu geben, ausschließlich dies: zwei einander benachbarte Minenfelder, wo schon der leiseste Fehltritt zu Tod oder schwerer Verwundung führen konnte.

Sie: »Was ist denn?«

Er: »Nichts.«

»Augenscheinlich hast du doch irgendwas. Warum sagst du mir nicht, was es ist?«

»Ich habe nichts, überhaupt nichts.«

»Und warum hast du dann seit dem Dinner nicht mehr mit mir gesprochen?«

Er wirkte gereizt. »Also schön, ich *habe* etwas. Allerdings nichts Besonderes. Kümmere dich nicht weiter drum, das gibt sich schon von selbst.«

»Du möchtest nicht darüber reden?«

»Nein. Vergiß es. Bitte.«

Also vergaß sie es, was immer es auch sein mochte. Doch vergaß sie es nicht ganz.

»Was hast du mit deinem Haar gemacht?« fragte Victor.

»Wie meinst du das – was ich damit gemacht habe? Nichts. Ich hab's nur anders gekämmt.«

»Und warum sagst du dann, du hättest damit ›nichts‹ getan?«

»Weil das stimmt. Ich bin nur mit dem Kamm hindurchgefahren«, erwiderte Donna, sozusagen schon auf den Hinterbeinen.

»Also doch anders«, sagte er eigentümlich tonlos.

»Na und!?«

»Erst gestern habe ich dir erklärt, daß mir dein Haar gefällt – *so wie es ist!*«

»Und?«

»Prompt fühlst du dich veranlaßt, es zu ändern. Wie denn auch anders. Ist ja immer so gewesen. Wenn ich dir sagte, daß mir etwas gefiel, meintest du, das ändern zu müssen. Möge der Himmel verhüten, daß wir etwas tun, was Victor gefällt.«

»Wovon sprichst du?«

»Ich spreche davon, daß es besser wäre, dir nicht zu sagen, daß mir hier irgendwas gefällt. Denn fortan würde ich ja nicht mehr sehen, was mir hier gefällt.« Unwillkürlich hatte er seine Stimme erhoben.

»Ich kann's nicht glauben«, murmelte Donna. »Ich kann einfach nicht glauben, daß wir über dasselbe Thema sprechen – nämlich darüber, daß ich mir das Haar anders kämme.«

»Wieso nicht?«

»Weil – weil es so trivial ist!«

»Trivial für dich, schon möglich. Für mich vielleicht weniger trivial. Aber das ist dir wohl noch nie aufgegangen. Die Tatsache nämlich, daß etwas, das für dich völlig bedeutungslos sein mag, für mich eine Menge Bedeutung besitzen könnte. Daß meine Gefühle sich von jenen der Donna Cressy unterscheiden könnten.«

»Du bist tatsächlich beunruhigt, weil ich mein Haar jetzt mit Mittel- statt mit Seitenscheitel trage?« fragte sie ihn fassungslos.

»Du hörst mir nicht zu.«

»Wieso? Was ist mir entgangen?«

»Vergiß es. Hat ja doch keinen Sinn.«

»Du hast aber offenbar das Gefühl, daß es eben dies haben sollte – einen Sinn, einen Zweck. Sag mir also: Was ist mir entgangen, was habe ich überhört?«

»Dein Haar, das ist nur *eine* Sache. Aber typisch für alles andere. Was immer mir hier gefallen hat – *es wird verändert!*«

»Alles – was immer?« Donna blitzte ihn zornig an. »Hast du mir, wenn wir uns stritten, nicht stets gesagt, ich sollte solch verallgemeinernde Wörter vermeiden?«

»So habe ich mich gewiß nicht ausgedrückt.«

»O doch. Du hast von Verallgemeinerung gesprochen. Und genau darauf läuft dies ja hinaus.«

»Keineswegs.«

»Es gibt sozusagen zwei Arten von Verordnungen – eine für mich und eine für dich, oder?«

»Wer verallgemeinert denn jetzt?«

Sie schüttelte den Kopf. »Ich kann nicht gewinnen.«

Sofort stieß er nach. »Das ist genau dein Problem. Dauernd denkst du in diesen Kategorien: gewinnen – verlieren. Nicht etwa, wie etwas zu lösen wäre. Nein – nur zu gewinnen!«

»Das ist nicht fair.«

»Aber wahr.«

»Nein, es ist nicht wahr.«

»Hast du oder hast du nicht gesagt: Ich kann nicht gewinnen?«

»Ich kann das alles einfach nicht glauben.«

»Wüte und rase nur, soviel du magst. Das kann an den Tatsachen nichts ändern.« Seine Stimme klang plötzlich auf irritierende Weise fest und ruhig. Donna versuchte, ihre Gedanken zu sammeln, ihre Gefühle unter Kontrolle zu bekommen. Aber welchen Sinn hatte das schon? Es half ja ohnehin nichts. »Das ist doch lächerlich«, sagte sie mehr zu sich selbst als zu Victor, obschon er es augenscheinlich hörte und zustimmte. »Worüber streiten wir jetzt eigentlich?« Sie schwieg und versuchte sich zu erinnern, wie es eigentlich angefangen hatte. »Du hast gesagt, alles, was dir hier gefällt, sei verändert worden.«

»Nein, das habe ich nicht gesagt.«

»Was hast du dann gesagt?«

»Ich habe gesagt, alles, was mir hier gefällt, würde verändert werden.«

»Würde verändert werden? Von wem denn? Augenscheinlich nicht von dir. Sonst würde sich diese Debatte zweifellos erübrigen . . .«

»Wie du meinst.«

Sie schwieg einen Augenblick. »Was soll das heißen? Daß *du* es doch bist, der diese Dinge ändert, um was – Teufel noch mal – es sich im einzelnen auch handeln mag?«

Er schüttelte den Kopf. »Ohne Flucherei läuft bei dir wohl nichts, wie? Es geht dir sogar gegen den Strich, wenn ich versuche, auf taktvolle Weise mit dir einer Meinung zu sein.«

»Wovon sprichst du?«

»Nun, ich habe dir zugestimmt, daß ich es ganz gewiß nicht bin, der hier auf irgendwelche Veränderungen erpicht ist.«

»Du hast mir zugestimmt? Dieses: ›Wenn du meinst‹ – oder so ähnlich, das war deine Zustimmung?«

»Du hast mich unterbrochen.«

»Was? Wann?«

»Zuvor. Schau, was kommt es darauf an? Du hast doch deine Feststellung getroffen.«

»Was für eine Feststellung?« schrie sie.

»Hör auf zu schreien! Dauernd schreist du!«

»*Dauernd* schreie ich? Na, da haben wir deine dauernden Verallgemeinerungen!«

»Nun, höre dir nur selbst zu. Meine Stimme ist nicht erhoben.« Donna atmete tief durch, mehrmals. »Du hast gesagt, alles wird verändert, richtig?« Er gab keine Antwort. »Und du bist es nicht, der das tut. Also bleibe doch wohl nur ich übrig, stimmt's?«

»Wenn du es sagst.«

»Wenn ich es sage. Stimmen wir da überein?«

»Wenn du es sagst.«

»Nun gut, ich sage es.«

»Okay. Dann wissen wir ja genau, wie wir miteinander stehen.«

»Ich bin so durcheinander, daß ich überhaupt nicht weiß, ob ich stehe oder sitze oder liege«, sagte sie. »Allerdings würde ich dieser Sache schon gern auf den Grund kommen.«

»Gleichgültig, was es kostet.«

»Aus welchem Grund sollte es irgendwas kosten?« Deutlich spürte sie, wie das Gefühl der Frustration in ihr wuchs.

»Weil es immer so ist, wenn wir Streit miteinander haben.«

»Aber wieso denn? Warum können wir unsere Probleme nicht ausdiskutieren wie zwei ganz normale Menschen? Wenn dich irgend etwas stört, sagst du's mir. Ich kann doch nicht alles ahnen. Ich kann doch nicht deine Gedanken lesen. Wenn du auf mich wegen irgendwas böse bist, dann sag's mir – sag mir, was dir nicht gefällt.«

»Habe ich ja. Aber was ich dir sagte, gefiel *dir* dann nicht.«

»Mein Haar? Streiten wir uns wirklich wegen meinem Haar?« Sie sah sein glattes Lächeln. »Aber hast du nicht von ›allem‹ gesprochen? Was von dem, das dir gefiel, hätte ich denn sonst noch geändert?«

»Hören wir damit auf!«

»Nein. Laß uns offen darüber reden, damit wir's dann endgültig los sind.«

Er war wütend. Deutlich sah sie es in seinen Augen: kalte Reflexe, wie von Eis. »Also gut. Vor etwa einem Monat sagte ich, daß mir diese Schafhirten-Pastete, wie du sie zubereitest, ganz ausgezeichnet schmeckt; seither hat es keine mehr gegeben. Ich habe dir erklärt, daß ich dich in dem roten Kleid einfach hinreißend fand, du hast es seitdem nicht mehr getragen . . .«

»Es ist zu kurz. Niemand trägt mehr solch kurze Kleider.«

»Du unterbrichst mich. Wolltest du nun hören, was ich zu sagen habe, oder nicht?« Sie nickte stumm. »Neulich abends«, fuhr er fort, »sagte ich zu dir, daß ich ihn mochte, diesen cremigen Käse . . .«

»Wir *hatten* cremigen Käse.«

»Das war cremiger Cottage Cheese, der mir absolut zuwider ist. Ich hatte dir gesagt, daß ich cremigen Käse wollte, aber du hast mir nicht zugehört, wie gewöhnlich. Du besorgst, was *du* magst.«

»Das ist nicht wahr! Ich dachte, ich hätte gekauft, was dir schmeckt. War das der Grund für deine Erregung neulich abends?«

»Welchen Abend meinst du?«

»Den Abend, wo du nach dem Essen nicht mehr mit mir gesprochen hast. Wo du nur sagtest, ja, dir sei so etwas wie eine

Laus über die Leber gelaufen, aber nur nicht dran rühren, es würde sich schon wieder geben.«

»Aber du mußt daran rühren, du kannst einfach nicht anders, wie? So wie jetzt.«

»Zu diesem Jetzt ist es doch nur gekommen, weil ich *nicht* daran gerührt habe. Und von selbst hat sich bei dir gar nichts gegeben. Vielmehr ist alles nur schlimmer geworden – wie eine Wucherung.« Sie wurde jetzt wirklich zornig. »Ich glaube es nicht. Ich glaube es einfach nicht, daß es dich derart aufregt, wenn ich irrtümlich die falsche Käsesorte besorge! Ich glaube nicht und kann nicht glauben, daß es deshalb zwei Tage später Streit zwischen uns gibt.«

»Es war nicht irrtümlich.«

»Was soll das heißen? Daß ich's absichtlich getan habe?«

»Nein. Jedenfalls nicht bewußt.«

»Unterbewußt also!?«

»Schrei nicht!«

»Was zum Teufel soll das heißen?«

»Fluch nicht!«

»Hör auf, mir Vorschriften zu machen!«

»Streichen wir das Thema.«

»Nein! Klären wir die Sache, ein für allemal. Ich habe das Gefühl, in einem Meer von Trivialitäten zu ertrinken.«

»Trivial für dich.«

»Ja!« schrie sie. »Trivial für mich! Und all das sollte auch für dich trivial sein! Schafhirten-Pastete, ein rotes Kleid, Cottage Cheese, mein Haar. Das sind doch keine Dinge, über die zu streiten sich lohnt. Es handelt sich um die Symptome eines tieferliegenden Problems. Guter Gott, sie können doch nicht das Problem selbst sein!«

»Wenn du das sagst.«

»Ich sage es!«

»Warum mich dann noch nach meiner Meinung fragen? Wozu die Mühe?«

»Glaubst du wirklich, ich hätte mit Absicht die falsche Käsesorte gekauft?«

»Unterbewußt, habe ich gesagt.«

»Und für schlichte Irrtümer gibt es in deiner Welt keinen Platz?« Er wirkte plötzlich sehr ruhig, und seine Stimme bekam einen onkelhaften Klang. »Liebling«, sagte er und nahm ihre Hand, »ich behaupte doch nicht, daß du diese Dinge tun *willst*. Aber findest du es nicht selbst eigenartig, daß du alles, was *du* magst, richtig machst, während alles, was *mir* gefällt, entweder überhaupt nicht getan wird oder aber falsch?«

Sie riß sich geradezu von ihm los. »Gott verdammt noch mal«, rief sie, »du – du – Ekel. In meinem ganzen Leben habe ich noch nie soviel Blech gehört! Da stehst du, kleiner Diktator, und hältst Volksreden: Was ich tun und was ich nicht tun sollte, was ich nicht getan hätte – oder aber unterbewußt. Noch nie habe ich einen solchen Haufen Mist gehört.«

»Wenn du fluchst, gehe ich ins andere Zimmer.«

»Du bleibst gefälligst hier, verstanden!«

»Wer kommandiert hier wen herum?«

»Du Lump!«

»Nur schön weiter mit den Beleidigungen. Zunächst war ich ein Ekel, dann ein Diktator – ein ›kleiner‹ Diktator hast du doch gesagt, wobei mich interessieren würde, weshalb du das Adjektiv ›klein‹ so betont hast –, und jetzt bin ich ein Lump. Nur weiter im Text. Welchen Schaden kannst du schon noch anrichten?«

Donna schluchzte, vor Zorn, vor Frustration. »Und was ist mit dem Schaden, den du anrichtest?«

»Ich habe dich nicht beschimpft. Ich habe nicht geflucht. Ich habe dich sogar gebeten, dieses ganze Thema fallenzulassen. Aber dazu warst du nicht bereit. Jetzt wirst du ausfällig, beleidigst und beschimpfst mich. Was steht als nächstes auf dem Spielplan, Donna? Mich steinigen, mit Pfeilen durchlöchern?« Er drehte sich um, wollte den Raum verlassen. »Laß mich nicht einfach so stehen!« rief sie hinter ihm her, während er sich vom Wohnzimmer in Richtung Schlafzimmer bewegte.

»Laß mich zufrieden, Donna«, sagte er müde. »Du hast doch wohl genug gesprochen?« Per Fernsteuerung schaltete er den Fernseher ein.

»Bitte mach aus«, sagte Donna ruhig.

»Damit du wieder auf mich losgehen kannst? Nein, danke.«

»Bitte.«

»Nein.« Er blickte auf den flimmernden Bildschirm. Irgendeine Szene aus »Alles in der Familie«. Sie kannte die Serie, längst vertraute Charaktere.

»Ich möchte nur, daß dies geklärt wird.«

»Und ich möchte heute abend nicht mehr darüber reden, kannst du das nicht verstehen? Kannst du das nicht in deinen Schädel, deinen Dickkopf hineinbekommen?«

Donna weinte wieder. »Und wer ist jetzt ausfallend?«

»Oh, okay. Du hast es geschafft. Jetzt bin ich auch ausfallend geworden. Wir sind quitt. Ich bin der schlimmste Ehemann auf der ganzen Welt. Ich bin ein ganz übler Mensch.«

»Sagt ja niemand. Weder daß du ein schlechter Ehemann, noch daß du ein übler Mensch bist.« Sie hielt kurz inne. »Bitte stell den verdammten Fernseher ab.«

»Nur immer hübsch weitergeflucht.«

»Ach, hör schon auf, Victor. Tu nicht so altväterlich, so scheinheilig.«

»Ganz ausgezeichnet, Donna, weiter im Text. Jetzt bin ich also auch noch ein Scheinheiliger. Nur vorwärts – wie könntest du mich sonst noch nennen?«

»Stellst du den Fernseher ab?«

Überraschenderweise tat er's. Ein Tastendruck, und das Bild erlosch. »Also schön, Donna, ich habe ihn abgestellt. Fahr fort – aber tu's nur, wenn du dir der Tatsache bewußt bist, daß du für alles, was von nun an geschieht, die volle Verantwortung trägst. Ich hatte dich gebeten, das Thema momentan fallenzulassen. Ich habe dich geradezu angefleht, das zu tun. Aber nein, du bist entschlossen, wirklichen Schaden anzurichten. Okay, bis jetzt hast du mich nur angeschlagen, noch kann ich mich auf den Beinen halten. Du hast fünf Minuten, um mich völlig fertigzumachen.«

»Warum drückst du das so aus? Niemand will dir weh tun.«

»Jede Wette – innerhalb von fünf Minuten hast du diesen

Kampf in eine Arena verlegt, die ich mir im Augenblick noch nicht einmal *vorstellen* kann. Sag, was du sagen möchtest. Fünf Minuten werde ich dir zuhören.« Er warf einen Blick auf seine Armbanduhr.

Verzweifelt versuchte Donna, ihre Gedanken zu Worten zu ordnen. Doch schien das nicht recht gelingen zu wollen. Irgendwie verhedderte sich alles, klebte ihr gleichsam am Gaumen wie Klümpchen Erdnußbutter – und was schließlich herauskam, war nichts als ein Aufguß dessen, was sie bereits gesagt hatte.

»Ich verstehe einfach nicht, warum wir immer wieder in solch unsinnige Streitereien geraten«, begann sie zaghaft, schwächlich.

»Dazu kommt es, weil du einfach keine Ruhe geben kannst. Bis es dann zu spät ist.«

»Das finde ich nicht.«

»Wie sich denken läßt. Aber wie würdest du das nennen, was du gerade jetzt – in diesem Augenblick – tust?«

»Ich versuche, der Sache auf den Grund zu gehen.«

»Nun, der *Grund* von alldem ist, daß du mich in Wirklichkeit nicht besonders magst.«

»Das ist nicht wahr. Ich liebe dich.« Zweifelnd hob er eine Augenbraue. »Wirklich.« Unwillkürlich hatte sie die Stimme gehoben, besann sich aber sofort. »Tut mir leid.«

»Tut dir leid, daß du mich liebst, ich weiß.«

»Tut mir doch nicht leid, daß ich dich liebe«, schrie sie. »Tut mir nur leid, daß ich geschrien habe.«

»Hör bitte auf zu schreien, Donna. Davon habe ich genug. Wirklich, du brauchst mich nicht mehr anzuschreien.« Seine Stimme war die eines Kriegsgefangenen, der vom Feind gefoltert wird.

Donna blickte zur Zimmerdecke. »Was geht hier eigentlich vor sich? Kann mir niemand helfen?«

»Ist dies dein Programm für die nächsten fünf Minuten? In *dem* Fall würde ich es vorziehen, mir ›Alles in der Familie‹ anzusehen. Wenn die Krach haben, ist es wenigstens lustig.«

»Zum Teufel mit dir«, schrie sie. »Erst sagst du zu mir, ich soll reden, und dann läßt du mich nicht. Du unterbrichst mich. Du manipulierst das Gespräch, bis ich so wütend bin, daß ich schreie.«

»Das ist das einzige, was du jemals tust, Donna.«

»Und im Endeffekt kriege ich nie eine Chance zu sagen, was ich eigentlich sagen will.«

»Und was ist es, das du ›eigentlich‹ sagen möchtest, Donna? Weißt du das ›eigentlich‹ selbst?«

»Es liegt nur daran, daß du eine so niedrige Meinung von mir hast.«

»Ich hätte eine niedrige Meinung von *dir*?«

»Ja. Du nimmst immer das Schlimmste an.«

»*Immer?*«

»Daß ich Dinge ändere, die dir gefallen – absichtlich, unterbewußt, wie dem auch immer sein mag. Du scheinst das Gefühl zu haben, ich sei stets gegen dich. Aber nie gibst du mir eine Chance, mich zu verteidigen. Meist weiß ich überhaupt nicht, daß dir was nicht paßt, weil du's mir ja nicht sagst . . .«

»Weshalb sollte ich? Du würdest es ja ohnehin als trivial abtun.«

»Scheiße, wir drehen uns dauernd im Kreis.«

»Und du fluchst dauernd. Macht es dir eigentlich besonderen Spaß zu fluchen, weil ich dir gesagt habe, daß ich das nicht ausstehen kann? Weil du weißt, daß ich das scheußlich finde?«

»Warum mußt du nur alles so persönlich nehmen? Himmel, wenn ich aus lauter Frustration ›Scheiße‹ sage, glaubst du sofort, ich täte das nur, um dich aus der Fassung zu bringen.«

»Was ja auch stimmt.«

»Das ist paranoid, Victor!«

Sie war zu weit gegangen. Das begriff sie in demselben Augenblick, wo das Wort über ihre Lippen schlüpfte. Er hatte ihr gleichsam die Pistole hingehalten, und sie war töricht genug gewesen, ihn mit der nötigen Munition zu versorgen.

Zielbewußt hatte er sie dorthin manövriert: zu der Blöße, die sie sich irgendwann geben würde, zu einem unbedachten Wort, das ihr irgendwann mit Sicherheit entschlüpfte und das er dann nach Belieben als Mine verwenden konnte, um alles in Fetzen zu reißen.

Sie hatte ihm das Wort geliefert: paranoid.

Seine Stimme klang sehr beherrscht. »Nun, endlich hast du gesagt, was du sagen wolltest, Donna, nicht wahr?«

»Ich habe nur gemeint ...«

»Ich möchte nicht hören, was du noch weiter sagen möchtest. Du hast alles gesagt. Du hast mir zur Genüge weh getan. Möchtest du Blut sehen? Bist du darauf aus? Eine dreifache kleine Meinungsverschiedenheit war dir Anlaß genug – eine alberne kleine Feststellung, die ich traf und für die ich mich entschuldigte ...«

»Du hättest dich entschuldigt? Ja, wann denn? Ich bitte dich!«

»Du hörst mir nicht zu, Donna. Das sage ich dir immer wieder.«

»Du hast dich überhaupt nicht entschuldigt!«

Plötzlich war er es, der schrie. »Also gut. Ich habe mich überhaupt nicht entschuldigt! Wenn du das sagst, dann muß das ja stimmen, denn – weiß Gott – du hast ja immer recht. Aber ich *glaubte* doch, ich hätte mich entschuldigt. Muß mich allerdings geirrt haben. Selbstverständlich. Wieder mal.« Er schwieg einen Augenblick. »Was für einen Unterschied macht das schon?«

»Es macht einen gewaltigen Unterschied. Wenn du dich entschuldigt hättest, wäre es überhaupt nicht zu diesem Streit gekommen.«

»Natürlich wäre es dazu gekommen, begreifst du denn nicht? Du warst so sehr darauf versessen, mir zu sagen, was für ein Lump und wie *paranoid* ich bin ... und so weiter und so fort. Du wärst auf mich losgegangen, ganz egal, was ich gesagt oder *nicht* gesagt hätte. Ich glaube, mich entschuldigt zu haben. Du behauptest, ich hätte es nicht getan. Aber das ist auch nicht weiter wichtig. Wichtig ist nur, was du später gesagt hast.«

Donna versuchte, einen klaren Kopf zu bekommen. An dem, was er sagte, stimmte irgend etwas nicht. Doch sie war zu verwirrt und zu müde, dem jetzt auf die Spur zu kommen.

»Ich verstehe nicht.«

»Du verstehst ja nie«, sagte er traurig.

Und plötzlich spürte Donna Gewissensbisse, ununterdrückbar.

Tief in ihrem Magen krampfte sich etwas zusammen, wie ein Knäuel. *Warum* verstand sie nicht? *Warum* schrie sie dauernd? *Warum* fluchte sie soviel? Sie wußte doch, daß er das nicht mochte. Sie wußte doch, daß er gern Schafhirten-Pastete aß. Weshalb also bereitete sie ihm diese seine Lieblingsspeise nicht öfter? Hatte sie ihm absichtlich, wenn auch unterbewußt, den falschen Käse gekauft? Nein, verdammt noch mal, dachte sie plötzlich, nein, das hatte sie nicht.

»Du bist immer so ungeheuer darauf erpicht, recht zu behalten«, sagte er langsam und mit solch ruhiger, gefestigter Überzeugung, daß Donna – obschon sie gegen ihre Schuldgefühle ankämpfte – sich geradezu gezwungen fühlte, ihm zuzuhören. »Du begreifst nicht, daß es im Endeffekt gar nicht darauf ankommt, wer schließlich recht hat und wer nicht. Viel entscheidender ist, was dazwischen gesagt wird. Und du hast nicht gehört, daß ich *dich* beleidigt hätte.«

»Willst du mir etwa einreden, ich hätte absichtlich alles so gedreht, daß für Beleidigungen gegen mich sozusagen gar kein Platz mehr blieb?« rief sie.

»Du unterbrichst mich schon wieder.«

»Tut mir leid. Aber ich dachte, du seist fertig.«

Wie in hilfloser Kapitulation hob er beide Hände. »Bitte, wenn du meinst.«

»Nein, bitte, Victor. Sprich weiter. Ich wollte dir nicht ins Wort fallen.«

»Du wirst mich also ausreden lassen? Du wirst mir nicht ins Wort fallen?«

»Was ist das? Ein organisiertes Podiumsgespräch oder so etwas Ähnliches? Menschen diskutieren miteinander, und sie fallen einander dauernd ins Wort.«

»Nun, du tust es *buchstäblich* dauernd. Nie läßt du mich auch nur einen einzigen Gedanken zu Ende führen.«

Donna biß sich auf die Unterlippe. »Also gut«, sagte sie langsam. »Ich werde dich nicht wieder unterbrechen.«

Er ließ eine Pause eintreten, eine dramatische Pause. »Der Grund dafür, daß wir uns dauernd im Kreis bewegen, Donna, ist höchst einfach. Du fragst mich, was ich denn ›hätte‹. Und ich weiß im voraus, weiß es nur zu genau, was geschehen wird, wenn ich es dir sage. Genau *dies* nämlich wird geschehen – das, was heute abend geschehen ist, weil du nicht wirklich hören möchtest, was ich zu sagen hätte, weil du ganz einfach nur die Gelegenheit wahrnehmen möchtest, mir zu sagen, ich sei im Unrecht.«

»Das ist . . .«

»Du fällst mir ins Wort.«

»Tut mir leid.«

»Nehmen wir nur den heutigen Abend, Donna. Es wäre doch nicht dazu gekommen, wenn du es nicht provoziert hättest. Ich hatte dich schließlich gebeten, die Sache zu vergessen. Was immer mir über die Leber läuft, verschwindet schon wieder. Aber nein, du konntest ja keine Ruhe geben, du mußtest es hervorzerren. Nur um mir sagen zu können, wie stupide und trivial es ist und wie sehr ich mich irre. Über alles. Über dich. Über was nicht? Wenn du gar nicht hören willst, was ich auf dem Herzen habe, dann frage mich doch auch bitte nicht danach. Es ist schon komisch, bei all unseren Auseinandersetzungen. Stets beginnt es damit, daß du mich fragst, was ich auf dem Herzen hätte; und stets endet es damit, daß du erklärst, was *du* auf dem Herzen hast. Zwischendurch bedenkst du mich mit allen möglichen lieblichen Ausdrücken, die noch lange nach dem eigentlichen Krach in meinem Kopf nachhallen.« Er schwieg einen Augenblick. »Es ist dein Mund, Donna. Du weißt einfach nicht, wieviel Schaden du mit deinem Mund anrichten kannst. Du gehst auf mich los und läßt dann nicht mehr ab.«

»*Ich* geh auf *dich* los?«

»Du kannst einfach nicht anders, wie? *Mußt* mir ins Wort fallen?«

Donnas Schultern schienen einzusinken unter der Last der immer mehr anwachsenden Schuld. Sie wischte sich eine Träne vom Auge, schwieg. Warum nur konnte sie nicht den Mund halten, wenn er sie so ausdrücklich darum bat? Warum konnte sie nicht, ganz schlicht und einfach, wenigstens in solchen

Äußerlichkeiten mit ihm übereinstimmen? Warum mußte sie dauernd auf eine »Lösung« drängen? Im Endeffekt wurde doch nie etwas »gelöst«. Sie seufzte unwillkürlich. Es war wohl das Ehelos, dieses Ewig-Ungelöste.

Unausweichlich, so schien es, kam es zu einer wahren Flut von Entschuldigungen von ihrer Seite. Sie bat um Verzeihung, demutsvoll, was er mit stummer Billigung registrierte. Doch irgendwo, in ihrem Hinterkopf, hörte sie die Stimme ihrer Mutter: »Laß dich von niemandem einschüchtern. Steh deinen Mann.«

Leicht gesagt – oder auch nicht so leicht. Jedenfalls schwer getan. Sie kam sich vor wie ein Fisch, der einen Köder geschluckt hat und sich nun unversehens von seinem Urelement – ein Fisch außerhalb des Wassers – getrennt sieht.

Nun gut. Auch das Programm für den Rest der Nacht lag fest. Sie würden einander lieben, lieben, lieben. Donna war immer wieder aufs neue davon überrascht, daß all der Zank und Streit ihr Liebesleben nicht im mindesten beeinträchtigte. Eher schon war das Gegenteil der Fall. Es wirkte fast stimulierend.

Der Ablauf war stets der gleiche. Jeder Krach endete praktisch genau wie der vorherige. Entschuldigte Donna sich nicht sofort, so gab es etliche Tage »Verzug« – Tage, an denen man in frostigem Schweigen umeinanderschlich. Und mit jeder weiteren Entschuldigung von ihrer Seite klang die Stimme ihrer Mutter leiser – leiser und immer leiser.

Heute abend, heute nacht würde es nicht anders sein. Das war Donna spätestens in dem Augenblick bewußt geworden, wo ihr Mann müde das Zimmer verließ, den Rücken so krumm wie ein geprügelter Hund. Allerdings: Zärtlichkeiten würde es nicht geben, keine *wirklichen* Zärtlichkeiten. Nichts, um Seele und Gemüt zu erleichtern, indem der Körper zu seinem Recht kam. Warum hatte sie nur die ganze Sache angefangen? Wäre es denn so schlimm gewesen, diese Atemübungen zu absolvieren? Gott, sie konnte doch von Glück sagen, daß er ihre Schwangerschaft so wichtig nahm. Manche Ehemänner scherten sich einen Dreck darum. Victor hingegen nahm in einem solchen Maße

Anteil, als sei es buchstäblich auch seine eigene Sache. Er wollte es gleichsam mit ihr teilen. Deshalb seine Sorge wegen der Atemübungen: die Sorge um sie und das Baby.

Sorge oder Sucht nach Kontrolle? fragte die Stimme tief in ihr. Sie verdrängte sie und betrat das Schlafzimmer.

»Tut mir leid«, sagte sie. »Ehrlich.«

Er wirkte tiefer verletzt denn je. »Tut dir ja immer leid. Nur ändert das nie etwas.«

»Ich bin heute abend eben ziemlich reizbar. Offenbar ist eine Erkältung im Anzug.«

»Schon wieder?«

Sie hob die Achseln. »Wenn mir die Nase so läuft, du weißt ja.«

»Du hast doch nichts dagegen eingenommen, oder?« Wieder seine Besorgnis wegen ihrer Schwangerschaft, wegen des ungeborenen Kindes. Warum nur klang das so sehr nach Anklage?

»Natürlich nicht.« Sie schwieg einen Augenblick. »Willst du, daß ich jetzt die Atemübungen mache?«

Er blickte auf seine Uhr. »Es ist bereits elf. Zu spät.« Sein Gesicht verzerrte sich, wie unter einem plötzlich aufzuckenden Schmerz.

»Ist irgendwas?«

»Ach, nichts weiter. Nur daß mein Magen empfindlich reagiert, wenn du so – wütest.«

Donna schwieg. Plötzlich hatte sie das Gefühl, daß der Felsbrocken des Sisyphos voll auf ihren Schultern lastete. Sie setzte sich aufs Bett und begann, sich zu entkleiden. Stille. Er war inzwischen ins Bad gegangen, und die Stille wurde mehrmals durchbrochen, als er wiederholt geräuschvoll durch die Nase schnaubte.

»Das solltest du nicht tun«, sagte sie, als er aus dem Bad kam. »Dadurch zerstörst du das feine Gewebe – die Schleimhäute.«

Er gab keine Antwort. Nun verschwand sie im Badezimmer.

Warum fühlte sie sich immer soviel scheußlicher, *nachdem* sie sich entschuldigt hatte?

Sie kroch neben ihn ins Bett. Er lag auf dem Rücken, die Hände hinter dem Kopf verschränkt. Donna betrachtete ihn minutenlang. Schließlich sagte sie: »Ich liebe dich.« Und sie starrte auf seinen Mund, wartete auf eine Antwort.

»Ist okay«, erwiderte er und löste einen der im Genick verschränkten Arme aus der starren Haltung und streckte ihn ihr entgegen: das unverkennbare Zeichen, daß er ihr nun doch vergab und sie sich ihm nähern durfte. Sie schmiegte sich in den Halbkreis, den der Arm bildete, und lehnte sich gegen seinen Brustkorb. Während er zerstreut ihren Rücken streichelte, ließ sie eine Hand an seinem Körper auf und ab gleiten.

»Warum machst du's mir nur so schwer?« fragte er leise. Und irgendwo tief in ihr begann, noch halb erstickt, jene Stimme zu schreien, nein, zu kreischen.

7

Du hast sie diesmal anders zubereitet als sonst«, sagte er.
»Aber woher denn. Ich bereite Schafhirten-Pastete immer
gleich zu.«

»Nein, stimmt nicht. Irgend etwas ist anders. Ich kann's schmek-
ken.«

»Nichts ist anders. Das sagst du jedesmal.«

»Ist ja auch jedesmal anders.«

»Sie ist genauso, wie ich sie immer mache. Gefällt sie dir nicht?«

»Ach, es geht. Nicht so dick wie gewöhnlich.«

Er stand vom Tisch auf.

»Wo willst du hin?«

Er öffnete die Schranktür unter dem Spülstein.

»Was suchst du da?«

Er steckte seine Hand in den Müllbeutel.

»Dachte ich's mir doch«, sagte er triumphierend und förderte
eine leere Büchse Tomatensauce zutage.

»Was hast du dir gedacht?« fragte Donna, und ihr war nur allzu
deutlich bewußt, daß sie mit einer wenig »erbaulichen« Antwort
rechnen mußte.

»Tomatensauce. Wenn ich mich richtig erinnere, verlangt das
Rezept Tomatenmark.«

»Nein, Tomatensauce«, behauptete sie gereizt. »Kommst du nun
wieder an den Tisch, bevor alles kalt wird?«

»Laß mich mal einen Blick ins Kochbuch werfen.«

»Glaubst du mir nicht?«

»Kann ich nicht einen kurzen Blick ins Kochbuch werfen? Wer
sagt denn, daß ich dir nicht glaube? Guter Gott, Donna. Bist
ein wenig paranoid, wie?«

Donna legte ihre Gabel aus der Hand und stand auf. »Du weißt
genau – wenn ich so etwas zu dir sagen würde, wärst du außer
dir.« Sie langte in das Regal oberhalb des Telefons, wo sie ihre

diversen Kochbücher aufbewahrte, und zog den zerfledderten Band hervor: *Noch eine Portion, bitte.*

Er nahm das Buch entgegen und seufzte hörbar. »Du willst doch nicht etwa Streit anfangen, bloß weil ich darum gebeten habe, einen Blick in das Kochbuch werfen zu dürfen.« Unwillkürlich blickte sie an sich hinab, ließ die Augen über ihren gewaltigen Bauch gleiten. Das Baby könne jetzt jederzeit kommen, hatte der Arzt gesagt. Bis zum errechneten Datum waren es nur noch zwei Wochen, und dabei handelte es sich im Grunde auch nur um eine möglichst präzise Kalkulation. »Nein, ich will nichts anfangen, überhaupt nichts.«

»Wie lautet die genaue Bezeichnung?« fragte er.

»Hamburger Schafhirten-Pastete«, antwortete sie und ging zum Küchentisch zurück, um sich zu setzen. »Und sie wird dir kalt.«

Er überflog die Liste der Zutaten. »Nun, du hast recht. Tomatensauce steht hier.«

»Danke.«

Er stellte das Buch ins Regal zurück. »Ich habe immer gedacht, du hättest Tomatenmark verwendet.«

»Tu ich normalerweise auch«, sagte sie – und hätte sich im selben Augenblick am liebsten die Zunge abgebissen. Sofort ruckte sein Kopf herum, starrte er sie an. Ruhig fuhr sie fort: »Irrtümlich habe ich einmal Tomatenmark verwendet, und als du sagtest, es schmecke dir ...«

»... hast du's prompt geändert.«

»Nein. Ich habe auch weiterhin Mark verwendet. Außer heute. Ich hatte keines, und deshalb nahm ich Tomatensauce.«

»Und warum hast du mir gesagt, du habest überhaupt nichts geändert?«

»Weil ich hoffte, eben diese Art von ›Konversation‹ vermeiden zu können.«

»Nun, zu dieser ›Konversation‹ wäre es überhaupt nicht gekommen, wenn du mir gleich die Wahrheit gesagt hättest. Ich bin ja nicht auf den Kopf gefallen, weißt du. Ich habe sofort geschmeckt, daß irgendwas anders ist.«

»Nun, für mich schmeckt's gleich.«

»Aber nicht für mich! Ja, ich wußte sofort, daß irgend etwas anders war.«

»Müssen wir dieses Gespräch fortführen? Wenn du mich fragst – das klingt genauso wie einer dieser Dialoge aus einem Werbespot. Aber nein, das ist niemals die berühmte Weltmarke XYZ, sondern ...«, spöttelte sie, »sondern ...«

»Geht dein sarkastisches Mundwerk schon wieder mit dir durch?«

»Ach, hör doch auf, Victor. Mußt du aus jeder Ameise denn immer gleich einen Elefanten machen?«

»Den Elefanten machst *du* doch daraus. Weshalb mußtest du mich wegen dieser Sache anlügen?«

»Ich habe nicht gelogen.«

»Du hast gesagt, da sei nichts anders.«

»O Gott, Victor. Lassen wir das Thema doch fallen!«

»Natürlich. Wann immer es dir in den Kram paßt, ein Thema fallenzulassen, wird es auch fallengelassen.«

»Willst du wirklich, daß wir uns wegen einer Tomatensauce in die Haare geraten?«

»Es ist nur deine Einstellung, Donna. Es ist dieselbe alte Sache. Was für Victor wichtig sein mag, ist nicht weiter wichtig. Es ist zu trivial, um darüber zu sprechen. Tagtäglich ist es die gleiche verdammte Geschichte.«

»Du fluchst«, rief sie ihm ins Bewußtsein.

»Oh, ich vergesse. Die einzige, die das Recht hat zu fluchen, bist ja du!«

»Himmel Herr Jesus Christ«, platzte sie heraus, »du bringst mich in Rage. Tagtäglich ist es die gleiche verdammte Geschichte!« sagte sie, indem sie ihn wörtlich zitierte.

»Sagst du.«

»Nein, das hast *du* gesagt! Wort für Wort. Du hast gesagt: Tagtäglich ist es die gleiche verdammte Geschichte.«

»Kann mich nicht erinnern.«

»Ist aber so. Du hast es gesagt. Und dann hast du erklärt – nein, dann habe ich dir erklärt, du solltest nicht so fluchen.«

»Ach, richtig, jetzt erinnere ich mich. Mir ist das Fluchen ja nicht gestattet. Nur dir.«

»Sagt ja niemand.« Sie weinte.

»Nimm ein Papiertaschentuch, Donna.«

»Nein.«

»Auch gut. Dann nimm keins.«

Schweigen.

»Willst du nicht weiteressen?«

»Ich habe keinen Hunger.«

»Oh, herrlich. Da mach ich nun extra eine Schafhirten-Pastete für dich . . .«

»Tu nichts eigens für mich, Donna. Es ist den Preis nicht wert, den ich dafür zu entrichten habe.«

»Aber ich tu's doch gern«, beteuerte sie.

»Mag sein. Nur wird daraus nie das, was mir zusagt, nicht wahr?«

Wahrheit in präzise bemessenem Quantum. Sie fühlte ein Zucken in der Wange, wie einen Stich.

Später lagen sie dann nebeneinander im Bett; nachdem sie sich entschuldigt hatte, erklärte er: »Tut mir gleichfalls leid.« Die Luft schien sozusagen wieder rein, mit schlafbereit geschlossenen Augen ruhte Donna in Victors Arm – als er plötzlich zu sprechen begann. »Ich verstehe einfach nicht, wie dir so etwas wie Tomatenmark ausgehen konnte. Du warst doch erst vor kurzem einkaufen, oder?«

»Ich habe eben nicht daran gedacht.« Sie löste sich aus seinen Armen und wälzte sich wie ein großer, plumper Fisch auf die Seite.

»Nicht daran gedacht? Hattest du dir denn keine Liste . . .«

»Nein. Ich mach mir nie irgendwelche Listen.« Oh, bitte, gönn mir doch ein bißchen Schlaf.

»Kein Wunder, daß du nie etwas zur Hand hast! Kein Wunder, daß es so drunter und drüber geht!« Heureka, ich hab's gefunden – das Erzübel. »Wie kannst du dir nur *keine* Liste machen?«

»Ich werde eine Liste machen«, sagte Donna. »Und jetzt laß mich bitte schlafen.«

»Wie konntest du nur keine Liste machen?« wiederholte er, und obwohl sie, ihm den Rücken zukehrend, die Augen geschlossen hielt, meinte sie buchstäblich sehen zu können, wie er den Kopf schüttelte.

Nachts um drei verlor sie ihr Fruchtwasser, und das Bett war im Nu klatschnaß. Mit einem Satz hüpfte Victor aus dem Bett. »Herrgott, was hast du getan?«

Donna lächelte nur. Was sie empfand, war dies: Erregung – und Genugtuung. Geschieht ihm ganz recht, dachte sie. Und kaum war ihr dieser Gedanke durch den Kopf gegangen, so überwog unvermeidlich ein Gefühl der Schuld.

Schließlich brauchte sie doch einen Kaiserschnitt. Bereits einen Monat zuvor hatte der Arzt sie und Victor auf diese Möglichkeit hingewiesen. Das Baby befinde sich in Querlage, was sich zwar noch von selbst regulieren könne, doch sollten sie sich für den Fall eines Falles auf einen entsprechenden Eingriff gefaßt machen.

Bevor der Arzt am Ende seine Entscheidung traf, hatte Donna sechsundzwanzig Stunden Wehen hinter sich. So blieb ihr und Victor genügend Zeit, sich ganz auf ihr Atmen zu konzentrieren, wobei Victor fleißig mitatmete und ihr Witze erzählte, ihr Mut machte, ihr die Lippen anfeuchtete, mit einem mitgebrachten Schwamm (das hatte zu den Instruktionen im Kurs für »werdende Eltern« gehört). Außerdem massierte er ihr fast unablässig den Rücken.

Donna hielt sich ziemlich gut. Zunächst war da die freudige Erwartung, die ihre Gedanken von den Schmerzen ablenkte. Aber nach fünfzehn Stunden Wehen, ohne Nahrung und ohne Schlaf, nahm die Hochstimmung ab, die Schmerzen zu. »Allmählich bin ich's ein bißchen leid«, sagte sie zu Victor. Er küßte sie auf die Stirn und fuhr fort, ihr den Rücken zu massieren.

Nach zwanzig Stunden wurde sie zunehmend streitsüchtig. »Das ist doch lächerlich«, stöhnte sie, während sie sich in dem kleinen Kreißsaal umsah. »Warum stellen die hier keinen Fernseher auf?« Der Raum selbst wirkte soweit sehr angenehm. Eine Wand schien frisch tapeziert, in Grün und Weiß, die Schränke waren von ansprechender Farbe, und gegenüber ihrem Bett hing ein

Kandinsky-Druck. »Brauch ich wirklich all dies Zeug hier um mich?«

»Der da überwacht den Herzschlag des Kindes.« Victor wies auf den großen, grauen Computer, an den sie angeschlossen worden war, indem man ihr einen Gurt um den Leib geschlungen hatte. Er überwachte die Herztöne des Kindes ebenso wie ihre Wehen – die Kontraktionen. Für jemanden, der sich mit Computern nicht weiter auskannte, schien er sich seiner Aufgabe in der Art eines Lügendetektors zu entledigen.

»Oh, du hast schon wieder eine Kontraktion«, erklärte Victor, augenscheinlich über den kurzen zeitlichen Abstand erstaunt.

»Dank für die Mitteilung«, stöhnte sie.

»Eine starke. Schau doch nur, Liebling.«

»Ich brauch's mir nicht anzuschauen! Ich kann's fühlen! Was glaubst du eigentlich, was ich hier tue?«

»Es ist ungeheuer aufregend.«

»Gut, dann übernimm du die Wehen, während ich den blöden Apparat beglotze. Mir reicht's, ich hab genug.«

»Du mußt dich im Zwischenstadium befinden, im Übergangsstadium«, erklärte er glücklich. »Trish hat ja gesagt, dann würdest du sehr reizbar werden.«

»Wo ist sie? Ich bring sie um.«

Victor massierte ihr wieder den Rücken. »Du solltest froh sein«, sagte er. »Übergang – das heißt, daß es fast vorüber ist. Bloß noch so ein, zwei Stunden.«

So was konnte auch nur ein Mann von sich geben, dachte sie. Aus einem der benachbarten Kreißsäle scholl ein schriller Schrei herüber – eine Frauenstimme, die auch nicht mit saftigen Flüchen sparte. »Drückt genau meine Gefühle aus«, sagte Donna. »Schau, ich habe mir wirklich die allergrößte Mühe gegeben, aber jetzt langt's mir, jetzt bist du an der Reihe. Was mich betrifft, so fahre ich nach Hause.«

Sie versuchte, sich im Bett hochzustützen. »Donna, um Himmels willen . . .«

»Gib mir Bescheid, wenn's vorüber ist«, sagte sie und versuchte, den Computer-Gurt von ihrem Leib zu lösen.

»Donna, bitte ...«, stammelte Victor hilflos.

»Ruf mir ein Taxi, Victor.«

Victor rief die Schwestern.

»Spielverderber«, sagte sie.

Zwei Stunden später schien sie in einer Art Delirium.

»Twentieth-Century-Fox«, rief sie.

»Wie bitte?« fragte Victor.

»Dr. Harris hat mir eine Frage gestellt«, erklärte Donna ungeduldig. (Der Arzt befand sich inzwischen im Zimmer, saß am Fußende ihres Bettes.) »Er hat mich gefragt, welcher Filmverleih ›Das verflixte siebte Jahr‹ produziert hat, und ich hab's ihm gesagt.«

»Himmel.«

Plötzlich brach sie in Tränen aus. »Victor, bitte, könnte man mir nicht irgendeine Spritze geben?« Sie wußte, daß er gehofft hatte, sie werde ohne Medikamente auskommen.

»Natürlich«, lautete seine prompte Antwort. »Dr. Harris?«

Dr. Harris gab ihr eine Spritze Demerol, doch zu ihrer Enttäuschung stellte Donna fest, daß die Schmerzen dadurch keineswegs gelindert wurden. Sie fühlte sich nur benommen.

»Ich glaube nicht, daß das Baby sich noch bequemen wird.« Es war Dr. Harris' Stimme, die ganz von fern an ihr Ohr drang. Zuvor hatte er ihr versichert, das Baby stünde sozusagen aufrecht. »Wir sollten uns an den Eingriff machen. Wir haben lange genug gewartet.«

Danach ging alles sehr schnell. Sie wurde in den Operationssaal gebracht und auf den Tisch gelegt. Das Gerät, an das sie seit ihrer Einlieferung angeschlossen gewesen war, blieb ihr treu zur Seite – wie auch Victor: zwei Notanker, wenn man so wollte. Sie solle sich auf die Seite legen, eine Fötushaltung einnehmen, sich nicht bewegen – alles andere als leicht, wenn man so starke Wehen hatte. Sie erhielt zwei Spritzen. Bei der ersten handelte es sich um eine örtliche Betäubung, die die Schmerzen lindern sollte, welche die zweite verursachen würde. Diese – epidural, nannte man das wohl – sollte sie sozusagen rundum betäuben. Unwillkürlich verzerrte sie ihr Gesicht, als sie die Flüssigkeit der zweiten Spritze gleichsam durch ihre Wirbelsäule schießen fühlte. Es war, als werde ihr ganzer Rücken mit einem Hammer bearbeitet. Trish (von der sie als »werdende Eltern« sorgsam unterwiesen worden waren) hatte es versäumt, davon zu sprechen, wie verdammt weh eine solche Spritze tun konnte. Statt dessen hatte sie betont, die anschließende »Taubheit« sei eine wahre Erlösung.

Die Schwester stülpte Donna eine Sauerstoffmaske über, dann wurde sie festgeschnallt und ein grünes Tuch vor ihr angebracht, damit sie die Operation als solche nicht verfolgen konnte. Victor saß unmittelbar neben ihrem Kopf. Er hielt ihre Hand und redete beruhigend auf sie ein.

»Ich kann das fühlen«, sagte sie plötzlich und spürte irgendwie, daß etwas mit ihrem Körper geschah, obschon sie nicht wußte, was eigentlich. »Ich kann nicht atmen.«

Der Anästhesist versicherte ihr, mit ihrer Atmung sei alles in Ordnung.

»Meine Nase ist verstopft.«

»Das ist eine natürliche Reaktion«, sagte er und begann dann zu erklären, warum das so sei. Aber sie achtete nicht weiter auf ihn, denn sie hörte das Krähen eines Babys, eines Jungen, an die neun Pfund schwer, den man aus ihrem Bauch herausholte und hochhob, damit sie ihn sehen konnte. Ein Prachtkerlchen, vor Gesundheit offenbar strotzend.

»Hallo, Adam«, sagte sie, während sich ihre Augen mit Tränen füllten.

»Ein richtig *strammer* Bursche«, sagte Victor mit unverkennbarem Stolz.

»Das kommt von all dem Butterkuchen, den ich nach deiner Meinung auf gar keinen Fall hätte essen dürfen.«

Er lachte. »Ich liebe dich«, sagte er.

Sie lächelte ihm in die eigentümlich verschleierten Augen. »Ich liebe dich auch«, versicherte sie und kam sich vor, als wirke sie in einem jener Demonstrationsfilme über »naturgemäße Geburt« mit, die ihnen ihm Kurs vorgeführt worden waren. (Einander bei solcher Gelegenheit beteuern, daß man sich liebt, ist wohl eher abgeschmackt, hatten sie anschließend beide übereinstimmend gefunden.)

Und jetzt? Jetzt war es genau das, was sie sagen *wollte*. Und sie sagte es, sagte es immer wieder. »Ich liebe dich, liebe dich, liebe dich . . .«

Adam schrie praktisch ununterbrochen drei Monate lang. Er schrie, bevor er gestillt wurde, er schrie, nachdem er gestillt worden war, er schrie zwischendurch, Tag und Nacht. Donna war besorgt. Hatte sie etwa nicht genügend Milch? Der Arzt versicherte ihr, Adam habe kräftig zugenommen. Victor beschwor sie, unbedingt »durchzuhalten«. Donna ihrerseits meinte, es sei vielleicht vernünftiger, Adam an die Flasche zu gewöhnen. Dr. Wellington, der Kinderarzt, meinte, sie möge es getrost so halten, wie es für sie das Angenehmste sei. Und Victor sprach abermals von »durchhalten«.

Adam schrie, wenn man ihn in die Wiege legte; er schrie, wenn man ihn aus der Wiege nahm. Er schrie, wenn er geschaukelt, wenn er getragen wurde. Er schrie im Auto, er schrie in seinem Kinderwagen. Ganz rot war sein kleines Gesicht, ganz weiß die zu Fäusten geballten Händchen. Und wenn Victor von der Arbeit heimkam, konnte es durchaus sein, daß Donnas Gesicht so weiß war wie Adams Hände und ihre Augen so rot wie sein Gesicht.

In einem Punkt allerdings gab es keinen Unterschied zwischen Mutter und Sohn. Sie weinten beide.

»Du hältst ihn nicht richtig, oder was«, sagte Victor.

»Dann halte du ihn doch«, erwiderte Donna prompt – und schob das kreischende Bündel Victor in die Arme. Adam brüllte noch lauter.

»Das hättest du nicht tun sollen«, sagte Victor. »Du hast ihn nur noch mehr verstört.« Er brachte das Baby in eine andere Lage.

Adam hörte mit dem Gebrüll auf. Ganz ruhig wirkte er. Victor lächelte und bezähmte mit Mühe seinen Triumph. »Da, ich habe dir ja gesagt, es liegt daran, wie du ihn hältst.«

Adam begann wieder zu schreien. Nun lächelte Donna, ganz gegen ihren Willen. Guter Junge, dachte sie unwillkürlich.

»Ich habe dir ja gesagt, du hättest ihn nicht so abrupt bewegen dürfen«, rief Victor wütend und drückte ihr das Kind wieder in die Arme. »Ist es nicht Zeit zum Stillen?«

»Ich habe ihn vor einer Stunde gestillt. Und zwei Stunden davor.«

»Vielleicht tust du's zu oft.«

»Warum fragst du ihn nicht?«

»Hast du seine Windeln gewechselt?« wollte er wissen.

»Es macht Babys nichts aus, wenn's feucht ist.«

»Danach habe ich dich nicht gefragt.«

»Vor einer Stunde habe ich sie gewechselt, nachdem ich ihn gestillt hatte und er mich ganz voll machte.«

»Wechsle sie wieder. Er fühlt sich wahrscheinlich unbehaglich.«

»Warum tust du's nicht?«

Victor blickte betreten beiseite. »Er ist für mich ganz einfach zu klein, was das Wickeln betrifft, Donna. Ich werde es tun, wenn er größer ist.«

»Sicher.«

»Oh, nun hack bloß nicht auf mir herum. Ich habe einen schweren Tag hinter mir, und das würde gerade noch fehlen, daß am Abend *du* mir das Leben schwermachst.«

Donna wechselte Adams Windeln. Sie waren völlig trocken. Doch Adam schrie und schrie.

Um zwei Uhr früh stillte Donna ihn abermals. Um drei schrie er immer noch. Sie betrat das Schlafzimmer.

»Du bist an der Reihe«, sagte sie zu Victor, der tat, als läge er im allertiefsten Schlaf.

»Ja, soll ich ihn etwa stillen?« fragte er wütend. »Du brauchst mir nur zu sagen wie, und schon bin ich bereit.«

»Ist womöglich *das* der Grund, daß ich ihm nach deinem Wunsch weiterhin die Brust geben soll?«

»Gute Nacht, Donna«, sagte er und kehrte ihr, sich auf die Seite drehend, den Rücken zu. »Das Baby schreit.«

»Dann geh und halte ihn. Ich habe ihn schon gehalten und habe ihn auch gerade gestillt. Nun kannst du ja eine Weile mit ihm herumspazieren.«

»Donna, ich muß morgen arbeiten!«

»Ja, was glaubst du denn, was ich tue? Den ganzen Tag schlafen? Bei dem Gebrüll? Und das muß *ich* mir den *ganzen* Tag anhören, zu allem.«

»Bitte Mrs. Adilman, zu dir zu kommen. Sie sagte, sie würde es nur zu gerne tun.«

»Habe ich ja. Aber sie ist nun mal nicht mehr die Allerjüngste, und man kann ihr nicht zu viel zumuten.«

»Das Baby schreit immer noch.«

»Er ist auch dein Sohn«, sagte Donna in einem solchen Ton, daß Victor genau wußte: keine weiteren Diskussionen. Sie legte sich ins Bett. Victor seinerseits verließ, kochend vor Wut, das Zimmer.

Drei Stunden später schrie Adam weiterhin unverdrossen. Und Victor war inzwischen nicht zurückgekehrt. Donna betrat das ganz in lichtem Gelb und Weiß gehaltene Kinderzimmer. Adam, in seiner Wiege, schrie und schrie. Und Victor lag daneben auf dem Fußboden und schlief.

Es kam die Nacht, in der Adams Stimme verstummte und er offenbar schlief. Donna allerdings war fest davon überzeugt, er sei tot.

Mrs. Adilman spähte durchs Fenster in die Küche, wo Donna am runden Tisch saß und ihren Morgenkaffee trank. Mit einer knappen Handbewegung bedeutete sie Mrs. Adilman, sie sei ihr willkommen und möge eintreten.

»Victor ist wohl schon sehr früh zur Arbeit?« fragte Mrs. Adilman. Es war erst acht Uhr.

»Er mußte für ein paar Tage nach Sarasota. Er hat dort geschäftlich zu tun.«

»Und das Baby? Schläft?« fragte Mrs. Adilman ungläubig.

Donna stellte ihre Tasse auf den Tisch. »Ich glaube, er ist tot. Ich habe ganz einfach Angst, nachzusehen.«

Mrs. Adilman wirkte völlig perplex. »Was?«

»Als ich zu Bett ging, schrie er. Und dann muß er irgendwann aufgehört haben, während ich schlief. Vor etwa einer halben Stunde wurde ich wach. Das Haus ist so still, daß ich es überhaupt nicht glauben kann.«

»Sie haben noch nicht nach ihm gesehen?«

Donna blickte Mrs. Adilman sehr direkt in die Augen. »Ich kann mir denken, daß es sich furchtbar anhört, aber ich brauchte heute morgen unbedingt eine Tasse Kaffee. Und wär ich in sein Zimmer gegangen und hätte ihn tot vorgefunden, dann wäre an die Tasse Kaffee überhaupt nicht zu denken gewesen; und da ich ja doch nichts hätte ändern können, dachte ich, gönn dir erst mal deine Tasse Kaffee und sieh dann nach.«

Mrs. Adilman starrte sie fassungslos an. Victor hätte das nicht besser fertiggebracht. Apropos: Vermutlich würde er sie von Sarasota anrufen und sie bitten, dorthin zu kommen.

Die beiden Frauen sahen gemeinsam nach. Adam schlief tief und fest.

Donna ging in die Küche zurück und schenkte sich eine zweite Tasse Kaffee ein.

8

Donna begann, Listen anzulegen. Jeden Morgen nach dem Aufwachen vermerkte sie zunächst sorgfältig, was sie an dem betreffenden Tag alles zu tun hatte. Jetzt, wo sie nicht mehr arbeitete (und Adam sich der ruhigeren Gangart im Süden der USA angepaßt hatte), verfügte sie doch über mehr freie Zeit als zuvor. Zeit allerdings, die auf *andere* Weise ausgefüllt wurde: die Wäsche erledigen, das Haus in Ordnung halten, Sachen von der Reinigung holen, Lebensmittel einkaufen (hierfür stellte sie eine spezielle Liste zusammen), zum Zahnarzt gehen, den Doktor aufsuchen, dann zur Bank, zum Haushaltswarengeschäft; kleine Dinnerpartys arrangieren, für Victor etliches erledigen, sowie – natürlich – verfügbar sein, wenn Adam gestillt werden mußte. Wunderbarerweise begnügte er sich seit jener Nacht, in der er mit seinem ewigen Schreien aufgehört hatte, mit dreimaligem Stillen pro Tag. Somit blieb Donna mehr Zeit, um sich auf die diversen Punkte auf ihren diversen Listen zu konzentrieren.
Eines Tages stellte sie zwei Listen auf: die Dinge, die sie tun mußte; und die Dinge, die sie zu tun haßte. Sie haßte:

1. Hausarbeit,
2. Saubermachen,
3. das Geschirr aus der Geschirrspülmaschine räumen,
4. Rechnungen erledigen,
5. Leute anrufen, denen gegenüber sie auf Victors Geheiß Beschwerden wegen irgendwelcher Mißstände im Haus vorbringen mußte,
6. ihr Haar,
7. ihre Kleider,
8. ihr Aussehen,
9. ihren Körper, der noch nicht wieder »in Form« war,
10. Übungen.

(Bei Punkt 6 bis 9 handelte es sich, wie ihr bewußt wurde, nicht um Dinge, die sie zu *tun* haßte. Nein, sie haßte sie ganz einfach; und das war für sie Grund genug, sie in diese Liste – *ihre* Liste – aufzunehmen.)

Donna stellte eine weitere Liste zusammen. Auf dieser vermerkte sie, was Victor allmorgendlich zu ihr zu sagen pflegte. Und am Ende der Woche fertigte sie daraus dann eine Art Auswahlliste mit »Lieblingszitaten« von seiner Seite. Etwa:

1. Dein Make-up ist übers ganze Gesicht verschmiert. Hast du es gestern abend nicht richtig abgewaschen?
2. Du hast wieder geschnarcht. Eine scheußliche Angewohnheit, die du dir während deiner Schwangerschaft zugelegt hast.
3. Fühlst du dich okay? Siehst nicht gerade berauschend aus.
4. Was ist denn los? Bist wohl in einer miesen Stimmung.
5. Solltest du ihm soviel zu essen geben?
6. Ich glaube, du irrst dich.
7. Nein, ich habe keine Zeit zum Frühstücken. Wenn du mich rechtzeitig aus dem Bett holen würdest …
8. Hast du darauf geachtet, daß er sein Bäuerchen macht? So? Bist du sicher? Ich habe nichts gehört.
9. Kratz dir nicht die Hand. Das ist ja der Hauptgrund dafür, daß du den Ausschlag kriegst. Wirklich, Donna, du bist schlimmer als das Baby.
10. Ich kritisiere dich nicht dauernd, Himmelherrgott. Willst du schon so früh am Morgen Streit anfangen?
11. Nein, nur weiter. Sprich dich ruhig aus. Macht ja nichts, wenn ich zu spät komme.
12. Was hast du mit meinen Schlüsseln gemacht?
13. Du hast das Kuvert weggeschmissen; dabei habe ich ausdrücklich gesagt, es müsse aufbewahrt werden! Ach, nein, hier ist es.
14. Ich würde ihn nicht so warm einpacken. Nein, du bist die Mutter. Du tust, was du für richtig hältst. Du weißt es am besten. Ich meine nur, in *solchem* Maße ist es wohl nicht nötig, aber nein, es ist deine Entscheidung.

15. Hast du heute irgendwas zu tun?
16. Ich weiß nicht, Donna, aber acht Personen zum Dinner, das ist wohl mehr, als du bewältigen kannst.
17. Warum ißt du kein Bran-Muffin? Ich hab dir doch gesagt, ich möchte, daß du jeden Tag ein Bran-Muffin ißt. Vielleicht bekommst du dann nicht mehr so viele Erkältungen.

Sie »listete auf«, worüber sie sich stritten:

1. darüber, daß er dauernd ihr Autofahren bekrittelte;
2. darüber, daß er unentwegt ihr Aussehen bemängelte;
3. darüber, daß er fortwährend kritisierte, wie sie den Haushalt führte;
4. darüber, daß ihm mißfiel, wie sie Adam erzog (verhätscheln war das Wort, das er in diesem Zusammenhang am häufigsten gebrauchte);
5. darüber, daß er immer und ewig etwas an ihr auszusetzen hatte, Punkt.

Was dann zu Auseinandersetzungen führte:

6. darüber, daß sie immer verallgemeinere;
7. darüber, daß er kein Wort hervorbringen könne, ohne daß sie ihn beschuldige, sie zu kritisieren;
8. darüber, daß sie stets auf ihn loshacke;
9. darüber, daß sie ihm emotionell nie genügend Unterstützung gewähre;
10. darüber, daß sie ihn dauernd kritisiere, Punkt.

Nie stritten sie sich über:

1. Verwandte (es gab praktisch keine);
2. Geld (es war genügend vorhanden);
3. Sex (hier herrschte ebenfalls kein Mangel, und im Bett lief es immer noch gut, wenngleich Donna seit kurzem das Gefühl hatte, die dauernden Streitereien machten sich auch in dieser Hinsicht nachteilig bemerkbar).

Ja, in diesem letzten Punkt war einiges passiert; doch beide gingen sie dieser »Problemstellung« aus dem Wege, zumal Victor. Und weil sie beide wußten, wie wichtig diese Sache war, machten sie darum einen Bogen, wichen sozusagen auf Nebengeleise aus, stritten sich um nebensächliche Details. Ja, im Grunde genommen nahm man sogar ausgesprochen Rücksicht aufeinander. Wie auch hätte ein Ehemann seiner Wut freien Lauf lassen können, wenn seine Frau dauernd nieste oder sich erbrach. Es war in der Tat ziemlich schlimm. Im Laufe der letzten Monate hatte sich bei Donna so etwas wie ein permanenter grippaler Infekt herangebildet. Zwar verschwand er zwischendurch, für ein oder auch zwei Wochen, doch unweigerlich kehrte er wieder. Sie selbst schob das alles auf ihre geschwächte Widerstandskraft, verursacht durch ihre Müdigkeit. Victors Antwort: Solange sie bei ihren schlechten Eßgewohnheiten beharre, müsse sie mit allen möglichen Beschwerden rechnen. Sie erwiderte, ihre Eßgewohnheiten seien absolut in Ordnung und eher »nachahmenswert« – was natürlich zu einem weiteren Krach führte, eine »Bereicherung« für ihre wachsende Liste. Sie stellte zwei weitere Listen auf. Erster Aspekt: Was ihr an Victor gefiel. Zweiter Aspekt: Was ihr an Victor nicht gefiel. Sie legte beide Listen Seite an Seite.

Was ihr gefiel:	*Was ihr nicht gefiel:*
1. Sein Sinn für Humor;	1. er schmollt;
2. seine Zähigkeit, Hartnäckigkeit;	2. er läßt nie ab;
3. seine Art, das Kommando zu übernehmen;	3. daß er unbedingt die Kontrolle haben muß;
4. seine Arroganz;	4. seine Arroganz;
5. er will von allem immer das Beste;	5. er erwartet zu viel;
6. seine Intelligenz;	6. er bildet sich ein, alles zu wissen;
7. seine Urteilskraft;	7. er muß immer recht behalten;
8. was er gut tun will, tut er auch gut;	8. er ist ein Perfektionist;
9. er hat große Theorien;	9. er hat große Theorien.

Zu der linken, der positiven Liste fügte sie noch drei Punkte hinzu: Er liebte Adam (obwohl sie wünschte, er würde mehr Zeit damit verbringen, die Dinge zu tun, die Adam ihr abverlangte; er liebte sie (trotz seines unentwegten Herummäkelns an ihr hegte sie daran sonderbarerweise nie den geringsten Zweifel); und er war noch immer der beste Liebhaber, den sie je gehabt hatte. Sie brauchte nicht lange nachzurechnen. Die positiven Punkte überwogen nach wie vor die negativen.

»Wo willst du damit hin?« Donnas Stimme klang scharf – wie immer, wenn sie sich überrumpelt fühlte.

»Reg dich nicht auf. Wenn alle weg sind, stell ich sie wieder zurück.« Victors Antwort – lächelnd.

»Aber mir gefiel sie, dort, wo sie war.« Sie sah ihn an. »Wo tust du sie hin?«

»In den Schrank. Du weißt, daß ich das nicht ausstehen kann – all diese Kinkerlitzchen, auf die man hier praktisch auf Schritt und Tritt stößt.«

»Victor, diese Puppe ist ein Geschenk meiner Mutter. Sie stammt aus Mexiko.«

»Ich weiß, Liebling, und ich verspreche dir, morgen kommt sie wieder ins Wohnzimmer. Können wir sie nicht mal, für einen einzigen Abend, in den Schrank legen? Sie wird schon keinen Schaden nehmen.«

»Aber mir gefällt sie.«

»Und mir nicht.« Sackgasse, Patt – wie immer man's nennen mochte. »Donna, seit wir verheiratet sind, haben wir hundert und aber hundert Mal darüber diskutiert. Ich hasse diese unzähligen Puppen, Püppchen, Figürchen, die praktisch jeden Raum hier bevölkern, du liebst sie ...«

»Sie machen alles viel wohnlicher – heimeliger ...«

»Glaubst du. Ich hingegen finde, daß dadurch nur alles furchtbar unordentlich wirkt. Aber schön, ich weiß, wieviel dir die meisten dieser Sachen bedeuten, und für gewöhnlich sag ich da auch gar nichts weiter – wie du zugeben mußt, wenn du fair bist.«

»Nein, aber ...«

»Findest du es so furchtbar von mir, wenn ich dich bitte, daß es ausnahmsweise an *einem* Abend mal nach meiner Nase geht.« Die kleine Stoffpuppe in der Hand, ging er zum Schrank im Flur.

»Was hast du sonst noch umgeräumt?«

»Ich habe nur ein bißchen Ordnung geschaffen.«

Von der Küche trat Donna ins Wohnzimmer. »Himmel«, sagte sie, »du warst aber wirklich ein fleißiger Bub.«

»Es war ja auch eine einzige Unordnung, Donna. Ich habe gesehen, daß du noch nicht die Zeit gefunden hattest, und für heute abend erwarten wir vier Leute zum Dinner ...«

»Erst heute nachmittag bin ich hier mit dem Staubsauger durchgegangen.«

»Bitte, fang nicht an zu schreien.«

»Wo hast du die Trockenblumen hingetan?«

»In den Kleiderschrank. Brauchst weiter kein Wort zu sagen — ich weiß, daß du sie magst. Nur für heute abend, bitte.«

Donna biß sich auf die Lippe und ging in die Küche zurück. Victor folgte ihr auf dem Fuß.

»Jetzt bitte bloß keine deiner Launen«, warnte er.

»Eine meiner Launen?«

»Du weißt schon, was ich meine.« Er sah sich um. »Oh, du hast das Hühnchen gemacht, wie?«

»Ja. Stimmt irgendwas nicht?« fragte Donna.

»Nein, soweit alles in Ordnung. Allerdings sagte ich dir ja wohl, ich hätt's gern gegrillt.«

»Nein, das hast du nicht gesagt.«

»O doch, da bin ich ganz sicher. Na, wenigstens ist es Huhn.«

»Wird dir schon schmecken, mein Hühnchen mit Cumberland-Sauce!«

»Sicher, sicher. Nur daß es mir so richtig gegrillt oder geröstet eben *besser* schmeckt. Das ist alles, Liebling. Gerät sonst oft ein bißchen trocken, weiter nichts.«

»Seit wann? Das hast du noch nie gesagt.«

»Habe ich schon immer gesagt. Aber du hörst mir ja nicht zu.«

Victor lächelte, hob die Augenbrauen. Was er oft tat. Und jedesmal hätte sie ihm mit einem Beil den Kopf abhacken können.

»Was gibt's denn sonst noch?«

»Kartoffeln, grüne Bohnen mit Pinienkernen . . .«

»Schon wieder?«

»Das letzte Mal habe ich grüne Bohnen mit Pinienkernen vor mehr als einem Jahr gemacht – und es war nicht für dieselben Leute.«

»Bist du sicher?« Sie kehrte ihm den Rücken zu und ging zum Kühlschrank. »Keine Suppe?« wollte er wissen.

»Verzeihung, vergaß ich ganz zu erwähnen. Kalte Gurkensuppe – findet das deine Billigung?« Sie hob eine große Terrine mit Suppe aus dem Kühlschrank.

»Na, fein. Warum wirst du so kratzbürstig? Darf ich denn kein Interesse zeigen?« Sie hob die Achseln. »Vorsicht, du läßt das noch fallen.« Er stürzte zu ihr, nahm ihr das Gefäß aus den Händen. »*Wo* soll ich's hinstellen?«

»Aufs Abstellbrett drüben«, sagte sie. Auf deinen Quadratschädel, dachte sie.

»Himmelherrgott, was ist denn das da auf dem Fußboden?«

Donna folgte seinem Blick. »Ach ja«, sagte sie und erinnerte sich. »Adam hat heute nachmittag Apfelsaft verschüttet. Ich dachte, ich hätte alles aufgewischt.«

»Es ist so klebrig. Hast du den Schrubber gebraucht?«

»Nein. Ich hab mich niedergehockt, auf alle viere, und es aufgewischt.«

»Du mußt den Schrubber nehmen. Sonst bleibt es klebrig, und das Zeug wird dann auf die Teppiche geschleppt, wo es entsprechende Spuren hinterläßt. Kein Wunder, daß die Teppiche bereits anfangen, schmutzig auszusehen.«

»O Victor, hör endlich auf, ja?«

»Schau, Donna, das Beste wär's wohl, wir würden überhaupt keine Gäste einladen. Es ist einfach zuviel für dich. Man braucht dich ja nur anzusehen. Du bist das reinste Nervenbündel. Ich kann doch *kein einziges* Wort zu dir sagen, ohne daß du gleich völlig außer Fassung gerätst. Alles hier ist in Unordnung. Ich bin nicht wütend oder so. Ich verstehe, daß du keine Zeit hast, das ganze Haus in Ordnung zu halten, während du dich um Adam kümmerst. Aber ich habe dir ja gesagt, wir müßten niemanden einladen. Du warst es, die darauf bestanden hat.«

»Ich habe nur gesagt, es wäre nett. Und das finde ich noch immer – wenn du bloß aufhören wolltest, auf mir herumzuhacken . . .«

»Auf dir herumzuhacken . . .!?« Sie hörten Adam weinen. »Wieso ist er wach?«

»Er scheint nicht ganz auf dem Posten zu sein.«

»Ich hatte dir doch gesagt, du solltest dir ein Mundtuch vorbinden, wenn du eine Erkältung hast und in seiner Nähe bist.«

»Victor, der Doktor hat gesagt, das sei nicht nötig. Ich habe ihn gefragt. Außerdem bin ich gar nicht erkältet.«

»Diese Woche nicht.« Sie ging zum Kühlschrank, öffnete ihn, nahm ein Arzneifläschchen heraus. »Was tust du?«

»Ich werde ihm ein paar Tropfen Tylenol geben.« Sie wollte die Küche verlassen.

»Der Junge weint, und du gibst ihm Medizin?«

»Er hat erhöhte Temperatur, leichtes Fieber. Das möchte ich zum Abklingen bringen, bevor es schlimmer wird. Ich habe Dr. Wellington angerufen. Er sagte, ich sollte dem Jungen Tylenol geben.«

»Ist dir noch nicht zu Ohren gekommen, daß Tylenol Leberschäden verursachen kann.«

»Gott, gib mir die Kraft«, flüsterte Donna. »Du willst nicht, daß ich ihm Baby-Aspirin gebe . . .«

»Natürlich nicht. Oder willst du, daß er innere Blutungen bekommt.«

»Guter Gott, Victor, muß denn immer alles gleich zur Staatsaffäre werden? Kann ich denn überhaupt nichts tun, ohne daß es eine Parlamentsdebatte samt anschließender Abstimmung gibt? Darf ich denn nicht mal die kleinste Entscheidung selber treffen?«

»Du triffst hier doch *alle* Entscheidungen. Wann hat mein Wort schon mal irgendwelches Gewicht gehabt?«

»Dein Wort hat immer Gewicht.«

»Oh, wirklich? Wirst du ihm Tylenol geben?«

»Er hat Fieber, Victor. Der Doktor –«

»Wirst du ihm Tylenol geben? Ja oder nein?«

»Ja.«

»Natürlich. Es läuft ja immer darauf hinaus, daß du deinen Kopf durchsetzt.«

Donnas Augen füllten sich mit Tränen.

»Warum weinst du, Donna?« stichelte er. »Es geht doch alles nach deinem Willen, von A bis Z. Adam bekommt das Medikament, zum Dinner gibt's Hühnchen, und wir haben heute abend die Vogels und die Drakes zu Gast. Warum weinst du?«

»Weil du mir jedes Wort im Munde umdrehst!«

»Du ruinierst dein ganzes Make-up.« Er warf einen Blick auf seine Armbanduhr. »In zehn Minuten werden sie hier sein. Das hast du ja bestens hingekriegt. Empfängst sie mit verheulten Augen. Und ich bin der Bösewicht.«

Donna wollte sich die Augen wischen.

»Du verschmierst die Wimperntusche.«

»Verdammt«, murmelte sie. »Warum mußt du einem immer alles verderben?«

»Na, das nenn ich gelungen, Donna. Nur weiter so. Daß es *wirklich* noch zwischen uns Krach gibt.«

Adam begann zu schreien. Donna drehte sich um und verließ den Raum.

Das Dinner begann in einer Atmosphäre, die man kaum entspannt nennen konnte. Zumindest soweit es Donna betraf. Sie äußerte nur das Allernotwendigste, machte sich viel in der Küche zu schaffen, und statt zu sprechen, verlegte sie sich auf eine Art permanentes Lächeln, wobei sie selbst deutlich spürte, wie ihre Gesichtsmuskeln sich verkrampften.

Victor hingegen wirkte völlig normal. Den Gästen gegenüber zeigte er sich ebenso freundlich wie gesprächig. Er erzählte mehrere amüsante Anekdoten, und zu ihrem Unwillen stellte Donna im Laufe des Abends fest, daß sie selbst eine dieser Anekdoten so lustig fand, daß sie sich das Lachen kaum verkneifen konnte. Sie mußte sich buchstäblich auf die Lippen beißen, und Victor, dem ja nie etwas zu entgehen schien, bemerkte dies natürlich – und lächelte.

Was ihn anging, so hatte er sich offenbar entschlossen, seinen Ärger »verrauchen« zu lassen. Ja, ging denn das so einfach, dachte sie: Nun, vielleicht war das Essen besser, als er erwartet hatte (dabei hatte sie die Pinienkerne anbrennen lassen, und die grünen Bohnen waren ihr auch nicht so ganz geraten).

Kaum hatte er gelächelt, fühlte Donna sich irgendwie erleichtert, nicht mehr so feindselig. Erst jetzt wurde ihr richtig bewußt, wie wenig ihr der Sinn nach Verstimmung, Verärgerung stand. Vielmehr schien es einfach herrlich, wenn sie nett zueinander waren. Außerdem mußte sie natürlich ihrerseits Friedensbereitschaft signalisieren. Tat sie das nicht, würde ihr die Verantwortung zugeschoben werden für den fortgesetzten Streit. Und da wäre Victor wohl gar nicht so im Unrecht, oder? Jedenfalls lächelte sie ihm zu. Die Atmosphäre schien sich zu klären.

»Ich liebe dich«, sagte sie später, weil sie das Gefühl der Liebe brauchte.

»Ich liebe dich«, erwiderte er, weil dies die erwartete Antwort war.

Für den Rest des Abends war sie geradezu verwandelt. Donna zeigte sich gesellig, gesprächig, geradezu übermäßig freundlich. Sie übertrieb, wie ihr bewußt war; aber es war eben ein herrliches Gefühl, daß niemand auf sie böse zu sein schien. Als der Abend dann vorbei war und die Gäste sich verabschiedet hatten, ging Victor, um nach Adam zu sehen. Der Kleine schlief wie ein Murmeltier. Obwohl er inzwischen fünfzehn Monate alt war, nannten sie ihn nach wie vor meistens »das Baby«.

»Schläft tief und fest«, meldete Victor, während er neben ihr ins Bett glitt und sofort einen Arm um sie legte. »Hab auch seine Stirn befühlt. Ist kühl.«

»Gut«, sagte Donna. Sie fühlte sich todmüde. Er beugte sich über sie. »Bitte, Victor, können wir heute nacht nicht einfach schlafen? Ich bin wirklich müde.«

Er schien gekränkt, zog sich auf seine Seite des Bettes zurück. »Leg dich zu mir«, sagte er nur, »ich möchte dich umarmen.« Donna tat es und schmiegte sich gleichsam in die Wärme seines gekrümmten Körpers.

»Ich liebe dich«, sagte er zu ihr, weil er das Gefühl der Liebe brauchte.

»Ich liebe dich«, erwiderte sie, weil dies die erwartete Antwort war.

Mehrere Minuten vergingen. Dann sagte sie: »Letzte Nacht habe ich geträumt, du hättest eine Affäre.«

»Oh?«

»Ja. Allerdings warst du unheimlich dick und fett.«

»Oh. Na, das erklärt's doch.«

»Was?«

»Wenn ich eine Affäre habe, werde ich immer dick und fett.«

Sie lachte, und erst jetzt fühlte sie sich völlig entspannt. Während sie sich zu ihm herumdrehte, während er sie ganz fest in die Arme nahm, spürte sie plötzlich überhaupt keine Müdigkeit mehr.

Wie sehr sie sich doch danach sehnte, daß zwischen ihnen Eintracht herrschte. Und offenbar sehnte auch er sich danach.

»Ich liebe dich«, sagte er, weil er es so meinte.

»Ich liebe dich«, sagte sie, weil sie wollte, daß sie es so meinte.

9

Wann bist du endlich fertig?« rief er aus dem Wohnzimmer. »Nur noch ein paar Minuten. Nimm dir inzwischen einen Drink.«

»Bin bereits beim zweiten. Du willst doch nicht, daß ich dort betrunken ankomme.«

»Nur eine Minute noch.«

Donna blickte in den Spiegel, prüfte ihr Erscheinungbild. Was sie sah, gefiel ihr gar nicht übel. Sie legte noch ein wenig Rouge auf, lockerte ihr Haar und trat ins Wohnzimmer. An diesem Abend, so hatte sie sich fest vorgenommen, sollte alles anders sein als sonst. Kein Zank, kein Streit, kein Hader. Sie würde ihm nicht widersprechen, sie würde in möglichst allem und jedem seiner Meinung sein. Sie war absolut bereit, ihn vor den anderen Gästen auf Danny Vogels Party zu loben, gebührend herauszustreichen; und sie würde sich geradezu verzweifelte Mühe geben, nicht zu husten, zu niesen oder sich sonstwie anmerken zu lassen, daß sie eine Erkältung hatte, von der Laryngitis ganz zu schweigen. Auch würde sie kein einziges Wort über Adam fallenlassen, es sei denn, man drängte sie dazu – Victor konnte es nicht ausstehen, wenn andere Leute über ihre Kinder sprachen. Kurz: Sie war entschlossen, die perfekte Ehefrau zu sein. Sie würde Victor die hundert Prozent liefern, die er immer so kategorisch forderte. Nein, nein, das formulierte sie falsch. Das war von ihrer Seite absolut nicht die richtige Einstellung. Von kategorischen Forderungen seinerseits konnte überhaupt nicht die Rede sein. Gesprächsweise verbreitete er sich darüber, und zwar überaus vernünftig.

Nein, nein, nein. Einen Streit würde es zwischen ihnen heute abend auf gar keinen Fall geben. Neulich abends war das anders gewesen (wie es dazu gekommen war, wußte sie im Grunde immer noch nicht, wenngleich sie vermutete, eigentlich seien

115

sexuelle Spannungen schuld). Jedenfalls: Diese ewigen Auseinandersetzungen mußten aufhören. So konnte es wirklich nicht weitergehen – daß sie einander anschrien. Um ihrer selbst willen, aber vor allem auch wegen Adam. Er war inzwischen über zwei Jahre alt, und was er rings um sich sah und hörte, verfehlte durchaus nicht seine Wirkung.

Sie erinnerte sich: Vor kurzem erst hatte der Junge sie – Victor und Donna – gebeten, mit dem Schreien aufzuhören; aber sie hatten weiter nicht darauf geachtet – bis dann etwas geschah, das irgendwie eigentümlich wirkte. Er kehrte seinen Eltern den Rücken zu und begann, unmittelbar neben ihnen zu spielen. Er ignorierte sie völlig, sie schienen für ihn überhaupt nicht vorhanden zu sein – eine erschreckende Vorstellung.

Damals hatte sie den Entschluß gefaßt: Kein Zank, kein Streit mehr. Vielleicht würde es ihr gelingen, Victors Temperament wenigstens einigermaßen im Zaum zu halten, auf jeden Fall ihr eigenes. Nein, nein, nein, keinen Zank, keinen Streit mehr. Was sie betraf, so wollte sie jedenfalls auf gar keinen Fall schuld sein an einer Szene.

Und sie mußten wieder beginnen, regelmäßig miteinander zu schlafen. Ihr Sexleben war immer wundervoll gewesen; jetzt geriet es in Gefahr, nichtexistent zu werden. Hier lag die Schuld in weitaus größerem Umfang bei ihr als bei ihm, sie wußte es. Doch in steigendem Maße schien es ihr kaum mehr gelingen zu wollen, sich physisch wie psychisch in die entsprechende Verfassung zu bringen, wo die einzigen Gefühle, die sie empfand, Widerwillen, wenn nicht gar Haß waren. Schlimmer noch als Haß – Verzweiflung. Sie konnte sie nicht spielen, die Hure – die billige Nutte; denn mehr, so fühlte sie letzthin, war sie nicht wert. Wenn sie ihm gestattete, sie zu lieben, sich über sie zu schieben, in sie einzudringen, dann fürchtete sie geradezu, völlig zu verschwinden: unter seinem Gewicht quasi zerquetscht; in nichts aufgelöst, außer man fand noch ein Atom von ihr.

Sie rief sich zur Ordnung. Wenn an diesem Abend alles nach Wunsch gehen sollte, so mußte sie endlich mit solchem Unsinn aufhören. All die früheren Abende gehörten der Vergangenheit an. Dies war sozusagen ein Neuanfang.

Sie trat hinter Victor. »Hallo, ich bin fertig.«

Er drehte sich um. »Das wirst du tragen?«

Sofort sackten ihre guten Vorsätze in sich zusammen. Allerdings faßte sie sich sogleich wieder, versuchte es jedenfalls. Was war nur mit ihr los? Konnte er ihr nicht mal eine einfache Frage stellen? Guter Gott, sie durfte nicht erwarten, daß er imstande war, ihre Gedanken zu lesen. Im übrigen sollte er doch sagen, was er wollte. Erwartete sie etwa, daß er ihr nach dem Munde redete? Da hatte man's wieder mal – ihre Erwartungshaltung. Und genau das war es ja, was beide unablässig ins Dilemma stürzte. Wenn sie mit solchem Unfug endlich aufhörte, wären sie beide besser dran; wären sie beide glücklicher.

»Gefällt's dir nicht?«

»Das Kleid hat mir noch nie gefallen«, sagte Victor. »Wieso meinst du, daß es mir nun auf einmal gefallen könnte?«

»Ich hatte es eben gehofft.«

»Nein, Donna.« Er stellte seinen Drink beiseite. Seine Stimme klang ruhig, keineswegs unangenehm. »Aber es kommt ja nicht darauf an, was mir gefällt. Du tust ohnehin, was dir paßt.«

Donna versuchte ein Lächeln. »Was sollte ich denn deiner Meinung nach anziehen?«

»Vergiß es, Donna«, sagte er und warf einen Blick auf seine Armbanduhr. »Es ist schon spät.«

»Wir haben genügend Zeit. Wenn ich mich beeile, kann ich mich noch umziehen. Sag mir nur, was dir am liebsten wäre.«

»Wie wär's mit dem blauen Kleid?«

»Dem blauen?«

»Vergiß es.«

»Augenblick, warum das blaue – welches blaue?«

»Das mit den kleinen Blumen auf den Ärmeln.«

»Blumen auf den Ärmeln – oh! Oh! Das ist nicht blau, das ist hellgrün.«

»Bekenne mich schuldig. Habe mich geirrt. Tut mir leid.« In gespielter Zerknirschung beugte er den Kopf.

»Du brauchst dich nicht zu entschuldigen. Ich wußte nur nicht, welches Kleid du meintest, als du von Blau sprachst.«

»Das hast du deutlich genug zum Ausdruck gebracht.«

Donna, schon halb im Begriff, ihm wütend zu antworten, hielt sich gerade noch zurück – und atmete tief durch.

»Ich werde mich umziehen.«

»Nicht meinetwegen«, rief er hinter ihr her.

Etliche Minuten später folgte er ihr ins Schlafzimmer. Das rot-schwarze Kleid, das sie zuvor angehabt hatte, lag auf dem Bett. Sie stand vor dem großen Spiegel und zupfte das hellgrüne Kleid zurecht.

»Wie gefällt's dir?« fragte sie (und gab insgeheim zu, daß es ihr wirklich besser stand).

»Nicht übel«, versicherte er. »Nur paßt das Make-up nicht.«

Schroff fuhr sie herum. »Wieso? Was stimmt da nicht?«

»Zu auffällig. Für das rot-schwarze Kleid war es angebracht, doch bei diesem wirkt es billig.«

»Billig? Findest du nicht, daß du ein bißchen übertreibst?«

»Wie du willst. Ich sage dir nur, daß das Kleid phantastisch aussieht, während dein Gesicht wirkt wie ein Sonderangebot aus irgendeinem Schlußverkauf.«

Donna starrte vor sich auf den Boden. Nein, sie würde nicht weinen, sagte sie sich wieder und wieder. Auf gar keinen Fall würde sie die Selbstbeherrschung verlieren. Was jetzt aus ihm sprach, war seine sexuelle Frustration, nicht er selbst; und an diesem Zustand war sie schuld. »Wie, meinst du, sollte ich mich schminken?«

»Wie es dir beliebt. Es ist ja dein Gesicht.«

»Bitte, Victor, ich möchte deine Meinung hören.«

»Ich würde alles irgendwie – dämpfen. Aber so natürlich wie nur möglich.«

»Ich habe wirklich nicht viel aufgelegt.«

»Du geruhst wohl zu scherzen! Du hast genug ›aufgelegt‹, um in jedem Tingeltangel aufzutreten.«

Rasch ging Donna ins Badezimmer und wusch ihr Gesicht ab. Dann legte sie ein neues Make-up auf. Es bestand aus ein wenig

Creme unter den Augen (um die Tränenbeutel möglichst zum Verschwinden zu bringen) sowie um die Nase (damit man nicht die schuppige Haut sah, die vom dauernden Naseputzen kam); dazu noch einen Hauch Rouge und eine Winzigkeit Maskara. Sie nieste – unmittelbar bevor Victor ihr sein »Plazet« geben konnte.

»Himmel, weshalb hast du das getan?« fragte er.

»War nicht direkt meine Absicht, Victor.«

»Säubere dir das Gesicht«, sagte er, und Donna ging ins Badezimmer zurück, um die Maskara von den Wangenknochen zu wischen.

»Es ist mir völlig unerfindlich, wie du's wieder geschafft hast, dir eine Erkältung anzulachen«, sagte er, während sie zum Auto gingen. Sie hatten noch Mrs. Adilman angerufen, die auch sofort gekommen war. »Gott sei Dank«, betonte Victor, »gibt es hier wenigstens *eine* Person, die pünktlich ist.«

Sie überhörte seine letzte Bemerkung; ging auf die erste ein. »Was die Erkältung betrifft«, sagte sie, »so habe ich sie offenbar von Adam. Jetzt, wo er zweimal pro Woche vormittags zum Kindergarten geht, bringt er jede Menge Erkältungen mit. Die sprechen sogar von ›Kindergarten-Schnupfen‹.«

»Vielleicht solltest du ihn woanders hinschicken.« Sie stiegen ins Auto.

»Das würde keinen Unterschied machen«, versicherte Donna. »Übrigens gibt's gar keine andere Möglichkeit. Hab schon überall herumgehorcht. Das ist der einzige Kindergarten, in dem ich ihn nur zweimal pro Woche vormittags hinbringen muß.«

»Was ist mit Montessori?«

»Dort müßte er jeden Tag hin.«

»Warum eigentlich nicht?«

»Dafür ist er noch ein bißchen klein, Victor, erst knapp über zwei. Für wie viele Jahre möchtest du ihn denn in eine Schule stecken?«

»Irgendwann mußt du ihn schließlich von deinem Rockzipfel lassen«, erklärte er, während er den Schlüssel ins Zündschloß steckte.

»Ihn von meinem Rockzipfel lassen – das ist doch gar nicht die Frage ...«

»Willst du Streit anfangen?«

Donna verstummte sofort. »Tut mir leid«, sagte sie hastig, »das war wirklich nicht meine Absicht.«

»Schon gut«, erwiderte er. »Übrigens ist es wohl besser, wenn du dich ans Steuer setzt. Wenn mich eine Polizeistreife stoppt, komme ich bei deren Alkoholtests garantiert nicht ungeschoren davon.«

»Also wieder Knast«, sagte sie und versuchte, das aufzurühren, was ihr jetzt als liebste Erinnerung erschien.

»Das würde dir wohl so passen, wie?« fragte er. Sie tauschten die Sitze. Donna ließ den Motor an. Das Autoradio erklang, ziemlich laut. Donna stellte es leiser. Victor stellte es sofort wieder lauter. Beide schwiegen. Donna manövrierte den Wagen heraus.

»Winke Mrs. Adilman zu«, wies Victor sie an. Beide winkten sie der rundlichen, grauhaarigen Frau zu, die von der Haustür zurückwinkte. Vermutlich hatte sie das schon vor Jahren bei ihren eigenen Kindern getan.

»Ob sie wohl böse ist, wenn wir erst nach Mitternacht zurückkehren?« fragte Donna und schlug einen scherzhaften Ton an.

»Vorsicht, um ein Haar hättest du die Mülltonne gerammt.«

Donna warf einen prüfenden Blick in den Rückspiegel. »Ich bin ja nicht mal in der Nähe der Mülltonne.«

»Fährst du nun, oder fährst du nicht? Wir haben uns schon um eine halbe Stunde verspätet.«

»Es ist eine Party, Victor. Da erscheint niemand zu einem präzisen Zeitpunkt.«

»Wenn es deine Freunde wären, dann würden wir pünktlich sein – darauf kannst du Gift nehmen.«

»Das ist nicht fair, Victor. Und es trifft auch nicht zu.«

»Oh, wirklich?«

»Im übrigen habe ich gar keine Freunde.«

»Wohl meine Schuld, wie?«

»Nein«, erwiderte sie, obschon sie das Gefühl hatte, daß es sich so verhielt – bis zu einem gewissen Grad. »Man kann eben nichts dran ändern, wenn einem keiner so richtig liegt.«

»Du solltest trotzdem vón dir aus mal Kontakt aufnehmen.«

»Ist ein bißchen schwierig, wenn alle den ganzen Tag arbeiten, während ich zu Hause mit Adam sitze.«

»Möchtest du also arbeiten – wieder arbeiten?« fragte er.

»Nein. Noch nicht.«

»Was soll das heißen – noch nicht?«

»Nun, ich könnte nächstes Jahr vielleicht eine Teilzeitarbeit übernehmen, wenn Adam im Kindergarten ist«, erklärte Donna, und dieser Gedanke kam ihr nicht zum erstenmal.

»Oh, verstehe. Wenn es dir ins Konzept paßt; wenn Adam nicht mehr zu klein ist.«

»Nächstes Jahr ist er bereits drei! Und in dem Alter gehen alle Kinder regelmäßig in den Kindergarten!«

»Du wirst laut.«

Überraschend wurde Donna bewußt, daß er recht hatte. »Tut mir leid. Wie sind wir denn bloß auf dieses Thema gekommen? Ich wollte doch nur sagen, daß es für mich nicht ganz leicht ist, meine wenigen Freunde zu besuchen, weil sie tagsüber arbeiten und du den Umgang mit ihnen am Abend – nun ja, scheust.«

»Alles ist also meine Schuld«, erklärte Victor.

»Das habe ich nicht gesagt.«

»*Was* sagst du dann?«

»Vergiß es.«

»Apropos, weißt du überhaupt, wo wir hinwollen? Wir haben die Abbiegung verpaßt. Schon drei Straßen zurück.«

»Warum hast du mir das nicht rechtzeitig gesagt?« Sie bremste.

»Weil du vollauf damit beschäftigt warst, mich anzukreischen.« Mit einigem Glück bog sie in die richtige Straße ein.

»Nimmst du die Kurven immer so scharf?« fragte er vorwurfsvoll.

»War doch gar nicht so scharf!«

»So? Du hast beinahe den Rinnstein mitgenommen. Wie schnell fährst du überhaupt?«

»Victor, wer sitzt hier am Steuer, du oder ich?«

»Ich habe dich nur gefragt, wie schnell du fährst. Himmelherrgott, kann ich dir nicht einmal eine einfache Frage stellen? Schon geht's mit dir durch, wie? Kannst wohl einfach nicht anders. Ich meine, es würde dich sicher glatt *umbringen,* mal einen einzigen netten Abend zu verleben.«

»Das darf doch wohl nicht wahr sein«, murmelte Donna und spürte, wie heiße Tränen aufstiegen.

»Allmächtiger, Donna!« schrie er, als sie, scharf auf die Bremse tretend, das Auto wenige Zentimeter vor dem Stoppzeichen zum Halten brachte. »Wo hattest du denn deine Augen? Ums Haar wärst du weitergefahren!«

»Bin ich aber nicht, oder?«

»Willst du uns umbringen?«

»Ich habe gehalten«, sagte sie, während sie weiterfuhr.

»Wo hattest du nur deine Gedanken!?«

»Victor, du machst mich zum Nervenwrack. Hättest du vielleicht die Güte, den Mund zu halten.«

»Oh, es ist wohl meine Schuld, daß du beinahe das Haltesignal verpaßt hättest!«

»Hat ja niemand gesagt.«

»Du schreist.«

»Und du machst mich ganz verrückt! Wie wär's denn, wenn du mich einfach fahren lassen würdest?«

»Was – damit du uns bei nächster Gelegenheit umbringst?«

»Es würde bei mir bestens laufen – wenn du nur den Mund halten würdest.«

»Hör auf, mich anzuschreien!« schrie er.

»Halt den Mund!« kreischte sie zurück, und die Worte schienen in der Luft geradezu zu explodieren. »Halt den Mund! Halt den Mund! Halt den Mund!«

Sie überfuhr eine auf Rot stehende Ampel.

»Himmelherrgott, bist du übergeschnappt«, brüllte er. »Halt an! Hast du gehört? Fahr an den Straßenrand!«

»Ich hab's nicht gesehen! Ich hab's nicht gesehen!«

Victor streckte einen Arm aus, packte das Lenkrad und lenkte das Auto an den Straßenrand. »Steig aus.«

»Victor«, rief sie, und die Tränen, die sie bis jetzt mit aller Gewalt zurückgehalten hatte, schossen mit doppelter Macht hervor. »Ich habe die Ampel doch nicht gesehen!«

»Das weiß ich. Auch das Stoppschild nicht. Und es ist alles meine Schuld.«

Er zog sie hinter dem Lenkrad hervor. Mit einem Ruck befreite sie sich von seinem Griff. »Rühr mich nicht an«, sagte sie und versuchte, sich die Augen zu wischen.

Er sah sie an, plötzlich ganz ruhig. »Oh, so läuft das also?«

»Wie meinst du das?«

»Da bringst du uns fast um, bloß damit du heute nacht nicht mit mir schlafen mußt. Ich gewöhne mich allmählich an das Wort ›Nein‹.«

Donna mochte nicht glauben, was sie da hörte. Wieder und wieder ließ sie sich die Worte durch den Kopf gehen. Aber noch immer begriff sie nicht recht.

»Ich habe das rote Licht ganz bestimmt nicht gesehen!« rief sie verzweifelt. »Du hattest gerade etwas wegen des Stoppschildes gesagt, und ich schrie zurück und war dann so durcheinander, daß ich die rote Lampe glatt übersehen habe. Mit dem anderen hat das doch nicht das geringste zu tun – mit dem Schlafen mit dir!«

»Ist alles meine Schuld!« verkündete er sarkastisch und schüttelte den Kopf. »Ich bin's gewesen, der das Stoppschild und die rote Ampel überfahren hat.«

»Habe ich nicht gesagt.«

»Oh? Dann räumst du also ein, daß du am Lenkrad gesessen hast. Interessant.«

»Ich habe mein Bestes versucht.«

»Und ich habe dir dazu keine Chance gelassen. Stimmt's? Steig ins Auto, Donna. Oder möchtest du, daß jeder, der hier vorüberkommt, den Eindruck hat, daß ich dich zusammenschlage? Ist das deine Absicht?«

In entgegengesetzten Richtungen gingen sie um das Auto herum und stiegen ein. Nun saß Victor hinter dem Lenkrad, während Donna auf dem Beifahrersitz hockte, zitternd.

»Du *schlägst* mich zusammen«, sagte sie, als er losfuhr, »aber so, daß niemand die blauen Flecken sieht.«

»Du bist verrückt«, erklärte er kurz. »Mitunter mache ich mir um die Sicherheit meines Sohnes echte Sorgen.«

»Was!?«

Das Wort drang hervor wie ein heiseres Röcheln. Sie begann zu husten und schien einfach nicht aufhören zu können. Victor brachte das Auto unvermittelt zum Stehen.

»Weshalb hältst du denn?« fragte sie unter Tränen.

»Wir sind da.«

»Wir sind da? Soll das heißen, daß wir trotz allem zu der Party gehen wollen?«

»Nun, was dich betrifft, so weiß ich das nicht. Ich werde jedenfalls gehen. Obwohl wir ziemlich spät dran sind.«

»Ich sehe furchtbar aus.«

»Scheint zur Zeit ja die Norm zu sein.«

»Victor . . .«

»Fall bloß nicht wieder über mich her. Für diesen Abend langt's, wirklich. Jetzt«, er hielt inne, wählte seine Worte sehr sorgfältig, »gehe ich hinein. Dir bleiben zwei Möglichkeiten. Du kannst entweder mit mir kommen und versuchen, dich zu amüsieren – auch wenn dir dieser Gedanke, wie ich weiß, gräßlich ist – oder aber du bleibst hier draußen, in einer Art Schmollwinkel, wie ein kleines Mädchen. Das wäre mir natürlich peinlich, aber ich würde es in Kauf nehmen. Wie dem auch sein mag«, fügte er hinzu, während er ausstieg, »ich gehe jedenfalls hinein.«

Donna spürte, wie sie gleichsam von einer unwiderstehlichen Kraft aus dem Auto herausgezwungen wurde. Von ihrer eigenen Angst, ihrer Panik. Hatte sie womöglich *wirklich* versucht, sie beide umzubringen? Wer blickte da noch durch? Wer begriff da noch *irgend etwas?* Am liebsten, gar kein Zweifel, hätte sie sich auf der Stelle in nichts aufgelöst. Aber dann dachte sie an Adam, ihren wunderhübschen kleinen Jungen. Und plötzlich wurde ihr bewußt, daß sie auf gar keinen Fall sterben wollte. Victor dagegen mochte getrost das Zeitliche segnen.

Es war ein Gedanke, der ihr buchstäblich den Atem verschlug.
»Was ist denn nun wieder?« fragte er.

Nein, bitte, bitte. Ich hab's nicht so gemeint. Ich hab's nicht so gemeint. »Victor, bitte, können wir miteinander sprechen?«

»Du hast schon genug gesprochen.« Ein altvertrauter Refrain.

»Bitte.«

»Wisch dir die Augen.« Sie erreichten die Haustür, und Victor läutete.

Danny Vogel öffnete. Er sah in der Tat aus wie vierzig (und etliche Jahre darüber), hielt einen Drink in der Hand und ließ seinen Bierbauch über den augenscheinlich neuen Gucci-Gürtel hinweghängen.

»Muß abnehmen«, sagte er anstelle eines Grußes. »Ihr seid spät. Wir dachten schon, ihr würdet gar nicht mehr kommen.«

»Aber woher denn, kein Gedanke.«

Während sie eintraten, hielt Donna den Kopf gesenkt. Sie blieb in Victors Schatten, weil sie sich genierte, ihr Gesicht zu zeigen, verheult, verquollen. Aber als sie sich dann, eher zufällig, in einem der Flurspiegel sah, fand sie, daß sie allem zum Trotz »vorzeigbar« wirkte und hob ihren Kopf.

»Happy Birthday«, sagte sie mit rauher Stimme und räusperte sich.

»Wieder eine Erkältung?«

Donna nickte. Victor griff in seine Tasche und reichte ihr mehrere Papiertaschentücher.

»Kann ich euch Drinks besorgen?«

»Gin und Tonic«, sagte Victor.

»Scotch und Wasser«, erklärte Donna – und wunderte sich über sich selbst. Wann hatte sie schon mal Scotch und Wasser getrunken.

»Wird im Handumdrehen erledigt«, versicherte Danny mit einem Lächeln. »Inzwischen, Kinder, mischt euch unters Volk – wie man so sagt.«

Es war ein Stichwort, das Victor sofort aufnahm. Schon tauchte er in eine Gruppe von Geburtstagsgästen ein. Donna blickte sich um. Insgesamt dreißig Leute mochten anwesend sein; doch befand sich darunter keiner, mit dem ein Gespräch zu führen sie irgendwie reizte. Etwa die Hälfte der Leute kannte sie, und mit ihnen hatte sie bereits auf früheren Partys alle gängigen Klischees getauscht.

Unwillkürlich dachte sie an jene wunderbaren Teenagerpartys zurück, während sie jetzt wie geistesabwesend zwischen den Grüppchen entlangschlenderte und schließlich einen Platz nicht weit von der Bar bezog. Damals hatte sie, ohne den Zwang, teilnehmen zu müssen, ganz einfach beobachten, alles in sich aufnehmen können. Da wurden Schallplatten gespielt, da tanzte man; da wurde auch das Licht ausgeknipst und herumgeknutscht mit dem, der gerade in der Nähe war; und, guter Gott, man betete geradezu darum, daß sich seine Zahnspange nicht mit der eigenen verfing; auch gab es immer irgend jemanden, der die Geschichte von den beiden Hunden erzählte, die es miteinander trieben, bis schließlich irgendwer kam, der einen Eimer kaltes Wasser über sie schüttete.

Ja, was war geworden aus *solchen* Partys? Weshalb verkamen sie unausweichlich zu dieser Art von Partys, wo jeder mit einem Drink in der Hand und einem falschen Lächeln auf dem Gesicht herumstand und beredt Klage führte, über die Arbeit und die Kinder und das ganze Leben? Fühlten sich alle so unglücklich wie sie? War das sozusagen der Kern des Ehelebens?

»Scotch und Wasser«, sagte Danny Vogel, plötzlich neben ihr auftauchend. Wortlos nahm sie den Drink. »Ist übrigens ein toller Kuchen, den Renée für mich gemacht hat – muß man gesehen haben«, fuhr er stolz fort, »... ist wie ein Riesenphallus geformt. Soll nicht unbedingt schmeichelhaft sein – behauptet sie. Weil ich eben so ein großer Schwanz – oder auch Schlappschwanz sei!« Er lachte; selbstironisch, selbstzufrieden.

»Kaum entschlüpft einer Frau das Wort Schwanz, schon fühlt ein Mann sich geschmeichelt«, erklärte Donna. »Übrigens – gibt es für die Kränkung einer Frau so etwas wie einen Spezialorden?«

»Oh, ich darf mich empfehlen«, sagte Danny Vogel und entfernte sich hastig.

Donna blickte sich im Zimmer um. Unwillkürlich fühlte sie

sich an einen anderen Raum erinnert: In dem Film »Die Reifeprüfung« versuchte Anne Bancroft in einem Zimmer, das diesem aufs Haar ähnelte, Dustin Hoffman zu bezirzen. Donna hatte den Film dreimal gesehen, und sie erinnerte sich an diese Szene sehr genau. Anne Bancroft saß auf einem Barhocker (fast identisch mit jenem, der sich jetzt links von Donna befand), und aufreizend hob sie ihr Knie in die Höhe, während Dustin Hoffman in einiger Entfernung stand, gleichsam wie vom Blitz getroffen.

In der Tat: Dieses Zimmer ähnelte dem im Film auf geradezu verblüffende Weise. Um für die Gäste Platz zu schaffen, war alles entbehrliche Mobiliar fortgeräumt worden, und was sich noch vorfand, besaß schwarz-weißen Kunststoff-Charme, war ebenso modern wie kalt. Was den Kunstsinn der Vogels betraf, so beschränkte er sich auf Abbildungen von Wasserfällen und großäugigen Kindern. Und die Gäste? Sie schienen sich nahtlos in diesen Gesamtrahmen zu fügen.

Sie trank einen kleinen Schluck, und plötzlich wurde ihr bewußt, daß ihr der Geschmack tief zuwider war. Gleichzeitig schoß ihr ein Gedanke durch den Kopf: Warum nur fühlte sie sich den anderen hier überlegen? Weil sie sich vorkam wie eine Art Märtyrerin? Märtyrerin aus welchem Grund und für welche Sache?

Sie betrachtete die Gesichter ringsum. Manche waren tief gebräunt, die meisten jedoch nicht. Alteingesessene hüteten sich vor starker Sonneneinwirkung – ganz im Gegensatz zu den Urlaubern, die nach Florida kamen. Es waren sämtlich lächelnde Gesichter. Auf manchen spiegelte sich unverkennbar Zuneigung. Hände berührten einander, Wangenküsse wurden getauscht, hier und dort stand man untergehakt. Augenscheinlich war hier auch Platz für Wärme.

Doch nicht mit Victor.

Ab und zu näherte sich jemand, sprach belanglose Nettigkeiten; entfernte sich wieder, da Donna stumm blieb. Auch Danny Vogel unternahm noch einen Versuch und erzählte irgend etwas über sein Kind und Montessori-Schulen – und empfahl sich erneut, als sie keinerlei Anstalten machte, den Mund zu öffnen.

Was war nur aus ihrer Ehe geworden? grübelte sie. Wieder nahm sie einen kleinen Schluck und erinnerte sich unwillkürlich an die erste Flasche Dom Perignon, die Victor und sie miteinander geteilt hatten. Und weiter erinnerte sie sich: der Hals-über-Kopf-Flug nach New York, der Hummer, genau siebeneinhalb Minuten gekocht. Es schien irgendwie symbolisch, daß sie schon damals bereit gewesen war, alles von ihm »ordern« zu lassen.

Wie aufregend das alles gewesen war. Und wie unwiderstehlich sie ihn fand. So gutaussehend, so attraktiv – und sie hatte ihn geheiratet, trotz wachsender Zweifel; und obwohl sie wußte, daß er sie über seine Mutter belogen hatte.

Ihre eigene Mutter fiel ihr ein, und sie erinnerte sich an den Rat, den diese ihr einmal gegeben hatte: Die Art und Weise, in der ein Mann seine Mutter behandele, sei ein ziemlich sicherer Hinweis darauf, wie er seine Frau behandeln werde. Unwillkürlich schauderte sie zusammen. Dann schüttelte sie den Kopf. Wie lange hatte sie schon nicht mehr an ihre Mutter gedacht! Irgendwie schienen ihre Gedanken ausschließlich um Victor zu kreisen. Immer und ewig war sie auf der Hut. Bei allem, was sie sagte; bei allem, was sie tat. Was hatte sie gesagt? Was hatte sie getan?

Was »trieb« sie überhaupt noch? Lesen? Nun, über irgendwelche Lektüre, die das Illustriertenniveau überstieg, gelangte sie nicht mehr hinaus; und Victor sprach denn auch von Illustrierten-Mentalität. Doch es fehlte ihr ganz einfach an der Konzentrationsfähigkeit für etwas anspruchsvollere Romane – von Albert Camus ganz zu schweigen.

Nie gingen sie zusammen ins Kino. Victor haßte Filme, und er rühmte sich, sein letzter Film sei »High Noon« gewesen. Andererseits: Wann immer »Die glorreichen Sieben« über den Fernsehschirm flimmerte, saß er gebannt vor dem Apparat. Es hatte einmal eine Zeit gegeben, in der Donna wöchentlich wenigstens viermal ins Kino ging. Jetzt fand sich überhaupt keine Gelegenheit mehr dazu.

Sie hatte ihren Beruf aufgegeben, was allerdings wirklich ihr eigener Entschluß gewesen war. In den ersten drei Jahren wollte sie ganz für ihr Kind dasein. Niemand sollte statt ihrer bei Adam Mutterstelle einnehmen. Nach den drei Jahren konnte sie dann ja wieder an einen Job denken. Nein, sie empfand Adams Existenz in keiner Weise als Hindernis. Er war vielmehr so etwas wie ihre Rettung. Sicher, mitunter konnte er einem schon auf die Nerven gehen, wollte dies, forderte das – mochte immer noch nicht allein aufs Klo gehen, ohne daß sie ihn »abhielt«; doch sie hatte viel, viel Freude mit ihm; und sie liebte ihn.

Victor hingegen liebte sie nicht; nicht mehr.

So einfach war das.

Lange Zeit hatte sie sich einzureden versucht, daß sie ihn zweifellos liebte, weil sie sonst niemals so wütend auf ihn sein könnte; Liebe und Haß, das seien gleichsam zwei Seiten ein und derselben Münze, die mal so, mal so rollte und fiel. Wenn sie ihn – so ihre Schlußfolgerung – mit ungeheurer Intensität verabscheuen konnte, dann mußte sie ihn doch wohl auch mit gleicher Intensität lieben können.

Es war das, was die Psychologen »rationalisieren« nennen: ein bequemes Sich-selbst-einreden, eine griffige Ausflucht.

Wann hatten sie sich das letzte Mal unterhalten, ohne daß es zum Streit gekommen war? Wann hatten sie jemals wieder über Haiku-Lyrik gesprochen? Wann hatten sie einander das letzte Mal in die Augen geblickt, einfach so, voll Vertrauen – ohne jenen Argwohn, der auch die kleinste Äußerung des anderen im vorhinein absuchte, ob sie nicht irgendeine Spitze enthielt?

Er fühlte sich wahrscheinlich genauso unglücklich wie sie.

Sie waren beide unglücklich, und das mußte natürlich negative Auswirkungen haben für ihr Söhnchen, für Adam. Immerhin: Während der Entbindung hatte sich Victor geradezu musterhaft verhalten.

Wenn schon! fiel sie sich selbst ins Wort. Für vierundzwanzig Stunden brachte das jeder mal fertig. Was war schon ein einziger Tag in einem ganzen Leben! Das war nicht fair von ihr, sie wußte es; doch was tat's. Sie hatte es satt, fair zu sein. Schon gut – Victor war kein Ungeheuer, war vielmehr die verkörperte Hilfsbereitschaft gegenüber alten Damen und verlaufenen Hunden – meistens benahm er sich sogar wie ein anständiger Mensch. Bloß – zwischen ihnen beiden stimmte es nicht. Vielleicht war es zwischen ihm und seiner ersten Frau ähnlich gelaufen – sie wußte es nicht. Es war auch nicht weiter wichtig. Wichtig war nur, wie er sich ihr gegenüber verhielt; und man mochte es drehen und wenden, wie man wollte – ihre Ehe mit Victor war eine Katastrophe. Und ganz gleich, wer Schuld hatte, sie oder er oder beide, sie machten einander nur unglücklich; und sie war zu jung, um den Rest ihres Lebens wegzuwerfen, weil sie damit nichts Besseres anzufangen wußte. Sie wußte sehr wohl etwas Besseres damit anzufangen.

Sie mußte Victor verlassen.

Plötzlich fühlten sich ihre Schultern wie von einem – nein, von *dem* massiven Felsbrocken befreit. Und zum erstenmal an diesem Abend konnte sie normal durch die Nase atmen, fühlte sie in der Kehle kein Würgen.

Victor trat auf sie zu.

»Wie lange willst du hier noch so herumstehen? Ohne mit einem Menschen auch nur ein Wort zu wechseln?«

»Ich habe nachgedacht«, sagte sie.

»Worüber?«

Sie schüttelte den Kopf. »Erzähl ich dir später. Jetzt ist nicht die Zeit dazu.«

»Eine Zeit ist so gut wie die andere.«

Sie blickte ihm in die Augen. Sie wirkten sehr blau und überraschend sanft. Vielleicht war dies in der Tat der richtige Zeitpunkt. Er schien einigermaßen entspannt, und ihr würde er kaum vorwerfen können, daß sie sozusagen aus einer Laune heraus handelte – oder? Sie wußte es nicht. Doch plötzlich war ihr das alles gleichgültig. Er hatte auf eine Antwort gedrängt. Er sollte sie haben.

»Ich meine, wir sollten uns scheiden lassen.« Die Worte klangen leise, fast sanft; dennoch besaßen sie Kraft. Jene Kraft stiller

Überzeugung, die man besitzt, wenn man sich einer Sache absolut sicher ist.

Augenscheinlich spürte er das sofort. Er stellte keine einzige Frage. Kein »Was?« kam über seine Lippen und kein »Wie?«. Schweigend standen sie einander gegenüber, sekundenlang.

»Ich liebe dich«, sagte er schließlich.

»Das tust du nicht«, erwiderte sie.

»Bitte, sag mir nicht, was ich empfinde«, erklärte er mit einem Anflug von Schärfe in der Stimme.

»Tut mir leid«, versicherte sie. Nur wenige Sätze hatten sie gewechselt, und schon tat es ihr leid. Aber er hatte natürlich recht. Sie mochte es auch nicht, wenn ihr unterstellt wurde, daß sie dies oder das empfand. Also wäre es ihm gegenüber nur fair, wenn sie solche Behauptungen unterließ.

Gott verdammt noch mal! beschimpfte sie sich selbst. Mußte sie denn bei jeder kleinen Äußerung erst diese quälerische Selbstprüfung vornehmen? »Tut mir leid, Victor, aber jetzt ist wirklich nicht die Zeit, darüber zu sprechen.«

»Und warum bringst du's dann zur Sprache – schmeißt mir ausgerechnet in diesem Moment eine solche Bombe vor die Füße?«

»Du hast mich gefragt.«

Unruhig trat er von einem Bein auf das andere; unruhig huschte sein Blick zwischen ihr und den anderen Gästen hin und her.

»Du möchtest mir ordentlich eins auswischen, wie?«

»Nein«, erwiderte sie ohne Umschweife.

»Und meine Empfindungen dir gegenüber spielen überhaupt keine Rolle?«

»Deine Empfindungen mir gegenüber? Victor, vor kaum zwei Minuten hast du mir versichert, daß du mich liebst – und schon liegen wir uns wieder in den Haaren und beharken uns mit Vorwürfen. Vielleicht liebst du mich, vielleicht liebst du mich nicht. Unsere Gefühle füreinander sind nicht mehr entscheidend. Entscheidend ist, daß wir nicht mehr miteinander leben können. Es geht nicht langer – und du weißt es ...«

»Ich weiß es nicht.«

Sie zuckte mit den Achseln; unterdrückte gerade noch das »Tut mir leid«, das ihr schon auf den Lippen lag.

»Und was ist mit Adam?« fragte er.

Sofort schrillte in ihr eine Alarmsirene. Panik stieg in ihr auf, machte sich breit. Und instinktiv witterte Victor ihre Angst. Noch immer klang Donnas Stimme sanft und leise, doch die Kraft – die Kraft der inneren Überzeugung – schien auf einmal verloren. Der Nachdruck, den sie hineinzulegen versuchte, war nur gespielt.

»Was soll mit Adam sein?« fragte sie zurück.

»Willst du dich auch von ihm trennen?«

»Natürlich nicht. Ich behalte Adam bei mir.«

»Oh?«

Sie starrte Victor an. Das war nur ein taktischer Trick, dachte sie. Ihre Angst, Adam zu verlieren, nutzte er für seine Zwecke: um sie zum Bleiben zu bewegen. Aber er würde mit der indirekten Drohung gewiß niemals ernst machen.

»Von meinem Sohn würde ich mich nicht trennen«, sagte sie.

»Ich frage mich: Was bringt dich auf den Gedanken, daß *ich* dazu bereit wäre?«

Wieder spürte Donna die aufsteigende Panik. Mit aller Anstrengung rang sie um Selbstbeherrschung.

»Wir werden später darüber sprechen«, erklärte sie – und wußte schon jetzt, daß es vergeblich sein würde.

»Nein, wir werden es auf der Stelle erörtern. Schließlich hast du das zur Sprache gebracht. Bringen wir's also zu Ende.«

»Wir werden uns zu Hause darüber unterhalten.«

»Oh? Du gestattest es, daß ich in das Haus zurückkehre? Überaus großzügig, zumal es ja mein Haus war und ist, wenn ich nicht irre.«

»Victor, bitte . . .«

»Hör mir mal gut zu, kleine Lady, eines möchte ich dir sagen – niemand wird mir meinen Sohn wegnehmen, weder du noch irgendein superschlauer Anwalt oder ein Gericht. Ich werde gegen dich kämpfen, bis nichts mehr von dir übrig ist. Und falls du da irgendwelche Zweifel hegen solltest, dann erinnere dich bitte – ich habe lieber zwei Tage im Knast verbracht als ein Strafmandat wegen Falschparkens zu bezahlen ...«

»Es ging um ein Stoppsignal«, sagte sie, noch wie betäubt.

»Was?«

»Du solltest Strafe zahlen, weil du ein Stoppsignal überfahren hattest.« Plötzlich kam ihr die Ironie des Ganzen erst richtig zu Bewußtsein, wie ein knallharter Stoß in die Rippen; und auf einmal brach sie in Tränen aus.

Sofort versuchte Victor, sie mit seinem Körper gegen die Blicke der anderen abzuschirmen. »Himmel«, sagte er.

»Stimmt irgendwas nicht?« fragte eine Frau, die in der Nähe gestanden hatte und nun rasch hinzutrat.

»Meine Frau hat eine Erkältung«, beteuerte Victor hastig.

»Hier, wisch dir die Augen.« Er reichte ihr ein Papiertaschentuch. Donna ignorierte es, fuhr fort zu schluchzen.

»Donna, Liebes.« Für die wachsende Zuhörerschaft ließ Victor seine Stimme erklingen. »Nur nicht die Nerven verlieren, Honey. Kommt alles wieder in Ordnung. Ist wirklich eine furchtbare Erkältung«, erklärte er. Ein Halbdutzend Menschen war inzwischen ringsum versammelt. Donna schniefte laut. Und rasch löste sich die kleine Menschenansammlung wieder auf. Victor hielt Donna ein Papiertaschentuch vor die Nase. »Schnaub hinein«, befahl er.

Donna hatte das Gefühl, daß sich in ihr ein Schrei ballte, und unwillkürlich lauschte sie auf ihren eigenen Ausbruch. Statt dessen geschah, zu ihrer eigenen Überraschung, etwas ganz anderes. Ihr rechter Arm zuckte vor, und die Hand schlug auf Victor ein; und zwar mit so viel Kraft, daß er eine in der Nähe stehende Dame anstieß und deren Drink sich über ihr Kleid ergoß. Victor glich einem Oktopus. Vielarmig hatte er den Schaden so gut wie möglich im Nu behoben; und vor allem war es ihm gelungen, die Gäste davon zu überzeugen, daß ein unkontrollierbares Niesen an allem schuld sei. Nun, die Mienen etlicher Gäste (Donna sah es genau) bekundeten, daß sie sich gar so leicht nicht täuschen ließen. Man hatte, zum Teil jedenfalls, durchaus registrieren können, was wirklich geschehen war: Victors ausgestreckte Hand mit dem Papiertaschentuch für seine ewig erkältete Frau sowie ihre heftige Reaktion, den harten Schlag mit entsprechenden Folgen. Gehört hatte man allerdings nichts. Man war zu weit entfernt – und viel zu beschäftigt –, um etwas von dem Wortwechsel mitzubekommen. Nun ja, Victors Frau – offenbar in einer ihrer Launen. Armer Victor. Aber, Teufel auch, das war ja deren Sache.

Victor beugte sich vor. »Wenn du jetzt nicht lächelst und an dieser kleinen Festivität nicht aktiv teilnimmst, dann sollst du mich mal *wirklich* kennenlernen«, sagte er, und aus seiner Stimme klang die gleiche tiefgreifende Überzeugungskraft wie zuvor aus der ihren.

Und darauf lief es zwischen beiden nunmehr hinaus:

Donna nahm das angebotene Papiertaschentuch, schnaubte laut hinein und schritt dann kühn in die Mitte der kleinen Versammlung, die sich nach den vorangegangenen Vorfällen hastig umgruppiert hatte.

»Wir sprechen gerade über einen unserer Nachbarn«, erklärte eine der Frauen, um Donna mit ins Gespräch zu ziehen. Eine nette Geste – nur war Donna für nette Gesten nicht länger empfänglich. Sie zog es vor, ihre Umgebung mit kritischem Blick zu mustern.

Die Frau mochte etwa zehn Jahre älter sein als sie, und ihr Haar war von einem gelblichen Blond in mehreren Schattierungen. Doch zweifellos mußte man sie attraktiv nennen. »Vor ein paar Jahren erlitt er einen Nervenzusammenbruch. Die Ärzte sagten, er sei ein Sadomasochist mit homosexuellen Neigungen. Augenscheinlich konnten sie ihn bald von seinem Masochismus kurieren und die bewußten Neigungen umpolen. Aber er blieb noch eine Zeitlang Sadist.«

»Ich finde, daß Sadismus weniger zerstörerisch ist als Masochismus – meinen Sie nicht auch?« fragte Donna und wußte selbst nicht recht, ob es ihr damit ernst war.

Das wußten auch die Umstehenden nicht. Ihre Reaktion war ein unbehagliches Gelächter.

»Jedenfalls«, fuhr die Frau fort, »ist er jetzt wieder raus und hat einen respektablen Job. Scheint alles in bester Ordnung zu sein.«

»Um was für einen Job handelt es sich?« fragte jemand.

»Er entwirft Tiefgaragen«, rief Donna und brach diesmal gleich selbst in schallendes Gelächter aus.

Inzwischen galt ihr die allgemeine Aufmerksamkeit. Man beobachtete sie, während sie im Zimmer umherging.

Donna fuhr fort: »Hat da nicht grad jemand gesagt, Sex müsse man richtig studieren? Ein wahres Wort. Bloß gehören so viele zur anderen Fakultät. Ganze Bruderschaften . . .«

»Die wollen sich eben warmhalten«, witzelte eine Frau.

»Zum Kotzen!« schrie Donna. »Das ist so eine Patentantwort, bei der mir alles hochkommt. Und kannst du nicht mehr buhlen, versuch's mal bei den Schwulen, was?« Das Gesicht der Frau war wie erstarrt. »Nur nicht persönlich nehmen«, fügte Donna hinzu.

Sie sah, wie Victor zum Ausgang ging. Aha, er gedachte also, sie abzukommandieren. Nun, dann konnte sie wenigstens versuchen, sich einen »unheimlich starken Abgang« zu verschaffen – jedenfalls einen mit Blitz und Donner. »Hat wer von euch neulich die ›Sesamstraße‹ gesehen? Müssen doch welche unter euch sein, die jung genug sind, um kleine Kinder zu haben. Keiner von euch sieht sich ›Sesamstraße‹ an?« Niemand gab eine Antwort, alle schwiegen. »Nun, bei uns zu Hause ist das fast so etwas wie eine religiöse Übung. Adam und ich sehen uns die Serie täglich an.« Victor schüttelte seinen Schlüsselbund: das übliche Zeichen, daß er gehen wollte. Donna ignorierte ihn. »Neulich – ich erzähle euch das unter Lebensgefahr, weil Victor es haßt, wenn man über Kinder spricht. Er meint, daß man andere damit langweilt – hah! Ihr seht mir überhaupt nicht gelangweilt aus. Also da war Krümelmonster, und sie spielten ›Treppauf, Treppab‹, und Grover mußte dauernd hinauf- und hinunterflitzen, um das zu demonstrieren, oben und unten, rauf und runter. Ihr wißt doch alle, wer Grover ist . . .«

»Donna«, rief Victor, nachdem das Rasseln mit den Schlüsseln nichts genutzt hatte, »ich meine, wir sollten jetzt gehen.«

»Die Stimme meines Herrn«, sagte Donna mit geradezu triefendem Sarkasmus.

Er trat zu ihr. »Du solltest wirklich nicht trinken, wenn du Antibiotika einnimmst.«

»Oh, hallo, Victor, ich wußte gar nicht, daß dein Arztdiplom gerade mit der Post eingetroffen ist.« Sie blickte zu den anderen Gästen. »Kann jeder haben, das Diplom. Braucht nur ein paar Bons zu sammeln und einzuschicken. Von Präparat H ...«

Der Rest war verschwommenes Gemurmel. Victor redete auf sie ein. Er flehte, drängte, drohte. Nach Minuten gelang es ihm, sie aus dem Haus zu bugsieren. Donna erinnerte sich später, daß sie noch eine Reihe von Flüchen losließ – kein einziger so saftig, wie sie's gern gehabt hätte. Etwas in ihr begann zu fragen, warum – um alles auf der Welt – sie sich so benahm. Aber dann dachte sie: Ist doch egal, ist doch alles egal. Schließlich saß sie im Auto neben Victor, der so stumm blieb, daß sie das Gefühl hatte, den in ihm tobenden Zorn in ihrem eigenen Körper spüren zu können. Sie schloß die Augen.

Erst als das Auto hielt, wurde ihr bewußt, überraschend bewußt, daß sie während der ganzen Rückfahrt geschlafen hatte. Man war daheim.

Wie benommen ging sie an Mrs. Adilman vorbei. Sie hörte, wie Victor der Frau dankte, sie bezahlte. Inzwischen war Donna an der Tür von Adams Zimmer. Automatisch warf sie einen Blick hinein, auf ihren schlafenden Sohn. Dann ging sie hinüber zu dem Schlafzimmer, das sie und Victor miteinander teilten. Sie hatte nur einen Wunsch: schlafen, schlafen. Noch nie hatte sie sich so erschöpft gefühlt.

Sie konnte sich nur an eine einzige Gelegenheit erinnern, wo ihr schon einmal ähnlich zumute gewesen war: in jener Nacht, als ihre Mutter starb. Stundenlang hatte sie am Telefon gesessen, genau gewußt, daß es klingeln würde – und dennoch gehofft und gebetet, daß es nie wahr werden möge, das zu Erwartende. Um drei Uhr früh schrillte es. Donna schrak zusammen. O mein Gott, nein! Die Stimme einer Schwester aus dem Krankenhaus meldete sich. Kommen Sie lieber, mit Ihrer Mutter steht es nicht gut. Ist sie ...? Es steht gar nicht gut.

Donna nahm ein Taxi. Ihr Vater befand sich bereits im Krankenhaus, zusammen mit ihrer Schwester. Nur Donna war nach Hause gefahren, von einer absonderlichen, ziemlich irrationalen Vorstellung geleitet: Wenn sie nicht Totenwache hielt, würde sich der Tod vielleicht in eine andere Richtung wenden – dorthin, wo man ihm mehr Aufmerksamkeit und Beachtung zollte. Sonderbar eigentlich, daß das Ende des Lebens, in seiner Personifizierung, männlichen Geschlechts war: *der* Tod; während der Anfang des Lebens weibliches Geschlecht besaß: *die* Geburt.

Sie setzte sich jetzt aufs Ehebett und begann den Reißverschluß auf dem Rücken ihres grünen Kleides aufzuziehen. In Gedanken war sie noch immer bei jener Nacht, in der ihre Mutter starb. Sie sah den Taxifahrer vor sich, sah das mit Pomade glattgekämmte schwarze Haar. Zum Krankenhaus, hatte sie gesagt und: so schnell wie möglich. Er hatte versucht, Konversation zu machen: Sind Sie Krankenschwester? Nein, lautete ihre Antwort, meine Mutter liegt im Sterben.

Donna stand auf und schlüpfte aus ihrem Kleid. Gedankenverloren warf sie es über einen Stuhl. Der Taxifahrer hatte wortlos Gas gegeben und sie in Rekordzeit zum Krankenhaus gebracht. Drinnen fand sie zum Glück rasch den richtigen Fahrstuhl und fuhr hinauf zum elften Stock. Als sie oben um eine Korridorecke bog, sah sie ihre Schwester. Joans Gesicht war verquollen, und sie sah aus, als werde sie jeden Augenblick zusammenbrechen. Ganz allein stand sie auf dem Gang. Krankenhauspersonal eilte an ihr vorüber, doch niemand achtete auf sie, niemand bemerkte ihren Zustand. Donna stürzte auf sie zu, nahm das Kind in die Arme. Im selben Augenblick knickte Joan in den Knien ein und hielt sich verzweifelt an ihrer großen Schwester fest. Donna, so schien es, war für sie so etwas wie ein Fels. Und wer hält *mich*? dachte Donna unwillkürlich, während sie beide dastanden und schluchzten in dem aseptisch riechenden Korridor.

Donna ging ins Badezimmer und sprühte sich ein wenig Wasser

137

übers Gesicht. Die Wirkung war praktisch gleich Null. Sie drückte Zahnpasta auf die Zahnbürste und putzte sich die Zähne, spülte ihren Mund aus und ging ins Schlafzimmer zurück, wobei sie sich ihres BHs, ihres Schlüpfers und ihrer Schuhe entledigte. Dann kroch sie unter die Bettdecke.

Als man sie damals im Krankenhaus in das Zimmer ließ, fühlte sie als erstes die Stille. Wie erstarrt saß ihr Vater auf dem Bettrand, zusammengekrümmt, ohne jede Bewegung, fast wie eine Skulptur, helles Pappmaché statt Fleisch. Seine Gefühle waren von einer solchen Intensität, daß sie gleichsam umschlugen in ihr völliges Gegenteil – in eine Art absolute Leere.

Donna schloß die Augen. Gerade trat Victor ins Zimmer, sie wollte ihn nicht sehen.

Ihr Blick löste sich von ihrem Vater, der am Fußende des Krankenhausbettes saß, und glitt zum Leichnam ihrer Mutter. Komisch, dachte sie, wie schnell das geht: wie sozusagen im Handumdrehen aus einem Menschen eine »Leiche« wird. Aber diese Bezeichnung traf es wohl am genauesten. Das war ihre Mutter nicht. Nein, ganz gewiß war dies nicht ihre Mutter. Das Gesicht wirkte so mager, der Körper unter dem weißen Tuch schien kaum mehr zu sein als ein Skelett. Schroff zeichneten sich die Umrisse der Hüftknochen, des Beckens, der Beine ab. Ihre Augen waren geschlossen, der Mund geöffnet. Irgend jemand hatte ihr in aller Eile ihre Perücke aufgesetzt, nur schien die jetzt viel zu groß und saß überdies ein wenig schief. Donna ging an ihrem Vater vorüber und blieb nahe dem Gesicht ihrer Mutter stehen. Sie blickte darauf nieder, ohne nach irgend etwas Besonderem zu suchen. Es gab ja auch nichts. Absolut nichts außer unabänderlichen Tatsachen.

Sie beugte sich vor und küßte ihre Mutter auf die Stirn. Was sie spürte, war etwas, das nicht mehr warm zu sein schien, aber auch noch nicht ganz kalt. Doch das eigentlich Erstaunliche, das Unfaßbare, war dies: daß da nicht der kleinste Hauch von Atem ging. Kein Hauch von Leben. Was einmal ihre Mutter gewesen war, die Wirklichkeit ihrer Mutter, das Wesen, das gab es nicht mehr.

Und plötzlich wurde ihr bewußt, daß es natürlich nicht ihre Mutter war, die sie jetzt küßte; nein, es war die *Erinnerung* an ihre Mutter – eine Erinnerung, die in vielerlei Abwandlung vor ihr aufzutauchen schien: Sie sah den Rücken ihrer Mutter, während diese eine Treppe emporstieg; sie sah ihre Mutter, wie diese Hühnerpastete zubereitete und dabei das Hühnchen glatt vergaß; sie hörte das Gelächter, in das sie und ihre Mutter ausbrachen, als Donna, gerade erst acht Jahre alt, von der Schule nach Hause kam und ihren ersten nicht ganz stubenreinen Witz erzählte. Und da waren unzählige andere Erinnerungen: an den Zorn ihrer Mutter, der so echt, so aufrichtig war; an ihre Arme, an ihre Augen, an ihren Geruch, so sanft, irgendwie beschwichtigend. Wenn sie einen in den Armen hielt und man ihre Umarmung fühlte, wenn man umfangen wurde auch von ihrem Geruch, dann wußte man sich geborgen, wußte sich in Sicherheit – aber jetzt? *Ihr* kleines Mädchen bist du nicht mehr; *wessen* kleines Mädchen bist du denn noch?

Donna versuchte, sich zu bewegen.

Sie konnte es nicht.

Der Geruch.

Ein anderer Geruch.

Sie öffnete die Augen.

Er lag auf ihr, und er war ein Fremder. Sie öffnete den Mund, wollte etwas sagen; sofort preßte er seine Hand auf ihre Lippen. »Sag jetzt kein Wort, Donna.« Er versuchte, sich zwischen ihre Schenkel zu zwängen. Voll spürte sie das Gewicht seines Körpers. Sie konnte sich nicht bewegen. Sie konnte kaum atmen. »Mach deine Beine auf, verdammt!« schrie er, aber es war eine Art tonloses Schreien, das die Flüsterschwelle nie überstieg.

Sie versuchte, sich ihm zu entwinden; doch fand sie ihre Arme gefesselt, zu ihren Seiten. Mit wütenden Fingern betastete, betatschte er sie, während sie ihn aus aufgerissenen Augen angstvoll anstarrte. Noch nie hatte sie sich vor irgend jemand oder irgend etwas so sehr gefürchtet.

Lieber Gott, bitte, laß mich sterben, flehte sie, als Victor sich in die richtige Position brachte, um in sie einzudringen. Es tat ihr weh; es verursachte ihr schlimme Schmerzen. Denn sie war völlig trocken; nichts in ihr reagierte auf ihn als Mann; und während er in ihr war und rhythmisch stieß und stieß, dachte sie an den Sohn, den sie beide gemeinsam gezeugt hatten – bei dem gleichen Akt. Nein, *nicht* bei einem solchen Akt. Es gab da keinerlei Parallelen.

Als er fertig war, löste er sich von ihr, murmelte irgend etwas, doch keine Entschuldigung, und ging ins Badezimmer. Sie blieb liegen, bewegungslos, mit geschlossenen Augen, mit geöffnetem Mund, mit zerzaustem Haar. Es gab da nur wenige Dinge, deren sie sich sicher war, die sie wußte; aber hierbei war sie ohne jeden Zweifel. In ihrem Kopf formte sich eine Art Liste, große, schwarze Lettern über einer weißen Leiche.

1. Sie konnte Victor niemals verlassen, weil er das nie zulassen würde. Das hatte er heute nacht bewiesen.
2. Sie würde sich nie wieder von ihm berühren lassen. Sollte er das auch nur versuchen, so würde sie ihn umbringen.
3. Nie wieder würde sie ihn anschreien. Sofern er sie in Ruhe ließ, würde sie sich seinen sonstigen Wünschen fügen. Aber streiten würde sie sich mit ihm nicht mehr. Es gab nichts, das wichtig genug wäre, um sich darüber zu streiten. Nichts mehr.
4. Nie wieder würde sie sich ans Lenkrad eines Autos setzen.
5. Sie war tot. Sie war so tot, wie sie's nur je sein konnte.

10

Mrs. Adilman wirkte grauer und rundlicher, als Donna sie in Erinnerung hatte. Anders als die meisten anderen Zeugen, die betont jeden Blick in Donnas Richtung mieden, lächelte Mrs. Adilman auf ihrem Weg zum Zeugenstand Donna zu und sagte: »Hallo.«

Für Donna gab es ein paar weitere Überraschungen. Mrs. Adilmans Vorname war Arlene (es war Donna nie eingefallen, sie danach zu fragen), und außerdem war sie erst sechsundfünfzig. Zweifellos trugen die baumwollenen Hauskleider und die bequemen flachen Schuhe, die sie trug, entscheidend dazu bei, daß man sie für wesentlich älter hielt. Donna hatte in ihr eigentlich immer so etwas wie das Musterbeispiel einer freundlichen Großmutter gesehen: jenes märchenhafte Wesen, das stets irgendwelches Gebäck bei sich hatte und das man dazu beschwatzen konnte, einem vor dem Einschlafen noch eine weitere Geschichte vorzulesen – jene grundgütige Großmutter, unter deren Spitzenhäubchen urplötzlich die Fratze des bösen Wolfs sichtbar werden mochte. Warum, Großmutter, hast du so große Zähne?

Schnell waren die ersten Fakten aktenkundig gemacht. Mrs. Adilman hatte Donna kennengelernt, nachdem diese als Jungverheiratete in Victors Haus eingezogen war. Im Laufe der Zeit hatte man sich dann *besser* kennengelernt, zumal nach der Geburt von Victors Sohn (eine interessante Betrachtungsweise, fand Donna).

Ein ganz süßes Wesen sei Donna (vielen Dank, Lady), doch überaus anfällig für Erkältungen und Grippe. (Geht's schon wieder los?) Dies sei vor allem in der Zeit nach Sharons Geburt der Fall gewesen. Wenigstens zweimal pro Woche, so schien es, sei sie hinübergegangen, während Donna bettlägerig gewesen war. Ihr – Donnas – Verhalten wurde immer sonderbarer (wieder dieses Wort). Einspruch. Abgewiesen. Rasch ging's weiter, und allmählich entfernte man sich ein wenig aus dem Bereich unbestreitbarer Fakten.

Mitunter habe sie »drüben« die ganze Nacht über Licht gesehen. Und als sie einmal aufgestanden sei, um ins Bad zu gehen – nun also, deutlich hatte sie erkennen können, wie Donna im Cressy-Haus die Wohnzimmerwände reinigte, um vier Uhr morgens, und am darauffolgenden Tag lag sie dann krank im Bett. Woher sie, Mrs. Adilman, das wußte? Nun, sie war doch gekommen, um nach den Kindern zu sehen.

Von da an hatte sie (und der Ärger mit ihren Nieren trieb sie nachts häufig ins Bad) regelmäßig Ausschau gehalten, ob bei den Cressys Licht brannte. Bei den Cressys brannte Licht, regelmäßig. Und immer war Donna auf – und dabei, irgend etwas zu reinigen.

Und als Mutter?

Donna hielt unwillkürlich den Atem an. In diesem Punkt konnte ihr die Lady wirklich schaden.

»Ach, mit Adam ging's eigentlich ziemlich gut«, begann Mrs. Adilman. (Ja, sie wird mir schaden, dachte Donna.) »Allerdings erinnere ich mich da an einen merkwürdigen Zwischenfall.« Entschuldigend blickte sie zu Donna.

»Bitte, erzählen Sie«, forderte sie der Anwalt auf.

»Nun«, sagte sie, »ich war draußen beim Blumengießen. Hatte die Nacht nicht schlafen können und mich deshalb schon in aller Frühe hochgerappelt – da sah ich Donna in ihrer Küche sitzen. Sie trank eine Tasse Kaffee, und ich ging hinüber, um hallo zu sagen. Victor war geschäftlich auf Reisen, und ich fragte sie, ob der Kleine noch schlief – Adam war als Baby nämlich für Koliken anfällig, so ein bißchen zumindest. Er weinte viel, und an diesem Morgen war alles so still.«

»Und welche Antwort gab sie Ihnen?«

»Sie sagte, sie glaube, er sei tot.« Die folgenden Sätze entgingen Donna, weil sie voll Anspannung das Gesicht des Richters beobachtete. Er wirkte gehörig geschockt. Dank deiner reifen Leistung, Arlene, dachte Donna. Aber nur weiter im Text. »Sie sagte, wenn sie erst gehen würde, um nach ihm zu sehen und ihn wirklich tot vorfinden würde, dann käme sie um ihre Tasse Kaffee.«

Ed Gerber schien in minutenlanges tiefes Grübeln zu versinken – jedenfalls tat er so. Und Donna kannte ihn und sein Mimik- oder Gestenspiel inzwischen gut genug, um zu wissen: Wenn er mit dem Mittelfinger der linken Hand seine Nase berührte und die Blicke seiner beiden Augen sich kreuzten, so handelte es sich um eine reine Denkerpose. In dieser Haltung einen echten Gedanken zu haben, wäre wohl einem kleinen Wunder gleich-gekommen: Dazu kostete allein das Schielen zuviel Kraft. Die Denkerpose erfüllte einzig und allein einen Zweck: Der Anwalt wollte, daß genügend Zeit verging, damit die Aussage des Zeugen oder der Zeugin »einsickern« konnte. Natürlich kam es hierbei entscheidend darauf an, daß er die Zeitspanne möglichst genau bemaß – nicht zu lang, nicht zu kurz. Vom Erhabenen zum Lächerlichen war es ja, bekanntermaßen, nur ein kleiner Schritt.

»Nicht, daß Sie mich mißverstehen«, fügte Mrs. Adilman hinzu (mißverstehen – wie denn? dachte Donna). »Ich glaube, daß Donna ihren kleinen Jungen liebte. Ja, ich glaube, sie liebte ihn.«

Danke, Arlene. Übrigens liebe ich ihn noch immer.

»Hat Mrs. Cressy Sie informiert, als sie mit ihrem zweiten Kind schwanger war?«

»Ja.«

Donna schloß die Augen.

»Könnten Sie uns das bitte erzählen.« Mehr Feststellung als Frage.

»Einspruch.«

»Mit welcher Begründung, Mr. Stamler?« wollte der Richter wissen.

»Ich sehe da keinerlei Relevanz, Euer Ehren.«

»Ich versichere Ihnen«, warf Mr. Gerber ein, »daß wir die Relevanz nachweisen werden.«

»Einspruch abgewiesen.«

»Bitte erzählen Sie uns von dem Gespräch, Mrs. Adilman.«

Donna flehte insgeheim den Himmel an: Schicke einen Blitz hernieder, der diese Frau tot zu Boden streckt. Doch der Blitz blieb aus. Donnas Anwalt warf ihr einen Blick zu, tätschelte ihr dann die Hand. »Ich habe mein Bestes versucht«, sagte er.

»Wie gewöhnlich war ich draußen in meinem Garten«, begann Arlene Adilman. Unverkennbar versuchte sie, sich die Szene möglichst genau zurückzurufen. »Donna kam nach Hause. Ja, sie war irgendwo unterwegs gewesen – Adam befand sich im Kindergarten –, und ich erinnere mich, daß sie in einem Taxi heimkam.«

»Taxi?«

»Ja. Schon seit ein paar Monaten fuhr sie, soweit ich sehen konnte, nicht mehr Auto. Dauernd nahm sie irgendein Taxi. Ich nahm an, daß mit dem Wagen irgendwas nicht in Ordnung sei.«

»Also gut, sie kam in einem Taxi nach Hause«, hielt Mr. Gerber fest, und er betonte das Wort Taxi und führte die Zeugin sozusagen aufs rechte Gleis zurück.

»Ja. Und sie sah ganz aufgeregt aus . . .«

»Einspruch.«

»Nun, sie hatte geweint«, erklärte Mrs. Adilman, gleichsam von sich aus protestierend. »Soviel stand auf alle Fälle fest.«

»Einspruch abgewiesen. Die Zeugin möge fortfahren.«

»Sie trat auf mich zu, und ich sagte ›Hallo!‹ und fragte sie, wie sie sich fühle. Sie erwiderte, sie sei gerade beim Arzt gewesen und wisse nun, daß sie schwanger sei.«

»Und was sagten Sie darauf?«

»Ich sagte, das sei doch wunderbar. Zumal für Adam. Denn als Einzelkind aufzuwachsen – um Gottes willen, bloß nicht.«

»Und ihre Antwort?« wollte Gerber wissen.

»Sie sagte, sie wolle das Baby nicht.«

»Wolle das Baby nicht!?«

»Sie sagte, es handle sich um einen furchtbaren Fehler und sie könne dieses Baby einfach nicht haben.«

»Könne es nicht haben!?«

Mußte er denn alles und jedes wiederholen? War er etwa schwerhörig?

»Hat sie sich irgendwie detaillierter geäußert?«

»Sie sagte nur immer und immer wieder, sie könne es nicht haben; und dann bat sie mich, Victor nichts davon zu sagen, daß sie schwanger sei. Ich erklärte ihr, das würde er schon bald genug allein herausfinden.«

»Und was sagte sie darauf?«

»Sie sagte, da müsse er keineswegs irgend etwas herausfinden.« Sie schwieg und sah Donna sehr direkt an. »Als mir klar wurde, was sie beabsichtigte ...«

»Einspruch. Die Zeugin weiß nicht und kann nicht wissen, was in Mrs. Cressys Kopf vorging.«

»Stattgegeben.«

»Erzählen Sie uns nur, was tatsächlich gesagt wurde, Mrs. Adilman«, bat der Anwalt.

»Nun, nachdem sie gesagt hatte, er müsse keineswegs etwas herausfinden, sagte ich zu ihr: O nein, Donna, das können Sie nicht meinen. Einem hilflosen Ungeborenen würden Sie doch niemals etwas antun, oder? Ich meine, ich konnte mir einfach nicht vorstellen, daß sie so etwas tun würde. Töten – ihr eigenes ...«

»Einspruch, Euer Ehren.«

»Stattgegeben.«

Donnas Augen füllten sich mit Tränen. Ich habe doch nichts getan! schrie es in ihr – schrie gleichsam in Richtung Zeugenstand; und die Zeugin wirkte zum erstenmal irgendwie verlegen und wandte ihre Augen ab. Ich habe nicht abgetrieben. Ich habe mir mein Kind nicht wegmachen lassen. Vielmehr habe ich alles noch einmal durchgemacht. Bin dick geworden. Habe sogar diese Kurse wieder besucht, obwohl ich mit einem weiteren Kaiserschnitt rechnen mußte. Bei dem Eingriff war dann wieder Victor an meiner Seite. Ich brachte mein kleines Mädchen zur Welt. Und du, du alte Hexe, hattest recht: Ich konnte mein Kind nicht umbringen, mochte ich's auch zehnmal auf *solch* eine Weise empfangen haben. Dabei wollte ich das Kind unbedingt weggemacht haben. Und jetzt, jetzt kann ich sie einfach nicht mehr hergeben. Weil das kleine Leben mein Leben ist; und mag ich aus meinem Leben auch nicht viel gemacht haben – dieses kleine Mädchen ist ein Engelchen, glücklich, zufrieden, ausgeglichen, und das ist wohl nicht zuletzt auch mein Verdienst.

Ihr da, die ihr euch so ausführlich über meine häufig wechselnden Stimmungen und meine Haarfarben auslaßt und über meine Erkältungen und meinen Putzfimmel und was sonst noch – würdet ihr zwischendurch wenigstens mal *kurz* erwähnen, daß es mir auch gelungen ist, zwei Prachtkinder zur Welt zu bringen!? Ist denn niemand da, der ein freundliches Wort für mich einlegt? Nein, gab Donna sich stumm selbst die Antwort. Du bist noch nicht an der Reihe.

Der nächste Zeuge war ein Mann namens Jack Bassett, hochgewachsen, schlank, blond, und irgendwie hatte er etwas von jenen Sunny-Boy-Typen, wie man sie häufig am Strand sah. Er betrieb ein Sportartikelgeschäft. Victor kenne er seit etlichen Jahren, sagte er aus, allerdings eher beiläufig. Dieser habe ihm im übrigen eine Versicherungspolice verkauft, als er sich einmal im Sportgeschäft wegen Angelgeräten umschaute, zusammen mit seinem Söhnchen. Mehrere Wochen später war er, Jack Bassett, dann auf einem Spaziergang Victor mit Frau und ihrem Sohn begegnet. Donna, so erklärte er, sei damals schwanger gewesen.

Donna konnte sich weder an eine solche Begegnung noch an einen solchen Mann erinnern. Er war im Begriff, sich irgendwie ungünstig über sie zu äußern, soviel stand fest. Nur – was um alles in der Welt konnte das sein? Hatte sie ihm versehentlich auf den Fuß getreten? War sie in seiner Gegenwart in irres Gekicher ausgebrochen? Schlimmer noch – hatte sie ihn vielleicht bei einer Gelegenheit um ein Papiertaschentuch gebeten?

»Haben Sie Mrs. Cressy außerdem bei einer anderen Gelegenheit gesehen?« wollte Ed Gerber wissen.

»Nur einmal.«

»Würden Sie uns bitte davon erzählen?«

Jack Bassett lächelte und zeigte dabei weiße, makellose Zähne. Donna fragte sich, um was für eine denkwürdige Begegnung es sich wohl handeln mochte. »Ich war mit meiner Katze, mit Charlie, zum Tierarzt gefahren – Dr. Ein, in der South Dixie, nahe Forest Hill.« In Donnas Magengegend machte sich ein unbehagliches Gefühl breit. Zwar konnte sie sich an diesen Zeugen noch immer nicht erinnern, doch begriff sie nun, in welche Richtung man zielte. Mr. Gerber war also doch zur Weggabelung zurückgekehrt und schlug jetzt die andere Abzweigung ein. Donna blickte sich hastig um. Mel lächelte ihr aufmunternd zu. Sie drehte den Kopf zurück.

Jack Bassett sagte: »Ich stellte das Auto auf dem Parkplatz ab und ging mit Charlie hinein.«

»Es gibt da einen Parkplatz, speziell für die Klienten des Tierarztes?«

»Ja. Für Leute, die in die Tierklinik wollen – oder auch zu anderen Arztpraxen auf der anderen Seite.«

»Als sie wieder aus der Klinik kamen, was geschah da?«

»Ich kam mir ein bißchen verloren vor. Dr. Ein hatte erklärt, er müsse Charlie über Nacht dortbehalten, und ich liebe die Katze wie meine eigenen Kinder ...«

Aus dem allgemeinen Lächeln rundum sprach Verständnis, Anerkennung. Guter Gott, dachte Donna, und *ich* bin's angeblich, die im Kopf nicht ganz richtig ist?

»Jedenfalls ging ich zum Parkplatz zurück«, fuhr er fort. »Da standen jetzt viel mehr Autos als vorher – ich war rund eine Stunde in der Klinik gewesen –, und ich wußte nicht mehr, wo ich meinen verdammten Schlitten, oh, ich bitte um Entschuldigung wegen der Ausdrucksweise ...«

Nachsicht wurde gewährt. Er möge fortfahren. Ja, fahr nur fort, dachte Donna. Jetzt wird's erst interessant. Ahnt ja wohl jeder hier, wie? Nur schön die Spannung steigern, versteht sich doch von selbst. Darauf legt's ja jeder an. Du hast dein Auto gesucht und dann etwas Unerwartetes gesehen, stimmt's? Dabei heißt es doch immer, heutzutage kümmert sich jeder nur noch um seinen eigenen Kram. Scheint aber ganz und gar nicht der Fall zu sein.

»Jedenfalls ...«

Wie auch immer.

»Ich schaute mich um und sah dann diesen kleinen weißen MG. Wissen Sie, eines der alten klassischen Modelle. Wunderschönes kleines Auto. Mußt du dir mal aus der Nähe ansehen, dachte ich. Hatte wirklich keine Ahnung, daß jemand drin saß.« Er ließ ein verlegenes Lächeln sehen. »Ich beugte mich vor und blickte durchs Fenster.«

»Es war jemand drin?«

»Ja, Sir.«

»Haben Sie jemanden erkannt?«

»Zuerst nicht. Zuerst dachte ich, es sei so ein junges Pärchen, halbe Kinder noch, das miteinander rumknutscht.«

»Sie sahen zwei Menschen, die sich küßten?«

»Ja, Sir. Ziemlich leidenschaftlich.«

»Und?«

»Nun, ich denke, das war alles, was sie taten. Ich konnte das nicht so gut sehen.«

»Einspruch.«

»Einspruch überflüssig, Mr. Stamler«, versicherte Mr. Gerber hastig. »Meine Frage wurde falsch aufgefaßt. Ich wollte keineswegs wissen: ›Was taten sie *noch*?‹ Ich meinte ganz schlicht und einfach: Was geschah dann?«

»Die letzte Antwort aus dem Protokoll streichen«, verfügte der Richter.

»Und was geschah dann?« wiederholte Ed Gerber deutlich.

»Na, die sahen mich wohl und fuhren auseinander.«

»Erkannten Sie die Gesichter jetzt.«

»Nicht richtig. Sie kam mir zwar irgendwie bekannt vor, aber erst als beide ein paar Minuten später aus dem Auto stiegen, wußte ich, wer sie war. Ihr Haar wirkte so ganz anders als beim letztenmal.«

»Und um wen handelte es sich?«

»Um Mrs. Donna Cressy«, erwiderte er und blickte Donna mit einem idiotisch strahlenden Lächeln an.

Na, wer sagt's denn! hätte sie am liebsten geschrien.

»Und wer war der Mann, den sie geküßt hatte?«

»Dr. Mel Segal.«

»Warum zieht sich das nur so endlos lange hin?«

Donna und Mel saßen in dem klassischen weißen MG, der an diesem Nachmittag vor Gericht »aktenkundig« geworden war. Das Auto stand vor dem Haus, das Donna vorerst gemietet hatte.

»Victor läßt eine Menge Zeugen aufmarschieren«, erwiderte er.

»Um's mir so richtig zu geben, wie?«

»Scheint so.«

»Sie sagen alle das gleiche.« Er nickte. Abrupt sah sie ihn an.

»Hältst du mich für verrückt?« Er legte seinen Arm um sie.

»Ich weiß nicht«, fuhr sie fort und schüttelte den Kopf. »Ich sitze da und höre ihnen zu. Die können sich doch nicht alle irren.«

Mel lächelte sie liebevoll an. »Sie irren sich alle«, sagte er.

Sie lehnte ihr Gesicht gegen sein Gesicht. »Danke.«

»Was wirst du heute abend tun?«

Sie blickte zum Haus. »Ich werde wohl mit den Kindern bei McDonald's essen. Guter Gott, wenn Victor das wüßte! Daß ich meine Kinder solchen Massenfraß essen lasse!«

»Victor wäre bestimmt nicht so dumm, daran auch nur zu rühren. Ein Angriff auf McDonald's Kettenrestaurants – das wäre ein Angriff auf eine amerikanische Institution.«

Sie lachte. »Hättest du nicht Lust, Annie zu holen und mitzukommen?«

Er schüttelte den Kopf. »Nein, nein, vergnügt ihr euch nur, ihr drei.«

Sie streichelte seine Hand, löste dann ihren Sitzgurt, lächelte.

»Möchte nur mal wissen, was für eine Art Mann das ist, der in einem klassischen alten Sportwagen Sicherheitsgurte anbringen läßt.«

Mel lachte. »Nun, wer schon, außer dem Typ des üblen Verführers von meschuggen Schwangeren«, sagte er und beugte sich zu ihr und küßte sie.

Donnas Hand streckte sich zur Tür, verharrte dann. »Weißt du, irgendwie habe ich Angst hineinzugehen.« Mel sah sie fragend an. »Es ist nur ...« fuhr sie fort, »... gestern abend gab's mit

Adam ein großes Gespräch über Leben und Tod. Ich weiß nicht, ob ich dem heute wieder gewachsen wäre.« Sie schwieg einen Augenblick. »War irgendwie sonderbar – eigentlich wollte ich ihm sagen, meine Mutter sei in den Himmel gegangen, aber ich brachte es nicht über die Lippen.«

»Warum nicht?«

»Ich weiß nicht. Wahrscheinlich weil ich nicht recht glaube, daß es einen Himmel gibt.«

Mels Stimme klang sanft und beschwichtigend. »Mußt du alles glauben, was du ihm sagst?« fragte er nur.

Sie fühlte sich wie überrumpelt. Verblüfft durch die schlichte Wahrheit, die in der Frage steckte. »Natürlich nicht«, erwiderte sie mit einem Lachen. Guter Gott, glaubte sie etwa an den Weihnachtsmann oder an Krümelmonster und all die anderen Geschöpfe, die Adams lebhafte Phantasie bevölkerten? »Danke«, sagte sie und nickte. Plötzlich schien so vieles wieder ins Lot zu kommen. Sie öffnete die Tür, blickte zu Mel zurück. »Du wirst doch immer dasein, ja? Immer wenn ich anfange, etwas zu ernst zu nehmen, mich, die Dinge . . .«

»Was für Dinge?«

Sie lächelte. »Ich liebe dich.«

»Ach, das sagst du doch zu all uns üblen Verführern.«

Sie schloß die Tür und beugte sich durchs offene Fenster. »Na, darauf kannst du Gift nehmen.« Dann drehte sie sich um und ging über den Weg rasch auf ihre Haustür zu.

11

Seit über einer halben Stunde starrte er sie an.

Zunächst hatte sie geglaubt, er blicke eher zufällig in ihre Richtung; vielleicht gedankenverloren, die Augen auf ein anderes Gesicht geheftet – oder aber auf die Wand hinter ihr. Doch inzwischen konnte es keinen Zweifel mehr geben, daß sie es war, die er anstarrte. Sie strich sich eine unsichtbare Haarsträhne aus der rechten Wange, senkte ein wenig das Kinn, während sie gleichzeitig den Blick hob – ganz in der Art, durch die der Hollywoodstar Lauren Bacall einst so berühmt geworden war. Ob sie sich in den Augen des bärtigen Mannes auf der anderen Seite des Zimmers womöglich so ausnahm wie eine junge Lauren Bacall? Sie senkte den Blick.

Guter Gott, Donna, dachte sie, komm zu dir, du bist im achten Monat. Andererseits schien es durchaus möglich, daß er praktisch nur ihr Gesicht sah; zwischen ihm und ihr befanden sich so viele Leute, daß er auf gar keinen Fall ihre ganze Gestalt sehen konnte. Und von ihrem dicken Bauch einmal abgesehen, hatte sie sogar abgenommen, und zwar in einem solchen Maße in den letzten Jahren, daß die meisten Partygäste hier darüber verblüfft schienen; worüber dann Donna ihrerseits verwundert war. Daß sie so dünn wirkte, wollte ihr nicht so recht in den Kopf. Vielleicht lag's an ihrem Haar. Eine andere Frisur? Kürzer? Auch eine andere Farbe? So jedenfalls wirkte ihr Gesicht augenscheinlich zu mager, wenn nicht gar ausgemergelt? Dabei war es doch sozusagen ihre Pflicht, auszusehen wie das blühende Leben – o ja.

Er starrte sie noch immer an.

Donna wußte nicht, wer der Mann war. Die meisten Partygäste kannte sie. Allerdings hatte sie viele seit Jahren nicht gesehen. Es handelte sich zum guten Teil um *ihre* alten Freunde und Bekannten; und zu den meisten (wenn auch keineswegs zu allen) war in den letzten Jahren der Kontakt verlorengegangen.

Sie blickte sich im Zimmer um. Da waren die früheren Kollegen von der McFaddon-Werbeagentur (»Sie sind so langweilig«, hatte Victor befunden, »reden immer nur über ihre Werbekampagnen«); da waren die Freundinnen, mit denen sie gemeinsam zu lunchen pflegte (»Versteh beim besten Willen nicht, wie du die ertragen kannst, Donna. Die quatschen doch immer nur über irgendwelche Filme. So oberflächlich. Du besitzt doch mehr Substanz«); auch ein paar »verflossene« Freunde (»Ich will gar nichts über deine Vergangenheit wissen. Geht mich nichts weiter an«); und ihre gute Freundin – ehemals gute und enge Freundin und Vertraute, Susan Reid, die jetzt die Gastgeberin war (»Die kennt doch nur ein Thema – Männer und wilde Partys. Wahrhaftig kein guter Einfluß, Donna«). Außerdem war eine Reihe von Susans Freunden anwesend, die Donna vielleicht einmal gesehen hatte, aber nicht weiter kannte; und manche hatte sie noch nie zuvor auch nur zu Gesicht bekommen. Unter anderem diesen Mann mit dem sandfarbenen Bart auf Oberlippe und Kinn, der drüben bei der Tür stand und sie anstarrte.

»Wer ist das da drüben?« fragte sie Susan, die gerade vorüberkam. »Der Bärtige.«

Susans Blick glitt scheinbar beiläufig durchs Zimmer. Und während ihre Augen noch suchten und ihr Ziel fanden (jeden verräterischen Augenkontakt meidend), hob sie ihr Glas an die Lippen wie eine Art Schutzschild, hinter dem sie murmelte: »Ach, der. Das ist Mel Segal. Ein Arzt. Geschieden, soweit ich weiß. Hat ein kleines Mädchen. Ganz nett, wie?«

Donna zuckte mit den Achseln. »Nicht mein Typ.« Dann lachte sie. »Ich hab's gerade nötig. So wie ich aussehe, im achten Monat, gütiger Himmel.«

»Wo ist eigentlich Victor?« Seit zwei Stunden befand Donna sich auf der Party, doch es war das erste Mal, daß jemand nach ihm fragte.

»Verreist. Geschäftlich. Nach Sarasota.«

»Stimmt's soweit zwischen euch beiden?«

»Aber sicher. Bestens. Warum fragst du?«

Susan hob die Schultern. »Ich weiß nicht. Du siehst mir nur ein bißchen aus wie ... Ich weiß nicht.«

»Sag schon.«

»Du siehst mir einfach nicht aus wie – du!« platzte Susan heraus. Irgend etwas in Donna sträubte sich instinktiv, den tieferen Sinn dieser Feststellung zu verstehen. »Nun ja, ich bin schwanger«, erwiderte sie.

»Gewiß«, stimmte ihre Freundin zu, »das wird's sein.«

Liebevoll betrachteten die beiden Frauen einander, und Donna dachte zurück: Wieviel hatten sie doch miteinander geteilt, früher! Da waren die vielen Telefongespräche gewesen; und das herrliche Gelächter; und Zorn und Schmerz über diverse Liebhaber; und die Filme, die sie sich gemeinsam angesehen hatten; und der Klatsch, den sie miteinander tauschten. Bis Donna dann heiratete. Susan und Victor waren ganz einfach niemals miteinander ausgekommen, es handelte sich um allzu verschiedene Persönlichkeiten. Zwar wurde nicht weiter darüber gesprochen, doch Susan kam seltener und immer seltener zu Besuch; und was Victor betraf, so hatte er stets eine Ausrede zur Hand, wenn es darum ging, sich um eine von Susans »Gesellschaftspartys« zu drücken. (Ein einziges Mal war ihm in den letzten Jahren keine gescheite Ausrede eingefallen; und er war also mitgegangen und hatte den ganzen Abend herumgestanden, gleichsam von einem Fuß auf den anderen tretend – bis er dann, gegen zehn Uhr abends, sein Schlüsselbund in Donnas Richtung klirren ließ.) Und Donna wußte sehr genau, daß es für ihr Hiersein an diesem Abend, in dieser Nacht, nur einen einzigen Grund gab: Victor war nicht in der Stadt. Dem Himmel sei Dank für Sarasota, dachte sie.

»Darf ich Ihnen einen neuen Drink besorgen?« Eine Männerstimme. Überrascht hob Donna den Kopf. Susan war verschwunden, und an ihrer Stelle stand dort jetzt der Bärtige: Dr. Mel Segal.

Sie gab ihm ihr Glas. »Ginger Ale«, sagte sie, weil ihr nichts anderes einfiel.

Sie sah ihm nach, während er sich durch die Menge schlängelte.

Sah eigentlich doch ganz nett aus, fand sie. Helle Hautfarbe, eine Menge Haar. Muskulöser Körper, der allerdings wohl nur mit einiger Anstrengung fit zu halten war. Irgendwie wirkte er jungen- oder doch jünglingshaft. Allerdings sozusagen in fortgeschrittenem Semester. Schon kehrte er zurück, ein Glas in jeder Hand. Braune Augen hatte er, und wenn er lächelte, zeigten sich Grübchen.

»Ginger Ale für die schwangere Lady«, sagte er.

»Danke.«

»Möchten Sie hinausgehen?«

Donna war perplex. Wieso wollte er mit ihr hinausgehen? Gehörte er etwa zu den Typen, die auf Schwangere wild waren? Irgendwo hatte sie gelesen, daß es solche Männer gab.

»Irgendein besonderer Grund?« fragte sie.

»Ich möchte mit Ihnen reden.«

Worüber, hätte sie ihn am liebsten gefragt. Doch zog sie es vor zu schweigen. Wer konnte schon wissen, ob ihr seine Antwort gefallen hätte; und inzwischen war sie zu dem Schluß gekommen, daß es ihr durchaus recht war, mit ihm nach draußen zu gehen.

Sie drängten sich zwischen den anderen Gästen durch. Draußen war viel zementierte Fläche, auf der weitere Gäste standen. Doch fanden sie noch ein freies Fleckchen Rasen.

»Sind wir uns schon mal begegnet?« fragte sie ihn.

»Nein.«

Sie waren stehengeblieben.

»Ich bin ganz Ohr«, sagte sie.

»Ich hoffte, Sie würden sprechen.«

»Ich? Na, *Sie* haben doch gesagt, daß Sie mit mir reden wollen.«

Schweigen, minutenlang. Schließlich sagte er – und er mußte sich offenbar erst den berühmten »Ruck« geben: »Dies geht mich überhaupt nichts an.«

»Was geht Sie was an – oder nichts an?«

»Sie.«

»Wovon reden Sie?«

Wieder langes Schweigen.

»Schauen Sie, eigentlich ist das ganz und gar nicht meine Art. Für gewöhnlich mische ich mich niemals in das Privatleben eines anderen Menschen. Ich befolge die Devise: Man soll schlafende Hunde nicht wecken – und so weiter ...«

»Was versuchen Sie mir zu sagen?«

»Daß ich noch niemals eine Frau gesehen habe, die so unglücklich aussah wie Sie.«

Donna war viel zu verdutzt, um irgendwie zu reagieren.

»Tut mir leid. Ist ja auch wirklich ein starkes Stück, so zu einer Wildfremden zu reden, ich weiß. Aber ich habe Sie beobachtet und habe auch gehört, wie die Leute miteinander flüsterten: ›Was ist nur mit Donna geschehen? Sie war doch mal so hübsch‹; und, um ehrlich zu sein – ich finde Sie zwar auch jetzt hübsch, aber Sie sind unverkennbar ganz verzweifelt unglücklich.«

»Behaupten *Sie*.« Dies war Donnas erste bewußte Reaktion. Zugleich spürte sie, wie sich ihre Augen mit Tränen füllten.

»O nein, bitte weinen Sie nicht. Wenn eine Frau weint, fühle ich mich so völlig verloren.« Er legte seinen Arm um ihre Schultern, und zusammen gingen sie zum anderen Ende des Gartens. Aus den Tränen wurde ein Schluchzen, und ihre Schultern begannen zu zucken. Minuten vergingen. Die meisten Gäste schienen die Terrasse verlassen zu haben. Donna setzte sich auf das Gras, in Mels Arme geschmiegt, und sie weinte, wie sie nicht mehr geweint hatte seit jener Nacht vor nunmehr fast neun Monaten. Mel verhielt sich ganz ruhig, ganz still, schien sich keinen Zentimeter zu rühren.

»Ich sollte nicht weinen«, sagte sie schließlich. »Es ist nicht gut für das Baby.«

»Denken Sie lieber an das, was für die Mutter gut ist«, erwiderte er. »Denn was für die gut ist, ist gewöhnlich auch fürs Baby gut.«

Donna versuchte ein Lächeln. »Richtig, hatte ich ganz vergessen – Sie sind ja Arzt.« Sie schwieg; putzte sich die Nase mit der Papierserviette, in der sie ihren Drink gehalten hatte. »Wo haben Sie Ihre Praxis?«

»South Dixie. Beim Forest Hill Boulevard.«

Sie nickte. »In einer der Kliniken dort?« Jetzt nickte er. »Allgemeinmedizin.« Abermals nickte er. »Gefällt's Ihnen?«

»Sehr.«

»Susan hat mir gesagt, Sie hätten eine Tochter.«

»Ja. Annie. Sie ist sieben. Wird nächstens wahrscheinlich vierundzwanzig.«

Donna lachte ein wenig gequält. »Das Kind hat in den letzten Jahren eine Menge durchmachen müssen.« Er blickte ihr in die Augen. Tränen glitzerten; warteten gleichsam nur darauf, hinabzurinnen über ihre Wangen. »Susan wird Ihnen vermutlich auch erzählt haben, daß ich geschieden bin.«

»Ja.«

»Ein unwahrscheinliches Mädchen, diese Susan. Sie versteht sich auf die Kunst, einem direkt ins Auge zu sehen und mit einem Lächeln alles mögliche Üble über einen zu sagen, während sie nicht einmal die Lippen zu bewegen scheint. Ein großes Talent.«

»Sie hat wahrhaftig nichts Übles gesagt.«

»Eine Scheidung ist immer etwas Übles – zumal wenn Kinder da sind.«

»Und warum haben Sie's dann getan?«

»Ich wollte es nicht – es war Kates Entscheidung. Sie fühlte sich betrogen, irgendwie – glaube ich.«

»Betrogen – *irgendwie!?*«

Sie hockten jetzt nebeneinander, ohne sich zu berühren; mit angezogenen Knien und vorgebeugtem Oberkörper, jeder für sich, wieder getrennte Einzelwesen. Und sonderbar: ihre wie seine Hände rupften gleichsam automatisch Gras.

Er zuckte mit den Achseln. »Typische Geschichte. Wir heirateten, kaum daß wir aus dem College waren. Sie arbeitete, um mich durchs Medizinstudium zu bringen. Als ich dann meinen Abschluß hatte, gab sie ihren Job auf. Wir hatten ein Kind. Ich arbeitete hart. War nie zu Hause. Sie war immer zu Hause. Dagegen bauten sich in ihr Ressentiments auf. Schließlich auch gegen mich. Sie schloß sich irgendwelchen Frauengruppen an.

Und dann erklärte sie mir, daß sie eine neue Karriere einschlagen wollte, als Juristin – und damit hatte sich's.«

»Und Annie?«

»Die ist bei mir. In den Ferien und im Sommer kann Kate sie haben.«

Donna fühlte, daß es wie ein Krampf durch ihren Körper ging. Wieso, wollte sie fragen, wieso hat man Ihnen das Sorgerecht gegeben: *Wieso?* Doch statt dessen sagte sie nur: »Und Kate?«

»Die ist in einem Jahr mit ihrem Studium fertig. Und ich bin überzeugt, sie wird eine ganz ausgezeichnete Juristin sein.«

»Sie sind nicht verbittert?«

Er schüttelte den Kopf. »Nein. Schauen Sie, es war ja mindestens genauso meine Schuld wie ihre. Neun Jahre lang waren wir verheiratet, und in all der Zeit hat sie nicht gerade viel von mir gesehen.« Er schwieg, warf einen langen Grashalm in die Luft. »Ist schon komisch, wie dann alles gekommen ist. Ich meine, seit wir uns getrennt haben, arbeite ich nicht mehr soviel. Plötzlich wurde mir bewußt, daß ich ja ein Kind großziehen muß, und so bin ich jetzt immer spätestens um sechs Uhr abends zu Hause, und morgens warte ich stets, bis sie in den Bus eingestiegen ist. Am Wochenende arbeiten? Kommt gar nicht in Frage, außer in Notfällen. Samt und sonders Dinge, deretwegen mir Kate in den Ohren lag, als wir noch verheiratet waren.« Er blickte zu Donna. »Warum zäumen wir den Gaul nur immer verkehrtherum auf?«

»Wie kommt es, daß die Kleine bei Ihnen ist?« fragte Donna unvermittelt. Sie mußte es unbedingt wissen.

»Kate meinte, so sei es für Annie besser. Ein Studentenheim oder eine Studentenbude, das wäre für eine Vierjährige kaum das Richtige. Auch nicht für eine Siebenjährige – so alt ist sie jetzt nämlich.« Beide blickten in Richtung Haus.

»Möchten Sie jetzt sprechen?« fragte er.

»Nein«, erwiderte sie.

»Warum nicht? Haben Sie kein Vertrauen zu mir?«

»Das ist es nicht. Aber wenn ich zu reden anfange, heule ich gleich los.«

Beide starrten weiter zum Haus, als fürchteten sie, einander anzusehen.

»Worauf hoffen Sie, auf einen Buben oder auf ein Mädchen?«

»Auf ein Mädchen. Einen kleinen Jungen habe ich schon. Adam.«

»Haben Sie sich bereits Namen ausgesucht?«

»Sharon, wenn's ein Mädchen wird. Meine Mutter hieß Sharon.«

»Meine Mutter hieß Tinka.«

»Tinka?«

Er lachte. »Stellen Sie sich drei kleine Mädchen vor, fünf, sieben und neun Jahre alt, soeben mit dem Schiff aus Polen eingetroffen. Ihre Namen lauten Manya, Tinka und Funka.«

»Funka?«

»Sehen Sie? Auf einmal klingt Tinka gar nicht mehr so schlimm, wie?«

Sie lachte. »Was wurde mit ihnen?«

»Nun, ganz das übliche. Als sie erwachsen waren, heirateten sie, setzten Kinder in die Welt, und schließlich starben sie. Außer Manya. Die weilt noch unter uns. Muß jetzt so sechsundachtzig sein. Schwindelt immer etliche Jahre ab.« Er lachte. »Übrigens hatten die drei so zwischendurch ihre Nasen und Namen geändert. Manya wurde Mary, und Funka wurde Fanny. Nur Tinka blieb Tinka.« Mit einem Lachen schüttelte er den Kopf. »Eine unwahrscheinliche Frau.«

»Sind Sie ein Einzelkind?«

Sein Lachen wurde noch lauter. »Soll das ein Scherz sein? Ich habe vier Schwestern und zwei Brüder. Wir sind weit über die Staaten verstreut. Von Vermont bis Hawaii.«

»Ich habe eine Schwester«, sagte Donna. »Sie lebt jetzt in England.«

»Und Ihr Mann? Was macht der?«

Donna stand auf und wischte sich das Gras vom Kleid. Zu ihrer Überraschung blieb Mel auf dem Rasen sitzen.

»Ich bin ein bißchen müde«, sagte sie. »Ich glaube, ich fahre jetzt besser nach Hause.«

»Okay«, sagte er.

»Könnten Sie mich fahren?« fragte sie zu ihrer eigenen Überraschung.

Schon stand er auf den Beinen. »Verzeihung«, entschuldigte er sich. »Ich nahm an, Sie hätten einen Wagen.«

»Ich fahre nicht selbst.«

»Oh? Ungewöhnlich.«

»Nicht mehr.«

Er blieb stumm.

Und schweigend fuhr er sie heim. Dann sagte er: »Wenn Sie das Bedürfnis haben, sich auszusprechen – nun, Sie wissen ja, wo sich meine Praxis befindet. Bitte kommen Sie zu mir.«

Sie lächelte, öffnete die Tür und zwängte sich aus dem kleinen weißen Sportwagen. »Danke«, sagte sie.

Er blickte ihr nach, und erst als er sie im Haus wußte, fuhr er los.

Sharon war schon drei Monate alt, als Donna schließlich Dr. Segals Praxis betrat.

»Ich habe Sie im ersten Augenblick überhaupt nicht wiedererkannt«, sagte er und stand auf, um sie zu begrüßen. »Sie haben Ihr Haar verändert.«

Automatisch tasteten Donnas Finger zu ihrem fast karottenroten Haar. »Gefällt's Ihnen?«

Er lachte. »Ja«, sagte er. »Ist reizend.«

»Klingt fast, als ob Sie's ernst meinten.«

»Tu ich auch.«

»Victor haßt es.«

»Victor?«

»Mein Mann.«

»Ist das der Grund für Ihr Lächeln?«

»Wieso? Ich verstehe nicht.«

»Als Sie sagten: ›Victor haßt mein Haar‹, da haben Sie zum erstenmal gelächelt, seit Sie hier sind.«

»Bin ich so leicht zu durchschauen?«

»Nur wenn Sie wollen.«

Sie lächelte wieder. »Die Sache hat nur einen Haken: Ich hasse es auch – mein Haar.«

»Das einzige Problem, wirklich?«

»Ich hasse auch Victor.« Plötzlich brach sie in Gelächter aus, und ihr Lachen, schier endlos, war genauso heftig wie vier Monate zuvor ihr Schluchzen. »Da, ich hab's gesagt, offen heraus: Ich hasse ihn.« Abrupt verstummte das Gelächter. Tränen traten an seine Stelle. »Mein Gott, ich hasse meinen Mann. Und ich hasse mich selbst.«

Nun stürzte es geradezu aus ihr hervor, eine wahre Wortflut, die durch niemanden und nichts zurückzuhalten war. Sie schien die Sätze buchstäblich herauszuspeien – wie etwas, wovon sich ihr Körper, ihr Inneres befreien mußte. Von ihrer Ehe mit Victor sprach sie, von fast sechs Jahren. Und sie erzählte auch von jener Nacht, in der sie Sharon empfangen hatte.

»Irgendwie scheint er das dauernd wieder gutmachen zu wollen«, sagte Donna. »Er ist voller Aufmerksamkeit – zeigt sich ganz ungeheuer um Sharon bemüht, ist sehr lieb zu ihr. Er hilft viel mit. Auch kauft er mir dauernd nette Geschenke oder führt mich in irgendwelche nette Lokale zum Dinner aus. Niemals versucht er ...« Sie blickte zu Mel, um zu sehen, ob er verstand, was sie meinte, ohne daß sie es wirklich aussprechen mußte. Er verstand, und sie fuhr fort: »Aber schon, wenn er mir nur die Hand reicht, um mir beim Aussteigen zu helfen, wird mir fast übel.«

»Vielleicht weil Sie beim Aussteigen aus dem Auto gar keine Hilfe brauchen.«

Überrascht hob sie den Kopf, blickte in Mels schokoladenbraune Augen. Er saß auf der Kante seines Schreibtischs – sie, kaum einen halben Meter von ihm entfernt, auf einem Stuhl.

Unwillkürlich schluckte sie hart; schien buchstäblich verdauen zu müssen, was er da gesagt hatte. »Er flößt mir so ein Gefühl der Unzulänglichkeit ein«, sagte sie, während ihr Blick durch den Raum glitt. »War ja zuerst ganz nett, jemanden zu haben, der die Verantwortung übernahm, sämtliche Entscheidungen traf. Aber wissen Sie, was das bei einem bewirkt nach einer

Weile?« fragte sie – und gab sich, zum erstenmal in präzise Worte gefaßt, selbst die Antwort: »Es macht einen wieder zum Kind. Es nimmt einem das Erwachsensein. Und nach einiger Zeit fängt man an, sich so zu verhalten, wie man behandelt wird – wie ein Kind! Man wird völlig unselbständig. Ich bin zweiunddreißig Jahre alt! Ich habe zwei Kinder. Ich sollte von niemandem abhängig sein als von mir selbst. Ich begreife überhaupt nicht, wie all dies mit mir geschehen ist!« Sie suchte nach Worten, streckte beide Hände unwillkürlich zum Hals. »Ich kann nicht atmen! Er läßt mir keine Luft. Er entscheidet alles; er überwacht alles – die kleinsten, belanglosesten, albernsten Einzelheiten. Er muß alles unter Kontrolle haben.« Sie schleuderte ihre Hände geradezu in die Luft. »Und wissen Sie, was mich seit einiger Zeit beängstigt?«

Mel trat hinter seinen Schreibtisch, setzte sich auf seinen Stuhl. »Was?« fragte er.

»Er glaubt, daß es zwischen uns wieder besser wird. Er glaubt, daß es für uns Hoffnung gibt. Erst heute morgen hat er's gesagt. ›Wir streiten uns nicht mehr‹, hat er gesagt. ›Du hast es gelernt, Kompromisse zu schließen. Scheint wirklich, daß du anfängst, erwachsen zu werden. Abgesehen von dem, was du mit deinem Haar angestellt hast, natürlich!‹« Sie schrie es geradezu heraus. Es war wie ein Kreischen. »Kompromiß! Ich hasse das Wort! Wissen Sie, was Kompromiß praktisch bedeutet, Dr. Segal!? Es bedeutet nachgeben, klein beigeben. Der Grund dafür, daß wir nicht mehr miteinander streiten, ist höchst einfach. Vor einem halben Jahr faßte ich den Entschluß, mich nicht mehr mit ihm zu zanken. Einfach tun, was er wollte. Mich seinen Entscheidungen fügen. Und genau das entspricht seiner Vorstellung von einem Kompromiß. Wenn ich Blau sage, und er sagt Grün, dann drehe ich mich zu ihm herum und sage Grün, und schon haben wir einen ›Kompromiß‹ geschlossen.« Sie stand auf und begann, hin und her zu gehen. »Von Erwachsenwerden spricht er. Ich fange an, erwachsen zu werden! Ich fange an zu sterben! Ist das dasselbe? Was er mit Erwachsenwerden meint, ist – ein fügsames Kind werden. Und genau das ist aus mir geworden.

Nur – Kinder, die ihren Eltern gegenüber unentwegt brav und gehorsam sind, werden schließlich irgendwann widerborstig, aufsässig. Sogar böse. Wenn ich dem andern Schmerz zufügen kann, beweist mir sein Zucken, daß ich noch lebe. Scheint Ihnen all das irgendwie sinnvoll?« Unvermittelt blieb sie stehen. »Ja. Und wahrscheinlich haben Sie seit sechs Jahren nicht mehr soviel von sich gegeben, was einen Sinn ergibt.« Er stand auf und bewegte sich auf sie zu.

»Ich empfinde nur, daß ich die Kontrolle über mein eigenes Leben verloren habe. Dauernd bin ich krank. Immer befürchte ich, etwas Falsches zu tun, einen Irrtum zu begehen. Ich trau' mich kaum, was zu sagen, wage einfach nicht, eine eigene Meinung zu haben, weil es ja die falsche Meinung sein könnte.« Sie schüttelte den Kopf. »Ich habe Angst, ich selbst zu sein – weil ich im Grunde gar nicht weiß, was aus mir geworden ist.« Sie hielt inne, betrachtete Mels freundliches Gesicht. »Nur bei einer Gelegenheit habe ich das Gefühl, etwas Eigenständiges zu tun – mitten in der Nacht.« Mel sah sie fragend an. »Da setze ich mir mein Baumwollmützchen auf und hole Eimer und Mop und putze das beschissene kleine Haus, bis es nur so glänzt.« Dr. Segal lachte laut auf.

»Hat Sie nicht irritiert?«

»Was?«

»Na, mein ordinärer Ausdruck.«

Mel mußte sich offenbar erst wörtlich in Erinnerung rufen, was sie gesagt hatte. »Beschissen?« fragte er. »Na, wenn das alles ist. Das kann meine Siebenjährige besser.«

»Macht Ihnen wirklich nichts?«

Mel hob die Achseln: »Woher denn.«

»Victor würde das unheimlich gegen den Strich gehen. Er haßt es, wenn ich solche Wörter gebrauche.«

»Was mich betrifft, so habe ich Ihnen nur sieben Wörter zu sagen.« Er zählte sie insgeheim offenbar buchstäblich an den Fingern ab.

»Nämlich?«

»Verlassen Sie dieses Arschloch von einem Scheißkerl!«

Im Zimmer war es sehr still.

»Das kann ich nicht.«

»Wieso nicht, Himmelherrgott? Können Sie mir irgend etwas nennen, das zu seinen Gunsten spricht?«

Wieder ging Donna hin und her, voll innerer Unrast; blieb dann stehen. Sie sagte einen Satz, der wie von selbst mit einem Fragezeichen ausklang. »Im Notfall ist auf ihn Verlaß?«

»Und wieviel ›Notfälle‹ hat's bei Ihnen letzthin gegeben?« Er lehnte sich wieder gegen seinen Schreibtisch. »Donna, in einem Notfall kann sich jeder mal bewähren. Doch im Alltagsleben, im tagtäglichen Kleinkram sieht das ganz anders aus. Und er — er bringt Sie um.«

Donna schüttelte den Kopf. Jetzt, da endlich jemand auf ihrer Seite stand und genau das sagte, was sie empfand — was sie sich in Gedanken selbst oft und oft gesagt hatte, da befand sie sich auf einmal in einer sonderbaren Position: Sie versuchte, den Mann zu verteidigen, den sie angeklagt hatte.

»Es ist nicht nur seine Schuld. Ich meine, es ist mir klar, daß ich das so dargestellt habe; aber Sie dürfen nicht vergessen, daß Sie nur meine Seite der Geschichte hören. Ich bin wahrhaftig kein Engel gewesen. Ich habe zu ihm furchtbare Sachen gesagt, vor anderen Leuten; habe ihn beleidigt, ihn verletzt. Denn ich weiß natürlich, wie und wo ich ihn am wirksamsten treffen kann, vergessen Sie das nicht. Ich weiß genau, wo ich die Nadeln hineinstechen muß.«

»Weshalb all diese Entschuldigungen?«

»Entschuldigungen?«

»Dafür, daß Sie ihn nicht verlassen.«

»Wir haben zwei Kinder!«

»Ja, und was besagt das? Wollen Sie, daß Sharon und Adam in einem Elternhaus mit einer derart ›liebevollen‹ Atmosphäre aufwachsen und davon geprägt werden?«

Donnas Augen füllten sich mit Tränen. »Ich habe Angst, daß er sie mir wegnehmen wird! Verstehen Sie das nicht? Ich kenne Victor. Und falls ich versuchen sollte, ihn zu verlassen, so wird er mir meine Kinder wegnehmen.«

Mel trat dicht auf Donna zu. Sie fühlte sich eingefangen von seiner unmittelbaren Körpernähe. Dann spürte sie seine Arme um sich, die sie gegen seine Brust drückten. Seine Stimme klang sanft.

»Du kannst gegen ihn kämpfen, Donna. Du hast doch früher gegen ihn gekämpft. Du kannst es wieder. Wenn du's nicht tust, wirst du viel mehr verlieren als nur deine Kinder.«

»Meine Kinder sind alles.«

»Nein«, sagte er und schob sie auf Armlänge von sich weg, obschon er sie nach wie vor hielt. »Sie füllen einen großen Teil deines Lebens aus, aber sie sind nicht dein gesamtes Leben. Noch immer ist da eine Frau namens Donna, die ihr eigenes Leben führt, von dem anderer Menschen einmal ganz und gar abgesehen.«

Donna schüttelte den Kopf. »Nein«, sagte sie. »Ich hab's ja schon erklärt. Diese Donna habe ich längst verloren.«

»Hast du nicht.« Über ihre Augen hinweg blickte er zu ihrer Stirn, ihrem Haar. »Wer sich ein solches Karottenrotorange zulegt, dem ist es nach wie vor ganz beträchtlich um seine eigene Individualität zu tun.« Sie versuchten beide zu lächeln.

»Und was treibe ich da eigentlich?«

»Ich bin kein Psychiater.«

»Sondern?«

»Ein Freund.«

Sie senkte ihren Kopf und ließ es geschehen, daß er sie wieder dicht an sich zog.

»Danke«, sagte sie. »Ich glaube, das ist genau das, was ich brauche.«

12

Donna saß, Sohn und Tochter in ihren Armen, auf dem Sofa in jenem Zimmer, das ihr seit rund einem Jahr als Schlafzimmer diente. Bei dem blaugemusterten Möbel handelte es sich um eine Schlafcouch; und dort also saßen sie, Donna in der Mitte, während Sharon quietschend auf der rechten Seite lag und Adam, links von seiner Mutter, immer und immer wieder hinüberlangte und seine Schwester in die Zehen zwickte.

»Adam, hör damit auf.«

»Ich mag sie nicht.«

»Okay. Aber du mußt ihr ja nicht weh tun, oder?«

»Sag ihr, sie soll still sein.«

»Sie ist ja still. Du bist es, der unaufhörlich schwatzt. Möchtest du dir nun ›Sesamstraße‹ ansehen oder nicht?«

»Ja.«

»Na gut, dann sieh's dir an.«

Sekundenlang richtete Adam seinen Blick auf den Fernseher vor ihnen.

»Ich mag sie nicht«, sagte er wieder und warf seiner Schwester einen verstohlenen Blick zu. »Ich mag sie nicht mal ansehen.«

»Dann tu's doch nicht.«

Adam rutschte vom Sofa und ging zu dem Baby. Sharon beobachtete ihren älteren Bruder. Donna setzte sich auf, um jederzeit eingreifen zu können. »Ich mag dich nicht«, sagte er laut. »Und ich werde dich niemals mögen. Ich liebe dich nicht. Ich werde dich niemals lieben.«

»Schon gut, Adam. Das genügt.«

Die Litanei ging weiter.

»Nicht wenn du größer bist. Nicht wenn du älter bist. Nie, niemals.«

»Schon gut, Adam. Ich glaube, sie hat verstanden.«

Adam drehte sich um; steuerte zu seinem Platz zurück. Und

irgendwie schaffte er's dabei, die Innenfläche seiner Hand gegen die Stirn des Babys klatschen zu lassen. Sharon starrte überrascht, weinte jedoch nicht.

»Jetzt genügt's aber wirklich«, sagte Donna und schaltete per Fernbedienung den großen Farbfernseher ein; während auf dem Bildschirm Big Bird erschien, trug sie Sharon in deren Zimmer und legte sie in die Wiege; setzte gleichzeitig das musikalische Mobile über ihrem Kopf in Gang. Sharon schnurrte wie ein Kätzchen, wand sich behaglich. »Süßes du«, sagte Donna, indem sie ihr Töchterchen streichelte. Das Kind weinte nie. Keine Mutter konnte sich ein angenehmeres, bequemeres Baby wünschen.

»Und jetzt zu dir«, sagte sie, während sie in das Zimmer zurückging, wo Adam verzweifelt versuchte, ›Sesamstraße‹ einzuschalten. »Überlaß mir mal die Fernbedienung. Komm, Adam, du machst das ja noch kaputt. So ist's recht. Ich möchte mit dir reden.« Adam hörte auf, sich hin und her zu winden und starrte sie an: Seine durchdringenden blauen Augen wirkten wie genaue Kopien der Augen seines Vaters. »Ich liebe dich«, begann sie. »Das weißt du. Ich liebe dich mehr als irgend etwas auf der Welt.«

»Liebe nicht Sharon«, flehte er sie an.

»Doch, ich liebe Sharon.«

»Nein!«

»Doch, Schatz, ich liebe sie. Das ist eine Tatsache, mit der du dich ganz einfach abfinden mußt. Ich weiß, das ist alles andere als leicht; wenn man erst drei Jahre alt ist, doch daran mußt du dich gewöhnen. Sie ist deine Schwester, und sie wird hier bleiben. Damit mußt du dich abfinden, auch wenn's dir noch so schwerfällt – so ist es nun mal!«

»Aber ich mag sie nicht.«

»Deine Sache. Du mußt sie nicht mögen. Verlangt keiner von dir. Aber du darfst ihr nicht weh tun. Sie ist ein Baby und kann sich nicht verteidigen. Würde es dir denn gefallen, wenn irgendein Größerer käme und dir eins über den Schädel gibt?« Er tastete unwillkürlich nach seinem Kopf. »Nein«, erwiderte er.

»Nun, ihr gefällt das genausowenig. Hör also damit auf. Verstanden?«

»Ja. Kann ich mir jetzt ›Sesamstraße‹ ansehen?«

»Unter einer Bedingung.«

»Was ist das – Bedingung?«

»Daß man sich über eine Voraussetzung einig ist.« Sie brach ab. Eine wunderbare Erklärung für einen Dreijährigen. Für den war nun alles klar – wie sagte man doch? – ja, wie Kloßbrühe. »Laß es mich mal so sagen – du darfst es dir anschauen, wenn du's zuläßt, daß ich Sharon wieder hereinbringe, ohne daß du sie haust.«

Adam schien sich die Sache sehr gründlich zu überlegen. »Na schön«, sagte er. Donna hob ihn von ihrem Schoß, auf den er inzwischen geklettert war, und setzte ihn auf seinen alten Platz auf dem Sofa; dann stand sie auf, stellte den Fernseher an, und als sie schon bei der Tür war und Big Bird auf dem Bildschirm erschien, hörte sie, wie er murmelte: »Aber ich mag sie trotzdem nicht.«

Donna lächelte unwillkürlich. Nimm's lieber leicht, hätte sie am liebsten zu ihm gesagt. Denn leichter wird's für dich jedenfalls nicht.

Seit einer guten Stunde gab Victor sich alle Mühe, nichts über ihr Haar zu sagen. Donna konnte buchstäblich fühlen, welche Anstrengung ihn das kostete. Sie ihrerseits genoß jede einzelne Minute, wußte sie doch nur zu genau, wie sehr es ihn danach drängte, ihr darüber seine »Meinung« zu sagen. Sie konnte geradezu *sehen*, wie sich die Frage hinter seiner Stirn formte: »Um Himmels willen, Donna, was hast du denn diesmal mit deinem Haar gemacht? Du weißt genau, daß ich schwarzes Haar auf den Tod nicht ausstehen kann, außer es ist natürlich. So jedenfalls wirkt es entsetzlich falsch. Willst du etwa so aussehen wie manche dieser Comic-Strip-Heroinen?«

Was war mit ihr los, guter Gott, was war mit ihr eigentlich los? Donna geriet in eine Art Panik. Was ließ sie denn nur mit sich selbst geschehen? Gehörte sie etwa wirklich zu jenen Menschen, deren einziger Genuß darin bestand, andere zu beobachten, wie sie Schmerzen litten? Hatte sie sich in eine Art Monstrum verwandelt? Besser, so sprach irgendeine Stimme in ihr, ein anderer leidet, als du.

»Du findest Sadismus doch soviel besser als Masochismus, wie?« Allmächtiger, wann hatte sie das gesagt? Richtig, auf jener Party. Bei Danny Vogel. An dem Abend damals ...

Sie blickte zu Victor. Er lächelte sie an und senkte das Buch, in dem er, wie sie genau wußte, nur scheinbar gelesen hatte.

»Was hast du für einen Tag gehabt?« fragte er.

»Absolut normal.«

Er hatte ihr genau dieselbe Frage schon zuvor beim Abendessen gestellt – und genau dieselbe Antwort erhalten.

»Was hast du gemacht?«

»Nun, augenscheinlich habe ich was mit meinem Haar angestellt.«

»Ja, das sehe ich.«

»Gefällt's dir nicht?« Eine bewußt zugespitzte Frage, in entsprechendem Ton und mit einer Art Schmunzeln vorgebracht. »Nein. Du weißt genau, daß ich schwarzgefärbtes Haar nicht mag.«

»Dein Haar ist schwarz.«

»Aber das ist natürlich.«

»Auch mein Haar ist natürlich. Bloß die Farbe nicht.«

»Soll wohl lustig klingen, wie?«

»Ja, so ähnlich dachte ich's mir.«

Sie tat nur so. In Wirklichkeit war das ganz und gar nicht der Fall. Nur: Weder in ihm noch in ihr steckte auch nur noch ein Funke von Humor.

»Was hast du heute sonst noch getan?«

Sie begriff durchaus, daß es für ihn nicht leicht sein konnte, eine Art von höflichem Gespräch weiterzuführen. Denn zweifellos hätte er sie an ihrer schwarzgefärbten Mähne am liebsten zum Friseur geschleppt, damit man dort Donna Cressy auf »normal« zurücktönen könne. Doch er blieb auf seinem Flecken sitzen. Ja, er blieb, wo er war, und schien sogar auf ihre Antwort zu lauschen.

»Ich war mit Sharon zur halbjährlichen Untersuchung. Dann habe ich mir mit Adam ›Sesamstraße‹ angesehen. Sharon hat auch so ein bißchen hingeschaut.«

»Dr. Wellington?«

»Hmmm? O nein, Dr. Segal. Ich fand es an der Zeit, mal den Arzt zu wechseln.«

»Dr. Wellington ist der beste Kinderarzt in ganz Palm Beach.«

»Und der am meisten beschäftigte. Er weiß nicht, ob meine Kinder schwarz oder weiß, männlich oder weiblich sind. Außerdem ist Dr. Segal *mein* Arzt, und das macht alles wesentlich leichter.«

»Wer ist er? Ein unbekannter allgemeiner Arzt, oder?«

»Ich mag ihn.«

»Das bedeutet noch lange nicht, daß er ein guter Arzt ist.«

Donna hatte alles gesagt, was sie zu diesem Thema zu sagen gedachte. Sie erhob sich.

»Willst du Kaffee machen?«

»Ich möchte zu Bett.«

Victor warf einen Blick auf die Uhr. »Es ist erst neun.«

»Ich bin müde.«

Er stand auf. »Bitte, Donna«, sagte er, während sich seine Hände wie zögernd nach ihr streckten. Sofort erstarrte sie und wich zurück. Er zog seine Hände zurück. »Können wir nicht einfach sitzen und uns ein wenig unterhalten?«

»Ich bin wirklich müde, Victor.«

»Möchtest du denn nicht hören, wie's heute so bei mir gelaufen ist?« Es war mehr als eine Frage. Es war fast ein Flehen. Donna stand reglos. Irgendwie fühlte sie sich wie gelähmt. Sie schien sich einfach nicht bewegen zu können. Sie wollte gehen, hinauslaufen, doch ihre Beine gehorchten ihr nicht. Und so blieb sie stehen, was Victor als positives Zeichen nahm. »Ich habe eine geradezu sagenhafte Lebensversicherungspolice verkauft. Möchtest du wissen, an wen?«

Nein, dachte sie. »An wen?«

»An einen der Männer, die sich in ›The Mayflower‹ eingekauft haben.«

Donna musterte ihn verständnislos. Wovon sprach er?

»Er war auf der Party, auf der wir uns kennenlernten«, erklärte Victor.

Jetzt fiel ihr die Sache wieder ein. Mayflower Condominiums – ein Originalkonzept für Originalamerikaner. Gott, sie wünschte wirklich, sie wäre nie auf der Party gewesen.

»Ich gehe ins Bett, Victor.«

»In dein Zimmer?« fragte er unvermittelt.

Donna versuchte, sich nicht anmerken zu lassen, wie perplex sie war.

»Natürlich«, sagte sie mit möglichst unbewegter Stimme.

»Ich dachte, vielleicht ...«

»Gute Nacht, Victor.« Sie ging an ihm vorbei und verließ das Zimmer.

Es war fast Mitternacht, als sie hörte, wie er aus dem Bad kam. Anschließend ging er dann, um nach Adam und Sharon zu sehen. Das tat er jede Nacht. Sodann würde er in sein Zimmer zurückkehren und sich schlafenlegen. Allerdings – diesmal hörte Donna nicht, daß sich seine Schritte entfernten. Vielmehr näherten sie sich. Und unwillkürlich kroch Donna tiefer unter ihre Bettdecke.

Sie sah ihn nicht in der offenen Tür. Doch sie spürte ihn. Spürte, wie er sich ihr schier lautlos näherte.

»Donna?« Sie schwieg. »Donna, ich weiß, daß du nicht schläfst.« Geh doch, schrie es in ihr. Geh doch fort! Ich bin nicht hier. Ich bin überhaupt nicht hier. »Nun, schön, du brauchst ja nichts zu sagen. Aber *anhören* mußt du mich. Wenn du es so willst, werde ich es so tun.«

Ich will es nicht! Ich möchte, daß du verschwindest und mich in Ruhe läßt. Wenn's nach meinem Willen ginge, dann wärst du überhaupt nicht hier, und ich brauchte mir nichts anzuhören.

Seine Stimme klang sanft. »Ich liebe dich, Donna. Ich habe dich immer geliebt. Das weißt du. Ich habe eine Reihe von Fehlern gemacht, das gebe ich zu. Ich habe manches falsch angestellt.

Ich habe es aus Liebe getan.« Muß ich mir dies anhören? Muß ich wirklich zuhören? »Ich habe mir Mühe gegeben, geduldig zu sein, Donna. Ich habe dich hier schlafen lassen, allein, völlig ungestört. Während deiner Schwangerschaft mochte ich nichts tun, was dem Baby schaden konnte, und danach habe ich gewartet, ob sich unser Verhältnis zueinander nicht bessern würde. Eine Zeitlang schien das ja auch der Fall zu sein, und ich hoffte, du würdest irgendwann in unserer Schlafzimmertür erscheinen, aber ...« Ich bin nicht hier. Ich bin nicht hier. Ich höre überhaupt nicht, was er sagt. »Donna, was in der Nacht damals geschehen ist, ich kann es nicht mehr ändern. Es ist nun mal passiert und schon lange her. Es tut mir wirklich leid, daß es damals so kam; aber du mußt auch verstehen, wie du mir mitgespielt hattest. Auf der Party machtest du mich vor den anderen herunter. Ja, du hast mich gedemütigt. Manchmal weißt du wohl gar nicht, was du eigentlich tust, aber ...« Soll dies eine Entschuldigung sein? Victor, glaubst du wirklich, daß dies eine Entschuldigung ist? »Tut mir ja leid, aber du hast mich dazu provoziert! Bedaure sehr, daß das passiert ist, aber du siehst ja wohl ein, daß es samt und sonders deine Schuld war, Donna, nicht?« Ich bin nicht hier. Ich höre nichts von alledem. »Schau, gar so schlimm ist es doch nicht ausgegangen, oder? Ich meine, wir haben Sharon. Und ich liebe dich, Donna. Wir sind eine Familie. Ich wollte dir nichts Böses tun, Donna. Komm, sei aufrichtig. Ich habe dir auch nicht wirklich weh getan, stimmt's?« Aber natürlich stimmt's, Victor. Du hättest mir weh getan? Woher denn. Du hast nur fünf geballte Ehejahre auf Gedeih und Verderb in mich hineingerammelt, wie's dir grade so paßte, und noch immer habe ich irgendwie das Gefühl, daß mich das zum Platzen bringen wird. »Bitte, Donna, ich kann nicht mehr tun als mich entschuldigen. Ich kann's nicht unge-schehen machen. Es ist nun mal passiert. Aber wir dürfen uns dadurch nicht kaputtmachen lassen. Es ist genügend Zeit vergangen. Wir sollten anfangen, wieder in der Gegenwart zu leben und das zu genießen, was wir haben.« Diese Rede muß ich schon mal gehört haben. Wie lautet die Standardformel doch noch? Du bist am Aufschlag. Serviere mir also den Ball oder verschwinde vom Tennisplatz – so oder so ähnlich, nicht? »Ich möchte doch nur, daß es zwischen uns wieder so wird wie vor der Nacht damals.« Wieder so – wie vor der Nacht damals? Ja, bist du noch bei Verstand? Alles so wie früher. Ja, kapierst du denn nicht, daß jene Nacht *genau* dem entsprach, wie es bis dahin praktisch immer gewesen war? In der Methode war es ein bißchen anders, im Grundprinzip ganz gewiß nicht. »Bitte, Donna, ich möchte mein kleines Mädchen wieder haben.« Donna fühlte, wie es ihr hochkam, tief vom Magen her. Hastig warf sie die Bettdecke zurück und stürzte ins benachbarte Badezimmer, wo sie sich in die Toilette erbrach. Dann hockte sie auf dem kühlen Kachelfußboden, schweißverklebtes Haar tief in der Stirn, während ihr die Tränen über die Wangen strömten. Und sie hielt die Klosettschüssel eng umarmt, bis sie hörte, daß er zurückging auf den Korridor und dann seine Tür hinter sich schloß.

Wie jeden Morgen erwachte sie um genau drei Uhr früh. Sie stand auf und ging in Richtung Küche. Beim Abendbrotmachen hatte sie dort an Möbeln und Gerät ein wenig Schmutz entdeckt. Sie würde putzen, bis alles im hellsten Glanze strahlte. Sie betrat die Küche und knipste das Licht an. Dann schaltete sie das kleine Transistorradio ein, ganz leise. Nun holte sie ihr Putzgerät hervor: Fantastik, Ajax und so weiter. Sie arbeitete stets beim Klang der Musik – quasi zu ihrem Rhythmus. Bei der weißen Oberfläche wandte sie zunächst Fantastik an. Victor hatte sie einmal dabei ertappt, als sie dafür Ajax benutzte – ja, weißt du denn nicht, daß das die Politur angreift? –, und schon war über dieses hochwichtige Thema eine Diskussion im Gange, die wenigstens geschlagene zwei Stunden dauerte. Bloß – was in dieser Ehe schien so unwichtig, als daß es *nicht* bis zum Kotzen durchdebattiert worden wäre? Der Rhythmus wechselte. Eine andere Schallplatte offenbar. Sofort paßte sie sich in ihren Bewegungen dem veränderten Tempo an.

172

— zuerst hatte ich Angst,
dann war ich wie erstarrt —

Sie erkannte das Lied. Gloria Gaynor, sagte sie stolz zu sich
selbst.

Dachte immer, ich könnte nicht leben ohne dich —

Wird bald schneller. Nur ein paar Takte noch. Und sie hob die
Hand, um im richtigen Rhythmus zu wischen.

— und ich lernte es schnell, allein zurechtzukommen —

Jetzt.
Der Song jagte gleichsam los. Donnas Hände tanzten über die
Oberfläche der Arbeitsplatte.

— Und nun bist du wieder hier —

Scheuern. Scheuern. Putzen, bis es glänzt. Zum Glänzen bringen. Zwingen.

— hätt' ich auch nur geahnt,
daß du zurückkommen würdest und mir in den Oh-
ren liegen —

Die Musik steigerte sich. Steigerte sich noch mehr. Putze,
Donna, putze!

Geh schon, geh! Geh zur Tür hinaus!

Donna hielt abrupt inne.

Mach ganz einfach kehrt,
denn willkommen bist du nicht mehr.

Sie starrte auf das kleine Transistorradio. Dann glitten ihre
Augen zur Küchentür.

— glaubst du, ich brech' zusammen?
Glaubst du, ich leg mich hin und krepier'?
O nein, überleben werde ich — werde überleben —

Der Putzlappen entfiel Donnas Händen.

Solange ich weiß, wie man liebt,
weiß ich auch, wie man lebt –

Sie bewegte sich in Richtung Telefon. Dort in einem Fach unterhalb des Apparats bewahrte Victor in der Regel die Autoschlüssel auf.

Ich hab' noch mein ganzes Leben zu leben,
ich hab' noch meine ganze Liebe zu geben,
und ich werde überleben – werde überleben –

Sie nahm die Schlüssel und verließ die Küche, ging in Richtung Ausgang.

Hey – hey –

Die kühle Nachtluft schien buchstäblich auf Donnas Körper zu prallen, und plötzlich wurde ihr bewußt, daß sie ja nur ein dünnes Nachthemd trug. Nun, nicht weiter wichtig. Sie wollte ja nur mal den Motor anlassen. Dann würde sie zurückeilen ins Haus und sich irgend etwas überwerfen, ehe sie die Kinder holte. Doch zunächst mußte sie den Motor anlassen. Etwas, das sie nicht getan hatte seit ...
Sie wollte nicht daran denken. Einfach ins Auto steigen und später losfahren. Früher war sie mehr gewesen als nur eine passable Fahrerin. Ehe Victor – sie brach ab. Hatte sie jemals irgend etwas auf eigene Faust getan, bevor sie Victor kennenlernte?
Sie öffnete die Tür, setzte sich hinters Lenkrad. Unmittelbar rechts neben sich meinte sie, Victor zu sehen – seine Erscheinung, wenn man so wollte. »Aufpassen«, sagte die Erscheinung. »Aufpassen auf ...«
»Ich werde nicht auf dich hören«, sagte sie laut und steckte den Zündschlüssel ins Schloß. »Du bist nicht hier.« Das Autoradio begann zu dröhnen. Sie hatte ganz vergessen, daß Victor es ja nie abschaltete. Und sobald der Zündschlüssel im Schloß steckte, ging es damit los.

Das Autoradio war auf denselben Sender eingestellt wie ihr kleines Transistorgerät. Gloria Gaynor hatte gerade erst die zweite Strophe angefangen. Gut, dachte Donna, erzähl mir nur. Erzähle weiter.

— nicht auseinanderfallen.

Ich werde nicht auseinanderfallen. Ich werde jetzt den Rückwärtsgang einschalten und zurücksetzen, bis auf die Straße. Dann geh ich hinein und hole meine Kinder.

> *Und ich hab', oh, so viele Nächte*
> *mir ganz einfach selber leid getan,*
> *hab geheult und doch*
> *halte ich den Kopf jetzt wieder hoch —*

Donna spürte, wie sie unwillkürlich den Kopf hob. Sie versuchte, den Rückwärtsgang einzulegen. Doch ihre Hand bewegte sich nicht. Sie meinte, Victors unsichtbare Hand auf der ihren zu spüren.

»Weißt du überhaupt, wo du fährst, Donna? Die richtige Abzweigung hast du schon drei Straßen zurück verpaßt.«

Mach, daß du aus meinem Auto rauskommst, Victor. Du bist nicht hier.

»Dauernd kommst du an die weiße Linie.«

Ist ja nicht wahr!

> *— Und jetzt siehst du mich,*
> *jemand ganz anderen,*
> *ich bin nicht die festgekettete kleine Person,*
> *die dich noch immer liebt —*

»Ums Haar hättest du das Haltesignal überfahren.«

Hätte ich nicht.

> *Geh schon, geh!*
> *Geh zur Tür hinaus!*
> *Mach ganz einfach kehrt —*

»Um Himmels willen, Donna, willst du uns umbringen!« War wirklich nicht meine Absicht. Hab's nicht gesehen.

>– und warst nicht du's, der mit mir brechen wollte –*

»Halte endlich mal den Mund, Donna.«
Geh nicht zu weit! Geh nicht zu weit! Hack nicht dauernd auf mir herum. Hörst du! Hack nicht mehr so auf mir herum. Ich laß es mir nicht gefallen! Ich laß es mir nicht länger gefallen!
»Willst du uns umbringen?«
Böses kleines Mädchen. Böses, kleines Mädchen.
»Halt doch endlich den Mund, Donna.«
Du mußt einen Denkzettel erhalten. Einen wirklichen Denkzettel.

*Oh, geh schon, geh!
Geh zur Tür hinaus –*

Donna spürte, wie ihre Hand zu zittern begann. Dann ihr ganzer Körper.

*– Glaubst du, ich brech' zusammen?
Glaubst du, ich leg mich hin und krepier'?*

Das Zittern, es hörte nicht auf.
Das Zittern in ihren Händen, in ihrem Körper, es hörte nicht auf.

– Und ich werde überleben – werde überleben.

Donna hob die Hand, drehte den Schlüssel, schaltete die Zündung aus. Und dann legte sie den Kopf aufs Lenkrad und heulte wie ein Schloßhund.
Wie nur sollte sie überleben? grübelte sie. Sie hatte vergessen, daß sie ja bereits tot war.

13

Mein Gott, was ist mit Ihnen passiert?«
»Gefällt Ihnen auch nicht, wie?«
Dr. Mel Segal kam hinter seinem großen Schreibtisch hervor
und trat auf Donna zu.
»Victor nennt es meine frühe Auschwitz-Phase.«
Mel lächelte. »Mit Wörtern wußte der Mann schon immer
umzugehen.«
»Jedenfalls gefällt's Ihnen auch nicht?«
Mel schwieg sekundenlang. »Kann nicht gerade behaupten, daß
ich entzückt wäre, nein.«
Hörbar stieß Donna die Luft aus. »Hab's selber gemacht«, sagte
sie. »Gestern abend.«
»Und wie ist es dazu gekommen?«
»Victor sagte, ich finge an, mehr und mehr wie mein altes Selbst
auszusehen. Am liebsten hätte ich mir den Schädel kahlrasiert.
Aber dazu fehlte mir dann doch der Mut.«
»Immerhin haben Sie Ihr Ziel so ziemlich erreicht.«
»Victor meint, ich sähe aus wie ein verhungernder Peter Pan.«
»Überlassen Sie das getrost Victor.«
»Wollen Sie mir sagen, daß ich ihn verlassen soll?«
»Nein.«
»Warum nicht?«
»Das habe ich Ihnen das erste Mal gesagt, als Sie zu mir kamen.
Sie sind erwachsen – und da dachte ich, einmal sagen genügt.
Das Übrige bleibt Ihnen überlassen.«
Sie versuchte, ihn zu provozieren. »Was soll's, Doktor? Sagen Sie
mir, daß ich ihn verlassen soll.«
Sein Gesicht wirkte plötzlich todernst. »Kann ich nicht.«
Donna wandte sich zur Tür. »Mist«, sagte sie. »Warum gerate
ich nur immer an so ungeheuer *integre* Männer?«
»Sie *geraten* an . . .?«

Donna blickte wieder zu Mel. Die Wahl ihrer eigenen Worte setzte sie ein wenig in Verlegenheit. »Nun, Sie wissen, was ich meine.«

Er beteuerte, dem sei in der Tat so. Doch in Wirklichkeit begriff er nicht, genausowenig wie sie selbst.

»War wirklich nett von Ihnen, mich ohne Voranmeldung zu sich zu lassen.«

»Seit wann brauchen Sie eine Voranmeldung?«

»Sie haben ein ganzes Wartezimmer voller Patienten.«

»Warum sind Sie gekommen?«

»Das weiß ich selbst nicht so genau.«

»Was ist mit den Kindern? Alles okay?«

»Bestens.«

»Und Sie?«

»Bestens. Ich fühle mich – gut. Ich fühle mich in etwa genausogut, wie ich aussehe.« Sie lachte. »Glauben Sie, daß die im nächsten Krankenhaus noch ein Bett für mich frei hätten?«

»Gar so schlimm sehen Sie ja nicht aus.«

»Tu ich doch.«

»Also was mich persönlich betrifft, so hatte ich für Peter Pan schon immer eine Schwäche.«

Donna lächelte, trat dicht zu ihm. »Er seinerseits hat sich auch immer über Sie höchst anerkennend geäußert.« Sie hob die Hand, strich Mel über den Bart.

»Wie geht's Annie?« fragte sie und zog ihre Hand zurück.

»Na, großartig. Sie befindet sich im Augenblick so richtig in der Masturbationsphase.«

Sie lachten.

»Und was unternehmen Sie da?« wollte Donna wissen.

»Unternehmen? Nichts. Soll das Kind doch seinen Spaß haben.«

Sekundenlang blickten Donna und Mel einander wortlos an.

Plötzlich hörte Donna, wie eine Stimme das Schweigen brach.

»Ich gehe wohl besser«, sagte die Stimme ruhig.

»Okay«, erwiderte Mel, und seine Stimme klang noch ruhiger, noch leiser.

»Ich möchte so sehr, daß du mich küßt. Ich halt's nicht länger aus«, fuhr die Stimme fort. »O mein Gott«, sagte Donna laut und drehte sich rasch um, wollte das Zimmer verlassen.

Und schon war sie hinaus. Doch er war unmittelbar hinter ihr. Deutlich hörte sie, wie er wartenden Patienten gegenüber Entschuldigungen hervorstammelte: ein Notfall, in einer Minute werde er zurück sein. Sekunden später vernahm sie hinter sich auf der Treppe seine Schritte.

»Mein Auto ist ganz in der Nähe geparkt«, sagte er und nahm sie gleichsam beim Ellenbogen, um sie auf den kleinen weißen MG zuzusteuern. »Gottverdammt«, sagte er, »ist verschlossen.« In seinen Taschen wühlte er nach den Schlüsseln. »Hier sind sie.« Nervös fingernd, schloß er beide Türen auf. Donna glitt auf den Beifahrersitz, Mel hinters Steuer. Sie schlossen die Türen.

»Wo soll's hingehen?« fragte sie.

»Nirgendwohin«, erwiderte er. Und schon hielt er sie in den Armen, schon verschmolzen seine Lippen mit ihrem Mund. Noch nie hatte sie einen Bärtigen geküßt. Doch es gefiel ihr. Alles an ihm gefiel ihr.

»Es ist unglaublich unprofessionell«, sagte er, während seine Lippen von ihrem Mund zu ihren Augen glitten.

»Ich könnte mir eine bessere Behandlung wohl kaum wünschen.«

Wieder trafen sich beider Lippen. Und minutenlang verharrten sie in dieser engen Umarmung, wobei sie einander geradezu verzweifelt küßten, sich gegenseitig streichelten – bis sie sich langsam voneinander lösten und sich mit neuerwachten Blicken in neuerwachte Augen starrten. Er hob die rechte Hand und strich ihr übers kurzgeschorene Haar.

»Wie kann ein Mann nur eine Frau mit Bürstenhaarschnitt küssen?« fragte sie.

»Kein Problem, aufgepaßt«, sagte er – und küßte sie.

»Also, es ist mir klar, weshalb du für mich attraktiv bist. Aber ich werde niemals kapieren, was du an mir attraktiv finden kannst.«

»Ich mag deine Augen«, sagte er leise. »Und deine Nase. Und

179

deine Lippen.« Er küßte alles, Punkt für Punkt. »Deine Ohren.«
Sie lachten beide, als er nun auch ihre Ohren küßte. »Deinen
Hals.« Er beugte sich vor.

»Langsam«, sagte sie. »Mir scheint, für mehr ist in diesem Auto
kein Platz.«

»Wo sind die Kinder?«

»Adam ist im Kindergarten, Sharon bei Mrs. Adilman.«

»Kannst du warten, bis ich in meiner Praxis fertig bin?«

»Ja.«

Wieder beugte er sich zu ihr. »Ich habe dich küssen wollen«,
sagte er, »seit ich dich auf Susans Party zum erstenmal gesehen
habe. Damals sahst du allerdings aus wie ein schwangerer
Spazierstock.«

Sie lachte. »Ah ja. Meine Biafra-Flüchtlings-Phase. Mir ganz
besonders lieb.« Dann betrachtete sie ihn sehr ernst. »Ich frage
mich, was du wohl von mir halten wirst, wenn du einmal mein
wirkliches Selbst kennenlernst.«

»Na, woll'n mal sehen«, sagte er und zeichnete mit dem
Zeigefinger über ihre Wange eine unsichtbare Linie. »Also – in
schwangerem Zustand hast du mir gefallen. Auch rot oder
blond oder gestreift oder was. Mager warst du mir ebenso
willkommen wie total verheult. Übrigens hatte ich gegen dich
auch nichts – mager und lächelnd. Von rothaarig sprach ich ja
schon. Aber noch nicht von karottenrot und rabenschwarz. Mir
hat sogar deine natürliche Haartönung gefallen, soweit davon
noch etwas übrig war oder ist. Und irgendwie habe ich den
Verdacht, daß du mir auch gefallen wirst, wenn du alt und grau
bist – sofern ich dann noch in deiner Nähe bin.«

»Ich bin's, die sich glücklich preisen muß«, sagte sie, und
plötzlich füllten Tränen ihre Augen. Sogleich küßte er sie fort,
heftete dann wieder seine Lippen auf ihren Mund. »Guter
Gott«, sagte sie plötzlich und löste sich von ihm. »Wer, zum
Teufel, ist denn das?«

Rasch öffnete Mel die Autotür. Donna hatte den Kopf gehoben.
Irgendwie erwartete sie, Victor in die Augen zu blicken. Statt
dessen sah sie einen hochgewachsenen, blonden Mann mit

einem Blick, aus dem eher Gleichgültigkeit sprach. Er hatte durch das Autofenster hereingespäht.

»Verzeihung«, sagte der Mann und bewegte sich rückwärts, die Augen unverwandt auf Donna geheftet. »Ich habe nur Ihr Auto bewundert. Ich konnte wirklich nicht ahnen, daß irgend jemand drin ist.«

Donna öffnete die Tür auf ihrer Seite und stieg fast gleichzeitig mit Mel aus. Mel wartete, bis sie um den Wagen herumkam und sich bei ihm einhakte. Irgendwie, dieses Gefühl hatte Donna, schienen die Augen des Blonden noch immer auf ihnen zu ruhen, während sie beide davongingen. Als sie, unmittelbar bevor sie ins Gebäude traten, abermals den Kopf wandte, sah sie, daß der Blonde ihnen unverändert nachstarrte.

Was ihr Liebesleben beziehungsweise ihre entsprechenden Versuche betraf – die reine Katastrophe. Vermutlich waren sie beide nervlich übermäßig beansprucht. Oder aber sie bemühten sich allzu eifrig, füreinander »gut« zu sein. Wie dem auch immer sein mochte – es klappte zwischen ihnen nicht so, wie es eigentlich hätte klappen sollen. Der Schweiß der Mühe war noch längst nicht der Schweiß des Erfolges. An entsprechender »Technik« fehlte es wahrhaftig nicht. Doch irgendwie wirkte alles gezwungen, erzwungen, obschon sie in allem gleichsam nach dem allerneuesten Lehrbuch verfuhren. Viel Stöhnen und Ächzen, viel Energieeinsatz, doch herzlich wenig echtes Vergnügen.

Er hatte eine Menge Mühe, auch nur zur Erektion zu kommen, und lange halten konnte er sie schon gar nicht. Sie ihrerseits war trocken. Allzuleicht tat es ihr weh. Weil sie sich verkrampfte. Dabei strengten sich beide geradezu ungeheuer an. Sie streichelten – oder reizten – einander gleichsam wie die Angehörigen gegnerischer Fußballmannschaften; und schließlich ließen sie den Ball fallen.

»Tut mir leid, daß ich so trocken bin«, sagte sie und versuchte, nicht zu weinen. »Es ist nur – seit fast anderthalb Jahren habe ich ja keinen Verkehr gehabt. Und seit Sharons Geburt scheint mir dort unten so etwas wie eine Wunde zu sein. Wegen Mangels an Gebrauch.«

»Und ich, ich komme mir vor wie ein Spastiker«, sagte er. »Weißt du, wie jemand, der's zum erstenmal versucht – und der Angst hat, daß er überhaupt nicht die richtige Stelle findet.« Er senkte den Blick, betrachtete seinen schlaffen Penis. »Im Moment hätte ich wahrhaftig nicht viel zu investieren.«

Plötzlich lachten sie beide.

»Gott, ist ja furchtbar mit uns«, sagte sie.

»So ein richtiger Tiefpunkt, würde ich sagen«, erklärte er.

Beider Gelächter wurde noch lauter und hallte in Mels Haus wider.

»Werden wir's schaffen, daß es sich bessert?« fragte sie.

»Schlimmer kann's jedenfalls nicht werden.«

»Wann kommt Annie nach Hause?«

Mel warf einen Blick zur Uhr auf dem Nachttisch. »In einer Stunde. Heute hat sie nach der Schule noch Ballett.«

»Ob wir's bis dahin schaffen?«

»Na, Mühe geben werde ich mir jedenfalls.«

Donnas Blick heftete sich zwischen seine Schenkel. »Nun, die Grundtendenz scheint sich ja zum Positiven zu entwickeln« (und hatte das Gefühl, etwas ungeheuer Verruchtes zu sagen – Victor hatte es nie gemocht, wenn sie männliche und weibliche Sexbedürfnisse miteinander verglich; Gespräche in *dieser* Richtung paßten ihm überhaupt nicht). Alles kam ihr irgendwie verrucht vor, weil sie sich überhaupt hier befand. Dennoch war, wie ihr gleichzeitig bewußt wurde, auch noch für andere Empfindungen Platz.

Donna lächelte Mel zu, als er seinen Körper über den ihren schob. Und während all die altvertrauten Gefühle wieder von ihr Besitz ergriffen, war in Donna immer und immer wieder die Hoffnung, daß es für sie doch noch ein gutes Ende geben würde.

Sie war zum Verlassen der Wohnung bereit und saß wartend auf dem Sofa, bis Victor endlich nach Hause kam. Er blickte sich im Wohnzimmer um, sah ihre Koffer und ging dann zur Bar, um sich einen Drink zu mixen.

»Möchtest du einen?« fragte er.

»Nein, danke.«

Er goß sich ein Glas Scotch ein und trat damit auf Donna zu. »Ist wohl so eine Art Abschiedsszene, wie?« fragte er.

Donnas Stimme klang ruhig. »Ich verlasse dich.«

»Dachte mir schon, daß du so etwas sagen würdest.« Er nahm einen langen Schluck. »Und die Kinder?«

»Sind bei Susan.«

»Susan?« Er schüttelte den Kopf. »Ich hätte wissen müssen, daß sie dahintersteckt.«

»Susan hat damit weiter nichts zu tun. Ich rief sie heute nachmittag an, als sie von der Arbeit nach Hause kam, und bat sie, sich ein paar Stunden um die Kinder zu kümmern, damit ich mit dir sprechen kann.« Sie schwieg einen Augenblick. »Sie war ziemlich überrascht.«

»Aber entzückt, wie sich denken läßt.«

»Ich habe keine Lust, über Susan zu streiten, Victor.«

»Ich habe überhaupt keine Lust zu streiten.«

»Gut.« Donna erhob sich. »Ich werde ein Taxi rufen.«

»Ich werde dich fahren.«

»Nein.«

Er stellte seinen Drink auf die Glasplatte des Tisches. »Du möchtest nicht, daß ich noch irgend etwas für dich tue.«

Du hast genug getan, hätte sie am liebsten gesagt; doch sie tat es nicht. »Ich kann für mich selbst sorgen.«

»Hat ja niemand bezweifelt.«

»Du kapierst wohl überhaupt nichts, Victor, oder? Du weißt überhaupt nicht, was oder wie dir geschieht?« Nein, sie hatte es nicht laut gesagt, nur gedacht.

»Können wir uns darüber unterhalten?« fragte er.

»Ich habe nichts weiter zu sagen.«

»Hältst du das für fair?«

»Ja. Allerdings. Was zu sagen war, ist gesagt, Victor.« Sie trat auf das Telefon zu. Er griff nach ihrer Hand.

»Donna, bitte. Was kann ich sagen?«

»Nichts, Victor. Es gibt nichts mehr zu sagen.«

»Ich habe gesagt, daß es mir leid tut. Himmelherrgott, wie oft habe ich gesagt, daß es mir leid tut! Ich würde sonst was tun, um jene Nacht ungeschehen zu machen ...«

»Es geht nicht um jene Nacht, Victor.« Er musterte sie überrascht. »Lange habe ich selbst geglaubt, es sei im Grunde eben das. Doch es handelte sich nur um einen kleinen Teil des Gesamten. Vielleicht um den letzten Teil. Ich weiß es nicht.«

Augenscheinlich begriff er überhaupt nicht, wovon oder worüber sie sprach. »Ist da irgendein anderer?«

Donna blickte in Victors blaue Augen, und irgendwie glaubte sie, darin Abbilder von Mel zu sehen. »Nein«, sagte sie. Sie und Mel hatten einander seit einer Reihe von Monaten nicht gesehen. Zu diesem Entschluß waren beide gemeinsam gelangt. Zunächst einmal mußte Donna hinter ihre Ehe einen Schlußpunkt setzen. Jawohl, aus eben diesem Grund und aus keinem anderen. Mel war gleichsam der Katalysator gewesen und keinesfalls der Grund.

Sie entledigte sich ihrer Ehe, oder versuchte es doch jedenfalls, weil sie in sich eine frische Hoffnung entfacht fühlte: von jenem ersten Nachmittag an, wo Mel sich sozusagen strikt weigerte, sich unter dem Felsbrocken des Sisyphus begraben zu lassen. Und sollte die end- und schier hoffnungslose Herausforderung an Sisyphus sozusagen die endgültige Bestimmung der Zukunft sein – auch gut; man würde sich einzurichten wissen. Jeder nach seinem eigenen Geschmack und seinen eigenen Bedürfnissen. Aber *noch* – das wußte sie recht genau – war sie nicht tot. Vielmehr schien sie im Begriff, die Hölle hinter sich zu lassen.

»Ich werde dich wissen lassen, wenn ich richtig untergekommen bin«, sagte sie. »Dann kannst du die Kinder besuchen. Wir werden schon zu einer Regelung kommen, die für jeden die beste ist.«

»Das Beste für uns alle wäre, daß wir zusammenblieben.«

»Nein. Durchaus nicht.« Sie rief ein Taxi.

Victor verhielt sich überraschend still. »Es wird auch für dich nicht ganz leicht sein, weißt du«, sagte er schließlich.

»Ich weiß.«

»Da bin ich mir nicht so ganz sicher.«

Donna zuckte mit den Achseln.

»Du kannst dir's ja noch überlegen«, sagte er. »Denk drüber nach. Und falls du den Entschluß fassen solltest, zu mir zurückzukehren ...«

Donna nickte, schwieg jedoch.

»Du wirst mich bald anrufen?« fragte er.

»Morgen.«

»Ich liebe meine Kinder, Donna.«

Sie fühlte, wie in ihr Tränen aufstiegen. »Ich weiß, daß du sie liebst.«

»Ich meine nur, wir sollten nichts Voreiliges oder Überstürztes tun ...«

»Werde ich auch nicht.«

»Du rufst mich also an?«

»Ja.«

Sie hörten, wie draußen ein Auto vorfuhr und hupte.

»Ich liebe dich, Donna«, sagte Victor hastig. Donna senkte den Kopf. »Ich weiß, Victor.« Sie holte tief Luft.

Er trat auf ihre Koffer zu. »Nein, bitte«, sagte sie, und ihre Stimme schien ihn buchstäblich zu stoppen. »Das erledige ich schon selbst.«

»Sie sind schwer«, warnte er.

Sie ging zu der Stelle, wo zwei mittelgroße Koffer standen und hob diese hoch. »Kann ich eigentlich nicht finden«, sagte sie; und eine Minute später war sie verschwunden.

14

Auf ihre Bitte brachte man Donna ein Glas Wasser. Da war diese scheußliche Trockenheit in ihrem Hals. Den ganzen Vormittag über hatte sie ausgesagt und jetzt, am Nachmittag, noch einmal drei Stunden.

Sie hatte alles gesagt, was es zu sagen gab über die Ehe von Victor und Donna Cressy. Aus der Sicht der Donna Cressy natürlich. Sie hatte als Zeugin in eigener Sache gesprochen, langsam und mit Bedacht. Meist blickte sie zu ihrem Anwalt, bevor sie seine Fragen beantwortete; mitunter sprach sie direkt zum Richter. Und von Zeit zu Zeit warf sie, überraschenderweise, Victor einen Seitenblick zu, hoffte auf einen Schimmer von Verständnis in seinem Gesicht – auf irgend etwas, das gleichsam sagte: »Ah ja, jetzt begreife ich, was du meinst. Euer Ehren, ich ziehe meine Klage zurück. Mögen die Kinder bei meiner Frau bleiben – will sagen, bei dieser Frau, die ihrer Sinne in jeder Hinsicht mächtig ist.« Doch soweit sie sehen konnte, gab es seinerseits nur eine Reaktion: wiederholtes Kopfschütteln. Ed Gerber wartete, bis sie getrunken hatte. Seit anderthalb Stunden hämmerte er auf sie ein. Anders als ihr eigener Anwalt, der sich ebenso behutsam wie hilfsbereit gezeigt hatte, wirkte Mr. Gerber scharf und böse. Buchstäblich empört, nach dem Klang seiner Stimme zu urteilen. Die Institution der Ehe, das Fundament der Familie – was hatte sie da angerichtet! Guter Gott, würde sich die Idee wahrer Mutterschaft je wieder genügend erholen können?

Während des Kreuzverhörs blieb Donnas Stimme ruhig und gleichmäßig. Und so sehr ihr Inquisitor sich auch anstrengte, sie zu Reaktionen zu provozieren, die jenes Image untermauerten, das er von ihr mit soviel Fleiß entworfen hatte – sie blieb gelassen. Sie hustete nicht, sie nieste nicht, auch lief ihr nicht die Nase; sie kratzte sich nicht die Hand, und sie bat nicht um ein Papiertaschentuch, nicht um ein einziges. Gewiß, sie hatte um ein Glas Wasser gebeten, aber darin schien niemand etwas Abnormes zu sehen.

»Ihr Mann hat also etliche, ja, zahlreiche Versuche zwecks Aussöhnung unternommen?«

»Ja.«

»Sie haben sie sämtlich zurückgewiesen?«

»Ja.«

»Wann gab Mr. Cressy diese Versuche auf?«

»Als ich ihm sagte, daß ich einen anderen liebte.«

»Sie meinen Dr. Mel Segal?«

»Ja.«

Warum kaute er das alles noch einmal durch? Sie hatte ihre »eheliche Untreue« doch längst eingestanden.

»Wo wohnen Sie zur Zeit, Mrs. Cressy?«

»In einem gemieteten Haus in Lake Worth.«

»Und Dr. Segal?«

»In Palm Beach.«

»Sie wohnen nicht zusammen?«

»Nein.«

»Warum nicht? Wollen Sie vielleicht behaupten, daß das Ihrem Moralkodex zuwiderläuft?« Er schien die Worte geradezu hervorwürgen zu müssen.

»Wir wohnen nicht zusammen«, erwiderte Donna kühl, »weil ich Zeit brauche, um mit meinen beiden Kindern allein zu sein. Es ist ja nicht so, daß ich unter eine Ehe einen Schlußstrich gezogen hätte, um mich Hals über Kopf in eine neue Verbindung zu stürzen. Ich brauche Zeit, um wieder auf meinen eigenen zwei Beinen zu stehen.«

»Aber Sie treffen sich mit Dr. Segal – ist das richtig?«

Donna blickte zu Mel. »Ja«, sagte sie.

»Und es ist Ihre Absicht, dieses Verhältnis fortzuführen?«

»Ja.«

»Bis Sie dessen überdrüssig sind. So ähnlich wie bei Ihren diversen Haarfarben ...«

»Einspruch, Euer Ehren.«

»Stattgegeben.«

Donnas Augen glitten von den Anwälten zum Richter. Dann blickte sie wieder zu Mr. Gerber.

»Sagen Sie mir doch bitte, Mrs. Cressy«, fuhr er fort, »was für ein Vater ist Victor Cressy?«

Donna blickte zu Victor. »Er ist ein guter Vater«, sagte sie ruhig und ziemlich leise.

»Mrs. Cressy, das konnte ich nicht verstehen. Sie haben zu leise gesprochen. Würden Sie es bitte wiederholen.«

»Ich habe gesagt, Victor ist ein guter Vater«, wiederholte sie laut.

»Um seine Kinder besorgt?«

»Ja.«

»Aufmerksam?«

»Ja.«

»Interessiert?«

»Ja.«

»Hat er sie irgendwie mißhandelt?«

»Nein.«

»Hat er sie je geprügelt?«

»Nein.«

»Hat er gegen eins der beiden Kinder auch nur ein einziges Mal die Hand erhoben?«

»Nein.«

»Meinen Sie, die Kinder wären bei ihm gut aufgehoben, sofern sie ihm gerichtlich zugesprochen würden?«

Donna hatte das Gefühl, daß sich der Speichel in ihrem Mund in Staub verwandelte. Wie gern hätte sie jetzt Lügen aufgetischt – furchtbare Geschichten von irgendwelchen Gemeinheiten und Grausamkeiten, damit Victor in den Augen der anderen die Hörner und den Schweif erhielt, die ihm zuzukommen schienen. Nur war dem nicht so. Diese Attribute kamen ihm nicht zu. Er war keineswegs ein Ungeheuer, wie ihr plötzlich bewußt wurde. Er war nur ein Mann. Der falsche Mann.

»Victor würde sich stets gut um die Kinder kümmern«, sagte sie.

»Hat Mr. Cressy irgendwann gegen die eheliche Treue verstoßen?« fragte Ed Gerber plötzlich.

»Meines Wissens nicht.«

»Hat er stets gut für Sie gesorgt, ökonomisch?«

»Ja.«

»Ihnen und seinen Kindern ein gutes Heim gegeben?«

»*Unseren* Kindern, ja.«

»O natürlich, verzeihen Sie. Ich danke Ihnen, Mrs. Cressy. Das war's dann wohl.«

Es war vorbei.

Sekundenlang saß Donna regungslos. Fast widerstrebte es ihr, den Sitz zu verlassen, auf dem sie all diese Stunden gesessen hatte. Irgendwie fühlte sie sich ein bißchen wie eine »Königin des Tages«, die nunmehr gezwungen wurde, ihrem Thron zu entsagen. Sie blickte zum Richter. Ich bin eine gute Mutter, hätte sie ihm am liebsten zugerufen. Und wenn ich gerade erklärt habe, Victor sei ein guter Vater, so spricht das wohl nicht gegen meine eigene Eignung als Mutter. Und wenn er sich um sie kümmert und für sie sorgt, so heißt das doch keinesfalls, daß ich das etwa nicht täte. Ich war's, die sie ausgetragen und zur Welt gebracht hat; die sie fütterte und badete und wiegte; die ihre Windeln wechselte, die sie säuberte, die endlos mit ihnen spielte. Die sie liebte. Die sie liebt. Oh, wie sehr liebe ich sie. Bitte, bitte, nehmt mir nicht meine Kinder. Ich weiß nicht, wie ich ohne sie leben sollte. Nehmt mir nicht meine Babys.

Aber natürlich sagte sie nichts davon – außer einem schlichten »Danke«. Und dann verließ sie den Zeugenstand und setzte sich rasch neben ihren Anwalt.

Sobald sie Platz genommen hatte, begann der Richter zu sprechen. »Da es Freitagnachmittag ist«, hob er in einem so feierlichen Ton an, daß Donna kaum begriff, was er sagte, »werden wir uns auf Montagvormittag vertagen, und dann werde ich Sie von meiner Entscheidung unterrichten. Wünsche ein angenehmes Wochenende.«

Donna blieb sitzen, bis alle den Gerichtssaal verlassen hatten. Mel wartete draußen in seinem Auto auf sie; ihre Kinder befanden sich bei Annie und Mels Haushälterin. Ja, in wenigen Minuten würde auch sie sich erheben, den Saal verlassen und sich von Mel nach Hause fahren lassen – sozusagen in das letzte Wochenende, da sie sich noch als »Vollzeitmutter« betrachten konnte. Angenehmes Wochenende hatte der Richter allen gewünscht. Nun, das war wahrhaftig ein frommer Wunsch; und sie hoffte nur, daß sie nachts wenigstens leidlich schlafen konnte. Allerdings wußte sie schon jetzt, daß sie überhaupt nicht würde schlafen können.

Donna blickte sich im nunmehr leeren Saal um. Drei Tage lang hatte sie gesessen und sie sich angehört, die Donna-Cressy-Story. So wie sie dargeboten wurde – einem Saal voller Fremder. So wie sie erzählt wurde: von Victor Cressy, seinen Freunden, Nachbarn, diversen Vertrauten. Schließlich hatte sie auch ihre Version erzählt, die einzig authentische. Alle hatten samt und sonders dazu beigetragen, am »Mythos« der Donna Cressy zu flechten und zu weben. Allerdings: Genau wie bei Augenzeugen am Tatort eines Geschehens differierten die Aussagen ganz beträchtlich, ohne daß man irgendwen als Lügner hätte bezeichnen können.

Donna blickte zum leeren Platz des Richters. Schien ein freundlicher Mensch zu sein: Ein Mann, der sich alle Mühe geben würde, fair zu entscheiden. Fair – was war fair? Donna beugte den Kopf auf den langen Tisch, stützte ihn in ihre Hände und begann zu schluchzen.

Donna saß im orangefarbenen Wohnzimmer, Sharon auf dem Schoß. Das Kind drehte und wendete sich unruhig. Donna lauschte auf den Regen, der draußen unablässig niederprasselte. Herniederflutete, schien das präzisere Wort zu sein. Ja, jawohl. Die Sintflut. Die Große Flut, gleichsam auf allgemeinen Wunsch zurückgekehrt. Donna versuchte ihr Töchterchen in eine bequemere Position zu setzen. Doch sofort nahm das Kind die vorherige Lage ein. Nein – allem Anschein nach wollte das Wochenende ganz und gar nicht gemäß Donnas Wünschen verlaufen.

Als erstes war da der Regen. Der hatte jeden Gedanken an Parks oder Strände zunichte gemacht. Sie mußten also innerhalb der eigenen vier Wände bleiben, was zumal Adam unruhig, wenn nicht gar aufsässig werden ließ. Und zweitens wurde Donnas Hoffnung, mit ihren Kindern eine ruhige harmonische Zeit zu verbringen, schlicht vernichtet: Ihre Kinder waren weder ruhig noch harmonisch. Sie waren ganz normale und ziemlich laute Kinder, von denen sich die Erfüllung solch idyllischer Wünsche nicht erhoffen ließ. Gleichsam um die Sache abzurunden, sagte der Wetterdienst für morgen einen gleichartigen Tag voraus. Donna gab einen erschöpften Seufzer von sich – woher neue Ideen nehmen, neue Anregungen? Was in einschlägigen Büchern stand, hatte sie schon samt und sonders ausprobiert; auch hatte sie den Kleinen mehr Fernsehzeit zugestanden als jemals sonst; überdies jede Menge Zuckerzeug. Sharon hatte bereits ihr Nachmittagsschläfchen gehalten; und was Donna betraf, so begannen ihre Hände zu ermüden von all dem Bemalen und Kneten und Ausschneiden; und ihre Stimme war fast heiser von unablässigem Vorlesen.

Adam trat wieder ins Zimmer. Mit jenem Schmollmäulchen, das Donna inzwischen für sich sein Samstagsschmollmäulchen nannte. Gott behüte, daß ich ihm diese Geschichte ein weiteres Mal erzählen muß, dachte sie und meinte die Geschichte von dem kleinen Jungen namens Roger und dem kleinen Mädchen namens Bethanny. In allen nur denkbaren Varianten hatte sie diese Story abgehandelt – und seit dem Morgen wenigstens zwanzigmal. Ein weiteres Mal, bitte nicht.

»Erzähl mir eine Geschichte«, bat er, als könne er ihre Gedanken lesen.

»Nicht jetzt, Adam.« Sharon bewegte sich wieder; drückte hart gegen einen Nerv in Donnas Bein. Donna versuchte, ihre Tochter sacht an eine andere Stelle zu schieben. Doch Sharon beharrte darauf, wieder in die alte Position zu rücken.

»Erzähl mir eine Geschichte von einem kleinen Jungen namens Roger und einem kleinen Mädchen namens Bethanny, und wie sie in den Zoo gingen, um sich die Giraffen anzusehen.«

Ungeduldig betrachtete Donna ihren Sohn. »Geht jetzt nicht, Adam. Ich lese gerade Sharon eine Geschichte vor. Du kannst ja zuhören, wenn du magst.«

Adam grabschte nach dem Buch. »Das ist *meine* Geschichte«, sagte er.

»Es ist dein Buch«, räumte Donna ein.

»Sie kann's nicht lesen!« rief er.

»Ich lese ihr daraus vor.«

»Nein!« Er zerrte an dem Buch in Donnas Händen.

»Adam, du zerreißt es ...«

»Sie kann's nicht lesen. Du kannst ihr nicht daraus vorlesen.«

»Adam, hör auf!«

»Es ist mein Buch! Sie kann's nicht lesen!«

Jetzt grabschte auch Sharon nach dem Buch. »Nein!« schrie Adam und versuchte, Sharons Finger zurückzubiegen. »Laß das Buch los, du!«

»Adam ...«

»Sie darf's nicht anfassen.«

»Hör mit solchen Albernheiten auf ...«

»Sie darf's nicht anfassen!« Er stieß gegen Sharons Schultern.

»Adam, sie wird fallen!« Donna hob unwillkürlich die Stimme.

»Soll sie doch! Ich will, daß sie von dir *weg* ist! Ich will mein Buch!«

»Seit zwei Jahren hast du's dir nicht mehr angesehen!«

»Aber jetzt will ich's mir ansehen.«

»Natürlich.«

»Ich will's!« Hart stieß er Sharon gegen die Brust. Und plötzlich begann die Kleine, bislang ziemlich ruhig, schrill zu schreien.

»Sollst es ja haben!« schrie Donna. Und während sie sich abrupt erhob, hörte sie, wie das Buch zu Boden fiel, und fühlte, wie Sharon sich aus ihren Armen wand; dann sah sie ihre beiden Kinder dort unten auf dem Boden; irgendwie lagen sie unentwirrbar ineinander verschränkt, und sie strampelten und kreischten um die Wette.

Etwa fünf Minuten später klopfte es an die Tür. Inzwischen leckten – wenn man so wollte – alle drei ihre Wunden.

»Wer ist da?« fragte Donna, während sie langsam auf die Haustür zuging.

»Terry Randolph«, antwortete die Frauenstimme auf der anderen Seite. Donna öffnete sofort. Terry Randolph und ihr Sohn Bobby hüpften geradezu aus dem Regen herein. Adam kam herbeigelaufen. »Tut mir leid, komm Ihnen wohl gerade ungelegen, wie?« fragte die Frau, der nicht entging, wie erschöpft Donna aussah.

»Nun ja, so ein typischer verregneter Samstag«, erwiderte Donna.

»Genau aus diesem Grund bin ich hergekommen«, erklärte Terry Randolph fröhlich und zeigte in breitem Lächeln ihre Zähne.

»Möchten Sie eine Tasse Kaffee?«

»O nein, nein«, sagte die Frau. »Wir bleiben nicht lange. Ich hätte auch kurz mal anrufen können, aber Bobby wurde mir so unruhig, wo er doch den ganzen Tag ins Haus eingesperrt war, daß ich dachte, so ein kleiner Spaziergang durch den Regen könnte uns nicht schaden. Schließlich wohnen wir ja nur zwei Häuser weiter.«

Was wollte diese Frau?

»Wir saßen so herum und erzählten Geschichten und so«, fuhr Terry Randolph fort, »und plötzlich meinte Bobby, es wäre doch schön, wenn Adam zum Spielen herüberkommen könnte ...«

O nein, dachte Donna, nicht an diesem Wochenende.

»Darf ich, Mammi?« fragte Adam, hellauf begeistert.

»Wir dachten, er könnte bei uns spielen und essen und über Nacht bleiben. Der Wetterdienst sagt, auch morgen wird's den ganzen Tag regnen.«

»Mann, toll! Ganz toll! Darf ich, Mammi?«

»Liebling«, sagte Donna, und sie versuchte, ihre Gedanken zu sammeln: Ihr Traum vom perfekten Wochenende, dem womöglich letzten mit ihren Kindern, wurde fortgespült von dem Regenguß draußen – und verdrängt von Terry Randolphs Superköder. »Adam, ich dachte, wir könnten ...«

»Ich will mit! Ich will mit! Bitte!« Seine Augen verdüsterten sich. Gib's auf, dachte sie und spürte, wie ein leises Gefühl der Panik in ihr aufstieg.

»Bitte ...«

Sie schluckte hart, unterdrückte das Gefühl der Panik. Dies ist längst nicht das Ende, sagte sie zu sich. Dreh doch bloß nicht gleich durch. Ihre Stimme war kaum hörbar. »Also gut«, sagte sie.

»Wunderbar!« rief Terry Randolph, und sie wirkte nicht weniger entzückt als die beiden Vierjährigen.

»Ich hol meinen Schlafanzug«, sagte Adam aufgeregt.

»Ich komme mit«, erklärte Donna. Rasch folgte sie ihrem Sohn. Doch als sie sein Zimmer erreichte, hielt er seinen Pyjama bereits in der Hand. »Vergiß deine Zahnbürste nicht«, sagte sie.

»Ist im Bad«, erwiderte er und wollte an ihr vorbei.

»Adam, willst du wirklich fort? Ich meine, wir könnten Geschichten erzählen. Ich könnte dir die Geschichte erzählen von einem kleinen Jungen namens Roger und einem kleinen Mädchen namens Bethanny, und wie sie eines Tages in den Zoo gingen, um sich die Giraffen anzusehen ...«

»Ich will rüber zu Bobby«, unterbrach er sie mit fast jammernder Stimme.

Donna straffte ihre Schultern. »Okay, okay, geh nur rüber zu Bobby.« Aber spiel drüben nicht auch noch zu allem Überfluß den braven Buben, hörst du – hätte sie ihm am liebsten nachgerufen. Sei unartig, aufsässig, unleidlich – dann schickt sie dich vielleicht nach Hause, zu mir.

Die Haustür klappte zu. Donna nahm ihr Töchterchen, setzte es sich wieder auf den Schoß. Und sie griff nach dem Buch, das so lange Zeit irgendwo völlig unbeachtet gelegen hatte. »Hat ganz den Anschein, daß nur noch wir beide hier sind, mein Kleines«, sagte sie.

Sharon hob ihre Hand, strich ihrer Mutter damit sacht über die Wange, während der Blick ihrer schier riesengroßen Augen tief in Donnas Augen tauchte. Dann ließ sich die Kleine zurücksinken, fand mit unbeirrbarer Treffsicherheit jenen Nerv in Donnas Bein, der so überempfindlich reagierte, und ließ sich in aller Behaglichkeit darauf nieder. Noch einmal versuchte Donna, das Kind in eine für sie angenehmere Lage zu bringen. Doch sofort ruckelte sich Sharon wieder in der für *sie* bequemen Lage zurecht.

Der Richter sah so müde aus, als habe er das ganze Wochenende über mit Salomos Geist gerungen. Würde er vielleicht vorschlagen, daß sie ihre Kinder mitten durchschnitt? fragte sie sich unwillkürlich, während das übliche Ritual über die Bühne ging und sich alle setzten. Donna fühlte, wie ihre Knie zitterten, von Sekunde zu Sekunde mehr. O Gott, bitte, murmelte sie lautlos. Ihr Anwalt schob seine Hand über ihre Hände. Fast unmittelbar darauf sprach der Richter.

»Im Rechtsfall Cressy gegen Cressy habe ich sowohl der eigentlichen Scheidungsklage als auch dem Sorgerecht für die Kinder ausgiebige Beachtung geschenkt. Was immer an Beweismitteln oder Indizien vorlag, ist von mir berücksichtigt worden, bevor ich meine Entscheidung getroffen habe. Was die eigentliche Scheidungsklage betrifft, von Mr. Victor Cressy gegen seine Gattin Donna Cressy angestrengt, so entscheide ich zugunsten von Victor Cressy. Die Scheidung wird ausgesprochen aufgrund des von Mrs. Cressy eingestandenen Ehebruchs.«

Obwohl Donna von vornherein damit gerechnet hatte, daß Victor in diesem Teil des Prozesses siegen würde, spürte Donna deutlich, wie ihr das Herz sank. Allein die Worte »... entscheide ich zugunsten von Victor Cressy« genügten, um in ihr ein leichtes Gefühl von Übelkeit aufsteigen zu lassen. Angestrengt hielt sie ihre Augen gesenkt, starrte mit gleichsam sichtlosem Blick verkrampft in ein absolutes Nichts.

»Was die Frage betrifft, wem die Kinder zugesprochen werden sollen«, fuhr der Richter fort, »so handelt es sich hierbei um alles andere als eine leichte und eindeutige Entscheidung. Drei Tage lang hat sich das Gericht alles angehört, was von seiten Mr. Cressys vorgebracht wurde, um die These zu untermauern, bei Mrs. Cressy handle es sich um eine Frau von einer psychischen Labilität, die sie als Mutter absolut ungeeignet mache. Was Mrs. Cressy selbst betrifft, so unternahm sie nicht den mindesten Versuch, ihre Beziehung zu Mr. Mel Segal oder ihr häufig, sagen wir einmal, sonderbares Benehmen abzustreiten.« Donna hielt unwillkürlich den Atem an. »Was mich betrifft, so finde ich zwar, daß sehr vieles darauf hinweist, daß wir hier eine tief unglückliche Frau vor uns haben; aber durch nichts ist in irgendeiner Weise belegt, daß Mrs. Cressy irgendwie labil oder sonstwie untauglich wäre.« Donna hob die Augen, blickte zum Richter. Dieser fuhr fort. »Obgleich das Gericht es als sichere Tatsache ansieht, daß beide Elternteile ihre Kinder lieben, so muß vor allem das Wohl dieser Kinder im Auge behalten werden; und das Gericht meint, daß es hier in besonderem Maße zwei Fakten zu berücksichtigen gilt: zum einen das zarte Alter der Kinder und zum anderen die Tatsache, daß Mrs. Cressy daheim bleiben würde, um sich um sie zu kümmern, aber Mr. Cressy eine Betreuerin engagieren müßte, während er seiner Arbeit nachgeht. Folglich ist es wohl im Interesse der Kinder, wenn sie weiterhin bei ihrer Mutter bleiben.« Donna spürte, wie sich ihre Augen mit Tränen füllten. »Und so spreche ich Adam und Sharon Cressy ihrer Mutter, Donna Cressy, zu.« Den Rest hörte Donna nicht mehr. Der Richter sprach über Victors Besuchsrechte, soviel war ihr klar. Nun, da würde es keinerlei Probleme geben. Victor konnte seine Kinder sehen, wann immer er mochte. Jederzeit, aber gern. Allmächtiger Gott, sie hatte gewonnen.

Sie fühlte, wie Victor zu ihr blickte. Und irgendwie zwang sie dieser Blick, zu ihm zu schauen. Sie drehte den Kopf, sah in harte, kalte Augen. So sehr ich dich auch einmal geliebt habe, dies schien aus ihnen zu sprechen, so sehr hasse ich dich jetzt. Unwillkürlich erinnerte sie sich an seine früheren Aussprüche, seine Drohungen – »Ich verspreche dir«, hatte er gesagt, »selbst wenn du gewinnst, wirst du verlieren« – und sie schauderte zusammen.

Was würdest du mit mir tun, wenn es mit uns nicht klappt? hatte sie ihn an ihrem Hochzeitstag gefragt. Und während sie sich an seine Antwort erinnerte, glaubte sie ein eiskaltes Rasiermesser zwischen ihren Schulterblättern zu spüren. »Ich würde dich auslöschen« – so hatte seine einfache Antwort gelautet.

Rasch wandte Donna den Blick von ihm ab. Doch als sie, nach Sekunden, abermals zu ihm sah, starrte er noch immer zu ihr. Und lächelte.

Die Gegenwart

15

Los, Kinder, beeilt euch. Pappi ist hier.«
Donna ging wieder zu Victor, der in der kleinen Diele stand und entspannter wirkte als irgendwann in den fünf Monaten seit der Scheidung. Er war ganz in Weiß gekleidet, was ihn, im Verein mit der sonnenbraunen Haut und dem schwarzen Haar, noch besser aussehen ließ, als sie das in Erinnerung hatte. Doch es sprang kein Funke mehr über zwischen ihnen, und wenn Donna ihm in die tiefblauen, unauslotbaren Augen blickte, fühlte sie nichts als Erleichterung. Mag jemand anders zu ergründen versuchen, was sich dort abspielt, dachte sie und fragte sich flüchtig, ob es da »jemand anders« geben mochte.

»Sharon sitzt auf dem Töpfchen«, erklärte Donna mit einem Lächeln, »und Adam sieht ihr dabei zu.« Mit Befriedigung hatte sie bei sich feststellen können, daß sie nicht mehr mit jenem krampfartigen Gefühl in der Magengrube reagierte, wenn Victor anrief oder an der Türschwelle stand. »Möchtest du einen kalten Drink oder so? Ist draußen ja ziemlich heiß.«

»Soll der heißeste 16. April seit vierundzwanzig Jahren sein, laut Radio«, sagte Victor und folgte Donna in die Küche. »Ginger Ale wär mir sehr recht.«

Donna öffnete den Kühlschrank, nahm eine große Flasche Ginger Ale heraus, stellte sie auf die Theke und stieß die Kühlschranktür mit dem Fuß zu. Es war eine ziemlich kleine Küche, höchstens halb so groß wie jene in Victors Haus. Dennoch erschien sie ihr viel größer, diese Küche. Weil darin soviel mehr Platz zum Atmen ist, ging es Donna durch den Kopf. Sie nahm ein Glas aus dem Schrank, goß Victor seinen Drink ein.

Als er zum erstenmal durchs Haus gegangen war, hatte er wenig gesagt. Fast nichts. Vermutlich (so jedenfalls wollte es Donna scheinen) tröstete er sich mit dem Befund, daß seine Kinder nicht direkt im Elend lebten – oder wie immer er das im einzelnen empfand. Jedenfalls behielt er für sich, was er an negativen Eindrücken sammeln mochte.

Gewiß, das Haus war ziemlich klein – das mußte Donna einräumen. Nur das Allernotwendigste: eine Art Kombination aus Wohn- und Speisezimmer, drei winzige Schlafzimmer, davon eines einen knappen halben Meter größer als die beiden anderen, ein Bad und die winzige Küche, in der sie sich jetzt befanden. Wenn Victor hier war, kam Donna die Küche immer weitaus kleiner vor. Die ist gar nicht so winzig, wie sie aussieht, hätte sie ihm anfangs am liebsten jedesmal gesagt; doch inzwischen war es zur Gewohnheit geworden, und sie empfand das Bedürfnis längst nicht mehr. Victor seinerseits schien sich immer mehr an die Situation zu gewöhnen. Sie miteingeschlossen. »Hier«, sagte sie und reichte ihm das Glas. Auf dem Boden, dicht bei seinen Füßen, sah sie ein paar feuchte Flecken. Er äußerte sich nicht dazu, doch als sie sich anschickten, die Küche zu verlassen, machte er um die Spritzer einen deutlichen Bogen. »Ich dachte, ich hätte alles aufgewischt«, sagte sie und dachte: Warum nur muß ich mich noch immer vor ihm rechtfertigen? Mel flößte ihr niemals dieses Gefühl ein.

»Aufwischen, was denn?« fragte Victor.

»Adam hat etwas Apfelsaft verschüttet«, erwiderte sie, während sie ins Wohnzimmer traten.

»Hab nichts bemerkt.«

Er log, soviel stand fest, doch war es ein positives Zeichen. Er hatte in den vergangenen Monaten augenscheinlich einiges hinzugelernt.

»Will doch mal nachsehen, wie weit Sharon inzwischen ist.« Sie wies auf einen der billigen Korbsessel und ging durch den engen Korridor zum Bad, wo Sharon auf einem weißen Plastiktopf hockte, die Knie praktisch am Kinn. Adam saß auf der Toilette; die Shorts baumelten um seine Fußknöchel.

»Sind beide noch beschäftigt«, sagte Donna, als sie wieder ins Wohnzimmer trat.

»Keine Eile«, versicherte Victor, während er seinen Drink

schlürfte und sich alle Mühe gab, lässig und behaglich zu wirken. Donna, ihm gegenübersitzend, mußte sich zusammennehmen, um ihn nicht anzustarren. Er war ohne jeden Zweifel ein komplizierter Mensch. In Gedanken überflog sie die vergangenen fünf Monate. Ausnahmslos machte er es allen schwer, am meisten sich selbst. Unmittelbar nach der Scheidung hatte sie geglaubt, in dieser Weise würde es zwischen ihnen bis in alle Ewigkeit weitergehen.

Doch während der letzten Monate war dann allmählich eine Änderung eingetreten. Nach und nach wirkte er weicher, versöhnlicher. Wo er früher die Stirn gerunzelt hatte, krauste er sie nur noch leicht, lächelte sogar. Oder versuchte es jedenfalls. Und wo er früher mit kritischen Bemerkungen rasch zur Hand war, schwieg er jetzt. Vielleicht würde er sich künftig sogar einmal zu einem Kompliment aufraffen. Und hatte er sie früher häufig genug mit eisigem Schweigen gestraft, so machte er nun höfliche, wenn nicht gar – fast – herzliche Konversation. Die Zeit, so wollte es Donna scheinen, hatte ihn verändert. Womöglich war er nachgiebiger, seit er wußte, daß sie in gar keiner Weise gedachte, ihm seine Kinder vorzuenthalten. Er konnte praktisch jederzeit zu ihnen kommen. Vielleicht war die Scheidung auch für ihn so etwas wie eine Befreiung gewesen. Die letzten Jahre mit ihr hätte wohl kaum ein Mann als reines Zuckerlecken empfunden – und Victor schon gar nicht.

»Worüber denkst du nach?« fragte er unvermittelt.

Donna, völlig überrumpelt, erwiderte wahrheitsgemäß: »Über uns.« Und hastig fügte sie hinzu: »Über die letzten paar Monate.« Er hatte sein Glas inzwischen geleert; stellte es auf den runden, mit Fingerabdrücken übersäten Glastisch. »Fängt irgendwie an, sich zu entkrampfen, nicht wahr?« fragte er. Sie nickte. »Ich merke es«, fuhr er fort. »Bin wegen der ganzen Sache längst nicht mehr so – so verspannt.«

Sie blickte vor sich hin. »Das freut mich.«

»Du kannst mir glauben, ich habe dagegen ankämpfen müssen«, sagte er und sah Donna an. »Am liebsten hätte ich mich weiterhin so richtig als gemeines Schwein aufgeführt.«

Donna lachte. »Da bin ich aber froh, daß du dich anders besonnen hast.«

»Nun, man gelangt an einen Punkt, wo man seine eigenen Ratschläge zu befolgen beginnt. Du hast mir ja immer gesagt, ich hätte prachtvolle Theorien, nur richtete ich mich selbst nie danach. Ich habe darüber nachgedacht – ich habe in der Tat über so manches nachgedacht, was du gesagt hast – und gefunden, daß du recht hattest. War ja sinnlos, der Vergangenheit hinterherzujammern. Für mich ging es darum, damit zu leben.« Er hielt inne, sah ihr direkt in die Augen. »Nach wie vor bin ich nicht glücklich über das, was geschehen ist. Aber ich muß mich mit den Tatsachen abfinden. Muß damit leben.«

»Triffst du hin und wieder irgendwelche Leute?« fragte sie ein wenig scheu.

Er lächelte. »Sicher. Ein paar Bekannte – nichts Ernstes.« Er schwieg einen Augenblick. »Ich darf wohl annehmen, daß es zwischen dir und Mel weiterhin großartig läuft. Hast du das mitgekriegt? Ich habe seinen Namen gesagt, ohne ins Stottern zu geraten.«

Sie lachten beide.

»Da ist alles bestens«, erklärte sie.

Er blickte sich im Zimmer um, das hauptsächlich in Orange und Weiß gehalten war. Orange hatte er nie gemocht, wie Donna sich deutlich erinnerte. »Meinst du, daß ihr beide irgendwann heiraten werdet?« fragte er, und Donna begriff, daß es für ihn gar nicht so leicht war, ihr diese Frage zu stellen. Nur zu genau wußte sie, daß er sie nicht würde ansehen können, bevor sie ihm darauf geantwortet hatte.

Ihre Stimme klang leise. »Wahrscheinlich«, sagte sie aufrichtig. »Mel hat mich schon mehrmals gefragt, aber ich war ganz einfach noch nicht soweit.«

»Dir gefällt deine Unabhängigkeit«, sagte er, während er aufstand und umherzugehen begann.

»Nun, der Mietvertrag für dieses Haus läuft noch sieben Monate. Vielleicht danach ...«

Es war ein Thema, bei dem sich beide nicht recht behaglich

202

fühlten. So unauffällig wie irgend möglich versuchte Victor dem Gespräch eine andere Richtung zu geben. »Was ist seine kleine Tochter für ein Mädchen?« fragte er.

»Annie? Sie ist großartig. Wunderbar. Ich mag sie sehr. Und sie ist verrückt nach den Kindern. Morgen feiert sie übrigens Geburtstag – sie wird acht, und Mel gibt für sie eine große Party. Sie hatte dazu sogar Adam und Sharon eingeladen ...«

»Oh, tut mir leid. Du hättest mir das sagen sollen.«

»Nein, nein, ist schon recht so. Am Wochenende gehören sie dir. Annie versteht das. Auch bezweifle ich, ob es ihr so recht wäre, sie den ganzen Nachmittag um sich zu haben. Sie war wohl ganz einfach höflich.«

Victor lächelte. »Ich kann mir überhaupt nicht vorstellen, jemals acht Jahre alt gewesen zu sein.«

»Ich glaube, du warst es auch nie«, scherzte sie und hoffte, noch während sie sprach, daß er es auch scherzhaft auffassen würde. Er lachte.

»Ich hab' da eine Idee«, erklärte er plötzlich. »Um welche Zeit ist die Party?«

»Sie fängt um zwei an und wird wohl so bis fünf dauern. Mel hat einen Zauberer engagiert.«

»Na, wenn das nichts für die Kinder ist! Ich werde sie um vier Uhr hinbringen. Was meinst du dazu?«

Donna musterte ihn überrascht. »Das wäre toll«, erklärte sie erfreut. »Aber es muß nicht sein.«

»Sicher nicht. Aber wir halten es so, abgemacht.«

»Adam!« rief Donna – weitere Worte, so schien ihr, mochten Victors überraschendes Angebot eher gefährden. »Was tust du dort?«

»Ich wische Sharon ab«, rief der Junge zurück.

»Allmächtiger, da kümmere ich mich wohl besser drum«, sagte Donna und ging ins Bad. »Oh, so ein guter Junge!« lobte sie, als sie die Szene sah: Beide Kinder standen jetzt vor ihren »Sitzen«, in geordneter Kleidung. »Du hast dir die Hosen ganz allein hochgezogen. Prima!«

Sharon schlang ihre Ärmchen um Donnas Hals, und Donna preßte ihre Tochter fest an sich.

»Mmm, du bist eine Süße.«

Sharon lachte. »Schau. Hab Würstchen gemacht!« sagte sie stolz und deutete auf das weiße Miniklo.

»Einfach toll.«

»Sieht aus wie die Zahl Neun, Mammi«, sagte Adam und wies gleichfalls in das Töpfchen. Donna mußte unwillkürlich lachen, und Adam fragte ganz aufgeregt: »Nächstes Mal, kann sie da eine Vier machen?«

»Vier. Vier«, lachte Sharon und patschte in die Hände, während Donna ihr das Kleidchen zurechtzupfte, um sodann das Töpfchen in die Toilette zu entleeren und nachzuspülen. Donna verließ mit den Kindern das Bad. Hastig stürzte Adam auf seinen Vater zu, der wartend im Gang stand. »Sharon hat eine Neun gemacht! Nächstes Mal macht sie eine Vier. Vier ist meine Lieblingszahl. Jawohl!«

Donna gab Victor den Koffer, in den sie die Sachen für die Kinder gepackt hatte. »Sind auch ein paar Pampers drin, falls du welche für Sharon brauchst.«

»Keine Pampers«, forderte Sharon.

»In den letzten drei Tagen«, fuhr Donna fort, »hat's bei ihr keinen ›Unfall‹ mehr gegeben.«

»Toll«, sagte Victor, »ein enormer Fortschritt.« Er blickte zu Adam.

Donna lächelte. »Hast du irgendwas Besonderes mit ihnen vor?«

»Ich wär mit ihnen gern zur Löwen-Safari gefahren. Aber es ist so heiß, ich weiß nicht recht. Vielleicht geht's einfach an den Strand. Mal sehen.«

Donna begleitete alle zur Tür. »Amüsiert euch gut mit Pappi, ihr Süßen«, sagte sie und ging in die Hocke.

»Ich will die Löwen sehen«, jammerte Adam, halb schon im Begriff, aus dem Haus zu laufen.

»Gib Mammi einen Abschiedskuß«, tadelte Victor.

Hastig küßte Adam seine Mutter auf die Wange, und mit einem flüchtigen Goodbye war er hinaus und rannte auf das Auto seines Vaters zu.

Donna blickte zu ihrem Töchterchen. Noch keine zwei Jahre

war sie alt – zweiundzwanzig Monate: eine Art Porzellanengel; ein Püppchen mit großen blauen Augen, die direkt durch einen hindurchzusehen schienen. Fast hätte man meinen können, daß sie, einem winzigen Zauberwesen gleich, ihre Umgebung durch ihre Blicke bannen konnte. Daß ihre Augen alles sahen, alles durchdrangen. Daß ihnen nichts entging. Gar nichts. »Sei ein braves Mädchen und amüsier dich gut.«

Sharon umschlang den Hals ihrer Mutter. »Kommst du mit?« fragte sie mit deutlicher Stimme. Es war ein Satz, den sie schon früh gelernt hatte.

»Nein, Liebling. Wir sehen uns morgen.«

Victor nahm sein Töchterchen beim Arm. »Gehen wir, Sharon. Die Löwen warten.«

»Ich will zu Mammi.«

Victor hob das Kind hoch: »Sag Mammi Goodbye.« – »Bis morgen«, rief er Donna zu, während er den Weg entlangschritt. Donna sah ihnen von der Tür her nach. Sie stiegen ins Auto, und während Adam sich auf dem Rücksitz selbst anschnallte, setzte Victor das kleine Mädchen in den Kindersitz neben ihrem Bruder. Noch immer rief Sharon nach ihrer Mutter. Sonderbar, dachte Donna, während das Auto anfuhr und sie die Haustür schloß. Seit fünf Monaten holte Victor an jedem Wochenende seine Kinder, doch dies war das erste Mal, daß Sharon dabei weinte.

»Können wir jetzt den Zauberer sehen?« fragte Annie und hob den Kopf, auf dem ein rotgestreiftes Partyhütchen saß.

Donna warf einen Blick auf ihre Armbanduhr. Es war gerade erst drei vorbei. Sie beugte sich zu Mels kleiner Tochter. »Könnten wir noch eine Stunde warten, Annie? Bis vier? Dann können auch Adam und Sharon den Zauberer sehen.«

Die Kleine lächelte. »Ach, das hatte ich ganz vergessen. Sie kommen ja noch.« Donna erwiderte das Lächeln. »Okay, wir warten.«

»In ein paar Minuten gibt's Kuchen und Eiscreme«, verkündete Donna. Sie hatte sich in einer Art Hockstellung befunden, und als sie sich jetzt aufrichtete, knackten ihre Knie. »Wieso knackt das dort bei mir, wenn ich aufstehe?« fragte sie.

Ihre Freundin Susan Reid hatte prompt eine Antwort zur Hand. »Alterserscheinung«, flachste sie.

Donna drehte sich zu ihr um. »Heißen Dank. Übrigens bin ich froh, daß ich dich gebeten habe, mir hier heute zu helfen.«

»Dafür sind Freunde ja da.«

»Ich dachte immer, bei den meisten knackt's in den Knien, wenn sie so etwas wie eine Kniebeuge machen – nicht, wenn sie sich aufrichten.«

»Ja, schon, aber du bist ja seit jeher ein bißchen merkwürdig. Kennst du irgendwelche guten Ärzte?«

Donna musterte ihre Freundin sehr aufmerksam. »Änderst du dich nie?« Susan warf ihr einen fragenden Blick zu. »Ich meine, seit Jahr und Tag – seit wir etwa sechzehn waren – flachsten oder blödelten wir so herum. Nicht, daß du mich falsch verstehst. Es hat ja durchaus etwas Beruhigendes. Was wir auch sagen, wir wissen, daß es im Grunde immer das gleiche ist. Verstehst du?«

»Nicht die Bohne. Hast du irgendwas Komisches gegessen?« Donna lachte. Ihr Blick umfaßte die fünfzehn Kinder, die sich lärmend auf der fliesenbedeckten Terrasse tummelten. »Schau sie dir an«, sagte sie. »Acht Jahre sind sie alt, vielleicht neun. Und im wesentlichen ist in jedem einzelnen all das angelegt, wozu er sich entwickeln wird. Wir werden älter, aber wirklich ändern tun wir uns nie.«

Susan blickte von Donna zu dem Gewimmel auf der Terrasse. »Willst du damit sagen, daß du auch schon als Kind irgendwie sonderbar warst?«

Donna schüttelte den Kopf. »Komm, bringen wir ihnen den Kuchen hinaus.«

Eine Stunde später tauchte Mel hinter Donna auf und schlang seine Arme um ihre Taille. »Annie wird ungeduldig: sie fragt dauernd, wann endlich der Zauberer dran ist. Wir haben jetzt zehn nach vier.«

Donna drehte sich zu ihm um. »Verflixt. Meinst du, sie kann

noch zehn, fünfzehn Minuten warten? Mehr nicht. Bis dahin sind sie bestimmt hier.«

»Bist du sicher, daß Victor vier Uhr gesagt hat?« Donna nickte. »Vielleicht hat er es sich anders überlegt.«

»Nein, dann hätte er angerufen. Es war doch seine eigene Idee. Sie werden wahrscheinlich durch irgendeine dumme Sache aufgehalten. Könnte mir denken, daß Adam auf dem Klo hockt oder so was. Du weißt ja, was für Dauersitzungen der da abhalten kann.«

»Vielleicht solltest du anrufen.«

»Zehn Minuten, okay? Wenn sie in zehn Minuten nicht hier sind, rufe ich an.«

»Okay, ich werde mit Annie reden.«

Donna sah ihm nach, während er zu seinem Töchterchen ging. Sie lächelte zufrieden. Konnte sie nicht wirklich von Glück sagen? Ein wunderbarer Mann, ein prachtvolles Mädchen – und beide waren in sie vernarrt. Sie blickte zur verödeten Geburtstagstafel, wo man auf den Tellern noch irgendwelche Reste sah. Was das junge Volk jetzt interessierte, war etwas ganz anderes: die rauhen Klänge von The Village People, ein Geburtstagsgeschenk für Annie von einem ihrer kleinen Freunde. So etwas schenkt man heutzutage also Achtjährigen, dachte sie, während sie ihren Blick über die diversen Schallplatten und Poster gleiten ließ (Kiss, Andy Gibb, ein nacktbrüstiger Erik Estrada – wer immer das war). Annie war von ihren kleinen Gästen mit solchen Sachen geradezu überschüttet worden. Donna schaute wieder zu Mel. Sie sah, wie er seine Tochter umarmte, und registrierte mit einem Lächeln, daß Annie offenbar einverstanden war: Ja, noch zehn Minuten. Mel drückte sie an sich und kam wieder auf Donna zu.

Die letzten fünf Monate waren für sie so etwas wie eine Offenbarung gewesen. Nach sechs Ehejahren mit Victor hatte sie geglaubt (oder doch glauben wollen), ein derartiges eheliches Verhältnis sei wohl »typisch«. Zu ihrer Überraschung entdeckte sie, daß dem augenscheinlich keineswegs so war. Sechs Jahre lang hatte sie sich geradezu einzureden versucht – ein anderer Mann, das würde praktisch auf nichts anderes hinauslaufen als auf einen Austausch einer »Ladung Macken«. Zu ihrer Freude stellte sie fest, daß sie sich völlig getäuscht hatte. Es gab tatsächlich Männer, die es der Entscheidung der Frau überließen, wie sie sich kleidete, was sie aß – ja sogar, auf welche Weise sie sich die Nase schneuzte. Und keineswegs gab es bei jeder Meinungsverschiedenheit gleich eine große Debatte – oder gar einen regelrechten Krieg. Vielmehr zeigte sich Mel in fast jeder Hinsicht friedlich und kompromißbereit. Es gab einiges, das ihm ungeheuer wichtig war – Annie, seine Arbeit, nicht zuletzt sie selbst: Donna. Doch praktisch alles andere ließ sich arrangieren oder umarrangieren, damit es für alle möglichst bequem war. Es lohnte einfach nicht, wegen irgendwelcher Kleinigkeiten miteinander in Streit zu geraten. Zanken – das war vergeudete Energie. »Denkspiele« durchzuexerzieren wirkte sich destruktiv aus. Wenn es etwas gab, das Donna glücklich machte – er hatte absolut nichts dagegen. Wollte sie chinesisch essen, aber gerne. Und hatte sie Lust, an einem einzigen Abend drei Filme zu sehen, nun, bitte, warum nicht? Gefiel ihm mal irgend etwas nicht, so redete er frisch von der Leber weg. Es gab zwischen ihnen keine absonderlichen »Ratespiele«.

Er trat auf Donna zu und küßte sie auf die Nase. »Was stehst du da und grinst so stillvergnügt vor dich hin?« fragte er.

»Ich hatte nicht gedacht, daß es so leicht sein könnte«, sagte sie.

»Was?«

»Die Liebe.«

Er lachte. Dann blickte er auf seine Armbanduhr. »Uns bleiben acht Minuten, bis du anrufen mußt«, sagte er leise. »Hättest du Lust auf ein Quickie?«

Donna lachte. »An sich sehr gern.«

»Das soll wohl heißen: jetzt nicht?«

Sie nickte. »Später können wir einen ganzen Haufen Quickies haben.«

»Hmmm. Gute Sache.« Er küßte sie wieder auf die Nase. »Du hast ein bildhübsches Näschen.«

Donna blickte zum Gartentor. »Wenn sie doch bloß kommen wollten«, sagte sie unruhig.

Weitere zehn Minuten verstrichen. Donna ging in die Küche, zum Telefon, hob den Hörer ab, wählte hastig die Nummer. Vom anderen Ende der Leitung begann es zu läuten. »Na, los, Victor, wo seid ihr?« murmelte sie für sich – und hoffte, statt seiner Stimme ein lautes Klopfen an der Tür zu hören.

In der Leitung ertönte ein sonderbares Klicken. Dann klang eine Tonbandstimme an Donnas Ohr: »Kein Anschluß unter dieser Nummer ...«

»Ach, verdammt!« schimpfte Donna und legte auf, während Mel und Annie eintraten.

»Sie kommen nicht?« fragte Mel.

»Ach, ich habe offenbar eine falsche Nummer gewählt. ›Kein Anschluß unter dieser Nummer‹«, äffte sie die Tonbandstimme nach.

»Einige der Kinder müssen schon bald fort«, sagte Mel.

»Können wir jetzt den Zauberer sehen?« bat Annie.

Donna holte tief Luft. »Natürlich«, sagte sie. »Ist ja schließlich deine Party, nicht wahr? Möchte wirklich mal wissen, was mit Victor ist.«

»Also dann los!« sagte Mel und gab Annie, die sofort hinausrannte, einen Klaps aufs Hinterteil. »Tut mir leid, Liebling, aber es wäre wirklich nicht fair, sie noch länger warten zu lassen.«

»Oh, das ist schon in Ordnung.« Donna schwieg einen Augenblick. »Meinst du, es könnte ihnen etwas zugestoßen sein?«

»Nein, ich bin sicher, daß ihnen nichts zugestoßen ist. Wahrscheinlich hat Victor mit ihnen irgendeinen Ausflug gemacht – und es nicht geschafft, rechtzeitig zurückzukehren.«

»Ja, so wird's wohl sein.«

»Komm, sehen wir uns den großen Künstler Armando an.«

Um halb sechs waren die jungen Gäste sämtlich verschwunden, und Annie schien vollauf damit beschäftigt, ihre Geschenke zu sichten.

Mel, Susan und Donna saßen bequem in Mels Wohnzimmer bei einem Cocktail.

»Also, ich weiß wirklich nicht, was ich tun soll«, sagte Donna nervös. »Soll ich hierbleiben und warten, ob Victor vielleicht doch noch auftaucht – oder soll ich nach Hause zurückkehren?«

»Wie läuft denn das gewöhnlich?« fragte Susan.

»Nun, gewöhnlich bringt er die Kinder zwischen sechs und halb sieben zurück.«

»Zu deinem Haus?«

»O ja. Hierher kommt er nie.«

»Und wieso hätte er heute damit anfangen sollen?«

Donna spürte die Übelkeit im Magen. »Ich muß zusehen, daß ich nach Hause komme.«

Mel erhob sich. »Ich fahre dich.«

»Nein«, sagte Donna. Sie war gleichfalls aufgestanden. »Du hast Annie versprochen, mit ihr heute abend ›Krieg der Sterne‹ anzusehen. Susan kann mich fahren.«

Schon stand Susan auf den Füßen, leerte rasch noch ihren Drink, sprach in Mels Richtung. »Klar doch. Ich bleibe bei ihr, bis Victor die Kinder nach Hause bringt.«

Nach etlichen Minuten gab Mel widerstrebend nach. »Willst du ihn nicht anrufen, bevor er losfährt?«

»Nein!« sagte Donna, und ihre Stimme klang viel lauter, als sie das eigentlich wollte. Annie drehte den Kopf und blickte in ihre Richtung. »Oh, Entschuldigung«, fuhr Donna fort und versuchte, ihre Stimme zu dämpfen, der aufsteigenden Panik zum Trotz. Was, um Gottes willen, fürchtete sie eigentlich? »Ich möchte ihn einfach nicht belästigen. In letzter Zeit ist zwischen uns alles so gut gelaufen, und er könnte verärgert reagieren, wenn er glaubt, daß ich ihm sozusagen im Genick sitze. Er soll nicht das Gefühl haben – ich meine, er hat sich in letzter Zeit so sehr geändert . . .«

»Donna, was hast du?« fragte Mel. Sekundenlang herrschte ein erstarrtes Schweigen.

»Menschen ändern sich nicht«, murmelte Donna wie gelähmt.

»Wovon sprichst du?« fragte Susan.

»Menschen ändern sich nicht. Das habe ich vorhin zu dir gesagt, erinnerst du dich? Nein, Victor hat sich nicht geändert.«

Verstört bewegte sie sich hin und her. Ihre Augen schienen in eine Leere zu starren. »Mein Gott, er hat sich überhaupt nicht geändert. Ich weiß es, ich kann's fühlen. Mel, mein Gott, Mel, Victor hat sich nicht im geringsten geändert!«

Susan versuchte, Donna zum Sofa zu drängen. »Komm, Donna, setz dich einen Augenblick.«

»Nein!« Donna schob Susan zurück. Noch immer wirkten ihre Augen sehr starr. Doch sie sahen Victor, und in ihren Ohren klang der Satz, den er zu Sharon gesagt hatte: »Sag Mammi Goodbye.« Und sie wiederholte: »Nein!«

»Schon gut«, sagte Mel mahnend zu Susan. Er blickte zu Donna. »Ich werde Victor anrufen«, erklärte er.

»Er ist nicht da!« rief Donna, und die entsetzliche Angst, die sie schon den ganzen Nachmittag gequält hatte, artikulierte sich plötzlich. »Er ist nicht da, ich weiß es. Er ist fort. Mit meinen Kindern.«

»Pappi«, begann Annie, die sich inzwischen genähert hatte. Ihre Stimme klang bedrückt, ängstlich. »Pappi . . .«

»Augenblick, Liebes«, sagte Mel und blickte dann wieder zu Donna. »Schau, Donna, es hat keinen Sinn, daß wir hier herumstehen und uns Sorgen machen. Fahren wir hin und überzeugen wir uns.«

»Hin – wohin?«

»Zu Victor.«

»Du kannst nicht fort«, widersprach Donna, wie in eine fixe Idee verkrallt. »Du hast Annie doch versprochen, mit ihr diesen Film . . .«

»Der Scheißfilm kann warten.« Mel blickte zu Annie. »Habe ich nicht recht?«

»Klar«, sagte Annie, gleichzeitig geängstigt und enttäuscht. »Der Scheißfilm kann warten.«

»Braves Mädchen«, lobte er und wuschelte ihr Haar. »Susan, würde es dir was ausmachen, bei Annie zu bleiben, bis wir wieder hier sind?«

»Natürlich nicht«, erwiderte Susan, während Mel Donnas Arm nahm und mit ihr zur Eingangsdiele ging. »Ruft mich an, sobald alles geklärt ist, ja?«

»Machen wir«, versicherte er und führte Donna hinaus.

Während der gesamten Fahrt sprach sie ununterbrochen. Ein Plappern, ein Schwatzen, bei dem sie einfach nicht innehalten durfte, weil dann – diesen Gedanken gab ihr die Furcht ein – ihre schlimmsten Ängste akzeptierte Wirklichkeit werden würden.

»Er ist nicht da, Mel. Er ist fort. Die Nummer, die ich vorhin wählte, war die richtige. Ich hatte mich nicht verwählt. Das wußte ich die ganze Zeit, aber ich wollte es einfach nicht wahrhaben. Als er um vier nicht kam, redete ich mir ein, das hätte nichts zu bedeuten, es sei ja noch genügend Zeit. Ich erfand alle möglichen Erklärungen, doch tief drinnen wußte ich's. Ich hatte dieses komische Gefühl in der Magengrube. Schon als ich mit Susan sprach und zu ihr sagte, daß Menschen sich nicht ändern. In Wirklichkeit versuchte ich, etwas zu mir selbst zu sagen, doch hörte ich mir nicht zu. Warum tat ich's nicht? Warum hörte ich mir selbst nicht zu, während ich doch Victor zuhörte!? Guter Gott, ich mußte ihn ja geradezu davon überzeugen, daß es sein gutes Recht sei, die Kinder übers Wochenende mitzunehmen! Er schien aufrichtig betrübt, daß die Kinder Annies Party versäumen würden.« Donna verstummte einen kurzen Augenblick, um ihren Speichel zu schlucken. »Warum habe ich ihm geglaubt? Ich war mit dem Mann sechs Jahre lang verheiratet, und ich erinnere mich noch an seine Worte: daß er sich von keinem Gericht seine Kinder wegnehmen lassen würde; daß ich verlieren würde, selbst wenn ich gewinnen sollte – daß er gegen mich kämpfen würde, bis von mir nichts mehr übrig sei! Wie konnte ich vergessen, daß er all das gesagt hat? Wie konnte ich vergessen, daß er schon einmal seinem früheren Leben abrupt den Rücken gekehrt hat – seine Siebensachen packte und fort ist von Connecticut? Wie konnte ich annehmen, er würde so etwas nie wieder tun?«

Mel warf Donna einen traurigen Blick zu. »Was hättest du tun können?« fragte er. »Du konntest so etwas nicht voraussehen, Donna. Und selbst wenn du es vorausgesehen hättest, du hättest es nicht verhindern können.«

Donna fühlte, wie ihr die erste Träne auf die Wange tropfte. »Du weißt, daß ich recht habe, nicht?« fragte sie.

»In ein paar Minuten wissen wir mehr.«

Er preßte den Fuß aufs Gaspedal, Donna setzte ihren Monolog fort. »Wie konnte ich mich nur so täuschen lassen? Ich begreife das nicht. Ich weiß noch, mit welchen Worten er mir seinerzeit vorgestellt wurde – ›Dies ist Victor Cressy, der beste Versicherungsagent der südlichen Hemisphäre.‹ Wie oft, guter Gott, hat er mir erzählt, er könne den Arabern Sand verkaufen!? Begreifst du nicht, Mel? Er hat mir eine ganze Wüste voll Sand verkauft! Sein verändertes Verhalten war nur gespielt. Er wollte bei uns den Eindruck erwecken, er sei sanftmütiger geworden – ganz allmählich, natürlich, darum sind wir auch darauf reingefallen. Zuerst zeigte er sich verbittert und zornig, doch von Woche zu Woche nahm er ein bißchen mehr davon zurück. Immer grad soviel, daß es glaubwürdig wirkte und daß wir ihn akzeptierten. Und ich hab's getan. Genau wie von ihm geplant. Genau wie von ihm vorausgesehen. O Gott, Mel, was glaubst du, wie lange er dies schon geplant hat?«

Mel schwieg. Sie kannten die Antwort beide. Spätestens am Tag des Gerichtsentscheids mußte Victor diesen Plan konkret ins Auge gefaßt haben; vielleicht auch schon früher. Und er hatte die Zeit zu nutzen verstanden: um alle ihm notwendig erscheinenden Vorkehrungen zu treffen, um ihnen Sand in die Augen zu streuen und sie in völliger Sicherheit zu wiegen.

»Annies Geburtstag kam ihm gerade recht«, sagte Donna ruhig. »Das Salz in der Wunde.«

Sie kamen zu Donnas Haus in Lake Worth, doch es wirkte unberührt, und Victors Auto war nirgends zu sehen. »Hier ist er nicht«, sagte sie, als sie nach einem kurzen Blick ins Haus wieder ins Auto stieg. Sie fuhren weiter, in Richtung Lantana. Plötzlich klang aus ihrer Stimme tiefes Entsetzen. »Er wird ihnen doch nichts angetan haben, Mel, wie? O Gott, hältst du's für möglich, daß er irgend etwas Furchtbares mit ihnen gemacht hat?« Sie begann zu zittern.

Rasch fuhr Mel an den Straßenrand und hielt. Dann zog er sie an sich. Schließlich schob er sie auf Armeslänge zurück und zwang sie, ihm tief in die Augen zu blicken. »Sieh mich an«, forderte er sie auf. »Du läufst Gefahr, völlig der Panik zu erliegen. Versuche, ruhiger zu werden. Bis jetzt wissen wir nicht einmal, ob sich überhaupt etwas Ungewöhnliches abgespielt hat. Schließlich könnte es durchaus sein, daß er praktisch gerade im Begriff ist, die Kinder bei dir abzuliefern. Es ist wirklich Unsinn, sich vorzustellen, daß er ihnen irgend etwas angetan hat. Was für ein Mensch Victor auch sein mag, und was immer er womöglich täte, um dir weh zu tun, in einem Punkt bin ich mir absolut sicher: Nie, niemals würde er seinen Kindern etwas Böses tun. Er liebt sie, Donna. Vielleicht ist er nicht immer ein besonders netter Mensch, aber er ist jedenfalls kein Unmensch.« Donna, den Kopf an Mels Brust, brach in Tränen aus. »Wein nur, Liebling«, sagte er. »Heul es nur heraus.«

Nach einigen Minuten hob Donna den Kopf und setzte sich auf ihrem Sitz wieder zurecht. Mel ließ den Motor an, und sie fuhren weiter. Donna wischte sich mit einem Papiertaschentuch die Augen. »Wenn ich mir vielleicht wirklich alles nur zurechtgesponnen hätte, von A bis Z ...!?« Sie begann zu lachen. »Da rege ich mich wegen nichts und wieder nichts auf, völlig ohne Grund – hat Victor immer gesagt, daß ich das täte: mich wegen nichts und wieder nichts aufregen, ohne jeden Grund. Na, und wir kommen dort an, und da ist er mit Adam und Sharon und hat eine ganz simple Erklärung dafür, daß er's mit den Kleinen nicht zu Annies Geburtstagsparty hat schaffen können, auch wenn sie dadurch um den Film gekommen ist.«

»Hör auf, dir wegen des Films Gedanken zu machen.«

»Und er wird dort sein. Und er wird sagen: ›Was ist denn mit deinen Augen? Dein Augen-Make-up ist ja ganz zerlaufen.‹« Sie lachte wieder, ein Lachen der Verzweiflung: hoffte, daß sie mit ihrer neuen Hoffnung recht hatte; betete darum, daß er dort sein möge. Bitte, lieber Gott, gib, daß er dort ist.

Das Haus war dunkel.

»O Gott.«

»Nur mit der Ruhe, Donna. Sie können im hinteren Teil des Hauses sein. Oder aber wir haben sie um ein paar Minuten verfehlt.«

Gleichzeitig öffneten Donna und Mel ihre Türen. Schon hatten sie sich von den Sicherheitsgurten befreit. Sie schwangen sich aus dem Auto und liefen auf das Haus zu. Verzweifelt rüttelte Donna an der Tür. Sie war verschlossen, und einen Schlüssel besaß Donna nicht mehr. »Gottverdammt«, schrie sie und warf sich mit ihrem ganzen Gewicht gegen die Tür. Während Mel um das Haus lief, um dort nachzusehen, versuchte Donna, durch verschiedene Fenster zu spähen.

»Hinten ist niemand«, sagte Mel, als er zurückkam.

»Hier ist auch niemand«, erklärte Donna mit ruhiger Resignation.

Mel trat zum vorderen Fenster und blickte hinein. »Die Möbel sind offenbar noch alle da.«

»Das hat nichts zu bedeuten«, sagte Donna. »Er würde sie dalassen.« Reglos stand sie vor der Tür. »Er ist fort. Er hat mir meine Kinder genommen.«

»Wir werden ihn finden, Donna. Ich verspreche dir, daß wir ihn finden werden.«

»Donna?« Der Ruf kam so unerwartet, daß beide unwillkürlich herumfuhren. Sie hatten die weibliche Gestalt nicht gesehen, hatten sie auch nicht kommen hören. »Ich habe Sie von meinem Garten aus gesehen und mir gleich gedacht, daß Sie das waren. Obwohl's mit meinen alten Augen ja nicht mehr weit her ist.« Donna drehte sich hastig um und sah sich Arlene Adilman gegenüber.

»Wo ist Victor?« fragte Donna, und sie hörte die Panik in ihrer eigenen Stimme.

»Oh, er ist gestern fort«, erwiderte die Frau eher beiläufig. »Hat für das Haus fünfundachtzigtausend bekommen. Verkauft samt Mobiliar und allem Drum und Dran. An irgend so ein nettes junges Paar. Die ziehen morgen ein. Haben's wohl schon vor drei Monaten gekauft. Alles bar bezahlt, wenn ich das richtig verstanden habe. Wußte gar nicht, daß er's zum Verkauf angeboten hatte, bis er herüberkam und mir dies gab.« Sie hielt ein kleines, weißes Kuvert in die Höhe. »Er sagte, daß Sie wahrscheinlich heute abend kommen würden.«

Donna riß der überraschten Frau den Umschlag aus der Hand. Sekundenlang versuchte sie vergeblich, ihn zu öffnen. Ihre Hände zitterten, ihre Finger flatterten; und sie schien völlig außerstande, ihre Bewegungen unter Kontrolle zu bringen.

Mel nahm ihr das Kuvert ab, riß es rasch auf und reichte es dann Donna, ohne einen Blick hineinzuwerfen. »Wo ist Victor hin?« fragte Mel, während Donna hastig die wenigen kurzen Worte überflog, die Victor geschrieben hatte.

»Ich habe keine Ahnung«, erwiderte Mrs. Adilman. »Wissen Sie denn das nicht?«

Es begann wie ein leiser Klagelaut, der immer mehr die Luft füllte. Zunächst schien es fast eine Art Summen zu sein, doch wurde es lauter und immer lauter, schriller und immer schriller, bis es geradezu in einem Gellen explodierte.

Sofort schlang Mel seine Arme um Donna und hielt ihren Kopf und preßte ihn an sich. Doch nichts half. Nichts konnte das schrille, durchdringende Gellen zum Verstummen bringen oder auch nur dämpfen. Es war wie der letzte, der allerletzte Todesschrei eines Tieres, gefangen in der Falle eines Jägers. Es schien ohne Ursprung und ohne Ende. Wie aus dem Bauch eines Neugeborenen stieg es auf und entlud sich in die Luft – schien sich in ein eigenständiges Wesen zu verwandeln, in eine Art Dämon.

Mel tastete mit einer Hand nach unten. Mit viel Geduld gelang es ihm, das Stück Papier aus Donnas verkrampfter Faust zu lösen. Hinter ihrem Rücken hielt er den Zettel in die Höhe, so daß er Victors Worte lesen konnte.

Man muß lernen, damit zu leben.

Mel zerknüllte den Zettel und schleuderte ihn voll Zorn auf den Boden.

16

Wie waren sie gekleidet, als Sie sie zum letzten Mal sahen?«

Donna blickte in die goldgesprenkelten Augen des Polizeibeamten. Er war ein kurzwüchsiger, kraftvoll gebauter Mann mit einem fast kreisrunden Gesicht, und die vollen Wangen und das breite Kinn trugen noch dazu bei, daß man sich kein wirklich individuelles Merkmal einprägen konnte. Es war ein irgendwie undurchdringliches Gesicht. Ein Gesicht, das nichts verriet. Vermutlich (so ging es Donna flüchtig durch den Kopf) das ideale Gesicht für einen Polizeilieutenant.

Sie fühlte sich völlig zerschlagen. Die ganze Nacht hatten beide kein Auge zubekommen. Natürlich war die Polizei von ihnen sofort verständigt worden, doch die Beamten hatten sie gebeten, am Morgen wiederzukommen: In der Nacht vom Sonntag auf den Montag sei für solche Dinge einfach keine Zeit, da habe man alle Hände voll zu tun, um mit den »üblichen« Notfällen fertig zu werden.

Auch die Anrufe – bei Danny Vogel und weiteren Freunden oder Bekannten von Victor – hatten nichts eingebracht. Keiner wußte etwas, und Donna nahm an, daß dies den Tatsachen entsprach. Victor hatte nie dazu geneigt, sich seinen Freunden anzuvertrauen. In diesem Fall würde er es um so weniger getan haben, als das Risiko recht groß war. O nein, er hatte die Sache in aller Heimlichkeit geplant und durchgeführt. Sehr sorgfältig geplant, bis ins letzte Detail.

Im übrigen hatten sie auch Mr. Gerber und Mr. Stamler angerufen. Von irgendwelchem Nutzen konnten die beiden Anwälte kaum sein. Dennoch hatten sie mit dem einen wie mit dem anderen für heute Termine ausgemacht.

»Adam trug ein weiß-blau gestreiftes T-Shirt«, sagte Donna leise – und sah wieder ihren kleinen Sohn vor sich, wie er stolz auf der Toilette thronte und sie an strahlte. »Außerdem weiße Shorts. Keine Söckchen. Blaue Sandalen.«

»Und das kleine Mädchen?«

Sofort begannen die Tränen zu fließen. Aus Augen, die fast zugeschwollen waren vom vielen Weinen. »Sie trug ein rot und weiß kariertes Kleidchen«, sagte sie langsam, um nicht die Kontrolle über ihre Stimme zu verlieren. »Dazu ein passendes Höschen mit so Rüschen. Und weiße Sandalen.« Unwillkürlich brach sie ab. Sie hatte das Gefühl, Sharons Ärmchen um ihren Hals zu spüren. Mmm, du bist eine Süße, hatte sie zu dem Kind gesagt. »Und eine weiße Schleife im Haar«, fügte sie hinzu. »Sie hat einen richtigen Lockenkopf.«

»Ja, wir haben ja von beiden Fotografien«, erklärte der Beamte, indem er die Bilder hochhob, die Donna mitgebracht hatte. »Bildhübsche Kinder.«

»Ja, das sind sie.« Donna griff nach Mels Hand. Seite an Seite saßen sie dem Mann gegenüber. Auf einem kleinen Schild auf seinem Schreibtisch stand sein Name: Stan Robinson. Sein Alter schätzte Donna auf etwa fünfzig. Er musterte sie eingehend. Augenscheinlich überlegte er sich, was er als nächstes sagen wollte. Aber welcher Art seine Gedanken waren, verriet sein Gesicht nicht. Dennoch war in ihr eine Art Witterung: Er stand im Begriff, irgend etwas zu sagen, das ihr wenig gefallen würde. »Ich hasse Fälle wie diesen«, begann er. Donna hielt unwillkürlich den Atem an. »In letzter Zeit gibt's davon immer mehr. Ist wie eine Epidemie. Dem einen Elternteil werden die Kinder zugesprochen, und der andere Elternteil brennt dann mit ihnen durch.« Er schüttelte den Kopf. »Ist das Gemeinste, was man einem antun kann.« Er schwieg einen Augenblick. »Und es gibt nicht viel, was wir da tun können.«

»Was soll das heißen: Es gibt nicht viel, was Sie da tun können?« wollte Donna wissen.

»Für das, was Ihr Mann getan hat, gibt es eine ganz bestimmte Bezeichnung«, erwiderte Lieutenant Robinson ruhig. »Man nennt es legales Kidnapping. Ein Elternteil kidnappt seine eigenen Kinder. Es ist kein wirkliches Kidnapping, weil es ja ein

Elternteil ist, der seine eigenen Kinder entführt. Es gibt keine Forderung nach Lösegeld. Ziel der Aktion ist es auch nicht, dem Kind oder den Kindern irgendwelchen Schaden zuzufügen. Es gibt kein Gesetz dagegen. Zwar heißt es dauernd, daß der Antrag auf ein solches Gesetz eingebracht werden soll, doch ...« Er zuckte die Achseln. »... selbst wenn es ein solches Gesetz einmal geben sollte, es wäre ungeheuer schwierig, ihm Geltung zu verschaffen. Viel Gutes, fürchte ich, käme dabei kaum heraus.«

»Aber er widersetzt sich doch der gerichtlichen Entscheidung«, argumentierte Mel.

»Sicher, stimmt schon. Da hätten wir eine Handhabe. Spüren Sie ihn auf, und wir klatschen ihm eine gerichtliche Verfügung um die Ohren.«

In Donnas Ohren scholl es lauter und lauter, ein unerträgliches Dröhnen. »Sie werden uns also nicht helfen?« fragte sie wie betäubt.

»Wir werden Ihnen helfen, so gut wir können«, sagte der Beamte, »aber ich glaube kaum, daß Ihnen das allzuviel nützt. Denken Sie nur, für wie viele Jahre Patty Hearst verschwunden war. Dabei fahndete man im ganzen Land ungeheuer intensiv nach ihr Sie sprechen von einem Mann und zwei Kindern, die niemand kennt und die auch niemanden kümmern, von Ihnen mal abgesehen. Der kann sich in jedem Winkel verstecken, auf dem gesamten Globus. Haben die Kinder Pässe?«

»Was?«

»Ich meine, sind die Kinder eingetragen – entweder im Paß Ihres Ex-Mannes oder in Ihrem eigenen?«

Donna warf einen hilfesuchenden Blick zur Zimmerdecke. Dann sah sie wieder zum Lieutenant. »Sie sind in meinem eingetragen«, sagte sie mit einiger Erregung. »Als letztes Jahr mein Paß erneuert wurde, ließ ich sie eintragen – weiß selbst nicht, warum.«

Sie spürte den sachten Druck von Mels Hand, beschwichtigend, anerkennend.

Stan Robinson erhob sich und kam hinter seinem Schreibtisch

hervor. »Nun, dann wissen wir wenigstens, daß er mit ihnen nicht ins Ausland kann.« Donna atmete tief durch. »Bleiben unsere fünfzig Staaten und außerdem Kanada«, fuhr er fort. »Wir könnten für alle Fälle bei der Einwanderungsbehörde nachfragen, aber ich glaube kaum, daß sich da irgendwas ergeben wird.«

»Was könnten Sie sonst noch tun?« fragte Mel.

»Nun, im Grunde nur noch – Ihnen sagen, was Sie tun können.«

»Nämlich?«

»Sämtliche Luftverkehrsgesellschaften anrufen und sich erkundigen, ob dort kürzlich irgendwelche Flüge für Mr. Cressy und Kinder gebucht wurden. Auch bei den Tampa- und Miami-Flughäfen würde ich anrufen. Ist eine ganz verteufelte Arbeit, wo's so viele Fluggesellschaften gibt – und praktisch Tausende von Flügen, die er genommen haben könnte. Falls er überhaupt ein Flugzeug genommen hat. Spricht allerdings so manches dafür. Aber dann wird er wohl einen falschen Namen benutzt haben. Auch dürfte ihm, um keine Spuren zu hinterlassen, Barzahlung lieber gewesen sein. Sie könnten bei Mr. Cressys Banken nachfragen, ob er irgendwelche Konten aufgelöst oder aber transferiert hat. Allerdings bezweifle ich, daß man Ihnen dort irgend etwas sagen wird. Fragen Sie bei seiner bisherigen Arbeitsstelle nach. Vielleicht ist er versetzt worden. Rufen Sie Ihren Anwalt an. Rufen Sie alle an, die ihn kannten. Irgendwelche Verwandte. Schicken Sie all Ihren Freunden und deren Familien, die nicht in diesem Staat leben, sämtliche verfügbaren Fotos. Sie könnten auch einen Privatdetektiv engagieren, aber das wird ziemlich teuer. Und für gewöhnlich bringt's nicht viel – es sei denn, Sie könnten denen konkrete Anhaltspunkte liefern, und das nicht zu knapp. Versuchen Sie mal, sich zu erinnern. Hat er von irgendwelchen Orten gesprochen, wo er gern leben würde? Was treibt er mit Vorliebe? Irgendeine besondere Sportart?« Er lehnte sich gegen den Schreibtisch. »Vor gar nicht langer Zeit hatten wir hier einen Fall, wo die Kinder der Mutter zugesprochen worden waren. Nein, *das* Kind. Ein

Mädchen war's. Ganze sechs Jahre alt, glaube ich. Und mit dem brannte der Vater dann durch. Die Mutter engagierte Anwälte, Detektive, was nicht noch. Keine Spur. Etwa ein Jahr lang nicht. Und dann fand man sie doch. In Colorado. Der Herr Ex-Gatte lief leidenschaftlich gern Ski. Aber es waren weder die Anwälte noch die Detektive oder auch die Frau, die auf die Spur stießen. Vielmehr kam eines Tages ein Anruf von einem Freund, der in Südafrika lebte, ausgerechnet. Er war im Urlaub zum Skifahren nach Aspen gereist, und dort sah er den Kerl – in einer Schlange an einem der Hänge.«

»Victor mag Skilaufen nicht«, murmelte Donna wie benommen, und wieder erklang in ihren Ohren jenes eigentümliche Dröhnen.

»Die Sache ist die . . .«, begann Lieutenant Robinson.

Mel fiel ihm ins Wort. »Sie hat schon verstanden, Lieutenant.« Stan Robinson trat wieder hinter seinen Schreibtisch. »Ja, nun, tut mir leid. Ich wünschte wirklich, wir könnten mehr tun.«

»Das wünschten wir auch«, sagte Mel, und er stand auf und half Donna auf die Füße.

Dieses Summen, Surren, Dröhnen in Donnas Ohren, es wurde immer lauter. Und sie waren nur wenige Schritte gegangen, als Donna fühlte, wie ihre Knie einknickten. Einer – einer einzigen – Sache war sie sich bewußt: daß es Mels Arm war, der sie vor dem Fallen bewahrte. Weiter wußte sie nichts. Nur dieses furchtbare Summen, Surren, Dröhnen war da. Dann verlor sie das Bewußtsein, und diese entsetzlichen Geräusche hörten auf.

Die Frau hatte Victors Augen und seinen vollippigen Mund. Doch im übrigen schienen Leonore Cressy und ihr Sohn, zumindest äußerlich, wenig miteinander gemein zu haben. Im Gegensatz zu Victor war sie blond (allerdings gefärbt) und ziemlich klein.

Ihre Kleidung verriet einen guten, ja erlesenen Geschmack, und ihr Make-up mußte man geschickt, fast schon kunstvoll nennen: Von unerwünschten Alterszeichen – Falten und Runzeln – war wenig zu sehen. Sie mußte an die siebzig sein, sah jedoch

jedoch mindestens zehn Jahre jünger aus. Noch immer war sie eine erstaunlich attraktive Frau, und getrübt wurde dieser Eindruck nur durch die Traurigkeit, die aus ihren Augen zu sprechen schien.

»Ich habe meinen Sohn seit über acht Jahren nicht gesehen«, erklärte sie ohne Umschweife.

Wieder war da dieses Gefühl, wie ein Schlag in die Magengrube: die unablässigen Enttäuschungen.

Seit fünf Tagen ging das nun schon so.

Nichts hatten sie unversucht gelassen. Anrufe überall. Bei sämtlichen Freunden und Bekannten, deren Namen – soweit Donna sich erinnern konnte – Victor irgendwann einmal beiläufig erwähnt hatte. Niemand wußte etwas, niemand konnte irgendwie helfen. In seinem Büro war man über sein plötzliches Verschwinden verblüfft gewesen. Wohin er sich gewandt haben mochte? Keine Ahnung.

Dann die Fluggesellschaften. Dort zeigte man sich zunächst alles andere als hilfsbereit. Erst als die Polizei auf dem Plan erschien, erklärte man sich bereit, die Passagierlisten vom vergangenen Samstag durchzugehen. Nach etlichen Tagen meldeten die verschiedenen Fluggesellschaften: Fehlanzeige überall. Nirgends sei ein Victor Cressy verzeichnet. Im übrigen reisten so viele Väter allein mit ihren Kindern, daß gar keine Möglichkeit bestehe, einen vollständigen Überblick zu gewinnen. Was Sharon betraf, so brauchte sie in ihrem Alter ja noch nicht einmal ein Ticket. Und noch etwas: Wenn Victor nicht unter seinem richtigen Namen reiste (und das würde er wohl kaum tun), so war die Sache ohnehin hoffnungslos, jedenfalls bei den Fluggesellschaften.

Auch die Bank, bei der Donna und Victor ein gemeinsames Konto gehabt hatten, war keine Hilfe. Diesbezügliche Informationen dürfe man ihr nicht erteilen, wurde ihr erklärt. Doch war da ein mitfühlender Kassierer gewesen, der ihr verstohlen mitteilte, Mr. Cressy habe sein Konto bereits vor einem Vierteljahr aufgelöst.

Nein, überrascht war Donna in keinem einzigen Fall. Und

222

dennoch war sie jedesmal von neuem enttäuscht. Ed Gerber zeigte sich viel freundlicher, als Donna erwartet hatte – Victors Handlungsweise schien ihn in der Tat zu verblüffen. Aber er behauptete, nichts zu wissen, was für Donna von irgendwelchem Nutzen sein mochte. Was Mr. Stamler betraf, so erklärte er, daß er über diverse Kontakte in diversen Staaten verfüge, mit denen er sich umgehend in Verbindung setzen werde. Überdies sorgte er dafür, daß ein Privatdetektiv engagiert wurde, ohne daß es diesem bisher gelungen wäre, etwas ausfindig zu machen außer der Tatsache, daß Victor sein Auto verkauft hatte, auf Ben's Gebrauchtwagenplatz, gegen Bargeld. Außerdem hatte der Privatdetektiv bei den entsprechenden Bussen und Taxis nachgeforscht. Ein Taxifahrer glaubte, sich zu erinnern, daß er – am Samstag oder Sonntag – einen Mann und zwei Kinder zum Flughafen gefahren habe; doch zu welcher Fluggesellschaft, das wußte er nicht mehr. Und was hätte es auch genützt? Victor hätte in Wirklichkeit ja eine andere Linie benutzen können, und überhaupt – da der Name Victor Cressy nirgends verzeichnet zu sein schien, war jede Mühe umsonst. Vermutlich hatte Victor noch ein übriges getan; war in allen möglichen Städten immer wieder in andere Maschinen umgestiegen, um mögliche Spuren zu verwischen – und den gelungenen Spaß zu genießen.

Donna und Mel ihrerseits hatten weiteres unternommen. Sie hatten Fotos von Victor und den Kindern an jeden geschickt, den sie kannten und der nicht in diesem Staat wohnte. Dazu gehörten Mels vier Schwestern, von denen zwei im Gebiet von Los Angeles wohnten und zwei an der Ostküste; und dazu gehörten auch seine zwei Brüder, der eine im Staat Washington ansässig, der andere in Hawaii. Ähnliche Fotos samt Information gingen an Donnas Schwester Joan in England; einfach für den Fall, daß es Victor womöglich doch gelungen war, mit den Kindern Amerika zu verlassen.

Und schließlich waren sie hierher gereist, nach Connecticut.

Um Leonore Cressy aufzusuchen.

Deren Augen füllten sich mit Tränen, während Donna berichtete, was es zu berichten gab. Von Satz zu Satz wirkte die alte

Frau zerbrechlicher. Als sie schließlich sprach, war ihre Stimme kaum zu verstehen. »Ich wußte ja gar nicht, daß ich Enkelkinder habe«, sagte sie und versuchte nicht, ihren Schmerz zu verbergen.

»Es tut mir so leid, Mrs. Cressy«, versicherte Donna aufrichtig.

»In den ersten Jahren unserer Ehe habe ich Victor oft gebeten, mir zu erlauben, Sie anzurufen; doch er blieb unerbittlich. Ich hoffte immer, Sie würden anrufen ...«

»Fast zwei Jahre lang habe ich immer wieder angerufen, aber er weigerte sich, mit mir zu sprechen. Schließlich gab ich auf.«

Mels Stimme erklang, zu Donnas leichter Verblüffung – sie hatte fast vergessen, daß auch er hier war. »Wie erfuhren Sie, daß Victor nach Florida gegangen war, Mrs. Cressy?« fragte er.

»Durch eine Freundin – Mrs. Jarvis, eine Witwe ... Sie reiste einmal im Winter nach Palm Beach. Eines Abends sah sie Victor, in einem Kino. Er schien sie nicht zu erkennen, tat jedenfalls so. Aber sie erkannte ihn.«

Donna senkte unwillkürlich den Kopf. Eine rein zufällige Begegnung. So wie mit dem Mann, der in Aspen, Colorado, beim Skifahren war. Wie lange war es her, daß sie etwas Ähnliches erlebt hatte? Einen Monat? Ein Jahr, fünf Jahre? Hatte sie *jemals* einen derartigen Zufall erlebt? Der Gedanke löste ein Zittern in ihr aus. Sie blickte sich im Wohnzimmer um. Das Mobiliar war zwar alt, doch wirkte alles genauso gepflegt wie die Eigentümerin.

»Mrs. Cressy«, fragte Donna und beugte sich von ihrem Sitz zu der Frau, die ihr gegenübersaß, »können Sie mir irgend etwas über Victor sagen, das mir helfen könnte, ihn zu finden?«

Die Frau schüttelte den Kopf. »Er nahm sich alles immer so zu Herzen«, erklärte sie. »Ich meine, schon als Kind. Wie leicht war er gekränkt. Wenn man etwas zu ihm sagte, mußte man sich jedes Wort zweimal überlegen, damit er es auf keinen Fall falsch auffaßte. Er war ja so verletzlich. Und man mußte so ungeheuer vorsichtig sein.« Sie verstummte für einen Augenblick, fuhr dann fort. »Stets war er darauf bedacht, alles hundertprozentig richtig zu tun. Ging irgend etwas schief, so wollte er dafür keinesfalls verantwortlich sein. Da war dann immer jemand anders schuld. Und in jedem neuen Schuljahr war es das gleiche – er hat sich geradezu krankgesorgt, daß er auch ja nicht die richtige Tür verpassen würde; ausgerechnet. Machte sich eine Menge Gedanken darüber, daß er womöglich nicht die richtige Tür finden würde.« Abermals brach sie ab.

Donna starrte die Frau an, die jetzt völlig in Erinnerungen verloren schien. »Mrs. Cressy«, sagte sie, »würden Sie mich bitte anrufen, sofern Sie irgend etwas von Victor hören? Bitte.«

Leonore Cressys Stimme klang sehr ruhig. »Nein«, erwiderte sie ebenso leise wie entschieden.

Donna glaubte, nicht richtig gehört zu haben. Hatte die alte Dame sie falsch verstanden? Das schien die einzige Erklärung zu sein. Leonore Cressy bemerkte die Verwirrung in Donnas Augen. »Sie müssen verstehen«, sagte sie zögernd, »daß ich vor acht Jahren meinen einzigen Sohn verlor – wegen einer Dummheit von meiner Seite. Und ich denke nicht daran, den gleichen Fehler ein zweites Mal zu begehen.« Wieder schwieg sie.

»Sie werden mir also nicht helfen?« fragte Donna, noch immer ungläubig.

»Seit acht Jahren«, erwiderte die Frau, »bete ich, daß ich noch einmal eine Chance bekommen möge. Ich will Ihnen nichts vorlügen. Sollte Victor sich bei mir melden, sollte ich die Chance erhalten, so würde ich nie wieder Verrat an ihm üben.«

»Aber das haben Sie doch nie getan!«

»Er glaubt, daß ich's getan habe.« Sie brach ab, drehte ihren Kopf langsam hin und her. »Komisch, wie das manchmal ist – je mehr man sich bemüht, das Richtige zu tun, desto stärker bewirkt man das Gegenteil. Ich gab mir solche Mühe, mich nie in Victors und Janines Leben einzumischen. Und kamen sie mit einem Problem, so hörte ich mir immer beide Seiten an – und keinesfalls, um zu richten. Stets habe ich versucht, fair zu sein. Sie sehen ja, was mir das eingebracht hat.« Sie blickte zu Donna. »Tut mir leid«, sagte sie mit aller Entschiedenheit. »Ich werde Ihnen nicht helfen können.«

Donna spürte den Stachel der Enttäuschung. In ihrer Stimme war ein leichtes Zittern, nur mit Anstrengung hielt sie die Tränen zurück. »Aber es sind doch meine Kinder!«

Die Stimme der Frau klang ganz ruhig. »Er ist mein Sohn.«

»Er ist ein Scheißkerl, was kann ich Ihnen sonst noch sagen?« Aufmerksam musterte Donna die junge Frau, die ihr gegenüber – inmitten einer unglaublichen Kissenfülle – auf einem rötlich geblümten Sofa saß. Janine Gauntley-Cressy-McCloud mochte ein oder zwei Jahre älter sein als Donna. Ihr Gesicht wirkte in vielerlei Hinsicht recht interessant. Im übrigen war sie zweifellos schwanger, wenn auch noch in einem frühen Stadium.

»Drei Jahre habe ich auf der Psychiatercouch zugebracht wegen diesem Lumpenhund«, sagte die junge Frau. »Und weitere drei Jahre hat's gedauert, bis ich Männer wieder genügend mochte, um einen von ihnen zu heiraten. Und hier bin ich nun, fast schon sechsunddreißig und endlich im Begriff, mein erstes Baby zu kriegen. Wissen Sie, wenn ich – nach all diesen Jahren – auch nur den Namen von diesem Mistkerl höre, es kommt mir buchstäblich hoch.«

Unwillkürlich verglich Donna sich mit Victors erster Frau. Äußerlich bestand zwischen ihnen eine gewisse – wenn auch oberflächliche Ähnlichkeit: gleiche Größe, gleiche Haarfarbe, ähnlicher Teint. Doch im übrigen? Was Janine McClouds Intelligenz betraf, so schien diese in weit stärkerem Maße aufs Praktische, aufs Handfeste gerichtet, als dies bei Donna der Fall war. Und emotionell gesehen, wirkte sie härter und rauher. In der Tat: alles andere als das, was Donna erwartet hatte.

»Zwei Jahre waren wir verheiratet. Die miesesten Jahre meines Lebens. Fragen Sie mich nicht, wieso. Denn – bei Gott – ich weiß es nicht. Ich habe mir alle Mühe gegeben, echt. War ja schließlich kein Kind mehr. Ich hatte schon so einiges erlebt. Allerdings – jemand wie Victor war mir noch nie begegnet. Ich wußte einfach nicht, was tun – um ihn glücklich zu machen. Denn was ich auch versuchte, es war alles falsch. Dabei riß ich mir fast ein Bein aus, um ihn zufriedenzustellen. Und was tut er? Schiebt kurzerhand ab. Verkündet, daß er sich scheiden lassen will. Ich dachte, ich spinne.«

»Und Leonore?«

Janine McCloud erhob sich und trat zum Fenster. Ihr Mann spielte an diesem Abend beim Ortsverein Basketball. »Ach, die. Ein Fall für sich. Genauso schlimm wie er.«

Donna hob überrascht den Kopf. Sehr genau erinnerte sie sich, wie Victor selbst das Verhältnis zwischen seiner Mutter und seiner früheren Frau gesehen hatte.

»Will Ihnen mal was sagen«, fuhr die Frau fort. »Das liegt wohl bei denen in der Familie. Jedenfalls sind das beide Spinner. Ich hatte mir wirklich Mühe gegeben, mich mit der Frau freund-schaftlich zu stellen. Zwischen meiner Mutter und mir war's nie so toll gelaufen, aber Leonore schien ja eine nette Lady zu sein, obwohl – also zuerst war sie ja der Meinung, ich sei für ihr Bübchen nicht gut genug; das machte sie unmißverständlich klar. Eins muß man ihr immerhin lassen. Sie ist aufrichtig. Nun, was mich betrifft, so blieb ich ziemlich hartnäckig, weil's für Victor wichtig schien – und ich wollte ihn doch glücklich machen. Also meldete ich mich jeden Tag bei ihr, führte sie zum Lunch aus, besuchte sie dauernd. Richtig akzeptiert hat sie mich wohl nie, immerhin versuchte sie's – ihr lag nämlich gleichfalls daran, Victor glücklich zu wissen. Das war die Hauptsache – Victor glücklich zu machen. Er war doch ihr über alles geliebter Junge, na schön. Irgendwas Unrechtes konnte Victor Cressy ja nicht tun. Immer nahm sie für ihn Partei, ganz egal, worum's ging. Ganz egal, wie unmöglich er sich verhielt. Sie hatte dafür stets irgendwelche Erklärungen zur Hand. Er arbeite zu hart, er stehe zu sehr unter Streß – und was nicht sonst. Ich solle, was er sagte, doch auf gar keinen Fall überbewerten. Was ihren Herrn Sohn betraf, war sie ganz einfach blind. Sie tat, was immer er von ihr verlangte. Der Grund dafür war wohl, daß er schon frühzeitig seinen Vater verloren und von da an sozusagen das Kommando übernommen hatte. Ihr gefiel es, daß er die Entscheidungen traf. Doch war sie ihrerseits eine nicht zu unterschätzende zähe Frau. Wissen Sie, wie ich sie bei mir nannte? ›Mächtige Maus‹.« Sie brach ab, schnitt eine Art Grimasse, schüttelte dann den Kopf. »Versprühe wieder mal Charme, wie? So schlimm ist es nun auch wieder nicht gemeint. Sie war sogar echt lieb zu mir, als Victor sich davonmachte. Ich befand mich in einem bösen Zustand. Und Leonore war immer für mich da. Plötzlich stellte Victor ihr so eine Art Ultimatum. Sie war wohl ziemlich perplex und ließ sich mit ihrer Antwort ein bißchen Zeit – ich weiß nicht genau. Jedenfalls war er auf einmal völlig von der Bildfläche verschwunden. Bumms! Hat sie ganz schön fertiggemacht.« Sie hielt inne. Dann drehte sie sich vom Fenster fort und trat auf Donna und Mel zu, die dicht nebeneinander auf dem zweisitzigen Sofa saßen. »Was tut sie also? Sie kappt jede Verbindung zu mir. So wie er's getan hat. Genau. Einfach für den Fall, daß er zurückkehrt. Und dann sofort sieht, daß sie nicht mehr mit dem Feind paktiert. Oder so ähnlich. Hat mich echt umgehauen.«

Donna erinnerte sich. Zumindest sinngemäß hatte Victor genau dasselbe gesagt, als sie seinerzeit jenen verrückten »Dinner-Flug« nach New York unternahmen.

»Ich kann Ihnen wirklich nicht helfen«, erklärte Janine Cressy-McCloud. »Das einzige, was sich bei Victor voraussagen läßt, das ist, daß sich bei ihm nie was voraussagen läßt.« Sie setzte sich. »Puh – fühl mich richtig geschlaucht. Über ihn reden ist fast so schlimm wie mit ihm leben.« Sie strich sich mit der Hand durchs schulterlange Haar und sah Donna an. »Ich kann kaum glauben, wieviel Wut noch in mir ist nach all diesen Jahren.«

Ich kann's, dachte Donna und stand auf. Länger hier zu bleiben, wäre sinnlos gewesen.

Donna saß ein oder zwei Minuten stumm. Dann sagte sie: »Er wird nicht hierherkommen. War eine blöde Idee.«

Mel blickte sich in dem New Yorker Restaurant um. Es war mäßig beleuchtet und klein, doch überfüllt. »Immerhin, das Essen ist ganz ausgezeichnet«, sagte er und versuchte, sie aus ihrer zunehmend düsteren Stimmung zu lösen. »Du solltest irgendwas zu dir nehmen.«

»Ich habe keinen Hunger. Bitte, hör auf, mich zu bevormunden.«

Mel entschuldigte sich sofort. »Tut mir leid. War wirklich nicht meine Absicht.«

Donna zuckte mit den Achseln. Sie scheute sich, ihn anzusehen.

»Wir werden sie finden«, versicherte Mel. »Das verspreche ich dir.«

»Wie? Wann?« Bitte, gebt mir eine konkrete Antwort – wer auch immer.

»Irgendwer wird ihn irgendwann sehen. In einer Woche, in einem Monat ...«

»In einem Jahr ...«

»Schon möglich. Sogar möglich, daß es noch eine Weile länger dauert ...«

»O Gott, Mel.« Donna hatte das Gefühl, daß die Panik auf sie losstach wie mit spitzen Messern.

»Die Hauptsache – soweit es dich betrifft – ist ganz einfach, daß du gut beieinander bleibst. Nicht krank werden und die Situation, soweit irgend möglich, im Griff haben. Du darfst dich hierdurch auf gar keinen Fall unterkriegen lassen. Du mußt weitermachen; mußt unbedingt versuchen, ein normales Leben zu führen.«

Wütend starrte Donna ihn an. Ihre Hand stieß gegen einen Löffel. Er rutschte von der Tischplatte, fiel mit geräuschvollem Klirren zu Boden. Was, um alles auf der Welt, war nur mit Mel auf einmal los? Wovon sprach er überhaupt? Von einem *normalen* Leben!? Ja, guter Gott, ihre Kinder waren fort. »Was für eine Art von normalem Leben denn ...«

Er unterbrach sie. »Du reagierst genauso, wie ihm das in den Kram passen würde, Donna. Und ich verstehe das. Glaube mir, daß ich's verstehe. Aber du mußt stark bleiben. Denn dies – darüber darfst du dich auch nicht eine Sekunde täuschen – wird ein langer Kampf werden. Nie darfst du die Hoffnung aufgeben. Immer und immer wieder mußt du spüren, nachspüren. Doch zu allererst – du mußt leben, weiterleben!«

»Wovon sprichst du?« Ihre Frage klang wie ein Zischen, und

eine Reihe von Köpfen fuhr zu ihnen herum. »Mein Ex-Mann entführt meine Kinder! Die Polizei wird nicht helfen. Niemand kann helfen. Wir fliegen nach Connecticut und vergeuden einen Tag, indem wir mit zwei Frauen sprechen, die Victor seit mindestens acht Jahren nicht gesehen haben. Und hoffen trotzdem, daß wir von ihnen etwas erfahren können ...«

»Hast du wirklich damit gerechnet, die würden etwas Konkretes wissen?«

»Ja!« platzte Donna heraus, und es war das erstemal, daß sie sich dies selbst eingestand. »Ja, ich habe tatsächlich darauf gehofft. Jedesmal, wenn wir irgendwohin reisen, irgendwohin fahren oder gehen, rechne ich damit, ihn zu sehen – oder hoffe doch wenigstens, daß da jemand ist, der ihn gesehen hat und der mir genau das sagt, was ich wissen will!«

Mel streckte seine Hände aus, quer über den Tisch, und er schob sie über ihre Hände. »O Liebling ...«

»Ich kann nun mal nicht anders, Mel. Nach wie vor vermag ich einfach nicht zu glauben, daß irgend etwas hiervon überhaupt *wahr* ist.«

Unvermittelt tauchte ein Kellner auf und ersetzte den zu Boden gefallenen Löffel durch einen anderen. Donna musterte ihn aus blitzenden Augen. »Schau, Donna«, hörte sie Mels Stimme sagen. Himmelherrgott, warum hielt er denn nicht endlich den Mund? Sie wollte sie nicht mehr, diese Worte – Worte der Ermutigung, Worte der Hoffnung, der Verzweiflung. Worte, Worte, Worte.

»Wir tun alles, was in unserer Macht steht. Wir haben Detektive engagiert, wir haben Annoncen in Zeitungen einrücken lassen ...«

»Das weiß ich alles«, erwiderte sie kurz angebunden.

Wieder entschuldigte er sich. »Tut mir leid. Natürlich weißt du das.«

»Auch ohne daß du's mir noch einmal bis ins einzelne erklärst, bin ich durchaus im Bilde über das, was unternommen wird.« Abrupt hielt sie inne. »O Mel, verzeih mir. Bitte, verzeih mir! Und, um Gottes willen, hör mir jetzt zu! Der einzige Mensch, der mich niemals im Stich läßt, der immer da ist, wenn ich dich brauche ...«

»Du brauchst dich für nichts zu entschuldigen.«

»Du läßt dich in deiner Praxis vertreten, du überläßt Annie der Obhut der Haushälterin, du krempelst dein ganzes Leben um, um mit mir nach Connecticut zu reisen; du fährst mich nach New York, weil ich noch immer nicht den Mumm aufbringe, mich selbst hinter das Lenkrad eines Autos zu setzen ...«

»Donna ...«

»Du begleitest mich in irgendein dämliches Restaurant, wo Victor sich vermutlich nie wieder hat blicken lassen seit dem Tag, als er mich – vor nunmehr soundsovielen Jahren – hingeführt hat; und nun hocke ich hier und kreische dich zu allem auch noch an.«

»Die Idee, hierherzukommen, war keineswegs so dumm, Donna. Könnte durchaus sein, daß Victor eines Tages hier auftaucht, um zu essen. Wir werden dem Oberkellner ein Bild von ihm geben. Vielleicht ergibt sich irgendwas.«

Donna schloß die Augen. Dennoch sah sie Mel deutlich vor sich. »Ein Leben ohne dich – unvorstellbar«, sagte sie.

»Brauchst du dir ja auch nicht vorzustellen.«

»Du wirst mich nie verlassen, versprichst du's?«

»Ich verspreche es.« Sekundenlang herrschte Schweigen. Dann sagte er: »Laß uns heiraten, Donna.«

Donna starrte ihn ungläubig an. Er machte ihr einen Antrag? Jetzt? Ausgerechnet jetzt, wo ihre Kinder das einzige waren, das sie wirklich kümmerte. Was war nur in ihn gefahren?

»Heiraten?«

»Es ist mir klar, daß der Zeitpunkt dafür absolut irre scheint ...«

»Absolut irre«, wiederholte sie und spürte, wie der Zorn in ihr immer größer wurde. Instinktiv fühlte sie, daß jeder Gedanke an die Zukunft sie von ihrer Vergangenheit – und ihren Kindern – weiter entfernen würde.

»Ich liebe dich, Donna, das weißt du.«

»Weshalb machst du mir grad jetzt einen Antrag?« fragte sie fast verzweifelt.

»Weil ich meine, daß gerade jetzt der richtige Zeitpunkt für

Bindungen ist. Für dich an mich, an dich selbst. Ans Leben. Punkt.«

»Ein Leben ohne meine Kinder?« Ihre Stimme klang schrill.

»Das wollte ich nicht sagen.«

»So. Und was *willst* du mir sagen?« Dies war keine Frage oder Feststellung. Dies war eine Anklage.

»Nur daß das Leben weitergeht.«

Panik stieg in ihr auf. »Ich möchte nicht mehr reden, Mel. Könnten wir jetzt bitte gehen?«

Mel winkte dem Kellner. Wenige Minuten später hatte er die Rechnung beglichen und ging zu Donna, die schon dicht beim Ausgang stand. »Mal ganz davon abgesehen, ob du mich nun heiraten wirst oder nicht«, sagte Mel, während sie das Restaurant verließen, »– wenn wir wieder in Palm Beach sind, meine ich, du solltest zu mir ziehen. Du solltest nicht allein sein.«

Donna blieb stumm. Doch sie war Mel für das Angebot dankbar, sehr dankbar sogar. Sie brauchte Mel, grad jetzt. Nein, dachte sie, nicht nur jetzt. Immer.

»Du wirst mich niemals verlassen?« fragte sie wieder, fast klagend, während sie in den gemieteten grauen Thunderbird stieg.

»Ich werde dich niemals verlassen«, erwiderte er. »Und das ist so was wie ein Schwur.«

17

S ie wird gleich herunterkommen«, sagte Donna zu der überaus attraktiven Frau in der legeren hellen Sommerkleidung. »Sie packt nur noch was von ihrem Lieblingsspielzeug ein.«
Behaglich ließ sich die Frau in einem der dickgepolsterten beigefarbenen Sessel nieder, und Donna dachte unwillkürlich: sozusagen in ihrem eigenen. Denn Mels geschiedene Frau hatte einmal die ganze Einrichtung ausgesucht, und nach der Trennung war – wie Donna wußte – nichts geändert worden.
»Darf ich Ihnen etwas zu trinken anbieten?« fragte sie.
Flüchtig schossen ihr ein paar Gedanken durch den Kopf. Erstens: Warum kommt Annie nicht endlich? Zweitens: Vor kurzem schon eine Ex-Gattin, und nun also die nächste – ist mir irgendwie zuviel; und wenn sie noch so attraktiv wirken.
»Nein, danke.«
»Mel wird wohl durch einen Patienten aufgehalten werden. Er sagte, daß er hier sein wollte, wenn Sie kommen.«
»Das ist nichts Ungewöhnliches«, sagte die Ex-Gattin namens Kate in unbehaglich familiärem Ton. »Im übrigen gibt uns das Gelegenheit, ein wenig miteinander zu plaudern«, fügte sie hinzu. Und dann schwiegen beide vor sich hin.
»Annie ist ein reizendes kleines Mädchen«, sagte Donna schließlich, und ihr Blick glitt vom Wohnzimmer durch die Diele zur Treppe. Ja, ganz reizend. Aber so verflixt saumselig, jedenfalls heute.
»Danke. Mel ist aber offenbar auch ein ganz wunderbarer Vater.«
Obwohl das Kompliment nicht ihr galt, reagierte Donna unwillkürlich mit einem Lächeln. »Ist schon hart für mich«, fuhr Kate nachdenklich fort, »daß ich nur im Sommer und in den Ferien dazu komme, sie zu sehen. Und manchmal, wenn ich über irgendwelchen Paragraphen brüte, stelle ich mir vor, wie schön es

wäre, sie dauernd bei mir zu haben . . .« Donna hielt unwillkürlich den Atem an. »Oh, tut mir leid«, sagte Kate aufrichtig. »Das war dumm von mir, völlig unbedacht.« Jetzt war sie es, die erwartungsvoll zur Diele blickte. Doch Annie ließ sich noch immer nicht sehen. »Von Mel weiß ich, was geschehen ist«, fuhr sie zögernd fort. »Neues hat sich inzwischen wohl nicht ergeben?« »Nein«, erwiderte Donna scharf und zog damit einen Schlußstrich unter dieses Thema.

Sie stand auf, ging hinaus in die Diele, trat an die unterste Stufe der Wendeltreppe. Laut rief sie nach oben: »Annie, so beeil dich doch.«

»Komm ja schon«, rief das Kind zurück, ließ sich jedoch immer noch nicht sehen. Guter Gott, dachte Donna, warum treibe ich das Mädchen nur so an? Bevor Mel nicht hier ist, fahren die beiden ohnehin nicht fort. Wo blieb Mel denn bloß? Sie ging ins Wohnzimmer zurück und trat zum Telefon.

»Will nur mal kurz anrufen, um zu sehen, ob er schon fort ist«, erklärte sie.

Ja, er war schon fort, wie sich herausstellte, und so saßen die beiden Frauen einander gegenüber, und jede wartete darauf, daß die andere das Schweigen brechen möge.

»War mir gar nicht bewußt, daß Sie wirklich mit Mel zusammenleben«, sagte Kate nach etlichen Sekunden – in einem Tonfall, der nichts weiter als Interesse zu bekunden schien. »Natürlich wußte ich von ihm, daß da eine ernste Bindung besteht und er auf eine eventuelle Heirat hoffte . . .«

»Ich bin vor ein paar Monaten eingezogen.« Donna zögerte. Sie wußte nicht recht, was sie sagen sollte. »Ist kürzlich hier recht hektisch zugegangen. Mel mag das im Augenblick nicht so ganz bewußt sein.« Ja, wie denn? Weshalb sprach sie jetzt gleichsam für Mel? Wo blieb er bloß? Wieso sollte ausgerechnet sie dieser fremden Frau irgendwelche Erklärungen oder Rechtfertigungen geben? Andererseits: Kate war Annies Mutter, und insofern standen ihr gewisse Auskünfte zu. Verbittert dachte Donna: Du weißt wenigstens, wo sich deine Tochter befindet. Es war ein inzwischen vertrautes Ressentiment.

Kate schien Donna geradezu anzustarren. Für Augenblicke fühlte Donna sich zurückversetzt in den Zeugenstand im Gericht. Als Kate sprach, klang ihre Stimme jedoch eher sanft. »Sie mögen Annie, nicht wahr?«

»Oh, ich habe sie sehr gern«, erwiderte Donna hastig – und hoffte, daß aus ihren Worten mehr Überzeugung klang, als sie selbst empfand. Sie mochte das frühreife oder altkluge kleine Mädchen wirklich, und sie hatte sogar angefangen, Annie zu lieben – bis ihr dann der ziemlich irrationale Gedanke kam, die Liebe zu Annie bedeute so etwas wie Treulosigkeit gegenüber ihren eigenen Kindern. Eine wahrhaft enge innere Bindung zu Annie – lief das nicht darauf hinaus, daß sie ihr eigen Fleisch und Blut gleichsam verloren gab?

Und so glichen ihre Empfindungen Mels Tochter gegenüber einem unablässig wachsenden Bündel von Widersprüchen. Zwar freute sie sich, Annie um sich zu haben: Da war jemand, für den sie sorgen, mit dem sie sich beschäftigen konnte. Andererseits verübelte sie dem Mädchen eben dies – ihr bloßes Dasein. Ein Blick in Annies Augen erinnerte sie an die Augen ihres Töchterchens, das sie vielleicht nie wiedersehen würde. Und beanspruchte Annie von sich aus ein paar Minuten ihrer Zeit, so fühlte sie sich an die Bitte ihres Sohnes erinnert: noch eine Geschichte.

»Erzähl mir eine Geschichte von einem kleinen Jungen namens Roger und einem kleinen Mädchen namens Bethanny ...«

Ein unaufhörlich zunehmendes Schuldgefühl bedrückte sie, wenn sie versuchte, Teil ihrer neuen Familie zu sein; wenn sie es unternahm, ihr Leben weiterzuleben, irgend etwas daraus zu machen. Wie hätte sie einfach über das hinweggehen können, was geschehen war? Kinder, das waren doch keine Zähne, die einem gezogen wurden. Zunächst der Schmerz, dann ein Gefühl der Taubheit – und schließlich das Nicht-mehr-Wahrnehmen der Lücke.

»Verzeihung, ich habe Sie eben nicht verstanden«, sagte Donna. Plötzlich war ihr bewußt geworden, daß Kate gesprochen hatte. »Ich habe gefragt, ob Sie arbeiten ... ich meine, außer als Hausfrau.«

»Oh. Oh, nein. Tu ich nicht.«

»Oh.«

Peinlicher, beklemmender Augenblick. Einer jener Momente, wo Donna wünschte, sie wäre Raucherin: sich eine Zigarette anstecken, drauflospaffen, etwas zu tun haben. Nun, wenn sie irgend etwas tun wollte, konnte sie ja hinaufgehen, um Annie zu helfen. Halt, nein, das ging nicht. Annie wollte sie dort oben nicht haben. Das hatte das Mädchen eindeutig klargestellt: Heute würde ihre Mutter kommen – ihre *wirkliche* Mutter, wie sie betonte –, um sie für den Sommer mitzunehmen. Und für zwei Mütter war da kein Platz. Zumal für Donna nicht.

Konnte man es dem Kind übelnehmen? Schließlich hatte Donna sie von Mal zu Mal unfreundlicher und unduldsamer behandelt, immer reizbarer, immer leichter irritiert. Zunächst gab Annie sich alle Mühe, Verständnis zu zeigen. Doch unausbleiblich reagierte sie dann mit eigenen Ressentiments.

»Glauben Sie, daß Ihnen die juristische Laufbahn Spaß machen wird?« fragte Donna, um ihren eigentlichen Gedanken zu entkommen. Doch sofort bedauerte sie die Frage. Klang ja wahrhaftig wie ein Passus aus einem Amtsformular. Einfach zu dämlich. Könnte sie genausogut fragen, was ihre Lieblingsfarbe ist. Und ähnlichen Blödsinn.

»Werden Sie sich spezialisieren?« fragte sie weiter, ohne recht zu wissen, ob Kate die erste Frage überhaupt beantwortet hatte. Auch nicht viel intelligenter. Aber was hätte sie sonst fragen sollen? Gab es vielleicht irgendwo einen amtlichen Leitfaden für solche Gespräche mit geschiedenen Frauen? Sie hätte das sehr begrüßt.

Kate murmelte etwas von Familienrecht.

Wo im ganzen Land die Scheidungsrate ein geradezu epidemisches Ausmaß annahm, könnte die Regierung wahrhaftig ein Mindestmaß an Maßnahmen treffen. In der Tat schien der Gedanke an einen handlichen kleinen Leitfaden, der den Geschiedenen – zugleich mit den Scheidungsdokumenten – über den künftigen Umgang miteinander ausgehändigt würde, eine recht naheliegende Idee zu sein.

Wieder herrschte großes Schweigen zwischen Kate und Donna,

während man einander eingehend betrachtete. Und plötzlich fühlte Donna sich den Blicken der anderen ausgesetzt, als stünde sie in gleißendem Rampenlicht. Weiße Shorts und ein rosafarbenes Oberteil trug sie, und schon seit mehreren Wochen saß beides nicht mehr so recht. Die Sachen hatten auf geradezu alberne Weise ihre Form verloren. Halt, nein! Wenn jemand seine Form verloren hatte, dann war es Donna. In letzter Zeit aß sie nur wenig, verspürte kaum Appetit – und die Pfunde, die sie seit ihrer Scheidung wieder angesetzt hatte, sie verschwanden so nach und nach. Wohin bloß, dachte Donna unwillkürlich. Kate mit ihrem hübschen Busen und ihrer prachtvollen Figur muß mich ja für eine Art Asketin halten oder so.

Kate ihrerseits sah ungeheuer fit und gesund aus, und das dunkle Haar, das sie zum Pferdeschwanz gebunden hatte, verlieh ihr ein wenig das Aussehen von Ali McGraw in »Love Story«. Ich nehme mich in ihren Augen vermutlich wie die Verkörperung eines Handfegers aus, dachte Donna.

Kate schien im Begriff, etwas zu sagen, und Donna wandte ihre Aufmerksamkeit den Lippen ihres Gegenübers zu.

»Mammi!« kreischte es aus der Diele. Gott sei Dank, dachte Donna. Kate war sofort aufgesprungen und breitete die Arme aus, um ihre Tochter aufzufangen. Mit fliegenden dunklen Zöpfen eilte Annie auf sie zu, in der rechten Hand jene weiß-rosa »Schmusedecke«, von der sie sich nie trennen mochte. »O wie schön, dich zu sehen«, sagte Kate und gab ihrem Kind einen lauten Kuß. Donna erhob sich. Wenn sie jetzt doch bloß irgendwo anders sein könnte! Annie umschlang den Hals ihrer Mutter. Erst nach langen Minuten lösten sich die beiden voneinander. »Du siehst prächtig aus.«

Annie strahlte. »Du siehst wunderschön aus.« Instinktiv gab sie das Kompliment zurück.

»Du hast immer noch die Schmusedecke, wie ich sehe.«

Donna schaltete sich ein. »Sie nimmt sie überall mit.«

»Stimmt nicht«, fuhr Annie schroff dazwischen. »In die Schule nehme ich sie nicht mit.«

»Sei höflich, Annie«, mahnte ihre Mutter.

»Ist doch wahr – ich nehme sie nicht zur Schule mit«, beharrte das Kind.

Kate blickte zu Donna. »Jemand, mit dem ich befreundet bin, schenkte Annie die Decke bei ihrer Geburt.«

»Ja, ich weiß. Mel hat's mir erzählt.«

»Erstaunlich, wie gut die Schmusedecke noch aussieht«, fuhr Kate fort.

»Ja.« Wo blieb denn nur Mel?

Annie blickte von Kate zu Donna, und dann wieder zu ihrer Mutter. »Donnas früherer Mann hat ihre Kinder mit sich genommen«, sagte sie plötzlich.

Kates Augen richteten sich hastig auf Donna. »Ja. Das weiß ich, Liebling.«

Donna drehte sich unwillkürlich zur Seite. Sie versuchte, sich nichts anmerken zu lassen: von ihrem plötzlichen Zorn über das kleine Mädchen.

»Pappi sagt, sie werden den Scheißkerl schon aufspüren – und wenn's das Letzte ist, was sie tun.«

Wo blieb bloß Mel? Mußte sie all dies jetzt wirklich über sich ergehen lassen?

»Pappi sagt, er ist ein Schweinehund . . .«

»Das genügt, Annie«, fiel ihre Mutter ihr scharf ins Wort. »Du weißt, daß ich solche Wörter nicht mag.«

»Was für Wörter?«

Kate blickte lächelnd zu Donna. »Sie probieren's doch immer.«

»Ja.« Wenn doch bloß Mel hier wäre.

Er war's. Kaum hatte Donna den Wunsch unhörbar ausgesprochen, so öffnete sich die Eingangstür, und Mel trat ein – voller Entschuldigungen. »Tut mir leid«, sagte er. Zunächst küßte er Donna, sodann trat er auf seine Ex-Frau zu und küßte auch sie. Eine säuberlich gegliederte Rangfolge in der Hackordnung.

Er zog eine kleine, braune Papiertüte aus der Tasche, öffnete sie. »Hatte diese Salbe nicht mehr vorrätig«, erklärte er, »und so mußte ich sie erst kaufen.« Er reichte sie Donna. »Gegen deinen Ausschlag.«

Donna nahm die Salbe und blickte schuldbewußt auf ihre Handrücken. »Danke«, sagte sie.

»Sieht Mammi nicht wunderschön aus?« fragte Annie.

»Deine Mutter sieht immer schön aus«, erklärte Mel, und er schien es aufrichtig zu meinen. »Wie war die Reise hierher?«

»Gut. Ereignislos«, erwiderte Kate.

»Hast du alles gepackt?« fragte Mel Annie.

»Meine Koffer stehen oben.«

»Werde sie sofort holen«, versicherte er.

»Ich habe mir gedacht, wir fahren erst mal für ein paar Tage nach Disneyland«, sagte Kate zu ihrer Tochter, die vor lauter Vorfreude buchstäblich zu beben schien. »Bevor's nach New York geht. Habe extra einen Wagen gemietet.«

»Ließ sich ja denken, daß du Bonbons austeilst – zumal aufreizend rote«, sagte Mel nachdenklich.

»Nun, ich hatte für aufreizendes Rot schon immer was übrig.« Sofort mußte Donna an Mels und ihr Schlafzimmer denken: rot-weiß gemusterte Tapete, entsprechend gemustertes Bettzeug – und so weiter und so fort. Der gesamte Raum, beschloß sie auf der Stelle, würde sofort umgestaltet werden müssen.

»Los doch!« rief Annie.

»Ich werde Annies Sachen holen«, erbot sich Donna. Mrs. Harrison hatte ihren freien Tag; überdies gab ihr das die Möglichkeit, einer langen Abschiedsszene in der Eingangstür aus dem Wege zu gehen. Als sie mit Annies beiden Koffern (sowie der Tasche voller Spielzeug) erschien, näherten sich die wechselseitigen Umarmungen und Küsse gerade ihrem Ende. Mel nahm ihr die Koffer ab; Kate griff nach der Tasche mit dem Spielzeug.

»Willst du Donna keinen Abschiedskuß geben?« fragte Mel.

»Nein!« erwiderte das Kind prompt.

»Annie!« Ihre Mutter.

»Annie!« Ihr Vater.

»Nein!« Annie.

»Schon gut.« Donna. »Wirklich.«

Mel ging voraus, ging auf den roten Plymouth zu. Kate und

Annie folgten ihm. Donna blieb in der Tür zurück. »Einen schönen Sommer wünsche ich«, rief sie hinter ihnen her. Niemand drehte auch nur den Kopf. Sie trat in die Diele zurück. Verdammtes Gör, dachte sie aufgebracht. Hättest mir ruhig einen Abschiedskuß geben können! Wärst bestimmt nicht dran gestorben!

Rund fünf Minuten dauerte es, bevor Donna hörte, wie das Auto auf die Straße fuhr. Zweifellos winkte Mel hinterher, bis der Plymouth entschwand. Eine Minute später trat er dann ein. Inzwischen hatte sich Donnas Verärgerung zum Zorn gesteigert.

»Ich muß in die Klinik zurück ...«

»Mach so was nie wieder mit mir!« schrie sie.

»Was?«

»Ich brauchte diese blöde Salbe nicht! Jedenfalls nicht gerade jetzt. Damit hätte es Zeit gehabt!« Sie schleuderte den kleinen Behälter auf die weißen Keramikfliesen. Mel schwieg, ließ sie aussprechen. »Was ist bloß in dich gefahren?« fuhr sie fort. »Hast du nicht das Gefühl, ich hätte in letzter Zeit schon genug durchgemacht? Warst du der Meinung, es würde mich aufmuntern, mit deiner geschiedenen Frau ein halbes Stündchen zu plaudern!? Warum hast du ihr nicht gesagt, daß ich hier wohne? Was hat dir das Recht gegeben, mit ihr über Adam und Sharon zu sprechen? Machst du dir denn keinen Begriff davon, wie mir so etwas zusetzt? Wie konntest du mir das nur antun!?«

Mel wartete, bis die Zornesröte aus ihrem Gesicht entwich. Dann trat er auf sie zu und nahm sie in die Arme. »Es tut mir leid«, sagte er leise und drehte den Kopf hin und her. »Es war gedankenlos von mir. Es tut mir wirklich sehr leid.«

Donna, den Kopf an seiner Brust, brach in Tränen aus. »Warum wollte sie mir keinen Abschiedskuß geben, Mel?« fragte sie mit brüchiger Stimme. »Warum wollte sie mir keinen Abschiedskuß geben?«

Der erste Telefonanruf kam um genau drei Minuten nach zwei: an einem Freitagnachmittag, vierzehn Wochen nach Victors Verschwinden.

»Für Sie«, sagte Mrs. Harrison und hielt den Telefonhörer hoch.

In aller Ruhe trat Donna auf den Apparat zu. Schon Wochen zuvor hatte sie jegliche Hoffnung aufgegeben, daß sich am anderen Ende der Leitung jemand melden würde mit einer brauchbaren Information. Der Detektiv, den ursprünglich Mr. Stamler engagiert hatte, war von Mel schließlich »abberufen« worden. Seit Monaten gab es keinen neuen Anhaltspunkt. Alle Straßen führten – ins Nichts. »Hallo.«

»Dachte ich mir doch, daß ich dich dort erreichen würde.«

Donna hatte das Gefühl zu erstarren. Deutlich spürte sie, wie alle Farbe aus ihrem Gesicht entwich und wie sich in ihrem Magen eine Art Knoten zu bilden schien. Sie zwang sich zum Sprechen. »Victor?«

»Du erinnerst dich. Ich fühle mich geschmeichelt.«

»Um Gottes willen, wo bist du?«

»Verlangst immer mehr, als ich dir geben kann«, sagte er resigniert.

»Wo bist du?«

»Wenn du mich das noch einmal fragst, lege ich auf!«

Donna geriet in Panik. »Bitte nicht, leg nicht auf!«

»Du hast genau sechzig Sekunden, um zu fragen, wie es deinen Kindern geht.« Donna konnte geradezu sehen, wie er einen Blick auf seine Armbanduhr warf.

Sie versuchte, ihre Stimme unter Kontrolle zu halten. »Wie geht es Adam, wie geht es Sharon?« fragte sie, sich genau an seine Anweisungen haltend.

»Ausgezeichnet«, erwiderte er kalt. »Sharon vermißt dich überhaupt nicht.« Donna dachte an ihr Töchterchen, sah die braunen Locken vor sich, die hellblauen Augen. Jene so ungewöhnlichen Augen, die alles in sich aufzunehmen schienen wie eine Instamatic-Kamera. Sie wird mich nicht vergessen, dachte Donna, sie wird mich nicht vergessen. »Adam hat nach dir gefragt.«

Donnas Herz begann zu hämmern. »Und was hast du zu ihm gesagt?«

»Daß du ihn nicht mehr sehen möchtest. Daß du eine andere Familie gefunden hast, die du mehr magst.«

»Victor, das kannst du nicht gesagt haben! Mein Gott, das hast du ihm doch nicht wirklich gesagt!« Doch er hatte ein Gespür dafür. Ein Gespür für ihre schlimmsten Ängste. Schon immer hatte er das gehabt. Wenn sie innerlich bereit war, Mel zu lieben, auch seine Tochter – eine andere Familie gefunden hast, die du mehr magst –, dann würde sie ihre Kinder verlieren, für immer.

»Deine sechzig Sekunden sind vorbei, Donna. Adieu.«

Die Leitung war tot. »Nein!« rief sie. »Victor! Victor.« Sein Lächeln, aus irgendeiner unbestimmten Ferne, schien körperlich spürbar. Sie knallte den Hörer auf die Gabel. Mrs. Harrison kehrte ins Zimmer zurück, und auf ihrem sanften schwarzen Gesicht erschien ein angemessener Ausdruck von Beunruhigung. Donna drängte an ihr vorbei, ließ sich in einen der wuchtigen Sessel mit den wulstigen Lehnen fallen. Und dort saß sie dann, reglos und stumm, bis Mel von seiner Arbeit heimkehrte.

Sie baten die Polizei, am Telefon eine Fangschaltung anzubringen: ein Gerät, mit dessen Hilfe man einem Anrufer eventuell auf die Spur kommen konnte. Doch erneut erhielten sie den Bescheid, dies sei keine »polizeiliche Angelegenheit«. Außerdem handele es sich um ein sehr kostspieliges Verfahren, das zudem nur dann Erfolg verspräche, wenn es Donna gelänge, den Anrufer für mindestens mehrere Minuten am anderen Ende der Leitung festzuhalten. Ein derartiges Risiko, das war Donna klar, würde Victor niemals eingehen. Sofern er überhaupt je wieder anrief. Allerdings: Irgendein Instinkt in ihr sagte ihr – ja, er würde es wieder tun. Offenkundig hatte er den »Spaß« viel zu sehr genossen, um einer weiteren Versuchung widerstehen zu können.

Enttäuscht und deprimiert verließen sie die Polizeistation.

»Wenigstens wissen wir, daß sie nicht im Ausland sind«, sagte Mel, während sie zum Auto gingen.

»Das wußten wir auch so.«

»Sicher, eigentlich schon.« Für einen Augenblick schwiegen beide. »Wie fandest du Annies Brief?« fragte er dann, und Donna spürte sein krampfhaftes Bemühen, ihre Gedanken in eine andere Richtung zu lenken. Mochte ja gut gemeint sein. Dennoch nahm sie's ihm übel. Sie wollte nicht, daß ihre Gedanken in eine andere Richtung gelenkt wurden. Sie war dazu nicht bereit.

»Hatte noch keine Zeit, ihn zu lesen.«

»Zwei Tage hattest du«, sagte er lächelnd.

»Hatte keine Zeit.«

»Klingt ungeheuer ›erwachsen‹, was sie da schreibt«, fuhr er fort und ignorierte die Schärfe in ihrer Stimme.

»Gut für sie.«

»Kate hat sich zusammen mit ihr offenbar ein paar Stücke am Broadway angesehen.«

»Das ist nett.«

»Scheint dich nicht sehr zu interessieren.«

»Ich höre doch zu, oder?«

Sie kamen zu der Parkuhr, wo der weiße MG stand. Ein gelber Strafzettel klebte am Fenster. »Die Parkzeit war abgelaufen«, sagte Mel nach einem Blick auf die Uhr. »Na, prächtig.« Er nahm den Zettel, steckte ihn in die Tasche seiner marineblauen Hosen, zog in ein und derselben Bewegung die Autoschlüssel heraus. Zunächst schloß er die Tür für Donna auf, dann ging er um den Wagen herum und öffnete die Tür für sich. Donna war bereits angeschnallt, als er sich hinter das Lenkrad schob.

»Wohin?« fragte er.

Sie zuckte die Achseln.

»Eine Art Spritztour vielleicht?«

»Warum nicht?«

»Wir könnten nach Lauderdale fahren, auf ein Sandwich.«

»Eine ziemlich weite Strecke für ein Sandwich.«

»Jedenfalls eine schöne Fahrt. Am Ozean entlang.«

Wieder zuckte Donna die Achseln. »Ganz wie du willst.«

Er ließ den Motor an. Wortlos fuhren sie, bis sie das Meer erreichten. Dann nahm Mel die Abbiegung in Richtung Süden.

»Möchtest du über das sprechen, was dir zusetzt?«

Donna mochte ihren Ohren nicht recht trauen. Wo hatte Mel, in den letzten Wochen, nur seinen Verstand gelassen? »Was mir *zusetzt?* Ja, was glaubst du denn, was mir zusetzt, Himmelherrgott? Das Wetter?«

»Nicht gleich so aufgeregt, Donna.«

»Ja, was für eine Frage ist denn das? Ich bekomme einen Anruf von Victor, die Polizei sagt uns, wo der herkam, läßt sich nicht feststellen, und das wird praktisch hundertprozentig auch in Zukunft so sein – und du fragst mich, was mir *zusetzt!* Du erwartest von mir, daß ich mich mit dir über Annies Briefe unterhalte! Dabei sind wir genauso weit davon entfernt, meine Kinder zu finden, wie an dem Tag, an dem Victor mit ihnen fort ist. Nur – von mir wird erwartet, daß ich mich so verhalte, als befänden sie sich in einem Schulheim oder einem Pensionat oder so! Ich soll reagieren wie eine Superdoofe oder wie die Superfrau. Ich bin weder das eine noch das andere, Mel.«

»Verlangt ja auch niemand von dir.«

»So? Und was verlangst du sonst!?«

Er schüttelte den Kopf. »Nichts. Lassen wir das Thema fallen. Tut mir leid, daß ich so ins Fettnäpfchen getreten bin.«

»Du bist enttäuscht, weil ich Annies Briefe nicht gelesen habe?«

»Ich meinte, du hättest die Zeit dafür finden können.«

»Die Briefe sind sämtlich an dich gerichtet.«

»Sie weiß doch, daß du sie lesen wirst.«

»Wenn sie möchte, daß ich sie lese, dann könnte sie sie auch an uns beide adressieren.«

»Du weißt doch, wie Kinder sind.«

Abrupt drehte Donna ihm den Kopf zu, und die Blicke, die sich kreuzten, waren eisig. »Entschuldige«, sagte er hastig. »Ich meinte nur, daß sie die Briefe genauso für dich schreibt wie für mich.«

»Eben das ist *nicht* der Fall, Mel. Hat sie in irgendeinem ihrer Briefe auch nur ein einziges Mal meinen Namen erwähnt? Wenigstens – ›liebe Grüße an Donna‹ oder so?«

»Nein.«

Donna lachte – ein sonderbar stockendes Lachen.

»Hast du ihr jemals geschrieben?« fragte er.

»Du erwartest, daß ich ihr schreibe?«

»Ich habe dich nur gefragt, ob du's getan hast.« Er schwieg. »Schau, Donna, wir beide haben ganz einfach einen miesen Start gehabt. Halt, nein. Der Anfang als solcher war an sich ganz ausgezeichnet. Während der ersten fünf Monate warst du noch du selbst. Bloß, als es dann losging – so richtig zwischen euch beiden –, als alles auseinanderzufallen begann ... Annie begreift durchaus, was du durchmachst; aber vergiß nicht – sie ist ein Kind. Und sie bekommt sehr genau mit, daß du ihr nicht allzuviel Aufmerksamkeit zuwendest; daß du dich in Gedanken mit ganz anderem beschäftigst; daß sie eine Nebensache für dich ist, ein Nebengedanke ...«

»Geschickt formuliert, Herr Doktor«, warf Donna ein.

Er ignorierte die Unterbrechung. »Sie ist sehr sensibel, Donna. *Eine* Mutter hat sie bereits verloren. Naturgemäß widerstrebt es ihr, allzu viele Gefühle in jemanden zu investieren, bei dem – bei der – sie sich ganz und gar nicht sicher ist, daß es sich – nennen wir es ruhig so – für sie auszahlt. Sie besitzt ein starkes Eigenbewußtsein. Und im Augenblick weiß sie genau, daß du sie zwanzigmal hingeben würdest, um deine eigenen Kinder zurückzuerhalten.«

Donna atmete langsam aus. Alles, was er sagte, war wahr. »Was sollte ich nach deiner Meinung tun?« fragte sie, und sie meinte es aufrichtig. Was, um Himmels willen, war nur mit ihr los? Sie liebte diesen Mann doch. Und es würde für sie ein leichtes sein, auch seine kleine Tochter zu lieben. Hätte es jedenfalls sein sollen.

Warum verhielt sie sich Annie gegenüber so – so reserviert, fast gemein? An sich verlangte es sie doch danach, dieses kleine Mädchen zu lieben. Ja, ganz gewiß. Doch da war dieser verfluchte, nur halbformulierte Gedanke in ihr: daß sie, indem sie Annie die Tür öffnete, eben diese Tür vor ihren eigenen Kindern zuschlug. Wie hatte Victor doch noch gesagt? »Du hast eine andere Familie gefunden, die du mehr magst.« Sie schüttelte den Kopf – versuchte, den Gedanken zu verbannen. Nie werde ich euch vergessen, meine Kinder, dachte sie und sah Adam und Sharon vor sich, nie, niemals.

»Wäre nett, wenn du ihr schreiben würdest. Ich bin sicher, daß sie sich darüber freuen würde.«

Donna nickte. »Okay, ich werde ihr schreiben.« Sie lehnte sich zurück. Wild blies der Wind durch die geöffneten Fenster, zauste in Donnas Haar; erfüllte den winzigen Raum mit Brandungsgeräuschen und Meeresgeruch. Donna versuchte, ihren Körper zu entspannen – gleichsam zum Rhythmus der Brandung. Es war besser als irgendeine dieser komischen Massagen, die man über sich ergehen ließ. Wie, so fragte sie sich unwillkürlich, konnte jemand, der einmal am Meer gelebt hatte, es ertragen, irgendwo anders zu leben?

»Fühlst du dich jetzt besser?« Nach fast einer halben Stunde Schweigen brach Mel die Stille.

Mit einem Lächeln blickte sie zu ihm. »Ja.« Er hatte noch immer gewußt, wann es vernünftig war, sie in Ruhe zu lassen.

»Sind wir bald da?« fragte sie mit kindlicher Stimme.

»Noch fünf Minuten.«

Donna streckte die Hand aus und legte sie auf Mels Oberschenkel. »Bin wohl ziemlich mit mir selbst beschäftigt gewesen in deinen Augen, oder?«

»Ich kann warten.«

Donna schüttelte verwirrt den Kopf. »Wie kommt's, daß du so ein netter Mensch bist?«

»Gute Erbmasse.«

Donna lachte, und zum erstenmal seit Wochen dachte sie wieder an ihre Mutter. Wie hätte die sich wohl unter all diesen Umständen verhalten? fragte sie sich unwillkürlich.

Sie bogen vom Highway ab und fuhren nun in westlicher Richtung. »Sobald wir wieder zu Hause sind, schreib ich an Annie«, versicherte sie entschlossen. Genau das würde ihre Mutter getan haben.

Aber als sie dann, gegen fünf Uhr nachmittags, daheim anlangten, blickte sie zum Telefon im Wohnzimmer, und plötzlich fühlte sie sich sehr müde. Sie werde sich einen Augenblick ausruhen, sagte sie zu Mel; und er möge sie aufwecken, wenn er sein Abendessen wünsche.

Natürlich tat er's nicht. Als sie dann von selbst wach wurde, war es bereits drei Uhr früh, und er lag in tiefem Schlaf neben ihr. Leise stieg Donna aus dem Bett. Jetzt erst wurde ihr bewußt, daß Mel sie bereits entkleidet hatte. Sie warf sich einen Morgenmantel über und stieg die Treppe hinunter, zur Küche. Dort schaltete sie das Radio an, das Mel vor kurzem für sie gekauft hatte, und begann, gleichsam automatisch, an der Arbeitsplatte herumzuwischen. Nach etwa einer Viertelstunde holte sie zielstrebig Fantastik und andere diverse Reinigungsmittel hervor. Erst gegen halb fünf schaltete sie das Radio aus, löschte das Licht – und kehrte zurück nach oben, ins Bett.

18

Donna saß in dem Schlafzimmer, das sie mit Mel teilte, und starrte die rot-weiße Tapete an. Sie könne mit dem Raum machen, wozu sie Lust habe, hatte Mel zu ihr gesagt, und so ging Donna jeden Nachmittag, gleich nach Annies Rückkehr von der Schule, hinauf ins Schlafzimmer, wo sie sich auf dem Fußboden niederließ und auf hübsche Einfälle hoffte. Allmählich wurde dies zu einer Art Ritual. Allerdings: In den letzten Tagen überließ sie sich einfach der Monotonie des Musters. Und wenn ihr überhaupt irgendwelche Gedanken kamen, so hatten sie mit der Umgestaltung des Zimmers nichts zu tun.

Das Telefon läutete mehrmals, bevor Donna es wahrnahm. Hastig erhob sie sich und lief zum Nachttisch, um den Hörer abzuheben.

»Hallo.«

Die Stimme klang sehr ruhig. »Du bist außer Atem.«

»Victor?«

»Sharon weint.«

Er legte auf.

»Victor? Victor? Hallo! Hallo!« Verzweifelt tippte Donna mehrmals auf die Gabel; doch es war hoffnungslos, sie wußte es. Langsam legte sie auf und stand dann wie erstarrt.

»Wieder ein Anruf?« fragte, von der Tür her, die Kinderstimme. Donna drehte den Kopf und sah, wie Annie ins Zimmer trat. Sie nickte. In den letzten drei Monaten hatte Victor viermal angerufen.

»Was hat er diesmal gesagt?« fragte das Kind.

»Nichts.«

»Kannst es mir doch sagen.« Eine Art Vortasten.

»Hast du keine Schularbeiten?« Schroffes Zurückweisen.

»Ich bin doch erst acht, verdammt.«

»Fluch nicht.«

»Kommandier mich nicht rum.«

»Laß mich zufrieden, Annie. Ich bin wirklich nicht in der Stimmung.«

»Du bist ja nie in der Stimmung – egal in welcher.«

»Wo ist Mrs. Harrison? Vielleicht ist sie in Stimmung für deine Frechheiten.«

Über die Augen des Kindes glitt es wie ein dünner Nebelschleier.

»Sie ist einkaufen«, sagte Annie, während ihre Unterlippe zu zittern begann.

Unwillkürlich wandte Donna den Blick ab. Ein intensives Schuldgefühl überkam sie. Annie hatte Mels große braune Augen, und die Art, wie sie ihren Körper geradehielt, erinnerte Donna an ihre eigene Mutter. Verdammt noch mal! dachte sie. Wie schafft sie's nur, daß ich mich auf einmal so ungeheuer schuldig fühle? Sie ist doch bloß ein Kind. Mels Kind. Jawohl, Mels Kind. Nicht *mein* Kind. Mein kleines Mädchen ist Gott-wer-weiß-wo. Victor hat gesagt, daß sie weint. Und wenn Sharon weint, kannst du von mir aus auch ruhig weinen, verdammt! Sie blickte wieder zu Annie.

Annie stand bewegungslos. Und mit aller Selbstbeherrschung, deren sie fähig war, hielt sie die Träne zurück, die sich im Winkel ihres linken Auges gebildet hatte: ließ nicht zu, daß sie hinabrollte über die Wange. Donna fiel in die Knie, streckte dem Kind die Arme entgegen. »Tut mir leid, Annie«, sagte sie leise. »Tut mir aufrichtig leid. Aber wenn Victor anruft, bin ich immer so durcheinander, daß ich Minuten brauche, bis ich wieder einigermaßen zu mir komme. Bitte, Liebling, komm zu mir, in meine Arme.«

Annies Reaktion war so heftig, daß Donna unwillkürlich zusammenfuhr. »Hör auf, mich rumzukommandieren!« schrie sie und ließ ihren Tränen jetzt freien Lauf. »Du bist nicht meine Mutter! Du bist eine ganz schlechte Mutter! Kein Wunder, daß Victor dir deine Kinder weggenommen hat! Ich hasse dich!«

Und sie hastete hinaus, während Donna ihre Hände sinken ließ und auf den Fußboden stützte.

»Du bist noch nicht umgekleidet?« fragte Mel, während er ins Schlafzimmer trat, dessen Wände absolut kahl waren, seit drei Wochen schon. Mit ungeheurer Sorgfalt hatte Donna die alte Tapete entfernt, bis zum letzten Fetzen. Und bislang machte sie nicht die leisesten Anstalten, den jetzigen Zustand zu beheben. Sie saß auf dem Bettrand und beobachtete, wie Mel zum Frisiertisch trat, um sich im Spiegel zu betrachten.

»Ich weiß nicht, was ich anziehen soll«, sagte sie tonlos.

»Irgendwas. Rod hat gesagt, es wird eine ganz zwanglose Angelegenheit.«

»Auf meine weißen Hosen habe ich Kaffee geschüttet.«

»Dann zieh die blauen an.«

»Welche blauen?«

»Welche du willst.«

»Du bist eine große Hilfe.«

»Tut mir leid, aber ich weiß einfach nicht, was ich sagen soll.«

»Ich bitte dich um einen kleinen, ganz kleinen, klitzekleinen Rat, doch das ist schon zuviel verlangt.«

»He . . .«

»Ich bin mir einfach nicht sicher, was ich anziehen soll. Immerhin handelt es sich um eine Party, die dir wichtig genug erscheint, um darauf zu bestehen, daß ich mitkomme . . .«

»Ich glaube, daß es wichtig ist, daß wir häufiger unter Menschen kommen.«

»Du unterbrichst mich – ich hatte dich um einen einfachen Rat gebeten, um einen Rat, der mir bei der Entscheidung hilft, was ich anziehen soll. Doch das ist dir die Mühe nicht wert – einfach nicht wichtig genug.«

»Ganz gewiß nicht wichtig genug, um sich deshalb zu zanken.«

»Vielleicht bin ich da anderer Meinung.«

»Bist du's?«

Donna bedeckte ihr Gesicht mit beiden Händen.

Rasch trat Mel zu ihr, setzte sich neben sie, legte einen Arm um ihre Schultern. »Was ist denn, Donna? Hat Victor heute angerufen?«

Sie schüttelte den Kopf. »Nein.« Fünf Wochen waren seit dem

letzten Telefonanruf vergangen. »Aber ich dachte, er würde es vielleicht tun. Ein paar Stunden lang saß ich buchstäblich neben dem Apparat und wartete.«

»Das ist nicht gut.«

»Gib mir etwas zu tun.«

Ein kurzes Schweigen. »Du kannst nicht so herumsitzen, Monat für Monat. Das ist für dich nicht gut. Es ist für keinen von uns gut.«

»Ich kann nicht fort. Victor könnte anrufen.«

»Könnte aber auch sein, daß er nie wieder anruft. Du kannst hier nicht herumsitzen und darauf warten, daß das Telefon läutet.«

»Was schlägst du vor?«

»Warum suchst du dir nicht einen Job? Fängst wieder an zu arbeiten.«

»Als ob das so leicht wäre. Ich bin ja schon eine Ewigkeit aus dem Beruf raus.«

»Ich weiß.«

»Sieben Jahre lang habe ich nicht gearbeitet.«

»Sagt ja keiner, daß es so leicht wäre. Aber versuchen könntest du's doch. Das dürfte doch nicht zu schwierig sein.«

»Was du nicht sagst. Ich hebe einfach den Telefonhörer ab und rufe Steve McFaddon an.«

»Warum nicht?«

»O Mel, sei nicht so naiv.«

»O Donna, sei nicht so negativ.«

»Rutsch mir doch den Buckel runter«, sagte sie, und sie sagte es ganz ruhig, gleichsam beiläufig. Zu ihrer Überraschung nahm er es auch genauso auf. Er zuckte kurz die Achseln, löste den Arm von ihrer Schulter. Dann stand er auf und ging zum Frisiertisch. »Im übrigen«, fügte sie hastig hinzu, »dachte ich immer, es sei dir angenehm, wenn ich zu Hause bin, Annies wegen.«

»Das war eine gute Idee.« Er betonte das Wort »Idee«.

»Was soll das heißen?«

»Das soll heißen, es wäre für alle – Annie mit eingeschlossen – besser, wenn du häufiger aus dem Haus kämst.«

»Hat Annie irgendwas zu dir gesagt?«

»Annie hat im vergangenen Monat kaum zehn Sätze von sich gegeben.«

»Du meinst, das ist meine Schuld?«

»Ich meine, du solltest dich anziehen, damit wir aufbrechen können.«

Donna blieb auf dem Bettrand sitzen. »Ich habe dir gesagt, daß ich nicht weiß, was ich anziehen soll.«

Mel trat zum Schrank und nahm ein Paar blaue Hosen heraus sowie ein dazu passendes gestreiftes Oberteil. »Warum nicht dies hier?«

Donna zuckte die Achseln. »Ginge schon.«

»Nun?« fragte er.

»Müssen wir denn wirklich dort hin?«

»Ja«, erwiderte er kurz. »Wir müssen.« Er warf einen Blick auf seine Armbanduhr. »Jetzt gehe ich noch auf ein paar Minuten zu meiner Tochter. Wenn du fertig bist, komm in ihr Zimmer und sage gute Nacht.«

Donna salutierte. »Jawohl, Sir.«

Mel sah sie an. »Das war kein Befehl, Donna.« Er ging zur Tür, wandte sich dort abrupt herum. »Schau, wenn dir die Party so sehr gegen den Strich geht, dann solltest du's vielleicht besser bleiben lassen.«

»Und du – du bliebest zu Hause?«

»Nein, ich gehe zur Party.«

»Du möchtest nicht, daß ich mitkomme?«

»Ich möchte, daß du tust, was dir das Liebste ist.« Er ließ ihr keine Zeit zur Antwort. »Ich bin in Annies Zimmer zu finden.«

Minutenlang blieb Donna auf dem Bettrand sitzen. Dann erhob sie sich und begann sich zum Ausgehen anzukleiden.

Deutlich registrierte Donna Mels Verblüffung, als er die Autotür öffnete und sie im Wagen sitzen sah. Minutenlang schwieg er, obwohl ihm deutlich anzumerken war, daß er nur zu gern etwas gesagt hätte. Statt dessen biß er die Zähne aufeinander, starrte angestrengt geradeaus und ließ den Motor an. Ohne auch nur einmal zu ihr zu blicken, manövrierte er das Auto von der Einfahrt auf die Straße. Noch nie hatte sie auf seinem Gesicht einen solchen Ausdruck von – von Verstörtheit gesehen.

Tut mir so leid, Mel, wollte sie sagen. Wollte die Hand ausstrecken und seine Wange berühren. Um jene Wärme wiederzugewinnen, die, wie sie wußte, durch ihre Schuld verlorenzugehen drohte. Wie wunderschön wär's, wenn ich das könnte: deine Tochter lieben – und dir all die Liebe zeigen, die ich, wie du weißt, für dich empfinde. Bitte verstehe. Verstehe, wie es für mich ist. Er hat mir meine Kinder genommen. Und nie, niemals verläßt mich dieses Bewußtsein, egal was ich sage oder tue oder unternehme. Überall sehe ich Victors Gesicht, wie er mich verhöhnt, über mich lacht. Und ich sehe meine Kinder, die nach mir verlangen, sich weinend nach mir sehnen. Immer wenn ich Annie anblicke, so ... so sehe ich nur mein kleines Mädchen, das einmal, wenn sie in Annies Alter ist, irgendwo in der Fremde sein wird – eine Fremde für mich, wie ich für sie. Das ist der Grund dafür, daß ich Annie meide. Deshalb bin ich nicht in ihr Zimmer gekommen, um ihr gute Nacht zu sagen. War dazu einfach nicht fähig. Kannst du verstehen, wie das für mich ist? Tag für Tag warte ich auf einen Anruf von Victor. Und das Warten darauf ist schlimmer als der eigentliche Anruf. Klingt irgendwie verrückt, nicht? Aber wenn er sich telefonisch meldet, habe ich das Gefühl, meinen Kindern auf irgendeine Weise näher zu sein. Bitte, Mel, sag mir, daß du verstehst.

»Du solltest dich lieber anschnallen«, sagte er, nachdem sie etwa fünf Minuten unterwegs waren.

Sie tat es. Warum fuhren sie nur zu dieser blöden Party? Was für einen Sinn hatte das? Falls Victor anrief, war sie nicht zu Hause. Mrs. Harrison würde sagen, Mrs. Cressy ist für den Abend ausgegangen; und Victor würde auflegen – und vielleicht niemals wieder anrufen. Warum hatte sie sich für die Party umgekleidet? Weshalb war sie nicht zu Hause und wartete für den Fall, daß Victor anrief? Für den Fall, daß er ihr sagte, wo sich ihre Kinder befanden.

»Fährst du nicht furchtbar schnell?«

Mel warf einen Blick auf den Tachometer. »Vielleicht ein bißchen«, sagte er und verlangsamte das Tempo.

Donna ruckte unruhig auf ihrem Sitz. »Wie weit ist es noch?«

»Nicht sehr weit. Drüben in Boynton.«

»Sind dort lauter Ärzte?«

»Ein paar schon, glaube ich. Wieso? Klingt fast, als könntest du Ärzte nicht ausstehen.«

»Na, du weißt doch, wie die auf Partys sind – reden nur mit anderen Ärzten. Lauter Fachsimpelei.«

Aus Mels Stimme klang unverkennbar Ungeduld. »Nun«, sagte er, »verschaffen wir uns doch mal einen kurzen Überblick. Das Thema Medizin bedeutet für dich von vornherein öde Fachsimpelei. Das Thema Kinder scheidet aus, weil es Wunden aufreißt. Das Thema Filme kommt nicht in Frage, weil wir seit Monaten nicht im Kino waren. Ein Buch oder auch nur eine Illustrierte hast du in demselben Zeitraum ebensowenig gelesen, können wir also gleichfalls streichen. Was irgendwer über irgend etwas zu sagen hat, interessiert dich nicht. Somit bliebe nur ein einziges Gesprächsthema – du. Doch über *dich* können wir ja nicht reden, da du ja nichts tust . . .«

In einer Mischung aus Verblüfftheit und Wut starrte Donna zu Mel. »Da hat sich bei dir ja wohl eine Menge aufgestaut, wie?« fragte sie.

Sehr langsam atmete Mel aus. Dann nickte er mehrmals, als sei er mit sich selbst zu einer inneren Übereinkunft gelangt. »Dies ist nicht der Zeitpunkt«, entschuldigte er sich. »Tut mir leid. War falsch von mir.«

»Da hast du verdammt recht«, erklärte Donna, jetzt noch wütender – weil er sich entschuldigt hatte und das Thema damit praktisch beendet war.

Plötzlich faßte sie nach dem Türgriff auf ihrer Seite. »Was ist denn?« fragte Mel, und zum erstenmal, seit sie losgefahren waren, blickte er zu ihr.

»Nichts weiter«, erwiderte Donna. »Macht mich nur ein bißchen nervös, wie scharf du die Kurven nimmst, das ist alles.«

»Nur mit der Ruhe, Donna. Was kann uns schon Schlimmeres passieren, als daß ich uns in den Tod fahre.«

»Großartig.«

»Dachte mir, daß dir das gefällt.«

»Was soll das heißen?«

»Nichts weiter.«

»Nein, erklär mir, was du damit sagen wolltest.«

»Lassen wir das Thema fallen, Donna.«

»Ich will's nicht fallenlassen.«

»Aber ich.«

»Und es geht immer nach deinem Willen, wie?«

»Klingt in meinen Ohren gar nicht so übel.«

»Und wie's in meinen Ohren klingt, danach fragst du nicht?«

Mel, die Fäuste am Lenkrad, den Blick starr geradeaus durch die Windschutzscheibe gerichtet, gab keine Antwort. »Ich habe gefragt, ob's dich interessiert, wie das in meinen Ohren klingt«, hakte sie nach.

»Und ich habe dich gebeten, das Thema fallenzulassen. Ist einfach lächerlich, dieses Gespräch.«

Noch etwa eine Viertelstunde fuhren sie. Dann bog Mel in die Einfahrt zu einem riesigen Gebäude in Boynton Beach ein. Er hielt in jenem Bereich, der als Parkraum für Gäste markiert war, und löste seinen Sicherheitsgurt.

»Ich meine, wir sollten dies klären, bevor wir hineingehen«, sagte Donna.

Mel sah sie an. »Donna, weißt du überhaupt wirklich noch, warum du dir soviel Mühe gibst, dich in Rage zu bringen?« Unwillkürlich wich sie seinem Blick aus. »Also was ist? Kommst du mit hinein, oder möchtest du lieber, daß ich dich nach Hause zurückfahre?« Ohne ein Wort zu sagen, schnallte Donna sich los und glitt rasch aus dem Auto. »Du kommst also doch mit«, hörte sie Mel gleichsam zu sich selbst sagen, bevor sie die Autotür zuwarf.

Donna stand allein in irgendeinem Winkel des Raums und beobachtete Mel. Er stand auf der Terrasse mit Ausblick auf den Ozean und hatte seinen Arm um eine hochgewachsene, üppige

Rothaarige geschlungen. Seit einer Viertel-, wenn nicht halben Stunde »plauschten« die beiden miteinander auf recht intime Weise. Im Spiegel über der Bar sah Donna sich selbst. Hatte Mel nicht immer gesagt, ihr Haar gefiele ihm am besten, wenn es rot war ...?

Sie ließ ihren Blick durch den Raum gleiten, der ganz in Beige und Gelb gehalten war. Warme Farbtöne. Doch sie wies sie sofort zurück. Genauso wie sie zuvor die höflichen Gesprächsansätze zurückgewiesen hatte, die in ihre Richtung unternommen wurden. Im übrigen hatte sie in ähnlicher Weise auch Mel zurückgewiesen. Sie blickte wieder zur Terrasse. Die Rothaarige drängte sich enger an Mel; lachte über irgend etwas, das er gesagt hatte. O Mel, dachte sie, warum hast du mich hierher mitgeschleppt?

»Entschuldigen Sie«, sagte sie, während sie auf den Gastgeber zutrat. »Dürfte ich Ihr Telefon benutzen?«

»Selbstverständlich. Da ist eins im Schlafzimmer, wo Sie ungestörter sind.«

Er deutete nach rechts, und Donna drängte sich zwischen den Gruppen und Grüppchen durch und gelangte in das besagte Schlafzimmer, wo sie sich aufs Bett setzte, das Telefon in bequemer Reichweite. Kaum hatte sie die Nummer gewählt, meldete sich am anderen Ende der Leitung auch schon Mrs. Harrison.

»Hat irgendwer angerufen, Mrs. Harrison?«

»Nein, Ma'am. Ist alles ruhig hier. Annie hat ein Weilchen gelesen und ist dann eingeschlafen.«

»Aber niemand hat angerufen?«

»Niemand.«

Langsam legte Donna den Hörer wieder auf die Gabel. »Niemand«, wiederholte sie. »Niemand.« Dann stand sie auf und ging in den großen Raum zurück. Die Türen zur Terrasse waren geöffnet, und selbst hier, sechs Stockwerke über dem Boden, drang das Rauschen der Brandung herauf: das einzige Geräusch, das Bestand zu haben schien.

Sie hielt Ausschau nach Mel, konnte ihn jedoch nicht sehen.

Die Rothaarige stand noch immer dort. Vermutlich holte er ihr einen neuen Drink. Wo steckte er nur? Es war fast elf. Sie wollte nach Hause.

»Bist du bereit heimzufahren?« fragte er, unversehens hinter ihr auftauchend, und seine Stimme klang anders als sonst.

»Ich bin schon den ganzen Abend dazu bereit«, erwiderte sie.

»Das ist mir nicht entgangen. Fehlte eigentlich nur, daß du die Autoschlüssel klirrend in meine Richtung geschwenkt hättest.« Ihre Augen blitzten zu ihm herum. »Frag mich nicht, wie ich das meine, denn es könnte glatt sein, daß ich's dir diesmal sage.« Er nahm sie beim Arm und steuerte mit ihr zornig auf den Ausgang zu. »Warum bist du so wütend?« flüsterte sie. »Ich bin's doch nicht gewesen, die den ganzen Abend mit so einem sexy Rotschopf rumgeflirtet hat.«

»Nein, das war ich«, sagte er, während er zum Abschied in Richtung des Gastgebers winkte. »Und sofern dir das bisher nicht aufgefallen sein sollte – das ist für gewöhnlich nicht mein Stil. Um dir die Wahrheit zu sagen – die Person, von der ich wirklich enttäuscht und auf die ich wirklich zornig bin, die bin ich selbst. Zu einem solchen Trick habe ich seit meiner High-School-Zeit nicht mehr gegriffen – damals hatte mir meine Freundin ziemlich mitgespielt, also ging ich mit ihrer besten Freundin aus.«

»Soll das heißen, ich war schuld daran, daß du dich heute abend so benommen hast?« Sie warteten auf den Fahrstuhl, der sofort herbeiglitt. Sie stiegen ein, standen an entgegengesetzten Seiten.

»Das soll heißen, daß es meine Schuld war«, sagte er. »Du kannst für meine Handlungsweise nicht verantwortlich sein.«

Der Fahrstuhl hielt, sie stiegen aus und gingen zu ihrem Auto. Mel strebte sofort seiner Seite zu, öffnete die Tür, stieg ein. Eine Sekunde lang dachte Donna, er werde einfach losfahren und sie stehenlassen. Doch dann streckte er den Arm aus und öffnete ihre Tür von innen, wenn auch nur einen winzigen Spalt. Sie ließ die Tür ganz aufschwingen und stieg ein. Irgendwie hatte sie das Gefühl, dies sei praktisch alles, was sie in letzter Zeit tat: in Autos steigen, aus Autos steigen.

»Nun, was ist es, was du sagen möchtest?« fragte sie, als er in den Highway einbog.

»Lassen wir die Sache ruhen, bis wir zu Hause sind, okay?« Es war eher eine Feststellung als eine Frage. »Im Augenblick koche ich so sehr vor Wut, daß ich meine ganze Konzentration brauche, nur um dieses Auto zu lenken.«

»Möchte mal wissen, weshalb *du* wütend bist.«

»Das wirst du schon erfahren«, erklärte er.

Als sie daheim ankamen, lag das Haus im Dunkeln, vom Außenlicht abgesehen. Sie traten ein, und Mel knipste die Lampe an, löschte sie sofort wieder aus. Für ein, zwei Sekunden erschien alles wie von einer »blitzenden« Kamera auf ein Foto gebannt. Dann gewöhnten sich die Augen ans Halbdunkel. Durch das Fenster oberhalb der Tür fiel Mondlicht ein. Es war jetzt halb zwölf.

Beide schwiegen. Und mit leisem Schrecken wurde Donna bewußt, daß sie sich scheute, etwas zu sagen. Noch nie hatte sie Mel in einem solchen Zustand erlebt. Für gewöhnlich dauerte es lange, bis er in Harnisch geriet. Donna betrachtete sein Gesicht. Es wirkte fast maskenhaft und sehr ernst. Im Halbdunkel sah sie sein Profil, und im ungewissen Licht war nicht zu erkennen, wo der Bart aufhörte und die glatte Wange begann – die Wange, die sie jetzt gern gestreichelt hätte. Doch sie fühlte sich gehemmt. Und so hob sie nicht den Arm, streckte nicht die Hand aus.

»Gehen wir ins hintere Zimmer«, sagte er. Ohne Donna einen Blick zuzuwerfen, setzte er sich in Bewegung. Sie folgte wortlos. Der Raum hatte ursprünglich Kate als Nähzimmer dienen sollen, war in den letzten Jahren jedoch kaum benutzt worden. Als Donna ihn zum erstenmal sah, dachte sie sogleich: ein prächtiges Spielzimmer für die Kinder.

Warum führte er sie ausgerechnet dorthin? Er wußte doch, daß sie diesen Raum als Spielzimmer für Adam und Sharon vorgeplant hatte.

»Wieso können wir nicht im Wohnzimmer miteinander sprechen?« fragte sie von der Türöffnung her.

Mel, bereits in der Mitte des Raums, drehte sich zu ihr um, und zum erstenmal, seit sie die Party verlassen hatten, blickte er ihr in die Augen. »Weil ich vermeiden möchte, daß Annie oder Mrs. Harrison wach werden.«

»Hast du vielleicht vor, ein bißchen herumzubrüllen?« fragte sie in einem bemüht scherzhaften Ton – und hoffte, daß ihr die Szene erspart bleiben würde, für die fast ausschließlich sie selbst verantwortlich war. Schon seit Monaten, das wurde ihr jetzt bewußt, braute sich da etwas zusammen. Und am liebsten hätte sie zweierlei zugleich getan: in wilder Flucht davonstürzen, in wildem Angriff voranpreschen.

»Ich bin mir nicht sicher, was ich vorhabe.« Keine Zeit für Scherze. Für Scherze viel zu spät.

»Ich möchte dieses Zimmer nicht betreten.«

»Was du nicht sagst.« Kurze Pause. »Und warum nicht?«

Sie zögerte. »Du weißt, wie ich dieses Zimmer verwenden wollte.« Sie hielt ihm den Schwarzen Peter hin.

Er ging auf ihr Spiel nicht ein. »Lassen wir solche Albernheiten, Donna. Komm herein und mach die Tür hinter dir zu. Du kannst doch keine Erinnerungen haben an etwas, das in dieser Weise nie existiert hat.«

»Meine Kinder haben existiert!«

»Und sie existieren noch! Wenn es in diesem Zimmer irgendwelche ›Geister‹ gibt, Donna, dann stehen sie in deinen Schuhen!«

Donna spürte, wie sich der Zorn in ihr zu stauen begann. Und dieser Zorn war es auch, der sie gleichsam vor sich her schob und die Tür hinter ihr schloß. Sie blickte sich im Zimmer um. Es war ziemlich groß. Regale voller Bücher, zwei gleichartige Liegen und ein langer, niedriger Tisch. »Wie wär's mit ein wenig Klartext, Herr Doktor?«

»Muß ich's dir wirklich vorbuchstabieren, Donna?«

»Ja, mußt du wirklich.«

»Du hast keine Ahnung, worauf ich hinauswill?«

»Hör auf, in Rätseln zu sprechen, verdammt noch mal. Du bist es doch, der reden will!«

Mel setzte sich in Bewegung. Ging zornig auf und ab.

»Ich begreife immer noch nicht, weshalb du so wütend bist«, fuhr Donna fort, und eigentlich sprach sie nur, um ihn nicht zum Reden kommen zu lassen. »Ich bin doch mitgekommen zu deiner blöden Party, oder? Wo ich dann beobachten durfte, wie du spätestens nach einer Stunde so richtig in Aktion warst – um mit jedem greifbaren weiblichen Wesen zu flirten. Bis du dich dann am Schluß ausschließlich deiner Rothaarigen widmetest, der mit dem dicken Busen. Ich meinerseits habe mich auf keinen der verfügbaren Herren gestürzt. Habe dir keine peinliche Szene bereitet.«

»O nein, du hast dich absolut korrekt verhalten! Du hast mich zu der Party begleitet. Du hast zu Rod und Bessie ›Hallo‹ gesagt. Mag sogar sein, daß du gelächelt hast. Ich bin mir da nicht sicher – könnte sich um reines Wunschdenken meinerseits handeln. Mehr hast du allerdings auch nicht getan – außer alle drei Minuten einen Blick auf deine Armbanduhr zu werfen.«

»So nach und nach werden das für mich richtig altvertraute Töne«, unterbrach Donna. »Und in einer Minute wirst du mir sicher erklären wollen, es sei samt und sonders meine Schuld, daß du dich so verhalten hast . . .«

»Nein!« Mit der Wucht eines Hammerschlags knallte die Antwort zwischen beide. »Ich habe dir bereits gesagt, daß ich ausschließlich selbst für mein Verhalten verantwortlich bin. Und wenn du's wirklich wissen willst – mein Verhalten heut abend kotzt mich an. Ich habe Menschen benutzt. Es ist lange her, seit ich Menschen so schamlos benutzt habe.«

»High-School«, erklärte Donna kurz. »Du hast mir's erzählt.«

»Ich kapiere jetzt, wieso es für mich so wichtig war, daß wir zu dieser Party fuhren. Sicher, ich meinte, es sei notwendig, daß wir beide mal von zu Hause fortkämen. Aber das war nicht der Hauptgrund. Der Hauptgrund für mich bestand darin, eben der Szene aus dem Wege zu gehen, die wir jetzt haben – wenigstens für ein paar Minuten oder für ein paar Stunden. Doch es klappte nicht so, wie ich es mir erhofft hatte. Allzu lange schon hatte sich's in mir aufgestaut. Und wenn es nicht auf die eine Weise hervorbrach, dann auf die andere. Und so verwandelte sich der Dr. Mel Segal urplötzlich in einen höchst begehrenswerten Dr. Mel Segal. Auf der Party heute abend gab's wohl keine einzige Frau, die nicht meinen Arm um sich gespürt hätte. Und ein paar davon reagierten durchaus. An der Rothaarigen war durchaus mehr dran als nur ein Paar üppige Titten, und es ist eine sehr einfache Sache ...« Er brach ab, schluckte kurz; bewegte sich dann langsam um den Tisch herum. Donna beobachtete ihn wortlos. »Ich hab ihn mal gehabt«, fuhr er fort, »ja, ich erinnere mich noch.« Er legte eine Pause ein, der Wirkung halber. »Einen Sinn für Humor«, ergänzte er. »Einen Sinn für Komik, selbst wenn rundum so ziemlich alles in die Brüche ging.« Er hob beide Arme empor, als müsse er sich ergeben, weil ein geladenes Schießeisen auf ihn gerichtet war. »Das ist's. Nur ein bißchen ... Leben.« Er schwieg einen Augenblick, fuhr dann fort. »Ich unterhielt mich mit ihr, und zum erstenmal seit Monaten wurde mir bewußt, daß ich mich für nichts entschuldigte. Ich hörte ihr zu, und – Wunder aller Wunder – sie hörte mir zu, hörte mir richtig zu. Sie meinte, ich könne vielleicht etwas sagen, das interessant sei. Sie lachte sogar über ein paar von meinen Witzen. Ich erwähnte, ich hätte eine Tochter, und die Reaktion dieser Rothaarigen war ein Lächeln. Sie bekundete sogar Interesse an dem Kind. Natürlich kapiere ich sehr wohl, daß dieses Interesse nur ein Teil ihres Interesses an mir war – ein Interesse, das ich nicht erwiderte und nicht erwidern konnte, weil ich nämlich immer noch dich liebe ...« Er brach ab, und Donna sah seine Tränen. Er versuchte nicht, sie zu verbergen oder zurückzuhalten. »Auch wurde mir bewußt, daß ich mich wie ein Schwein benahm – dir gegenüber, Caroline, der Rothaarigen, gegenüber; und nicht zuletzt gegen mich selbst.« Wieder schwieg er, umkreiste abermals den Tisch. »Tinka Segal – du erinnerst dich, daß ich dir von ihr erzählt habe: Sie war eine reizvolle Dame; und natürlich vollgepfropft mit jeder Menge Hausmanns-, nein Hausfrauensprüchen. Aber so was gehört nun mal zum mütterlichen Wesen. Einer ihrer Lieblingssprüche stammte von Shakespeare, dem wir ja so manches ›geflügelte Wort‹ verdanken. Mal sehen, ob ich's noch zusammenkriege. ›Vor allem sei dir selber treu‹, pflegte sie zu sagen.« Unwillkürlich hielt Donna den Atem an. Es war einer jener Sprüche, den auch ihre Mutter gebraucht hatte. »Nun«, fuhr er fort, »augenscheinlich war ich in unserem Verhältnis an einem Punkt angelangt, wo ich nicht länger mir selber treu war. Oder zumindest nicht mehr mir selber treu und zugleich Teil dieses Verhältnisses bleiben konnte.«

Donna spürte plötzlich die Kälte in ihrem Körper. Nein, nein, dies träumte sie nur. In ihrer Kehle begann es zu würgen.

»Ich liebe dich, Donna. Ich liebe dich wirklich. Glaub mir, daß ich sehr wohl weiß, was du durchgemacht hast und noch immer durchmachst. Wenn's nur um mich ginge, könnte ich's vielleicht noch ein bißchen länger aushalten. Ich bin mir da nicht sicher. Ich weiß es wirklich nicht. Doch das ist eine müßige Frage, denn es geht nicht nur um mich. Da ist ein achtjähriges Mädchen, das bald schon, wenn ich nicht höllisch aufpasse, ihren vierzigsten Geburtstag feiern wird. Vor einem halben Jahr war sie das glücklichste Kind in der ganzen Gegend. Inzwischen ist sie völlig verkrampft. Als sie neulich abends ihre Milch verschüttete, bist du auf sie los, als hätte sie's aus purer Gemeinheit gegen dich getan. Sie traut sich nicht mehr, in deiner Gegenwart etwas zu sagen, weil's ja doch unweigerlich was Falsches ist! Donna, hör genau zu, dämmert dir da nicht was? Klingt da nicht irgendwas geradezu schmerzlich vertraut?«

Sie wollte sprechen, brachte jedoch kein Wort hervor.

»Überlege doch mal, Donna«, fuhr Mel fort. »Überlege doch mal einen Augenblick, was du meinem Kind antust.« Wie hilflos sah er sich im Zimmer um. »Und auch mir!« Plötzlich begann er zu brüllen. »Ja, wenn wir schon dabei sind, ist es wohl das Beste, wir schaffen uns richtig Luft. Weißt du, wie ich mir immer vorkomme? Als ob ich über ein Minenfeld stakse, und – wumm! – jeden Moment kann so ein verdammtes Ding in die Luft gehen und uns sozusagen in Stücke reißen. Bei jedem Satz, jedem Sätzchen, das ich von mir gebe, schalte ich vorher die innere Zensur ein. Vielleicht wäre was über einen interes-

santen Fall in der Klinik zu berichten, doch sofern das was mit
Kindern zu tun hat – *schnipp!* schon ist die Schere des Zensors
am Werk. Mir fällt so etwas doppelt schwer. Es macht mir
nämlich Spaß, über Kinder zu sprechen, weil ich nämlich –
Himmelherrgott noch mal – an meinem eigenen Kind soviel
Freude habe. Allem Anschein nach bin ich in den letzten
Monaten von einer falschen Voraussetzung ausgegangen. Von
der Voraussetzung nämlich, daß die Donna, in die ich mich
verliebte, nach einer gewissen Zeit wieder zu sich finden würde.
Die Donna hatte ich in Erinnerung, verstehst du. Genau
erinnere ich mich daran, wie ich sie zum erstenmal sah, wie ich
sie zum erstenmal küßte, wie wir uns zum erstenmal liebten –
als sie noch wie eine Art Pfadfinder aussah. Ich weiß noch, wie
es war in den ersten Monaten nach ihrer Scheidung. Und ich
erinnere mich auch noch voller Zärtlichkeit an die Zeit, wo sie
eine verzweifelt unglücklich verheiratete Frau war; denn damals
steckte in ihr zumindest eine Menge Kampfgeist. Nichts von
der Tücke, die man jetzt bei ihr findet – nein, sie war jemand,
der kämpfte, um zu überleben; nicht, um zu zerstören.« Seine
Stimme klang plötzlich sehr müde. »Victor hat genau das getan,
was er dir androhte – er hat dich ausgelöscht. Du bist nirgends
mehr zu sehen.« Er brach ab; sprach dann unvermittelt weiter,
hastiger, drängender. »Was ich nicht verstehe – wieso läßt du's
geschehen? In der Ehe mit ihm strebtest du von ihm fort, um
nicht zerstört zu werden. Jetzt kannst du offenbar gar nicht
schnell genug in die entgegengesetzte Richtung rennen.« Er
schüttelte den Kopf. »Weißt du, meine Mutter sagte noch
etwas, bei einer bestimmten Gelegenheit. Das war, als ich
ihr sagen mußte, daß Kate und ich uns trennen würden – so
etwa vier Monate vor ihrem Tod, glaube ich. Ich versuchte
ihr zu erklären, daß Kate sich selbst finden müsse, und all das;
und weißt du, was sie mir erwiderte? Dies moderne Zeug, von
wegen sich selbst finden, sei ein Haufen Blech. Du bist, was
du tust, sagte sie; du bist, wie du dich verhältst.« Er hielt
einen Augenblick inne. »Und sie hatte recht.« Müde strich er
sich mit der Hand durch das Haar. »Du warst sechs Jahre lang

mit Victor verheiratet, Donna. Ich meine, das sollte uns beiden genügen.«

Donna stand wie betäubt. Minutenlang herrschte absolutes Schweigen. »Du sagst mir, daß du mich nicht mehr hierhaben willst?« Ihre Stimme war die eines Kindes.

»Ich sage dir, daß ich Donna Cressy liebe. Aber daß ich mit der Frau, zu der sie sich hat werden lassen, nicht mehr leben kann.«

Hektisch drehte Donna ihren Kopf hin und her. »Also auch du verläßt mich? Na schön, meine Kinder sind verschwunden; warum ich nicht gleich mit? Schlußstrich unter allem, inklusive Donna – ja?«

»Ich wollte es nicht – nicht so.«

»Du bist, was du tust, Doktor!« fauchte sie ihn an. Mel senkte unwillkürlich seinen Blick. »Du hast gesagt, du würdest mich niemals verlassen. Du hast es geradezu geschworen!«

Langsam hob er den Kopf, sah sie an; doch er sprach nicht. Sie gewahrte nur Schmerz, Qual.

»Du hast versprochen, mir bei der Suche nach meinen Kindern zu helfen!«

»Wir haben's doch versucht, Donna. Wir haben alles menschenmögliche versucht. Doch wie lange kannst du dein Leben leben, indem du auf das Läuten des Telefons wartest? Und dann – willst du ewig hinter kleinen Jungen herrennen in der Hoffnung, es könnte Adam sein? Oder hinter so winzigen Püppchen, weil du hoffst, womöglich sei das Sharon? Ich sage ja wahrhaftig nicht, daß du völlig resignieren sollst ...«

»Nein!« Es war ein Schrei, und sie hörte ihm ganz einfach nicht mehr zu.

Aber er sprach weiter. »Ich versuche doch nur, dir klar zu machen – ob du deine Kinder nun findest oder nicht – *du*, Donna Cressy, hast dein eigenes Leben zu leben.«

Sie war hysterisch, nicht mehr zu beruhigen. »Du hast mich angelogen«, schrie sie. »Du hast gelogen!«

»Donna ...« Er trat auf sie zu.

»Lügner! Lügner!«

»Donna ...« Er hob die Arme; schien sie an sich ziehen zu wollen, um sie zu trösten.

»Nein!« schrie sie.

»Versuche doch, dich zu beruhigen.« Er bewegte sich in Richtung Tür. »Ist wohl das Beste, wir kühlen uns für ein paar Minuten ab. Ich werde irgendeinen Drink für dich holen.«

»Ich will nichts von dir! Ich will nur hier raus!« Sie bewegte sich gleichfalls in Richtung Tür.

»Du kannst heute nacht nirgends hin!«

»Und ob ich kann, Teufel noch mal!«

»Donna, es kommt unter keinen Umständen in Frage, daß du um diese Zeit noch irgendwohin ... Laß uns jetzt versuchen, ein wenig zu schlafen – wir werden uns morgen früh weiterunterhalten.«

Sie versuchte, an ihm vorbei zur Tür zu drängen. »Ich schlafe nicht hier! Und du kannst mich nicht zum Bleiben zwingen!« Ihr Körper drängte gegen seinen Körper.

»Donna ...«

»Geh mir aus dem Weg. Ich brauche dich nicht. Du bist nichts als ein Lügner! Laß mich raus, oder ich schlage einen solchen Krach, daß hier alle aufwachen; das verspreche ich dir!«

Wieder streckte Mel ihr seine Arme entgegen; doch sie klatschte mit ihren Händen dagegen. »Geh mir aus dem Weg! Rühr mich nicht an!« Und dann verwandelten sich die Laute in ein gutturales Geheule, das direkt aus ihrem Herzen zu dringen schien. Sie kreischte, als sei er im Begriff, ihr, dem waidwunden Tier, den Todesstoß zu geben.

Und plötzlich hob Mel die Hand, preßte sie gegen ihre Lippen, um das Schreien zu ersticken, wenigstens zu drosseln. Donna empfand tiefen Schrecken. Der Atem ging ihr aus. Mit aller Kraft biß sie ihm in die Hand. Jetzt schrie er auf, im unerwarteten Schmerz. Und er versuchte, ihren Körper mit seinem größeren und schwereren Körper unter Kontrolle zu bringen. Doch sie schlug und stieß und kratzte. »Geh mir aus dem Weg!« Er gab nicht nach. »Ich hasse dich, Gott verdammt noch mal!« schrie sie. Und schlug ihm mit der Hand ins Gesicht.

Instinktiv hob er seine rechte Hand und schlug mit gleicher Kraft zurück. Und dann fuhren beide gleichzeitig auseinander, entsetzt über das, was sie getan hatten.

Als erster fand er zur Sprache zurück. »Donna, es tut mir so leid ...«

»Nein«, schnitt sie ihm das Wort ab, »ich will nichts weiter hören.« Sie blickte ihm in die müden braunen Augen. »Du bist schlimmer als Victor«, sagte sie mit ruhiger Stimme. »Victor hat vieles getan, aber geschlagen hat er mich nie.«

Während Donna zur Tür ging, trat Mel beiseite. Hinter ihr erklang leise seine Stimme. »Manchmal ist es leichter, jemanden umzubringen, als Hand an ihn – oder sie – zu legen.«

Donna öffnete die Tür und trat hinaus, ohne auch nur einen einzigen Blick zurückzuwenden.

19

Seit einem Monat kam sie Tag für Tag zu diesem Spielplatz. Zuerst nur ein Zufall, war es inzwischen zum festen Ritual geworden: Jeden Nachmittag von drei bis fünf saß Donna auf derselben niedrigen grünen Bank bei dem kleinen Spielplatz in der Nähe des Flagler Boulevard und sah den Kindern beim Spielen zu.

Irgendwie erschien es ihr als passendes Ende für jeden Tag: für all die Tage, die sie mit leeren Gedanken füllte, bis es dunkel genug wurde, um wieder zu Bett zu gehen, um wieder zu schlafen. Morgens wachte sie zwischen sieben und acht Uhr auf und verbrachte eine kleine Ewigkeit mit Waschen und Zähneputzen und was sonst noch, bevor sie sich anzog. Sie schlüpfte in die Kleidung, die gerade in ihrer Reichweite lag, bis sie schließlich so schmutzig war, daß sie das unmöglich noch länger tragen konnte. Dann unternahm sie lange Spaziergänge, manchmal am Meer entlang, mitunter auch bis zur Worth Avenue, wobei sie den gutgekleideten Touristen nach Möglichkeit aus dem Wege ging. Gelegentlich führten ihre Schritte sie zur Palm Beach Mall oder in Richtung Southern Boulevard. Dann und wann aß sie irgendwo eine Kleinigkeit; meistens verzichtete sie darauf. Regelmäßig jedoch kam sie am Ende zu diesem kleinen Spielplatz. In welche Richtung sie zuerst auch aufgebrochen sein mochte: Alle Wege führten schließlich hierher.

Es war einer von Adams Lieblingsspielplätzen gewesen, vermutlich wegen der vielen Wippen und Rutschbahnen usw. in Tiergestalt. Natürlich rechnete sie nicht wirklich damit, ihn hier zu sehen. Andererseits (dies ihre vagen Gedanken) konnte man ja nie wissen. Schien es nicht wenigstens denkbar, daß Victor mit den Kindern Palm Beach überhaupt nicht verlassen hatte? Oder eher noch: daß er mit ihnen nach kurzer Abwesenheit wieder zurückgekehrt war? Sie versuchte, sich von diesen unsinnigen

Überlegungen zu befreien. Nein, nein, nein. Palm Beach war ein viel zu kleiner Distrikt. Es gab zahlreiche Menschen, die ihn und die Kinder erkennen konnten, erkennen würden. Überdies hatte der Detektiv den gesamten Staat durchkämmt; hatte alle möglichen Agenturen abgeklappert: für Immobilien, für Hauspersonal, selbst für Kinderschwestern. Victor befand sich garantiert nicht in Florida. Oder hatte sich hier jedenfalls nicht befunden, flüsterte es aus irgendeinem Winkel ihres Gehirns. Denn es *konnte* doch sein, daß er inzwischen zurückgekehrt war.

Sie sah, wie ein kleiner, dunkelhaariger Junge vom Parktor her auf ein grellbemaltes Klettergestänge zulief. Im Nu hatte er sich emporgeturnt und hing dann ganz oben, Kopf nach unten. Wo blieb seine Mutter? fragte Donna sich gereizt. Kleine Kinder läßt man auf gar keinen Fall unbeaufsichtigt – wie leicht können sie sich was tun!

Der Junge war nicht älter als Adam. Ja er hatte sogar ein wenig Ähnlichkeit mit ihm, zumindest aus dieser Entfernung. Außerdem blickte sie gegen die Sonne, und wenn sie ihre Augen ein wenig verengte, konnte sie sich fast vorstellen ...

»Todd, wo bist du?« rief eine helle Frauenstimme. Und dann sah Donna die Frau selbst. Sie hastete auf den Spielplatz, näherte sich mit zornigen Blicken dem kleinen Jungen. »Wie oft habe ich dir schon gesagt, daß du auf mich warten und nicht so weit vorauslaufen sollst! Du weißt doch, daß ich mich jetzt nicht so schnell bewegen kann.«

Die Frau, rund ein Halbdutzend Jahre jünger als Donna, mußte im sechsten oder siebten Monat sein. Unwillkürlich blickte Donna an sich hinab. Sie war so dünn wie nie zuvor, und ihre Magerkeit wurde noch betont durch das Haar, das sie eine Idee zu lang trug, als daß es attraktiv wirken konnte.

»Allmächtiger, wie ich mit zweien fertig werden soll, weiß ich beim besten Willen nicht«, sagte die Frau, während sie schwerfällig auf die Bank zuschritt, auf der Donna saß, und neben ihr Platz nahm. Zu ihrer eigenen Verwunderung freute Donna sich darüber: über die Gelegenheit, mit einem anderen Menschen zu sprechen. Es war schon ziemlich lange her, daß sie mehr

Worte gewechselt hatte als die unerläßlichen Floskeln wie
»Guten Tag« und »Auf Wiedersehen«.
»Sie werden schon zurechtkommen«, erwiderte sie lächelnd.
»Zuerst ist es schwer, und man glaubt, man schafft es nie. Aber
man schafft es doch, und dann ist es wunderschön.«
»Wirklich?« fragte die Frau und strich sich das von einem
Stirnband gehaltene Haar glatt. Es war blond, doch im Sonnenlicht sah man deutlich den schwarzen Haaransatz, etwa einen
Zentimeter lang. »Na, hoffentlich. Wir können uns nämlich
keine Hilfe leisten. Und Todd – also als Baby war's mit ihm
nicht zum Aushalten. Schrie unentwegt. Nochmal könnte ich
das wohl kaum durchmachen.«
»Mit meinem ersten war es das gleiche«, sagte Donna. »Ein
ganzes Vierteljahr lang schrie er, mein kleiner Adam. Aber dann
hörte er damit auf, und er war sehr lieb. Sharon hat überhaupt
nie geschrien. Vielleicht haben Sie mit Ihrem zweiten ebensoviel
Glück.«
»Na, hoffentlich.« Die Frau blickte zu den spielenden Kindern,
ein knappes Dutzend insgesamt. »Welche sind Ihre?«
Die Frage traf Donna völlig unvorbereitet. Unwillkürlich geriet
sie in ein Stammeln. »Sie – sie sind nicht hier.« Die Frau
musterte sie überrascht. Am liebsten hätte Donna gefragt: Muß
man denn Kinder haben, wenn man bei einem Spielplatz auf
einer Bank sitzt? Statt dessen sagte sie: »Sie sind mit ihrem Vater
unterwegs. Er macht mit ihnen einen Abstecher nach Disneyland.«
»O wie schön. Wir waren voriges Jahr dort. Mir hat's besser
gefallen als Todd.« Donna lächelte. Die Frau sah sie fragend an.
»Sie verbringen Weihnachten nicht zusammen?«
Donna starrte verblüfft. Wie hatte sie nur vergessen können,
daß es nur noch wenige Tage bis Weihnachten waren? Unwillkürlich drehte sie den Kopf. Sah die Palmen, das grüne Gras,
spürte die warme Dezemberluft. In einer solchen Umgebung
war es wahrhaftig keine Kunst, Weihnachten zu vergessen, ging
es ihr durch den Kopf. Das Wetter blieb mehr oder minder stets
gleich, mal ein bißchen heißer, mal ein bißchen weniger heiß.

Geschenke brauchte sie für niemanden zu kaufen. Auch war keiner da, der Tag für Tag fragte: Ist denn immer noch nicht Weihnachten? Niemand hatte ihr eine Weihnachtskarte geschickt – wie denn auch, da keiner wußte, wo sie sich befand? Im Mt.-Vernon-Motel hatte sie eine Art Dauerquartier bezogen. Ursprünglich war das als Übergangslösung gedacht gewesen, bis sie irgendwo ein geeignetes Appartement fand. Der Mietvertrag für das Haus, in dem sie seinerzeit mit den Kindern gewohnt hatte, war inzwischen abgelaufen; die Eigentümer waren zurückgekehrt. So hatte sie einen Teil ihrer beweglichen Habe ins Mt.-Vernon-Motel geschafft und den Rest eingelagert. Sobald die Touristensaison vorüber war, würde sie sich auf die Suche nach einem Appartement machen. Wahrscheinlich.

»Ich hatte ganz vergessen, daß Weihnachten vor der Tür steht«, sagte Donna – und bedauerte den Satz, kaum daß er ihr rausgerutscht war.

Die jüngere Frau schien sich buchstäblich zurückzuziehen. In ihren Augen zeigte sich ein eigentümlicher, fast furchtsamer Ausdruck. Und plötzlich erinnerte Donna sich an den riesigen Weihnachtsbaum am Ende der Worth Avenue. Sie sah ihn im Lichterglanz, vor dem Hintergrund des dunklen Abendhimmels; sie sah die erleuchteten Schaufenster, weihnachtlich geschmückt. Es war schon erstaunlich, wie das funktionierte mit dem Verdrängungsmechanismus (so nannte man das ja wohl). Sie hatte es tatsächlich fertiggebracht, Weihnachten für sich *nichtexistent* zu machen. Eine beachtliche Leistung, wenn man so wollte.

Die jüngere Frau ließ ein gezwungenes Lächeln sehen. Dann erhob sie sich nicht ohne Mühe, murmelte irgend etwas: Sie müsse ihrem Söhnchen helfen oder so. Mit erstaunlich schnellen Schritten (zumindest für eine Frau in ihrem Zustand) näherte sie sich ihrem kleinen Sohn, der fröhlich herumturnte, sagte irgend etwas zu ihm – und setzte sich dann auf eine Bank auf der anderen Seite des Spielplatzes. Sie zog ein Buch aus ihrer Handtasche und vermied jeden Blick in Donnas Richtung.

Wer kann auch Weihnachten vergessen, dachte Donna für sich.

Doch nur jemand, der nicht ganz richtig im Kopf ist. Sie stand auf und ging langsam in Richtung Parkausgang.

Der Mann war schlank, fast knochig. Mit John Travolta besaß er überhaupt keine Ähnlichkeit, fand Donna, und sie fragte sich, wie es nur kam, daß sie zunächst diesen Eindruck gewonnen hatte. John Travolta war dunkelhaarig und hatte elastische Hüften. Dieser Junge – denn mehr als ein Junge war er kaum, wie sie jetzt trotz des trüben Lichts sehen konnte – hatte absolut durchschnittliches braunes Haar, besaß einen eher mäßigen Sexappeal, und was seine Hüften betraf, so *bemühten* sie sich um Elastizität.

Was hatte er hier zu suchen? Nein, das war falsch formuliert. Was suchte *er* hier? Schließlich befanden sie sich in ihrem Motelzimmer. Donna saß auf ihrem Bett; er stand drüben beim Toilettentisch vorm Spiegel und kämmte sich das Haar. Hautenge schwarze Jeans und Stiefel mit hohen Absätzen trug er. Kein Hemd. Rasch blickte Donna an sich hinab – sie hatte noch die hellblauen Veloursshorts mit dem passenden Oberteil an, die sie nun schon seit mehreren Tagen trug. Hatten sie sich bereits geliebt? War sie schon wieder angekleidet und wartete darauf, daß er endlich fertig wurde und ging?

Sie blickte zu dem Jüngling. Ja, das war wohl das richtige Wort, so altmodisch es auch klingen mochte. Jüngling. Kein Junge mehr, aber auch noch kein Mann. Er war mindestens zehn Jahre jünger als sie. Was suchte er in ihrem Motelzimmer? Wo hatte sie ihn – aufgegabelt?

»Welcher Tag ist heute?« fragte sie ihn plötzlich.

Langsam drehte er sich zu ihr um. Auf seinem Gesicht spiegelte sich Verwunderung. »Freitag«, erwiderte er. Seine Stimme klang für sie fremd. Hatte sie ihn schon einmal sprechen hören, oder war dies das erstemal? »Bin in ein paar Sekunden bei dir, Baby.« Im Spiegel betrachtete er sein Profil. Gar kein Zweifel: Er war weit mehr an seiner eigenen Vollkommenheit interessiert als an ihr.

»Welches Datum haben wir?« Auch ihre eigene Stimme klang ihr fremd. Als hörte sie sich auf einer Tonbandaufnahme zu. Mehr noch: Bei der ganzen Szene schien sie Zuschauerin zu sein, alles von der anderen Seite des Raums beobachtend: zwei Fremde, der Mann – oder Jüngling – halbbekleidet vor dem Spiegel, in die Betrachtung seines eigenen Spiegelbildes versunken; die Frau auf dem Bett sitzend, noch vollständig angekleidet und wartend. Wartend worauf? Daß er ging? Daß er sich ihr näherte? Daß er sie liebte? Wer war dieser Junge? Wie war er in ihr Motelzimmer gelangt?

»Welches Datum haben wir?« fragte die Stimme wieder, fast fieberhaft.

»He, Baby, das fragst du mich nun dauernd. Was ist denn los? Stimmt irgendwas nicht mit dir?«

»Welches Datum haben wir?« Sie hatten also schon miteinander gesprochen.

»Es ist noch immer Freitag, der 31. Dezember.« Er wandte sich wieder dem Spiegel zu, warf dann einen Blick auf seine Armbanduhr, die er auf den Toilettentisch gelegt hatte. »Wie ich dir schon im Park gesagt habe – lange kann ich nicht bleiben. Hab 'ne Verabredung für heute abend.« Er lächelte dümmlich. »Is ja klar, nich? Silvester und so.«

Hatten sie sich bereits geliebt? War er deshalb hier? Wieder fühlte sie sich wie eine Beobachterin außerhalb – oder doch am Rande – der Szene. Geschickt streifte er seine Stiefel ab und näherte sich dann bis auf einen halben Meter der verwirrten Frau auf dem Bettrand. Jetzt sahen gleichsam beide Frauen zu, während er aufreizend seinen Gürtel löste und die schwarzen Jeans Zentimeter für Zentimeter seine Hüften hinabgleiten ließ. Unterwäsche trug er nicht.

»Sie haben eine hübsche Figur«, hörte sie die Frauenstimme sagen. Er streifte die Jeans ab und tänzelte dann wieder in Richtung Spiegel, um sich von allen Seiten zu betrachten.

»Phantastisch, was?« sagte er. Es war weniger eine Frage als eine Feststellung. »Ich trainiere auch jeden Tag in einer Sporthalle. Sozusagen gleich um die Ecke vom Park. Muß mich doch in Form halten«, sagte er und näherte sich wieder der Frau, »für die Weiber, weißt schon.«

Mit atemberaubender Geschwindigkeit spult das ab, dachte

Donna, die Beobachterin auf der anderen Seite des Zimmers. Bitte, Herr Filmvorführer, hätten sie vielleicht die Freundlichkeit, den Film zu stoppen, zurückzuspulen und von vorn zu beginnen? Ich weiß überhaupt nicht, worum's geht. Diese Leute sind mir unbekannt, ich habe keine Ahnung, wie der Titel lautet – und so weiter und so fort. Was, um alles in der Welt, suchte dieser Junge im Zimmer dieser Frau? Warum sieht sie so verwirrt aus? Ich habe keine Ahnung, worum sich das Ganze dreht. War mir schon immer zuwider, mitten in einen laufenden Film zu platzen. Bitte, Herr Vorführer, hätten Sie die Güte, den Streifen von vorn zu starten, damit ich mir ein Bild machen kann, wer diese Leute sind.

»Für so was sind Sie doch ein bißchen alt, finden Sie nicht?« hörte sie die Frauenstimme fragen. Er hing, die Knie über die oberste – grüne – Stange des Klettergerüsts gehakt, mit dem Kopf nach unten. Schwarze Jeans, schwarzes T-Shirt – das ein ganzes Stück verrutschte, so daß sie seinen nackten Leib oberhalb des Bauchnabels sehen konnte – und dieser Bauchnabel schien sie geradezu anzulächeln. Rasch schwang er herum, herunter; stand dann vor ihr und blickte sie an. Irgendwie sah er wie John Travolta aus, fand sie.

»Sind Sie eine Parkaufseherin oder was?« fragte er, während er heftig auf seinem Kaugummi herumkaute.

Sie schüttelte den Kopf. »Nein. Nein. Ich komme nur manchmal hierher.«

»So?« fragte er, uninteressiert. »Haben Sie Kinder hier?«

»Nein«, erwiderte sie und schüttelte den Kopf.

Er nickte und schaute sich um. In der Nähe spielten ein paar Kinder. Als er wieder zu der Frau blickte, starrte sie ihn noch immer an.

»Sie kommen, äh, nur mal so hierher, wie?«

»Ganz recht.«

»Ja. Weiß schon, wie es ist.«

»Wie was ist?«

Er zuckte die Achseln. »Weiß nicht.« Er blickte zu dem Klettergerüst.

»Ich heiße Donna.«

»Ja?«

»Ja.«

Er zeigte ein vorsichtiges Lächeln. »Nett, Sie kennenzulernen, Donna.«

»Welchen Tag haben wir heute?«

»Welchen Tag? Äh, Freitag. Es ist Freitag.«

»Freitag, der wievielte?«

Das Lächeln begann zu verblassen. »Freitag, der 31. Dezember, Silvester.«

»Jetzt?«

»Wie meinen Sie das – *jetzt?* Es ist kurz nach drei Uhr nachmittags. Später, ich meine, in ein paar Stunden, ist es dann wirklich soweit – Silvester. Möchten Sie vielleicht wissen, welches Jahr wir haben?« Die Stimme klang sarkastisch – aber kaum weniger verwirrt.

Sie schüttelte den Kopf. Das Jahr war unwichtig. Unausgesetzt starrte sie den jungen Mann an.

»Hören Sie, ich muß jetzt gehen. Hab für heute abend 'ne große Verabredung. Sie wissen, wie so was ist.«

»Wie was ist?«

Er drehte sich langsam von ihr fort. »Nun, ein glückliches neues Jahr.« Er begann sich von ihr zu entfernen.

Die Frau folgte ihm mit zaudernden Schritten. »Warten Sie!« rief sie.

»Ich kann wirklich nicht bleiben«, sagte er und blickte zu ihr zurück.

»Hätten Sie Lust, mit mir ins Bett zu gehen?«

Donnerwetter, dachte Donna, während sie das »Replay« beobachtete. Diese Frau hat wirklich eine Menge Mumm.

»Soll das ein Scherz sein?« Er hatte sich umgedreht, kam zurück.

»Überhaupt kein Scherz. Willst du mit mir ins Bett gehen? Ich wohne drüben am Belvedere.«

»Bist schon 'n tolles Weib«, sagte er lachend. »Aber klar – ich mach mit dir 'ne Nummer. Bloß lange bleiben kann ich nicht.«

»Hast du ein Auto?«

»Ein Stück die Straße abwärts geparkt.«

Donna beobachtete den Jungen – oder Jüngling – und die Frau. Während sie gemeinsam den Park verließen, glitt seine Hand über ihr Hinterteil.

Und jetzt befanden sie sich in dem Motelzimmer. »Meinst du nicht, du solltest dir dies auszuziehen?« fragte er und zupfte an ihrem hellblauen Veloursoberteil. Donna, die Beobachterin von der anderen Zimmerseite, sah genau zu. Wie ein Kind hob die Frau auf dem Bettrand die Arme in die Höhe, und der junge Mann – der Jüngling – zog ihr das Oberteil über den Kopf.

»He, ein BH!« sagte er lachend. »Hab so'n Ding schon seit Jahren nicht mehr gesehen.« Er betrachtete das »Objekt«, als handle es sich um einen Gegenstand von einem anderen Planeten – sodann glitten seine Hände auf ihren Rücken, um den BH aufzuhaken.

»Der wird vorne aufgehakt«, murmelte sie.

»Wirklich? Na, was sagt man. Habe dir ja gesagt, daß ich mit so was schon eine Ewigkeit nicht mehr zu tun hatte.« Er fand den Haken, löste ihn mühelos. »Na, das Gefühl dafür habe ich wohl noch immer«, stellte er fest, während er unablässig den Kaugummi in seinem Mund herumwälzte. Er löste den BH, ließ ihn auf den Boden fallen. »Ist wohl wie eine dieser Fick-Phantasien, bei denen einem kein verklemmter Reißverschluß in die Quere kommt, wie?« fragte er, während er sie aufs Bett zurückdrängte, um ihr – in ein und derselben Bewegung – sowohl ihre Shorts als auch ihr Höschen abzustreifen.

»Solche Phantasien habe ich schon längst aufgegeben«, sagte die Stimme der Frau. Donna, auf ihrer Beobachterposition auf der anderen Seite des Zimmers, bewegte sich unruhig. Irgendwie klang die Stimme jetzt allzu vertraut. »Ich war einmal in einem Flugzeug«, fuhr die Stimme fort. »Ist schon lange her. Eine Nonne beschlagnahmte den Sitz, den ich eigentlich für Warren Beatty reserviert hatte. Soviel zum Thema Phantasien.«

Donna lachte. Dieser Junge oder Jüngling lachte nicht. Er stellte das Kaugummikauen ein, richtete seinen (bislang über die Frau gebeugten) Körper auf. Starr war sein Blick auf sie geheftet, geradezu klinisch betrachtete er sie. Donna bemerkte, daß es mit seiner Erektion abwärts ging.

»Stimmt irgendwas nicht?«

»Was ist das hier?« fragte er.

»Was?«

»Dies. Sieht wie 'ne Narbe aus.« Seine Finger zogen eine Linie nach, die von ihrem Nabel bis zum Schamhaar reichte.

Donna, die Beobachterin, hatte das Gefühl, daß die Frau sie zu sich zog, zu ihrem Bett. »Meine Babys«, sagte die Stimme, und sie sagte es zögernd.

»Babys? Du hast Babys?«

»Zwei«, erwiderte sie langsam. »Beide durch Kaiserschnitt.«

Der Jüngling setzte sich, ein Stück von der Frau entfernt. »Ist echt schade. Nichts, was man gegen die Narbe tun kann, oder?«

Urplötzlich befand sich Donna wieder ganz im Körper der Frau. Doch irgendwie schien nichts richtig zu passen. Sie wollte weg von hier, fort von diesem Jungen oder Jüngling, wer immer er auch sein mochte. Albernes Gespräch, von dem sie sich befreien wollte. Doch schien sie festzustecken in der Haut dieser fremden Frau: eine Art Gefangene im Leib eines weiblichen Wesens, das der Situation kaum gewachsen schien. »Ich habe noch nie viel darüber nachgedacht«, sagte sie. Und dies war ihre eigene Stimme. Und es war wahr. Victor hatte ihre Narbe stets als etwas behandelt, das sozusagen eine besondere Auszeichnung verdiente. Was Mel betraf, so hatte er überhaupt nicht davon gesprochen – außer daß es ausgezeichnet »gemacht« sei, wozu dann noch zarte Küsse kamen, aufwärts wie abwärts. Sie hielt inne. Nein, an Mel konnte, wollte sie nicht denken. Sie blickte wieder zu dem Jungen, dem Jüngling – und gewahrte sehr deutlich das Unbehagen in seinen Augen. »Du hast etwas gegen Narben, oder?«

Er schüttelte den Kopf. »Sie machen mich nicht direkt an, soviel ist klar. Aber, wie mir scheint, kümmert euch moderne Frauen so was herzlich wenig ...«

»Moderne Frauen?« Wovon sprach er überhaupt?

»Nun, ihr rasiert euch nicht mehr die Achselhöhlen aus, ihr rasiert euch nicht mehr die Beine ...«

Donna blickte auf ihre Beine, tastete nach ihren Achselhöhlen. Er hatte recht. Wie lange war es her, daß sie daran gedacht hatte, sich dort zu rasieren? Sie wußte es einfach nicht. »Da biete ich wohl einen erstaunlichen Anblick«, sagte sie.

Er lachte. »Hör mal«, sagte er, während er aufstand und wieder zum Spiegel zurückschritt, »vielleicht tun wir es ein andermal. Ist schon ziemlich spät. Und ich habe diese Verabredung, weißt du ...«

Donna nickte wortlos. Selbst mit »zufälligen« Parkbekanntschaften wollte es nichts werden.

»Bist du geschieden?« fragte er, während er sich wieder seine schwarzen Jeans überstreifte.

»Ja.«

»Ja, nun ...« Er zog sein T-Shirt über den Kopf. »Könnte ja sein, daß ihr beide bald schon wieder zueinanderfindet.« Wer sonst sollte verrückt genug sein, um zu ...

»Vielleicht«, sagte Donna, und ihre Stimme nahm wieder diesen angenehm fremden Klang an. »Vielleicht war alles gar nicht so schlimm, wie ich glaubte.« Langsam drehte sie den Kopf, blickte sich im Zimmer um. »War's denn wirklich so schlimm?« fragte sie sich selbst. Zumindest würde sie ihre Kinder wiederhaben. Als sie erneut zum Toilettentisch blickte, war der Junge verschwunden. Und während sie in Schlaf sank, fragte sie sich, ob es da überhaupt jemanden gegeben hatte.

Zwanzig Minuten später wachte sie abrupt wieder auf und ging ins Badezimmer. Dort öffnete sie das Arzneischränkchen, nahm den Lady Shave heraus, ersetzte die alte Klinge durch eine neue. Dann seifte sie sich die Achseln ein und rasierte sich sämtliche Spuren der »modernen Frau« fort.

Hier und dort versuchte sie ihre Haut zu verschönern, wobei sie die nicht zu beseitigenden Narben ignorierte; dann widmete sie sich ihren Beinen. Sie hob ein Bein ins Waschbecken, rieb mit einem nassen Lappen darüber, trug Seifenschaum auf. Anschließend ließ sie den Rasierer mit ruhigen, gleichmäßigen Bewegungen auf und ab gleiten.

Trotzdem schnitt sie sich, zuerst rein zufällig. Es handelte sich um eine neue Klinge, und Donna hatte offenbar zu fest aufgedrückt. Dann passierte es wieder, diesmal aus Unachtsamkeit. Doch beim dritten Mal war es Absicht. Genauso beim vierten, fünften und sechsten Mal. Anschließend rasierte sie sich das andere Bein, wiederholte dort die Prozedur und beobachtete, wie sich die schmalen roten Rinnsale zu breiteren vereinigten. Eigentümliche Gebilde schlängelten sich dahin, den Flüssen auf einer Landkarte gleich – rote statt blaue Flüsse. In den Schnittwunden spürte sie ein Stechen, von der Seife. Doch der Schmerz tat – sonderbarerweise – gut. Victor allerdings würde so etwas niemals gutheißen, und er hätte natürlich recht. Wie gewöhnlich. In allem. Wenn sie ihn doch nur finden und es ihm sagen könnte. Vielleicht würde er sie wieder aufnehmen. Denk drüber nach, Donna, sagte sie zu sich selbst, während sie das Bad verließ und wieder in ihre blauen Shorts und das dazugehörige Oberteil schlüpfte. So schlimm, wie du's immer hingestellt hast, war's doch auch wieder nicht. Sei aufrichtig gegen dich selbst. War's wirklich so schlimm?

»Allmächtiger, was ist denn mit Ihren Beinen?«
Donnas Blick löste sich vom Gesicht der verblüfften Friseuse. Sie ließ ihre Augen an sich hinabgleiten. »Hab mich geschnitten, als ich sie rasierte.«
»Womit haben Sie sich denn rasiert, mit einer Axt?« fragte die Frau.
»Wann können Sie mich rannehmen?«
Die junge Frau mit den purpurfarbenen Strähnen im vorderen Teil ihres Haares blickte sich ratlos in dem Frisiersalon um, in dem es sehr geschäftig zuging. »Ich weiß nicht, Mrs. Cressy«, sagte sie. »Heute ist ja Silvester. Und da haben wir schon seit Wochen für praktisch jede Minute Voranmeldungen.«
»Bitte . . .«
»Also schön, kommen Sie in einer Stunde wieder. Will mal sehen, ob ich Sie irgendwie dazwischenschieben kann.« Sie sah Donna an. »Was genau möchten Sie denn gemacht haben?«

Donna betrachtete die Frau, in deren Salon sie im Jahr nach Sharons Geburt so häufig zu finden gewesen war. Die Friseuse trug ihr Haar ziemlich kurz. In der Form wirkte es geometrisch, und die Farben – eine rötliche Messingtönung mit breiten purpurnen Strähnen vorn. »Gefällt mir, so wie Sie's haben«, sagte Donna.

Was sie hierhergeführt hatte, wußte sie nicht. Gewiß, ihr blieb eine Stunde Zeit, bevor sie wieder zu Lorraine, der Friseuse mußte. Aber das beantwortete noch lange nicht die Frage nach dem Warum. Seit dem Begräbnis war sie nicht mehr hier gewesen, und nie hatte sie das Gefühl gehabt, daß der Friedhof – oder Grabstein – sie ihrer Mutter irgendwie näherbringen könnte. Weshalb kam sie jetzt hierher?
Donna ging zwischen den Reihen der Gräber entlang, die mit frischen Blumen geschmückt waren – Bitte keine künstlichen Blumen, stand auf dem Schild. Wie friedlich es hier war! Ein Scherz aus Kindertagen fiel ihr ein: Du, da gibt's einen neuen Friedhof, und die Leute bringen sich um, bloß um dorthin zu kommen! Sie beschleunigte unwillkürlich ihre Schritte und fand dann die Reihe, die sie suchte, und den Grabstein.

SHARON EDMUNDS
1910–1963
geliebte Gattin von Alan
geliebte Mutter von Donna und Joan

»Eine sanfte Seele; ein gütiger Geist«

Lange Sekunden verharrte Donna vor dem Grabstein. Mit den Fingerkuppen zog sie ganz langsam die Furchen der gravierten Buchstaben nach, fast, als lese sie die Worte in Blindenschrift. Und sie tat es mehrmals, ehe sie mit der ganzen Hand über die glatte Oberfläche strich. Ich weiß nicht, was ich sagen soll, dachte sie. Ich weiß nicht, wie ich zu dir sprechen soll. Dann ließ sie sich langsam zu Boden sinken, saß auf der Erde neben dem Grab ihrer Mutter und blickte mit gleichsam leeren Augen zum Grabstein. Ich weiß nicht, was ich zu dir sagen soll, wiederholte sie für sich; und wußte: Wenn es irgendeine Möglichkeit gab, daß ihre Mutter sie hörte, so würde eben dies geschehen, auch ohne ein gesprochenes Wort. Bitte, sag mir, was ich tun soll. Bitte, sag mir, wer ich bin. Was habe ich aus meinem Leben gemacht? Was habe ich fortgeschleudert? Angestrengt starrte sie auf die eingemeißelten Buchstaben. War mein Leben mit Victor wirklich so schlimm? Bitte, hilf mir. Mutter. Ich brauche eine Antwort. Ich brauche dich, damit du mir sagst, was ich tun soll!

Doch es kamen keine Stimmen, kein abgründiges Raunen, keine geheimnisvollen Zeichen, die von übernatürlichen Kräften kündeten. Nichts. Nur Stille. Donnas Blick glitt über die geometrischen Reihen. Ungestört lagen sie. Keine Geister erhoben sich, keine schlanken, durchsichtigen Gestalten in weißen, flutenden Gewändern. Nichts. Plötzlich hörte sie Mels Stimme.

»Wenn es in diesem Zimmer irgendwelche ›Geister‹ gibt, Donna, dann stehen sie in deinen Schuhen!«

Sie verdrängte die Gedanken an Mel, wie sie es stets zu tun pflegte. Diesmal jedoch kehrten sie hartnäckig zurück.

»Bist du bereit heimzufahren?« Mel.

»Ich bin schon den ganzen Abend dazu bereit.« Donna.

»Das ist mir nicht entgangen. Fehlte eigentlich nur, daß du die Autoschlüssel klirrend in meine Richtung geschwenkt hättest.« Geh fort, Mel.

»Du sagst mir, daß du mich nicht mehr hierhaben willst?«

»Ich sage dir, daß ich Donna Cressy liebe. Aber daß ich mit der Frau, zu der sie sich hat werden lassen, nicht mehr leben kann.« Donna lehnte sich gegen den Grabstein ihrer Mutter. Unmittelbar hinter ihr erklang Mels Stimme.

»Du warst sechs Jahre lang mit Victor verheiratet, Donna. Ich meine, das sollte uns beiden genügen.«

Mit rasender Geschwindigkeit schien in Donnas Gehirn ein Film abzuspulen. Rückwärts zunächst. Dann vorwärts. Die sechs Jahre mit Victor. Wörter. Mehr Wörter. Endlose Folgen von Wörtern. Ermahnungen. Anweisungen. Befehle. Halbwahrheiten. Aber auch Fast- oder Ganzwahrheiten. Genügend zum Schlingenlegen, Fallenstellen. Genug, um sie von einer Erwachsenen in ein Kind zurückzuverwandeln – in ein unselbständiges Geschöpf, von dem so etwas wie Wundergläubigkeit erwartet wurde.

Ein Gedicht von Margaret Atwood ging ihr plötzlich durch den Sinn, und die Worte schienen zu erstarren. Noch mehr Worte.

du fügst dich in mich
wie ein Haken in ein Auge
ein Fischhaken
in ein offenes Auge

Die richtigen Worte. Plötzlich mußte sie an Victors Mutter denken; vergeudete Hoffnung, verschwendetes Warten, über ein Dutzend Jahre. Und Victors erste Frau. Drei Jahre habe ich auf der Psychiater-Couch zugebracht wegen diesem Lumpenhund, hatte die Frau gesagt. Noch immer voll Zorn nach all den Jahren. Und sie – Donna – ihrerseits? Die Melodie von Paul Simons Song klang wie von fern an ihre Ohren. Was ließ sie sich von Victor antun?

SHARON EDMUNDS

Donna starrte auf den Namen ihrer Mutter. »Ja«, sagte sie laut, während die letzten Bilder ihres Lebens mit Victor an ihrem inneren Auge vorüberglitten und der Film plötzlich zu Ende war. »Es war so schlimm.«

Sie erhob sich. Meinte, Mel neben sich zu spüren.

»Soll das heißen, ich war schuld daran, daß du dich heute abend so benommen hast?« Donna. An jenem Abend, wo sie ihn geohrfeigt und dann verlassen hatte.

»Das soll heißen, daß es *meine* Schuld war. Du kannst für meine Handlungsweise nicht verantwortlich sein.« Mel. Kannst du nicht verstehen, was ich dir die ganze Zeit über zu sagen versuche?

281

Sie verstand. Warum nur waren die einfachsten Wahrheiten immer am schwersten zu verstehen?

Victor war längst nicht mehr für ihr Leben verantwortlich. Und niemand sonst würde ihr irgendwelche Antworten geben. *Konnte* ihr irgendwelche Antworten geben. Die Antworten mußten aus ihr selbst kommen. Sie war als einzige für sich verantwortlich – für alles, was sie damit tat. Für den fremden Jungen oder Jüngling in ihrem Motelzimmer, für die Schnitte an ihren Beinen; für alles, was sie – und niemand sonst – mit sich geschehen ließ.

Ihr Blick glitt über den Friedhof. »Nichts als ein Haufen Tote hier«, sagte sie laut; und hatte das Gefühl, daß ihre Mutter ihr prompt zustimmte.

Nein, hier gibt es keine Antworten, dachte sie, während ihre Augen über die Gräber streiften. Hier sind bloß Tote. Aber es gilt einzig das Leben. Und es kommt darauf an, daß man lernt, das Leben zu leben.

Mel arbeitete noch spät, um sich den nächsten Tag frei nehmen zu können.

Als Donna die Stufen zu seiner Praxis hochstieg, fühlte sie, wie ihr Herz zu rasen begann; wie bei einem Teenager, dachte sie. Und sie begriff auch, wie groß die Möglichkeit – wenn nicht gar Wahrscheinlichkeit – war, daß er sie gar nicht mehr haben wollte. Allzuviel Zeit war verstrichen, allzuviel hatte sie ihm zugemutet.

Sie verhielt mitten auf der Treppe. Die Luft war ihr knapp geworden, sie atmete tief. Wenn er sie nun nicht mehr haben wollte, was dann? Weitere endlose Spaziergänge ins Irgendwo? Wieder irgend so ein Fremder, den sie auf einem Kinderspielplatz auflas? Wieder Blut im Waschbecken des Badezimmers? Nein, beschloß sie, während sie die Treppe weiter emporstieg. Sie hatte sich zur Genüge selbst gestraft. Keine Blasen mehr. Kein Blut mehr. Sie hatte bereits bezahlt.

»Komme gleich«, rief er aus seinem Zimmer, nachdem sie das Wartezimmer betreten hatte. Keine Sprechstundenhilfe mehr, niemand. »Muß nur noch was fürs Laboratorium fertig machen. Dauert nicht lange.«

Donna stand in der Mitte des Raums und wartete. Ich werde überleben, sagte sie zu sich selbst. Wenn du mich von dir fortschickst, werde ich überleben, trotzdem. Und ich bin auch die einzige, die's schaffen kann – für mich.

»Bitte um Entschuldigung. Wußte nicht, daß noch jemand angemeldet war ...« Kaum, daß er sie erkannte, brach er ab. Und Donna sah, wie in seinen Augen Tränen aufstiegen; fühlte aufsteigende Tränen auch in ihren Augen.

Doch ihre Stimme klang sehr klar, und es war ganz und gar ihre eigene Stimme. »Bitte, laß mich alles sagen, was zu sagen ich hergekommen bin, bevor du irgend etwas sagst.« Er nickte wortlos. »Ich bin ein Dummkopf gewesen, oder wie immer du mich nennen möchtest. Die letzten neun Monate meines Lebens habe ich damit vergeudet, den verdammten Felsbrocken über den Gipfel hinwegrollen zu wollen, obwohl doch jeder weiß, daß das absolut unmöglich ist. Der rollt einfach zurück, über mich hinweg – und auch über jeden, der zufällig in meiner Nähe steht.« Er schwieg, weil er wußte, daß da noch mehr war, was sie sagen wollte.

»Ich habe heute einen ganz enormen Tag hinter mir«, fuhr sie fort. »Ich las irgendeinen Jüngling im Park auf und nahm ihn mit auf mein Motelzimmer. Dann amputierte ich mir beim Abrasieren der Beine diese sozusagen ums Haar. Auch hätte ich mir fast das Haar purpurn gefärbt.« Sie hielt für einen Augenblick inne. »Und ich ging meine Mutter besuchen, auf dem Friedhof.« Wieder schwieg sie für einen Moment. »Auf dem Weg hierher mußte ich ununterbrochen an das Buch denken. An das Buch von Albert Camus über Sisyphos. Und ich glaube, so wird's wohl sein müssen. Nur auf diese Weise werde ich überleben können. Ich meine, was Victor getan hat, ich muß es als Tatsache hinnehmen. Muß mir richtig klarmachen, daß es praktisch keine Hoffnung gibt, meine Kinder jemals zurückzubekommen. Je mehr ich hoffe, desto mehr verzweifle ich. Und für Verzweiflung ist in mir einfach kein Platz mehr.«

Sie weinten nun beide. Weinten ohne Scheu, fast hemmungslos.
»Wie du mir gegenüber jetzt empfindest, weiß ich natürlich
nicht. Ich weiß nur, daß ich dich liebe. Daß ich mich sehr
danach sehne, mit dir zusammen zu sein. Deine Frau zu sein
und Annies Mutter. Aber ich weiß auch, daß ich nicht zerbre-
chen werde, falls du mir sagst, es sei zu spät.« Sie lachte, unter
Tränen. »Es würde mir ganz verteufelt zusetzen«, erklärte sie.
»Aber zusammenbrechen – nein, zusammenbrechen würde ich
nicht. Das verspreche ich dir.« Sie ließ eine Pause eintreten. »Das
ist alles, was ich zu sagen habe. Nun bist du an der Reihe.«
Er lächelte traurig. Und bevor er sprach, verging eine geraume
Zeit. »Purpurfarbenes Haar?«
Sie zuckte mit den Schultern. »Heißt das, daß du mich liebst?«
»Das heißt, daß ich dich irrsinnig liebe.«
Im nächsten Bruchteil einer Sekunde gab es zwischen ihnen
keine räumliche Entfernung mehr, und Worte – Worte waren
ohnehin überflüssig.

20

Donna saß über einem gewaltigen Stapel von Quittungen und unbezahlten Rechnungen, die sie alphabetisch einzuordnen versuchte. Welche junge oder auch nicht so junge Dame hierfür als letzte verantwortlich gewesen war – kein Wunder, daß man sich an »Kelly Girl« gewendet hatte, um sie zu ersetzen.

Das Telefon schrillte. Nein, natürlich, hier *schrillte* es nicht. Es spielte irgendeine kaum erkennbare Melodie. Warum nur läutete es nicht so wie überall? Sie hob den Hörer ab. »Tut mir leid, der Apparat ist besetzt. Wenn Sie bitte eine Minute warten würden. Fein, ich werde Sie so bald wie möglich verbinden.« Sie drückte die entsprechenden Tasten und wandte ihre Aufmerksamkeit wieder dem gigantischen Stapel von Quittungen und unbezahlten Rechnungen zu. Doch schon wieder erklang jenes melodische Gezirp. Nicht ganz das gleiche. Diesmal war es nicht das Telefon, diesmal war es die Tür. Ein hochgewachsener, gutgekleideter, tiefgebräunter Mann von etwa fünfundvierzig Jahren näherte sich ihr.

»Mr. Wendall?«

»Einen kleinen Augenblick bitte.« Sie drückte eine Taste. Dies war es, was sie immer und ewig tat: Tasten drücken. »Ihr Name, bitte?«

»Ketchum.«

»Mr. Wendall, hier ist ein Mr. Ketchum, der Sie sprechen möchte. Ja. Gut. Werde ich tun. Nehmen Sie bitte Platz, Sir. Er wird Ihnen gleich zur Verfügung stehen.« Sie ließ die Taste los. Abermals zirpte es. Diesmal war es wieder das Telefon. Und dann kam jemand durch die Tür herein und näherte sich ihr. Noch mehr Tasten. Noch mehr Gezirp. Guter Gott, kein Wunder, daß ihre Vorgängerin alles in einer solchen Unordnung hinterlassen hatte – ihr war nie eine Chance geblieben, irgendwas in Ordnung zu bringen. In den zwei Stunden, seit Donna hier arbeitete, hatte sie kaum Gelegenheit gehabt, die A's von den B's zu scheiden. Ein wenig verheißungsvoller Auftakt.

Inzwischen warteten drei Leute an den Enden irgendwelcher Telefonleitungen und zwei hier auf Stühlen, während ein Schreibtisch voll unerledigter Quittungen und unbezahlter Rechnungen der Erledigung harrte. Erneut erklang das Telefon. »Household Finance«, meldete sie sich mit freundlicher Stimme und ließ dann ein breites Lächeln sehen, als sich der »Teilnehmer« vom anderen Ende meldete. »Ist das reine Tollhaus hier. Dabei haben wir schon fast Mittagszeit, und geschafft – geschafft habe ich überhaupt noch nichts. Wie läuft's bei dir? Oh, nur einen Augenblick, Mel, ist gerade noch jemand eingetreten.« Sie erledigte, was zu erledigen war. »Inzwischen warten hier drei Leute, die zu Mr. Wendall wollen. Keine Ahnung, was er dort hinten treibt. Ja, es macht mir Spaß. Ist irgendwie ganz lustig. Anders als auf der Bank.«

Seit sie, inzwischen waren es drei Wochen, zu »Kelly Girl« gehörte, hatte Donna für Savings and Loan gearbeitet, für eine Bank. Für ein oder gar zwei Wochen würde sie hier tätig sein: in einer Art Personalunion als Empfangsdame und Buchhalterin in diesem Büro mit der Bezeichnung Household Finance. Als ein »Kelly Girl« mußte sie meist bei Jobs einspringen, die wenig Eigenverantwortlichkeit und -initiative verlangten, dafür aber um so mehr Frondienst. Doch erfüllte dies, für den Augenblick, seinen Zweck: Donna gewöhnte sich wieder ein in die alltägliche Arbeitswelt, und während sie dort bereits aktiv war, konnte sie sich in aller Ruhe überlegen, welche Art Job ihr für die Zukunft wünschenswert schien. Ihre Freundin Susan hatte ihr bereits erklärt, sie habe da ein paar neue Ideen für Donna. Bei der Party am Samstagabend wollten sie darüber sprechen.

»Okay, schönen Dank für den Anruf, Liebling. Übrigens – du weißt doch, daß ich später mit Annie bei Saks verabredet bin. Anschließend werden wir noch eine Kleinigkeit essen. Nein, du bist nicht eingeladen. Annie meinte, es handle sich um eine ausschließlich weibliche Gesprächsrunde. Ich bin ein Nervenwrack. Ja, mach ich. Okay, Schatz. Bis später dann, tschüs.«

Kaum hatte sie aufgelegt, läutete – oder zirpte – das Telefon schon wieder. Um die Mittagszeit warteten dann: vier Leute an den Enden diverser Telefonleitungen und sechs weitere hier im Büro. Alle hofften darauf, endlich zu Mr. Wendall »vorzudringen«, doch hatte dieser Donna gerade über die Sprechanlage verkündet, er werde jetzt zum Lunch gehen. Vor sich auf dem Schreibtisch sah sie die nach wie vor unsortierten Haufen von Quittungen und unbezahlten Rechnungen, und an ihren Schläfen spürte sie so etwas wie einen sich steigernden Trommelwirbel.

Annie wollte mit ihr sprechen. Worüber wohl?

Bislang harmonierten sie wunderbar miteinander. Zwischen beiden herrschte ein Verhältnis gegenseitigen Vertrauens und wechselseitiger Achtung wie noch nie zuvor. Gewiß, in den ersten Tagen nach Donnas Rückkehr hatten sich beide verhalten wie wachsame Katzen mit aggressionsbereiten Krallen: eine Art Ausbalancieren »territorialer Ansprüche«. Doch das gab sich schon bald. Sie waren froh, einander wiederzuhaben – zu altvertrauten Umarmungen, zu herzhaftem Lachen.

Allem Anschein nach war Annie wirklich glücklich darüber, daß Donna und Mel heiraten wollten; und als Donna sie aufgefordert hatte, bei Saks gemeinsam mit ihr ein Kleid für die bevorstehende Verlobungsparty auszusuchen, war das Mädchen sogleich Feuer und Flamme.

Aber dann hatte sie so etwas wie eine kleine Bombe geworfen: Sie würde mit Donna gern unter vier Augen sprechen, ohne daß ihr Vater dabei war. Zu welchem Zweck? Wollte sie Donna vielleicht mehr oder minder deutlich sagen: Bitte tu, was du willst, aber laß um Gottes willen die Finger von meinem Pa – verschwinde!

Ehe Donna auf ihre eigene Frage eine plausible Antwort finden konnte, zirpte schon wieder das Telefon; überdies traten noch zwei Leute ein.

»War ein irrer Nachmittag, kann ich dir nur sagen.«
»Erzähl mal!«
Donna blickte lächelnd zu dem Mädchen, das ihr in Dohertys

Restaurant gegenübersaß und eifrig bemüht war, sich ein komplettes Sandwich auf einmal in den Mund zu schieben. In Annies Augen spiegelte sich die Neugier des Kindes. Und von Tag zu Tag schien sich jene altkluge skeptische Haltung ein wenig zu verringern. Was Donna betraf, so war sie von Mal zu Mal glücklicher, daß sie diese zweite Chance erhalten hatte. Deutlich bemerkte sie, wieviel es dem Kind bedeutete, von ihr ins Vertrauen gezogen zu werden. Wenn sie Annie etwas über ihr Alltagsleben mitteilte, so hieß das für das Mädchen, daß sie dieses Leben gleichsam mit Donna teilte – mit ihr teilen durfte.

»Also da geht es ganz schön rund«, sagte Donna. »Ich hatte ja nicht die leiseste Ahnung, daß es in diesem Nest so viele Leute gibt, die so tief in der Kreide stecken.«

»Was heißt das – in der Kreide stecken?«

»Schulden haben. Sie leihen sich Geld und müssen's dann zurückzahlen.« Annie nickte; jetzt hatte sie verstanden. »Und dieser Mr. Wendall ist schon eine echte Type. Scheint mir fast, daß er sich ein paar fremde Gehirne ausgeliehen hat, um diesen Posten zu ergattern – und sie dann allzu früh zurückgab.« Annie lachte. »Er ist so langsam – bewegt sich wie eine Schnecke. Mit seinen Terminen gerät er völlig durcheinander. Und so sitzen da Leute und warten stundenlang auf ihn. Natürlich fragen sie mich dauernd, wie lange es denn noch dauern wird. Ich bin diejenige an der Front, und so kriege ich sie ab, die ganze ...«

»Scheiße?«

»Ja. Das trifft's. Danke.« Sie lachte.

Sie bissen beide in ihre Sandwiches, dann fuhr Donna fort: »Heute nachmittag wurde es dann total albern. So etwa zehn Leute warteten auf ihn, darunter auch ein paar, die sich vorher nicht angemeldet hatten. Also versuchte ich dauernd, über die Sprechanlage zu ihm durchzukommen. Keine Antwort. Schließlich stand ich auf und ging in sein Büro. Er ist nicht dort. Niemand ist dort. Ich gehe zu meinem Schreibtisch zurück, und da höre ich plötzlich seine Stimme: ›Mrs. Cressy?‹ Ich bleibe stehen, drehe den Kopf. Niemand. Ich will weitergehen, da höre ich wieder diese Stimme: ›Mrs. Cressy?‹ Also erwidere ich: ›Mr.

Wendall?‹ Und die Stimme sagt: ›Ja.‹ Aber er ist nirgends zu sehen. Möchtest du wissen, wo er gesteckt hat?«

Annie kicherte bereits. »Wo?«

»Im Schrank. Dort hatte er sich versteckt!« Donna schüttelte wie fassungslos den Kopf. »Da war eine Frau, die unangemeldet eingedrungen war. Offenbar nicht zum erstenmal. Er hatte sie dauernd auf dem Hals, und sie war schon häufiger in sein Büro gestürmt, um ihn sich dort direkt vorzuknöpfen. Als er sie diesmal kommen sah, verschwand er sofort im Schrank. Eine geschlagene halbe Stunde hatte er dort drin gestanden.«

»Kam er heraus?«

»Ja. Und kaum hatte er's getan, platzte sie auch schon durch die Tür herein und stellte ihn. Es war einfach herrlich. Ich bin schon auf morgen gespannt. Mal sehen, was er da anstellt.«

Das Kind lachte, doch dann wurde ihr Gesicht ernst. »Bist du jetzt glücklich, Donna?«

Donna betrachtete Annie mit zärtlichem Blick. »Ich komme dem immer näher.«

»Hast du mich jetzt lieber?«

»Ich habe *mich selbst* lieber. *Dich* habe ich immer lieb gehabt.«

Annie lächelte. »Fehlen dir Adam und Sharon?«

»Ja.«

»Denkst du viel an sie?«

»Möglichst nicht zu oft. Ich versuch es jedenfalls.«

Annie blickte auf den Rest ihres Sandwiches, dann zu Donna, dann wieder auf ihren Teller. »Du gehst doch nicht wieder fort, nicht?« fragte sie leise.

Donna streckte ihren Arm über den Tisch, schob ihre Hand über die Hand des Kindes. Sie schüttelte den Kopf. »Wer sollte mir dann beim Aussuchen meiner Kleider helfen?«

»Im Ernst.« Aus Annies Stimme klang leiser Tadel.

Und aus Donnas Antwort klang der Ernst, den das Kind forderte. »Ich bin hier und werde hier bleiben, Annie.«

Auf dem Gesicht des Mädchens erschien ein strahlendes Lächeln. »War es das, worüber du mit mir sprechen wolltest?«

Annie schüttelte den Kopf. »Nicht direkt. Ich wollte nur sicher sein, daß du wirklich bleibst – und dir dann erst die Fragen stellen.«

»Fragen – worüber?«

»Über Sex.«

»Sex?«

»Ja, du weißt schon.«

»O ja, natürlich weiß ich. Was ist damit?«

Annie drehte den Kopf, um sich zu vergewissern, daß niemand sie hören konnte. »Nun ja, mein Pa hat mir alles erklärt und so, und meine Mutter auch. Ich weiß Bescheid über Penis und Vagina und so weiter . . .« Angestrengt starrte Donna auf Annies Mund. Sie hatte ganz einfach Angst – Angst, daß sie loslachen würde, wenn sie in die ernsten Augen des kleinen Mädchens blickte. »Was ich nicht verstehe, ist – wie kommt der Penis überhaupt in die Vagina?«

»Du möchtest wissen, wie der Penis in die Vagina gelangt?«

»Und erzähl mir nicht, daß Mann und Frau ganz dicht beieinander liegen, denn das weiß ich bereits; doch das beantwortet die Frage nicht.«

Nunmehr war sozusagen Donna an der Reihe: den Kopf zu drehen, um sich zu vergewissern, daß niemand zuhörte. »Mußt du darauf auf der Stelle eine Antwort haben? Ich meine, mir scheint, daß du nicht bis zu den Sommerferien warten möchtest, um dann deine Mutter zu fragen?«

»Du bist für mich jetzt doch auch eine Art Mutter, oder nicht?«

Donna zeigte ein strahlendes Lächeln. »Ich liebe dich, Annie«, sagte sie.

»Würdest du mir jetzt bitte sagen, wie der Penis in die Vagina kommt? Benutzt der Mann seine Hand, um ihn hineinzuschieben?«

Vor Donnas innerem Auge tauchte eine wahre Flut überaus präziser Bilder auf. Sie gab sich alle Mühe, korrekt zu antworten, ohne den leisesten Hauch von Spott oder Herablassung. »Nun, wenn er das will, kann er es sicher tun. Aber es ist eigentlich nicht nötig. Der Penis füllt sich nämlich mit Flüssigkeit aus den Hoden. Du weißt, was Hoden sind?«

»Natürlich.« Souveräne Gebärde einer Achtjährigen – eine Demonstration ganz besonderer Art, dachte Donna unwillkürlich.

»Nun, diese Flüssigkeit läßt den Penis steif werden, so daß ihn der Mann einfach ...«

»... hineinschieben kann?«

»Das beschreibt es so ziemlich genau.« Donna nahm einen großen Schluck Wasser.

»Tut es weh?«

Donna schüttelte den Kopf. »Es ist ein schönes Gefühl.«

Wieder blickte Annie sich vorsichtig um. Eine leichte – wie schuldbewußte – Röte überhauchte ihre Wangen. »Das habe ich alles schon gewußt«, gestand sie, nachdem Donna für sie einen Schokoladen-Sundae bestellt hatte.

»Du hast es gewußt? Weshalb hast du mich dann gefragt?«

»Ich wollte hören, was du sagen würdest«, erwiderte Annie verschmitzt.

»Ich habe den Test doch bestanden, oder?«

Das Mädchen ignorierte Donnas Frage. »Was du da gesagt hast über das schöne Gefühl, also das wußte ich noch nicht.« Eine lange Pause trat ein. »Ich habe dich lieb, Donna.«

Ich habe den Test bestanden, dachte Donna fast verwundert, und ihre Augen füllten sich mit Tränen. Diesen jedenfalls. Wie viele erwarten mich noch?

»Du siehst phantastisch aus.«

Mit gleitenden Bewegungen drehte Donna sich einmal um sich selbst. »Ist wirklich hübsch, nicht?«

»Hinreißend. Ist dies das Kleid, wo Annie dir beim Aussuchen geholfen hat?«

»Sie war mit sich selbst hoch zufrieden.«

Mel trat zu Donna, nahm sie in die Arme. »Sie hat einen ausgezeichneten Geschmack bewiesen.« Sie küßten sich.

»Und was wirst du anziehen?« fragte sie ihn.

»Keine Ahnung. Wie wär's, wenn du etwas für mich heraussuchst?«

»Okay.« Mel wandte sich zur Tür. »Wo willst du hin?« fragte sie.

»Ich habe Mrs. Harrison versprochen, noch die Feinabstimmung am Fernseher einzustellen, für den Samstagabendfilm.« Er begann die Treppe hinunterzusteigen. »Mach nicht zu lange«, rief sie hinter ihm her. »Wir sind schließlich die Ehrengäste, vergiß das nicht.«

»Bin gleich wieder da«, rief er zurück.

Donna betrachtete sich noch einmal im Spiegel. Ja, sie konnte wirklich zufrieden sein. Alles war so, wie es sein sollte. Sie setzte sich auf den Bettrand. Die neuen Bezüge, ganz in sanftem Blau und Creme gehalten, paßten gut zu den frischtapezierten Wänden. Überhaupt schien alles ins Lot zu kommen – in diesem Zimmer, in ihr selbst, in ihrem Leben. Nur daß etwas fehlte. Zweimal etwas, wenn man so wollte. Sie erhob sich und warf einen Blick auf die Uhr. Sieben Uhr abends – Mütter, wißt ihr, wo eure Kinder sind?

Sie trat zum Toilettentisch und griff nach der Haarbürste, die sie bei ihrem letzten Besuch im Frisiersalon gekauft hatte. (Nur ein wenig kürzen, bitte. Nichts Drastisches.) Wild begann sie, sich das Haar zu bürsten, aus Zorn auf sich selbst. Weil sie es zugelassen hatte, daß ein Funke Hoffnung in ihre Gedanken eindrang. Sie durfte nicht an Adam und Sharon denken. Auf gar keinen Fall würde sie es sich gestatten, in innere Unruhe zu geraten. Heute abend war ihre Verlobungsparty. Donna Cressy, dies ist Ihr Leben! hörte sie den Moderator sagen, während ringsum Trompeten schmetterten und triumphales Glockengeläut ertönte. Lauter. Lauter.

Es war das Telefon. Das normale Schrillen kannte sie kaum noch, nur dieses Gezirpe. Sie trat zum Apparat, hob ab. »Hallo?«

»Wie geht's dir denn so?«

Mit einem Anruf von *ihm* hatte sie nicht gerechnet. Sie war nicht darauf vorbereitet, daß er sich einmischen würde in diesen neuen Anfang, zu dem sie sich entschlossen hatte. Ein neuer Anfang, ein neues Leben – seine sadistischen Anrufe durften einfach nicht mehr dazugehören.

»Ruf mich nicht mehr an, Victor«, sagte sie und wollte auflegen.
»Moment, Donna – hier ist jemand, dem du vielleicht einen
kurzen Gruß sagen möchtest. Sharon, komm doch mal her. Da
ist eine Lady, die zu dir ›hallo‹ sagen will.«

Donna glaubte fast, ihn vor sich zu sehen – wie er dem Kind
den Telefonhörer entgegenstreckte; und so gern sie auch ihren
eigenen Hörer auf die Gabel geknallt hätte, ihm gleichsam ins
Ohr: sie konnte sich einfach nicht bewegen. Mein Baby, dachte
sie. Ich kann mit meinem Kind sprechen. Vielleicht – sie hörte
das Lachen spielender Kinder und im Hintergrund ein vertrautes Geräusch, das die Entfernung zwischen ihnen, über die
Leitung hinweg, sozusagen überbrückte.

»Sie will nicht mit dir sprechen«, sagte Victors Stimme – ein
unangenehmer Klang in ihrem Ohr. Es war, als spüre sie den
Ruck einer Angelschnur – zu spät wurde dem dummen Fisch
bewußt, daß er nach einem Köder geschnappt hatte, in dem
sich ein mörderischer Haken verbarg. Und während sie sich
energisch zu befreien versuchte, schlitzte dieser Haken ihr
Fleisch auf. Doch sie spie ihn aus; legte den Telefonhörer hastig
auf. Alles schien wieder im Lot. Im altgewohnten Lot?

Als Mel Sekunden später die Treppe heraufgestürmt kam, saß
sie ruhig auf dem Bett.

»Ich habe unten abgehoben«, erklärte er, »und dann mitgehört.«

»Er wird nicht mehr anrufen.«

»Bist du soweit okay?«

Sie nickte.

»Was ist mit deinem Mund? Da ist ja Blut!«

Er griff nach einem Kleenex und eilte auf sie zu.

Donna tastete mit der Zunge ihre Mundhöhle ab. »Hab' mir in
die Wange gebissen«, sagte sie. »Ist schon gut. Tut nicht weh.«

»Möchtest du am liebsten schreien, um dich schlagen?«

Donna nahm das Papiertuch und tupfte damit über ihren
Mundwinkel. »Nein«, sagte sie und stand auf.

»Du solltest es ruhig tun, falls dir danach ist, Donna. Es wäre
nur eine natürliche ...«

»Ist schon gut«, versicherte Donna benommen und in Gedanken noch bei dem Telefonanruf. Dann ging sie zu Mels Schrank, um für ihn etwas Passendes zum Anziehen herauszusuchen für diesen besonderen Abend.

Es regnete sozusagen Glückwünsche, Donna schüttelte Hände, empfing Küsse auf beide Wangen – und zahllose Komplimente: über ihr Kleid, ihre Frisur, ihre ganze Erscheinung. Wirklich wunderschön, hallte ein wahrer Chor von Stimmen. Doch all dies nahm sie nur verschwommen wahr.

»Moment, Donna – hier ist jemand, dem du vielleicht einen kurzen Gruß sagen möchtest. Sharon, komm doch mal her. Da ist eine Lady, die zu dir ›hallo‹ sagen will.«

Verdammt sollst du sein, Victor, dachte sie und versuchte ihren eigenen Zorn unter ihren Füßen zu zertreten. Du sollst mir den Spaß an Partys nicht länger verderben. Ich werde nicht an dich denken.

Sharon.

Adam.

Meine Kinder.

»Meinen herzlichen Glückwunsch, Donna. Du siehst zauberhaft aus.«

»Oh. Oh, danke.«

»Du kriegst einen guten Mann.«

»Ja. Ja. Ich weiß.«

Das Geräusch spielender Kinder.

»Die allerbesten Glückwünsche.«

Jemand anders.

»Ja, hat sich hier denn noch nicht herumgesprochen, daß man nicht der Frau gratuliert? Sondern nur dem Mann? Er gilt als der Glückliche, weil er sie – Donna – gefunden hat.«

Donna blickte zu der Sprecherin, die auch die Gastgeberin war. Bessie Milford, da gab es keinen Zweifel, war eine reizende Dame. Und Rod, ihr Mann, stand ihr in puncto Nettigkeit wahrhaftig nicht nach. Es war schon wunderbar von ihnen, daß sie als Gastgeber fungierten bei dieser Verlobungsparty für Donna und Mel; zumal Donna sich ja bei der letzten Party

hier, an der sie teilgenommen hatten, recht merkwürdig auf-
führte.

Unwillkürlich blickte Donna zu dem Balkon, als sie sich diese
letzte Party ins Gedächtnis zurückrief. Eine Rothaarige war
heute abend jedenfalls nicht anwesend. Nur ein kleiner Kreis
ausgewählter enger Freunde. Schade nur, dachte Donna, daß
ich nicht wirklich daran teilhaben kann, nicht jetzt.

All ihren guten Vorsätzen und ihren Versuchen zum Trotz war sie
mit ihren Gedanken woanders. Wieder dachte sie an den Anruf.

Da war noch etwas gewesen. Das Geräusch spielender Kinder,
ja. Aber zusätzlich etwas anderes.

Etwas Vertrautes.

»Donna, wie fühlst du dich?«

Donna drehte den Kopf, sah ihre Freundin Susan. »Gut«,
erwiderte sie, nur halb bei der Sache.

»Du siehst hinreißend aus.«

»Danke.«

»Und außerdem scheinst du woanders zu sein.«

»Wie meinst du das?«

»Ich meine, du bist nicht hier. Wo bist du?«

»Wie spät ist es, Susan?«

Susan blickte auf ihre Uhr. »Neun. Zehn nach neun, um genau
zu sein. Warum willst du das wissen? Hast du einen Kuchen im
Backofen?«

»Er rief um sieben an.«

»Wer?«

»Er rief um sieben an und sagte, die Kinder seien beim Spielen.«

»Victor hat angerufen?«

»Er hielt den Hörer so, daß ich die Geräusche hören konnte.«

»War es Victor, der anrief?«

»Sieben Uhr, und sie waren beide noch auf und spielten? Da
stimmt doch irgendwas nicht. Ich meine, um sieben steckt
Sharon immer schon im Bett, Licht aus und so weiter. Victor
nimmt's damit pedantisch genau.«

Susan schwieg.

»Es sei denn, es war noch gar nicht sieben.«

»Ich versteh nicht.«

»Es ergibt nur einen Sinn, wenn sie sich in einer anderen Zeitzone befinden.«

»An der Westküste?«

Das Geräusch spielender Kinder. Und noch etwas.

Etwas Vertrautes.

Donna entfernte sich von Susan, trat auf die Terrassentür zu.

»Könnten wir sie bitte öffnen?« fragte sie.

Plötzlich war Mel an ihrer Seite. »Brauchst du frische Luft, Liebling?«

Die Doppeltür ging auf – schien sich zu teilen wie die Fluten des Roten Meeres, ging es Donna durch den Kopf. Sie trat auf die sonnenfarbenen Fliesen und lehnte sich dann gegen das dunkle, schmiedeeiserne Geländer.

Etwas Vertrautes.

Sie starrte in die Finsternis. Eine sternenlose Nacht. Laut Wettervorhersage standen die Chancen für morgen sechzig zu vierzig. Für Regen. Und während sie noch stand, nahm sie den Ozean wahr. Sie brauchte ihn gar nicht zu sehen, um seine Nähe und seine Gewalt zu spüren – zu hören. Hintergrundgeräusche. Und doch soviel mehr als nur das, als nur Hintergrund. Etwas, das man als so selbstverständlich nahm wie die Luft, die man atmete. Eine Gewalt. Eine Urgewalt. Eine lebendige Kraft.

Und diese Kraft hatte sich ihr, in einem sehr nüchternen Sinne, mitgeteilt – über eine Telefonleitung hinweg, mehr als viertausend Kilometer. Jenes vertraute Geräusch. Jenes *andere* vertraute Geräusch. Jenes altvertraute Rauschen. Der Ozean.

Sie blickte zu Mel, der jetzt neben ihr stand. »Sie sind in Kalifornien«, sagte sie.

Annie saß auf ihrem Bett und starrte aus leeren Augen. Sie weigerte sich, Donna anzusehen, und wenn sie sprach, dann nur zu ihrem Vater.

»Es ist doch nur für vier Wochen, Annie«, wiederholte Donna zum soundsovielten Mal. »Wenn wir innerhalb dieser Zeit auf keine Spur stoßen, kehren wir zurück. Das verspreche ich.«

Annie blieb stumm. Und Donna, die Tränen niederkämpfend, fuhr fort – um vielleicht doch noch die Sperrmauer zu durchdringen, die das Kind um sich errichtet hatte. »Dies hat nichts mit meiner Liebe zu dir zu tun. Verstehst du das?« Sie kniete vor dem Kind nieder. »Ich liebe dich, Annie. Ich liebe dich wirklich. Du bist mein kleines Mädchen.«

»Ich bin ein großes Mädchen.«

Donna nickte. »Mein großes Mädchen«, stimmte sie zu. »Ich liebe dich.«

Zum erstenmal seit über einer Stunde blickte Annie in Donnas Richtung. »Und warum verläßt du mich dann?«

»Nur für vier Wochen«, warf Mel ein. »Und Mrs. Harrison wird bei dir sein.«

»Weil auch Sharon und Adam meine Kinder sind, und weil ich sie wieder bei mir haben möchte«, erwiderte Donna, gleichsam durch Mels Stimme hindurch; denn sie begriff nur zu genau, daß solche Dinge für das Kind kaum eine Rolle spielten: die Länge der Abwesenheit; die Tatsache, daß Mrs. Harrison inzwischen für sie »da« sein werde. »Ich habe alles versucht, doch es geht einfach nicht. Ich meine, ich kann meine Kinder nicht einfach vergessen – aus meinem Leben streichen. Sie existieren. Ich liebe sie. Ich möchte sie wiedersehen. Ich kann nicht ohne die Hoffnung leben, daß mir das vielleicht gelingen wird. Ich habe es versucht, aber so bin ich wohl einfach nicht – gebaut.« Sie schwieg, atmete tief durch. »Es wird nicht mehr so sein, wie's vorher war, Annie. Ich meine, damals war ich ja blind für alles andere. Ich hatte nur den einen Gedanken – wie ich sie wiederfinden könnte. Außer dieser Idee gab es in meinem Leben praktisch nichts und niemanden. Das soll nie wieder geschehen. Das schwöre ich dir.« Annie starrte auf den Fußboden. Deutlich bemerkte Donna, welch übergroße Anstrengung es das Mädchen kostete, nicht in Tränen auszubrechen. »Ich liebe dich. Ich liebe deinen Vater. Nie werde ich euch – oder einen von euch – gehen lassen . . .«

Annie schlang ihre Arme um Donnas Hals, und die beiden drückten sich so fest aneinander, daß ihnen fast der Atem ausging. Jede vergrub ihr Gesicht im Haar der anderen.

»Hoffentlich findet ihr sie, Donna«, sagte das Kind, als sie sich schließlich voneinander lösten.

»Das hoffe ich auch«, erklärte Donna.

Mel bewegte sich in Richtung Tür. »Wir müssen los. Das Flugzeug fliegt in knapp einer Stunde.«

Und als sie dann im Auto die Straße entlangjagten, winkte Annie ihnen nach.

»Woran denkst du?« fragte er sie, als sie sich in gut zehntausend Meter Höhe befanden.

»Daß sich diese ganze Sache entpuppen könnte als eine buchstäblich ›irre Jagd‹«, erwiderte sie. »Guter Gott, da steht ja schon wieder ›Bitte anschnallen‹! Wie kommt es, daß es immer grad dann irgendwelche Turbulenzen gibt, wenn die anfangen, das Essen zu servieren?«

Mel schüttelte den Kopf. »Vermutlich torkelt irgendein Betrunkener im Gang herum.«

»Was willst du damit sagen?«

Er beugte sich dichter zu ihr. »Ein Freund von mir«, begann er zu erzählen, »machte mal so einen Flug, und der Zufall wollte es, daß er den Piloten kannte. Plötzlich kam die Ankündigung, man müsse mit schweren Turbulenzen rechnen, und jeder möge sich anschnallen und auf seinem Platz bleiben. Wenige Minuten später tauchte die Stewardeß auf. Ob mein Freund Lust habe, das Cockpit zu besichtigen – er sei vom Piloten herzlichst dazu eingeladen. Er brachte eine Art Protest vor. Angesichts der herrschenden Turbulenzen sei es doch wohl ratsam, wenn er auf seinem Sitz bliebe. Die Stewardeß schien ziemlich hartnäckig zu sein, und so begab er sich schließlich zum Cockpit. Sein Freund, der Pilot, machte einen absolut vergnügten Eindruck. Er führte ihn herum und fragte ihn schließlich, ob er nicht Lust habe, sozusagen mal auf dem Fahrersitz Platz zu nehmen, so mit allem Drum und Dran. Mein Freund konnte es nicht recht fassen. Was ist mit der Turbulenz? wollte er wissen. Ach das, erwiderte man ihm. Es gibt überhaupt keine Turbulenz. Das sagen wir nur, damit die Gänge frei werden und die Stewardessen mit ihren Karren durchrollen können.«

»Soll das ein Witz sein?«

»Zu diesem Trick greift man offenbar auch, wenn jemand betrunken ist oder randaliert oder so. Damit sich die Lage erst mal ein bißchen abkühlt.«

»Und dieses Kribbeln in meinem Magen ist also für nichts und wieder nichts?«

»Zum Teil jedenfalls.«

Sie lächelte. »Warum bin ich so sicher, daß sie sich in Kalifornien befinden?«

»Deduktives Denken. Ehrlich, ich bin ziemlich stolz auf dich; eine Art weiblicher Sherlock Holmes ...«

»Kalifornien ist ein riesiger Staat.«

»Wir brauchen uns nur um die Küste zu kümmern.«

»Die Küste – umfaßt ja wohl noch immer eine *ziemliche* Menge Quadratkilometer.«

»Willst du umkehren?«

»Wie soll es nach unserer Ankunft weitergehen?« fragte sie, ohne eine Antwort zu geben.

»Wir mieten uns ein Auto.«

»Da habe ich ein ziemlich schlechtes Gewissen.«

»Inwiefern?«

»Weil du dauernd am Steuer sitzen mußt.«

»Soll sich dort ja sehr hübsch fahren.«

»Das meine ich nicht.«

Die Stewardeß kam mit den Lunchportionen. Donna und Mel reagierten wie die berühmten »konditionierten« Pawlowschen Hunde. Schon hatten sie das Tischchen herabgeklappt, schon löste Donna das schützende Zellophan, stocherte mit der Plastikgabel im Salat.

»Nach unserer Rückkehr«, sagte sie entschlossen, »fange ich wieder mit dem Autofahren an. Ein verspäteter Neujahrsvorsatz, wenn du so willst. Und ich tu's, egal, was wir in Kalifornien erreichen.«

»Gut.« Mel biß in das feste Brötchen. »Inzwischen kannst du ja die ›Behüterin der Schlüssel‹ spielen.«

»Wie ist deine Schwester?«

»Nette Frau. Wird dir gefallen.«

»Es ist wirklich reizend von ihr, daß wir bei ihr wohnen können.«

»Na, die ist doch vor lauter Erwartung schier aus dem Häuschen. Ich habe meine Neffen zwei Jahre lang nicht gesehen. Ist für alle ein Riesending.«

»Hoffentlich gefalle ich ihnen.«

»Da würde ich mir nun wirklich keine Sorgen machen.«

Donna legte ihre Gabel auf das Tablett zurück und blickte starr geradeaus. »Nichts mehr von ›Anschnallen‹. Offenbar keine Turbulenzen mehr.«

»Da wird der Betrunkene wohl wieder auf seinem Sitz sitzen.«

»Mel...«

»Was?«

Sie zögerte. »Ich weiß nicht.«

Er drehte den Kopf, sah Donna an. »Du fragst dich, was werden wird, wenn wir sie nicht finden.«

Sie erwiderte seinen Blick, sehr direkt. »Es ist inzwischen elf Monate her«, sagte sie. »Adam wird bald sechs. Sharon ist fast schon drei. Sie werden sich womöglich überhaupt nicht mehr an mich erinnern. Sie wollen mich vielleicht gar nicht mehr. Und Victor. Seit fast einem Jahr habe ich Tag für Tag gebetet, daß dieser Mann krepieren möge. Alles nur denkbar Böse habe ich ihm an den Hals gewünscht, jede Krankheit, jeden Unfall. Je schrecklicher, desto besser. Wie wird es sein, wenn ich ihn wiedersehe? Was sage ich? Was tue ich? Mel...«

»Was?«

»Es ist wirklich verrückt. Ich mache mir weniger Sorgen über das, was geschehen wird, wenn wir sie nicht finden. Ich mache mir vielmehr Sorgen, was passiert, *wenn* wir sie finden.«

Gleichsam auf dieses Stichwort hin machte das Flugzeug einen plötzlichen Hüpfer, und über Lautsprecher erklang die Stimme des Piloten: eine weitere Turbulenz; und würde sich bitte jeder anschnallen und auf seinem Platz bleiben.

21

Die Landschaft war eigentlich noch schöner, als man sie in Büchern beschrieben fand: auf der einen Seite der Pazifische Ozean, auf der anderen Seite die Santa Lucia Mountains, die sich immer näher und mächtiger heranzuschieben schienen. Durch das Autofenster genoß Donna den Blick auf die Küste. Eine rauhe Küste war es, ein Streifen von wilder Schönheit, insgesamt rund einhundertfünfzig Kilometer lang: Big Sur – von San Simeon im Süden bis nach Carmel im Norden. Ein so atemberaubender Anblick, wie sie ihn nur je gesehen. Rauh und wild, ja, und dennoch gleichzeitig irgendwie immateriell, unkörperlich. Ein schmaler Küstenstreifen, im wirklichen Sinne dieses Wortes sperrig: in diesem ansonsten so stark bevölkerten Staat war es ihm gelungen, abseits des anderen zu bleiben; und wer hier entlangfuhr, mochte sich sehr wohl daran erinnert fühlen, daß es auf dieser Erde noch immer so etwas wie unberührte Flecken gab, wo der Mensch keine – oder doch keine sichtbaren – Spuren hinterlassen hatte.

In den Reiseführern konnte man nachlesen, daß sich der Name Big Sur vom Spanischen herleitete: *El pais grande del sur* – das große Land des Südens. Aber Donna ließ diese Interpretation für sich nicht gelten. Der Name (so ihre eigene Erklärung) entsprang und entsprach einem Gefühl; einer gesteigerten Empfindung, fast als sei man durch eine Droge berauscht – die Klippen, das Meer, die Berge. Gar kein Zweifel: Sur kam von Surf – Brandung. Und Big Surf bedeutete Riesenbrandung, optisch ebenso überwältigend wie akustisch.

Ja, es *war* atemberaubend. Langsam blies Donna die in ihrer Lunge gestaute Luft von sich. Mel warf ihr einen kurzen Blick zu. »Alles okay?«

»Ja«, erwiderte sie. »Es ist wunderschön hier.«

»Das kann man wohl sagen«, stimmte er zu. »Spürst du noch keinen Hunger?«

»Doch, ein bißchen.« Durch die Windschutzscheibe blickte sie auf das schmale Band des Highways, auf dem sie fuhren, und lächelte. »Meinst du, daß es hier in der Nähe irgendwelche guten Restaurants gibt?«

»Wir dürften eigentlich nicht mehr weit von jener kleinen Galerie sein – erinnerst du dich?« Bei ihren Nachforschungen hatten sie in San Simeon unter anderem mit einer Dame aus einem Immobiliengeschäft gesprochen. Sie riet ihnen, zwischendurch in einer kleinen Kunstgalerie Station zu machen. Diese befinde sich irgendwo in den Wäldern an der Küste. Die Leute dort seien sehr freundlich, auch könne man von ihnen jederzeit ein Sandwich als Imbiß haben. Im übrigen hätten sie ein ausgezeichnetes Gedächtnis für Gesichter sowie für das, was sie zufällig an Gesprächen aufschnappten.

Jetzt hielten Donna und Mel Ausschau nach dieser kleinen rustikalen Galerie. Viel erwarteten sie sich davon wirklich nicht. Im Grunde nur irgendeinen kleinen Happen sowie die Möglichkeit, das Telefon zu benutzen. Es wurde für sie Zeit, sich vereinbarungsgemäß mit Los Angeles in Verbindung zu setzen.

Die Galerie lag noch versteckter, als sie gedacht hatten. Um ein Haar wären sie daran vorbeigefahren. Eigentlich war es nur der Geruch von Rauch, der ihnen den richtigen Weg wies – hier wurde im Ofen oder im Herd Holz verbrannt. Mel bog mit dem Mietwagen, einem weißen Buick, in die kiesbestreute Anfahrt ein, die zwischen üppigem Laub fast zu verschwinden schien. Sie stiegen aus, und unwillkürlich zog Donna ihren Sweater straffer an ihren Körper. Daß es in der Bergregion so kühl sein konnte! Damit hatte sie in Los Angeles nicht gerechnet. Dort war es warm gewesen, ähnlich wie in Florida. Daß sie überhaupt warme Kleidung mitgenommen hatte, verdankte sie Brenda, Mels Schwester. Zumal am frühen Morgen, hatte diese gesagt, werde sie ganz gewiß so etwas brauchen. Nicht ohne ein Gefühl zärtlicher Sympathie dachte Donna an Brenda zurück (inzwischen war es schon eine Woche her, daß sie von ihr Abschied genommen hatten). Eine wirklich hilfsbereite Frau, stets mit einem guten Wort und einer warmen Mahlzeit zur Stelle, wenn

Donna und Mel am Ende eines weiteren erfolglosen Tages entmutigt zurückkehrten.

Zehn Tage hatten sie sich in Los Angeles aufgehalten; waren durch jeden Bezirk und jeden winzigen Ort gefahren; hatten die Strände von Malibu und Pacific Palisades durchkämmt; waren die Straßen von Newport Beach und Long Beach zu Fuß entlanggegangen; hatten endlose und recht mühselige Gespräche mit den Einwohnern von Palos Verdes und anderen Küstenorten geführt. Es war praktisch hoffnungslos. Es gab einfach zu viele Möglichkeiten, zu viele »Variablen«. Da Victor an einem Samstag angerufen hatte, schien es durchaus denkbar, daß er mit den Kindern nur für einen Tag – oder übers Wochenende – an den Strand gefahren war; vielleicht auch, um dort Freunde zu besuchen. Und wo deren Haus zu suchen war – guter Gott, es konnte ebensowohl Westwood sein wie Beverly Hills, ja selbst das San Fernando Valley.

Sie hatten sich bei sämtlichen bedeutenden Immobilienhändlern im Großraum Los Angeles umgetan: War bei ihnen im Laufe des letzten Jahres jemand erschienen, auf den Victors Beschreibung paßte, und hatte ein Haus gekauft oder gemietet? Und erneut gab es zu viele Möglichkeiten – zu viele Agenten, zu viele Häuser; doch zu wenig Zeit und zu wenig Interesse. Auch bei sämtlichen Versicherungsgesellschaften in Los Angeles prüften sie nach – arbeitete dort in irgendeinem Büro irgend jemand, auf den Victors Beschreibung paßte?

Zehn Tage verbrachten sie auf diese Weise; ließen auch Kindergärten, selbst Grundschulen nicht aus; besuchten Parks, Spielplätze, lokale Touristenattraktionen. Nichts.

Mitunter glaubte Donna ein Kind zu erblicken, das Adam sein *mußte*. Oder Sharon. Natürlich irrte sie sich jedesmal. Auf Brendas Drängen engagierten sie schließlich wieder einen Privatdetektiv, der ihnen bei ihrer Suche helfen sollte. Was sie selbst betraf, so nahmen sie sich die Küste in Richtung Norden vor, ließen dabei keinen auch noch so kleinen Ort aus. Im übrigen setzten sie sich tagtäglich mit dem Detektiv, einem gewissen Marfleet, in Verbindung. War er inzwischen auf eine Spur gestoßen? Und natürlich setzten sie ihn ihrerseits ins Bild –

zumindest über ihre nächsten Ziele. Denn was »Spuren« betraf, so gab es bislang bei allen Fehlanzeige, bei Mr. Marfleet ebenso wie bei Dr. Segal und Mrs. Cressy.

»Hmm, riecht gut hier«, sagte Donna, während sie die Autoschlüssel, die Mel ihr reichte, in ihre Handtasche steckte. Deutlich spürte sie die Feuchtigkeit; spürte sie durch ihre wollene Bekleidung. Mel schritt schon voraus, auf das Blockhaus zu. »Oh, schau nur, Mel«, rief Donna. Er drehte den Kopf und sah, wie ein großer Schäferhund herbeitrottete und seine Schnauze gegen ihre Handfläche drängte. Augenscheinlich wollte er gestreichelt werden. Donna tat ihm sofort den Gefallen. »Na, so ein lieber Hund«, schmeichelte sie ihm. Einige Sekunden später gab sie ihm einen abschließenden Klaps und folgte Mel ins Haus.

Es war genauso, wie Donna sich diese Häuser immer vorgestellt hatte – ein echtes Blockhaus innen wie außen. Da war ein Bretterfußboden, da war eine balkengestützte Decke, und von dieser hingen verschiedene große und runde Lampen aus Holz herab. Die diversen Teppiche (oder Brücken) waren handgewebt und besaßen eine ovale Form. Das Mobiliar, sämtlich aus Kiefernholz, gehörte in die sogenannte koloniale Stilrichtung. Vielleicht, dachte Donna unwillkürlich, wäre es noch interessanter gewesen, in diese urtümliche Umgebung etwas aus Chrom und Plexiglas zu setzen, als Kontrast sozusagen – der moderne Mensch gegen die Elemente und so weiter und so fort. Allerdings: innenarchitektonisch hätte das doch wohl eher störend gewirkt – würde die Aufmerksamkeit abgelenkt haben von den Gemälden und Zeichnungen, die gut verteilt rings in diesem Raum hingen. Überall waren die Preise angegeben, und sie betrugen zwischen sechzig und zweihundert Dollar. Was die Bilder als solche betraf, so schienen sie samt und sonders Durchschnitt zu sein. Ihren Reiz bezogen sie aus ihrer Umgebung.

»Hätten Sie gern etwas?«

Die Stimme klang freundlich, fast derb. Und genauso wirkte auch die Frau, zu der sie gehörte: eine ziemlich große Frau von etwa vierzig Jahren, mit fast männlichem Körperbau und langen braunen Haaren, nachlässig zum Pferdeschwanz gebunden. Ein Make-up trug sie nicht, und ihre Haut war übersät mit Sommersprossen sowie späten Spuren jugendlicher Akne. Es war ein freundliches, aber auch entschlossenes Gesicht. In ihm spiegelte sich gleichsam die halbe Wildnis wieder, in der man sich hier befand – einerseits. Andererseits aber auch die anheimelnde Wärme dieses Blockhauses. Im Hintergrund nahm Donna einen Mann wahr. Er mußte etwa im gleichen Alter sein, und er trug Jeans und Cowboystiefel – eine Art verkörperter Mythos des freien, wilden Westens.

»Ist wirklich ganz reizend hier«, sagte Mel, und Donna war froh, daß er sprach. Für sie wurde es von Mal zu Mal schwieriger, irgend etwas Vernünftiges von sich zu geben. Wie wohltuend, ihn bei sich zu wissen, mit seiner ruhigen, fast sanften Art. Sie, Donna, neigte manchmal dazu, überhastet in etwas hineinzustolpern, was es vorsichtig zu erforschen galt. Die Menschen waren Fremden gegenüber mißtrauisch, und viele Fragen stimmten sie nur skeptischer. Man mußte ihnen zunächst einmal ein wenig näherkommen, und sei es auch noch so oberflächlich. Es kam weniger auf das an, was man tat (ging es Donna durch den Kopf), als auf das, was man zu tun schien.

»Gibt nicht viele, die bei uns einkehren«, sagte die Frau. »Ist sicher unsere eigene Schuld. Ich meine, wir liegen ziemlich abseits. Möchten Sie etwas zu essen haben? Sandwiches? Kaffee?« Bei Sandwiches und Kaffee erfuhren Donna und Mel dann, daß dieses Paar, David und Kathy Garratt, die kleine Galerie schon seit über fünfzehn Jahren in ihrem Haus hatten; ihr Schlafzimmer und die sonstigen Privaträume befanden sich im oberen Stockwerk. Was die Bilder betraf, so handelte es sich entweder um Eigenproduktionen oder um die Arbeiten von Freunden; und sie verdienten gerade genug für ihren Lebensunterhalt. Im übrigen nahm David in der Umgegend mal diesen, mal jenen Job an – von Beruf war er Zimmermann. Irgendwann war ihnen die Idee gekommen, ihr Haus interessierten Touristen zugänglich zu machen. Sie mochten Menschen, und so hatten sie Gelegenheit zum täglichen Kontakt mit der Außenwelt. Und war es ihnen einmal zuviel, wollten sie allein sein, so hängten sie an die Eingangstür ganz einfach ein Schild: Heute geschlossen.

Donna hörte mit einer Mischung aus Ungeduld und Interesse zu. Und als die Ungeduld schließlich überhandnahm, unterbrach sie: »An die Leute, die hier einkehren – würden Sie sich an die wohl erinnern?«

Kathy Garratt warf ihr einen neugierigen Blick zu. »Haben Sie jemand Besonderen im Sinn?« fragte sie, wohl wissend, daß dem so sein mußte.

»Einen Mann. Er heißt Victor Cressy. Er ist neununddreißig, ziemlich groß, dunkelhaarig ...«

»Gutaussehend?«

Donna nickte, wenn auch widerstrebend. Aus ihrer Handtasche holte sie ein Bild von Victor. »Hier ist er. Das Bild ist schon mehrere Jahre alt. Mag sein, daß er inzwischen einen Schnurrbart oder Vollbart trägt ...«

Kathy und David Garratt steckten die Köpfe zusammen, starrten beide auf das Foto. Währenddessen fuhr Donna fort: »Er hatte wahrscheinlich zwei Kinder bei sich. Einen kleinen Jungen, Adam, ungefähr fünf Jahre alt, sowie ein kleines Mädchen, Sharon, etwa zwei. Allerdings spreche ich von einem Zeitpunkt, der fast ein Jahr zurückliegt.«

Kathy Garratt erhob sich und trat zu einer Art Pult. »Na, sehen wir doch mal im Gästebuch nach. Falls er hier war, hat er sich auch eingetragen. Wann, haben Sie noch gesagt ...«

Donna spürte, wie ihr Herz schneller zu schlagen begann; und als sie aufstand, hatte sie eigentümlich weiche Knie. »Im letzten April – aber prüfen Sie bitte auch Mai und Juni. Könnten wir nicht die ganze Zeit seit dem vergangenen April durchgehen?«

Die Frau machte hinter dem Pult für Donna Platz. »Bitte, sehen Sie selbst«, sagte sie.

»Darf ich Ihr Telefon benutzen?« fragte Mel. »Gespräch nach Los Angeles. Die von der Vermittlung können uns dann ja die Gebühren nennen.«

Ohne ein weiteres Wort führte David Garratt seinen Gast zu dem altmodischen Telefon an der Holzwand. Währenddessen suchten Donnas Augen im Gästebuch hastig nach Victors Namen.

»Ist hier nicht zu finden«, erklärte sie eine Viertelstunde später, als Mel an ihrer Seite auftauchte.

»Ich habe gerade mit Marfleet gesprochen«, sagte er, und aus seiner Stimme klang ein Hauch von Ermutigung. »Er versichert, daß er womöglich auf etwas gestoßen ist. Augenscheinlich in Carmel. Er wartet auf Informationen von einer seiner Quellen. Ich habe ihm gesagt, wir werden heute abend dort sein – und ihn dann anrufen.«

Kathy Garratt schritt vor ihnen auf und ab. »Ich versuche, mich zu erinnern«, sagte sie, mehr für sich als für jemanden sonst. »Und ich weiß noch, daß im letzten April oder Mai ein Mann mit zwei Kindern hier war . . .« Sie blickte zu ihrem Mann. »Erinnerst du dich nicht mehr, David? Das kleine Mädchen hatte so eine Riesenangst vor Muffin, das ist unser Hund da draußen.«

Donna dachte an den großen Schäferhund vor dem Blockhaus. Und sie erinnerte sich – Sharon hatte gerade in letzter Zeit Angst vor Hunden gezeigt, zumal vor großen.

»O ja, ich erinnere mich an ihn. Er hat ein Bild gekauft!«

»Hatte er nicht zwei Kinder bei sich?«

»Ja, scheint so. Aber ich weiß nicht mehr, ob es sich um einen Jungen und ein Mädchen handelte.«

Mel schaltete sich ein. »Moment. Sie sagen, er hat ein Bild gekauft. Haben Sie darüber Unterlagen?«

»Natürlich haben wir darüber Unterlagen«, entgegnete Kathy Garratt ziemlich spitz. »Damit nehmen wir es sehr genau. Uns liegt nicht daran, das Finanzamt um die paar Extrapennys zu betrügen. Bei uns geht alles ordnungsgemäß über die Bühne.«

Mel entschuldigte sich prompt. »Tut mir leid. Ich wollte damit wirklich nicht sagen . . .«

»Es ist nur, daß wir schon so lange suchen«, schaltete Donna sich ein.

»Denken Sie sich nichts weiter dabei«, verkündete David Garratt. Mit einem Buch, das offenbar so etwas wie sein Geschäftsbuch war, ging er zum Sofa. »Das ist nämlich so ein wunder

Punkt zwischen Kathy und mir. Hat mit Ihnen überhaupt nichts weiter zu tun, verstehen Sie«, fuhr er fort, während er das Buch aufschlug. »Wenn's nach mir ginge, wären wir nämlich nicht so überehrlich bei der ganzen Sache ...«

»Und du würdest im Kittchen sitzen«, erklärte Kathy, während sich alle um ihren Mann versammelten. »Und wir könnten diesen Menschen ganz und gar nicht helfen.« Ihre Stimme klang wieder ziemlich derb. Sie wendete ein paar Seiten, fünf oder sechs. »Hier«, sagte sie, und der Triumph war unüberhörbar. »»Einsamkeit«, das war der Name des Gemäldes, das er gekauft hat – bezahlte achtzig Dollar dafür, am 21. Mai.« Sie legte das Buch zurück. »Aber der Name ist nicht derselbe. Victor Cressy, haben Sie gesagt?« Donna nickte. »Nein, der Name dieses Mannes war Mel Sanders.«

»Mel?« fragte Donna. »*Mel* Sanders?« Sie blickte zu Mel. »Meinst du, daß er so etwas tun würde? Deinen Namen verwenden? S – Sanders statt Segal? Ein abschließender grausamer Scherz?«

»Spaß würde ihm so etwas wohl schon machen«, stimmte Mel zu. »Selbst wenn er der einzige wäre, der eine solche Ironie genießen könnte.«

»Um so mehr sogar in einem solchen Fall.« Donna kehrte zu Pult und Buch zurück. »Am 20. Mai?«

»Am einundzwanzigsten.«

Rasch fand Donna im Gästeregister die entsprechende Stelle. »Hier ist es. Mel Sanders.«

»Sieht das nach seiner Handschrift aus?«

»Schwer zu sagen. Ist ziemlich gekritzelt. Könnte sein.«

Mel trat zu ihr und betrachtete eingehend die Eintragung. »Mel Sanders, 1220 Cove Lane, Morro Bay. ›Großartige Szenerie, wunderbare Gastfreundlichkeit‹.«

»Aus Morro Bay sind wir doch gerade gekommen«, murmelte Donna.

»Es würde nur eine Stunde dauern, um zurückzufahren und nachzuprüfen.«

»Ich dachte, wir hätten da so ziemlich jeden Quadratzentimeter abgesucht.«

»Es ist deine Entscheidung.«

»Nun ja, es ist eine Chance. Und wir müssen sie wohl wahrnehmen.«

»Eine ziemlich schwache Chance«, warnte Mel. »Ein Mann mit zwei Kindern, wobei nicht mal sicher feststeht, daß eines von beiden ein Bub war; der sich hier etwa einen Monat nach dem Verschwinden sehen läßt ...«

Donna blickte zu David Garratt. »Hat er bar bezahlt oder per Scheck?«

David Garratt sah im Buch nach. »Bar.«

»Er sah wie auf dem Foto aus«, sagte Kathy Garratt, und ihre Erinnerung schien von Minute zu Minute stärker zu werden. »Und ich weiß auch noch, daß das kleine Mädchen weinte, wegen des Hundes. Sie fing an, nach ihrer Mammi zu rufen. Entsinnst du dich nicht mehr, David?«

Er schüttelte den Kopf. »Nein, überhaupt nicht mehr.«

»Aber so war's«, beharrte die Frau. »Und er versuchte, sie zu beruhigen, und er hielt sie in seinen Armen und sagte, die Mammi könne nicht mehr helfen, weil sie nicht mehr da wäre, und alles würde schon wieder gut werden. Erinnerst du dich daran nicht mehr?«

»Nein«, wiederholte er – und blickte dann zu Donna und Mel. »Aber was mein Gedächtnis betrifft, so kann ich mich mit Kathy wirklich nicht vergleichen. Die erinnert sich ja an alles, was jemand jemals gesagt oder getan hat. Über solche Sachen streitet man mit ihr besser nicht, soviel steht fest.«

Donna und Mel bezahlten die Garratts für die Sandwiches und den Telefonanruf; dann trugen sie sich ins Gästebuch ein (mit angemessenen Superlativen) und gingen zu ihrem Auto. Donna reichte Mel die Schlüssel. Es wurde jetzt wärmer. Bevor sie die Tür öffnete, warf Donna einen letzten Blick zurück und streifte sich dann den Sweater über den Kopf.

Das Haus war weder groß noch klein. Es war weiß, bedurfte jedoch dringend einer Renovierung. Im übrigen stand es auf einem kleinen Stückchen Land wie praktisch alle Häuser in Cove Lane. Fast hätte man meinen können, daß jeder Hausbesitzer dort eine Art Gelübde geleistet habe, das ihn dazu verpflichtete, nichts, aber auch gar nichts zu tun, was die äußerliche Symmetrie der Siedlung in irgendeiner Weise stören könne. Ihr Charme, ihr Appeal, ihre Einzigartigkeit lag in ihrer Uniformität. Überall die gleichen kleinen Blumenkästen an den vorderen Fenstern, sämtlich gefüllt mit den gleichen roten und weißen Blumen, und natürlich war auch alles andere praktisch völlig identisch, von den Hecken bis zu den Briefkästen. Ganz nebenbei fragte sich Donna, ob es nicht ratsam sei, über sämtliche Häuser der Straße mit ein und demselben weißen Pinsel hinwegzustreichen.

»Nun, was meinst du?« fragte Mel.

»An sich ist es ein Haus, wie er sich's kaufen würde ...«

»Aber?«

»Aber?« wiederholte sie.

»Klang mir ganz so, als ob du mit einem Aber fortfahren wolltest.«

Sie lachte. »Mag schon sein.« Sie schwieg und rutschte ein kleines Stück auf ihrem Sitz vor. Das Auto, in dem sie saßen, stand auf der Südseite der Straße, schräg gegenüber von 1220 Cove Lane. »Aber«, betonte Donna, »ich kann mir Victor in einer solchen Nachbarschaft nicht vorstellen. Es ist so – ruhig.«

»Na, Palm Beach ist aber auch nicht gerade eine besonders laute Stadt«, hielt er ihr entgegen.

»Ich weiß, aber – ich kann's nicht erklären. Irgendwie sagt mir mein Gefühl, daß dies kaum was für Victor wäre.«

Mel warf einen Blick auf seine Armbanduhr. »Es ist jetzt zwei. In etwa einer Stunde müßten die Kinder von der Schule heimkommen. Kann auch sein, daß es noch zwei Stunden dauert, falls sie nicht direkt heimkommen. Wir können ganz einfach warten – oder aber zu den Nachbarn gehen und ihnen Fotos zeigen.«

»Nein. Könnte doch sein, daß er sich mit irgendwem angefreundet hat. Und der oder die würden ihn dann womöglich warnen. Laß uns ganz einfach warten. Falls es eine falsche Spur ist, haben wir nichts weiter verloren als ein paar Stunden.«

»Möchtest du dir ein bißchen die Beine vertreten?«

Donna lehnte sich gegen die rote Polsterung zurück. »Nein. Ich fühle mich etwas müde. Ehrlich gesagt, mir ist nicht besonders gut. Muß an der inneren Anspannung liegen.«

Mel legte seinen Arm um sie. »Du wirst dich schon wieder besser fühlen. Nur – schraub deine Hoffnungen nicht zu hoch.«

Donna schloß die Augen. Minutenlang herrschte Schweigen. »Schläfst du?« fragte Mel leise.

»Nein«, erwiderte sie, ohne die Augen zu öffnen. »Ich habe nur nachgedacht. Über das, was ich mit meinem Leben anfangen möchte, wenn wir wieder zu Hause sind. In beruflicher Hinsicht, meine ich.«

»Und was wäre das?« Sie spürte, wie er sie auf die Stirn küßte.

»Nun, es hat mir soviel Spaß gemacht, unser Schlafzimmer umzugestalten«, begann sie verträumt. »Und als wir dann in dieser Galerie waren – also kaum hatte ich den ersten Blick in dieses Blockhaus geworfen, schon kamen mir alle möglichen Prachtideen.« Sie öffnete die Augen und sah Mel an. »Ich glaube, für so was hätte ich ein ganz gutes Auge, allerdings habe ich da nie irgendwelche Übung gehabt. Ich meine, irgendwie brachten es die Umstände immer mit sich, daß dort, wo ich wohnte, alles bereits eingerichtet war. Was ich sicher nicht mal allzu unangenehm empfand. Ich meine, es ersparte mir allerlei Entscheidungen.« Sie setzte sich gerade auf. »Und jetzt beginne ich zu begreifen, daß es mir Spaß macht, Entscheidungen zu treffen.« Mel lächelte. »Und so habe ich den Entschluß gefaßt, in eben dieser Minute habe ich ihn gefaßt, daß – ob wir meine Kinder nun finden und mit uns nach Hause nehmen oder nicht – ich in Florida die entsprechenden Kurse absolvieren werde, um mich im Fach Innenausstattungen betätigen zu können. Wie findest du das?«

»Ich finde, daß du die schönste Frau bist, die ich je gesehen habe.«

Donna lachte. Dann verzerrte sich ihr Gesicht. »Was ist denn?« fragte Mel hastig.

»Ich weiß nicht. Als ich eben lachte, hatte ich so einen Seitenschmerz.« Sie drehte sich, lachte beklommen. »Und jetzt scheint er nicht weggehen zu wollen.«

»Wo?«

»Hier.« Donna deutete auf einen Punkt: links, knapp oberhalb ihrer Taille. »Ich werde doch hoffentlich keinen Herzanfall haben, oder?«

»Das ist das Faszinierende an dir, Donna«, sagte Mel, während er sich in die entsprechende Position brachte, um die Sache besser unterscheiden zu können. »Du denkst immer gleich in bedeutenden Kategorien. Was für eine Art Schmerz ist es denn?«

»So eine Art Brennen. Wie von einem Stich oder so.«

»Laß mich mal sehen.«

»Wie meinst du das?«

»Schieb deinen Sweater hoch.«

Donna tat es. »Nun? Siehst du irgendwas?«

»Nur so eine Art Muttermal«, sagte er, während er den Sweater wieder über ihren Bauch zog und sich auf seinem Sitz zurücklehnte.

»Was soll das heißen: nur so eine Art Muttermal?«

»Ein Muttermal, was kann ich sonst noch sagen?«

»Dort habe ich doch so was gar nicht.«

»Hast du doch. Hab's ja grad gesehen.«

»Hast du's je zuvor gesehen?«

Aufmerksam beobachtete sie seine Augen. »Nein«, erwiderte er und schob den Sweater wieder hoch und betastete den runden schwarzen Fleck.

»Au!« sagte sie unwillkürlich, während seine Finger sie zu zwicken schienen.

»Sieht aus wie eine Zecke!« erklärte er verwundert.

»Eine Zecke!? Wie sollte ich zu einer Zecke kommen?«

»Keine Ahnung. Aber genauso sieht's aus.«

»Und wie werde ich das los?«

»Da gibt es verschiedene Möglichkeiten. Eine sterilisierte Nadel und kochendes Wasser oder ein Streichholz. Doch leider gehört nichts davon zur Ausrüstung dieses Autos.«

»Dann muß die Sache eben warten.«

»Aber nicht zu lange. Diese Zecken können verdammt gefährlich werden. Winzige Biester, aber sie haben's in sich. Bohren sich tiefer und tiefer, je länger man wartet.«

»Willst du, daß ich mich übergebe?«

»Ich möchte, daß du begreifst, wie wichtig es ist, daß du dieses Drecksding möglichst bald los wirst.«

»Woher kann ich diese Zecke nur haben?« fragte sie entmutigt. »Der Hund! Der elende Hund! Muffin!« rief sie dann, die Wörter geradezu von sich speiend.

Mel schob sich wieder hinters Lenkrad und drehte den Zündschlüssel.

»Was tust du?«

»Ich will zu einer Apotheke fahren. Dort können wir eine Salbe oder sonstwas bekommen, damit du möglichst rasch diese verdammte Zecke los wirst.«

»Nein!«

»Donna ...«

»Nicht jetzt.«

»Du begreifst nicht ...«

»Ich weiß, daß solche Sachen sehr gefährlich sein können. Ich begreife durchaus, Mel. Aber ein oder zwei Stunden – ich werde schon nicht sterben, wenn wir ein oder zwei Stunden warten, oder?«

»Sterben wirst du nicht.«

»Bitte, Mel.«

»Also gut«, gab er widerstrebend nach. »Aber wenn du dich wirklich mies fühlst – bitte, sag's mir.«

»Okay.« Sie küßte ihn auf die Wange. »Danke.«

»Zwei Stunden«, erklärte er. »Äußerstenfalls.«

»Zweieinhalb«, konterte sie mit einem hartnäckigen Lächeln.

»Zwei«, wiederholte er mit Nachdruck. »Schluß der Diskussion.«

Sie warteten zwei Stunden und zwanzig Minuten. Dann erschien der braune Ford-Kombi und bog in die seitliche Einfahrt zu 1220 Cove Lane ein.

»Jetzt ist jemand gekommen«, sagte Mel, während er Donna wachrüttelte. In der letzten Stunde war sie immer mehr in Lethargie versunken. Augenscheinlich fühlte sie sich ganz und gar nicht wohl. Dennoch weigerte sie sich, ihren »Posten« zu verlassen.

»Ist es Victor?«

»Kann's nicht sagen.« Er öffnete die Autotür auf seiner Seite.

»Willst du hier warten?«

»Soll das ein Scherz sein?« Sie öffnete die Tür auf ihrer Seite.

»Wirst du's auch durchstehen?«

»Aber sicher.«

Doch kaum hatten ihre Füße den Boden berührt, so wurde ihr auch schon bewußt, wie schwach sie sich fühlte, wie ungeheuer nervös sie war; und bitte, lieber Gott – so in etwa klang ihr Gebet –, laß mich nicht ohnmächtig werden, bevor wir zum Haus gelangen.

In genau demselben Augenblick, da die Bewohner von 1220 Cove Lane aus der Garage kamen und zum Haus gingen, trafen auch Mel und Donna dort ein.

Ein Mann. Ziemlich groß, dunkelhaarig, Victor nicht unähnlich. Aber nicht Victor.

Irgendein anderer Mann.

Und seine zwei Kinder – irgendwelche Kinder.

Donna sackte zusammen. Fiel auf die frischgemähte vordere Rasenfläche.

Noch nie hatte sie solche Farben gesehen, soviel war Donna klar. Intensiv betrachtete sie alles. Und flüchtig ging ihr die Frage durch den Kopf: Wo befand sie sich eigentlich? Und wie war sie hierhergelangt? Grün, üppiges Grün; und regendunkle Braun- und Schwarztöne. Wie auf einem Gemälde von Georges Rousseau. *Mußte* sich wohl um ein Bild von Rousseau handeln. Bloß, daß es schlicht unmöglich war. Was, um alles auf der Welt, hatte sie auf einem Gemälde von Georges Rousseau zu suchen?

Sie trat ins Moos, und sofort spürte sie, wie ihr Fuß einzusinken begann. Irgendein Schleim schob sich empor an ihrer Haut. Kalt und fremd umhüllte es ihre Beine, schien daran zu haften wie Dutzende gieriger Blutegel. Sie zog den Fuß wieder hoch und fand zu ihrem Entsetzen eine leuchtend königsblaue Schlange um ihr Fußgelenk geringelt. Mit aller Kraft versuchte sie, die Schlange von sich abzuschütteln. Doch diese haftete an ihr fest, als sei das leuchtende Königsblau ein Stück ihrer eigenen Haut.

Der Dschungel – es war ein Dschungel, das erkannte sie jetzt deutlich – schloß sich immer enger um sie. Von allen Seiten streckten sich Äste und Zweige nach ihr, und an ihren alleräußersten Spitzen hatten sie auf einmal Saugnäpfe, die wie gierige Mäuler nach ihr zu schnappen schienen.

Als Donna wieder an sich herabblickte, zu den Füßen, war die königsblaue Schlange fort. Und die Oberfläche des Bodens erschien klar, geradezu durchsichtig. Deutlich konnte sie unter sich Fische schwimmen sehen, Aale schlängelten sich unmittelbar unter ihren Zehen dahin, und Wasserpflanzen schwankten geradezu aufreizend hin und her, schienen sie zum Bade zu laden. Plötzlich befand sie sich bis zum Hals im Wasser, schwamm durch den Dschungel; betrachtete die untere Hälfte ihres Körpers, als gehöre diese einem anderen Menschen; und sie sah, wie ihre bloßen Beine in der absoluten Stille Wasser traten; sah auch das wie vibrierende, fleischfarbene Tier – was für eine Art Tier war das nur? fragte sie sich flüchtig; und beobachtete, wie der schneckengleiche Körper und die menschenartigen Hände sich ihr näherten – und sich um sie schlangen und sie tiefer zogen. Hinab. Hinab.

Unter die Oberfläche. Ihr Kopf verschwand in dem, was nun wieder Schleim oder Schlamm zu sein schien. Ihre Nasenlöcher verstopften sich mehr und mehr, mit Morast. Ich bekomme keine Luft, ich bekomme keine Luft.

Stimmen. Sie wurde sich bewußt, daß da Stimmen waren, ferne Stimmen. Aber Stimmen, die bereit waren, ihr zu Hilfe zu eilen. Ist alles in Ordnung, ist doch bloß ein Traum.

Sie öffnete die Augen. Eine große, blaue Schlange – dort über ihr, zusammengeringelt und angriffsbereit. Und sie griff an. Wand sich um ihren Hals, ließ den Druck auf die Kehle von Sekunde zu Sekunde unerträglicher werden.

»Nein!« Schreiend stützte sie sich hoch, zerrte an der Schlange. »Donna! Donna!«

Wieder öffnete Donna die Augen. Und jetzt sah sie Mels Gesicht vor sich; spürte, wie seine Hände ihre Arme zu bändigen versuchten, die wild um ihren Körper schlugen. »O Gott«, schluchzte sie. »Was ist denn? Was ist denn nur?«

Sie ließ sich von Mel gegen die Kissen stützen und fühlte, daß ihr ganzer Körper von Schweiß überströmt war. Sie befand sich in einem fremden Bett in einem fremden, jedoch keineswegs ungemütlichen Zimmer. In ihrem Blickfeld war ein eingeschalteter Fernsehapparat.

»Du bist jetzt wieder in Ordnung«, erklärte er. »Allerdings warst du für ein paar Stunden nicht so ganz auf der Höhe.«

»Für ein paar Stunden? Wie spät haben wir's denn jetzt?« Sie atmete mehrmals tief durch.

»Kurz nach Mitternacht.« Donna blickte zum Fernseher. Sie erkannte Johnny Carson. Aha, die späte und sehr populäre Talk-Show. Eine junge und hübsche Blondine war damit beschäftigt, eine riesige Boa Constrictor in einem Kasten zu verstauen. Mel beobachtete Donna, während sie zum Fernseher blickte. »Ist eine ganz interessante Show«, lachte er. »Eine Dame aus dem Zoo. Irgend so ein Starlet, das sagte, sie sei in Pat Boones Swimmingpool getauft worden. Und er habe ihren Kopf so lange unter Wasser gedrückt, daß sie schon fürchtete zu ertrinken, statt wiedergeboren zu werden.« Er befühlte ihre Stirn. »Du hattest die Augen zwar immer wieder mal offen, doch dann warst du auch bald wieder weg. Das Fieber bist du los.«

Hastig tastete sie nach ihrer linken Seite.

»Vorsicht. Da ist ein Verband.«

»Die Zecke?«

»Von der bist du längst befreit.«

Sie strich sich mit der Hand durch das feuchte Haar. »Und wieviel von meinem Leben habe ich verpaßt?«

»Bevor oder nachdem du den armen Mr. Sanders halb zu Tode erschrecktest, indem du inmitten seiner Begonien in Ohnmacht sankst?«

»O Gott. Erzähle.«

»Er hat sich im Grund ganz reizend verhalten. An meiner Stelle rief er die Ambulanz herbei, und dann schafften wir dich ins Krankenhaus.«

»Ins Krankenhaus? Befinden wir uns hier in einem Krankenhaus?«

»Nein. Dies ist ein Motel. Im Krankenhaus behielt man dich nur gerade so lange, um die Zecke zu entfernen und dich entsprechend medikamentös zu behandeln.«

»Mr. Sanders war also ...«

»Mr. Sanders war Mr. Sanders. Punkt. Hatte vor anderthalb Jahren seine Frau verloren und muß sich nun um die beiden kleinen Mädchen kümmern.«

»Beides Mädchen?«

»Alle beide.«

»Na, was für ein überzeugendes Beispiel für Kathy Garratts untrügliches Gedächtnis ...«

»Muffin, den Schäferhund, nicht zu vergessen!«

»Wer hat uns das überhaupt erzählt, von dieser blöden Galerie? Jene Dame aus San Simeon – stand vermutlich in Victors Diensten.«

Mel lachte. »Du fühlst dich besser, soviel steht fest.« Er schaltete den Fernseher aus. »Möchtest du Tee oder etwas anderes?«

Sie schüttelte den Kopf. »Ich bin bloß müde. Werde ich morgen früh weiterreisen können?«

»Ich glaube schon. Und irgendwie habe ich das Gefühl, daß du ohnehin nicht zurückzuhalten wärst.« Er legte eine dramatische Pause ein. »Ich habe mit Marfleet telefoniert. Er meinte, es könnte durchaus sein, daß dort in Carmel etwas wirklich Konkretes ist. Ein Mann mit zwei Kindern – auf welche die allgemeine Beschreibung von Victor sowie Adam und Sharon paßt – hat da vor ungefähr einem halben Jahr ein Haus gekauft. Marfleet wollte heute abend hinfahren und mal nachprüfen. Morgen sollen wir ihn dort treffen.«

»O Mel ...«, sagte Donna, und sie spürte dieses Kribbeln an ihrem ganzen Körper.

»Kann durchaus sein, daß sie's überhaupt nicht sind, Donna.«

»Ich weiß. Ich weiß«, sagte sie, während sie unter die Bettdecke glitt und Mel dicht neben sich spürte. »Ich weiß.«

22

Als der US-Highway 1 sich Carmel entgegenzuwinden begann, spürte Donna deutlich, wie plötzlich all ihre Lebensgeister geweckt wurden. Ihre Nasenlöcher weiteten sich; nahmen den allgegenwärtigen Geruch des Ozeans in sich auf. Und es weiteten sich auch ihre Augen: versuchten, alles wahrzunehmen, was es wahrzunehmen gab: die Häuser, die Cottages (mitunter reine Puppenhäuschen). Und wenn man so wollte, weiteten sich sogar ihre Ohren: für das Geräusch der Brandung sowie jenes ganz Andersartige – die Stille, die dennoch keineswegs leer zu sein schien, sondern vielmehr recht geschäftig. Jede Sehne, jeder Muskel in ihrem Körper schien sich zu spannen. Gleichsam im Alarmzustand. Er war hier. Sie konnte es spüren. Dies war der Ort, zu dem er ihre Kinder gebracht hatte.

»Nur nicht verkrampfen, Donna«, mahnte Mel.

»Ich weiß, daß sie hier sind, Mel. Mein ganzer Körper sagt mir, daß es so ist.«

»Dein ganzer Körper, so schön er auch ist, hat sich bereits zuvor geirrt. Erinnere dich, daß er es war, der dich dazu bewog, Victor zu heiraten.«

»Sie sind hier, Mel«, wiederholte sie, während das Auto östlich in die Ocean Avenue einbog. Donna blickte zu den Schildern mit den vorbeihuschenden Namen der Seitenstraßen – Carpenter, Guadalupe, Santa Rita, Santa Fe, Torres, Junipero. Und von Mal zu Mal wurde sie sich ihrer Schlußfolgerungen sicherer. Sie fuhren an einem großen Gebäude im spanischen Stil vorbei. Auf einem Schild las man: Carmel Plaza. Siebenundsechzig Läden gab es dort. Sie fuhren die Dolores Street hinunter, bogen dann nach links ab.

»Wo genau sollen wir uns mit Marfleet treffen?«

»In einem Restaurant namens ›Kleiner Pizza-Himmel‹.«

»Pizza um diese Stunde?«

»Es ist Lunch-Zeit«, erklärte Mel nach einem kurzen Blick auf seine Armbanduhr.

»Warum hast du mich so lange schlafen lassen?«

»Ich wollte dich in bester Kampfkondition.« Er zwinkerte.

Sie lächelte. »Ich weiß, daß sie hier sind. Kannst du's nicht spüren?«

»Was du fühlst – und, jawohl, ich fühle es auch –, ist eine gewisse Vertrautheit. Dieser Ort ist, in einem gewissen Sinn, gar nicht soviel anders als Palm Beach. Er hat den gleichen – Rhythmus.«

Donna nickte. Das war genau das richtige Wort. »Nur noch besser«, fügte sie hinzu. »Und Victor war ja stets auf der Suche nach etwas Besserem.« Dann erspähte sie plötzlich das Schild, auf der rechten Seite: die Pizzeria. »Dort ist es, Mel.«

Mel manövrierte das Auto auf den Parkplatz. Dann stiegen sie aus. Er reichte ihr die Wagenschlüssel, damit sie sie in ihrer Handtasche verstaute. Sie sei so etwas wie die Schlüsselwärterin, hatte er im Flugzeug gesagt, und offenbar war es ihm damit sogar ernst gewesen.

»Bitte, vergiß nicht, daß Victor den größten Teil seines Lebens in Connecticut zugebracht hat.«

»Sicher, ich weiß«, sagte Donna und hakte sich bei Mel ein. »Aber wenn man sich von Sonne und Meer erst einmal hat verwöhnen lassen, fällt es einem nicht gerade leicht, zu Eis und Schnee zurückzukehren.«

Sie wollten gerade ins Restaurant eintreten, als Mel plötzlich stehenblieb und sich zu Donna herumdrehte. Sie sah ihn fragend an. »Hör mal«, begann er zögernd, »nur für den Fall, daß Marfleet einen Bock geschossen hat und wir die Kinder nicht hier finden – vergiß nicht, daß ich dich liebe und daß immer noch Monterey bleibt.«

Sie lachte. »Noch etwas, das du sagen möchtest?«

»Ja«, erwiderte er ernst. »Wie viele Psychiater sind nötig, um in eine Lampe eine neue Glühbirne einzusetzen?«

»Na, wie viele?« fragte sie mit einem eigentümlichen Lächeln.

»Nur einer«, lautete seine Antwort. »Aber nur, wenn sich die Lampe absolut nicht dagegen sperrt.«

Sie lachte noch immer leise, als der Kellner beide durchs Restaurant geleitete und hinaus auf die windgeschützte Terrasse, wo Mr. Marfleet wartete.

»Sie sind uns entgangen«, meldete Marfleet, kaum daß sie sich gesetzt hatten. Donna wollte ihren Ohren nicht trauen.

»Was!? Wie meinen Sie das?«

»Ich meine damit: Sie waren hier. Aber wir haben sie verloren.«

»Verloren – was soll das heißen!?« Donna hörte, daß ihre Stimme von Wort zu Wort schriller klang. Nein, bitte, nein. Dies konnte nicht wahr sein.

»Ich hatte einen meiner Leute hier«, erklärte der Detektiv. »Sollte sich umhören. Davon hat Mr. Cressy – oder Mr. Whitman, wie er sich nannte – vermutlich Wind gekriegt und ist ab durch die Mitte. Jedenfalls ist er verschwunden. Ich hatte sogar jemanden zur Observierung des Hauses eingesetzt, doch er ist offenbar mitten in der Nacht fort.«

Wie abwehrend schüttelte Donna den Kopf. Sie weigerte sich zu akzeptieren, was durch die Ohren in ihr Gehirn drang. Eine so weite Reise und dann dem Ziel so nah – sozusagen um eine Nacht verpaßt; um jene Nacht, die sie in irgendeinem Motelzimmer in Morro Bay verschlief, weil sie von einer Zecke gebissen worden war. Nein, nein, nein, das durfte nicht wahr sein.

»Was ist mit seinem Auto?« fragte Mel. Gar kein Zweifel, daß Victor eins hatte – oder gehabt hatte. »Läßt sich da keine Spur aufnehmen?«

»Dem sind wir bereits nachgegangen. Hat ihn – den Wagen, meine ich – am Flugplatz von Los Angeles stehenlassen, irgendwann heute früh. Wo Mr. Cressy – oder Mr. Whitman oder wie immer – sich jetzt befindet: keine Ahnung. Aber wir werden die Augen offenhalten, das verspreche ich Ihnen. Wir haben ihn einmal gefunden, wir werden ihn wieder finden.«

Er brach ab. Donna faßte ihn, zum erstenmal eigentlich,

genauer ins Auge. Er war ein großer Mann, dessen Oberkörper eine überproportionale Länge besaß. Wenn etwas sein Erscheinungsbild kennzeichnete, so war es Eckigkeit: eckige Kinnlade, eckige Schultern, eckig vorstehender Adamsapfel, der aus dem offenen Hemd geradezu herausragte. Bleiche Hauttönung; schien nicht oft an die frische Luft zu kommen – und wenn, dann bekam sie ihm offenbar nicht besonders. Inmitten der Aktenstapel in seinem ansonsten spärlich möblierten Büro in Los Angeles fühlte er sich augenscheinlich wohler. Zumindest war das eine Umgebung, mit der er zu verschmelzen schien.

»Er hat die Namen der Kinder geändert«, sagte er plötzlich.

»Was?«

»Das kleine Mädchen – er rief sie Carol, nicht Shannon.«

»Sharon«, korrigierte Donna ihn.

»Ja, Sharon. Und den kleinen Jungen, den rief er . . .« Der Detektiv warf einen Blick in sein Notizbuch. ». . . rief er Tommy.«

»Sind Sie sicher, daß es sich um die von uns Gesuchten handelt?« fragte Mel.

Der Detektiv zuckte mit den Achseln. »Die Beschreibungen passen hundertprozentig. Und dann – hören Sie, wieso geht's so mir nichts, dir nichts ab über alle Berge, wenn's nicht die sind, nach denen wir suchen?«

Donna nickte. »Wo haben sie gewohnt?« fragte sie mit dumpfer, tonloser Stimme. Was für eine unsinnige Frage. Was kam's darauf an, wo sie gewohnt hatten? Jetzt zählte nur noch, daß sie dort nicht mehr wohnten. Waren verschwunden. Mitten in der Nacht. Waren davon. Erneut. Für wie lange dieses Mal? Wieder elf Monate? Oder elf Jahre?

»Nicht weit von hier.« Marfleet ließ ein Lachen hören, das unverkennbar eine Leere ausfüllen sollte. »Aber von hier ist im Grunde nichts sehr weit. Das Haus ist in Monte Verde.« Wieder blickte er in sein Notizbuch. »147 Monte Verde.«

Donna erhob sich. »Ich möchte es sehen«, sagte sie. »Zeigen Sie es mir!«

»Es ist leer«, sagte Marfleet. »Und verschlossen.« Er machte keine Anstalten aufzustehen.

Mel hatte sich erhoben. »Ich werde Donna hinfahren. Wir können uns dort ja mal umschauen.«

»Klar doch«, sagte der Detektiv, während ihm seine Pizza – eine Pizza mit allem Drum und Dran – serviert wurde. »Sie haben doch nichts dagegen, wenn ich mich erst mal stärke?«

»Lassen Sie sich nur Zeit«, sagte Donna, und sie haßte diesen Mann. Haßte ihn wegen seiner Gefühllosigkeit und mehr noch, weil er ihr diesen Hoffnungsstrohhalm hingehalten hatte, um ihn sogleich wieder fortzuziehen.

Nein, nein, dachte sie, während sie mit Mel das Restaurant verließ. Es war wirklich nicht Marfleets Schuld, daß sie sich in einem solchen Zustand hochgespannter Erwartungen befunden hatte. Dafür hatte sie ganz allein gesorgt. Wegen der Zecke war der ganze Zeitplan durcheinandergeraten. Sie warf Mel die Autoschlüssel zu. Nein, viel mehr ließ sich wohl kaum ertragen. Sie waren fort. Und sie, Donna, hatte das Ihre dazu beigetragen, daß es dazu kommen konnte. Allmächtiger Gott. Und aus irgendeiner Verdrehtheit heraus trieb es sie jetzt, jenes Haus in Augenschein zu nehmen, wo ihre Kinder während des letzten halben Jahres gewohnt hatten – Carol und Tommy, wie er sie umbenannt hatte; sonderbare, in Donnas Ohren geradezu fremdartige Namen. Es sollte ja Leute geben, die innerlich bestimmte psychische Wellen empfingen, wenn sie ein Kleidungsstück oder ähnliches berührten. Nun, vielleicht würde auch sie, Donna, irgend etwas spüren, mochte es auch noch so vage sein.

Sie stieg ins Auto. Genug ist genug, dachte sie. Von nun an würde sie die Detektivarbeit den Profis überlassen: Bitte, meldet euch erst bei mir, wenn ihr meine Familie dingfest habt.

Ja, dieser Entschluß stand so gut wie fest: Sobald sie sich davon überzeugt hatte, daß Victor und ihre Kinder wirklich nicht mehr hier waren, würde sie heimkehren. Nach Florida. Zurück zu Annie. Zurück zu jenen Felsblöcken, die es eine unablässig wachsende Anzahl von Hügeln hinaufzuwälzen galt.

Sie beschlossen, über Nacht zu bleiben. Am folgenden Morgen wollten sie dann ausgeruht zurückfahren nach Los Angeles. Den ganzen Nachmittag über sprach Donna kaum ein Wort. Auf Mels Vorschläge reagierte sie mit einem stummen Nicken. Und fast unentwegt ging es ihr durch den Kopf: Alles wäre besser gewesen als dies; überhaupt keine Spur zu finden; aber um einen Tag zu spät zu kommen, das schien geradezu unmenschlich. Es war eine Tatsache, die sie innerlich einfach nicht akzeptieren konnte. Wir stehen wieder ganz am Anfang, dachte sie. Nein, noch ein gehöriges Stück dahinter. Denn jetzt ist Victor ja gewarnt.

Eine Stunde hatten Mel und sie bei dem Haus in Monte Verde zugebracht. Es stand offensichtlich leer – sie hatten durch sämtliche Fenster gespäht; hatten umsonst darauf gewartet, daß irgendeiner der Nachbarn heimkommen möge. Alles deutete darauf hin, daß hier in aller Hast »das Feld geräumt« worden war. Im übrigen lag das Haus zwar nicht unmittelbar am Meer, doch der Ozean war recht nah. Wie hatte Marfleet noch gesagt? »Von hier ist nichts sehr weit.« Victor hatte sie aus Carmel angerufen, davon war sie fest überzeugt. Und jetzt hatte er sich davongemacht. Mit ihren Kindern – wieder.

»Wo sind wir?« fragte sie und blickte durch das Autofenster – zum erstenmal seit Stunden, wie ihr schien.

»Im Carmel Valley«, erwiderte er. »Dachte mir, es könnte ganz hübsch sein, sich das anzusehen. Laut Reiseführer gibt's hier ein nettes, kleines Motel, die Hacienda. Außerdem, so hab ich mir überlegt, könnten wir uns erst mal Steaks besorgen – und überdies ein paar Flaschen Wein in diesem Geschäft, das sich Yavor's Deli and Wines nennt. Dann fahren wir wieder zum Motel, essen und trinken – und heulen vielleicht ein bißchen Rotz und Wasser.«

Sie lächelte erschöpft. »Klingt nicht schlecht. Wie spät haben wir's jetzt?«

»Fast vier«, sagte er nach einem Blick auf seine Armbanduhr. »Und da sind wir auch schon.«

Er bog in den Parkplatz des Motels ein. »Möchtest du im Auto bleiben?« Sie nickte. »Mal sehen, ob die was für uns frei haben.«

Er verschwand, kehrte wenige Minuten später zurück; schwenkte einen langen Zimmerschlüssel in der Hand. Plötzlich wurde Donna bewußt, daß sie mit gleichsam total leerem Gehirn dagehockt hatte. »Zimmer 112«, verkündete er, »gleich um die Ecke dort, mit einer kleinen Terrasse und einem Hibachi ganz für uns.«

»Gut.« Ihre Stimme war kaum mehr als ein Hauchen.

»Möchtest du dich hinlegen, während ich den Wein und die Steaks besorge?«

Sie schüttelte den Kopf. »Nein, ich komme mit.«

»Okay. Dieses Weingeschäft befindet sich ein paar Kilometer von hier. Und da ist auch ein Einkaufszentrum, wo wir die Steaks bekommen können.« Sie verstaute den Zimmerschlüssel in ihrer Handtasche.

»Großartig.« Es klang nur um ein oder zwei Grad intensiver als zuvor das »Gut«.

»Ich liebe dich«, sagte Mel ruhig. »Ich bin sehr stolz auf dich.«

»Wieso? Weil ich mich nicht wie eine totale Idiotin aufführe?«

»Wer sagt, daß du das nicht tust?«

Sie lächelte; und plötzlich flossen die Tränen, die sie bislang zurückgehalten hatte. »Verdammt«, sagte sie und verbarg ihr Gesicht an Mels Brust. »Gottverdammt.«

»Recht so, Mädchen«, versicherte er beschwichtigend. »Daß du's bloß nicht zurückhältst. Laß es alles raus, Schatz.«

Der Parkplatz im Einkaufszentrum war fast voll besetzt, aber Mel fand noch eine Lücke. Er manövrierte das Auto hinein, zog die Schlüssel ab und reichte sie Donna, bevor er ausstieg. »Kommst du?«

Auch sie stieg aus. Draußen fragte sie ihn: »Sag mal, während du den Wein besorgst, könnte ich doch die Steaks kaufen.«

»Sicher. Hast du Geld?«

Sie prüfte kurz nach. »Genug«, erwiderte sie.

»Okay, dann treffen wir uns wieder hier.« Sie gaben sich einen zärtlichen Kuß. »Fühlst du dich einigermaßen?«

Sie nickte. »Ich bin okay.«

Und dann trennten sie sich; gingen in entgegengesetzte Richtungen. Als Donna sich umdrehte, war er bereits in dem

Weingeschäft verschwunden. Flüchtig zuckte ein Gedanke durch ihr Hirn: Wenn sie wieder aus dem Lebensmittelgeschäft kam, würde er nicht mehr dasein; verschwunden – wie alle, die sie zu einem Teil ihres Lebens hatte werden lassen. Tot – oder einfach nicht mehr vorhanden. Nein, sagte sie zu sich selbst und tippte unwillkürlich gegen ihre Handtasche. Wenn er wieder zurückwill nach Florida – nun, ich bin die Hüterin der Schlüssel. So hatte er's gesagt. So hatte er's gemeint. Er würde dort sein. Er würde immer dort sein.

Das Geschäft war prachtvoll eingerichtet. An den Wänden sah man die Bilder von Obstbäumen, die ihre farbenprächtigen Früchte buchstäblich in jene Einkaufskörbe zu schütten schienen, die unmittelbar vor ihnen standen. In diesem Stil war hier alles aufgezogen. Stil und Substanz schienen einander wechselseitig zu durchdringen. Die beste aller Welten. Und während sie durch die Gänge schritt, dachte sie: Gehört schon eine ganze Menge Talent dazu, den Leuten das, was sie ohnehin tagtäglich brauchen, als etwas Besonderes zu verkaufen. Augenscheinlich kam man von ganz Carmel hierhergeströmt. Kauflustige *en masse* – eine ganze Menge Frauen, erstaunlich viele Männer, auch eine ganze Anzahl von Kindern.

Was das kleine Mädchen betraf – das nahm sie zum erstenmal wahr, als sie mehr oder minder ziellos einen der Gänge entlangging und das Kind auf dem kleinen Vordersitz des Einkaufskarrens sitzen sah. Das Mädchen starrte Donna an, bereits seit Sekunden. Selbst aus der Entfernung ließ sich erkennen, daß an den Augen des Kindes etwas Besonderes war.

Donna spürte, wie ihr Herz zu hämmern begann. Ihre Beine schienen auf einmal wie festgefroren am Boden. Halt mal, sagte sie zu sich selbst. So etwas haben wir doch schon oft genug gehabt. Häufig genug habe ich mir eingebildet, Kinder zu sehen, die wie Adam aussahen oder wie Sharon. Und jedesmal habe ich mich geirrt. Lauter Wunschdenken, weiter nichts – genau wie diesmal. Victor befand sich nicht mehr in Carmel. Mitten in der Nacht war er mit ihren Kindern geflüchtet.

»Bitte um Verzeihung.«

»Wie bitte?« fragte Donna zurück, und als sie sich umdrehte, blickte sie in das Gesicht einer jungen, sympathischen Frau.

»Darf ich vorbei?« fragte die Frau.

»Aber natürlich. Tut mir leid.« Donnas Stimme klang plötzlich ziemlich leise. »War mir gar nicht bewußt, daß ich den Gang versperre.«

Vielleicht, ging es ihr auf einmal durch den Sinn, war es gar nicht Victor gewesen, der sich so mir nichts, dir nichts davonmachte. Es konnte sich doch um jemanden handeln, der sich in einer ähnlichen Lage befand wie Victor; jemand, der in dieser Hinsicht seine eigenen Probleme hatte. Aber das war nicht weiter wichtig. Was einzig ins Gewicht fiel, war dies: Marfleet konnte sich irren! Was ins Gewicht fiel, war jenes Kind, das an ihren Augen vorbeigerollt wurde!

Plötzlich lösten sich ihre erstarrten Füße vom Boden; sie schob sich, wenn auch nur mit Mühe, an jener jungen Frau vorbei, die sie vor wenigen Sekunden vorübergelassen hatte. »Verzeihung«, murmelte sie und gelangte zum Ende des Ganges; bog sodann, möglichst unauffällig und in langsamem Tempo, in den nächsten ein. Das Kind auf dem Einkaufskarren konnte sie nirgends erspähen. War das Ganze nur eine Illusion gewesen? Donna wies den Gedanken von sich und ging zur nächsten Reihe mit aufgestapelten Konserven.

Dort waren sie. Das Kind hielt etwas an sich gepreßt, als handle es sich dabei um einen heißgeliebten Teddybären (in Wirklichkeit war es ein Päckchen Instant-Pudding), und die Frau ...

Während Donna scheinbar konzentriert in den Regalen suchte, betrachtete sie voll Aufmerksamkeit die Frau. Schwarze Haare, Sonnenbräune (wenn auch nicht allzu stark). Nein, diese Frau hatte Donna nie zuvor gesehen. Sie mußte so Mitte Fünfzig sein. Als Mutter des Kindes kam sie praktisch nicht in Frage. Aber womöglich als Großmutter. Oder als Haushälterin.

Donna richtete ihre Aufmerksamkeit auf das kleine Mädchen. Elf Monate war es her, seit sie Sharon gesehen hatte. Doch innerhalb eines knappen Jahres verändert sich selbst ein so kleines Kind äußerlich nur innerhalb gewisser Grenzen. Das kleine Mädchen dort wirkte zwar weniger »pummelig« (in gewisser Weise erschien sie Donna geradezu gereift – ein irgendwie komisches Wort für ein noch nicht einmal dreijähriges Kind), aber die wesentlichen Merkmale blieben unverwechselbar – kleine Stupsnase, ein Schmollmündchen (das hatte sie von ihrem Vater), lockiges Haar, inzwischen länger geworden, und dann die riesigen »Hexenaugen«, die durch einen hindurchzublicken schienen.

Unwillkürlich hielt Donna den Atem an, als das Kind sein Gesicht in ihre Richtung drehte. Nein, nein, nein, da konnte es keinen Irrtum geben. In dem knappen Jahr, das inzwischen vergangen war, hatte das Mädchen noch mehr Ähnlichkeit bekommen mit der Frau, nach der es benannt worden war. Meine Mutter, dachte Donna. Meine Mutter – meine Tochter.

»Ach, verflixt«, sagte die Frau zu dem Kind. »Ich habe ja die Kartoffeln vergessen.«

»Kartoffeln?« fragte das Kind.

»Dauert nur einen Augenblick«, sagte die Frau. »Keine Angst. Bin gleich wieder da.«

Donna hielt den Kopf gesenkt. Während die Frau an ihr vorüberging, schien sie eingehend sämtliche Schildchen auf sämtlichen Konservendosen zu studieren. Doch kaum war die Frau verschwunden, stürzte Donna auf das Kind zu. Was soll ich tun? frage sie sich verwirrt. Was soll ich tun? Nehme ich Sharon und laufe einfach mit ihr fort? Was ist, wenn sie sich wehrt? Was soll ich tun? Und mein Sohn? Wo ist er, wo ist Adam?

»Hallo«, sagte sie mit ruhiger Stimme.

Das Kind warf ihr einen prüfenden Blick zu – einen Blick, der direkt in Donnas Hirn zu dringen schien. Kannst du mich sehen? fragte Donna stumm. Kannst du sehen, wer ich bin? Erinnerst du dich an mich?

Das kleine Mädchen lächelte. »Hallo.«

Ich habe dich gefunden, dachte Donna fassungslos. Ich habe mein Töchterchen gefunden!

»Sharon?« fragte sie, gleichsam vortastend.

Das Gesicht des Kindes schien sich zu verdüstern. Die kleine Stirn war tief gekraust. Und aus dem Schmollmündchen klang es: »Ich bin nicht Sharon.« Donna spürte, wie ihr das Herz sank.

»Ich bin Big Bird.«

»Was?«

»Ich bin Big Bird.«

Donna fühlte, daß sie unwillkürlich am ganzen Körper zu zittern begann.

»Oh. Oh, ich verstehe. Big Bird – Großer Vogel.«

»Bitte, darf ich Big Bird sein?« bat das kleine Mädchen, und ihre Stimme klang plötzlich weich.

»Natürlich darfst du das. Big Bird ist ein wunderhübscher Name.« Sacht strich sie über das Haar des Kindes. »Du hast schönes lockiges Haar, Big Bird.«

»Nein«, protestierte das Kind mit weinerlicher Stimme und schien den Tränen nah. »Nicht Haare. Federn!«

»Ah, Federn, natürlich. Es sind Federn.« In Donnas Schädel drehte es sich wie ein Kreisel. Sie wollte das Kind nicht in Angst versetzen; sie wollte keine Szene verursachen; die Leute hier, die Kassiererinnen und so weiter, vielleicht kannten sie diese Frau, die sich um das Kind kümmerte; womöglich kam sie oft mit Sharon hierher. Und wenn Donna jetzt nach ihrer Tochter griff und Sharon sich wehrte, so würden die anderen sie vielleicht zurückhalten: diese Wahnsinnige zu bändigen versuchen, während die andere Frau mit dem Kind davonflüchtete. Nein, dazu durfte es auf gar keinen Fall kommen. Viel besser war es, die Frau außerhalb des Geschäfts zu stellen (inzwischen würde hoffentlich auch Mel zur Stelle sein), um von ihr eine Antwort zu fordern auf die Frage: Wo befindet sich Adam? Dann würde sie beide Kinder wiederhaben.

Donna hörte die sich nähernden Schritte. Sofort zog sie sich zurück, widmete ihre ganze Aufmerksamkeit scheinbar wieder irgendwelchen Ananaskonserven. Doch aus dem Augenwinkel beobachtete sie die Frau, die zum übrigen Eingekauften einen Fünfpfundbeutel Kartoffeln tat.

»Da wäre dein Vater wohl ganz schön böse, wenn wir wieder die Kartoffeln vergessen hätten«, sagte die Frau und prüfte nach, was sich im Einkaufswagen befand. »Ich glaube, das ist alles.« Sie zog einen Zettel hervor und überflog, was dort notiert war. Eine Liste, dachte Donna fast ungläubig, eine Liste. »Okay, das ist's. Jetzt werden wir deinen Bruder abholen, und dann geht's nach Hause.«

»Ich will Eiscreme.«

»Nach dem Essen.«

»Rosa Eiscreme.«

»Nach dem Essen.«

Donna folgte der Frau im Abstand von wenigen Metern. Die Frau mußte sich an der Kasse anstellen. Da Donna nichts gekauft hatte, ging sie sogleich zum Ausgang und wartete draußen. Von dort, wo sie stand, konnte sie zum Weingeschäft blicken. War Mel noch in dem Laden? War er inzwischen zum Auto zurückgekehrt? O bitte, Mel, sei dort. Sie schaute wieder zu der Frau. Sie war die dritte in der Schlange, doch schien eine weitere Kasse besetzt zu werden; und so wagte Donna nicht, sich zu entfernen, um nach Mel zu suchen. Auf gar keinen Fall durfte sie ihr Kind wieder aus den Augen verlieren. Lieber Gott, dachte sie, ich habe sie gefunden. Ich habe mein kleines Mädchen tatsächlich wiedergefunden! Es ist vorbei. Der Alptraum ist vorbei.

Noch nicht ganz, dachte sie dann. Alpträume sind erst vorüber, wenn man aufgewacht ist. Und wach – voll wach – würde sie erst sein, wenn sie beide Kinder unter ihren schützenden Fittichen wußte und im Flugzeug saß, fort von Kalifornien.

Inzwischen war die andere Kasse besetzt, und die Frau schob ihren Karren sofort dorthin und legte die gekauften Waren auf das Laufband. Hastig drehte Donna den Kopf hin und her. Wo war Mel?

Ihr Blick glitt über das Labyrinth der geparkten Autos. Nach etlichen Sekunden entdeckte sie den weißen Buick, den sie in Los Angeles gemietet hatten. Nein, dort befand sich Mel nicht. Sie spähte wieder zum Weingeschäft. Nichts. Blickte durch die

Scheibe zu der Frau. Die Kassiererin war noch immer mit dem Eintippen der Preise beschäftigt. Beeil dich, Mel. Du mußt mir helfen!

Und was sollte werden, falls Mel nicht rechtzeitig zurückkehrte? In jenem Weingeschäft gab es zweifellos alle möglichen seltenen und exotischen Weine, und vielleicht fiel es ihm schwer, sich von einer eingehenden Inspektion loszureißen. Daß so etwas wie ein Notstand eingetreten war, konnte er nicht einmal ahnen – soweit er wußte, war Victor mit den Kindern in aller Herrgottsfrühe zum Flughafen von Los Angeles gefahren!

Aber wer immer sich am frühen Morgen davongemacht haben mochte, um Victor handelte es sich nicht. Und Carol und Tommy, oder wie sie hießen, waren garantiert nicht ihre, Donnas, Kinder. Ihre Kinder befanden sich hier in Carmel. Eines sogar in diesem Lebensmittelgeschäft. Ganz in der Nähe. Und sie würde Sharon nicht mehr aus den Augen lassen. Mochte da kommen, was wollte. Mochte Mel zur Stelle sein, um ihr zu helfen, oder nicht. Wenn es sein mußte, würde sie es allein mit dieser Frau aufnehmen; würde nach der Polizei rufen. Auf gar keinen Fall durfte sie es zulassen, daß diese fremde Frau ihr entwischte. Sie mußte ihr auf der Spur bleiben, gleichgültig wer sich ihr in den Weg zu stellen versuchte – womöglich das ganze Personal und sämtliche Kunden.

Die Hilfskraft bei der Kasse verstaute die gekauften Waren in vier Tragetaschen.

»Könnte mir jemand dabei behilflich sein, dies zu meinem Auto zu bringen?« fragte die Frau.

Bei aller Entschlossenheit spürte Donna, wie neuer Schrecken in ihr aufstieg. Daran hatte sie nicht gedacht. Daß von vornherein jemand dabeisein werde, wenn sie die Frau stellte. Wieder drehte sie den Kopf. Mel war nirgends zu sehen.

Die Frau ging an ihr vorbei. Fest hielt sie das kleine Mädchen bei der Hand. Als sie das Geschäft verließen, blickte das Kind plötzlich zu Donna und starrte wortlos zu ihr empor.

»Komm, trödel nicht«, sagte die Frau und zog das Kind weiter, während unmittelbar hinter den beiden die Hilfskraft den vollgepackten Einkaufswagen schob. Donna warf noch einen letzten, wie hilfesuchenden Blick in die Runde und folgte dann dem Lehrling – gleichsam als Nachzüglerin dieser sich eher bedächtig dahinbewegenden Mini-Prozession.

Die Frau ging langsam, Schritt für Schritt. Sie richtete sich nach dem Tempo des Kindes. Normalerweise wäre sie zweifellos wesentlich zügiger ausgeschritten, das schien viel eher ihrer Art zu entsprechen. Dennoch wirkte sie nicht ungeduldig. Vielmehr betrachtete sie das Kind mit unverkennbarer Zärtlichkeit. Nein, um eine gewöhnliche Haushälterin oder dergleichen konnte es sich bei ihr kaum handeln. Dies war keine Frau, die einfach einen »Job« erledigte. Sie hatte das kleine Mädchen zweifellos gern. Und dafür, wenigstens dafür, war Donna dankbar.

Das Auto der Frau stand nicht sehr weit von der Stelle entfernt, wo Mel den weißen Buick geparkt hatte: eine Reihe und sechs Parkplätze weiter. Aus sicherer Entfernung beobachtete Donna, wie der Lehrling die vier prallen Tragetaschen im Kofferraum des beige-grünen Plymouth verstaute. Auf dem Nummernschild stand: NKF 673. Sie versuchte, sich die Nummer einzuprägen – NKF. NKF, wiederholte sie für sich: Nur Keine Feigheit, erfand sie behende, um ihrem Gedächtnis die nötigen Schlüsselwörter zu liefern.

Die Schlüssel. Hüterin der Schlüssel. Sie hatte doch die Autoschlüssel.

Die Frau drückte dem Jungen ein Trinkgeld in die Hand, und dieser hielt eilfertig die Tür auf, während die Frau Sharon hinten in ihren Kindersitz setzte. Lieber Gott, dachte Donna, sie fahren fort, fahren davon! Und während der Lehrling für die Frau die vordere Tür aufhielt, schlich Donna sich ein Stück näher heran. Sie sah, wie die Frau sich hinters Lenkrad schob und der Lehrling die Tür zuwarf. Lieber Gott, sie fahren davon! Was stehe ich hier herum und lasse sie einfach fort?

Abermals warf Donna einen verzweifelten Blick in Richtung Weingeschäft. Wo war Mel? Nirgends zu sehen. Gottverdammt! Die Frau ließ den Motor an.

Nein! dachte Donna und griff plötzlich nach den Schlüsseln in ihrer Handtasche. Sie würde sie auf gar keinen Fall so einfach davonfahren lassen. Auf gar keinen Fall würde sie diese Spur verlieren. Durch die Reihen der geparkten Autos lief sie zurück, ohne den grün-beigen Wagen aus den Augen zu verlieren. Sie fand ihre Reihe, fand das Auto, warf einen letzten, verzweifelten Blick in die Runde, auf der Suche nach Mel. Vergeblich. Dann schloß sie die Tür auf, sprang geradezu ins Auto.

Die andere Frau hatte augenscheinlich einige Mühe, ihr Auto aus der Parklücke hinauszumanövrieren. Donna zitterte am ganzen Körper. Sie hatte das Gefühl, von Tausenden von Zecken angefallen worden zu sein. Und zu ein und derselben Zeit war ihr irgendwie übel zumute, aber gleichzeitig auch euphorisch. Was das Zittern betraf, sie konnte es einfach nicht unterdrücken.

Es war, als habe sich alles an diesem Nachmittag abgespielt und nicht schon vor fast vier Jahren. Der Abend jener Party. Ausgehbereit waren sie. Ein Wort ergab das andere. Ein Alptraum mündete in den nächsten. Und alles so dicht ineinander verwoben, daß kein einzelner Faden sich aus dem Gesamtmuster herauslösen ließ. Dein Gesicht, Donna, also das Make-up sieht so billig aus, als wolltest du dafür einen Sonderpreis gewinnen – echt Ausverkauf. Allmächtiger Himmel, ums Haar hättest du die Mülltonne umgefahren; ja, wo willst du denn hin, Donna? Die richtige Abbiegung hast du drei Häuserblöcke zuvor verpaßt; und jetzt hättest du beinahe das Haltesignal überfahren; ja, Teufel noch mal, versuchst du, uns umzubringen; bist ja bei Rotlicht stramm weiter; steig aus, Donna; weiß ja nicht, was du vorhast; aber ich will auf jeden Fall zur Party und mich dort vergnügen; und was du da vorhast, von wegen Scheidung und so, Trennung auch von Adam; hab eigentlich nur ein Anliegen an dich; putz dir die Nase und halte den Mund; halte ausnahmsweise mal den Mund; halt den Mund, halt den Mund; während sie spürte, wie er in ihren Körper eindrang, tiefer und immer tiefer; und sie, völlig verwirrt, dachte: Ich bin eine tote Frau, ich bin eine Tote; ich werde nicht mehr gegen dich ankämpfen. Sie beobachtete den grün-beigen Plymouth, der sich aus seiner

Parklücke herauslöste. Jetzt kurvte das Auto herum, fuhr langsam den freien Gang entlang, sehr vorsichtig, sehr behutsam. Durch die Windschutzscheibe schien Victors Gesicht zu ihr hereinzugrinsen, ebenso höhnisch wie grotesk. Von Sekunde zu Sekunde entfernte sich das Kind weiter von ihr, von Donna. Das andere Auto befand sich fast schon an der Ausfahrt.

Ich bin nicht tot, vernahm Donna eine Stimme von tief innen. Unwillkürlich tasteten ihre Finger nach dem Verband an ihrer Seite. *Noch* bin ich nicht tot, und du – du bist lange genug in mir gewesen! Victors Abbild heuchelte so etwas wie Verblüffung. »Raus mit dir, Victor Cressy!« schrie sie auf einmal, während ihre Hand den Schlüssel ins Zündschloß stieß und dann den Rückwärtsgang einlegte. Schon war sie dabei, das Auto herauszumanövrieren. Sehr geschickt und erstaunlich rasch bugsierte sie den weißen Buick aus der Parklücke heraus. Wenig später kam sie unmittelbar hinter dem beige-grünen Plymouth zum Stehen.

Währenddessen sah sie im Rückspiegel Mel, beide Arme vollgeladen mit irgendwelchen phantastischen Weinen – absolut erlesenen Weinen.

Auf seinem Gesicht zeigte sich ein ebenso verwirrter wie fragender Ausdruck. Ich werd's dir später erklären, dachte sie, während sie ihren Blick wieder auf das Auto vor sich richtete. Im Augenblick bleibt mir einfach keine Zeit, noch länger zu warten. Kaum eine Sekunde später, auf der Spur des Wagens vor ihr, bog sie mit ihrem weißen Buick in die Carmel Valley Road ein, in westlicher Richtung, zurück zum US-Highway 1.

23

Sobald die Frau den Highway erreicht hatte, fuhr sie in nördlicher Richtung. Donna folgte in kurzem Abstand. Mehrmals warf die Frau einen Blick in den Rückspiegel, und jedesmal senkte Donna den Kopf und hielt den Atem an. Merkte die Frau, daß ihr jemand folgte? Erinnerte sie sich an Donna vom Supermarkt her? Hatte ihr womöglich Victor einmal ein Bild von ihr gezeigt? Damit sie im Fall des Falles sofort auf der Hut sein konnte?

Donna warf einen Blick in ihren eigenen Rückspiegel. Das Tempo, das sie fuhr, lag knapp über der zugelassenen Geschwindigkeit. Dennoch versuchte der chromfarbene Sportwagen hinter ihr, sie auf Teufel komm raus zu überholen. Sekundenlang gab es eine Art Katz-und-Maus-Spiel. Dann machte Donna eine wütende Geste. Zu ihrer Überraschung verlangsamte der Fahrer sofort das Tempo. Doch als sie gerade aufatmen wollte, sah sie, daß er zum zweiten Anlauf ansetzte: Nun erst recht, und wenn er sie praktisch über den Haufen fahren mußte. Auf der linken Spur jagte er an ihr vorbei und schob sich mit seinem kleinen, kompakten Sportwagen vor ihren Buick: schob sich zwischen sie und ihr Kind. Scheißkerl, fluchte sie innerlich. Doch der eigentliche Ärger begann erst jetzt.

Denn nun drosselte der Herr Sportwagenfahrer das Tempo. Drosselte es ganz bewußt. Drosselte es so stark, daß sie glaubte, sich auf der Kriechspur zu befinden.

Donna fluchte, erst leise, dann laut. Am liebsten hätte sie auf die Hupe gedrückt. Doch fürchtete sie, die Aufmerksamkeit der Frau im Plymouth auf sich zu lenken. Immerhin konnte sie das Auto noch sehen, und solange es sich in Sichtweite befand ... Aber je länger der Sportwagen vor ihr dahinkroch, desto mehr vergrößerte sich der Abstand. »Scher dich da weg, du Schweinehund!« Donna schrie es geradezu.

Fast hätte man meinen können, der Fahrer des Sportwagens habe sie gehört. Urplötzlich erhöhte er die Geschwindigkeit, schoß an dem Plymouth vorbei und gab Donna, bevor er in einer Staubwolke verschwand, ihren »Gruß« zurück. »Mistkerl!« murmelte Donna und rückte wieder zu dem Wagen vor ihr auf.

Eine Weile später bog das Auto links ab, und Donna blieb ihm auf der Spur. Es ging die inzwischen vertraute Ocean Avenue entlang. Abermals nahm die Frau eine Abzweigung nach links. Wieder folgte Donna, hielt jetzt jedoch einen größeren Abstand ein, etwa die Länge eines halben Häuserblocks. Dann fuhr die Frau in die Einfahrt zu einem größeren, doch eher unauffälligen Gebäude. Wohnten sie hier?

Die Frau hupte. Einmal. Gleich darauf, ziemlich ungeduldig, ein zweites Mal. Nein, hier wohnten sie nicht, soviel stand fest, und Donna erinnerte sich an das, was die Frau im Supermarkt zu dem Kind gesagt hatte: »Jetzt werden wir deinen Bruder abholen, und dann geht's nach Hause.«

Auf das Hupen regte sich nichts. Die Frau stieg aus und näherte sich der Vorderveranda des Hauses. Im selben Augenblick schwang die Eingangstür auf und mehrere Kinder wirbelten hervor, sämtlich Buben, etwa gleichaltrig. Sie schienen übereinanderzupurzeln, lachend, sich balgend.

Entschlossen drang die Frau zum Zentrum des »Knäuels« vor und zerrte einen der Jungen heraus.

Angestrengt versuchte Donna, sein Gesicht deutlicher zu erkennen, doch sie war ganz einfach zu weit entfernt. Sie beobachtete, wie er sich von der Hand der Frau losriß, um noch ein paar »Abschiedspüffe« auszuteilen. Aber dann hatte ihn die Frau wieder eingefangen, und sie verstaute ihn auf dem Rücksitz neben seiner Schwester. Jetzt saß sie wieder hinter dem Lenkrad und winkte einer Frau zu, die wenige Sekunden zuvor auf der Veranda aufgetaucht war. Donna, viel zu weit entfernt, um irgend etwas zu verstehen, improvisierte für sich eine Art Kurzgespräch zwischen den beiden Frauen. »Auf Wiedersehen, Mrs. Smith, und schönen Dank, daß Adam nach der Schule hier spielen durfte.« – »Ist mir ein Vergnügen, Mrs. Jones. Stehe jederzeit gern zur Verfügung.«

Nein, danke, Mrs. Smith, dachte Donna. Nein, danke, Mrs. Jones. Wird nicht mehr nötig sein. Zu *keiner* Zeit.

Die Frau lenkte das Auto auf die Straße zurück, und Donna folgte in sicherem Abstand. Jetzt befanden sich ihre beiden Kinder in dem Plymouth dort vorn. Nur eine relativ kurze Entfernung trennte Donna von ihnen. Vielleicht zehn oder zwanzig oder dreißig Meter. Und Wände aus Blech und Glas. Wie lange würde es noch dauern, bis sie wieder ganz mit ihnen vereint war? Nun, höchstens bis zum Abend. Nur noch ein paar Stunden, dann war alles überstanden. Und alles, was sie gequält hatte und noch immer quälte, würde der Vergangenheit angehören, all die Angst, all die Sehnsucht.

Bei der 13. Avenue bog die Frau rechts ab und fuhr in Richtung Ozean. Gleich darauf gelangte sie zu einer Straße mit dem Namen San Antonio. Von dort hatte man einen Ausblick auf Carmel Bay. Es war atemberaubend. Kaum einen Steinwurf entfernt: der Strand im Schein der allmählich untergehenden Sonne. Die Frau fuhr noch ein kurzes Stück, um dann in die Einfahrt eines dieser Cottages mit »Meerblick« einzubiegen.

Donna fuhr ein paar Häuser weiter. Dann hielt auch sie und stieg rasch aus; drückte leise die Autotür zu; nahm sich nicht die Zeit, sie abzuschließen. Jetzt strebte sie einer Stelle zu, wo sie die Frau und die Kinder beobachten konnte, ohne selbst gesehen zu werden.

Die Frau schloß ein schmiedeeisernes Tor auf, und schon drängten die Kinder hinein. »Ihr könnt hinten auf dem Hof spielen, bis das Dinner fertig ist«, rief die Frau hinter ihnen her, öffnete dann den Kofferraum und zog eine der braunen Tragetaschen hervor.

Dinner! dachte Donna. Erst jetzt wurde ihr so richtig bewußt, daß es bereits nach fünf Uhr sein mußte. Vermutlich würde Victor jeden Augenblick nach Hause kommen. Zur Zeit schien er jedenfalls noch nicht hier zu sein. Donna beobachtete zwei oder drei Autos, die an ihr vorüberfuhren, und kurz dachte sie an Mel, der sich irgendwo in Carmel Valley wie ausgesetzt fühlen mußte; doch schon richtete sie ihre Aufmerksamkeit wieder auf die Frau, die jetzt die zweite Tragetasche aus dem Kofferraum hob.

Beeil dich! hätte sie ihr am liebsten zugerufen. Wir haben nicht so unendlich viel Zeit.

Aber die Frau hatte keine besondere Eile. Eine nach der anderen zog sie die braunen Tragetaschen aus dem Kofferraum und trug sie ins Haus: in das bräunlich gestrichene Holzhaus mit den hellen Fensterläden. Kaum war sie mit dem letzten Plastikbeutel verschwunden, bewegte Donna sich hastig in Richtung auf das Haus. Sie war fast beim Tor, als sich die Vordertür öffnete und die Frau abermals erschien. Atemlos stürzte Donna auf den nächsten Busch zu, verbarg sich dahinter. Irgendwie kam sie sich vor wie der Fernsehdetektiv Jim Rockford. Um Gottes willen, dachte, nein, betete sie: daß die mich jetzt bloß nicht sieht. Nein, nicht jetzt. Noch nicht.

Die Frau ging zu ihrem Auto, stieg ein, öffnete per Fernbedienung die Garagentür. Dann fuhr sie das Auto in die Garage. Sekunden später tauchte sie wieder auf und ging, durch das Tor, zum Haus zurück. Donna verharrte noch eine kleine Ewigkeit hinter ihrem Busch. Dann richtete sie sich auf. Doch sofort befiel sie wieder Furcht. Irgendwie schien es, als sei sich die Frau – nunmehr im Haus – Donnas Anwesenheit sehr wohl bewußt. Geräuschvoll schloß sich jetzt die Garagentür, sozusagen genau abgepaßt. Wie hatte Mel sie, Donna, noch genannt? Nancy Drew. Das war diese blutjunge Detektivin aus dem Fernsehen. Na, mit der durfte sie keinesfalls im selben Atemzug genannt werden, von Jim Rockford ganz zu schweigen. Sie gehörte vielmehr in die Kategorie des Stolperdetektivs Sherlock Hemlock aus »Sesamstraße«. Sonderbarerweise nahm ihr eben dieser Gedanke jegliche Furcht. Dort hinten auf dem Hof befand sich ihr kleiner Big Bird und wartete sozusagen auf sie. Es blieb einfach keine Zeit, noch länger Angst zu haben.

Langsam und voll Vorsicht näherte sie sich dem vorderen Tor. Hoffentlich tauchte Victor nicht gerade in diesem Augenblick auf. Was würde geschehen, wenn er im Auto plötzlich heranjagte, nur wenige Meter von ihr entfernt hielt? Sie hörte Schritte.

Nein, dachte sie, um Gottes willen, nein. Victor – das durfte doch nicht wahr sein. Abrupt drehte sie den Kopf. Ein junger Mann ging vorbei, beachtete sie nicht weiter. Vielleicht befand sie sich in Wirklichkeit gar nicht hier. Vielleicht war all dies ein Traum, so wie jener mit dem Dschungel und der Schlange. Aber wenn es ein Traum ist, dachte sie, dann will ich ihn auch zu Ende träumen. Sie blickte wieder zur Pforte, trat näher. Das Tor war unverschlossen und ließ sich mühelos öffnen. Donna war jetzt im Vordergarten. Sie schloß hinter sich die Pforte und stand dann wie angewurzelt. Hinter dem Haus spielten Kinder, das verrieten Stimmen und Geräusche: ihre Kinder.

Fast eine Minute lang starrte Donna auf die große, verglaste Vorderveranda, während sie angestrengt überlegte: Was tun? Wie vorgehen? Es gab wohl nur eine Möglichkeit: Sie würde sich nach hinten zu ihren Kindern schleichen, ihnen sagen, wer sie war, und mit ihnen zu ihrem Auto eilen. Sie blickte durch die Scheiben der Vorderveranda. Wo mochte sich jetzt bloß die Frau aufhalten? Wenn sie das nur wüßte! Nun, alles sprach dafür, daß sie die eingekauften Lebensmittel auspackte und alles fürs Dinner vorbereitete. Folglich mußte sie sich in der Küche befinden, und die Küche lag höchstwahrscheinlich im rückwärtigen Teil des Hauses – mit Blick auf den Platz, wo die Kinder spielten? Vermutlich.

Verdammt, dachte Donna, ist denn niemand da, der mir helfen könnte? Nein, lautete die Antwort, du mußt es allein schaffen. Wie eine fremde Stimme schien es in ihrem Kopf zu klingen. Aber es war keine fremde Stimme, es war ihre eigene. Und sie klang stärker und lauter von Mal zu Mal, seit Monaten schon. Los, Donna! sagte die Stimme. Donna machte zwei zögernde Schritte zur Seite des Hauses, und schon stolperte sie über einen großen, gelben Strandball, den sie übersehen hatte. Doch fing sie sich sofort, stieß den Ball beiseite und sah, wie er unmittelbar vor den Eingangsstufen zum Stillstand kam.

Ein relativ breiter, betonierter Weg führte direkt hinter das Haus. Langsam bewegte Donna sich voran; hielt Ausschau nach Fenstern an der Seite des Hauses. Vom Meer kam das Dröhnen der Brandung: fast wie ein anfeuerndes Gebrüll. Irgendwie geriet Donna in einen beschwingten, fast rauschhaften Zustand. Das erste Fenster. Sie spähte hinein. Ein Wohnzimmer, recht konservativ ausgestattet, mit einigem herumliegenden Spielzeug. Doch schien selbst dieses bißchen Unordnung dekorativ hineingestreut in den Gesamtrahmen: Ordnung! Donna bewegte sich weiter. Wieder Fenster. Sie spähte in ein Schlafzimmer, vermutlich das der Frau (der Haushälterin?). Und jetzt – die Küche. Donna spürte, wie sich ihr Magen verkrampfte. Ja, dort befand sich die Frau, und ganz gewiß würde sie Donna sehen. Vorsichtig glitt Donna vorbei.

Die Frau stand am anderen Ende der Küche. Sie war noch mit dem Auspacken der Lebensmittel beschäftigt. Es handelte sich um einen ziemlich großen Raum, mit Fenstern nach zwei verschiedenen Seiten – auch mit Blick zum hinteren Teil des Grundstücks und zum Meer.

Allerdings: diesen Blick hatte man nur von der Eßecke aus; und falls die Frau nicht aus irgendeinem Grund dorthin ging, hatte Donna eine gute Chance, unauffällig zu ihren Kindern zu gelangen.

Sekundenlang blieb Donna reglos an der Hauswand stehen. Dann straffte sie unwillkürlich die Schultern. Los! dachte sie. Willst du etwa mit leeren Händen zurückkehren!? Vorsichtig bewegte sie sich bis zur Hausecke.

Und von dort konnte sie ihre Kinder sehen.

Sie spielten mit einem kleinen, bunten Ball. Warfen ihn hin und her. Genauer gesagt: Adam warf ihn, wieder und wieder, und Sharon versuchte, den Ball zu fangen.

»Nein!« rief der Junge seiner kleinen Schwester zu. »Nein, ich sag's dir doch dauernd« – beide Hände hochhaltend – »doch nicht *so!*« Donna starrte. Ihr kleiner Sohn. Gar nicht mehr so klein. Recht groß für sein Alter. Und so schlank. Wunderhübsches Kerlchen. Ein richtiggehender kleiner Mann. *Ihr* Sohn, gar kein Zweifel. Adam, rief sie lautlos. Mein Baby.

»Glaub ja nicht, daß ich dir das immer und immer wieder sage.« Er lief auf seine Schwester zu und packte ihre Hände. »So, verstehst du. Und *laß* sie auch so.« Er hob den Kopf und brach ab. Er hatte Donna erblickt. Starrte sie an. Bewegte sich nicht.

Das kleine Mädchen drehte sich langsam um, sah gleichfalls zu Donna.

»Hallo«, sagte Sharon.

»Pappi hat gesagt, wir sollen nicht mit Fremden sprechen«, tadelte Adam. Donna spürte die aufsteigenden Tränen. Heulen? Nein, das kam, verdammt noch mal, nicht in Frage. Adam spähte beklommen zur Hintertür des Hauses.

»Ich bin keine Fremde«, sagte Donna leise und eindringlich.

»Wie?« fragte er. »Ich versteh nicht, was du sagst.«

Donna sprach ein wenig lauter. »Weißt du nicht, wer ich bin?« Er war doch alt genug. Ganz bestimmt erinnerte er sich an sie, wenigstens ein bißchen.

»Wer bist du denn?« fragte er und legte wie schützend einen Arm um die Schultern seiner kleinen Schwester.

Donna schluckte hart. Dann kauerte sie nieder, bis sie sich mit den Kindern etwa in gleicher Augenhöhe befand. »Ich bin eure Mutter«, sagte sie. »Ich bin eure Mammi.«

Sharons Augen weiteten sich, vor Neugier; Adams Augen hingegen weiteten sich vor Furcht. Unwillkürlich wich er ein Stück zurück. Sharon hingegen blieb, wo sie war.

»Du bist nicht unsere Mammi!« sagte Adam abwehrend, trotzig. »Unsere Mammi hat uns verlassen. Sie wollte uns nicht mehr haben!«

Donna starrte in seine verängstigten Augen. Wie konnte Victor ihnen so etwas sagen? dachte sie. Wie kann ein Mensch nur so gemein sein? Wie kann ein Mensch nur so viel Haß in sich haben?

»Das ist nicht wahr. Ich habe euch niemals verlassen. Ich habe euch immer haben wollen. Und ich habe euch gesucht, seit euer Vater mir euch fortgenommen hat.«

»Gelogen!« rief der kleine Junge. Sofort blickte Donna zu dem Fenster. Dort befand sich irgendwo die Frau. Doch sie schien noch beschäftigt. Und an die Schreierei der ihr Anvertrauten war sie inzwischen wohl längst gewöhnt.

»Du weißt, daß ich nicht lüge, Adam«, sagte Donna leise. »Du bist alt genug, um dich zu erinnern. Du kannst mich nicht vollkommen vergessen haben. Du weißt, daß ich deine Mammi bin.«

»Du bist nicht meine Mammi!« Jetzt begann er zu weinen.

»O bitte, Liebling, ich möchte doch nicht, daß du weinst. Ich möchte dich in meinen Armen halten. Möchte dich küssen. Möchte dich mit mir nehmen. Nach daheim. Nach Florida.«

»Ich lebe hier! Du bist nicht meine Mammi!«

»Ich *bin* deine Mammi. Und ich möchte dich mehr als irgendwas sonst auf der Welt.«

Adam stand und starrte Donna stumm an, durch seine Tränen, die ihm jetzt die Wangen hinabbrannten. Und plötzlich wurde Donna bewußt, daß Sharon ganz und gar nicht mehr reglos auf ihrer Stelle verharrte. Vielmehr bewegte sie sich langsam, doch mit großer Entschlossenheit auf Donna zu. Kam näher und näher, während ihre großen Augen sich in Donnas Augen einzubrennen schienen. Ganz dicht trat sie zu Donna, die noch immer tief niederkauerte. Langsam hob sie ihre rechte Hand und strich Donna sacht über die Wange. »Mammi?« fragte sie leise.

Donna schloß das kleine Mädchen mit wahrer Inbrunst in die Arme. »O mein Baby!« rief sie. »Mein wunder-, wunderschönes Baby!« Sie bedeckte Sharons Gesicht mit Küssen. »O Gott, ich liebe dich. Ich liebe dich so sehr.«

»Sie ist nicht unsere Mammi!« kreischte Adam, und aus seiner Stimme klang jetzt geradezu Hysterie. »Unsere Mammi wollte uns nicht haben! Sie hat uns nicht haben wollen!«

Plötzlich hörte Donna, von der Vorderseite des Hauses her, das Knallen einer Autotür. Allmächtiger Gott, Victor! Sie schlang einen Arm um Sharon – und eilte zu Adam, um ihm die Hand auf den Mund zu pressen, in genau dem Augenblick, wo dieser sich zum Schreien öffnete. Er wehrte sich, strampelte, biß ihr sogar in die Hand.

Donna hörte, wie die Vordertür des Hauses sich öffnete, zugeworfen wurde. Allmächtiger Himmel, Victor, wirklich Victor. Er war jetzt im Haus.

Für sie, Donna, gab es nur eine Hoffnung: während Victor sich durch das Haus nach hinten bewegte, mußte sie so rasch wie möglich nach vorne eilen.

Daß sie die Kraft dazu besaß, begriff sie selber nicht. Aber sie rannte, mit dem Jungen im einen Arm, mit dem Mädchen im anderen, zur Straße.

»Pappi!« schrie Adam. »Mrs. Wilson!«

Mrs. Wilson hörte den Schrei, und sie hörte auch, daß es eine Art Hilferuf war. Als sie durchs Fenster blickte, sah sie Donna, unter jedem Arm ein Kind – in ebendem Augenblick, als Victor in die Küche trat. Victor wandte sich dem Fenster zu, und alles schien für einen Augenblick zu erstarren. Im Bruchteil einer Sekunde bohrten sich Victors Augen in Donnas Augen, blaue Augenlichter auf seiner Seite, doch bösartig jetzt, zu schierem Haß entbrannt.

Donna jagte den Weg entlang. Drinnen im Haus, praktisch parallel zu ihr, lief Victor – das spürte, das wußte sie. Adam wehrte sich wild strampelnd, während Sharon, im anderen Arm, ganz ruhig blieb.

Ein kurzes Stück vor sich sah sie das Gartentor. Gleichzeitig hörte sie Victors Schritte. Die Eingangstür flog auf, und schon streckte er die Arme nach ihr aus. Sie fühlte seine Hände an ihren Schultern, spürte, wie sich seine Finger in ihrer Bluse festzukrallen versuchten. Doch er bekam sie nicht zu packen. Denn plötzlich wurde er von ihr wegkatapultiert.

Er war auf den gelben Strandball getreten, der unter seinem Gewicht davonschoß. Victor selbst fiel längelang auf den Rasen. Während Donna das Tor erreichte und aufstieß, raffte er sich, noch leicht benommen, wieder hoch.

Sie befand sich auf dem Gehsteig. Adam kreischte wie verrückt. Waren irgendwelche Passanten da, die das hörten, die die ganze Szene beobachteten? Donna wußte es nicht. Sie hatte nur einen Gedanken: ins Auto und fort – fort! Hinter sich hörte sie ein Geräusch, das Knallen des Tores. Victor war ihr unmittelbar auf den Fersen.

Das Auto schien unendlich weit entfernt. Donna spürte die Erschöpfung, die aufsteigende Atemlosigkeit. Dennoch: Sie würde es schaffen; nichts und niemand sollte sie aufhalten.

Sie gelangte zum Auto, öffnete die Tür, setzte, nein, schleuderte ihre Kinder hinein, erst Sharon, dann Adam. Gleich darauf saß sie hinter dem Lenkrad, riß die Tür zu – im selben Augenblick, wo Victor von außen die Hand nach dem Griff streckte. Wieder trafen sich ihre Blicke. Sie bohrten sich ineinander, rissen sich dann los. Donna hatte genug von seinem Haß gesehen. Sie ließ den Motor an, während Victors Fäuste gegen die Windschutzscheibe trommelten, während Adams kleine Fäuste gegen ihren Kopf, gegen ihr Gesicht schlugen.

»Adam, bitte, Liebling ...«

»Du bist nicht meine Mammi! Du bist nicht meine Mammi!«

Victor stand jetzt direkt vor dem Auto. Wenn sie losfahren wollte, dann mußte sie ihn überfahren.

Lautlos bewegten sich ihre Lippen. Provozier mich nicht, sagten sie, ohne daß es jemand hören konnte. Donna sah fast unmittelbar vor sich sein Gesicht. Und sie kannte den Ausdruck, *diesen* Gesichtsausdruck nur zu gut: Keinen Schritt würde er weichen, würde tatsächlich hier vor seinen Kindern sterben, statt sich auch nur ein Stück von der Stelle zu rühren. Unauffällig und doch blitzschnell warf sie einen Blick in den Rückspiegel. Dort war die Straße frei. Wieder sah sie zu Victor, wehrte Adams Hände von sich ab, legte den Rückwärtsgang ein und stieß in höchster Geschwindigkeit zurück, in Richtung 13. Avenue.

Für einen winzigen Augenblick fühlte sie sich erleichtert. Doch gewonnen hatte sie noch längst nicht. Während sie bremste und den Wagen so wendete, war er in sein Auto gesprungen – einen braunen quasi halbsportlichen Wagen. Nein, ihr Vorsprung war wirklich nicht groß. Durch eine ganze Reihe von Straßen mußte sie sich schlängeln. Endlich erreichte sie die Ocean Avenue. Und dieser vertraute Name gab ihr das Quentchen Zuversicht, das sie dringend brauchte. Scharf bog sie nach rechts ab und strebte in östlicher Richtung dem Highway entgegen. Aber was dann? fragte sie sich verzweifelt.

Denn rasch schloß Victor zu ihr auf. (Zwischen ihnen war eine Zeitlang ein blaues Auto gefahren, das inzwischen jedoch längst abgebogen war.) Sie trat voll aufs Gaspedal. Victor reagierte entsprechend. Und während sie ihm zu entkommen versuchte, mußte sie sich immer wieder Adams erwehren, dessen Angst- und Wutgeschrei eine verblüffende Ähnlichkeit mit Punk-Rock-Konzerten hatte.

Sie versuchte, die Geschwindigkeit noch zu erhöhen. Bog unversehens an einer Ecke ab. Hinter sich hörte sie das Quietschen schleifender Autoreifen. Victor blieb ihr unmittelbar auf der Spur. Mit einem flüchtigen Blick erhaschte sie die entsetzten Gesichter von Passanten, die sich vor den heranjagenden Autos in Sicherheit zu bringen versuchten.

Adams Geschrei drohte ihr das Trommelfell zu sprengen.

Gab's in dieser Stadt denn keine Polizisten? fragte Donna sich verzweifelt. Ist denn niemand da, der diesem Wahnsinn Einhalt gebietet? Guter Gott, sollte das bis in alle Ewigkeit so weitergehen? Während sie wie um ihr Leben fuhr, trommelten die Fäustchen ihres Sohnes auf ihr herum; Sharon dagegen schien von der vorübergleitenden Landschaft verzaubert. Fast hatte sie das Gefühl, wie in einem endlosen Labyrinth herumzukutschieren, in einem gemieteten weißen Buick. Nun ja, soweit es das Höllendasein betraf, war dies wohl noch eine Steigerung gegenüber dem endlosen Geschirrspülen!

Sonderbarer, fast absurder Gedanke. Doch irgendwie wirkte er beschwichtigend. Wird schon alles gutgehen, ging es Donna durch den Kopf.

Und zum erstenmal seit vielen Jahren fühlte Donna Cressy sich in völligem Einklang mit sich selbst.

»Alles geht gut, Kinder«, sagte sie laut. »Alles geht für uns alle gut. Alles.«

Plötzlich krachte es, und nur mit großer Mühe hielt Donna das Auto auf Kurs. »Verdammt noch mal«, fluchte sie, während sie im Rückspiegel sah, daß Victor abermals näherrückte. »Bist du wahnsinnig geworden!?« schrie sie. »Die Kinder sind doch hier drin!«

Doch wieder ließ Victor sein Auto gegen den Buick knallen. Bei dem Aufprall kippten Sharon und Adam nach vorn, und Donna hatte alle Mühe, sie mit einem ausgestreckten Arm vor Schaden zu bewahren. Ein weiterer Stoß dieser Art, und sie würde die

Kinder wohl kaum noch schützen können. Beide begannen zu weinen, Adam wie Sharon. Und zum erstenmal ließ Adam davon ab, sich gegen seine Mutter zu wehren, und blickte zum Auto seines Vaters.

Donnas Stimme klang ebenso laut wie verzweifelt.

»Schnallt euch doch endlich an, Kinder!« schrie sie.

Sharon schluchzte. »Ich habe Angst.«

»Ich weiß, Liebes. Aber bitte, weißt du, wie du dich anschnallen mußt?«

»Nein, weiß ich nicht«, schluchzte die Kleine.

Donna blickte zu ihrem Töchterchen. Unwillkürlich maß sie die Entfernung ab. Nein, sie hatte nicht die geringste Möglichkeit, sich über Adam hinwegzulehnen, um Sharon zu sichern, und gleichzeitig das Auto zu lenken.

Ihre einzige Hoffnung war ihr Sohn. Sie sah sein wie erstarrtes Gesicht. Er kniete auf dem Sitz, blickte durch das Rückfenster verzweifelt zum Auto – und zum Gesicht – seines Vaters.

»Adam«, sagte sie mit all dem sanften Drängen, das sie in ihre Stimme zu legen vermochte. »Bitte, Schatz, kannst du uns helfen? Schnall dein Schwesterchen an – und dich selbst auch, bitte.«

Deutlich sah sie, wie Adams Augen sich vor Furcht weiteten. Victor stand im Begriff, abermals ihr Auto zu rammen. Donna trat fest aufs Gaspedal, konnte den Abstand zumindest vorübergehend vergrößern – und blickte dann zu ihrem kleinen Sohn.

»Nein, Pappi, nein!« schrie er. »Hör auf! Hör auf!«

»Adam, bitte!« überschrie Donna ihn. »Setz dich. Hilf uns. Bitte, hilf uns.«

Abrupt drehte sich der Junge auf seinem Sitz herum, schnallte sodann seine kleine Schwester fest, anschließend sich selbst. Donna schluckte hart. Deutlich spürte sie, wie ihr der Schweiß ausbrach. Wieder ging es um eine Ecke. Wo, um alles auf der Welt, befand sie sich nur? Sie hatte jegliche Orientierung verloren. Weiter, weiter – einfach die Straße entlang. Die Kinder wimmerten vor Angst, die Hände, wie Donna bei einem kurzen Seitenblick bemerkte, eng ineinander verschlungen.

Mehrmals noch bog Donna in irgendwelche Straßen ein. Und

plötzlich fand sie sich auf dem Highway wieder, auf einem Abschnitt, der ihr allerdings ganz und gar nicht vertraut vorkam. Guter Gott, gab's denn hier nicht einen einzigen Polizisten? Der Gerichtsbescheid steckte in ihrer Handtasche. Wäre da doch nur irgend jemand, der uns anhalten würde – uns stoppen, bevor Victor uns alle umbringt.

Wieder hörte und spürte sie einen Aufprall, diesmal nicht von hinten, sondern von der Seite. Er hatte aufgeholt, befand sich mit seinem Wagen neben ihr.

Adams Stimme klang immer hysterischer. »Hör auf, Pappi«, kreischte er. »Bitte, Pappi, hör auf!«

Donnas Hände hielten das Lenkrad umklammert, als seien sie daran festgeschweißt. Was war nur mit Victor? Wie konnte er seine Kinder bloß so gefährden? Ihr Leben aus Spiel setzen!?

Durch das Seitenfenster blickte sie zu Victors Auto, sah sein Gesicht – und begriff, daß es in diesem Augenblick für ihn nur eines gab: seinen Haß gegen sie.

»Pappi, hör auf!« schrie Adam, als Victor mit seinem Auto abermals gegen den weißen Buick krachte.

Für Sekunden – oder doch Sekundenbruchteile – verlor Donna die Kontrolle über das Lenkrad, und das Auto schien meterweit zur Seite zu schleudern. Beide Kinder kreischten vor Angst.

»Stop! Anhalten!« schrie Adam, und er schluchzte jetzt genauso wie seine kleine Schwester. »Aufhören, bitte! Mammi, Mammi! Bitte, aufhören!«

Abrupt drehte Donna den Kopf, und sie blickte in die tränen-überströmten Gesichter ihrer Kinder.

»O mein Gott, meine Kleinen!« rief sie. »Was tue ich euch nur an?« So rasch es irgend ging, verlangsamte sie die Fahrt; lenkte das Auto an den Rand des Highways – und hielt dann, während sie beide Kinder fest in ihre Arme schloß.

Wenige Sekunden später bremste auch Victor, in unmittelbarer Nähe. Und schon stürzte er aus seinem Auto und rannte zu dem weißen Buick, in dem die drei saßen, eng umschlungen und gemeinsam heulend.

24

Donnas Gesicht war verschwollen und zerkratzt – blutig gekratzt von den Fingernägeln ihres Sohnes, fast grün und blau getrommelt von seinen wütenden Fäusten. Ähnlich sahen ihre Beine aus, gegen die er mit aller Kraft getreten hatte. Und welcher Körperteil tat ihr eigentlich nicht weh? Ihre Arme schmerzten. Ihre Finger ließen sich kaum noch bewegen. Ihr Magen schien ein Knoten zu sein, und ihre Kehle war heiser vom vielen Schreien.

»Bist du okay?« fragte er sie.

Donna blickte zu Mel. »Besser denn je«, lächelte sie.

Mel erhob sich. Er hatte an der Wand gesessen. Jetzt näherte er sich der Stelle, wo Donna saß, inmitten des großen Raums. »Also, ich muß schon sagen, meine liebe Lady«, begann er, »für jemanden, der seit Jahren kein Auto gefahren hat, schlägst du dich nicht schlecht. Könntest vielleicht sogar beim Rennen von Indianapolis mitmachen – vorausgesetzt allerdings, daß man dir nicht den Führerschein wegnimmt.«

»Du meinst, das werden die tun?«

»Nun ja, sie müssen ihn wohl erst finden, fürchte ich.«

Donna strich sich durchs Haar. »Was für ein Durcheinander! Kann's gar nicht glauben! Aber wo ich so lange nicht gefahren war – guter Gott, wieso hätte ich da meinen Führerschein erneuern sollen?«

»Genau.«

Sie strich sich mit der Hand über die Stirn, blickte zu Mel. »Glaubst du, daß ich mit einer Anzeige rechnen muß?«

Mel schüttelte den Kopf. »Weshalb? Wegen Fahrens ohne Führerschein? Dazu noch in einem gestohlenen Auto? Und das mit gut hundertzwanzig Sachen bei einer zugelassenen Höchstgeschwindigkeit von vierzig? Wegen Erregung öffentlichen Ärgernisses? Wegen rücksichtsloser Fahrweise? Mit solchen Lappalien geben die sich nicht ab.« Er kauerte neben ihr nieder und lächelte.

»Na, besten Dank.«

»Von Kidnapping ganz zu schweigen ...«

»Ich habe ihnen das Gerichtsurteil gezeigt, wonach die Kinder mir ...«

»Ich glaube, die interessierten sich mehr für die Papiere, die du *nicht* hattest.«

»Was tut's, daß auf dem Papier für den Leihwagen nicht mein Name stand!«

»Na, das mußt du denen erst mal klarmachen, Schatz.«

»Oh, Mel.«

»Ich liebe dich.«

Zum erstenmal, seit Mel von zwei riesigen Polizisten in den großen »Amtsraum« geführt worden war, umarmten sie sich.

»Ich hatte ja solche Angst, daß du nicht dort sein würdest«, sagte sie und lehnte sich gegen ihn. »Ich dachte nämlich, diesen einen Telefonanruf erlauben sie dir – und Mel wird nicht dort sein.«

»Wo sonst hätte ich wohl sein sollen?«

»Ich hatte den Zimmerschlüssel.«

»In so einem Motel hat man Zweitschlüssel.«

»Warst du überrascht, als ich so plötzlich im Auto lossauste?«

»Überrascht ist eine absolut gelungene Untertreibung.«

Sie lächelte. »Hast du den Beamten alles erklärt?«

»Ich hab's versucht.«

»Ich auch. Meinst du, sie haben verstanden?«

»*Die* haben's versucht.«

Sie musterte ihn eindringlich. »Hast du die Kinder gesehen?«

»Ja, aber nur kurz. Schien soweit alles in Ordnung zu sein. Nur müde sahen sie aus. Bei ihnen ist die Haushälterin, eine gewisse Mrs. Wilson.«

»Und Victor?«

»Den habe ich nicht gesehen.«

Unruhig schritt Donna auf und ab. »Wenn die bloß endlich zurückkommen wollten. Und uns sagen, was los ist.« Sie hielt inne, dachte zurück: Kaum zwei Stunden war es her. »Weißt du, wie aus dem Nichts tauchten die auf. Eben noch schien es nur Victor und mich zu geben. Doch im nächsten Augenblick stürzte sich sozusagen die gesamte Polizeistreitmacht von Carmel auf uns.« Sie machte kehrt, näherte sich wieder Mel. »Und jetzt sind sie wie von der Bildfläche verschwunden. Wie spät ist es?«

»Fast acht.«

»Seit einer Stunde hocke ich hier. Die Kinder sollten um diese Zeit im Bett sein.«

Mel strich ihr durchs Haar. »Du hast es geschafft!« sagte er stolz. Donna lächelte.

Die Tür schwang auf, und plötzlich schien der Raum voller Polizisten zu sein. Dabei waren es insgesamt nur vier, zwei in Uniform, zwei in Zivil.

»Tut mir leid, daß es so lange gedauert hat«, erklärte der Mann, der hier offenbar das Sagen hatte, während er hinter seinem Schreibtisch Platz nahm. »Es war eine ungünstige Zeit, um das Notwendige nachzuprüfen – zumal wegen des Zeitunterschieds zwischen unserer Zone und Florida. Um diese Zeit arbeitet kaum noch jemand ...« Er unterbrach sich. »Ist alles in Ordnung«, sagte er schließlich. »Sie können Ihre Kinder haben. Können sie mit nach Hause nehmen.«

Donna brach in Tränen aus. Sofort spürte sie Mels Arm um sich – eine Art stummer Glückwunsch. »Mit irgendwelchen Strafanzeigen brauche ich also nicht zu rechnen?« fragte sie und wischte sich die Augen.

»Glauben Sie, ich hätte Lust, mich von sämtlichen Zeitungen im Land als Ungeheuer abstempeln zu lassen?« fragte er zurück. Und fuhr mit entwaffnender Offenheit fort: »Wenn ich irgendwas gegen Sie zu unternehmen versuchte, so würden die Gerichte am Ende wohl *mich* verdonnern. Ganz abgesehen davon, daß mich mein trautes Weib höchstwahrscheinlich im Schlaf ermorden würde. Gehen Sie, nehmen Sie Ihre Kinder und ziehen Sie ab. Einem geschenkten Gaul schaut man – nirgendwohin.«

Donna und Mel gingen zum Ausgang. Plötzlich blieb Donna stehen. »Was ist mit Victor?« fragte sie zögernd.

»Der? Den können wir vor den Kadi bringen«, erwiderte der Mann.

»Kann ich ihn sehen?« fragte Donna, über ihre eigene Frage überrascht.

»Wenn Sie wollen.«

Donna nickte. Einer der uniformierten Beamten führte sie durch die Tür und hinaus in den Korridor. Mel bedeutete ihr mit einer kurzen Handbewegung, er werde auf sie warten. Nach wenigen Metern stand der Polizist vor einer weiteren Tür, die zu einem wesentlich kleineren Raum führte.

Victor befand sich am anderen Ende. An einem Fenster stehend, starrte er hinaus auf die Straße. Als er hörte, daß die Tür aufging, drehte er sich sofort herum. Deutlich konnte Donna sehen, daß er geweint hatte.

»Bist du gekommen, um deinen Triumph auszukosten?« fragte er.

Unwillkürlich senkte Donna den Kopf. Weshalb war sie gekommen? Was hatte sie sich von einem Wiedersehen mit ihm erhofft? Was eigentlich *wollte* sie von ihm? Sein Versprechen, sie in Zukunft in Frieden zu lassen? Endlich Ruhe zu geben? Ruhe für sie, Ruhe für die Kinder. Es war unsinnig, ihn darum zu bitten. Diese Wiederbegegnung hätte sie sich ersparen können. Sie wandte sich zum Gehen.

»Donna . . .«

Sie blickte zurück, sah ihn an. Seine Stimme klang unendlich traurig.

»Würdest du den Kindern bitte sagen – würdest du ihnen bitte sagen, wie leid es mir tut, daß ich ihnen soviel Angst eingejagt habe.«

Sie nickte.

»Ich liebe meine Kinder wirklich, weißt du.«

Donna erinnerte sich an eine Zeit, die inzwischen weit zurücklag; an eine Zeit, wo er das gleiche gesagt hatte. Als sie sprach, klang ihre Stimme ruhig, sehr beherrscht. »Ich meine, du wirst entscheiden müssen, was für dich mehr ins Gewicht fällt – deine Liebe zu deinen Kindern oder dein Haß gegen mich.« Sie schwieg einen Augenblick. »Ich nehme sie jetzt mit nach Hause.«

Victor senkte den Kopf; Donna blickte wieder zur Tür und verließ das Zimmer.

Als Donna und Mel eintraten, saßen beide Kinder an Mrs. Wilson geschmiegt, schläfrig, todmüde. Doch richtete Adam sich sofort auf, suchte Zuflucht im Arm der Haushälterin.

»Wenn Sie wollen«, sagte die Frau ruhig, »so kann ich die Sachen der beiden packen und den Koffer noch heute zu Ihrem Motel bringen.«

»Danke«, erwiderte Donna. »Das wäre sehr nett. Wir möchten nämlich morgen in aller Frühe aufbrechen.«

Beide sprachen eigentümlich leise. Fast als fürchteten sie, die Ruhe zu stören – den plötzlichen Frieden.

Donna trat näher und hob ihre Tochter hoch. Sharon, eben noch im Halbschlaf, wurde für einen Augenblick wach. Ein Lächeln huschte über ihr kleines Gesicht, ein Lächeln des Wiedererkennens. Sie hob die Hand und strich ihrer Mutter über die Wange. Dann ließ sie ihr Köpfchen auf Donnas Schulter sinken, die Augen fielen ihr zu – sie war auf der Stelle eingeschlafen.

Donna blickte zu ihrem kleinen Sohn. »Adam?« Er schien vor ihr noch weiter zurückzuweichen. Donna trat zu Mel und reichte ihm Sharon. Von ihrer Schulter wechselte das Mädchen über zu seiner Schulter. Dann kehrte Donna zu Adam zurück und kniete vor ihm nieder.

»Es war einmal«, begann sie, ohne genau zu wissen, was sie eigentlich sagen wollte, »es war einmal ein kleiner Junge namens Roger und ein kleines Mädchen namens Bethanny, und sie gingen zum Zoo, um sich die Giraffen anzuschauen. Und sie nahmen ein paar Erdnüsse mit. Aber auf einem Schild stand ...«

Sie brach ab, spürte das Würgen in ihrem Hals.

Mit weitaufgerissenen Augen und wie atemlos starrte Adam sie an.

»Auf dem Schild stand: ›Tiere füttern verboten‹«, murmelte er und verstummte dann.

»Oh, Adam, ich liebe dich so sehr. Bitte komm mit mir heim!«
Plötzlich war er in ihren Armen, seine Hände schlangen sich
um ihren Hals, während hemmungsloses Schluchzen seinen
Körper erschütterte.

»Oh, mein Liebling. Mein allerliebster kleiner Junge. Wie ich
dich liebe!«

Langsam erhob sie sich. Nicht nur mit den Armen klammerte
Adam sich an sie. Auch seine Beine umschlangen ihren Körper.
So dicht wie nur möglich, drückte er sich an sie. Sein Murmeln
drang an ihr Ohr. Unverständlich zunächst, nichts als Geräusch;
doch dann immer deutlicher. Ein Wort. Wieder und wieder.
Mammi.

Donna und Mel, jeder von ihnen ein Kind in den Armen,
gingen zum Ausgang. Donna blickte zu Mel, lächelte ihm zu,
durch Tränen. »Laß uns heimkehren«, sagte sie.

Lebenslang ist nicht genug

Aus dem Amerikanischen
von Christa Seibicke

Die Personen sind frei erfunden.
Jede Ähnlichkeit mit Lebenden oder Toten wäre rein zufällig.

I.

Der Alptraum begann genau siebzehn Minuten nach vier an einem ungewöhnlich warmen und sonnigen 30. April. Bis zu diesem Augenblick hatte Gail Walton sich für eine glückliche Frau gehalten, und wenn einer der Reporter, die nach jenem Tag das Haus am Tarlton Drive umlagerten, sie damals gebeten hätte, ihre Selbsteinschätzung zu begründen, wäre ihr die Antwort nicht schwergefallen.

Sie hätte die Hände ausgestreckt, mit denen sie später ihr Gesicht gegen die neugierigen Kameras und das unbarmherzig grelle Blitzlichtgewitter abschirmte, und hätte die Gründe für ihr Glück stolz an den langen, schmalen Fingern aufgezählt. Da war zuerst einmal Jack, ein geradliniger, umkomplizierter Mann, der keine Flausen im Kopf hatte. Jack war vielleicht ein bißchen ungeschliffen, aber er war ehrlich, treu und liebte seine Frau auch nach acht Ehejahren noch voller Hingabe. Die nächsten beiden Finger zählten für ihre Töchter Jennifer und Cindy. Die Mädchen waren einander nicht ähnlich, aber sie hatten schließlich auch sehr verschiedene Väter. Das brachte Gail zum vierten Grund ihres Glücks, zu ihrem Exmann Mark Gallagher... Nicht viele Frauen hatten ein so entspanntes, ungezwungenes Verhältnis zu ihrem früheren Ehepartner wie sie. Es war nicht immer so gewesen, aber in letzter Zeit hatten sie beide die erfreuliche Erkenntnis gewonnen, daß die fünf Jahre ihres Zusammenlebens doch nicht sinnlos vergeudet waren.

Gail ging auf die vierzig zu, wirkte aber – nicht zuletzt dank ihrer sprühenden Vitalität – gut zehn Jahre jünger. Sie erfreute sich bester Gesundheit. Ihre Familie bewohnte ein hübsches

Haus in einer netten Stadt. Livingston, New Jersey, bot zwar nicht soviel Abwechslung wie New York, dafür aber lebte man hier sicherer und ruhiger, vor allem mit Kindern. Außerdem war New York selbst bei schlechtesten Verkehrsverhältnissen weniger als eine Autostunde entfernt, und dank Jacks beträchtlicher Einkünfte – er war Tierarzt – konnte sie sich den Ausflug in die Metropole leisten, sooft sie Lust dazu verspürte. Jacks guter Verdienst enthob sie auch der Notwendigkeit, selbst einer festen Arbeit nachzugehen. Sie hatte das Berufsleben in den Jahren nach der Trennung und Scheidung von Mark bis zum Überdruß kennengelernt. Damals mußte sie ihre kleine Tochter bei ihrer Mutter lassen, während sie als Bankangestellte den Unterhalt für sich und das Kind verdiente. Jetzt konnte sie es sich leisten, in aller Ruhe mit ihren Freundinnen zu Mittag zu essen. Wenn die anderen an ihren Arbeitsplatz zurückeilten, blieb Gail mit einem Kaffee zurück und sann über die Mischung aus Neid und Verwirrung nach, mit der die Freundinnen sich von ihr verabschiedet hatten. Man beneidete sie, weil sie keine unbefriedigende Arbeit zu verrichten brauchte. Gleichzeitig irritierte es die Frauen, daß Gail nicht zu wissen schien, wie wichtig ein Beruf unabhängig von den drei großen K für die Selbstverwirklichung jeder Frau ist. Was machte sie bloß den ganzen Tag zu Hause, wo es nichts zu tun gab als ein sechsjähriges Kind zu betreuen?

Gail hatte es aufgegeben, den berufstätigen Freundinnen ihre Wahl plausibel zu machen. Sie genoß es ganz einfach, Hausfrau und Mutter zu sein; es machte ihr Spaß, ihre beiden Töchter zu versorgen, wenn sie von der Schule heimkamen, und sie war der festen Überzeugung, daß die sechzehnjährige sie genauso nötig brauchte wie die sechsjährige. Sie konnte sich gut daran erinnern, wie gern sie selbst als Heranwachsende ihre Mutter um sich gehabt hatte. Außerdem war sie gar nicht so untätig. Gail, die von Jugend auf eine begabte Klavierspielerin gewesen war, hatte vor einiger Zeit begonnen, Kindern aus der Nachbarschaft Musikunterricht zu erteilen. Inzwischen hatte sie fünf Schüler, einen für jeden Schultag. Die Kinder – im Alter von acht bis zwölf Jahren – kamen nachmittags um vier für eine halbe Stunde zu ihr ins Haus. Um diese Zeit war Jennifer mit ihren Hausaufgaben beschäftigt, und Cindy hockte vor dem Fernseher; sie war ganz wild auf »Sesamstraße«.

Glück hatte Gail auch mit ihren Eltern. Beide waren gesund und wohlauf. Sie hatten sich nach der Pensionierung des Vaters eine Eigentumswohnung in Florida gekauft, gleich am Meer. Vor vier Jahren waren sie nach Palm Beach gezogen, und seitdem hatten Gail, Jack und die Mädchen sie mindestens einmal jährlich besucht. Ihre Eltern kamen einmal im Jahr nach Livingston, um die Kinder zu betreuen, während Gail und Jack sich ein paar Tage ungestörten Urlaub gönnten. Laura und Mike, enge Freunde der Waltons, beide berufstätig und kinderlos aus Überzeugung, mokierten sich oft über den ewig gleichen Trott, in den Gail und Jack verfallen seien: Florida mit den Kindern im Winter, Cape Cod allein im Sommer. Laura war Sozialarbeiterin, Mike Rechtsanwalt. Die beiden zog es ständig in exotische Länder. Letztes Jahr waren sie in Indien, im Jahr davor in China gewesen. Gail lockte weder Indien noch China. Diese Länder waren zu weit entfernt von allem, was ihr Geborgenheit einflößte: ihr Heim, ihre Familie, die Stadt, in der sie aufgewachsen war. Vielleicht *bin* ich in einen gewissen Trott verfallen, dachte Gail. Aber ich hab' ihn mir wenigstens selbst ausgesucht. Inmitten von Trubel und Aufregung hatte sie sich nie wohl gefühlt. Das war einer der Gründe für das Scheitern ihrer ersten und für den Erfolg ihrer zweiten Ehe. Mark war unberechenbar gewesen, Jack dagegen plante jeden Schritt im voraus. Mark setzte sich ins Auto – er fuhr einen ausländischen Sportwagen von leuchtender Farbe mit Metallic-Effekt – und sauste ab ins Blaue. Er wußte nicht, wo er hinwollte, und er benutzte keine Straßenkarte. Wenn er sich verfuhr – und das passierte ihm ständig –, kurvte er lieber stundenlang in der Gegend herum als jemanden nach dem Weg zu fragen. Es schien ihm gleichgültig zu sein, ob er sein Ziel erreichte oder nicht.

Jack Walton hingegen plante jeden seiner Schritte im voraus. Seine Zeit war genau eingeteilt, bis auf die Minute. Jeder erledigte Punkt auf seinem Terminkalender wurde ordentlich durchgestrichen. Wenn Jack irgendwohin mußte, sei es in einen anderen Ort oder auch nur in einen anderen Stadtteil, dann nahm er am Abend zuvor die Straßenkarte zur Hand und suchte sich die beste Route heraus. Alle zwei Jahre kaufte er einen neuen Wagen, immer einen weißen und stets ein amerikanisches Modell. Jack kam nie zu spät. Mark hatte Gail schrecklich nervös gemacht. Bei Jack fühlte sie sich geborgen. Das Gefühl der Sicherheit schätzte Gail mehr als alles andere in ihrem Leben. Carol, ihre Schwester, war das genaue Gegenteil. Sie ähnelte Mark, und Gail hatte oft gedacht, ihr erster Mann wäre mit ihrer jüngeren Schwester gewiß glücklicher geworden als mit ihr. Carol hatte Mark zwar angehimmelt, war aber zu rastlos gewesen, um die fünf Jahre auszuharren, die es dauerte, bis Gails Ehe zerbrach. Sie war nach New York gezogen, hatte erst mit einem Maler zusammengelebt, dann mit einem anderen, war später auf Tänzer übergewechselt und schließlich – vermutlich aus schierer Lust an Extremen – bei einem Börsenmakler gelandet. Mit ihm wohnte sie nun schon zwei Jahre zusammen. Mark hatte vor drei Jahren wieder geheiratet. Julie war eine wundervolle Frau, die Mark vergötterte und Jennifer wie ihre eigene Tochter behandelte. Auch dafür war Gail dankbar.

Mein Leben, hätte sie den Zeitungsleuten gesagt, die später eine Erklärung von ihr erbetteln wollten, als sie zu schwach und hinfällig war, um ihnen zu antworten, mein Leben ist genauso, wie ich mir's erträumt habe.

Ihr Tagesrhythmus änderte sich fast nie. Punkt sieben Uhr fünfzehn an jedem Schultag klingelte der Wecker. Es kostete sie keine Überwindung, das Bett zu verlassen. Sie war von Kind an Frühaufsteherin gewesen und liebte den Morgen ganz besonders. Sie duschte, zog sich rasch an und ging hinunter, um das Frühstück zu machen. Jack und die Kinder ließ sie noch ein Weilchen schlafen. Gail genoß diese ersten Minuten des Tages für sich allein. Während sie den Tisch deckte und Kaffee kochte, ließ sie ihre Gedanken treiben. Ohne an etwas Bestimmtes denken zu müssen, entspannte sie sich und schöpfte Kraft für die kommende Stunde, in der sie sich abhetzen mußte, um die Mädchen für die Schule fertigzumachen.

Vor allem Jennifer machte ihr Mühe. Wie die meisten Teenager drückte sie sich abends vor dem Zubettgehen und war morgens kaum wachzukriegen, gleichgültig, wie lange Gail sie schlafen ließ. Wenn sanftes Schütteln und Rufen nichts fruchteten, mußte Gail ihre älteste Tochter buchstäblich aus dem Bett zerren. Erst wenn sie wie eine zerzauste Puppe am Boden lag, öffnete Jennifer widerstrebend die Augen.

Cindy bereitete ihrer Mutter wesentlich weniger Schwierigkeiten. Seit sie ein Baby war, hatte sie sich in jeder Beziehung leichter lenken lassen als Jennifer. Gail brauchte ihr nur sanft über die Stirn zu streichen, und schon schlug das Kind die großen blauen Augen auf. Cindy reckte sich, und ihre warmen Ärmchen umfingen zärtlich den Nacken der Mutter. Dann galt es, etwas zum Anziehen auszusuchen. Aber was Gail auch vorschlug, sie stieß regelmäßig auf Protest. Denn so unproblematisch Cindy ansonsten war, sobald es um ihre Kleidung ging, hatte sie einen unbeugsamen Dickkopf. An vielen Tagen hoffte Gail insgeheim, Cindys Lehrerin möge erraten, daß die Kleine sich ihre Sachen selbst aussuchte und daß ihre Mutter weder farbenblind noch eine überspannte Exzentrikerin sei. Heute bestand Cindy, obwohl es recht warm war, darauf, ein purpurrotes Samtkleid anzuziehen, das sie von den Großeltern geschenkt bekommen hatte und das ihr inzwischen mindestens eine Nummer zu klein war. Als Gail ihr erklärte, sie habe das Kleid in letzter Zeit doch nicht mehr tragen wollen, eben weil sie herausgewachsen sei, blickte Cindy ihre Mutter unverwandt an, schob die Unterlippe vor und wartete auf Gails unvermeidliche Kapitulation.

Jack stand inzwischen unter der Dusche, und der Kaffee war fertig. Beim Frühstück ging es stets geräuschvoll zu. Jack und die Kinder waren in Eile, und wenn die drei um halb neun das Haus verließen, goß Gail sich noch eine Tasse Kaffee ein und gönnte sich eine Verschnaufpause mit der Morgenzeitung, ehe sie die Küche aufräumte und hinaufging, um die Betten zu machen. Jack setzte die Kinder auf dem Weg zur Arbeit ab. Beide Schulen lagen in der Nachbarschaft, und so kamen die Mädchen zu Fuß heim, Cindy immer in Begleitung einer Klassenkameradin und deren Kindermädchen. Wenn die beiden gegen halb vier nach Hause kamen, wartete Gail schon auf sie. Eine halbe Stunde konnte sie mit den Mädchen besprechen, was sie in der Schule erlebt hatten. Dann begann ihr Klavierunterricht.

Die Zeit, in der ihre Töchter in der Schule waren, verbrachte Gail so wie die meisten Hausfrauen des Mittelstandes. Sie machte Besorgungen, führte Telefonate, kaufte Lebensmittel ein, ging gelegentlich zum Friseur, traf sich mit einer Freundin zum Mittagessen, erledigte auf dem Heimweg noch einiges, bereitete zu Hause das Abendbrot vor und wartete auf die Rückkehr ihrer Familie. Hätte man sie aufgefordert, ihr Leben zu beschreiben, wie es gewesen war, bis sie an jenem sonnigen Aprilnachmittag um genau siebzehn Minuten nach vier in den Tarlton Drive einbog, so hätte Gail Walton sich als typische Vertreterin der amerikanischen Durchschnitts-Hausfrau bezeichnet: mittleren Alters, Angehörige der Mittelschicht und von neutraler Gesinnung. Ihr war durchaus bewußt, daß praktisch all ihre Freunde eine solche Charakterisierung scheuen würden, und doch umfaßte sie alle Elemente eines Lebensstils, in dem Gail sich geborgen fühlte.

Sie empfand keine Sehnsucht nach ewiger Jugend. Ihre Mädchenjahre hatte sie nicht gerade in bester Erinnerung. Da sie schüchtern war und einen flachen Busen hatte, war sie von den umschwärmten Cliquen in ihrer Schule nie akzeptiert worden. Die Jungen, die Gail anhimmelte, behandelten sie wie Luft. Erst seit sie über dreißig war, fühlte Gail sich wirklich wohl in ihrer Haut. Sie war vermutlich die einzige aus ihrem Bekanntenkreis, die sich auf ihren vierzigsten Geburtstag freute. Jedenfalls war ihr bisher die *mid-life-crisis* erspart geblieben, unter der all ihre Nachbarn zu leiden schienen. Sie war weder von ihrem Schicksal frustriert, noch langweilte sie ihr ruhiges, nicht sonderlich abwechslungsreiches Leben. Gail war belesen, hielt sich über aktuelle Ergebnisse auf dem laufenden und gewann zusehends Vertrauen in ihre Fähigkeit, bei jedem Gespräch mithalten zu können. Sie gehörte keiner Partei an. Weder die Unruhen der sechziger Jahre noch der Vietnamkrieg hatten sie ins Fahrwasser der Radikalen zu ziehen vermocht, was wohl an ihrer Schüchternheit lag und an einer angeborenen Abneigung gegen harte Konfrontation und Ausschreitungen. Den einzig extrem anmutenden Schritt ihres Lebens hatte Gail unternommen, als sie das College im Jahr vor der Abschlußprüfung verließ, um Mark Gallagher zu heiraten. Sie bedauerte es oft, keinen akademischen Grad zu besitzen, allerdings nicht genug, um zurück auf die Universität zu gehen und das Versäumte nachzuholen. Sie gehörte keinem Club und keiner Kirche an. Sie respektierte das Recht eines jeden, nach eigener Fasson selig zu werden, und erwartete von den anderen die gleiche Rücksichtnahme für sich. Ihre Freunde bewunderten ihren inneren Frieden und ihre heitere Gelassenheit. Man sah in ihr die Verkörperung des wohltuenden Normalmaßes, fragte sie um Rat, verließ sich auf ihren gesunden Menschenverstand. Ihren Bekannten vermittelte Gail die beruhigende Gewißheit, die Welt könne durchaus in Ordnung sein, und ein anständiger Mensch erhalte seinen gerechten Lohn auf Erden. Hätte man sie aufgefordert, ihr seelisches Befinden in einem Wort zusammenzufassen, so hätte Gail Walton den Begriff »zufrieden« gewählt. Sie repräsentierte heute all das, was sie immer hatte sein wollen.

Doch um siebzehn Minuten nach vier an einem besonders warmen, sonnigen Aprilnachmittag wurde alles anders.

II

Sie sah die Polizeiautos, als sie um die Ecke bog, und wußte instinktiv sofort, daß sie vor ihrem Haus hielten. Panik ergriff sie. Die Tüten und Päckchen entglitten ihren Händen. Gail stand wie angewurzelt und starrte auf die Wagen. Sie hielt den Atem an, zog den Bauch ein und drückte den Rücken durch. Im nächsten Moment rannte sie aufs Haus zu. Vergessen waren ihre Einkäufe; sie sah nur die Polizeiautos. Ihre Armbanduhr zeigte siebzehn Minuten nach vier. Für sie stand in diesem Augenblick die Zeit still.

Später, viel später, als das Beruhigungsmittel, das man ihr gegeben hatte, zu wirken begann und ihre Gedanken zwischen Traum und Wirklichkeit schwebten, ging ihr wieder und wieder der Verlauf dieses Tages durch den Sinn. Sie überlegte, was hätte anders sein können, und spürte, daß es ihre Schuld war. Sie hatte die Routine durchbrochen.

Morgens, gleich nachdem Jack und die Mädchen gegangen waren, hatte Lesley Jennings Mutter angerufen. Lesley habe sich die halbe Nacht lang übergeben. In der Schule grassiere ein Virus, da habe das Kind sich wohl angesteckt. Leider könne sie heute nicht zur Klavierstunde kommen. Gail hatte die junge Mutter getröstet. Ihr fiel ein, wie sie sich früher aufgeregt hatte, wenn Jennifer einmal krank war, während sie jetzt bei Cindy die Ruhe selbst blieb. Der jungen Frau gab sie den Rat, den die besorgte Mutter gewiß auch schon vom Kinderarzt bekommen hatte: Lesley solle im Bett bleiben, keine feste Nahrung zu sich nehmen, aber möglichst viel trinken. Mrs. Jennings schien dankbar für den Rat und gestand schuldbewußt, daß sie verzweifelt nach einem Babysitter für ihre Kleine suche, weil sie unbedingt ins Büro müsse. Gail verwies sie an die Tochter einer Freundin, die vor kurzem mit der Schule fertig geworden war und sich bestimmt gern ein paar Dollar nebenher verdienen würde. Wieder bedankte Mrs. Jennings sich überschwenglich und wünschte Gail, ihre Kinder mögen von dem Grippevirus verschont bleiben, der anscheinend durch alle Schulen Livingstons geistere. Wahrscheinlich war der viele Regen in letzter Zeit schuld daran. Es sei wirklich typisch für ihre Tochter, sich ausgerechnet jetzt anzustecken, wo das Wetter sich endlich bessere. Kinder sind eben regelrechte Brutstätten für Viren, dachte Gail, als sie auflegte.

Es war ein herrlicher Tag, viel zu schön, um ihn im Haus zu verbringen. Spontan griff sie erneut nach dem Telefonhörer und rief Nancy Carter an, die flatterhafteste unter ihren Freundinnen. Gail bezweifelte, daß je ein ernsthafter Gedanke ihren oberflächlichen Sinn getrübt hatte. Nancy war zweiundvierzig. Ihr Mann hatte sie vor fünf Jahren wegen einer jüngeren Frau verlassen, und seitdem verbrachte Nancy einen Teil des Tages bei ihrer Masseuse und den Rest im Tennisclub. Sie war der geborene Käufertyp und kannte kein größeres Vergnügen, als Geld auszugeben, besonders das ihres Exmannes. Sie befaßte sich mit Astrologie, okkulten Wissenschaften und E.S.P. Nancy behauptete zwar, sie könne in die Zukunft blicken, doch als ihr Mann ihr damals eröffnet hatte, er wolle sie verlassen, um mit seiner Maniküre zusammenzuleben, da war sie als einzige aus ihrem Freundeskreis völlig überrascht gewesen. Ihre Zeitungslektüre beschränkte sich auf die Klatschspalten. Sie wäre wohl kaum in der Lage gewesen, einen der beiden Senatoren zu benennen, die ihren Heimatstaat in Washington vertraten, aber sie kannte die intimsten Details aus Dustin Hoffmans Privatleben und sämtliche Skandale der sensationslüsternen Joan Collins. Gails Freundin Laura klagte häufig über Nancys mangelnden Tiefgang, doch Gail fand ihre Oberflächlichkeit und Ichbezogenheit eher amüsant, und die strahlende Sonne heute lud förmlich ein zu einer unbeschwerten Plauderei beim Schaufensterbummel. Die Mädchen brauchtes etwas Leichtes zum Anziehen. Na, und ich auch, dachte Gail. Nancy war auf dem Sprung, als Gail anrief. Sie hatte einen Termin bei ihrem Therapeuten. Die beiden Frauen verabredeten sich zum Lunch im »Nero«.

Es wurde ein vergnügliches Essen. Gail brauchte nicht viel zur Unterhaltung beizutragen. Sie saß nur lächelnd da und hörte Nancy aufmerksam zu. Wenn sie mit etwas, das Nancy behauptete, nicht einverstanden war, so behielt sie es für sich. Nancy interessierte sich sowieso nicht für die Meinung anderer Leute, sondern nur für ihre eigene. Während Nancy Carter wortreich von ihrer Sitzung beim Therapeuten berichtete, dachte Gail, ihre Freundin sei wohl egozentrischer als alle Frauen, die sie kannte. Gleichgültig, wovon die Rede war oder was auf der Welt geschah, Nancy fand stets einen Weg, es auf sich zu beziehen. Als das Gespräch auf Indira Gandhi kam und man die unsichere politische Lage diskutierte, in der sich die indische Regierungschefin befand, sagte Nancy: »Also *ich* weiß, wie ihr zumute ist. Mir ging's haargenau so, als ich für das Präsidentenamt in meinem Club kandidierte.« Ihre Ichbezogenheit war ihr größter Charakterfehler, machte in Gails Augen aber auch ein Gutteil ihres Charmes aus. Ihre Freundin Laura hingegen nahm Anstoß daran. Sie verdrehte ständig vor Empörung die Augen, wenn sie zu dritt zusammen waren. Doch Gail hatte gelernt zu akzeptieren, daß man mit Nancy Carter nur *über* Nancy Carter sprechen konnte.

Gail hörte sich an, daß Nancys Therapeut ihre Depressionen auf Schmerzen an der Wirbelsäule zurückführe (ohne die Freundin mit dem Hinweis zu unterbrechen, daß die meisten Menschen über vierzig mit einem Rückenleiden zu kämpfen hätten). Mochten die Fehler ihrer Freunde noch so zahlreich sein, Gail wußte, daß man an ihr gegebenenfalls ebenso viele finden könnte. Wie in der Ehe, so kam es letztlich auch in einer Freundschaft darauf an, den Partner mit all seinen Schwächen zu akzeptieren, wenn man die Beziehung nicht gefährden wollte. Wer dazu nicht in der Lage war, der mußte lernen, allein zu leben. Gail war noch nie gern allein gewesen. Am wohlsten fühlte sie sich als Mitglied einer Familie. Nancy hatte sie nach Short Hills, ein exklusives Geschäftsviertel, geschleppt. Sie bummelten von Boutique zu Boutique, angeblich auf der

Suche nach Kleidern für Gails Töchter, aber Gail merkte bald, daß Nancy schon nach wenigen Minuten in der Kinder- und Jugendabteilung unruhig wurde und erst dann wieder bei Laune war, wenn sie für sich etwas zum Anprobieren fand. Die Zeit verstrich wie im Flug. Als Gail auf ihre Armbanduhr sah, stellte sie erschrocken fest, daß es schon nach drei war. Da sie unmöglich vor ihren Kindern zu Hause sein konnte, rief sie in Jennifers Schule an und ließ ihr ausrichten, sie solle gleich nach dem Unterricht heimgehen und auf Cindy warten. Erst als Nancy sich verabschiedete, weil sie um halb vier einen Termin beim Friseur hatte, konnte Gail in Ruhe etwas für sich und die Kinder aussuchen. Sie war nicht mit dem Wagen in die Stadt gefahren, und das herrliche Wetter verlockte sie dazu, einen Teil des Heimwegs zu Fuß zurückzulegen. Es war Viertel nach vier durch, als sie in ihre Straße einbog. Normalerweise wäre sie um halb vier zu Hause gewesen. Normalerweise hätte sie die Kinder bei ihrer Rückkehr von der Schule daheim erwartet. Normalerweise wäre sie jetzt schon zur Hälfte mit der Klavierstunde fertig und würde im Geiste das Wochenende der Familie planen. Aber sie war von ihrer Routine abgewichen.

»Was ist hier los?« rief sie und versuchte aufgeregt, den Polizeikordon vor ihrer Haustür zu durchbrechen.

»Tut mir leid, Sie dürfen da nicht rein«, sagte ein Beamter zu ihr.

»Aber das ist mein Haus! Ich wohne hier.«

»Mom!« schrie Jennifer von drinnen.

Die Haustür flog auf, und Jennifer warf sich unter hysterischem Schluchzen in die Arme ihrer Mutter.

Gail überlief es eiskalt, dann wurden ihre Glieder taub. Wo war Cindy?

»Wo ist Cindy?« Ihre eigene Stimme klang fremd in ihren Ohren.

»Mrs. Walton«, ertönte eine Stimme neben ihr, »ich glaube, wir sollten hineingehen.« Sie spürte einen Arm um ihre Schulter und fühlte, wie jemand sie über die Schwelle zog.

17

»Wo ist Cindy?« wiederholte sie ihre Frage, diesmal etwas lauter.

Der Mann führte sie ins Eßzimmer und schob sie auf das grünrosa gemusterte Sofa. »Wir haben Ihren Gatten verständigt. Er ist schon unterwegs.«

»Wo ist Cindy?« Gails Augen suchten den Blick ihrer älteren Tochter. Ihr Schrei gellte durchs Zimmer: »Wo ist sie?«

»Sie ist nicht heimgekommen.« Jennifer weinte hilflos. »Ich bin von der Schule gleich nach Haus gegangen, so wie du's gesagt hast. Ich hab' hier auf sie gewartet, aber sie kam nicht. Da hab' ich bei Mrs. Hewitt angerufen und gefragt, ob Linda schon daheim sei. Das Kindermädchen war dran. Sie sagte, Linda sei's in der Schule schlecht geworden, und sie habe sie schon früher abholen müssen. Sie habe versucht, dich anzurufen, aber bei uns habe sich keiner gemeldet.«

»Sie muß sich verlaufen haben«, stieß Gail hervor. Sie verdrängte die Erkenntnis, daß es in ihrem Haus nicht vor Polizisten wimmeln würde, wenn ihre kleine Tochter sich bloß auf dem Heimweg verirrt hätte. »Sie ist sonst nie allein nach Haus gekommen. Ich hätte ihr das nicht erlaubt.«

»Mrs. Walton«, sagte der Mann neben ihr leise, »können Sie uns beschreiben, was Ihre Tochter anhatte, als sie heute morgen zur Schule ging?«

Gails Blick wanderte unruhig durchs Zimmer, während sie fieberhaft überlegte, was Cindy heute früh angezogen hatte. Sie sah nur das dunkelblonde Haar vor sich, das dem Kind über die Stirn und bis in die Augen hing. Sie hatte sich vorgenommen, den Pony zu schneiden, ehe er so lang wurde, daß Cindy nicht mehr richtig sehen konnte. Sie sah die lachenden blauen Augen, die zarte, feingeschwungene Wangenlinie, die anstelle der Pausbacken getreten war, und den kleinen, vollen Mund, in dem die beiden unteren Vorderzähne fehlten. Das purpurrote Samtkleid war mindestens eine Nummer zu klein. »Sie trug ein rotes Samtkleid, vorn mit Smokarbeit verziert und mit 'nem weißen Spitzenkrägelchen. Ich hab' ihr gesagt, es sei zu klein, und außerdem sei's heute zu warm für Samt, aber wenn sie sich was in den Kopf gesetzt hat, ist alles Reden zwecklos. Also hab' ich nachgegeben und sie das Kleid anziehen lassen.« Sie stockte. Warum hatte sie den Polizisten das alles erzählt? Sie konnte an ihrem Gesichtsausdruck ablesen, daß sie sich nicht dafür interessierten, ob Cindy der Witterung gemäß angezogen war oder nicht. »Sie trug weiße Kniestrümpfe und rote Schuhe«, fuhr Gail fort. »Ihre Sonntagsschuhe. Sie mochte weder Ballerinas noch welche zum Schnüren. Nur Schnallenschuhe. Sie trug auch nie Hosen, sondern immer Kleider und Röcke. Sie war ein sehr weibliches kleines Mädchen.« Gail hielt sich den Mund zu vor Schreck über das, was sie gerade gesagt hatte. Sie *war* ein sehr weibliches kleines Mädchen. Sie hatte über ihre Tochter in der Vergangenheitsform gesprochen. »O mein Gott!« Sie stöhnte, sank in die Kissen zurück und wünschte, das alles wäre nur ein Traum. »Wo ist mein Kind?« Ihre Stimme war kaum verständlich und schien von weit her zu kommen.

Die Haustür wurde geöffnet, und plötzlich war Jack neben ihr, nahm sie in die Arme und streifte mit den Lippen ihre Wange. »Weiß man schon Genaueres?« fragte er.

»Worüber?«

Der Beamte, der sie hereingeführt hatte, setzte sich jetzt auf einen Stuhl ihr gegenüber. Gail blickte ihm ins Gesicht, und es überraschte sie, wie jung er war. »Vor etwa einer halben Stunde wurde die Leiche eines Kindes gefunden. Und zwar in den Anlagen bei der Riker-Hill-Schule.« Er bemühte sich um einen neutralen Ton. »Ein paar Jungs haben sie auf dem Heimweg nach der Schule entdeckt. Sie nehmen jeden Nachmittag die Abkürzung durch den Park. Heute hörten sie merkwürdige Geräusche aus einem Gebüsch. Dann sahen sie jemanden davonrennen. Sie schauten nach und stießen auf die Leiche des Mädchens.« Er hielt inne, so als erwarte er, Gail würde etwas sagen. Aber sie schwieg, den Blick starr auf den sandfarbenen Webteppich zu ihren Füßen gerichtet. »Grade als wir die Un-

glücksstelle erreichten, kam Ihre Tochter die Straße runterge-
laufen. Sie suchte ihre kleine Schwester. Wir haben sie nach
Hause gebracht und Ihren Mann angerufen. *Sie* konnten wir ja
nicht erreichen.« Er stockte wieder. »Wir wissen nicht genau,
ob's Ihre Tochter ist, Mrs. Walton. Wir wollten es Jennifer
nicht zumuten, die Leiche zu identifizieren...«

Gail hörte Jennifer schluchzen, streckte die Arme aus, zog das
zitternde Mädchen an sich und wiegte sie auf ihrem Schoß wie
ein Baby.

»Wo ist das Kind... die Leiche?« korrigierte Jack sich hastig.

Gail spürte die Spannung in seiner Stimme und wußte, daß er
seine Angst vor ihr und ihrer Tochter zu verbergen suchte.

»Unten auf'm Revier«, antwortete der Beamte. »Wir möchten
Sie bitten, mitzukommen, und wenn möglich die Leiche zu
identifizieren.«

Gail blickte ihn an und wunderte sich, daß Polizisten tatsächlich Dinge sagten wie »unten auf'm Revier«.

»Aber Sie sind nicht sicher, daß es Cindy ist?« Jacks Worte
klangen mehr wie eine Feststellung denn eine Frage.

Gail beeilte sich, ihm beizuspringen. »Bloß weil sie verschwunden ist, weil sie sich auf dem Heimweg verlaufen hat, muß doch
die Leiche, die Sie gefunden haben, nicht...« Sie brach ab. Das
Sprechen schmerzte zu sehr, es war, als stieße ihr jemand ein
Messer in die Brust.

»Wie wurde dieses kleine Mädchen umgebracht?« fragte Jack.

Gail versuchte vergeblich, die Antwort nicht zu hören.

»Sieht aus, als habe man sie erwürgt. Möglicherweise wurde
sie vorher sexuell mißbraucht.« Der Beamte senkte die
Stimme, so als merke er, daß seine Sprache zu klinisch wirkte.
»Das können wir natürlich erst mit Bestimmtheit sagen, wenn
alle Untersuchungen durchgeführt sind.«

Gail schüttelte den Kopf. »Die armen Eltern!« Sie spürte, wie
die Tränen, die in ihren Augen brannten, ihr über die Wangen
liefen. »Wie furchtbar für sie, wenn sie erfahren, was mit ihrer
Tochter geschehen ist. Was für ein schreckliches Unglück!«

»Mrs. Walton!« Die Stimme kam von weit her. »Mrs. Walton.« Mit jeder Nennung ihres Namens entfernte die Stimme sich weiter, bis sie nicht mehr aus demselben Raum zu kommen schien. Es war, als berühre die Hand auf ihrem Arm jemand anderen. »Mrs. Walton«, sagte die Stimme wieder, aber Gail konnte sie kaum noch hören, weil der plötzlich aufbrandende Lärm in ihrem Kopf sie übertönte. »Erkennen Sie das wieder?« fragte die Stimme. Die Hand zwang sie, etwas anzuschauen, das sie nicht sehen wollte, etwas, wovon sie schon vorhin, als ihr Mann das Zimmer betreten hatte, einen flüchtigen Blick erhascht, das wahrzunehmen ihr Gehirn sich jedoch geweigert hatte.

»O mein Gott«, flüsterte Jack und vergrub das Gesicht in den Händen. Seine Schultern zuckten unter dem Schmerz, den er nicht länger zu verbergen suchte.

Gail spürte, wie Jennifers Kopf sich fester an ihre Brust preßte, während sie selbst wie magisch angezogen wurde von der ausgestreckten Hand des Polizisten, die das schlammbespritzte rote Samtkleid emporhielt. Sie versuchte zu sprechen, aber sobald sie ein Wort formte, schoß wieder dieser brennende Schmerz durch ihren Körper, und es kam ihr vor, als werde das unsichtbare Messer tiefer in ihren Körper gestoßen. Sie blickte an sich hinunter und sah das Messer ihren Leib durchtrennen, wie ein Reißverschluß, der eine Jacke öffnet. Sie beobachtete, wie die Innereien herausquollen, und wartete ungeduldig auf ihr Ende. Aber sie wurde bloß ohnmächtig. Als sie wieder zu sich kam, erlangte sie das Bewußtsein nur für einen Augenblick. Dann gab der Arzt ihr ein Beruhigungsmittel.

III.

Die nächsten Tage wanderten an Gails umnebeltem Geist vorbei wie Szenen aus einem Theaterstück während der ersten Kostümproben, bei denen die Markierungen noch nicht genau stimmen und die Schauspieler den Text noch nicht einwandfrei beherrschen.

Schauplatz der Handlung war ein kleines Zimmer auf der Privatstation des St.-Barnabas-Krankenhauses. Die cremefarbenen Wände waren mit hübschen Drucken geschmückt. Ein großer Blumenstrauß prangte auf dem Fensterbrett. In der Mitte der Bühne stand ein modernes Klinikbett. Die gestärkten weißen Laken und die sorgfältig aufgeschüttelten Kissen setzten zwar einen etwas strengen Akzent, kreierten jedoch genau die richtige Atmosphäre. Mehrere Schauspieler in Arztkitteln und Schwesternuniformen machten viel Aufhebens um die Hauptperson im Bett. Sie wischten ihr den Schweiß von der Stirn, kontrollierten die Temperatur, setzten Spritzen oder gaben ihr Tabletten. Sie landeten immer wieder einen Versprecher, wenn sie ihre Beileids- oder Trosttexte hersagten, konnten manchmal ihre Tränen nicht zurückhalten und mußten sich für eine Weile in die Kulisse zurückziehen, ehe sie von neuem geschäftig über die Bühne eilten.

Ihr galt all diese Aufmerksamkeit. Sie war die zweite Besetzung, die widerstrebend für die Hauptdarstellerin hatte einspringen müssen. Sie war völlig unvorbereitet auf diese Rolle, eingeschüchtert von ihrem neuen Rang und sprachlos, obwohl sie anscheinend den besten Text hatte und alle anderen nur darauf zu warten schienen, daß sie das Stichwort gab.

»Was ist das?« stammelte sie mühsam, als vor ihren Augen plötzlich eine ausgestreckte Handfläche erschien.

»Valium. Nehmen Sie es, das entspannt.«

Gail nahm die Tabletten. Die Schauspielerin in der weißen Schwesterntracht zog anscheinend zufrieden ihre Hand zurück und ging nach links von der Bühne ab. Sie stieß mit einem distinguiert wirkenden Schauspieler im weißen Kittel zusammen, der kam, um Gails Puls zu fühlen.

Gail schloß die Augen. Als sie sie wieder aufschlug, saß Jack neben ihr. Er hatte seine Hand durch die Gitterstäbe vor ihrem Bett geschoben und umklammerte ihre Finger. Sie spürte, wie sehr er sich bemühte, seine Gefühle unter Kontrolle zu bekommen. Doch die Spannung stand ihm ins Gesicht geschrieben. Seine Wangen waren aufgedunsen, seine Augen starrten ins Leere. Auf der fahlen, käsigen Haut leuchteten hektische rote Flecke, die aussahen wie verrutschte Schminke. In unregelmäßigen Stößen durchdrang sein Atem die fast unerträgliche Stille. Qualvolle Sekunden lang hörte sie gar nichts, dann folgte eine Anzahl kurzer, schneller Atemstöße rasch aufeinander, so als müsse er sich immer wieder daran erinnern, Luft zu holen. Er räusperte sich mehrmals mechanisch. Als Gail die Augen lange genug offenzuhalten vermochte, um seinem Blick zu begegnen, da starrte er auf etwas, das nur er zu sehen vermochte. Sie wandte sich ab und ließ den Kopf in die Kissen zurücksinken, aus Angst, womöglich seine Vision zu erraten und sie teilen zu müssen.

»Jennifer...?« tastete sie sich vor.

»Ihr geht's gut. Ihr Vater und Julie kümmern sich um sie.«

»Hast du mit ihr gesprochen?«

»Gestern abend, und auch heut früh. Heute morgen fühlte sie sich schon besser. Julie hat bei ihr geschlafen.«

»Das war nett von ihr.« Gails Worte waren ein undeutliches Genuschel. »Julie ist eine nette Frau.« Jack nickte. »Und du, was ist mit dir?«

»Ich hab' eine von den Tabletten genommen, die der Arzt mir gegeben hatte. Hat leider nicht viel geholfen. Die ganze Nacht hörte ich Cindy nach mir rufen.«

»O Jack...«

»Aber dann muß ich wohl doch für 'n paar Minuten eingenickt sein. Jedenfalls war mir auf einmal, als hätte sie um 'n Glas Wasser gebeten. Ich hätte drauf schwören können! Du weißt ja, sie hat nachts oft Durst. Ich stand auf, ging ins Bad, drehte den Wasserhahn auf, und als ich nach einem Glas griff, da fiel mir ein...«

»Ich hätte bei dir bleiben sollen«, sagte Gail. »Ich hab' nichts im Krankenhaus verloren. Du brauchst mich. Jennifer braucht mich. Ich muß hier raus.« Gail versuchte sich aufzurichten. Doch Jack legte ihr seine starken Hände auf die Schultern und drückte sie sanft in die Kissen zurück.

»Du kommst schon früh genug nach Hause. Laß dir noch 'nen Tag Zeit. Du mußt erst wieder zu Kräften kommen.«

»Zu Kräften«, wiederholte Gail mechanisch und versuchte, den Sinn der Worte zu erfassen. »Jedesmal, wenn mein Kopf klar wird, steht schon jemand bereit, um mir noch 'ne Spritze zu verpassen oder mir 'ne Tablette zu geben. Sie reden mir ein, das Zeug würde mir helfen, mich zu entspannen, mich besser zu fühlen. Aber das stimmt nicht. Medikamente ändern gar nichts. Sie zögern das Unvermeidliche bloß hinaus. Sie machen's den *Ärzten* und *Schwestern* leichter, aber nicht *mir*, auch wenn die Leute sich einbilden, mir zu helfen.« Sie machte eine Pause. Als sie weitersprach, war ihre Stimme nur noch ein Flüstern. »Weißt du, was ich mir die ganze Zeit wünsche?«

»Was denn?«

»Jedesmal, wenn ein Arzt mit 'ner neuen Spritze reinkommt, hoffe ich auf einen Fehler im Labor, ein vertauschtes Medikament, eine falsche Dosis. Das kommt vor, weißt du, auch Ärzten unterlaufen Fehler... Bei jeder Spritze hoffe ich, daß es die letzte ist...«

»Gail!«

»Entschuldige.« Gail sah die Angst in den Augen ihres Mannes. »Das hätte ich nicht sagen dürfen. Es war nicht fair dir gegenüber.«

»Ich liebe dich, Gail.«

»Weißt du, was Cindy mich mal gefragt hat? Das ist ungefähr einen Monat her. Sie sagte: ›Mami, wenn wir sterben, können wir's dann zusammen tun?‹ Aus heiterem Himmel. Einfach so.

24

›Mami, wenn wir sterben, können wir's dann zusammen tun?‹ Was hätte ich ihr antworten sollen? Ich hab' ›ja‹ gesagt. Und dann fragte sie weiter: ›Hältst du mich dabei an der Hand?‹ Und ich hab' wieder ›ja‹ gesagt. Und sie fragte: ›Versprichst du's mir?‹« Gail schwieg eine Weile. »Ich hab's ihr versprochen. O Gott, Jack!« Ihr Oberkörper wiegte sich hin und her.

Gail hörte in der Ferne Sirenen aufheulen und wiegte sich in ihrem Rhythmus, immer schneller, immer heftiger. Jack trat einen Schritt zurück und machte den weißen Gestalten Platz, die vor ihren Augen verschwammen. Sie merkte auf einmal, daß die Sirenen in ihrem Innern ertönten, und wußte, daß bald wieder eine Nadel aufblitzen würde, um die Menschen um sie herum von diesem furchtbaren Schrei zu erlösen und allen Linderung zu verschaffen, die nicht unmittelbar zu leiden brauchten.

»Sind meine Eltern benachrichtigt worden?« erkundigte sich Gail später bei Jack. Sie wußte nicht, ob es noch derselbe oder bereits ein anderer Tag war.

»Ich hab' sie angerufen. Sie fliegen heute nachmittag her. Carol ist schon da. Sie wartet zu Hause auf dich. Die Ärzte sind nämlich der Meinung, du solltest im Krankenhaus möglichst wenige Besucher haben, damit du dich nicht überanstrengst.«

»Aber sie ist meine Schwester!«

»Wenn du willst, fahr' ich sie später her.«

»Von wem sind die Blumen?« Es kostete sie Mühe, ihre Gedanken zu ordnen.

»Die hat Nancy geschickt.«

»Das war nett von ihr.«

»All unsre Freunde haben angerufen und sich erkundigt, wie sie uns helfen können. Laura ist einfach großartig. Sie organisiert alles, sorgt fürs Essen...«

»Was ist mit deiner Mutter?«

»Ich konnte sie bis jetzt noch nicht erreichen. Sie macht 'ne Kreuzfahrt in der Karibik. Laura versucht sie aufzuspüren.«

»Ich sollte nach Hause kommen«, wiederholte Gail dumpf.

Wie oft hab' ich das in den letzten Tagen schon gesagt? Wie lange bin ich wohl schon hier? überlegte sie. Die vielen Notizblöcke und die gespannten Gesichter fielen ihr ein. »Wo waren die Reporter?«

»Vor unserem Haus, als wir dich ins Krankenhaus brachten. Ein paar lungern immer noch da rum.«

»Was wollen sie denn?«

»Antworten, genau wie wir.«

Gail schloß die Augen.

»Draußen ist jemand von der Polizei«, sagte Jack. »Er möchte mit dir reden. Willst du ihn sehen?«

»Ja.« Gail richtete sich in den Kissen auf und betrachtete den gutaussehenden jungen Mann mit dem hellbraunen Haar, der an ihr Bett trat, ein trauriges Lächeln auf den Lippen.

»Ich bin Lieutenant Cole.« Er zog sich einen Stuhl heran. »Ich war gestern bei Ihnen.«

Was denn, erst gestern? wunderte sich Gail. So viele Träume in der kurzen Zeit? »Haben Sie den Mann gefunden?« fragte sie mit kaum hörbarer Stimme.

»Nein«, antwortete der Kommissar. »Aber die Jungs, die Cindy fanden, konnten uns 'ne Beschreibung geben.«

Er sprach sehr behutsam. »Leider ist nicht viel damit anzufangen. Wir haben sogar einen Arzt hinzugezogen, der die Jungen hypnotisierte, aber sie konnten sich lediglich darauf einigen, daß der Kerl aschblondes Haar hatte, schlank und mittelgroß war und einen jugendlichen Eindruck machte.«

»Ist das alles?« fragte Jack.

»Sie haben ihn nur von hinten gesehen. Er trug Bluejeans und eine gelbe Windjacke. Das ist 'ne ziemlich vage Beschreibung, die auf mindestens tausend Männer passen könnte, mich eingeschlossen.« Er hielt inne und fuhr dann leise fort: »Oder zum Beispiel auf Ihren Exmann, Mark Gallagher.«

»Mark?« wiederholte Gail ungläubig.

»Darf ich Ihnen ein paar Fragen über Ihren früheren Mann stellen, Mrs. Walton?«

»Bitte, fragen Sie.« Gail schüttelte die von den Betäubungsmitteln verursachte Lethargie ab. »Aber Sie verschwenden nur Ihre Zeit. Mark hätte meiner kleinen Tochter nie etwas zuleide getan.«

»Wann wurden Sie von Mr. Gallagher geschieden?«

Gail mußte einen Augenblick nachdenken. »Ach, das ist schon fast dreizehn Jahre her.«

»Macht es Ihnen etwas aus, mir zu sagen, *warum* Sie sich scheiden ließen?«

»Dafür gab's viele Gründe. Wir waren sehr jung und sehr verschieden. Mark war noch nicht reif für die Ehe. Er hatte... hatte andere Frauen.« Lieutenant Cole blickte von seinen Notizen auf. »Frauen«, wiederholte Gail. »Keine Kinder. Die Damen, die ihm gefielen, waren in jeder Beziehung erwachsen, das können Sie mir glauben.«

»Wie stand er zu Ihrer neuerlichen Heirat?«

Gail zuckte die Achseln. »Er hat mir Glück gewünscht. Ich weiß nicht, was Sie von mir hören wollen.«

Jacks Hand umklammerte die ihre.

»Welche Beziehung hat er zu seiner Tochter?«

»Er liebt Jennifer. Er ist ihr ein wundervoller Vater.«

»Wie reagierte er denn darauf, daß Jack seinen Platz einnahm?«

Gail sah ihrem Mann in die Augen. »Ich glaube, anfangs war er ein bißchen beunruhigt. Aber als er merkte, daß Jack keineswegs die Absicht hatte, ihm seine Vaterrolle streitig zu machen, da fand er sich sehr bald mit der neuen Lage ab. Jack und Jennifer kommen prima miteinander aus. Sie lieben sich aufrichtig. Aber Mark ist ihr Vater, und das weiß sie auch.«

»Wie reagierte Mark, als Sie von Ihrem jetzigen Mann ein Kind bekamen?«

Gail versuchte sich zu erinnern. »Ich weiß nicht mehr«, sagte sie schließlich. »Ich glaube nicht, daß es ihn sonderlich berührt hat.«

»War er nicht eifersüchtig?«

»Nicht, daß ich wüßte. Warum sollte er auch?«

»Sie haben also nicht den Eindruck, daß er Rachegefühle hegte?«

»Rache? Wofür? Ich versteh' nicht, worauf Sie hinauswollen.«

»Reg dich nicht auf, Gail«, versuchte Jack sie zu beschwichtigen.

»Was meint er denn nur?« Gail wandte sich an ihren Mann, so als sei der Kommissar gar nicht anwesend.

»Ihr Exmann hat für die Zeit der Ermordung Ihrer Tochter kein Alibi«, sagte Lieutenant Cole sachlich.

»Er braucht doch kein Alibi!« protestierte Gail schwach, während sie versuchte, diese Information zu verarbeiten.

Lieutenant Cole blätterte in seinen Aufzeichnungen. »Er hat zu Protokoll gegeben, daß er zwischen zwei und drei Uhr nachmittags eine Dame in West Orange fotografiert habe. Sein nächster Termin war um vier. Er sollte Zwillinge aufnehmen, nicht weit von Ihrem Haus.« Er machte eine Pause, damit die Fakten sich ihrem Gedächtnis einprägten. »Man braucht keine Stunde von West Orange nach Livingston.«

»Sie verschwenden Ihre Zeit, Lieutenant.« Gail fühlte ihre Augenlider schwer werden.

»Was wissen Sie über Jennifers Freund?«

»Eddie?« Jacks Erstaunen rüttelte sie wieder wach.

»Eddie Fraser«, las Lieutenant Cole laut und deutlich aus seinem Notizbuch vor. »Sechzehn Jahre alt, Obersekundaner, Einserschüler.«

»Eddie und Jennifer gehen in dieselbe Klasse«, ergänzte Jack. »Seit fast einem Jahr sind die beiden befreundet.«

»Um Gottes willen, so glauben Sie mir doch! Eddie hat's nicht getan.« Gail wimmerte. Sie spürte, wie die aufsteigende Angst ihr Herz umklammerte. »Sie vergeuden wertvolle Zeit. Eddie ist ein netter Junge, ein gewissenhafter Schüler. Er möchte Arzt oder Rechtsanwalt werden. Er ist unheimlich verknallt in Jennifer. Und er hat unsere Cindy sehr lieb.«

Sie brach unvermittelt ab.

»Haben Sie je etwas Ungehöriges an seinem Verhalten Cindy gegenüber bemerkt?«

»Ungehörig? Was meinen Sie damit?«

»Hat er das Kind je auf eine Weise angesehen, die Ihnen Unbehagen verursachte? Wenn die beiden miteinander spielten oder sich balgten, haben Sie da jemals beobachtet, daß er ihre Beine streichelte? Hat er ihr vielleicht mal einen Klaps auf den Po gegeben und vergessen, die Hand zurückzuziehen? Oder...«

»Aufhören! Hören Sie sofort auf damit! Das ist doch Wahnsinn. Eddie hätte Cindy nie was Böses getan. Er ist ein netter, lieber Junge, immer höflich, immer zuvorkommend und hilfsbereit.« Gail blickte zu Jack auf. »Ist es nicht so?« Jack nickte schweigend.

»Wir haben Eddie gern, und er mag uns auch. Na ja, anfangs waren wir nicht begeistert über eine so enge Freundschaft, einfach weil die Kinder noch so jung sind. Wir dachten, es sei zu früh für Jennifer, sich auf einen bestimmten Jungen zu kaprizieren. Aber als wir Eddie näher kennenlernten, gefiel er uns so gut, daß wir zu der Ansicht gelangten, sie könne es wesentlich schlechter treffen. Und das wird sie vielleicht in den nächsten Jahren auch. Denn man darf nicht vergessen, daß die beiden erst sechzehn sind. Wir wollten ihre... ihre Leidenschaft«, sie stockte, »nicht durch ein Verbot steigern. Aber wir stellten den beiden gewisse Bedingungen. Sie dürfen nicht unter der Woche miteinander ausgehen, und Freitag- und Samstagabend muß Jennifer spätestens um eins zu Hause sein. Eddie hat sich stets an unsere Abmachungen gehalten. Wir hatten nie Ärger mit ihm. Verstehen Sie denn nicht?« Sie wandte sich dem jungen Kommissar zu. »Eddie kann's nicht gewesen sein. Er liebte Cindy wie seine eigene Schwester. Ich weiß, daß er nur in diesem Sinne an sie gedacht hat.«

»Er hat für die fragliche Zeit kein Alibi«, wiederholte Lieutenant Cole das Argument, das er zuvor gegen Mark Gallagher ins Feld geführt hatte. »Er will nach der Schule direkt nach

Hause gegangen sein, um sich auf eine Klassenarbeit vorzubereiten.«

»Wenn er das gesagt hat, dann war's auch so«, versicherte Gail.

»Leider war zur fraglichen Zeit niemand sonst im Haus, der seine Anwesenheit bezeugen könnte.«

»Das ist doch einfach lächerlich.« Gail schloß die Augen. Sie würde sich keine Fragen mehr anhören, ehe der Kommissar nicht bereit war, ihre Antworten zur Kenntnis zu nehmen. Eddie war kein Kinderschänder. Und ein Mörder erst recht nicht. Genausowenig wie Mark Gallagher. Die Polizei verplemperte ihre Zeit, statt draußen nach dem Täter zu suchen.

»Was tun Sie, um den Mörder zu finden?« Sie wußte instinktiv, daß es der nächste Morgen war, als sie diese Frage stellte. Sie wußte es, obwohl niemand sich vom Fleck gerührt zu haben schien. Die Sonnenstrahlen fielen schräger auf den Blumenstrauß am Fenster, die Schwestern wirkten frischer, tüchtiger, ihre Handlungen schienen präziser. Sie bewegten sich so zuversichtlich, als gäbe es wirklich einen Grund dafür. Man hatte vergessen, ihnen zu sagen, daß kein Grund vorhanden war. Gail hatte den größten Teil der Nacht dem gesichtslosen Mörder ihrer kleinen Tochter gegenübergestanden. Sie hatte ihn töten wollen, es aber nicht fertiggebracht. Sie hatte die Chance verpaßt, den Tod ihres Kindes zu rächen und so wenigstens einen Teil ihrer Schuld abzutragen. Sie wußte, daß es der nächste Morgen war, weil sie sich noch müder fühlte als am Abend zuvor.

»Was tun Sie, um den Mörder zu finden?« wiederholte sie und überlegte, ob der Kommissar ihre Frage beim ersten Mal nicht gehört oder ob sie vielleicht nur in Gedanken gesprochen hatte.

»Wir tun, was in unsrer Macht steht.« Die Beteuerung des Kommissars klang wie eine eingelernte Floskel. »Jeder verfügbare Mann ist auf den Fall angesetzt. Wir haben alle vorbestraften Sexualverbrecher des Staates überprüft. Ihr Mann hat sich bereits die Fotos angesehen, um festzustellen, ob ihm einer von den Kerlen bekannt vorkommt. Wir möchten auch Sie darum bitten, wenn Sie sich wieder etwas kräftiger fühlen.«

»Ich werd' mir die Bilder jetzt ansehen.«

Er holte bereitwillig einen Stapel Fotos aus der Tasche. Gail betrachtete sorgfältig jedes Gesicht. Einige waren jung, andere nicht, manche wirkten auf den ersten Blick unsympathisch, andere sahen recht gut aus. Keiner kam ihr bekannt vor. Sie gab Lieutenant Cole die Fotos zurück. »Die sind alle so . . . normal«, sagte sie schließlich verwundert. Sie hatte erwartet, daß man das Böse an den Zügen eines Menschen ablesen könne.

»Wir führen eine Serie von Tests durch«, sagte Lieutenant Cole.

»Tests? Was denn für Tests?«

»Der Mörder hat eine deutliche Fußspur im Schlamm hinterlassen. Davon machen wir 'nen Abdruck. Ferner werden Speichel-, Blut- und Samentests vorgenommen.«

Die letzten Worte trafen sie wie ein Schlag in die Magengrube. Der bittere Geschmack in ihrer Kehle wanderte hinauf zum Mund, sie würgte, und im nächsten Augenblick erbrach sie sich in die Schüssel neben ihrem Bett. Binnen Sekunden war eine Schwester neben ihr und hielt ihr den Kopf. Der Kommissar verschwand.

Als sie ein wenig später flach auf dem Rücken lag, Jack ihre Hand hielt und im Zimmer nichts mehr zu hören war außer ihrem Atem, überlegte sie, wieso sie noch am Leben sei, obwohl alles in ihrem Innern abgestorben schien.

Die Journalisten warteten vor dem Krankenhaus auf sie. Wie harte, flinke Kieselsteine schleuderten sie Gail ihre Fragen entgegen, bedrängten sie mit ihren Körpern und mit ihren Kameras.

»Haben Sie irgendeinen Verdacht?«

»Hat die Polizei Ihnen einen Hinweis darauf gegeben, in welche Richtung ihr Verdacht geht?«

»Gibt's Indizien oder Spuren?«

Wie im Fernsehen, dachte sie und schwieg.

»Wie stehen Sie zur Todesstrafe?«

Jemand antwortete. Später hörte sie in den Nachrichten erstaunt, daß sie selbst es gewesen war, die den Reportern erklärte, sie sei weder blutrünstig noch rachsüchtig, sondern wünsche lediglich, daß der Mörder gefaßt werde. Sie habe vollstes Vertrauen in die Arbeit der Polizei.

Woher hatte ich bloß die Kraft, das zu sagen, überlegte sie.

Sie saßen im Fond des Polizeiwagens, der sie nach Hause brachte. Jack blickte starr hinaus auf die Straße. Er ließ ihre Hand nicht los. Lieutenant Cole saß vorn neben dem Fahrer.

»Ich möchte Sie warnen«, sagte er über die Schulter. »Vermutlich warten vor Ihrem Haus noch mehr Reporter auf Sie.«

Gail nickte schweigend. In Gedanken memorierte sie den Autopsiebefund.

Während sie mit der Vorstellung kämpfte, wie man ihr schönes Kind im Dienste der Wahrheitsfindung seziert hatte, erklärte ihr die Polizei, daß Cindy Walton am dreißigsten April gegen fünfzehn Uhr dreißig von einem unbekannten Täter sexuell mißbraucht und anschließend mit den Händen erdrosselt worden sei; im wesentlichen die gleiche Information, die ihr der Kommissar gegeben hatte, als er noch gar nichts zu wissen glaubte. Nach zwei Tagen war die Polizei ungeachtet aller gegenteiligen Beteuerungen keinen Schritt weitergekommen, hatte noch keine Chance wahrgenommen, den Mörder zu fassen. Man hatte lediglich die Bestätigung dessen erbracht, was alle Beteiligten von Anfang an wußten. Aber der Körper ihrer kleinen Tochter hatte unter dem Messer des Gerichtsmediziners eine weitere Schmach erlitten, die Spur des Mörders war um zwei Tage älter, und entgegen ihrer Stellungnahme vor der Presse war Gail sich ganz und gar nicht sicher, daß man den Täter fassen würde. Der Umstand, daß die beiden Hauptverdächtigen Menschen waren, von deren Unschuld sie überzeugt war, stärkte nicht gerade ihr Vertrauen in die Fähigkeiten der Polizei. Die werden den Mörder nie finden, ging es ihr durch den Kopf, während sie den Blick auf Lieutenant Coles straffe Schultern gerichtet hielt.

Er ist ein netter Kerl; er meint's gut; er scheint uns wirklich helfen zu wollen. Aber für ihn ist Cindy eben doch bloß ein Fall. Und das ist sie auch für alle anderen, ein trauriges, ja tragisches Ereignis, gewiß, aber kein ungewöhnliches in der heutigen Zeit. Ihr Tod hat die Leute vielleicht berührt, aber ihr Leben hat er nicht verändert. Die Polizei wird tun, was in ihren Kräften steht, aber wenn man's genau betrachtet: was können sie schon tun? Sie wußte aus der Presse, daß die Spur eines Mörders nach ein paar Tagen so gut wie verwischt ist. Gail hatte Grund zu der Annahme, daß die Polizei den Täter nicht mehr fassen würde, wenn es ihr bis jetzt nicht gelungen war, ihn zu stellen.

Der Mörder ihrer Tochter war entkommen und bewegte sich frei auf den Straßen der Stadt. Dieser Gedanke zerriß den Nebelschleier, den das zuletzt verabreichte Beruhigungsmittel über ihr Gehirn gebreitet hatte. Das ist die schlimmste Erniedrigung, dachte sie. Aber ich darf es nicht erlauben, niemals! Und in ihrem Kopf formte sich ein Plan: Wenn die Polizei den Mörder ihrer Tochter nicht finden konnte, dann mußte sie es selbst tun.

Gail war nicht sonderlich überrascht von dieser Erkenntnis. Es schien, als habe ihr Unterbewußtsein von Anfang an eine solche Absicht gehegt. Es war im Grunde ganz einfach: Sie würde den Tod ihrer Tochter rächen und den Mörder seiner gerechten Strafe zuführen. Sie würde nicht länger die hilflose Marionette bleiben, als die sie sich in ihren Alpträumen erschienen war.

Aber zuvor werde ich der Polizei eine Chance geben.

Gail lehnte sich an Jack, ließ ihren Körper ausruhen, um neue Kraft zu schöpfen. Sie blickte aus dem Fenster.

Ich werde ihnen sechzig Tage geben, entschied sie.

IV.

Ihre Familie empfing sie an der Haustür – mit Gesichtern, die an die düsteren Menschendarstellungen auf den Holzschnitten von Edvard Munch erinnerten, Gesichter, aus denen jede Farbe gewichen war und die in unbewältigtem Schmerz erstarrten.

»Mom!« Gail taumelte in die Arme ihrer Mutter. Ihre zitternden Körper preßten sich haltsuchend aneinander.

»Mein Liebling!« Gail hörte ihre Mutter schluchzen, doch dann fühlte sie sich von starken Armen fortgezogen.

»Daddy«, seufzte sie. Ihr Vater, ein stattlicher Mann mit sonnengebräuntem Gesicht, preßte sie fest an seine Brust und vergrub den Kopf an ihrer Schulter. Er sagte nichts, aber sie spürte am Gewicht seines Körpers, daß sie ihn genauso stützte wie er sie.

»Wie furchtbar«, murmelte er. »Unsere süße kleine Cindy.« Gail versuchte vergeblich, den Kopf zu bewegen. Ihr Vater hielt sie mit eisernem Griff umklammert. Auf einmal kam sie sich vor wie in einer Zwangsjacke, mit seitlich festgepreßten Armen und unfähig, sich zu rühren. Als sie versuchte, sich zu befreien, schienen die Arme ihres Vaters sich nur noch fester um sie zu schließen. Sie fühlte sich wie ein hilfloses Tier, das langsam von einer Python getötet wird. Bei jedem verzweifelten Atemzug ihres Opfers wand die Riesenschlange sich fester um ihre Beute. Gail bekam keine Luft mehr. Er würgte sie, erdrosselte sie, preßte das Leben aus ihrem matten Körper. Mein Gott, Cindy, war es so? schrie es in ihrem Herzen. Dann riß sie sich mit Gewalt aus den Armen ihres Vaters. Verwirrt starrte er sie an. Schließlich sagte er eindringlich: »Sie werden ihn schon kriegen. Und wenn wir Glück haben, erschießt einer den Dreckskerl. Jawohl, man sollte das Schwein erschießen.«

»Aber Dave.« Die mahnende Stimme ihrer Mutter.

»Sie werden ihn finden«, wiederholte ihr Vater unbeirrt.

»Aber wenn ich's mir recht überlege, ist erschießen zu gnädig für so einen. Dasselbe gilt für die Gaskammer oder den elektri-

34

schen Stuhl. Diese Bestie sollte man langsam töten. Man müßte ihm die Eier abschneiden und ihm die Eingeweide mit bloßen Händen aus dem Leib reißen. Ich wäre dazu imstande. Das weiß ich genau!« Seine Stimme versagte. Kraftlos ließ er sich in einen Sessel fallen.

»Grausamkeit bringt uns unsere Cindy auch nicht zurück.« Gails Mutter nahm ihre Tochter tröstend in die Arme.

»Zumindest könnte dieses Schwein seine Tat nicht wiederholen«, schnaubte Gails Vater. »Und seine Visage wäre für immer von dieser Erde verbannt.«

»Ich bin ganz deiner Meinung, Dad.« Die Stimme kam aus der hinteren Ecke des Zimmers. Gail blickte über die Schulter ihrer Mutter in das Gesicht ihrer jüngeren Schwester Carol. Wie bleich und schmal sie war! Die Geschwister fielen sich in die Arme.

»Gail, o Gail, es ist so furchtbar«, schluchzte Carol.

»Carol, daß du da bist!« Gail spürte, wie ihre Glieder taub wurden. Ihre Beine versagten den Dienst. »Ich muß mich setzen«, sagte sie gerade noch rechtzeitig, ehe sie wegsackte. Arme umfingen sie und führten sie zum Sofa, wo emsige Hände ihr Kissen unterschoben und ihren Kopf gegen die Lehne betteten. Als sie wieder zu sich kam, saß sie zwischen Mutter und Schwester. Im Ohrensessel gegenüber dem Sofa erblickte sie ihren Vater. Er hatte das Gesicht in den Händen vergraben.

Jack stand immer noch am Fenster. Er schien unfähig, sich zu rühren. Er hat niemanden, der ihn trösten könnte, dachte Gail. Sein Vater war tot, und seine Mutter, mit der Gail ein herzliches, wenn auch nicht sonderlich enges Verhältnis verband, mußte erst noch gefunden werden. Jack war ein Einzelkind, und jetzt stand er ganz allein. Er hat niemanden außer mir, schoß es Gail durch den Kopf. Sie rutschte zur Seite und streckte die Hand nach ihm aus. Jack setzte sich bereitwillig zwischen sie und ihre Schwester. Aber dann waren es *seine* Arme, die sie umfingen und trösteten. Typisch Jack, dachte Gail und lehnte ihren Kopf an seine Brust.

Reglos und schweigend saßen sie da. Es gab ja auch nichts zu sagen. Der Fremde im Gebüsch hatte das letzte Wort gehabt.

Es klopfte zaghaft. Lieutenant Cole, den Gail bisher gar nicht bemerkt hatte, öffnete die Tür. Jennifer kam hereingelaufen, und Gail erhob sich gerade noch rechtzeitig, um das Mädchen aufzufangen, das weinend in ihren Armen zusammenbrach. Gail bedeckte die nassen Wangen ihrer Tochter mit Küssen. Dann merkte sie, daß Jennifer nicht allein gekommen war. Mark und Julie, Gails Exmann und seine Frau, sowie Jennifers Freund Eddie hatten ihre Tochter begleitet. Mark und Eddie, dachte Gail mit einem Blick auf den Kommissar. Seine beiden Hauptverdächtigen.

Mark und Julie traten zu ihr, und Mark nahm sie wie selbstverständlich in die Arme. Ich hatte ganz vergessen, daß er soviel größer ist als Jack, dachte Gail. Doch schon nach wenigen Augenblicken spürte sie die gleiche Atemnot, die sie in den Armen ihres Vaters empfunden hatte. Sie machte sich los und wandte sich Julie zu. In ihrer Umarmung fühlte sie sich wohler.

»Wenn wir irgendwie helfen können«, sagte Julie, »dann bitte, laß es uns wissen. Wenn du möchtest, daß Jennifer noch eine Weile bei uns bleibt...«

»Ich danke euch, aber ich glaube, im Augenblick gehört sie nach Hause. Trotzdem, vielen Dank für alles.«

»Hat die Polizei schon was herausgefunden?« Julie blickte sich nach Lieutenant Cole um.

»Die Polizei glaubt, Mark hätt's getan.« Gail lachte, und alle blickten sie verstört an. War das Lachen wirklich so laut gewesen, wie es in ihren Ohren widerhallte?

Gail wandte sich Jennifers Freund zu. »Und wenn Mark es nicht war, dann du, Duane – sagt die Polizei.« Warum sehen mich auf einmal alle so komisch an? In Gedanken wiederholte Gail ihre Worte. »Ach, Eddie«, korrigierte sie sich eilig. Sie mußte über ihren Irrtum lachen. Ich hab' gar nicht gewußt, daß unbewußte Assoziationen so lustig sein können, dachte sie. Lieutenant Cole scheint sich gar nicht wohl zu fühlen in seiner Haut. Ob er den Witz verstanden hat, der in meinem Fehler steckte? Oder ist er noch zu jung, um sich an die Zeit zu erinnern, als der Rock 'n' Roll seinen Siegeszug antrat?

Sie wußte nicht, wer sie zurück zum Sofa führte, ihr die Beine hochlegte und ein Kissen unter den Kopf schob. Jemand breitete eine Decke über sie. Man gab ihr ein Glas Wasser. Sie hörte, wie die Haustür sich öffnete und schloß. Es war jemand gegangen, doch ihre Lider waren so schwer, daß sie die Augen nicht öffnen konnte, um zu sehen, wer noch bei ihr war. Sie ließ sich von der Müdigkeit einhüllen, die während der letzten Tage wie ein drohendes Monster in ihren Muskeln gelauert hatte. Ehe sie in bleiernen Schlaf fiel, sah sie als letztes ihren sonnengebräunten Vater vor sich, wie er zusammengesunken in seinem Sessel hockte und zehn Jahre älter wirkte, als sie ihn vom letzten Sommer her in Erinnerung hatte.

Stimmen drangen an ihr Ohr, und sie schlug die Augen auf.

»Hallo«, flüsterte ihre Freundin Laura. Sie versuchte zu lächeln. »Wie fühlst du dich?«

Gail richtete sich auf, schob die Decke weg und setzte die Füße auf den Boden. »Wie spät ist es?« fragte sie. Draußen war es inzwischen dunkel geworden. Ihre Eltern, ihre Schwester und Jennifer waren nicht mehr im Zimmer. Auch der Kommissar war verschwunden. Sie fragte sich, ob sie wohl nur geträumt habe, daß all diese Leute hier in ihrem Wohnzimmer seien.

»So gegen acht«, sagte Jack. »Lieutenant Cole ist schon vor 'ner Weile gegangen. Die andern hab' ich zum Abendessen in ein Restaurant geschickt.«

»Sind die Blumen von Nancy?« fragte Gail mit einem Blick auf das riesige Bukett aus Rosen und Nelken auf dem Teetisch. Jack nickte.

»Bist du in Ordnung?« fragte Laura.

Gail atmete tief durch. »Ich weiß nicht recht. Ich fühl' mich wie erstarrt. Wahrscheinlich kommt das von all den Medikamenten, die sie mir gegeben haben.«

»Und vom Schock«, meinte Laura.

Gail nickte schweigend. Ihr Blick irrte ziellos umher und blieb schließlich auf den Blumen haften. Rote Rosen, rosa Nelken.

»Rosa war Cindys Lieblingsfarbe.«

Laura schaute zu Boden. »Meine auch, als ich noch klein war.«

»Wirklich? Genau wie bei mir.« Ein zaghaftes Lächeln spielte um Gails Mundwinkel. »Wahrscheinlich ist es die Lieblingsfarbe aller kleinen Mädchen.«

Die Unterhaltung stockte; das Lächeln verschwand.

»Ist Nancy hier gewesen?« Gails Gedanken wanderten zurück zu den Blumen.

Jack schüttelte den Kopf.

»Du darfst nicht zuviel von Nancy erwarten«, mahnte Laura sanft.

Gail mußte beinahe lachen. »Ich hab' nie viel von Nancy erwartet. Nancy ist eben Nancy. Jeder muß auf seine Weise mit dem Schmerz fertig werden.«

Lauras Miene wurde ernst. »Wie wirst du denn damit fertig?«

»Ich weiß nicht.« Gail schüttelte nachdenklich den Kopf, erst langsam, und dann immer schneller. Plötzlich zog Laura sie in ihre Arme, legte ihr die Hand auf den Nacken und zwang sie mit sanfter Gewalt, den Kopf stillzuhalten. Gails Stirn lehnte an Lauras weicher Baumwollbluse.

»Laß ihn raus«, flüsterte Laura. »Verschließ deinen Schmerz nicht in dir.«

»Ich kann nicht.« Panik schwang in Gails Stimme mit. »Ich weiß nicht mal genau, was ich empfinde. In mir streiten so viele Gefühle miteinander.«

»Welche? Sag's mir.«

Gails Blick glitt suchend durchs Zimmer, so als wolle sie die richtigen Begriffe von den Wänden ablesen. »Ich weiß nicht«, wiederholte sie nach einer Weile hilflos. »Wut, glaub' ich.«

»Gut«, erwiderte Laura. »Du solltest wütend sein. Du hast jedes Recht dazu. Das ist gesund. Sei so wütend, wie's dir paßt.«

»Aber ich bin auch böse auf *mich*...«

»Nein!« unterbrach Laura sie entschieden. »Gegen dich selbst empfindest du keinen Zorn. Das sind Schuldgefühle. Aber untersteh dich, dir die Schuld zu geben. Hörst du? Du hast dir nicht das geringste vorzuwerfen. Gail, sieh mich an! Schuldgefühle sind völlig sinnlos. Damit erreicht man gar nichts. Außerdem hast du keinen Grund, dir Vorwürfe zu machen.«

»Du verstehst das nicht«, stammelte Gail. »Aber ich bin mitschuldig.«

»Unsinn! Du hast nichts...«

»Hör mir zu«, bat Gail, und Laura schwieg. »Ich bin ausgegangen. Zusammen mit Nancy. Ich war nicht rechtzeitig zu Hause.«

»Um Himmels willen, Gail, jede Mutter hat das Recht, ab und zu auszugehen. Außerdem hätte es nicht das geringste geändert, wenn du daheimgeblieben wärst.«

»O doch!« Gail nickte heftig. »Wenn ich nicht fortgegangen wäre, hätte mich Mrs. Hewitts Kindermädchen erreicht, als sie mir ausrichten wollte, daß sie Linda vorzeitig abgeholt hat. Dann wäre ich bei Unterrichtsschluß vor der Schule gewesen und hätte auf Cindy gewartet. Wir wären zusammen nach Hause gegangen. Ihr wäre nichts geschehen. Sie wäre noch am Leben, wenn ich nur daheimgeblieben wäre. Aber ich war nicht da. O Gott, es ist alles meine Schuld!«

Lauras Stimme klang auf einmal hart und streng. Ihre Arme hielten Gail nicht mehr tröstend, sondern fordernd umfangen. Ihre Finger bohrten sich in Gails Rücken. »Jetzt hör mir mal zu! Hör mir gut zu, damit du jedes Wort behältst, das ich dir jetzt sagen werde, und es dir ins Gedächtnis zurückrufen kannst, wann immer du wieder solche Gedanken hegst. An dem, was passiert ist, trifft dich keine Schuld. Es gibt nicht das geringste, was du hättest tun können, um das Unglück abzuwenden. Wenn, wenn, wenn! Es gibt kein gefährlicheres Wort in unserer Sprache als dieses ›wenn‹. *Wenn* ich dies nicht getan hätte, *wenn* ich doch nur jenes getan hätte. Du hast's eben nicht getan. Und daran kannst du, verdammt noch mal, nichts ändern. Mit diesem ewigen ›wenn‹ machst du dich höchstens verrückt. Hast du mich verstanden?«

Gail strich ihrer Freundin über das weiche, blonde Haar. »Ja«, flüsterte sie beruhigend. »Ich danke dir für alles.«

Sie schrak zusammen, als plötzlich Mike, Lauras Mann, neben sie trat. Sie hatte ihn bisher nicht bemerkt. »Ich glaub', wir sollten jetzt gehen«, mahnte er freundlich. »Gail braucht Ruhe.«

»Ich hab' in den letzten Tagen nichts anderes getan, als mich ausgeruht.«

»Möchtest du, daß wir bleiben?« fragte Laura.

Gail schüttelte den Kopf. »Nein, geht nur. Mike hat recht. Obwohl ich so viel geschlafen hab', bin ich müde.«

Laura beugte sich über sie und küßte sie auf die Wange. Dann trat sie zur Seite, um ihrem Mann Platz zu machen. Gail spürte Mikes warmen Atem, als seine Lippen ihr Haar berührten. Im Geist sah sie einen Mann hinter einem Gebüsch. Sein geiler Mund streifte die Wange ihres Kindes. Gail schrak unwillkürlich zurück, und ein Schauer fuhr ihr den Rücken hinunter. Mike strich ihr sanft über die Wange. Gail wußte, daß seine Hand ihr Trost spenden wollte, doch seine Finger brannten wie glühende Eisen auf ihrer Haut, und als er die Hand zurückzog, da fühlte sie sich gedemütigt und verletzt. »Paß gut auf dich auf.« Mike stutzte und fügte hinzu: »Ich hab' grad gemerkt, was für 'ne leere Floskel das ist.«

Jack brachte Laura und Mike zur Tür, als das Telefon läutete. Gail versuchte sich aufzurichten, doch Jack war schneller. Er stürzte ins Zimmer und hob beim vierten Klingeln ab.

»Nancy ist dran«, sagte er und hielt die Hand über die Muschel. »Willst du mit ihr sprechen?«

Gail nickte, stand auf und nahm den Hörer entgegen. Sie freute sich darauf, Nancys Stimme zu hören.

»Wie geht es dir?« fragte Nancy. »Mein Gott, als ich's in den Nachrichten hörte, konnt' ich's zuerst einfach nicht glauben. Mir war so elend! Geht's dir einigermaßen? Du Ärmste mußt

40

ja völlig am Boden sein. Allein der Gedanke daran, daß wir einkaufen waren, als es passierte... Ich hab' irgendwie das Gefühl, an allem schuld zu sein... So als wär' das Ganze mein
Fehler...«

»Sie nicht albern, Nancy.« Gail versuchte die Freundin mit
dem gleichen Argument zu trösten, das ihr Laura vor ein paar
Minuten entgegengehalten hatte. »Dich trifft doch nun wirklich keine Schuld!«

»Nein, nein, und im Grunde weiß ich das ja auch...« Gail bewunderte die Geschicklichkeit, mit der Nancy im Handumdrehen die eigene Person zum Gesprächsthema gemacht hatte. Sie
kann sich unmöglich vorstellen, was ich durchmache, dachte
sie. Ihre beiden Kinder haben kaum Kontakt mit ihr. Als sie
noch klein waren, hat sie die zwei kaum beachtet, und als sie
nach der Scheidung bei ihrem Vater leben wollten, da hat
Nancy sie als undankbar verstoßen. Jedesmal, wenn ich in ihrer
Gegenwart den Fehler mache, von meinen Töchtern zu schwärmen, zeigt sie dieses wissende Lächeln und sagt: »Wart's nur
ab, bis sie 'n bißchen älter sind, dann trampeln sie dir auf'm
Kopf rum. Du wirst's schon noch erleben!« Wie sollte ausgerechnet Nancy verstehen, was in mir vorgeht? Ob überhaupt
jemand begreift, was ich empfinde?

»Ich danke dir für die Blumen«, sagte Gail aufrichtig. »Es war
wirklich rührend von dir, mir zwei so schöne Sträuße zu schik-
ken.«

»Sind sie wirklich schön?« Nancys Stimme klang plötzlich unsicher. »Ich wußte nicht recht, was ich dir schenken sollte. Eigentlich war ich mir gar nicht sicher, ob du Blumen passend
finden würdest...«

»Rosa war Cindys Lieblingsfarbe«, sagte Gail aus dem Wunsch
heraus, etwas von ihrem Kind mit ihrer Freundin zu teilen.

Ein unbehagliches Schweigen folgte.

»Wir sollten wohl besser Schluß machen, damit du dich ausruhen kannst«, meinte Nancy schließlich. »Ich ruf' dich morgen

wieder an. Oder nein, vielleicht solltest *du mich* anrufen. Dann brauch' ich keine Angst zu haben, daß ich störe oder dich bei irgendwas Wichtigem unterbreche. Machst du das, Gail?«
»Bitte?«
»Rufst du mich morgen an, wenn du 'n Moment Zeit hast?«
»Ja, sicher«, antwortete Gail mit klangloser Stimme.
»Versprichst du's mir?«
Mami, wenn wir sterben, können wir's dann zusammen tun? Hältst du mich dabei an der Hand? Versprichst du's mir?
»Ich versprech's dir«, sagte Gail und legte auf.

In dieser Nacht träumte Gail, sie und Cindy bestiegen einen überfüllten Bus. Es schien immer enger zu werden, je weiter sie sich zur Mitte zwängten. Der Bus hatte keine Sitze, deshalb mußten sie stehen, eingezwängt zwischen unzählige schwitzende Leiber. Nach ein paar Minuten schien die Luft dünner zu werden. Der Mann hinter ihr wurde scheinbar ohnmächtig, aber weil die Leute wie in einer Sardinenbüchse zusammengepfercht waren, fiel er nicht um. Gail mußte sein Gewicht tragen. Sein Kinn bohrte sich in ihren Nacken. Aber sie spürte keinen Atemhauch. Daran erkannte sie, daß der Mann tot war. Plötzlich öffneten sich die Türen, die Menge strömte nach draußen und riß Cindy mit sich fort. Gail suchte vergeblich nach ihrem Kind, ihre tastenden Hände griffen ins Leere. Auf einmal fand sie sich am Eingang zum Memorial Park wieder. Sie war jetzt ganz allein. Außer sich vor Angst rannte sie durch die Anlagen. Aber sie sah und hörte niemanden. Dann bog sie um eine Ecke und war plötzlich im Kaufhaus Bloomingdale in Short Hills. Hier traf sie die Leute aus dem Bus wieder, die wahllos alles kauften, was ihnen vor die Augen kam.
Gail spähte über die Köpfe der Menge hinweg auf einen jungen Mann, der zu einem Gebüsch lief. Er trug eine Bloomingdale-Tüte, die sich zu bewegen schien. Entsetzt erkannte Gail, daß Cindy in dieser Plastiktüte steckte. Verzweifelt bahnte sie sich einen Weg durch die Menge. »Kann ich Ihnen helfen?« fragte

eine Verkäuferin. Sie trat vor und faßte nach Gails Arm. Gail stieß sie zurück. Die Frau rief um Hilfe, aber Gail drängte sich unbeirrt weiter durchs Gewühl. Als sie sich endlich durch die Menge gezwängt hatte, war der junge Mann im Gebüsch verschwunden. Gail rannte hin, konnte aber nichts entdecken. Sie wirbelte herum. Die Menge war wie weggezaubert. Gail war ganz allein. Sie hörte ein Geräusch und wandte sich um, aber hinter ihr war niemand. Doch dann sah sie etwas am Boden liegen, halb im Schlamm vergraben. Sie machte einen Satz, riß die Bloomingdale-Tüte an sich und machte sie auf. Im selben Augenblick ertönte aus dem Gebüsch ein seltsames Männerlachen. Die Sträucher schlossen sich um sie. Fieberhaft zerrte sie ein Päckchen aus der Plastiktüte, warf sie fort und starrte auf das zerfetzte Etwas in ihren Händen.

Ein Kinderkleid aus rotem Samt.

Sie erwachte von ihrem eigenen Schrei.

»Alles klar«, hörte sie Jack draußen vor der Schlafzimmertür zu ihren Eltern sagen. »Sie hat schlecht geträumt, aber jetzt ist's wieder gut.«

Jack kam zurück ins Bett und nahm sie in die Arme. »Ist's wirklich wieder gut?« fragte er leise.

Gail nickte und schmiegte sich fester an ihn. Sie machte die Augen ganz weit auf, so als könne sie damit die Traumbilder fernhalten.

»Möchtest du 'ne Schlaftablette?«

»Nein, bloß keine Tabletten mehr.« Sie spürte, wie die Wärme seines Körpers sie durchströmte, bis sie aufhörte zu zittern.

»Hab' ich dich geweckt?«

»Nein. Ich hab' nicht geschlafen.«

»Vielleicht solltest *du* 'ne Tablette nehmen? Wie spät ist es?« Jack beugte sich vor und sah nach dem Wecker auf seinem Nachttisch. »Halb vier«, sagte er.

»Halb vier«, wiederholte Gail und wußte, daß auch er die Bedeutung dieser Stunde erkannt hatte. Cindy war gegen halb vier ermordet worden.

Jack schloß die Augen, und Gail betrachtete nachdenklich seine buschigen Brauen. Welches Grauen mußten deine Augen erdulden, als du gezwungen warst, den toten Körper unseres Kindes zu identifizieren? Wie hat sie ausgesehen, unsere Cindy? wollte Gail ihn fragen. Aber sie blieb stumm, weil sie sich vor der Antwort fürchtete.

Sie rückte noch enger an ihren Mann heran, so als könne sie dadurch die Distanz überwinden, die auf einmal zwischen ihnen bestand. Sie erkannte, daß jeder von ihnen sein Leid allein tragen mußte. All die Jahre der Vertrautheit können daran nichts ändern, dachte sie. Der Tod fordert Einsamkeit.

Sie hörte, wie ihre Eltern sich im Gästezimmer leise unterhielten. Die Besorgnis in ihren Stimmen war selbst durch die Wände erkennbar. In Gedanken lag sie wieder daheim in ihrem Kinderbett, lauschte der gedämpften Unterhaltung der Eltern, versuchte, ihre Worte zu erraten und herauszubekommen, worüber sie wohl so lachten. Jetzt lacht niemand mehr, dachte Gail.

Trotzdem empfand sie die Stimmen ihrer Eltern als wohltuend. Sie führten sie im Geiste zurück in ihre Kindheit und schenkten ihr die Illusion der Geborgenheit.

V.

Sie war in einem Haus voller Musik aufgewachsen. Ihr Vater hatte den ganzen Tag gesungen. Gails Erinnerungen an ihre früheste Kindheit kreisten um den Vater, der ihr mit seinem volltönenden Bariton unzählige Lieder vorsang. Dave Harrington war ein richtiger Opernnarr. All seine Bekannten beneideten ihn um seine Schallplattensammlung, die mindestens drei Einspielungen aller großer Klassiker umfaßte. In einem Alter, in dem andere Kinder »Hänschenklein« singen, mühten Gail und Carol sich mit den schwierigen Arien aus »Aida« und »La Bohème« ab. Während andere Kinder vor dem Schlafengehen aus Grimms Märchen vorgelesen bekamen, gingen die beiden Schwestern zu den Klängen von »Hoffmanns Erzählungen« und »La Traviata« zu Bett.

Die Familie Harrington inszenierte zu Hause Miniopernaufführungen, bei denen der Vater stets den feurigen Liebhaber spielte, dem Carol als unglückliche Geliebte zur Seite stand. Lila Harrington, die sich eine große Tänzerin wähnte, spielte vielerlei Rollen, trug aber in fast allen lange, wehende Chiffonschals, von denen sie eine Unmenge zu besitzen schien.

Gail begleitete Eltern und Schwester am Klavier. In der Schule verriet sie kein Wort über diese Privatveranstaltungen. Wie alle Kinder genierte auch sie sich wegen der vermeintlichen Schrullen ihrer Eltern. Sie wollte ein ganz gewöhnliches Mädchen sein, so wie die anderen Kinder, deren Eltern nicht unvermittelt eine Arie anstimmten, während sie die Hausaufgaben erklärten. Carol war da ganz anders. Sie ergötzte sich an den Familienvorstellungen, bekam die Hauptrolle in jeder Schulaufführung und wollte unbedingt Schauspielerin werden. Zehn Jahre kämpfte sie nun schon darum, sich am Broadway einen Namen zu machen.

Gail hatte die Grundschule schon fast hinter sich, als sie erfuhr, daß ihr Vater nicht Opernsänger war, wie sie angenommen und ins Klassenbuch hatte eintragen lassen, sondern Kürschner. Die Neuigkeit versetzte ihr einen Schock. Für eine Weile war sie so verunsichert, daß sie selbst dann lange zögerte, wenn sie die Antwort auf eine Frage genau kannte. Gail, die schon als Kind sehr empfindsam und ein wenig ängstlich gewesen war, wuchs zu einem auffallend schüchternen jungen Mädchen heran. Diese Entwicklung mochte zwar als Reaktion auf ihre extrovertierte Familie gedeutet werden, doch vermutlich war Gail einfach von Natur aus zurückhaltend.

Carol war das genaue Gegenteil ihrer Schwester. Gail war in sich gekehrt, Carol aufgeschlossen; Gail hielt sich unauffällig im Hintergrund, Carol heckte die übermütigsten Streiche aus; Gail vermied Auseinandersetzungen, Carol dagegen war ausgesprochen streitlustig. Sie war ein kleiner Panzer, der alles und jeden niederwalzte, der sich ihr in den Weg stellte. Freilich machte sie das auf so bezaubernde Weise, daß niemand ihr böse sein konnte, am allerwenigsten Gail, die ihre jüngere Schwester anbetete und bewunderte. Carol erwiderte ihre Liebe, und obwohl sie fast vier Jahre jünger war als Gail, beschützte sie ihre große Schwester, paßte auf sie auf und sorgte dafür, daß sie bei all dem Trubel in der Familie zu ihrem Recht kam.

Dave Harrington sang nicht nur, er war auch ein begeisterter Maler, und ab und zu machte er die verrücktesten Erfindungen. Zu Hause im Hobbyraum hingen seine zahlreichen expressionistischen, exotisch anmutenden Kunstwerke. Gail traute sich nicht, ihre Freunde dort hineinzuführen, aus Angst, sie könnten beim Anblick der zahlreichen grünen und lilafarbenen Gesichter gleich wieder davonlaufen. Als sie einmal den Mann vom Heizwerk in den Keller führen mußte, wo er den Ölstand überprüfen sollte, stolperte er über einen großen Frauenakt in leuchtendem Pink und Orange. Die Frau auf dem Bild kehrte dem Betrachter den Rücken zu. Ihr üppiges Hinterteil schwebte über einem Eimer voll Wasser, in das sie den rechten Fuß getaucht hatte.

Der Heizungsmann hatte von dem farbenfrohen Akt auf Gails feuerrotes Gesicht geblickt und mit lüsternem Zwinkern gefragt: »Bist du das?« Viel später gestand ihre Mutter, sie habe für das Bild Modell gestanden, und für einen zweiten Akt ebenfalls. Letzterer stellte eine Rothaarige dar (Gails Mutter war rotblond), die sich mit wogendem Busen vor einem leuchtend grünen Hintergrund rekelte. Ein purpurfarbenes Hündchen war diskret in ihrem Schoß plaziert. Eins seiner langen Schlappohren zeigte himmelwärts.

Im Vergleich mit Dave Harringtons Erfindungen waren seine Gemälde freilich ganz harmlos. Zu seinen zahlreichen genialen Einfällen gehörten ein Keuschheitsgürtel für Hunde, ein Schirm, der sich am Hut befestigen ließ, damit seinem Träger die Hände frei blieben für Tüten und Päckchen, und eine Sonnenbrille mit eingebauten Augenwimpern. Er nahm allen Familienmitgliedern den Eid ab, über seine Erfindungen absolutes Stillschweigen zu bewahren, was in Gails Fall freilich völlig überflüssig war. Sie wäre lieber gestorben, als eins von Daddys Geheimnissen ihren Freundinnen anzuvertrauen, die alle so beneidenswert normale Väter hatten.

Erst als Gail nach der Scheidung von Mark Gallagher gezwungen war, ihre kleine Tochter Jennifer bei ihren Eltern zu lassen, damit sie ihrer Arbeit in der Bank nachgehen konnte, begriff sie, was für großartige Eltern sie hatte. Aber da war ihr Leben mit Mark schon vorbei. Begonnen hatte es mit einer ganz zufälligen Begegnung...

»Ich bin Mark Gallagher.« Diese selbstbewußte Stimme gehörte einem Mann, der offenbar wußte, was er wollte. Gail hatte von ihrem Lehrbuch zu ihm aufgesehen, und der hübsche, wenn auch ein wenig mürrisch wirkende Kunststudent der Universität Boston erwiderte ihren forschenden Blick.

»Ich weiß«, sagte sie schüchtern. Ihr Instinkt riet ihr, aufzustehen und wegzulaufen, aber ihre Neugier befahl ihr zu bleiben.

»Sie kennen mich?« Er setzte sich neben sie auf die Bank. Es war ein herrlicher Oktobertag, die Bäume leuchteten in warmen Rot- und Gelbtönen. »Aber woher denn?« Sie schwieg.

»Wie alt sind Sie?« fragte er. »Sehr alt können Sie nicht sein.«

»Ich bin neunzehn.« Es klang wie eine Verteidigung.

»Wie heißen Sie?«

»Gail. Gail Harrington.« Sie zwang sich, ihm direkt in die Augen zu schauen, verlor den Kampf und senkte den Blick auf ihren Schoß.

»Wovor haben Sie denn solche Angst, Gail?« In seinen Augen blitzte übermütiger Spott. »Sie fürchten sich doch nicht etwa vor mir?«

»Nein«, erwiderte Gail erschrocken.

»Möchten Sie mit zu mir kommen und sich meine Radierungen anschauen?« Er lachte auf.

»Danke, aber ich seh' daheim schon genug Radierungen«, antwortete sie mit ernstem Gesicht.

»Ach?«

»Mein Vater ist Maler.« Gail überlegte, warum sie das gesagt hatte. Nie zuvor hatte sie mit einem Menschen darüber gesprochen.

»Hat er Sie schon mal gemalt?«

Gail schüttelte den Kopf.

»Ich würd' Sie gern malen.«

»Warum?«

»Weil Sie etwas sehr Anziehendes haben. Sie strahlen eine seltene Ruhe aus. Die würd' ich gern auf die Leinwand bannen.«

»Ich glaub', daraus wird nichts.«

»Warum nicht?«

»Weil...«

»Weil was?«

»Warum wollen Sie ausgerechnet *mich* malen?«

»Das hab' ich doch schon gesagt. Interessanter scheint mir die Frage, was Sie dagegen haben.«

»Ich kenne Sie nicht.«

»Und wen Sie nicht kennen, den mögen Sie nicht?«

»Ich glaube nicht, daß ich Ihr Typ bin. Das ist alles.«

»Wer hat was von Typ gesagt? Ich will doch nicht mit Ihnen ins Bett gehen. Ich möchte Sie bloß malen.« Er machte eine Pause, um die Wirkung seiner Worte zu unterstreichen. »Für so 'n schüchternes Mädchen sind Sie ganz schön eingebildet.«

Gail schüttelte den Kopf. Sie hatte jetzt völlig die Fassung verloren. Sie hoffte, er würde aufstehen und gehen, betete jedoch gleichzeitig, er möge bleiben. »Einverstanden«, sagte sie, als sie merkte, daß er entschlossen war, das Schweigen nicht zu brechen. »Einverstanden«, wiederholte sie und nickte. »Ich bin einverstanden.«

Mark Gallagher hatte Gail überwältigt und eingeschüchtert. Schon als sie zum erstenmal neben ihm die Straße entlangging, spürte sie, wie gefährlich dieser Mann war. Er strahlte eine elektrisierende Kraft aus, die sich am augenfälligsten in seinen Bildern manifestierte. Er malte wildbewegte Strudel in grellen Farben. Während den primitiven, fast kindlich anmutenden Werken ihres Vaters eine harmonische Ausgewogenheit innewohnte, zeigten Marks Bilder keine Struktur; sie gehorchten weder Stilprinzipien noch Kompositionsgesetzen. Die Farben flossen ineinander, das Zusammenspiel der Töne wirkte auf den unbefangenen Betrachter erschreckend, ja bestürzend, denn ständig fanden sich benachbarte Farben im Widerstreit miteinander. Es schien fast so, als wolle Mark Gallagher verhindern, daß seine Bilder so gut wurden, wie sie es mit ein wenig mehr Überlegung durchaus hätten sein können. Überlegen und Planen waren freilich nicht nach seinem Geschmack, doch er richtete sich nach keinem anderen. Das Bild, das er von Gail malte, war seltsam und unirdisch, ja erschreckend, weil ihm jegliche klare Begrenzung fehlte. Ihr Körper floß einfach mit der Wand zusammen, die als Hintergrund diente.

Bevor Mark zur Musterung ging, drohte er lauthals, er würde eher nach Kanada fliehen, als Soldat zu werden. Aber man befand ihn für untauglich, und zwar weil er hoffnungslos, ja in gefährlichem Grad farbenblind war. Die Erkenntnis, daß er anderen nicht die Vision vermitteln konnte, die er im Geiste vor sich sah, und daß seine exzentrischen Geniestreiche keinem launischen Künstlergeist entsprachen, sondern nur einem körperlichen Gebrechen, bewog Mark, das Malen aufzugeben. Statt dessen wandte er sich nun der Fotografie zu. Porträts und Landschaften. Nur in Schwarzweiß.

Schon bald nach der Hochzeit begann Mark mehr Zeit als nötig mit einigen seiner Kundinnen zu verbringen, und nach fünf turbulenten Jahren mit gelegentlichen Seitensprüngen und eindrucksvollen Gesten der Reue (er kaufte ihr zum Beispiel einen Stutzflügel von dem Geld, das er den Damen abgeknöpft hatte, mit denen er eine Affäre hatte) setzte Gail einen Schlußstrich unter ihre Ehe. Sie hatte Mark nie wegen eines Treuebruchs zur Rede gestellt, das wäre zu schmerzlich für sie gewesen. Sie konzentrierte sich ganz auf Jennifer und auf ihr Klavierspiel. Als sie auszog, nahm sie nur diese beiden mit, und für eine ganze Weile blieben sie ihr einziger Lebensinhalt.

Mark zahlte den Unterhalt für seine Tochter, wann immer er flüssig war. Aber er verdiente nur unregelmäßig und neigte dazu, das eingenommene Geld gleich wieder auszugeben, falls es nicht ohnehin zur Tilgung seiner Schulden draufging. Als Gail ihn verließ, empfand sie keine Trauer, sie war vielmehr erleichtert. Die ersten Jahre nach der Scheidung herrschte zwischen ihnen die unter Ex-Ehepartnern übliche Spannung, doch im Lauf der Zeit kehrte Ruhe ein, und zwischen ihnen entwickelte sich aufrichtige Zuneigung. Als Gail und Jack Walton heirateten, da konnte sie Mark mit Fug und Recht als ihren Freund bezeichnen. Ihre erste Begegnung mit Jack verlief ganz anders als die mit ihrem Exmann.

»Der Herr da hat ein Problem.«

Gail blickte vom Schreibtisch auf und sah das Mädchen fragend an. »Um was handelt sich's denn?«

»Wir haben einen Scheck von ihm als ungedeckt retourniert, und nun behauptet er, sein Konto sei gar nicht überzogen.«

Gail, die erst vor kurzem befördert worden war, nahm die Mappe mit den Kontoauszügen entgegen und überprüfte sie aufmerksam. »Sieht aus, als ob er recht hätte«, sagte sie mit einem Blick auf den etwas verärgert wirkenden Mann, der jedoch geduldig vor dem Schalter wartete. »Ich werd' selber mit ihm sprechen.« Gail ging lächelnd auf ihn zu. Sie war aufgeregt, ganz ohne Grund natürlich. Er gefiel ihr, noch ehe sie ein Wort mit ihm gewechselt hatte, auch wenn sie nicht wußte, warum.

Jack Walton war kleiner und stämmiger als Mark, aber er wirkte seltsamerweise größer, schien mehr Raum einzunehmen. Er sieht aus wie ein Wikinger, dachte sie, obwohl er keinen Bart trug und sein Haar braun war anstatt blond. Er wirkt einfach... tüchtig... ja, so als gäb's kein Problem, das er nicht lösen könnte.

»Was ist Ihr Spezialgebiet, Dr. Walton?« fragte Gail, nachdem der Buchungsfehler behoben war.

»Ich bin Tierarzt.« Er lächelte. »Falls Sie 'ne kranke Katze daheim haben, steh' ich Ihnen gern mit Rat und Hilfe zur Verfügung.«

Nun war es an Gail zu lächeln. »Ich werd' mir eine besorgen«, sagte sie. Anderthalb Jahre später waren sie verheiratet, und Gail hatte diesen Schritt seither noch kein einziges Mal bereut. So wie sie gleich bei der ersten Begegnung mit Mark Gallagher gespürt hatte, daß er nicht zu ihr paßte, so wußte sie vom ersten Augenblick an, daß Jack Walton der Richtige für sie war. Seine Züge wirkten ein wenig grob und schienen selbst verwundert darüber, daß sie alle zu ein und demselben Gesicht gehörten. Doch seine blauen Augen blickten sanft und gütig in die Welt, und wenn er lächelte, bildeten sich auf seiner Stirn lustige Falten.

Gail verblüffte ihren ganzen Freundeskreis, als sie gleich nach der Hochzeit ihren Beruf aufgab, um sich ausschließlich ihrer Tochter zu widmen. Jennifer war ein scheues kleines Mädchen; darin schlug sie ihrer Mutter nach. Doch unter Gails geduldiger, verständnisvoller Führung blühte sie merklich auf. Ebenso sicher wie in der Wahl ihres zweiten Ehemannes war Gail sich über die Richtigkeit ihrer Entscheidung, zu Hause zu bleiben. Jack gab sich alle Mühe, das Vertrauen des Kindes zu erringen, das sich freilich anfangs gegen ihn sträubte. Doch schließlich wurde seine Beharrlichkeit belohnt. Die beiden wurden die besten Freunde, was sich als sehr hilfreich erwies, als Gail ein Jahr später merkte, daß sie schwanger war.

Vom Augenblick ihrer Geburt an war Cindy in jeder Beziehung anders als Jennifer; die beiden waren so verschieden, wie Gail und ihre Schwester es als Kinder gewesen waren.

Jennifers Geburt waren achtundzwanzig Stunden schmerzhafter Wehen vorangegangen, die Gail allein durchstehen mußte, während Mark sich in irgendeiner Bar betrank. Als Cindy zur Welt kam, half Jack bei der relativ leichten Entbindung. Cindy gehörte zu den Babys, die von Anfang an das Richtige zur rechten Zeit tun, was für Gail eine große Erleichterung bedeutete, für Jennifer dagegen eine Menge Probleme mit sich brachte. Sie stand dem Familienzuwachs vom ersten Tag an ablehnend gegenüber. Doch da der Altersunterschied zwischen den beiden Mädchen fast zehn Jahre betrug, hielten sich die Schwierigkeiten in Grenzen, und Gail war dankbar dafür. Von Jahr zu Jahr besserte sich das Verhältnis ihrer beiden Töchter zueinander, jedes Jahr schien schneller zu verstreichen als das vorangegangene, und so manches in ihrer Umgebung veränderte sich mit dem Weggang von Nachbarn und Bekannten, die sich woanders ein neues Leben aufbauten.

Sobald ihr Vater pensioniert wurde, flohen Gails Eltern vor den kalten New-Jersey-Wintern und zogen gen Süden. Vier Jahre lebten sie nun schon in der Eigentumswohnung in Palm Beach. Ihre Mutter stellte dauernd die Möbel um (Gail mußte sich bei jedem Besuch erst wieder zurechtfinden) und entspannte sich bei langen Spaziergängen am Strand. Ihr Vater sang und malte immer noch gern, hatte sich jedoch ernüchtert aus dem Zirkel der Erfinder zurückgezogen. Die übrigen eher konservativen Hausbewohner sahen in ihm einen verschrobenen Exzentriker. Ihren Vater kümmerte das nicht weiter. Er hatte sich einen Walkman angeschafft, der ihn vor unliebsamem Klatsch abschirmte, wann immer der alte Herr sich am Swimming-pool sonnte. Wie ein Hörgerät trug er sein Radio mit sich herum, und ein Knopfdruck blendete alle Geräusche in der Umgebung aus. Anfangs fühlten sich einige Sonnenanbeter von der Musik und von Dave Harringtons lautstarkem Gesang gestört. Aber schon bald zogen die, denen seine improvisierten Konzerte auf die Nerven gingen, ans andere Ende des Pools, während alle, die Gefallen an seinen Darbietungen fanden – und ihre Zahl stieg von Jahr zu Jahr – sich entzückt um seinen Liegestuhl scharten. »Dads Groupies!« So nannte Lila Harrington scherzend die meist reichen Witwen, die zu den glühendsten Bewunderern ihres Mannes gehörten.

Carol hatte an der Columbia-Universität den Magistergrad in Theaterwissenschaft erworben und sich in New York niedergelassen, wo sie mit mäßigem Erfolg auf kleinen und großen Bühnen spielte. Hie und da war ihr Name bei Mitschnitten von Broadway-Aufführungen zu lesen, aber nur selten stand er in leuchtenden Neon-Lettern über dem Theatereingang. Carol war immer noch unverheiratet; sie wechselte ihre Lebensgefährten ziemlich regelmäßig im Zwei-Jahres-Rhythmus.

Sogar Mark Gallagher hatte sich verändert, seit er mit Julie verheiratet war. Er war erfolgreich, beständig und monogam. Jedenfalls hatte Gail den Eindruck, bis Lieutenant Cole ihr mitteilte, er habe ihren Exmann von der Liste der Verdächtigen gestrichen. Mark hatte der Polizei Namen und Adressen einer Frau gegeben, mit der er angeblich die Stunde zwischen seinen beiden Terminen verbracht hatte. Diese Frau habe sein Alibi bestätigt. Gail fragte sich, ob Julie wohl von dieser Frau wisse, und während sie noch darüber nachdachte, spürte sie wieder die bittere Enttäuschung, die sie angesichts der Demütigungen und Verletzungen in ihrer ersten Ehe empfunden hatte.

Es hatte Gail Vergnügen bereitet zu beobachten, wie die Zeit verging und wie dies oder jenes sich im Lauf der Jahre veränderte. Aber sie war eine mehr oder minder unbeteiligte Zuschauerin geblieben. Sie hatte miterlebt, wie Freunde ihre Partner tauschten und ihre Ideale wechselten, wie sie eine Aufgabe durch eine andere ersetzten und sich bitter über Kinder beklagten, die nur die Kopie ihrer Eltern waren.

Natürlich las Gail in der Zeitung von all den Greueltaten, die tagtäglich verübt wurden. Aber sie war mit der Vorstellung aufgewachsen, daß die Menschen in der freien Welt sich ihr Leben nach eigenem Gutdünken einrichten konnten und jedem das Schicksal zuteil wurde, das er verdiente.

Unmittelbar nach Cindys Tod verlor sie als erstes diese Illusion.

VI

»Wir möchten Sie bitten, in der Kirche und auf dem Friedhof auf unbekannte Gesichter zu achten«, sagte Lieutenant Cole.

»Wie? Was haben Sie gesagt?« Gails Stimme zitterte, ihre Finger waren eiskalt, und ihre Hände bewegten sich unruhig in ihrem Schoß.

Der Kommissar antwortete mit einer Geste, die er gewiß nicht auf der Polizeischule gelernt hatte. Teilnahmsvoll nahm er Gails Hände in die seinen. Solch instinktive Reaktionen waren typisch für Richard Cole, den Gail während der letzten Woche immer weniger als Polizeibeamten, sondern zunehmend als Freund kennengelernt hatte. Er besuchte Gail und ihre Familie täglich, hielt sie über den Stand der Untersuchungen auf dem laufenden, über die Spuren, die er verfolgte, die Geständnisse von Spinnern, die er geprüft und verworfen hatte, kurz, er berichtete ihr von dem üblichen mühsamen Stückwerk einer Morduntersuchung. Manchmal kam er nach Dienstschluß auf dem Heimweg vorbei, um mit ihr zu reden. Er war dabei gewesen, als Gail und Jack die alten Fotoalben mit den Bildern ihres toten Kindes studierten. Er hatte ihnen zugehört, wenn sie ihre Erinnerungen ausbreiteten, und obwohl Gail ahnte, daß er dadurch etwas zu erfahren hoffte, was ihn auf die Spur des Mörders führen könnte, war sie ihm doch dankbar für seine Aufmerksamkeit, für seine Bereitschaft zuzuhören. Viele ihrer Freunde, die anriefen, um ihr Beileid auszudrücken, oder die sie besuchten, reagierten verlegen, sobald Gail von Cindy zu sprechen begann. Sie versicherten ihr, es sei nicht gut für sie, »daran« zu denken. Gail hörte also auf, von Cindy zu reden, aber sie tat das nicht um ihret-, sondern um der anderen willen.

»Es gibt Mörder, die zum Begräbnis ihres Opfers gehen«, erklärte Lieutenant Cole. »Ihren kranken Geist versetzt ein solches Schauspiel in eine Art Machtrausch. Es ist so ähnlich wie mit dem Autor eines Theaterstücks, der die Reaktion des Publikums nach dem letzten Akt abwartet. Der Mörder schwelgt einerseits in der freiwillig eingegangenen Gefahr, gefaßt zu werden, und andererseits im Anblick des Unglücks, das er verursacht hat. Wann sonst bietet sich ihm die Gelegenheit, seine Macht zu fühlen?«

Gails Magen rebellierte. »Sie glauben also, daß er hinkommt?«

»Die Möglichkeit besteht. Kirche und Friedhof werden natürlich überwacht. Wenn Ihnen ein Unbekannter auffällt, oder wenn Sie jemanden sehen, der Ihnen merkwürdig vorkommt — sei es, daß er lächelt oder sonstwas tut, was auf Beerdigungen ungewöhnlich ist —, dann lassen Sie's mich wissen. Ich werde ständig in Ihrer Nähe sein.«

Gail nickte und zwang sich, den Worten des Kommissars zu folgen. Der Mann, der ihre Tochter umgebracht hatte, würde vielleicht auch zu ihrem Begräbnis kommen! Welch grauenhafte Vorstellung. Sie rief sich die widerlichen Anrufe ins Gedächtnis zurück, die sie in dieser letzten Woche erhalten hatte: Zornige Stimmen verurteilten sie als Mutter; religiöse Fanatiker behaupteten, Gott bestrafe sie für ihre Sünden; gemeine Menschen quälten sie, indem sie die Stimme eines kleines Mädchens imitierten und »Mami!« riefen. Vor einer Woche hätte sie es noch nicht für möglich gehalten, daß es solche Monster gab, Leute, die vorsätzlich andere peinigten, die doch schon soviel Schmerz und Leid ertragen mußten. Aber diese eine Woche hatte sie gelehrt, daß manche Menschen zu allem fähig sind und daß es keinen Abgrund gibt, der ihnen zu tief ist. Wie hatte sie nur fast vierzig Jahre auf dieser Welt leben können, ohne das zu erkennen?

Genau sieben Tage waren seit dem 30. April vergangen.

Gails Blick wanderte zur Morgenzeitung auf dem Wohnzimmertisch. »Die Zeitung schreibt, es könne eine Verbindung bestehen zwischen Cindy und dem kleinen Mädchen, das vor einem Jahr getötet wurde…«

»Eine solche Verbindung existiert nicht«, widersprach Lieutenant Cole entschieden. »Ich möchte wissen, woher die Journalisten manchmal ihre Informationen beziehen. Karen Freed wurde überfahren. Der Täter beging Fahrerflucht. Ein Sexualdelikt lag nicht vor. Zwischen den beiden Fällen besteht wirklich nicht die geringste Verbindung.« Gail zuckte zusammen, als der Kommissar ihre Tochter einen Fall nannte.

Sämtliche Zeitungen gefielen sich in theatralischen Zornesausbrüchen und beschworen die Polizei, den Killer aufzuspüren, ehe er erneut zuschlage. Doch in Wahrheit bezweckten die Verleger damit nur eine Steigerung ihrer Auflagen. Vielleicht hatte auch der Mörder eine Nummer dieses Blattes gekauft. Gail schaute versonnen auf die aufgeschlagene Zeitung. Ja, vielleicht kommt der Mörder zur Beerdigung, dachte sie.

Die Fernsehkameras folgten ihnen vom Wagen bis zur Kirche und später von dort auf den Friedhof. Gail beobachtete sie ebenso unbeteiligt, wie sie in der letzten Woche allem Geschehen ringsum begegnet war. Nur wenn sie sich in Gedanken damit beschäftigte, den Mörder ihrer Tochter zu finden, fühlte sie sich lebendig. Nach außen hin widmete sie sich den Menschen, die sie brauchten. Sie nahm Jennifer in die Arme, legte ihre Hand auf die ihres Mannes und ihre Wange an die der Mutter. Innerlich beobachtete sie jeden Schritt, den sie tat, so als sähe sie einer Schauspielerin in einem nicht synchronisierten ausländischen Film zu, dessen Untertiteln sie nicht zu folgen vermochte. Sie bewegte sich aufs Stichwort von einem Zimmer ins andere, aß, wenn man sie dazu aufforderte, ja sie brachte es bisweilen sogar fertig zu lächeln. Aber ihr Inneres war starr und empfindungslos.

Scheinbar aufmerksam lauschte sie den Worten des Pfarrers, und vielleicht hätte sie seine Predigt sogar Satz für Satz wiederholen können. Aber sie begriff nichts von dem, was er sagte, genausowenig wie der Pfarrer, ungeachtet all seiner tröstlichen Worte, eine Vorstellung davon hatte, was sie empfand. Wie sollte er auch? dachte sie. Ich fühle gar nichts.

Die Kirche war über und über mit Blumen geschmückt. Gail entdeckte Nancys Kranz sofort. Es war der größte. Nancy hatte sie vor zwei Tagen besucht und ihr erklärt, sie könne nicht zur Beerdigung kommen, weil es einfach zu schmerzlich für sie sei. Sie hoffe, nein, sie *bete* darum, Gail möge das verstehen. Gail hatte versucht, mit ihr über Cindy zu reden, aber Nancy war in Tränen ausgebrochen und hatte Gail angefleht, von etwas anderem zu sprechen. Gail war verstummt, und Nancy hatte die Unterhaltung allein bestritten.

Jetzt sprach der Pfarrer über ihr Kind, wie man leichten Herzens über jemanden sprechen kann, den man nicht richtig kannte, und Gail brachte es nicht fertig, ihm noch länger zuzuhören.

Wir möchten Sie bitten, in der Kirche und auf dem Friedhof auf unbekannte Gesichter zu achten ... Es gibt Mörder, die zum Begräbnis ihres Opfers gehen. Gail wandte den Kopf zurück. War er da? Mit forschendem Blick suchte sie die Kirchenbänke ab. Der Schmerz der Trauergäste schien sich zu vertiefen, je weiter vorn sie saßen. Die Kirche war überfüllt, und Gail stellte erstaunt fest, daß sie längst nicht jedes Gesicht kannte. Sie entdeckte Cindys Lehrerin, deren tränenüberströmtes Gesicht unsagbares Leid ausdrückte. Gail wandte sich rasch ab, als sie spürte, wie das unsichtbare Messer in ihrer Brust zustieß. Mehrere Nachbarn waren gekommen, Gail nickte ihnen zu. Sobald ein Mundwinkel zitterte oder jemand schwer schluckte, blickte sie rasch in eine andere Richtung.

In ihrer Familie war sie vor Gefühlsausbrüchen relativ sicher. Die letzte Woche hatten sie alle wie unter einer Glasglocke gelebt. Das Warten darauf, daß die Polizei die Leiche zur Beerdigung freigab, hatte viel Kraft gekostet. Und der heutige Tag kommt ihnen vor wie ein Schlußpunkt, dachte Gail. Cindys Begräbnis ist das Signal für die anderen, ihr gewohntes Leben wieder aufzunehmen. Nach einer Weile, wahrscheinlich schon in ein paar Tagen, wird Jack wieder zur Arbeit gehen, Jennifer wird in die Schule zurückkehren, meine Eltern werden nach

Florida fliegen, und Carol wird nach New York fahren. Alle werden zu ihrer Routine zurückfinden. Die Anteilnahme der Öffentlichkeit wird von neuen Schlagzeilen in Anspruch genommen werden. Cindy wird vom Leben zur Statistik befördert.

Gail schaute ihren Vater an, der am Ende der Reihe saß. Seine dunkle Haut wirkte wie Leder, sein graues Haar war schütter geworden, und seine blauen Augen, um die früher fast immer ein lustiges Zwinkern spielte, waren stumpf und wäßrig. Neben ihm saß Gails Mutter. Ihr Gesicht war unter der Sonnenbräune fahl und abgespannt, das kurze, rotblonde Haar hatte sie unter einem ihrer vielen Chiffonschals verborgen, die gefalteten Hände zitterten. Carol, die rechts neben ihrer Mutter saß, beugte sich vor und legte ihr die Hand auf den Arm. Carols Hand war ruhig und sicher, aber ihr Gesicht wirkte genauso aufgewühlt wie das ihrer Mutter. Gails Schwester, die ungeachtet ihrer Zähigkeit immer schon zart und zerbrechlich schien, hatte in der letzten Woche noch an Gewicht verloren. Sie rauchte zwei Schachteln Zigaretten pro Tag, obwohl sie dieses Laster angeblich schon vor einem Jahr aufgegeben hatte. Carol hatte Cindy gar nicht so gut gekannt. Sie war die schöne Tante aus New York gewesen, die ein paarmal im Jahr zu Besuch kam, bezaubernd lächelte und Geschenke mitbrachte. Cindy hatte sie zum letztenmal im vorigen Advent gesehen, als Carol im Chor von »Joseph und der wundersame bunte Traummantel« mitwirkte. Wenn Nichte und Tante auch große Anziehungskraft aufeinander ausgeübt hatten, waren sie sich doch im Grunde fremd geblieben. Trotzdem war Carols Gesicht jetzt schmerzverzerrt und vom vielen Weinen geschwollen.

Jack starrte blicklos vor sich hin, wie er es in der letzten Woche oft getan hatte. Er sah aus wie früher, und doch hatte er sich völlig verändert. Ihm ist etwas genommen worden, dasselbe wie mir, dachte Gail. Wenn ich ihn anschaue, ist mir, als blickte ich in einen Spiegel. Ob er sich innerlich ebenso leer fühlt wie ich mich?

Jacks Hand wanderte ruhelos zwischen seinem Knie und dem Schoß seiner Frau hin und her. In der letzten Woche hatten sie sich oft wie Kinder an den Händen gehalten, aber jetzt umschlang Gail mit beiden Armen ihre Tochter. Jennifer hielt den Blick gesenkt, ihr weißer Rock war feucht von Tränen. Ihr schulterlanges, glattes blondes Haar fiel nach vorn und verdeckte ihr Gesicht. Mit den Händen zog sie bald an ihrem Taschentuch, bald schlug sie sich damit auf die Knie. Rechts von Jennifer saß Sheila Walton, Jacks Mutter, die erst gestern abend aus der Karibik zurückgeflogen war, nachdem Jack sie endlich aufgespürt hatte. Sie hat den abwesenden Blick derer, die noch unter Jetlag leiden, dachte Gail, doch dann korrigierte sie sich: Nein, wir alle laufen seit einer Woche mit diesem Ausdruck herum.

Hinter ihr saßen Mark und Julie, Laura, Mike und andere aus ihrem Freundeskreis. Gail sah sich nach Lieutenant Cole um, konnte ihn jedoch nicht finden.

Ein paar Reihen weiter hinten begannen die Gesichter zu verschwimmen. Gail hielt angestrengt nach einem Ausschau, das nicht hierher gehörte, doch es war unmöglich. Alle gehörten dazu. Niemand gehörte dazu.

»Der da drüben«, flüsterte sie Lieutenant Cole zu. Er war am Ende des Gottesdienstes aus dem Nichts aufgetaucht, hatte ihren Arm genommen und geleitete sie aus der Kirche. Gail deutete mit dem Kinn auf einen dunkelhaarigen Mann. Lieutenant Cole flüsterte dem Kollegen neben sich etwas zu. »Und den im blauweiß gestreiften Anzug kenn' ich auch nicht.« Gail sah dem blonden jungen Mann mit den hängenden Schultern nach, als er ins Freie trat. Der Verdächtige hatte aschblondes Haar, erinnerte sie sich. »Oh, und der da!« Sie streckte die Hand aus, ließ sie aber gleich darauf erschrocken wieder sinken.

Um Lieutenant Coles Lippen spielte ein trauriges Lächeln. »Der gehört zu meinen Leuten.«

Erstaunt blickte Gail ihn an. »Der ist bei der Polizei?«

»Als Spitzel, ja.«

Spitzel. In Gedanken wiederholte Gail das Wort, während sie an der Seite des Kommissars die Kirche verließ. Draußen begegnete ihnen Eddie Fraser mit seinen Eltern. Gail versuchte ihm zuzulächeln, doch sie brachte nur eine verzerrte Grimasse zustande. Jack hatte den Arm um Jennifers Schulter gelegt. In der letzten Woche hatten die beiden sich zusehends enger zusammengeschlossen, während Gail sich immer weiter von ihnen entfernte. Ob sie das wohl gemerkt haben?

Gail sah zu, wie der kleine Sarg in die Erde gesenkt wurde, sie hörte das Schluchzen ringsum, doch in ihr blieb alles stumm. Ihre Augen waren trocken, ihr Körper schien regungslos. Einem unbeteiligten Beobachter, etwa dem Kameramann oder dem Fernsehzuschauer, der am Abend die Übertragung des Trauergottesdienstes sah, erschien sie als ein Wunder an Kraft, **eine außergewöhnlich gefaßte Frau**, wie der Nachrichtensprecher es formulierte. Ein Kommentator stellte gar in aller Öffentlichkeit die Frage, woran diese Frau wohl am Grab ihres Kindes gedacht habe. Es hätte ihn gewiß enttäuscht zu erfahren, daß sie an gar nichts gedacht hatte. Ihr Kopf war völlig leer. Der Fremde im Gebüsch hatte all ihre Gedanken ausgelöscht.

Gleich als der Wagen die Einfahrt erreichte, spürte sie, daß etwas geschehen sein mußte. Das Haus war nicht mehr so, wie sie es verlassen hatten. Vor der Haustür lagen Glasscherben.

»Mein Gott«, flüsterte Gail.

»Was ist passiert?« fragte Jennifer.

»Ruf die Polizei an«, sagte Jack mit ruhiger Stimme.

Ein Streifenwagen war ihnen gefolgt, und in Minutenschnelle hatten die Beamten das Haus umzingelt. Bei der Durchsuchung achtete man sorgfältig auf Fingerabdrücke.

»Ich glaub' nicht, daß wir was finden werden«, gestand Lieutenant Cole, als sich die verstörte Familie im Wohnzimmer versammelt hatte. Der Raum war völlig verwüstet. Die Stereoanlage und der Farbfernseher waren verschwunden, außerdem fehlten Geld und ein paar Schmuckstücke. »Wer das getan hat, der wußte vermutlich, daß die gesamte Familie bei der Beerdigung sein würde. Der Fall hat ja genug Aufsehen erregt. Der Täter muß sich genau den rechten Zeitpunkt ausgesucht haben. Ein gewiefter Einbrecher nimmt keine Rücksicht auf das Leid seiner Opfer.«

»Glauben Sie, daß der Mann, der Cindy getötet hat...«

»Unwahrscheinlich«, unterbrach Lieutenant Cole. »Sehr unwahrscheinlich.«

»Aber nicht ausgeschlossen?« hakte Gail nach.

»Nein, ausgeschlossen nicht.«

»Schweine!« erklärte Dave Harrington jedem, der in seine Nähe kam. Gail sah ihren Vater verständnislos an. In ihr regte sich nichts. Diese zusätzliche Schmach berührte sie nicht mehr.

Als die Polizei fort war und ihr Mann Jennifer zu Mark und Julie brachte, bei denen sie die Nacht verbringen sollte, begann Gail, die Sachen aufzuräumen, die achtlos im Haus verstreut lagen. Schubladen hatte man auf dem Boden ausgeleert. Tische waren umgeworfen, zerbrochene oder zertretene Nippsachen lagen auf dem Teppich. Das Besteck war im Eßzimmer verstreut. Chromargan war den Dieben wohl nicht wertvoll genug erschienen. Gail bückte sich und hob ein großes Messer auf. Sie fuhr mit der Schneide an ihrem Zeigefinger entlang und sah überrascht ein kleines Rinnsal Blut über die weiße Haut laufen.

»Gail! Um Gottes willen, was machst du denn da?« schrie Carol erschrocken.

Gail blickte verwirrt zu ihr auf und wußte nicht, was sie sagen sollte. Also schwieg sie und ließ sich von Mutter und Schwester in die Küche führen, das Blut abwaschen und den Finger verbinden.

»Ich werd' das Besteck wegräumen«, sagte Carol und wandte sich brüsk ab. Das Kofferradio ist weg, dachte Gail. »Daddy hat recht«, fuhr Carol fort. »Wer so was tut, ist ein Schwein. So einer verdient's nicht, zu leben. Man sollte diese Kerle zusammentreiben und abknallen.«

»Carol, ich bitte dich«, mahnte ihre Mutter leise. »Solche Reden helfen uns doch auch nicht weiter.«

»Mir schon«, entgegnete Carol gereizt. »Was ist bloß los mit solchen Leuten? Haben die denn gar kein Gefühl?«

»Anscheinend nicht«, sagte Gail. Sie war selbst überrascht, daß ihre Stimme so gefaßt klang.

»Geht's dir gut?« Carol trat zu ihr und legte den Arm um sie. »Du siehst gar nicht gut aus. Was schaust du denn so? Gail, hörst du mich?«

Gail erkannte die Angst in den Augen ihrer Schwester. Aber sie begriff nicht, was Carol sagte. Sie spürte nur ihren Atem im Gesicht und versuchte sich von ihr loszumachen. Sie wich ihrem Blick aus. Carol nahm ihr die Luft und ließ ihr keinen Raum zum Atmen.

Gail versuchte zu sprechen. Sie wollte ihre Schwester bitten, ein Stück beiseite zu gehen, wollte ihr erklären, daß ihr nichts fehle außer Platz, doch als sie den Mund öffnete, zuckten ihre Lippen wieder so hilflos wie vorhin in der Kirche, und sie brachte kein Wort heraus. Ehe sie das Bewußtsein verlor, merkte sie noch, daß die Einbrecher außer dem Radio auch die Küchenuhr von der Wand gestohlen hatten.

»Wie geht's dir?« Ihre Mutter saß neben ihr auf dem Bett und wiegte sie, wie sie es früher getan hatte, als Gail noch ein kleines Mädchen gewesen war. Gail nickte schweigend. »O nein«, sagte ihre Mutter. »Das reicht mir nicht. Ich bin doch deine Mutter. Sag mir, wie du dich fühlst.«

»Ich wünschte, das könnte ich«, antwortete Gail aufrichtig. »Mir ist, als hätte mich ein Lastwagen überfahren, und jedesmal, wenn ich glaube, ich könnte wieder aufstehen, kommt er zurück und walzt mich aufs neue nieder. Vom Kopf bis zu den Zehen ist mein Körper wie erstarrt, aber noch nicht starr genug. Ich wünschte, ich wäre tot.«

Ihre Mutter nickte und schwieg eine Weile. »Wir müssen weiterleben«, sagte sie schließlich. »Uns bleibt keine andere Wahl. Du mußt an die Menschen denken, die dich brauchen, die auf dich zählen. Dein Mann, deine Tochter.«

»Jack ist erwachsen. Und Jennifer ist auch kein Kind mehr. Sie kämen ohne mich aus.«

Zum erstenmal spiegelte sich Angst in Lila Harringtons Augen. »Was sagst du da?« Ihre Stimme klang so eindringlich, wie Gail sie noch nie gehört hatte.

»Ach, nichts.« Gail schüttelte den Kopf.

»Weich mir nicht aus. Gail, ich flehe dich an, mach keine Dummheiten! Unsere Familie hat schon genug Unheil erlebt. Mach's nicht noch schlimmer.« Ihre Schultern bebten, sie begann zu schluchzen, und nun war es Gail, die ihre Mutter in den Armen wiegte.

»Ich werd' keine Dummheiten machen, Mom, ich versprech's dir. Bitte verzeih mir, ich weiß einfach nicht mehr, was ich sage.«

»Du hast geredet, als wolltest du dich umbringen.«

»Ach, das war doch nur dummes Zeug. Ich hätte gar nicht den Mut dazu.« Sie lachte, obwohl sie wußte, daß sie das nicht hätte tun sollen. »Außerdem hab' ich ja auch gar keine Waffe. Entschuldige, das war schon wieder eine dumme Bemerkung.«

Ihre Mutter setzte sich auf und blickte sie forschend an. »Gail, vielleicht solltest du einen Arzt aufsuchen. Laura hat vorhin angerufen und mir die Adresse von einem genannt, der sehr gut...«

»Ein Psychiater?«

»Ja. Sie meinte, fachkundige Hilfe könnte dir und Jack nur guttun.«

»Er würde mir bloß erzählen, ich hätte 'ne verquere Kindheit gehabt und 'ne überspannte Mutter. Aber das weiß ich auch so.« Ihre Mutter verzog keine Miene. »Mom, ich brauch' keinen Psychiater. Ich weiß selbst, was mir fehlt. Ich muß allein damit fertig werden, auf meine Weise, verstehst du? Aber das braucht ein bißchen Zeit.«

»Natürlich mußt *du* damit fertig werden. Aber er könnte dir dabei helfen. Laura hat mir auch eine Gruppe genannt, zu der du Kontakt aufnehmen solltest...«

Gail lächelte. »Laura ist eine treue Seele. Sie möchte immer anderen helfen.«

»Dann laß dir doch auch helfen! Bitte, Gail, hör auf sie. Ruf diese Leute an.«

»Was ist denn das für 'ne Gruppe?«

»Ich hab's aufgeschrieben. Der Zettel liegt in der Küche. Es heißt so ähnlich wie ›Selbsthilfeverband der Opfer von Gewaltverbrechen‹. In dieser Organisation kommen betroffene Familien zusammen und versuchen sich gegenseitig zu helfen.«

»Ich bin nie ein Gruppentyp gewesen, Mom.« Gail wünschte plötzlich, daß es anders wäre. »Außerdem kann ich mir nicht vorstellen, wie die mir helfen sollten.«

»Aber ein Versuch könnte doch nicht schaden.«

Gail schüttelte den Kopf. »Ich weiß nicht. Wahrscheinlich hast du recht.«

»Ich hab' solche Angst um dich.« Ihre Mutter schluchzte und preßte die Hand vor den Mund.

»Das brauchst du nicht.« Gail seufzte. »Ich komm' schon zurecht. Ich brauch' nur ein bißchen Zeit.«

»Aber wirst du dir diese Zeit nehmen?«

Das Telefon klingelte, und die Frage blieb unbeantwortet im Raum stehen. Gail streckte mechanisch die Hand aus und nahm den Hörer ab. »Hallo?«

»Gail!« Lieutenant Coles Stimme klang ermutigend. »Wie geht's Ihnen?«

»Danke«, antwortete Gail automatisch. »Lieutenant Cole ist dran«, flüsterte sie ihrer Mutter zu, die sich ängstlich vorbeugte. »Das Haus ist wieder so ziemlich in Ordnung.« Aber mein Leben nicht, dachte sie.

»Ich wollte mit Ihnen über die beiden Männer reden, die Sie mir in der Kirche gezeigt haben.«

»Ja?«

»Der Dunkelhaarige heißt Joel Kramer. Seine Tochter Sally nimmt anscheinend Klavierunterricht bei Ihnen.« Gail nickte schweigend. »Er wollte nur sein Beileid bekunden. Sein Alibi ist hieb- und stichfest.«

»Und der andere?«

»Christopher Layton, er unterrichtet an Cindys Schule. Wir haben auch ihn überprüft. Er ist sauber.«

»Also keine Spur«, sagte Gail.

»*Noch* nicht«, korrigierte der Kommissar. »Aber wir stehn ja erst am Anfang, und wir geben nicht auf.«

»Halten Sie mich auf dem laufenden?«

»Ich ruf' Sie morgen an.«

Gail legte den Hörer auf. »Er ruft morgen wieder an«, sagte sie zu ihrer Mutter.

VII.

»Zeit zum Aufstehen, Spätzchen.«

Jennifer hob den Kopf aus den Kissen und blinzelte ihre Mutter an.

»Ich bin schon wach.«

»Und ich auch«, meldete sich Carol vom Sofa her. »Ihr braucht also nicht zu flüstern.«

Gail trat ans Fenster und öffnete die rosaroten Vorhänge. Draußen lachte ein heller Sommertag. »Bist du sehr aufgeregt?« Sie wandte sich nach Ihrer Tochter um, deren gerötete Augen verrieten, daß sie kaum geschlafen hatte.

Jennifer schüttelte den Kopf. »Eigentlich nicht. Ist ja bloß Englisch. Ich hab' alles gelesen, was drankommt. In Englisch hab' ich doch immer gut abgeschnitten.«

»Ich weiß noch, wie aufgeregt ich vor meinen Abschlußarbeiten war«, sagte Gail.

Carol lachte. »Du warst das reinste Nervenbündel. Wir durften nicht mal telefonieren, wenn du gelernt hast. Alle mußten auf

Zehenspitzen gehen«, fuhr sie zu Jennifer gewandt fort, »bis deine Mutter ihr Examen hinter sich hatte. Ich weiß noch, wie Mom einmal sogar das Telefon mit aufs Klo nahm, nur um unser Prinzeßchen nicht zu stören.«

»Jetzt übertreibst du aber!« protestierte Gail.

»Nein, das ist die reine Wahrheit. Du warst damals echt unausstehlich.«

»Angst hab' ich im Grunde bloß vor Mathe«, meinte Jennifer. »Aber dabei wird Eddie mir helfen.«

Gail versuchte zu lächeln, aber die Nennung von Eddies Namen traf sie wie ein stechender Schmerz. Es war, als habe ihr jemand ein Messer zwischen die Rippen gestoßen. Eddie hatte kein Alibi beibringen können. Die Polizei hielt ihn nach wie vor für verdächtig.

Es war der 1. Juni. Ein Monat war seit Cindys Ermordung vergangen.

»Sieh nur zu, daß du die Prüfungen alle gut hinter dich bringst, und dann kannst du bei deinem Vater anfangen.«

»Ich kann's kaum erwarten«, sagte Jennifer. Aber es klang nicht mehr so begeistert wie noch vor ein paar Wochen, als sie überglücklich gewesen war, in den Sommerferien als Mark Gallaghers Assistentin arbeiten zu dürfen.

»Ich mach' das Frühstück.« Gail ging zur Tür.

»Ich hab' keinen Hunger!« rief Jennifer ihr nach.

»Für mich bitte nur Kaffee«, sagte Carol.

»Ihr werdet was essen. Alle beide«, bestimmte Gail und ging die Treppe hinunter. Jack war schon fort. Ein Notfall hatte ihn früher als gewöhnlich in die Praxis gerufen. Gail machte frischen Kaffee, ließ ein Ei ins sprudelnde Wasser plumpsen und zerteilte eine Grapefruit. Sie deckte den Tisch, und als sie Schritte auf der Treppe hörte, schaltete sie den Toaster ein.

»Das ist zuviel!« wehrte Jennifer ab. »Das kann ich unmöglich alles essen.«

»Dann iß soviel, wie du schaffst.«

»Für mich nur Kaffee«, wiederholte Carol.

Am Ende tranken sie alle drei nur Kaffee. Fünf Minuten später sprang Jennifer auf, küßte Mutter und Tante auf die Wange und machte sich auf den Weg zur Schule.

»Viel Glück!« rief Gail ihr vom Fenster aus nach. Carol räumte den Tisch ab. »Was soll ich mit dem Ei machen?«

»Tu's in den Kühlschrank.« Gail zuckte die Achseln. »Vielleicht ißt's heute mittag jemand.«

»Hier sammelt sich 'ne ganze Menge von Fünf-Minuten-Eiern an.« Carol lachte und legte das Ei zu den anderen, die Gail in dieser Woche umsonst gekocht hatte.

Punkt acht Uhr dreißig klingelte das Telefon.

»Wer von uns geht heute dran?« fragte Gail.

»Ich werd' mich opfern.« Gail seufzte. »Sie rufen ja schließlich meinetwegen an.« Sie nahm den Hörer ans Ohr, und ohne sich zu vergewissern, wer am Apparat war, sagte sie: »Morgen, Mom.«

»Wie geht's dir, Liebes?« fragte Lila Harrington.

»Unverändert, genau wie gestern.« Gail bemühte sich, ihrer Stimme einen fröhlichen Klang zu geben. »Es ist wirklich nicht nötig, daß du jeden Tag morgens *und* abends anrufst.«

»O doch, das ist es! Ich weiß nämlich nicht, ob es richtig war, daß wir schon so früh nach Florida zurückgeflogen sind.«

»Aber natürlich war das richtig. Mom, sieh mal, du und Dad – ihr könnt doch nicht ewig bei mir bleiben und Händchen halten. Ihr habt euer eigenes Leben. Außerdem wart ihr fast einen ganzen Monat hier.«

»Wir hätten ruhig noch 'nen Monat bleiben können.«

»Mir geht's gut, Mom. Glaub mir.«

»Hast du geweint?« Diese Frage stellte ihre Mutter ihr seit drei Tagen.

Gail war drauf und dran zu schwindeln, doch dann fiel ihr ein, daß sie ihre Mutter noch nie hatte täuschen können.

»Nein.«

Einen Moment lang herrschte Stille in der Leitung. »Was Neues von der Polizei?«

»Seit gestern abend nicht, nein.«

»Laß mich mal kurz mit Carol sprechen.«

Gail übergab den Hörer ihrer Schwester und versuchte nicht auf das zu hören, was Carol sagte. Nur widerwillig waren ihre Eltern vor drei Tagen nach Palm Beach geflogen, nachdem Gail ihnen immer aufs neue eingeredet hatte, es sei besser für alle Beteiligten, wenigstens dem äußeren Anschein nach wieder zum Alltag zurückzukehren. »Ihr müßt euer eigenes Leben führen«, hatte sie gesagt. Ihre Eltern waren erst einverstanden gewesen, als Carol versprochen hatte, noch ein paar Wochen bei ihrer Schwester zu bleiben. Und nun riefen sie zweimal täglich an und erkundigten sich nach ihr.

Aus irgendeinem Grund waren sie der Meinung, Gail werde erst dann über den Berg sein, wenn sie einen Zusammenbruch erlitten und sich ausgeweint habe. Aber Gail hatte seit dem Tag des Unglücks keine Träne vergossen. Gern hätte sie ihren Eltern den Gefallen getan und sie beruhigt, doch ihre Augen widersetzten sich hartnäckig und blieben trocken.

Gail betrachtete ihre jüngere Schwester. Die Leute behaupteten, sie sähen sich ähnlich. Beide waren groß, schlank und blaß, und beide bewegten sich mit charmanter Lässigkeit. Carol zündete sich eine Zigarette an, und als sie den Rauch einzog, sah Gail, wie hohl ihre Wangen waren. Sie wiegt bestimmt zehn Pfund weniger als ich, dachte Gail und schätzte mit den Blicken die Figur ihrer Schwester ab. Ihre Hüften und ihre Taille waren immer noch mädchenhaft schmal; man sah ihr an, daß sie noch keine Schwangerschaft hinter sich hatte. Unwillkürlich betastete Gail ihren Bauch, während Carol über eine Bemerkung ihrer Mutter lachte. Es war ein angenehmes, leises Lachen, das Wärme verbreitete und zum Mitlachen einlud, ohne aufdringlich zu erscheinen. Es ist schön, sie bei mir zu haben, dachte Gail.

»Spricht Jennifer eigentlich mit dir über Cindy?« fragte sie, als Carol aufgelegt hatte.

Carol schüttelte den Kopf. »Nein. Sie schläft übrigens zur Zeit sehr unruhig. Heute nacht hat sie sich dauernd rumgewälzt. Sie ist fast jeden Morgen um sechs Uhr wach. Wenn ich zu ihr rüberschaue, sitzt sie reglos auf der Bettkante und starrt ins Leere. Einmal hab' ich sie gefragt, ob sie gern über das, was geschehen ist, reden möchte, aber sie hat nein gesagt, und ich wollte sie nicht drängen.«

»Hoffentlich kommt sie mit den Prüfungen zurecht«, sagte Gail, um das Thema zu wechseln.

»Das schafft sie schon, mach dir nur keine Sorgen.« Carol legte den Arm um ihre ältere Schwester. »Bist du mir böse, wenn ich mich noch mal hinlege? Ich hab' letzte Nacht auch nicht viel geschlafen.«

»Aber nein, geh nur.«

Als Lieutenant Cole eine halbe Stunde später anrief, war Gail allein in der Küche.

»Wir prüfen 'ne Spur in East Orange«, sagte er. »Gestern abend haben wir 'ne Meldung reingekriegt. 'n Typ da ist anscheinend in letzter Zeit durch seltsames Benehmen aufgefallen.«

»Was ist denn das für eine Meldung? Und was meinen Sie mit ›seltsam‹?« fragte Gail, die sich genau mit den Untersuchungsmethoden der Polizei vertraut machen wollte.

»Wahrscheinlich steckt nichts dahinter«, dämpfte der Kommissar ihre Erregung. »Einer unserer Informanten hat 'nen Rumtreiber entdeckt. 'nen jungen Mann, der dauernd von dem Mord erzählt, nichts Genaues, nur das übliche Gerede. Was so in den Zeitungen stand. Aber wir schicken jemanden hin, um die Sache zu überprüfen, für alle Fälle.«

»Was heißt das, Sie ›schicken jemanden hin‹? Werden Sie einen Haftbefehl erlassen? Durchsuchen Sie sein Zimmer?«

»Für eine Durchsuchung bräuchten wir schon etwas handfestere Gründe als nur diese Verdachtsmomente. Schließlich können wir niemanden wie 'nen Kriminellen behandeln, bloß weil er sich für einen kürzlich begangenen Mord interessiert.«

»Und was werden Sie jetzt tun?«

»Wir schleusen einen Spitzel ein.«

»Einen Spitzel?« Gail erinnerte sich, daß er das Wort bereits auf dem Friedhof gebraucht hatte. »Meinen Sie so wie im Fernsehen?«

Lieutenant Cole lachte. »So ähnlich. Allerdings ist die Arbeit eines Spitzels in Wirklichkeit längst nicht so aufregend wie auf dem Bildschirm. Vor allem geht sie wesentlich langsamer voran.«

»Was genau tut so ein Spitzel?«

»Er wird sich in derselben Pension ein Zimmer nehmen, in der unsere Verdachtsperson wohnt. Er heftet sich ihr an die Fersen, versucht sich mit ihr anzufreunden und ihr Vertrauen zu gewinnen. Wenn wir den Eindruck haben, der Verdacht sei begründet, dann schlagen wir zu und nehmen möglicherweise eine Verhaftung vor. Aber rechnen Sie nicht damit, Gail. Informationen wie diese überprüfen wir jeden Tag. Meistens kommt nichts dabei raus.«

»Ich verstehe. Danke, daß Sie mich weiterhin auf dem laufenden halten.«

»Ich weiß doch, wieviel Ihnen das bedeutet. Über kurz oder lang kriegen wir was raus, das verspreche ich Ihnen.«

Gail hatte sich gerade die zweite Tasse Kaffee eingegossen, als Jack anrief. Der kleine Hund, um dessentwillen er heute so früh aus dem Haus geeilt war, sei gestorben, erzählte er. Gail versuchte ihn zu trösten. Sie wußte, wie niedergeschlagen er jedesmal war, wenn er ein Tier verlor, besonders, wenn es sich wie in diesem Fall um einen Hund handelte, der überfahren worden war, weil es dem Eigentümer grausam erschien, ihn an der Leine zu führen. »Ich versuche heute abend früher heimzukommen«, sagte Jack.

Gail berichtete von ihrem Gespräch mit dem Kommissar. Genau wie Lieutenant Cole warnte auch Jack sie vor übereilten Hoffnungen. Gail versuchte gar nicht erst zu erklären, daß einzig die Hoffnung, Cindys Mörder zu finden, sie noch aufrecht hielt. Ihre Familie war zumindest dem Anschein nach ihrem Rat gefolgt und hatte ihr normales Leben wieder aufgenommen. Doch Gails Leben hatte im wesentlichen in der Betreuung und Erziehung eines sechsjährigen Kindes bestanden. Jetzt war das Kind tot, und für Gail gab es kein normales Leben mehr.

Mami, wenn wir sterben, können wir's dann zusammen tun? Hältst du mich dabei an der Hand? Versprichst du's mir?

O Cindy, mein süßer Engel, merkst du denn nicht, daß ich mein Versprechen gehalten habe? Vor Gails brennenden, trockenen Augen stieg das Bild ihrer schönen Tochter auf. Als dieser Unmensch dich tötete, da hat er auch mich umgebracht. Als er dir das Leben nahm, da löschte er auch das meine aus. Wir sind zusammen gestorben, mein Schatz. Genauso, wie ich dir's versprochen habe.

Gail bewegten diese Gedanken in ihrem Herzen, und dabei fiel ihr ein, daß der Mörder ihr das Recht verweigert hatte, die Hand ihres Kindes zu halten. Er hatte ihr mit einem Schlag alles genommen und ihr Leben vernichtet.

Gails Blick wanderte zum Küchenfenster. Sie stellte sich vor, der Mörder ginge frei und unbeschwert an ihrem Haus vorbei, ein widerliches Lächeln auf dem Gesicht.

Sie erhob sich so hastig, daß sie die Kaffeetasse umstieß. Die dunkle Flüssigkeit ergoß sich über das weiße Tischtuch und tropfte auf den Fußboden. Es sah aus wie Blut. Gail wischte den verschütteten Kaffee nicht auf; in Gedanken war sie immer noch mit dem Mörder ihrer Tochter beschäftigt. Sie würde ihn finden und seiner gerechten Strafe zuführen, dazu war sie fest entschlossen. Diese Aufgabe war alles, was der Mörder ihr gelassen hatte.

Sie schaute auf den Kalender an der Wand neben dem Telefon. Dreißig Tage waren seit Cindys Tod verstrichen. In weiteren dreißig Tagen lief die Frist ab, die Gail der Polizei gesetzt hatte.

VIII

Gail schlug die Morgenausgabe des »Newark Star« auf. Was soll ich nur tun? Sie hatte keinen Plan. Sie kannte sich weder mit der Psyche von Verbrechern noch mit der von Verrückten aus. Wo soll ich anfangen? überlegte sie. Die Polizei verfolgt »Spuren«. Aber ich habe keine. Ihr Blick fiel auf eine Schlagzeile, und bald darauf war sie in den Bericht von einem Raubüberfall auf dem Raymond Boulevard vertieft.

Eine achtzigjährige Frau war mit schweren Verletzungen ins Krankenhaus eingeliefert worden, nachdem jemand versucht hatte, ihre Handtasche zu stehlen. Der Täter wurde von Passanten als jung, groß und blond beschrieben. Er war ohne die Tasche geflohen, die nur drei Dollar enthielt. Zuvor aber hatte er die alte Frau wiederholt auf den Kopf und in die Rippen geschlagen. Das Opfer würde vermutlich nicht überleben.

Ohne lange nachzudenken, sprang Gail auf und lief durchs Wohnzimmer in den kleinen Arbeitsraum. Sie suchte die eingebaute Bücherwand gegenüber dem Fernseher nach dem Regal ab, in dem Jack Stadtpläne und Karten aufbewahrte. Als sie es gefunden hatte, zog sie die Straßenkarten von New Jersey heraus und nahm sie mit in die Küche. Sie faltete den Stadtplan von Newark auseinander und suchte den Raymond Boulevard. Auf dieser Straße hatte ein blonder junger Mann eine alte Frau zu Tode geprügelt.

Sie nahm die Zeitung zur Hand und blätterte um. Zwei Verletzte waren die Opfer eines Einbruchs in der Broad Street. Gail suchte die Straße auf dem Stadtplan. James Rutherford, neunzehn Jahre alt, ohne festen Wohnsitz, wurde des Verbrechens beschuldigt, war aber auf Kaution freigekommen.

Gail las die Zeitung von der ersten bis zur letzten Seite, von der ersten Schlagzeile bis zur letzten Reklame. Über den Polizeiberichten brütete sie wie ein Detektiv. Sie markierte auf der Karte jeden Ort, an dem ein Verbrechen stattgefunden hatte, und prägte sich die Beschreibung des Täters sorgfältig ein.

Auf Kinder waren im letzten Monat keine weiteren Anschläge verübt worden. Über den Mord an Cindy stand nichts mehr in der Zeitung. Für die Öffentlichkeit hatte ein kleines Mädchen namens Cindy Walton nur so lange existiert, wie die Medien über sie berichteten, und selbst dann hatte sie nur in schwarzen Buchstaben und lächelnden Fotos gelebt. Die Leser würden gewiß heute noch einräumen, daß dieses kleine Mädchen ein tragisches Schicksal erlitten hatte, aber die Nachricht war Schnee von gestern.

Es wurde zur täglichen Routine.
Sobald sie morgens allein war, nahm Gail sich den Stadtplan vor und suchte die Orte heraus, die sie in einschlägigen Zeitungsmeldungen angestrichen hatte. Schon nach ein paar Tagen zeichnete sich eine gewisse Struktur ab: Manche Gegenden wiesen wesentlich zahlreichere Markierungen auf als andere. Besonders Schwerverbrechen ließen sich auf bestimmte Bezirke lokalisieren.
»Was machst du da?« fragte Carol, als sie Gail eines Morgens überraschte.
Gail faltete eilig den Stadtplan zusammen und legte die Zeitung beiseite. »Hier in Newark entsteht eine neue Siedlung von Eigentumswohnungen. Ich hab' nur mal nachgesehen, wo genau das ist.«
Gail spürte, wie sie errötete.
»Ist noch Kaffee da?« Carol akzeptierte die Lüge ohne weiteres.
Gail goß ihr eine Tasse ein.
»Hat Mom angerufen?«
»Ja, hat sie«, antwortete Gail. »Jack übrigens auch. Der kleine Pudel, um den er sich soviel Sorgen machte, ist wieder auf dem Damm. Aber ein relativ gesunder Dalmatiner, an dem er irgend 'nen harmlosen Eingriff vornehmen mußte, ist in der Narkose gestorben.«
»War Jack sehr geknickt?«

»Klang eigentlich nicht so«, überlegte Gail laut. »Wahrscheinlich hat der Pudel ihn drüber weg getröstet.« Nach einer Pause
sagte sie: »Die Polizei hat angerufen.«

»Und?«

»Diese Spur, die sie verfolgten – es war falscher Alarm. Ich
meine den Typ in East Orange. Es hat sich rausgestellt, daß er
an dem Tag, an dem Cindy ermordet wurde, im Gefängnis
saß.« Gail seufzte tief.

»Du weißt doch, daß ich heute nachmittag nach New York
fahre«, sagte Carol nach einer Weile. »Ich muß zum Vorsingen
für Michael Bennetts neues Musical. Möchtest du mich nicht
begleiten?« Gail schüttelte den Kopf. »Ich lass' dich aber nur
ungern allein.«

»Ich bin doch nicht allein. Jennifer wird zu Hause sein. Sie hat
doch jetzt so viel zu lernen.«

»Ich werd' nicht lange wegbleiben.«

»Mach dir keine Gedanken, du kannst unbesorgt fahren.«

»Zum Abendessen bin ich zurück.«

»Ich werde damit auf dich warten.« Gail lächelte.

»Bist du auch sicher, daß du nicht mitkommen möchtest?«
fragte Carol noch einmal, ehe sie das Haus verließ.

»Ich bleibe gern hier, wirklich«, versicherte Gail. Sie zog sich
ins Arbeitszimmer zurück und schaltete den neuen Fernseher
ein, den Jack angeschafft hatte, nachdem das alte Gerät gestohlen worden war.

Mit der Fernbedienung wählte sie rasch einen Kanal nach dem
anderen. Draußen fuhr Carols Wagen an. Gail versuchte sich
auf ein Programm zu konzentrieren, aber die hanebüchenen
Probleme der Familienserien langweilten sie, und von der Hysterie der Ratespiele fühlte sie sich abgestoßen. Sie wechselte
von einem Sender zum anderen, bis plötzlich eine wohlbe-
kannte Musik ertönte und Ernie und Bert aus der »Sesamstraße« über den Bildschirm tollten.

Wie gebannt sah Gail fast eine Stunde lang zu. Sie stellte sich
vor, ihre kleine Tochter säße neben ihr, legte den Arm um ihre

Schulter und lachte an den Stellen, an denen Cindy gelacht hätte.

»Was machst du denn da, Mom?« fragte eine ängstliche Stimme hinter ihr.

Gail wandte sich um. Jennifer stand in der Tür. Gail schwieg. Sie wußte selbst nicht, was sie tat, wie hätte sie also die Frage ihrer Tochter beantworten können? Jennifer trat zu ihr, nahm ihr den Fernbedienungsapparat aus der Hand und drückte auf »Aus«. Ein paar Minuten lang schwiegen sie beide.

»Bist du mit den Aufgaben fertig?« fragte Gail, sobald sie ihre Stimme wiedergefunden hatte.

»Ich wollte grade rüber zu Eddie, damit er mir 'n bißchen hilft. Diese Matheaufgaben sind echt bescheuert.«

»Das Beste heben sich die Lehrer eben immer bis zuletzt auf.« Gail lächelte.

»Ich bin froh, daß diese Woche bald rum ist.« Jennifer legte den Fernbedienungsapparat auf den Tisch. »Aber vielleicht sollte ich doch lieber hierbleiben.«

»Sei nicht albern. Du brauchst wirklich Hilfe in Mathe. Mir geht's gut. Ich hatte sowieso 'nen Spaziergang vor.«

»Gute Idee«, sagte Jennifer so laut, daß Gail die Erleichterung aus ihrer Stimme heraushörte. »Dann kannst du mich ja bis zu Eddies Haus begleiten.«

Sie gingen schweigend nebeneinander her. Ein warmer Sommerwind wehte ihnen entgegen, aber die beiden schienen völlig versunken in den Anblick ihrer Schuhspitzen.

»Da sind wir«, sagte Jennifer, und als Gail verdutzt aufblickte, sah sie das rote Ziegelhaus der Frazers vor sich. Ich hab' gar nicht gewußt, wie nahe Eddie wohnt, ging es ihr durch den Kopf.

»Streng dich an, damit du was lernst!« rief sie ihrer Tochter nach, die schon die Stufen zur Eingangstür hinauflief.

Jennifer winkte und verschwand im Haus. Gail erhaschte einen flüchtigen Blick auf Eddie, ehe die Tür sich hinter Jennifer schloß. Sein Haar ist braun, dachte sie. Oder könnte man es noch aschblond nennen? Vielleicht, wenn die Sonne drauf scheint? Zielbewußt ging sie die Straße entlang. Ein paar Minuten später stand sie vor der Riker-Hill-Schule. Hier hatte Cindy die erste Klasse besucht. Gleich darauf fand sie sich in dem kleinen Park wieder, wo man am letzten Nachmittag im April Cindys Leiche gefunden hatte.

Die Sonne strahlte vom wolkenlosen Himmel, der Boden war fest und trocken. Gail holte tief Luft. Sie kam sich vor, als betrete sie unbefugt geweihten Boden. Die kleine Anlage konnte man eigentlich gar nicht als Park bezeichnen. Eine frischgestrichene Bank glänzte grünschillernd im Sonnenlicht. Gail näherte sich ihr vorsichtig, so als fürchte sie, die Farbe sei noch feucht. Langsam setzte sie sich. Sie zwang sich, ruhig und gleichmäßig zu atmen. Gail verbrachte fast den ganzen Nachmittag auf dieser Bank. Nichts regte sich. Doch dann war der Park plötzlich voller Kinder. Die Schule war aus; Buben tobten lärmend an ihr vorbei, neugierige Blicke streiften sie. Gail erhob sich rasch und ging zurück nach Hause. Sie beeilte sich mit den Vorbereitungen fürs Abendessen, um fertig zu sein, ehe Jack, Jennifer und Carol heimkamen.

Ihre Schwester kehrte niedergeschlagen aus New York zurück. Das Vorsingen hatte nicht so geklappt, wie sie es sich erhofft hatte. »Das mußt du dir mal vorstellen: plötzlich hatte ich den Text eines Liedes vergessen, das ich normalerweise im Schlaf singen kann! Na, und danach ging einfach alles in die Hose!« Jack grübelte immer noch darüber nach, woran morgens der Dalmatiner gestorben sei, und Jennifer machte sich Sorgen wegen ihrer Matheprüfung. Niemand hatte sonderlich Appetit, und Gail konnte ihr hastig zubereitetes Abendessen fast unberührt wieder abtragen.

An dem Nachmittag, an dem Jennifer ihre letzte Prüfung hatte, saß Gail zu Hause und wartete aufgeregt auf ihre Tochter. Widerstrebend wanderte ihr Blick zu der neuen Wanduhr. »Sie müßte schon hier sein«, sagte sie zu Carol.

»Wahrscheinlich geht sie mit ihren Freunden noch die Aufgaben durch.«

»Aber nach den anderen Prüfungen ist sie nie so spät gekommen.«

Carol zuckte mit den Schultern. »Heute ist der letzte Tag. Vielleicht ist sie mit ihren Klassenkameraden losgezogen, um ein bißchen zu feiern.«

»Hatte sie das denn vor?«

»Gesagt hat sie's nicht.« Carol lächelte. »Aber du weißt doch, wie Teenager sind. Wahrscheinlich ist ihnen die Idee ganz spontan gekommen.«

»Das sieht Jennifer aber gar nicht ähnlich.« Gails Stimme verriet Angst. »Wenn sie weggehen wollte, hätte sie mich angerufen. Mein Gott, Carol, glaubst du, daß ihr was passiert ist?« Gails von Natur aus blasses Gesicht war auf einmal kreideweiß.

»Gail, bitte!« Carol setzte sich neben sie. »Komm, beruhige dich! Jennifer fehlt nichts. Sie hat sich nur ein bißchen verspätet, das ist alles. Jetzt entspann dich; ich bring' dir was zu trinken.«

Aber Gail schien sie gar nicht gehört zu haben. »Da draußen laufen 'ne Menge Verrückte frei rum. So ein Wahnsinniger könnte doch auf die Idee kommen, nachdem er eine Schwester umgebracht hat, sei nun die andere an der Reihe...«

»Gail...«

»Oder ein Ungeheuer hat gelesen, was mit Cindy geschehen ist, und macht sich nun den Spaß, ihre große Schwester zu jagen...« Gail sprang auf und lief aus dem Zimmer.

»Gail, so warte doch! Wo willst du denn hin?« Gail öffnete die Haustür und trat hinaus in den Garten. »Komm zurück, ich bitte dich! Hör zu, ich versichere dir, daß Jennifer nicht in Gefahr ist!«

»Ich geh' sie suchen.«

»Ja, aber wo denn?«

Zu spät. Gail war schon auf der Straße. Sie hörte hinter sich eine Tür zuschlagen, und gleich darauf rannte ihre Schwester atemlos neben ihr her.

»O mein Gott, o mein Gott!« stöhnte Gail immer wieder.

»Gail, ich flehe dich an, beruhige dich doch! Du darfst dich nicht jedesmal so quälen, nur weil Jennifer sich ein bißchen verspätet. Weißt du überhaupt, wo du hinwillst?«

Gail antwortete nicht. An der nächsten Ecke bog sie in die McClellan Avenue ein. Auch Carol verstummte. Sie mußte sich gewaltig anstrengen, um mit ihrer Schwester mitzuhalten. Ungeachtet ihres Schweigens war Gail dankbar dafür, Carol neben sich zu wissen. Sie bog noch ein zweites und ein drittes Mal ab. Endlich stand sie vor dem roten Ziegelhaus. Entschlossen lief sie die Stufen zum Eingang hinauf und hämmerte mit der Faust gegen die Tür.

»Wo sind wir denn hier?« fragte Carol.

»Vielleicht ist sie bei Eddie«, gab Gail statt einer Antwort zurück. Sie klopfte laut und ungestüm, aber im Haus rührte sich nichts. Trotzdem trommelte Gail fieberhaft weiter gegen die Tür. »Es ist niemand zu Hause«, sagte Carol nach einer Weile. »Gail!« Sie nahm ihre Schwester beim Arm. »So hör doch, es ist sinnlos.«

Gail blickte sich ein paar Minuten lang hilflos um, dann rannte sie ohne ein Wort zu sagen wieder hinaus auf die Straße.

»Wo willst du denn jetzt hin?« rief Carol, die verzweifelt versuchte, mit ihr Schritt zu halten.

Sie kamen an einem kleinen Laden vorbei, über dessen Schaufenster zu lesen stand: »Nichts ist unmöglich.« Das Geschäft war kürzlich in Konkurs gegangen. Alles ist möglich, dachte Gail im Vorübergehen und beschleunigte ihre Schritte. Bald erreichten sie Jennifers Schule. Aber schon als sie über den Hof gingen, wußte Gail, daß die Türen verschlossen waren. Das Gelände lag da wie ausgestorben.

Gail wandte sich um und lief zu ein paar Jugendlichen, die draußen auf der Straße standen und rauchten. »Hat einer von euch Jennifer Walton gesehen?« fragte sie atemlos.

Die drei, zwei Mädchen und ein Junge, blickten Gail verwundert an. Die Aufregung in ihrer Stimme erschreckte sie. Schweigend schüttelten sie den Kopf.

»Seid ihr auch ganz sicher?«

»Also ich kenn' gar keine Jennifer Walton«, sagte der Junge.

Gail dachte: Er ist schlank, und sein hellbraunes Haar könnte für aschblond durchgehen.

»Gail! Nun komm schon. Du hast doch gehört, sie kennen Jennifer nicht«, drängte Carol.

Gail machte auf dem Absatz kehrt. Sie bog um eine Ecke, dann um eine zweite und lief so lange kreuz und quer durch die Gegend, bis sie die Orientierung verlor. Aber dann stand sie plötzlich vor dem kleinen Park, sah das Gebüsch und die frischgestrichene grüne Bank vor sich.

»Ist das die Stelle, wo...?« Carol brach ab.

Gail antwortete nicht. Ihr Blick war wie gebannt auf den Fleck Erde hinter der Bank gerichtet.

»Komm, laß uns heimgehen«, bat Carol.

»Du brauchst dich nicht zu fürchten.« Gails Stimme klang auf einmal unheimlich ruhig.

»Ich fürchte mich ja auch nicht. Ich halte es bloß für keine gute Idee, hierherzukommen.«

»Es ist so still hier.« Gail schien den Lärm nicht zu hören, den ein paar ballspielende Kinder veranstalteten. Sie setzte sich auf die Bank. »Vor ein paar Tagen, als du in New York warst, bin ich schon mal hiergewesen. Ich hab' den ganzen Nachmittag auf dieser Bank gesessen.«

Carol sah sie entsetzt an. »Aber *warum*, um Himmels willen?«

»An dem Tag haben keine Kinder hier gespielt«, fuhr Gail fort, ohne Carols Frage zu beachten. »Wahrscheinlich hatten ihre Mütter ihnen verboten herzukommen. Nur ein paar besonders Mutige haben nach der Schule die Abkürzung durch den Park genommen. Aber jetzt ist schon wieder allerhand los hier. Bald werden auch die schmierigen alten Kerle in den Regenmänteln wieder auftauchen. Ich muß wissen, wer sich hier rumtreibt, ich muß die Anlagen beobachten.«

»Solltest du das nicht besser der Polizei überlassen?«

»Wie viele Polizisten siehst du denn auf dem Gelände?«

»Ich finde, du solltest nicht mehr herkommen«, sagte Carol eindringlich, so als sei sie die ältere Schwester, die der jüngeren Vernunft beizubringen suchte.

»Was ist denn Schlimmes an diesem Park?«

»Was ist Gutes dran?« fragte Carol zurück. »Warum quälst du dich so? Findest du es richtig, das Schicksal herauszufordern?«

»Aber das tu' ich doch gar nicht.«

»Wer sich in Gefahr begibt, kommt darin um«, orakelte Carol.

Gail blickte ihre Schwester verwundert an und mußte unwillkürlich lachen. »Wo hast du denn den Spruch her?«

»Mom hat ihn ständig im Munde geführt.«

»Wirklich? Daran kann ich mich gar nicht erinnern.«

»Vielleicht hat sie ihn auch nur zu mir gesagt.« Carol setzte sich zögernd neben ihre Schwester auf die Bank. »Ich bin ja auch dauernd ins Fettnäpfchen getreten, weißt du noch? Nie konnte ich die Klappe halten. ›Bring dich nicht in Schwulitäten‹, sagte Mutter zu mir, und ich antwortete ihr, das täte ich nie, aber ich sei eben vom Pech verfolgt. Und darauf antwortete sie: ›Wer sich in Gefahr begibt, kommt darin um.‹ Und jetzt führe ich die Familientradition fort.«

Gail lächelte und lehnte den Kopf an die Schulter ihrer Schwester. Carol legte den Arm um sie und zog sie hoch. Gail ließ es geschehen. Seite an Seite gingen sie zur Straße zurück.

»Wie klappt's eigentlich zwischen dir und Frank?« fragte Gail. Carol hatte den Mann, mit dem sie zusammenlebte, seit ihrer Rückkehr aus New York mit keinem Wort erwähnt.

»Wir haben Schluß gemacht«, erwiderte Carol sachlich.

Gail blickte sie überrascht an. »Als ich in der Stadt war, haben wir uns ausgesprochen und alles geregelt.«

»O nein! Carol, das ist meine Schuld. Wenn du nicht bei mir geblieben wärst...«

»Wenn ich nicht bei dir geblieben wäre, hätte es nur noch früher gekracht. Frank und ich, besser gesagt, Frank, seine *Kinder* und ich kamen schon eine ganze Weile nicht mehr so recht miteinander aus. Ich wünschte, ich könnte dir von einem hochdramatischen Finale erzählen, vielleicht, daß er mich in den Armen eines anderen überraschte. Doch in Wahrheit haben wir bloß nach etwas über zwei Jahren festgestellt, daß all unsere Auseinandersetzungen nicht der Mühe wert sind. Also beschlossen wir, alles gerecht zu teilen. Er hat die Stereoanlage gekriegt – ich die Platten; ich hab' die Wohnung behalten, er hat die Möbel mitgenommen. Er ist mit seinen Kindern ausgezogen, und ich hab' meinen gesunden Menschenverstand wieder. Und von nun an werden wir alle glücklich und zufrieden leben bis an unser seliges Ende.« Sie zuckte mit den Schultern. »Für mich war's sowieso Zeit für 'ne Abwechslung.«

Schweigend kehrten die beiden Frauen zum Tarlton Drive zurück.

»Was wetten wir, daß Jennifer längst daheim ist und sich den Kopf darüber zerbricht, wohin ihre unberechenbare Tante ihre Mutter verschleppt hat?« Carol drückte Gail an sich. Aber das Haus war leer, und Gail geriet erneut in Panik. »Sie wird jeden Moment hier sein«, versicherte Carol hastig. »Bitte, reg dich nicht auf. Sie kommt gleich, das weiß ich.«

Es war zehn Minuten vor fünf, als Jennifer das Haus betrat.

»Wo bist du gewesen?« Zum erstenmal seit Cindys Tod brach Gail in Tränen aus.

»In Don's Restaurant. Mit einigen aus meiner Klasse. Wir haben 'nen Hamburger gegessen und die Prüfung gefeiert. Wieso?« fragte Jennifer plötzlich erschrocken. »Was ist denn los? Ist was passiert?«

»Deine Mutter hat sich Sorgen gemacht«, erklärte Carol, den Blick fest auf Gail gerichtet. »Du hättest zu Hause anrufen und Bescheid sagen sollen, daß du später kommst.«

»Hab' ich ja versucht! Gleich als wir im Restaurant ankamen, wollte ich Mom anrufen. Aber es hat niemand abgenommen. Was ist denn nur los? Ich dachte, Mom hätte bestimmt nichts dagegen, wenn ich mit den andern weggehe. Das hab' ich ja früher auch gemacht...«

»Aber jetzt ist's anders als früher.« Carol sah zu, wie Gail schluchzend auf einen Küchenstuhl sank. »Deine Mutter hatte Angst, dir sei was zugestoßen. Sie hat sich große Sorgen gemacht.«

Jennifer lief zu ihrer Mutter. »Aber ich *hab'* ja angerufen. O Mom!« Sie kniete neben Gail nieder. »Es tut mir so leid. Bitte, hör auf zu weinen. Mir ist nichts passiert. Und mir wird auch nichts passieren. Ich bin doch schon groß, ich kann selbst auf mich aufpassen. Du hättest dich nicht zu ängstigen brauchen.«

Gail schluchzte hemmungslos. Die so lange zurückgehaltenen Tränen brachen sich unaufhaltsam Bahn. »O Mom, bitte, entschuldige. Bitte, Mom, sag was, sprich mit mir.«

»Ich hab' dich lieb«, stammelte Gail unter Tränen. »Wenn dir was zustieße... ich könnte es nicht ertragen.«

»Ich hab' dich doch auch lieb.« Jetzt fing Jennifer ebenfalls an zu weinen. »Ich würde alles drum geben, damit du wieder froh sein könntest. O Gott, ich wünschte, ich wäre tot und nicht Cindy.«

Gail preßte ihrer Tochter die Hand auf den Mund. »Liebes, so was darfst du nicht sagen! So was darfst du nicht mal denken!«

»Ich hab' dein Gesicht gesehen, als du an dem Nachmittag heimkamst, und ich war da, aber Cindy nicht. Ich weiß, daß du dir gewünscht hast, ich wäre tot... Ich versteh's sogar... sie war noch so klein...«

»Und das hast du die ganze Zeit mit dir rumgetragen? Jennifer, Spätzlein, es ist nicht wahr. Ich schwör's dir. Kein Wort davon ist wahr. Ich hab' dich lieb, mehr als alles auf der Welt.«

Sie nahm ihre Tochter in die Arme. Jennifer schmiegte sich schluchzend an ihre Mutter.

»Mein Kind, mein Schatz, ich liebe dich so sehr. Verzeih mir, daß ich nicht gemerkt hab', was du durchgemacht hast. Ich dachte, du wolltest nur nicht über Cindy sprechen, weil's dir unangenehm war.«

»Ich war gemein zu ihr, Mom.« Jennifer schluchzte.

»Was redest du da?« Gail machte keine Anstalten, sich die Tränen abzuwischen, die ihr über die Wangen liefen.

»Sie hat mich gestört, als ich lernen wollte. Da hab' ich sie aus meinem Zimmer rausgeschmissen.« Jennifer zitterte am ganzen Körper. »Und einmal hat sie meine Schuhe anprobiert. Ich kam dazu und hab' sie angebrüllt: Sie habe meine Sachen durcheinandergebracht und müsse alles wieder aufräumen. Ich hab' sie so angeschrien, daß sie anfing zu weinen. Einmal hab' ich sie erwischt, wie sie in meiner Handtasche kramte. Sie hatte sich mit meinem Lippenstift das ganze Gesicht vollgeschmiert. Da hab' ich gesagt, sie sähe doof aus, richtig häßlich. Mein Gott, Mom, wie konnte ich nur so gemein zu ihr sein?«

Gail strich ihrer Tochter das Haar aus dem Gesicht. »Du warst nicht gemein zu ihr. Du warst die beste große Schwester, die ein kleines Mädchen sich nur wünschen kann. Hörst du mich?« Jennifer nickte. »Du brauchst dir keinen Vorwurf zu machen, bloß weil du sie mal angebrüllt hast, wenn sie sich danebenbenommen hat oder dir ganz einfach auf die Nerven gegangen ist. Das ist doch ganz natürlich. So was passiert jedem von uns. Es zählt nur, was du wirklich für sie empfunden hast.«

»Ich hatte sie ehrlich lieb.«

»Ja, das weiß ich. Und Cindy wußte das auch. Sie hatte dich auch sehr, sehr lieb.«

Gail vergrub ihr Gesicht im Haar ihrer Tochter und weinte und weinte. Als Jack nach Hause kam, weinte sie immer noch. Carol und Jack waren erleichtert darüber, und ihre Eltern gewiß auch. Carol rief sie noch am selben Abend an und versicherte ihnen, Gail würde bald wieder auf dem Damm sein. Sie habe heute geweint. Doch dann weinte Gail Tag für Tag, und ihre Familie begann erneut, sich Sorgen um sie zu machen.

IX

»Die Umwelt erwartet von uns, daß wir drüber wegkommen«, sagte die Frau leise. »Man erwartet von uns, daß wir nach einer gewissen Zeit wieder zu unserem alten Leben zurückfinden. Wenn wir den Leuten erklären, daß es unser altes Leben nicht mehr gibt, so verstehn sie das nicht. In ihren Augen schwelgen wir in Selbstmitleid. Sie glauben einfach, mit der Zeit müsse man es überwinden. Die Zeit vergeht, viel Zeit, vielleicht Jahre, und die Menschen um uns werden ungeduldig. Sie befürchten, man sei nicht mehr ganz bei Verstand. Trauer, sagen sie, sei ein edles Gefühl, aber es dürfe nicht zur Selbstzerstörung führen. Das sei nicht normal. Wir versuchen ihnen zu erklären, daß uns etwas widerfuhr, was *nicht* normal ist, und darauf erwidern sie, das Leben gehe weiter. Wir nicken. Was bleibt uns anderes übrig. Niemand weiß schließlich besser als wir, wie recht sie haben: Das Leben geht weiter!« Sie lachte ein bitteres Lachen.

Die Frau war nicht größer als einsfünfzig und wog kaum mehr als achtzig Pfund. In ihrem blonden Haar mischten sich helle und dunklere Strähnen. Die Wimperntusche war verschmiert und lief ihr in dünnen, schwarzen Rinnsalen über die Wangen. Ihre Stimme war nur ein Flüstern. Wenn sie auch zu den Anwesenden sprach, so redete sie im Grunde doch mehr mit sich selbst. Obwohl zehn Leute um sie versammelt waren, fühlte diese Frau sich unverkennbar allein, so wie jeder von ihnen in Wahrheit allein war.

»Sie war zu einer Freundin gegangen, mit der sie zusammen Schularbeiten machen wollte. Das tat sie fast jeden Tag. Ich hab' sie immer wieder gefragt – gelöchert, wie sie's nannte –, ob es wirklich was brächte, wenn sie mit ihrer Freundin zusammen lernte. Ich hatte meine Zweifel, ob die beiden tatsächlich ernsthaft arbeiteten. Aber sie blieb dabei, daß sie viel davon profitiere, weil Peggy – so hieß das andere Mädchen – viel klüger sei als sie und ihr vieles beibringen könne. Was sollte ich dem entgegenhalten? Ich bin schließlich nur die Mutter, nicht wahr?« Die Frau schluckte, senkte den Kopf und wischte sich die Augen. »Ich wußte es nicht besser.« Sie sah Gail an, die ihr unbeweglich gegenübersaß und kaum zu atmen wagte. »Also ist sie losgezogen wie gewöhnlich. Es war an einem Dienstagabend, so gegen halb acht. Sie wollte um zehn zurück sein. Ich hab' mir im Fernsehen einen Film angeschaut. Danny, mein Sohn, war schon zu Bett gegangen. Mein Mann und ich, wir sind geschieden; ich lebte allein mit den Kindern. Anfangs hab' ich nicht sonderlich auf die Zeit geachtet. Aber während eines Werbespots fällt mein Blick auf die Uhr, und da ist es schon Viertel vor elf. Das sieht Charlotte gar nicht ähnlich. Sie kommt immer pünktlich nach Hause. Sie war ein braves Kind. Zuerst dachte ich noch, sie hätten vielleicht mehr Zeit für die Aufgaben gebraucht. Oder meine Tochter hätte lange auf den Bus warten müssen. Peggy wohnte nicht weit von uns, aber ich wollte nicht, daß Charlotte nachts allein zu Fuß unterwegs war. Außerdem war die Bushaltestelle direkt vor Peggys Haus. Ich hab' also gewartet; es wurde elf, der Film war zu Ende, und ich begann ärgerlich zu werden. Ich überlegte, ob ich bei Peggy zu Hause anrufen sollte oder nicht. Jeder weiß doch, wie verhaßt Heranwachsenden das Gefühl ist, die Eltern spionierten ihnen nach. Schließlich dachte ich: Verdammt noch mal, wenn's ihr peinlich ist, soll sie eben nächstes Mal pünktlich sein! Ich griff zum Telefon und rief bei Peggy an. Ihre Mutter versicherte mir, Charlotte sei bereits über eine Stunde fort. Mit dem Bus hätte sie nur ein paar Minuten bis nach Hause gebraucht. Allmählich machte ich mir Sorgen. Um Mitternacht war ich völlig aufgelöst. Ich rief ihre sämtlichen Freundinnen an, holte jede aus dem Bett, bei der sie vielleicht hätte sein können. Zuletzt wußte ich mir keinen anderen Rat mehr, als die Polizei einzuschalten. Aber das war reine Zeitverschwendung. Der Beamte meinte, Charlotte sei wahrscheinlich mit ihrem Freund zusammen. Ich sagte, sie habe keinen Freund, sie sei ein sehr schüchternes Mädchen. Da lachte der Polizist am anderen Ende und versicherte mir, alle siebzehnjährigen Mädchen hätten einen Freund, und nur ihre Mütter hielten sie für schüchtern. Er fragte mich, ob wir gestritten hätten oder ob sie einen Grund gehabt habe, von zu Hause fortzulaufen. Ich verneinte das. Er fragte nach meinem geschiedenen Mann. Ich erklärte, ich hätte ihn seit der Scheidung nicht mehr gesehen. Er sagte, Charlotte sei wahrscheinlich zu ihrem Vater gegangen. Ich fragte, wie das möglich sei, da meine Tochter genausowenig eine Ahnung habe, wo er sich aufhielte, wie ich. Er behauptete, Teenager wüßten vieles, was sie ihren Müttern verschwiegen. Ich solle mich beruhigen und den nächsten Morgen abwarten. Meine Tochter würde mich bestimmt anrufen. Außerdem könne die Polizei sowieso erst dann etwas unternehmen, wenn das Mädchen seit vierundzwanzig Stunden vermißt werde. Der Beamte riet mir, schlafen zu gehen. Morgen nachmittag würde er jemanden vorbeischicken – falls Charlotte bis dahin nicht von selbst wieder aufgetaucht sei.

Ich wußte, daß sie keinen Freund hatte und auch nicht bei ihrem Vater sein konnte, den sie schließlich seit acht Jahren nicht mehr gesehen hatte. Ihr mußte etwas zugestoßen sein, sonst hätte sie mich zumindest angerufen. Aber die Polizei hörte nicht auf mich. Sie blieb bei der Theorie, meine Tochter sei von zu Hause weggelaufen. Daran konnten auch die Aussagen ihrer Freunde und ihrer Lehrer nichts ändern, die alle beteuerten, Charlotte sei nicht der Typ, einfach davonzulaufen, und von ihrem Vater habe sie nie gesprochen. Eines Nachmittags – Charlotte war inzwischen seit sechs Tagen verschwunden – hatte ich mich hingelegt. Ich hatte keine Nacht mehr richtig geschlafen, seit sie verschwunden war. Plötzlich hörte ich einen Wagen vorfahren, und als ich aus dem Fenster sah, erkannte ich ein Polizeiauto. Im ersten Moment sprang ich erfreut auf, denn ich dachte: Jetzt haben sie mein Kind gefunden und bringen's mir. Doch die Polizisten waren allein. Sie gingen sehr langsam, so als wollten sie eigentlich gar nicht ins Haus kommen. Plötzlich fühlte ich mich furchtbar elend. Charlotte und ich, wir hatten uns immer sehr nahegestanden, besonders, seit ihr Vater uns verlassen hatte.

An alles, was danach geschah, erinnere ich mich nur verschwommen. Ich versuchte es zu verdrängen. Die Polizisten sagten, sie hätten eine Leiche gefunden. Möglicherweise sei es Charlotte, aber einwandfrei könne das nur durch ein zahnärztliches Gutachten festgestellt werden. Die Leiche habe auf einem Feld gelegen, die Verwesung habe bereits eingesetzt; außerdem hätten Tiere den Körper angenagt. Es dauerte noch einen Tag, ehe wir mit Sicherheit wußten, daß die Tote meine Charlotte war. Man hatte sie vergewaltigt und zu Tode geprügelt, wahrscheinlich mit einem stumpfen Gegenstand. Dazu gehörte nicht viel. Sie war nicht größer als ich.

Fast ein Jahr lang ging ich nicht mehr aus dem Haus. Danny zog zu meinem Bruder. Charlottes Vater meldete sich erst einen Monat nach ihrem Tod. Als er endlich anrief, gab er mir die Schuld. Ich widersprach ihm nicht. In meinen Augen hatte er sogar recht. Auch ich gab mir die Schuld.«

Sie brach ab, und im Raum herrschte für ein paar Minuten tiefes Schweigen. Dann begann die zierliche Frau wieder zu sprechen.

»Wie gesagt, ich verkroch mich fast ein Jahr lang im Haus. Ich habe in der Zeit über fünfzehn Kilo abgenommen. Eine Nachbarin überredete mich schließlich dazu, zum Arzt zu gehen, und der steckte mich einen Monat ins Krankenhaus. Als ich rauskam, versuchte ich mich umzubringen. Das erste Mal schaffte mich meine Nachbarin grade noch rechtzeitig in die Klinik. Als ich's ein zweites Mal probierte, fand mich mein Sohn. Danny war meinem Bruder weggelaufen, weil er nach Hause wollte. Beim Anblick des Jungen wußte ich, daß ich mir nicht das Leben nehmen durfte. Ich habe nie mehr Hand an mich gelegt, auch wenn ich immer noch den Wunsch habe, es zu tun.

Das ist jetzt vier Jahre her. Danny ist zweimal sitzengeblieben, und er hat fast jede Nacht Alpträume. Seine Lehrer haben mich gewarnt, daß er dieses Jahr das Klassenziel wieder nicht erreichen wird, wenn er sich nicht schleunigst am Riemen reißt. Ich hab' versucht zu arbeiten, aber ich kann mich auf keiner Stelle lange halten. O Gott, es wird immer schlimmer. Aber warum erzähle ich Ihnen das? Sie wissen ja alle, wie das ist. Sie sind die einzigen, die mich verstehen.«

Sie blickte sich unter ihren Zuhörern um. In den Augen der Leute standen Tränen. Schweigend bekundeten sie ihr Verständnis. Gail wagte kaum zu atmen. Warum bin ich hier? Warum hat Jack unbedingt darauf bestanden, daß wir herkommen? Ich muß hier raus, weg von diesen Menschen, dachte sie.

Die zierliche Frau fuhr in ihrem Bericht fort. »Etwa eine Woche nachdem man Charlottes Leiche gefunden hatte, nahm die Polizei zwei Jugendliche fest. Beide unter achtzehn. Sie waren geständig. Ihre Tat hatte keinen besonderen Grund, gaben sie zu Protokoll. Sie wollten bloß rauskriegen, was für ein Gefühl es sei, jemanden sterben zu sehen. Auf Charlotte waren sie ganz zufällig verfallen. Sie kurvten mit einem Wagen durch die Gegend, den sie gestohlen hatten. Da sahen sie Charlotte an der Bushaltestelle stehen, zerrten sie ins Auto und fuhren mit ihr hinaus aufs Feld.« Die Frau blickte sich mit hilfloser Gebärde im Zimmer um. »Sie waren nicht volljährig, verstehen Sie. Deshalb kamen sie nicht ins Gefängnis. Man schickte sie in ein Erziehungsheim. Der eine ist schon wieder auf freiem Fuß, der andere wird in ein paar Monaten entlassen. Und da sie minderjährig sind, gelten sie noch nicht mal als vorbestraft.« Sie sah zu Boden. »Ich weiß selbst nicht, was ich mir erhoffte. Ich vertraute wohl darauf, daß in unserem Lande die Gerechtigkeit triumphiert. Als die Mörder meiner Tochter gefunden wurden, schien mir das ein Beweis dafür, daß dem Recht Genüge getan werde. Heute weiß ich es natürlich besser. Ich glaube nicht mehr an Gerechtigkeit. Das Recht meiner Tochter auf ein langes, glückliches Leben verblaßt neben dem Recht ihrer Mörder, wenn ein geschickter Anwalt es in die Hand nimmt. Er kann die ohnehin schwachen Gesetze im Handumdrehen nach eigenem Gutdünken zerpflücken, und das im Namen der Gerechtigkeit. Kann mir jemand von Ihnen eine Frage beantworten?« Die Frau blickte der Reihe nach in jedes Gesicht, aber ihr Tonfall ließ keinen Zweifel daran, daß ihre Frage rein rhetorisch war. »Kann mir jemand erklären, warum es so viele hervorragende Anwälte gibt, aber nur wenige kompetente Anklagevertreter?« Sie schluckte hörbar. »Wie lange wird es dauern« – diesmal flehte ihre Stimme um Antwort – »wie lange wird es dauern, bis ich mich von diesem Haß befreien kann, an dem ich langsam ersticke?«

Gail hatte das Gefühl, als sei die letzte Frage direkt an sie gerichtet. Sie beugte sich zu ihrem Mann hinüber. Sie wollte fort von hier. Warum hatte er sie hergebracht? Spürte er denn nicht, welche Qual dieser Abend für sie bedeutete?

»Jack«, flüsterte Gail, doch er hing seinen eigenen Gedanken nach. Sie berührte seinen Arm, versuchte, seine Aufmerksamkeit zu erregen, ohne die Gruppe zu stören. Zehn Leute saßen da beisammen, die eines gemeinsam hatten: Ihr Leben war unwiderruflich zerstört worden, und zwar durch einen sinnlosen Gewaltakt, dem sie hilflos ausgeliefert waren. Wie viele solcher Organisationen gab es in den Vereinigten Staaten? Wie viele Menschenleben wurden auf solch grausame Weise zerstört?

»Ich habe ein paar Bilder von Charlotte mitgebracht«, fuhr die zierliche Frau fort. Sie holte einen Stapel Fotos aus ihrer Handtasche und reichte sie herum. »Auf dem ersten ist Charlotte noch ein Baby. Ich weiß nicht, warum ich das mitgebracht hab'.« Sie kicherte verschämt. »Wahrscheinlich wollte ich Ihnen zeigen, was für ein hübsches Baby ich hatte. Die anderen Bilder wurden aufgenommen, als Charlotte siebzehn war; das letzte machte ich drei Wochen vor ihrem Tod. Sie hatte so schönes, langes blondes Haar, in das sie richtig vernarrt war. Ich konnte sie nicht mal dazu bewegen, es auch nur einen Zentimeter kürzen zu lassen.« Sie hielt inne und sah zu, wie die Fotos von Hand zu Hand wanderten. Gail spürte ihren Blick auf sich ruhen, als sie die Bilder in Empfang nahm. Sie betrachtete das pausbäckige, strahlende Baby und das lächelnde blonde Mädchen, das nun tot war. Rasch schob sie Jack die Fotos zu. Vergebens bemühte sie sich, ihm zu signalisieren, daß sie fort wolle, daß sie es nicht mehr aushielte.

Wie kann er nur ruhig dasitzen und sich das anhören? Und die anderen, wie halten die das aus? Gail blickte sich im Kreis der Leute um, die der Schmerz zusammengeführt hatte.

Das Treffen fand in West Orange statt, im Haus von Lloyd und Sandra Michener. Sie hatten die Gruppe vor drei Jahren gegründet, sechs Monate, nachdem ihre Tochter auf dem Heimweg vom Kino erstochen worden war. Laura hatte ihr zwar erklärt, wie diese Selbsthilfeorganisation aufgebaut war – »ähnlich den anonymen Alkoholikern, weißt du« –, doch auf soviel Direktheit war Gail nicht gefaßt gewesen.

»Darf ich euch Gail und Jack Walton vorstellen«, hatte Lloyd Michener sich an die Runde gewandt. »Ihre sechsjährige Tochter Cindy wurde vor sieben Wochen ermordet.« Keine Beschönigungen, kein Versuch, die grausame Wahrheit zu verschleiern. Dieses Stadium hatte die Gruppe längst hinter sich.

Lloyd Michener hatte sie mit den Anwesenden bekannt gemacht: Sam und Terri Ellis, deren vierzehnjähriger Sohn bei einem Überfall auf einen Laden in der Nachbarschaft umgebracht worden war; Leon und Barbary Cooney, deren zwölfjährigen Sohn ein älterer Mitschüler in der Pause beim Streit ums Milchgeld erstochen hatte; Helen und Steve Gould, deren Babysitter durchgedreht und ihre kleine Tochter erwürgt hatte; und Joanne Richmond, deren siebzehnjährige Tochter Charlotte zwei Halbstarke auf einem Feld vergewaltigt und zu Tode geprügelt hatten.

Gail hatte schon bei der Begrüßung gespürt, wie ihre Nervosität sich von Minute zu Minute steigerte und wie Übelkeit in ihr hochstieg. Am liebsten hätte sie auf dem Absatz kehrtgemacht und wäre davongerannt.

Lloyd Michener schien ihre Gedanken zu erraten. »Ich kann

mir vorstellen, was Sie jetzt durchmachen. Uns allen ist es anfangs genauso ergangen, glauben Sie mir.« Er griff nach ihrer Hand. »Hier dürfen Sie frei von der Leber weg sprechen. ›Richtet nicht, auf daß ihr nicht gerichtet werdet!‹ So lautet unser Wahlspruch. Nichts, was Sie sagen, wird uns schockieren. Ihr Abscheu kann nicht größer sein, als der unsere es war. Lassen Sie sich von uns helfen, Gail.« Er spürte ihr Widerstreben, auch wenn er es nicht verstand.

Er hatte ihre Hand losgelassen und sich Joanne Richmond zugewandt. »Joanne hat sich bereit erklärt, uns heute abend ihre Geschichte zu erzählen. Sie brauchen nur zuzuhören«, erklärte er Gail. »Gewöhnlich beteiligen sich neue Mitglieder bei ihren ersten Besuchen nicht an der Diskussion. Aber das bleibt natürlich ganz und gar Ihnen überlassen.«

Gail hatte ihm schweigend zugehört. Sie schwieg auch jetzt, als Joanne Richmond ihren Bericht beendet hatte und ihre Fotos wieder einsammelte.

»Wollen wir ein paar Minuten Pause machen und einen Kaffee trinken?« schlug Sandra Michener liebenswürdig vor.

»Ich möchte gehen«, sagte Gail zu Jack.

»Aber Gail . . .«

»Es ist sinnlos, darüber zu diskutieren. Ich muß hier raus, ob du nun mitkommst oder nicht?«

Sie wirkte so entschlossen, daß Jack nachgab. »Ich geh' mit«, sagte er widerstrebend.

Gail lief unverzüglich in die Diele hinaus und wartete an der Haustür auf Jack. Sie hörte ihn mit Lloyd Michener sprechen, der auch jetzt wieder genau zu wissen schien, was in ihr vorging.

»Das ist durchaus nichts Ungewöhnliches. Neulinge gehen oft mitten in der Sitzung raus. Es ist schwierig, ruhig dazusitzen und sich all das Leid anzuhören, vor allem, wenn man selbst so ziemlich das gleiche durchgemacht hat. Versuchen Sie Ihre Frau zu überreden, das nächste Mal wiederzukommen. Aber wenn sie sich weigert, dann kommen wenigstens Sie. Das rate ich Ihnen dringend. Der Volksmund sagt, das Unglück bringe die Menschen enger zusammen. Doch das ist ein Irrtum. In Wirklichkeit verhält es sich genau umgekehrt. Die Betroffenen kommen mit ihren Schuldgefühlen nicht zu Rande, und das belastet sogar die beste Ehe. Nach unseren Erfahrungen landen siebzig Prozent derer, die keine Hilfe von außen suchen, vor dem Scheidungsrichter. Bitte kommen Sie wieder. Es ist wichtig.«

Jacks Antwort hörte sie nicht. Wahrscheinlich hatte er nur genickt. Ein paar Minuten später saßen er und Gail im Wagen und fuhren schweigend nach Hause.

X.

Am letzten Morgen ihrer selbstgesetzten Frist von sechzig Tagen rief Gail den Kommissar an.

»Ich bin's«, sagte sie verlegen, als Lieutenant Cole sich meldete. Er erkannte ihre Stimme sofort. »Sie dürfen mich jederzeit anrufen, Gail. Das wissen Sie doch. Wie war's bei der Selbsthilfegruppe?«

»Ach... so...« Gail wollte nicht über die Sitzung sprechen. Sie hatte genug von den Diskussionen mit Jack, Carol und Laura, die stundenlang versucht hatten, sie zu überreden, am nächsten Treffen teilzunehmen. Gail war fest entschlossen, das nicht zu tun.

»Gruppen wie die der Micheners haben schon vielen Menschen geholfen«, tastete der Kommissar sich weiter vor.

»Das hab' ich auch gehört.« Gail wechselte das Thema: »Sagen Sie, gibt's was Neues?«

»Wir haben ein Psychogramm des Mörders erstellt.«

»Und was ist das?«

»Wir haben aufgrund mehrerer psychiatrischer Gutachten den geistig-seelischen Hintergrund dieses Mannes bestimmt. Warten Sie 'n Moment, ich les' Ihnen den Bericht vor.« Gail hörte Papier rascheln. »Ah, da haben wir's.« Er machte eine wirkungsvolle Pause. »Nach Meinung der Experten ist der Mörder ein Einzelgänger. Möglicherweise hat er 'n Vorstrafenregister, aber wohl nur für kleinere Vergehen. Wahrscheinlich stammt er aus einer zerrütteten Familie, obwohl das heutzutage nichts Besonderes ist. Seine Mutter war entweder zu dominant oder zu labil.«

Wie auch immer, die Mutter ist in jeder Familie schuld, dachte Gail.

»Er dürfte kaum feste Bindungen haben«, fuhr Lieutenant Cole fort. »Er war ein schlechter Schüler und möglicherweise gar ein Tierquäler. Seinen Vater hat er entweder nicht gekannt, oder er ist von ihm mißhandelt worden.«

Gail ordnete die Informationen. »Im Grunde läuft's also darauf hinaus, daß jeder der Mörder sein könnte.«

»Nein. Wir tappen zwar im dunkeln...«

»Aber was wissen Sie denn schon?«

»Nun, selbst unter Berücksichtigung aller Wenn und Aber steht doch fest, daß wir einen jungen Mann suchen, der ziemlich kontaktarm ist, einen Sonderling und Außenseiter der Gesellschaft, der aus einem zerrütteten Elternhaus stammt. Nach meiner Theorie hat er keinen festen Wohnsitz, sondern logiert in einer Pension, irgendwo hier in New Jersey. Früher oder später wird er sich verraten, und dann schnappen wir ihn.«

»Aber wenn er nun gar nicht mehr in New Jersey ist?«

Lieutenant Cole antwortete nicht gleich. Schließlich stellte er ihr eine Gegenfrage. »Spielen Sie Bridge?«

»Nein.«

»Meine Frau und ich, wir spielen einmal die Woche. Wissen Sie, beim Bridge muß man nicht nur Glück haben, da kommt's auch auf die Strategie an. Wenn zum Beispiel einer reizt, den Stich aber nur kriegen kann, falls ein bestimmter Spieler eine bestimmte Karte hat, so muß er aus taktischen Gründen beim Bieten annehmen, daß diese Karte genau da ist, wo sie sein sollte. Das gleiche trifft auch auf Verbrecherjagden zu. Wenn wir annehmen, der Mörder habe den Staat verlassen, können wir gleich aufgeben. Wir haben nur dann eine Chance, den Mann zu fassen, wenn er sich noch in New Jersey aufhält. Also gehen wir davon aus, daß er hier ist. Verstehen Sie, was ich meine?«

Gail ging auf seinen Vergleich nicht ein. Statt dessen stellte sie die Frage, die sie während der letzten zwei Monate gewiß schon hundertmal gestellt hatte: »Was unternehmen Sie jetzt?«

»Wir halten Augen und Ohren offen. In ganz Essex County haben wir Männer in einschlägigen Pensionen postiert. Wir beschatten Verdächtige. Vielleicht setzen wir eine Belohnung aus für sachdienliche Hinweise, die zur Ergreifung des Täters führen.«

»Kann ich irdendwas tun?«

»Gönnen Sie sich Ruhe.« Der Kommissar schien besorgt. »Sie müssen wieder zu Kräften kommen. Gehen Sie weiter zu den Treffen der Selbsthilfegruppe. Versuchen Sie wieder ein normales Leben zu führen.«

»Das haben Sie mir alles schon so oft gesagt.« Gail bemühte sich, ihn ihre Ungeduld nicht merken zu lassen. Er wollte ihr doch nur helfen, das wußte sie. »Ich möchte ja bloß wissen, ob ich was *tun* kann.«

»Ich hab' Sie schon verstanden. Aber Sie können nichts tun, glauben Sie mir.«

»Ich komm' mir so nutzlos vor.«

»Ja, ich weiß.«

»Ach, gar nichts wissen Sie!«

Lieutenant Cole schwieg eine Weile. Als er wieder sprach, klang seine Stimme beunruhigt. »Gail, versuchen Sie Geduld zu haben. Wir tun, was in unserer Macht steht.«

Sie nickte. »Ich melde mich bald wieder.«

Gail legte den Hörer auf und ging ins Arbeitszimmer. Auf dem dunkelgrünen Ledersofa lagen aufgeschlagen die Fotoalben, die sie am Vorabend durchgeblättert hatte. Sie setzte sich und nahm eins auf den Schoß. Einmal mehr blickte sie bestürzt auf die lächelnden Gesichter ihrer bis vor zwei Monaten noch so glücklichen Familie. Da waren Aufnahmen von Kostümfesten, Geburtstagsfeiern, Ferien in Florida. Ein wenig ängstlich saß die zweijährige Cindy bei Ebbe auf einem Felsen im Meer. Ihre besorgte Mutter war nicht im Bild. Cindy räkelte sich neben ihrem Großvater auf einem Liegestuhl; Cindy als Dreijährige, wie sie ganz allein mit Schwimmflügeln im Planschbecken badete; ein Jahr später, wie sie ohne Hilfe schwamm; Cindy als Fünfjährige auf dem Sprungbrett.

In Gedanken paarte Gail jede glückliche Erinnerung mit einer schmerzlichen. Mal hatte sie ihre Tochter zu hart angefaßt, mal sie zu streng getadelt. Es kostete sie besondere Überwindung, die Bilder anzuschauen, die Cindy am Klavier zeigten.

Im allgemeinen war sie eine geduldige Mutter, und auch bei ihren Schülern hatte sie in der Regel unerschütterliche Langmut bewiesen, doch wenn ihre Jüngste sich an der Tastatur abmühte, wurde Gail zum unerbittlichen Tyrannen. Sobald Cindy ihre Übungen vernachlässigte oder auf dem Klavierhocker herumzappelte und trödelte, wurde Gails Stimme schrill vor Ärger. Nicht selten war Cindy am Ende der Stunde in Tränen aufgelöst, und Gail konnte ihre eigene Stimme nicht mehr ertragen.

Wenn Gail jetzt das Klavier anschaute, sah sie in Gedanken Cindys tränenverschleierte Augen. Schließlich mied sie das Instrument. Den Eltern ihrer Schüler teilte sie mit, daß der Unterricht bis auf weiteres ausfallen müsse. Sie schienen eher erleichtert als enttäuscht darüber.

»Gail«, sagte eine sanfte Stimme hinter ihr, »glaubst du nicht, es sei an der Zeit, die Alben wegzulegen?«

Gail blickte auf. Ihre Schwester war noch im Nachthemd. Carol setzte sich neben sie. »Ich hab' sie angebrüllt.« Gail schluchzte. »Ohne Grund.« Sie vergrub das Gesicht in den Händen.

»Schön, du hast sie 'n paarmal angeschrien.« Carol schien ratlos. »Du warst also nicht die perfekte Mutter. Na und? Du bist schließlich nur 'n Mensch, oder? Du wirst weiterhin Fehler machen. Du wirst auch in Zukunft mal jemanden ungerecht behandeln. Das passiert doch jedem von uns.« Carol stockte und blickte ihre Schwester hilflos an. »Ich weiß, ich rede schon wieder wie unsere Mutter, aber sei's drum.« Sie zwang Gail, ihr in die Augen zu sehen. »Wichtig ist, daß du dein Bestes gegeben und dich nach Kräften bemüht hast, eine gute Mutter zu sein. Mensch, jetzt predige ich fast genau wie *du*! Weißt du nicht mehr, was du zu Jennifer gesagt hast? Es komme nur darauf an, daß sie Cindy geliebt und daß die Kleine es auch gefühlt hat. Sie sei die beste große Schwester gewesen, die ein Kind sich nur wünschen könne. Warum kannst *du* das nicht auch beherzigen? Warum willst du nicht einsehen, daß du die beste Mutter warst, die ein kleines Mädchen sich wünschen kann? Gail, denk doch mal, wie wenige Kinder heutzutage das Glück haben, ihre Mutter den ganzen Tag für sich zu haben. Cindy war ein rundum glückliches Kind...« Gails Miene ließ sie stokken. »Entschuldige, ich kann mir denken, wie das in deinen Ohren klingt. Aber deswegen brauchst du mich nicht gleich aufzufressen. Du weißt doch, wie ich's gemeint hab'!«

Gail saß reglos da, das geöffnete Fotoalbum auf dem Schoß. Sie blickte in das zarte Gesicht ihrer jüngeren Schwester, sah die Augenränder, die verrieten, daß Carol an Schlaflosigkeit litt. Dann schloß sie das Album und legte es neben sich. »Was soll ich denn deiner Meinung nach tun? Sie vergessen? Soll ich mit den Fotos meine Erinnerungen wegschließen und so tun, als habe es Cindy nie gegeben?«

Carol schüttelte den Kopf. »Nein, Gail, nein. Niemand verlangt, daß du Cindy vergißt. Aber du darfst auch *dich* nicht vergessen. Du mußt weiterleben. Du hast eine Familie, die dich liebt, einen wunderbaren Mann, der dich anbetet. Wir müssen doch alle irgendwie weitermachen...«

Gail lächelte wehmütig. »Du redest wirklich wie Mutter.«

»Ich weiß.« Carols Stimme schwankte zwischen Lachen und Weinen. »Das hab' ich ja gesagt.«

»Ist schon gut.« Gail schluchzte. »Mutter ist nicht das schlechteste Vorbild.« Sie drückte ihre Schwester an sich, dann sammelte sie die Fotoalben ein und stellte sie in die hinterste Ecke des Bücherregals. »Du hast ganz recht.« Als sie sich wieder zu Carol setzte, klang ihre Stimme entschlossen und gefaßt. »Ich bin froh, dich bei mir zu haben. Aber ich meine, es wird Zeit, daß auch du deinen Rat beherzigst und wieder dein eigenes Leben führst. Du hast meinetwegen schon genug versäumt.«

Carol nickte. »Ich muß zugeben, ich hab' in den letzten Tagen manchmal daran gedacht, nach New York zurückzufahren.« Ihr Blick wanderte zu den Fotoalben im Regal. »Es scheint dir wieder besser zu gehen. Außerdem sind Jack und Jennifer bei dir. Ich weiß, es wird dir an nichts fehlen.« Sie hielt inne. »Im übrigen – Anruf genügt«, fügte sie mit erzwungener Fröhlichkeit hinzu. »Wenn du mich brauchst...«

»Dann meld' ich mich, keine Sorge. Wann willst du denn fahren?«

»Ich dachte, nach dem Unabhängigkeitstag?«

»Nach 'm 4. Juli?« Gail nickte zustimmend. »Weißt du, was? Ich mach' jetzt einen kleinen Spaziergang.«

»Soll ich mitkommen? Ich brauch' mich nur schnell anzuziehen?«

»Nein, laß nur. Ich bleib' nicht lange.«

Gail war geradezu erleichtert darüber, daß Carol nach New York zurück wollte. Zwar hatte sie die Schwester nach wie vor gern um sich, aber vor ihr lag eine Aufgabe, die sie nur allein bewältigen konnte.

Gail blickte auf das Gebüsch, auf das zertretene Gras rings um die grüngestrichene Bank und dachte: Carol hat recht. Es ist Zeit, sich der Gegenwart zu stellen, oder, wie Lieutenant Cole es heute früh formuliert hat, Zeit, wieder ein normales Leben zu führen.

Für Gail gab es nur einen Weg, das zu verwirklichen: Sie mußte den Mann finden, der ihr Leben zerstört hatte. Der

Kommissar hatte ihn einen Sonderling genannt. Wenn man's ironisch deutet, dann paßt der Begriff auch auf mich, dachte Gail. Als sie um die Bank herumging und ins Gebüsch eindrang, war sie nicht mehr die schmerzerfüllte Mutter, die ihren Erinnerungen nachhing, sondern ein Detektiv auf Spurensuche. Sie kniete nieder und fuhr mit der Hand über den weichen Boden, tastete nach der Stelle, wo ihre Tochter gelegen hatte, erfühlte das Gewicht des Unbekannten, der ihr Kind niederwarf. Sie wußte nicht genau, wonach sie suchte, aber sie war fest entschlossen, so lange weiterzusuchen, bis sie etwas gefunden hatte.

Es war Ende Juni. Der Mord war am 30. April geschehen. Nur noch ein paar Tage bis zum 4. Juli, dachte Gail, stand auf und warf einen letzten Blick auf die Anlage. Es ist genug Zeit verschwendet worden. Die sechzig Tage sind um.

XI.

Gail beschäftigte sich am Wochenende hauptsächlich mit der Lektüre von Presseberichten über anormales Sexualverhalten. Sie erfuhr, daß die Welt voll sei von Menschen, die entweder dem Gruppensex frönten oder es auf Friedhöfen und Kirchenbänken trieben, während andere gleichgeschlechtliche Partner bevorzugten und wieder andere sich mit Tieren oder mit den lieben Dahingeschiedenen vergnügten. Manche liebten Züchtigungen, andere Sodomie; die einen standen auf Exhibitionismus, die anderen auf Voyeurismus. Manche schlugen gern; anderen gefiel es, sich schlagen zu lassen.

Sie lernte sämtliche Fachausdrücke. Einige gängige Begriffe – wie etwa Homosexualität, Lesbianismus und Sodomie – waren ihr schon geläufig. Auch Masochismus, Sadismus und Vergewaltigung kannte sie. Neu waren Ausdrücke wie Nekrophilie, Koprophagie und Pädophilie.

Pädophilie – auf Kinder gerichteter Sexualtrieb Erwachsener.

Die Artikel bestätigten vieles von dem, was Lieutenant Cole ihr bereits gesagt hatte, daß sämtliche Triebtäter fast ausschließlich männlichen Geschlechts seien, in der Regel jung, daß sie Frauen entweder haßten oder fürchteten, daß sie aber auch sich selbst haßten und ihre eigenen Bedürfnisse fürchteten. Ihre Eltern waren häufig Bestien, die sie als Kinder mißhandelt oder vernachlässigt und dadurch ihr Schicksal bis zu einem gewissen Grad vorherbestimmt hatten. Kleine Grausamkeiten steigerten sich im Laufe der Zeit. Es gab wenig Möglichkeiten, solchen Menschen zu helfen, aber noch weniger, andere vor ihnen zu schützen.

Männer, die kleinen Mädchen nachjagten, waren in der Regel zurückhaltend, wenn nicht gar feige. Sie töteten mehr aus Angst vor Entdeckung, als aus dem Wunsch, ihrem Opfer weiteres Leid zuzufügen, wenngleich es auch Geistesgestörte gab, denen das Morden an sich höchsten Lustgewinn verschaffte.

Die Gesellschaft hatte ihre Haltung gegenüber sexuell Abartigen im Laufe der Jahre geändert. Strikte Ablehnung war gleichgültiger Duldung gewichen. Heute herrschte die Meinung vor, Erwachsene dürften in ihren vier Wänden miteinander tun, was immer ihnen Spaß machte – vorausgesetzt, alle Beteiligten seien einverstanden. Privatclubs und sogar öffentliche Badeanstalten wurden zur Plattform für dieses zunehmend anerkannte neue Sozialverhalten.

Selbst krankhaft Abartige, Sexualpsychotiker, die ihre Triebe befriedigten, ohne zu fragen, die Menschen vergewaltigten und sinnlos Leben zerstörten, ohne sich um das Alter ihrer Opfer zu kümmern, durften inzwischen auf ein gewisses Mitgefühl rechnen und wurden nicht mehr für ihre Taten verantwortlich gemacht.

Tageszeitungen und Illustrierte waren voll von Berichten über grobe Verstöße gegen die sogenannte Gerechtigkeit. Gail saß im Ohrensessel im Wohnzimmer, auf dem Schoß eine Zeitung, neben sich eine Tasse Kaffee und zu ihren Füßen einen Stapel

Illustrierte. Im Geiste ging sie noch einmal alle Meldungen durch, die sie in den neuesten Ausgaben von »Time Magazine« und »Newsweek« gelesen hatte.

In Kanada war der Großvater eines zwölfjährigen Mädchens angeklagt worden, seine Enkelin sexuell belästigt zu haben. Der Richter hatte die Klage abgewiesen, nachdem eine ausführliche Befragung des Mädchens ergeben hatte, daß die Kleine sich nicht erinnern konnte, wann sie zum letztenmal in der Kirche gewesen war. Der Richter argumentierte, ohne religiöse Erziehung könne das Kind die Bedeutung einer Aussage unter Eid, die es hätte machen müssen, nicht verstehen. Da das Mädchen aber die einzige Zeugin der Anklage war, wurde das Verfahren gegen den Beklagten niedergeschlagen.

Gail hatte diesen Bericht dreimal gelesen, um sicherzugehen, daß sie ihn verstand und nichts übersehen hatte. Als sie überzeugt war, richtig gelesen zu haben, ließ sie die Zeitung auf ihren Schoß sinken und blickte hinüber zu Jack, der sich auf dem Sofa in einen Spionageroman vertieft hatte. Sie fand, die Bedeutung des Artikels liege klar auf der Hand: Kinder zählten nicht als vollwertige Menschen; man würde immer wieder abartige Erwachsene freisprechen.

Eine andere Meldung betraf eine Frau, die schon vor einiger Zeit unter höchst verdächtigen Umständen zwei Kinder verloren hatte – eines war im Alter von sieben Monaten in der Badewanne ertrunken, und das andere hatte angeblich aus Versehen irgendein Gift geschluckt. Nun war diese Frau angeklagt, den Tod ihrer drei Monate alten Tochter durch absichtliche Vernachlässigung herbeigeführt zu haben. Sie wurde für schuldig befunden und zu einer Haftstrafe von zwei Jahren verurteilt. Sie erklärte feierlich, daß sie noch viele Babys zu bekommen gedenke, sobald sie aus dem Gefängnis entlassen werde, und daß niemand sie daran hindern könne, so viele Kinder zu haben, wie Gott ihr schenke.

Wieder hatte Gail die Zeitung auf ihren Schoß sinken lassen und über die Bedeutung des Gelesenen nachgedacht. Man durfte also Kinder töten, folgerte sie, besonders, wenn es sich um die eigenen handelte. Auch in diesem Fall zählten Kinder nicht als vollwertige Menschen. Die Mörderin von wahrscheinlich drei wehrlosen Kindern war zu nur zwei Jahren Gefängnis verurteilt worden.

Die Sonntagsausgabe der »New York Times« brachte ähnliche Meldungen: Ein Mann, der seine Frau erschossen hatte, war mit der gleichen Haftstrafe belegt worden wie jene Frau, die ihre Kinder umgebracht hatte, und zwar mit der Begründung, er habe echte Reue gezeigt, und es sei nicht zu erwarten, daß er noch einmal eine Gewalttat begehen werde. Zwei Männer waren freigesprochen worden, nachdem der zuständige Richter zu dem Schluß gelangt war, die Frau, die sie vergewaltigt und mit der sie Unzucht getrieben hatten, habe ihren Handlungen zugestimmt. Er bezog sich dabei auf Fotos, die einer der Männer gemacht hatte und auf denen das Opfer unter Tränen lächelte, während es mißbraucht wurde. Diese Bilder genügten dem Richter als Beweis, um die Anklage fallenzulassen, obwohl die Frau aussagte, die Männer hätten ihr gedroht, sie zu töten, falls sie nicht in die Kamera lächle. Der Richter entschied, die Frau habe sich augenscheinlich amüsiert. Ihre beiden anschließenden Selbstmordversuche und die anhaltende Depression ließ er nicht als Gegenbeweis gelten. Er urteilte, die Frau sei eindeutig erst nach der Tat von Reue befallen worden.

Unter der Rubrik »Vermischtes« brachte eine Zeitung zwei Berichte, die nur mittelbar zum Thema gehörten. In Florida hatte ein Mann zwei Jugendliche erschossen, die versucht hatten, in seinen Laden einzubrechen. Der Meldung zufolge hatte er einen der beiden getötet, als der ihm mit vorgehaltener Pistole befahl, die Kasse zu öffnen. Dann war er ruhig auf den zweiten jungen Mann zugegangen, der sich angstvoll duckte, und hatte ihm eine Kugel in den Kopf gejagt. Der Ladenbesitzer wurde nun in seiner Stadt wie ein Held gefeiert und gab Interviews, in denen er strahlend verkündete, jeder Amerikamer habe das Recht, sein Eigentum zu schützen.

In einem anderen Fall war ein Einbrecher in New York von einer Gruppe aufgebrachter Bürger überrascht worden, als er einen alten und beliebten Kaufmann erschoß. Statt die Polizei zu benachrichtigen, nahmen die Leute selbst die Verfolgung auf. Sie erwischten den Dieb, fielen über ihn her und rissen ihm in ihrem furchtbaren Rachedurst die Augen aus dem Kopf.

Gail las diese beiden letzten Meldungen noch einmal und empfand dabei eine Mischung aus Ekel und seltsamer Befriedigung.

»Geht's dir gut?« fragte Jack unvermittelt. Gail blickte auf und merkte, daß er sie aufmerksam betrachtete. Das Buch lag unbeachtet in seinem Schoß.

»Ja«, antwortete sie. »Warum fragst du?«

»Du hast gezittert.«

»Ach, wirklich?« murmelte Gail verwundert. Sie zuckte die Achseln und faltete die Zeitung zusammen.

Jack sah auf seine Armbanduhr. »Es ist fast Mitternacht. Ich glaube, ich leg' mich hin. Kommst du auch?«

»Ich wollte eigentlich auf Jennifer warten.«

»Wozu? Sie ist doch mit Eddie zusammen, nicht wahr?«

»Ich dachte bloß, ich sollte auf sie warten, für den Fall, daß sie sich mal aussprechen möchte. Du weißt doch, ich kann sowieso nicht einschlafen, ehe ich sie heimkommen höre.«

»Vielleicht möchtest *du* dich aussprechen?« fragte Jack mit sanftem Nachdruck. »Bist du traurig, weil Carol morgen abfährt?«

Gail schüttelte den Kopf. »Nein. Es ist Zeit, daß sie geht.«

»Es ist Zeit für so manches.« Jack trat zu ihr und nahm ihre Hand in die seine. »Zeit, daß wir uns wieder mit unseren Freunden treffen...«

»Ich weiß.«

»Laura und Mike haben uns für nächste Woche wieder zum Essen eingeladen...«

»Tut mir leid wegen dieses Wochenendes. Aber mir war einfach nicht nach Feiern zumute.«

»Das verstehe ich ja, und sie auch. Auch mir war nicht sonderlich nach Feiern. Aber ein ruhiges Abendessen mit Freunden würde uns vielleicht guttun.«

»Ja, vielleicht.«

Jack kniete neben ihrem Sessel nieder. »Ich liebe dich«, sagte er.

»Ich liebe dich auch.«

»Wie geht's dir? Wie geht's dir *wirklich*?« fragte er eindringlich. »Sieh mich an. Versuch mir nichts zu verheimlichen.«

»Ich könnte dir nie etwas verheimlichen.« Sie schob die Zeitung beiseite. »Wie's mir geht, willst du wissen? Was soll ich darauf antworten?« Nach einer langen Pause setzte sie hinzu: »Ich bin einsam. Ich glaube, ich empfinde nichts so stark wie meine Einsamkeit. Sie fehlt mir so sehr.«

Jacks Augen füllten sich mit Tränen, und er drehte den Kopf zur Wand. »Sieh mich an«, wiederholte sie leise seine Worte. »Versuch mir nichts zu verheimlichen.«

»Sie fehlt mir auch.« Seine Stimme klang rauh und unnatürlich.

»Du hast deine Arbeit, das ist wenigstens etwas. Die lenkt dich ab, beschäftigt dich.«

»Ja, das stimmt. In vieler Hinsicht war die Arbeit meine Rettung. Aber an manchen Tagen, da kommt irgendein Mann mit seiner kleinen Tochter rein, und die beiden weinen, weil ihre Katze überfahren wurde. Doch ich kann das Tier kaum sehen, weil ich nur Augen habe für das kleine Mädchen, und dann wünschte ich, ich hätte mehr Zeit mit meiner eigenen Tochter verbringen dürfen. Du hattest solches Glück, weißt du, weil du die ganze Zeit mit ihr zusammensein konntest, auch wenn es dadurch jetzt besonders schwer für dich ist.« Er schüttelte den Kopf. »Meine Arbeit leidet darunter«, sagte er nach einer Weile.

»Was meinst du damit?«

»Ich denke, es hat was mit dem Interesse zu tun. Meine Arbeit ist mir irgendwie gleichgültig geworden.«

»Aber Jack, du hast doch deinen Beruf immer so geliebt.«

»Ja. Doch wenn erst einmal so etwas geschehen ist, fällt es schwer, sich darüber aufzuregen, ob eine Katze lebt oder stirbt. Mein Gott, das sind doch bloß Tiere.« Er hielt inne und schüttelte den Kopf. »Obwohl ich zugeben muß, daß ich vor ein paar Tagen das niedlichste Hündchen in der Praxis hatte, das du dir vorstellen kannst. Weißt du, ich hab' wahnsinnig viel zu tun. Man könnte fast meinen, ich sei der einzige Tierarzt im Bezirk Essex. Kommt wahrscheinlich von all der Publicity. Na, wie auch immer, ich habe jedenfalls noch nie so viele Patienten gehabt.«

»Erzähl mir mehr von diesem kleinen Hund«, bat Gail.

»Es war eigentlich eine Sie, weißt du. Nicht reinrassig, sondern halb Pudel, halb Pekinese. Klingt wahrscheinlich nach 'ner schaurigen Mischung, aber das war sie ganz und gar nicht. Im Gegenteil, ein hübsches kleines Hündchen mit aprikosenfarbenem Fell. Unheimlich lebendig. Promenadenmischungen sind meistens viel aufgeweckter als Reinrassige. Hatte Schmerzen an den Hinterläufen. Das kommt bei Pudeln oft vor. Wirklich erstaunlich«, fuhr er, ganz in Gedanken versunken, fort, »aber eigentlich sieht sie weder aus wie ein Pudel noch wie ein Pekinese. Eher wie ein Cockerspaniel. Ich weiß nicht, woher das kommt.« Traurig lächelte er Gail an. »Sieht ganz so aus, als hätte *ich* das Bedürfnis gehabt, mich auszusprechen.«

»Ist schon gut. Ich bin zum Zuhören aufgelegt.«

»Die Besitzer wollen mit ihr züchten«, fuhr Jack fort. »Sie haben mir angeboten, ich dürfe mir das Schönste aus dem ersten Wurf aussuchen.«

»Du möchtest einen Hund?« fragte Gail erstaunt. »Du hast doch immer gesagt, du hättest in der Praxis genug Tiere um dich.«

»Diese Hündin hat's mir irgendwie angetan. Ich weiß selber nicht recht, wieso. Jedenfalls können wir's uns ja mal überlegen.«

»Ein junger Hund«, sagte Gail nachdenklich.

»Du, die machen mehr Arbeit als ein Baby.«

»Auch das könnten wir bekommen.«

Ein paar Sekunden lang schwiegen sie beide.

»Man kann ein Kind nicht durch ein anderes ersetzen«, sagte Gail schließlich behutsam.

»Das weiß ich.«

»Ich fürchte, ich kann über so was noch nicht sprechen«, flüsterte Gail.

Jack strich ihr über die Schultern. »Ich geh' zu Bett.« Er stand auf und streckte ihr seine Hand entgegen. »Kommst du mit?«

Gail sah ihm in die Augen. »Das kann ich auch noch nicht. Bitte sei mir nicht böse.«

»Warum sollte ich böse sein? Ich hab' sehr viel Geduld.«

»Ich liebe dich«, sagte Gail und dachte, er hätte etwas Besseres verdient.

»Das weiß ich. Bleib nicht zu lange auf.«

Gail sah ihm nach und überlegte, wie ihr Exmann Mark mit einer solchen Tragödie fertig geworden wäre. Höchstwahrscheinlich hätte er einen Monat lang seinen Kummer im Alkohol ertränkt und sich dann aus dem Staub gemacht. Ihre Ehe wäre unter dem Druck zerbrochen. Er wäre in seinen Sportwagen mit Metallic-Lackierung gesprungen und dem Sonnenuntergang entgegengefahren. Er hätte versucht, seine Erinnerungen mit Hilfe von Frauen und Alkohol zu vergessen. Auf jeden Fall hätte er ihr nie das Mitgefühl und Verständnis entgegengebracht, womit Jack Walton ihr begegnete.

Sie stellte sich vor, wie Jack sich jetzt oben im Schlafzimmer auszog. Nackt wirkte sein starker Körper erstaunlich verletzlich. Seit dem Unglück hatten sie nicht mehr miteinander geschlafen.

Sex mit Jack gehörte zu den wundervollen Überraschungen ihrer zweiten Ehe. Marks Rolle als Liebhaber war zwar eine seiner besten gewesen, aber dafür mußte im Bett auch alles nach seinen Vorstellungen ablaufen. Er trug seinen Sex-Appeal wie ein Markenzeichen vor sich her, und eine nicht erstklassige

Leistung im Bett hätte für ihn eine tiefe Demütigung bedeutet, eine Art schlechte Reklame. Gail wußte, daß attraktive Männer nicht unbedingt umwerfend im Bett sind, weil sie oft zu sehr in den eigenen Körper verliebt sind, um auf die Bedürfnisse ihrer Partnerin zu reagieren, aber Mark hatte nicht zu dieser Kategorie gehört. Er wußte den Körper einer Frau wirklich zu schätzen. Leider mußte Gail bald erfahren, daß er so ungefähr *jeden* Frauenkörper schätzte, und mit der Zeit vergällte diese bittere Erkenntnis ihr die Freude am Sex. Gail hatte Jack von Anfang an für einen fähigen Liebhaber gehalten. Aus seiner stattlichen Erscheinung schloß sie, daß er in der Kunst der Liebe erfahren sein würde, stark und doch behutsam, aber nicht sonderlich originell oder forschend. Ihre Einschätzung war freilich nur zum Teil richtig. Als Liebhaber überraschte Jack Walton sie immer von neuem. Er war wirklich stark und behutsam zugleich. Aber er konnte auch leidenschaftlich und schüchtern sein, herausfordernd und hingebungsvoll, sanft und verspielt. Nach fast neunjähriger Ehe war ihr Verlangen nacheinander immer noch so stark wie in den Flitterwochen.

Doch das galt nur bis zum Nachmittag des 30. April. Bis zu dem Tag, an dem ein Fremder, der im Gebüsch lauerte, mit seiner perversen Lust jedes Verlangen in ihr getötet hatte.

Gail wartete, bis sie Eddies Wagen vorfahren hörte, ehe sie die Zeitungen zusammenräumte und hinauf ins Schlafzimmer ging.

Jack schlief schon, als Gail sich neben ihn legte. Durch die Dunkelheit spähte sie zu ihm hinüber, bis sie seine Züge erkennen konnte. Ihr Blick blieb auf seinen sanft geschwungenen halbgeöffneten Lippen haften.

Er ist so stark, dachte sie. So fürsorglich. Er gibt sich solche Mühe. Sie wußte, daß sie ihn, all seinen gegenteiligen Beteuerungen zum Trotz, enttäuschte und im Stich ließ.

Gail legte den Kopf auf das Kissen neben dem seinen, starrte hinauf an die Decke und dachte: Er wäre ohne mich besser dran.

XII

Ein Geräusch riß sie aus dem Schlaf.

Jemand war an der Haustür. Aber es hatte nicht geklingelt; sie wußte, daß auch niemand geklopft hatte. Es war ein anderes Geräusch, und es dauerte eine Weile, ehe sie begriff, daß das, was sie hörte, das Klirren von Glas war. Sie setzte sich mit einem Ruck auf. Jack lag nicht mehr neben ihr. Es war Tag, und sie schien allein im Haus zu sein. Sie warf einen Blick auf den Wecker neben dem Bett. Es war zehn Uhr.

Ihn ihrem Kopf jagten sich die Gedanken. Carols Bus nach New York ging fahrplanmäßig um acht Uhr fünfundvierzig. Jack wollte sie zur Bushaltestelle fahren. Jennifer sollte Punkt neun mit der Arbeit bei ihrem Vater beginnen. Das bedeutete, sie hatte den Aufbruch ihrer ganzen Familie verpaßt.

Hatte sie wirklich so fest geschlafen?

Hatten die anderen vergeblich versucht, sie aufzuwecken? Sie war tatsächlich furchtbar müde gewesen, das Ergebnis ihrer jüngsten Nachforschungen hatte sie niedergedrückt, und Jennifer war erst kurz vor zwei Uhr morgens heimgekommen. Sie würde mit ihr darüber reden müssen. Zwei Uhr war selbst in den Sommerferien zu spät für ihr Alter.

Gail stand auf und trat ans Fenster. Sie zog den blauen Vorhang zurück und schaute hinunter in den Hof. Sie fühlte sich benommen. Ihr war, als bewege sie sich in Zeitlupe, jeder Schritt wirkte schleppend und mühsam. Ihre Schwester war abgefahren, ohne sich von ihr zu verabschieden. Während sie noch darüber nachdachte, hörte sie wieder das Geräusch von zerbrechendem Glas.

Gail erstarrte. Jemand versuchte einzubrechen.

Eine Weile stand sie wie angewurzelt und wußte nicht, was sie tun sollte. Wer immer sich da unten zu schaffen machte, glaubte offenbar, es sei niemand im Haus. Was würde er tun, wenn er sie hier fand? Vor kurzem hatte sie einen Artikel über eine alte Frau gelesen, die getötet wurde, als sie einen Einbrecher in ihrer Wohnung überraschte. Der Raubmörder war zu fünf Jahren Gefängnis verurteilt worden.

Gail blickte zum Telefon und überlegte, ob sie Zeit genug habe, die Polizei anzurufen. Dann fiel ihr Blick auf den silbernen Knopf an der Wand über dem Telefon, den Alarmknopf. Ein Druck darauf genügte, um im Polizeirevier ein Notsignal auszulösen. Gail war dagegen gewesen, als Jack diese Alarmvorrichtung nach dem Einbruch zusammen mit der elektronischen Sicherungsanlage installieren ließ. »Die kommen nicht wieder«, hatte sie damals argumentiert. Aber nun waren sie doch gekommen.

Sie hörte, wie jemand das Schloß an der Innenseite der Tür aufbrach, und wußte, daß dieser Jemand in wenigen Sekunden ins Haus gelangen und gleich darauf die Treppe heraufkommen würde. Sie hatte noch Zeit, den Alarmknopf zu drücken, und der Ton würde den Einbrecher bestimmt verjagen. Ihre Hand tastete schon nach dem Knopf, hielt aber mitten in der Bewegung inne.

Der Atem stockte ihr, als sie begriff, daß sie den Mann gar nicht verjagen wollte. Vielleicht war es Cindys Mörder.

Lieutenant Cole konnte sich geirrt haben, als er es für unwahrscheinlich erklärte, daß Cindys Mörder und der Einbrecher, der ihr Haus ausgeraubt hatte, identisch seien. Das psychiatrische Gutachten ging davon aus, daß der Täter ein Strafregister wegen früherer Bagatelldelikte habe. Es wäre möglich, dachte sie und hielt den Atem an. Mein Gott, alles ist möglich. Jedenfalls würde sie bleiben, wo sie war, und auf ihn warten. Sie würde sich nicht von der Stelle rühren.

Plötzlich hörte sie vom Flur her eine Stimme.

»Mom!« rief Jennifer. »Was ist das für 'n Krach?«

Gail sah ihre Tochter in der Tür stehen. Fragend blickte Jennifer sie an. »Wieso bist du noch hier?«

»Ich hab' verschlafen. Ich war ziemlich lange aus, letzte Nacht«, gestand Jennifer kleinlaut. »Ich hab' Dad angerufen. Er sagte, ich brauch' erst heute nachmittag zu kommen.«

Angst spiegelte sich auf ihrem Gesicht. »Was ist das für ein Lärm, Mom?«

Sie war also nicht allein im Haus. Jennifer war da. Sie konnte nicht hier stehenbleiben und auf den Mann an der Tür warten. Sie mußte ihr Kind beschützen.

Im nächsten Augenblick hörte sie, wie die Haustür nachgab. »O mein Gott«, flüsterte sie und packte Jennifers Hand, während unten in der Diele Schritte erklangen und gleich darauf von Zimmer zu Zimmer tappten. »Schnell«, zischte sie Jennifer zu und zog sie an der Hand hinter sich her in den Flur. Sie wußte nicht, in welche Richtung sie laufen sollte. Sie wandte sich nach links, machte kehrt und rannte denselben Weg zurück. Jennifer fiel vor lauter Verwirrung über ihre eigenen Füße, ihre Hand löste sich aus der ihrer Mutter, sie stürzte zu Boden und stöhnte laut auf vor Schmerz.

Gail hetzte zurück, griff nach Jennifers Hand, zerrte sie hoch und schubste sie vor sich her den Flur entlang. Jennifer stieß einen Schreckenslaut aus. »Sei still«, mahnte Gail. Ihre Panik wuchs, als die Männer – sie stellte fest, daß es zwei waren, und daß der Jüngere hellbraunes Haar hatte – den Treppenabsatz erreichten. Gail stieß ihre Tochter zurück ins Elternschlafzimmer, und sie schlug die Tür hinter sich zu.

»Hilf mir«, keuchte Gail. Gemeinsam schleppten sie erst einen Sessel und dann ein Tischchen vor die Tür. »Drück auf den Alarmknopf«, befahl Gail. Jennifer gehorchte, und Gail zerrte die schwere Frisierkommode, die am Fußende ihres Bettes stand, als zusätzliche Barrikade vor die Schlafzimmertür. Im selben Augenblick, in dem die Männer von außen gegen die verrammelte Tür hämmerten, löste Jennifer den Alarm aus. Sofort heulte die Sirene auf, aber die Einbrecher ließen sich dadurch nicht abschrecken. Gail packte ihre Tochter, zog sie fest an sich und lief mit ihr nach nebenan ins Bad. Jennifer fing an zu weinen, während Gail in wilder Hast das Schränkchen unter dem Waschbecken ausräumte. Sie warf alles auf den Boden. »Kriech da rein«, befahl sie und wunderte sich, wie mühelos ihre Tochter in das winzige Versteck paßte. »Sei ganz still und beweg dich nicht. « Sie versuchte Jennifer zu beruhigen und redete ihr ein, daß bestimmt bald Hilfe komme. Aber bis dahin müsse sie unbedingt in ihrem Versteck bleiben. Dann stopfte Gail rasch alles, was auf dem Boden lag, in einen Hängeschrank, lief zurück ins Schlafzimmer, schaltete die Gegensprechanlage ein, die mit der Haustür verbunden war, und begann um Hilfe zu schreien. Gewiß würden die Passanten, die draußen vorbeigingen, sie hören, und gleich würde jemand ins Haus kommen und ihnen zu Hilfe eilen. Sie blickte auf den Alarmknopf – wo blieb nur die Polizei? Gail sah, wie die Möbelstücke vor der Schlafzimmertür nachgaben, und wußte, daß ihr nur noch wenige Minuten blieben, ehe es den Männern draußen gelingen würde, die Tür aufzubrechen. Verzweifelt schrie sie aufs neue in die Sprechanlage und verstummte erst, als sie sah, wie die Tür sich langsam öffnete.

Mit wild klopfendem Herzen rannte sie ins Bad und verriegelte die Tür hinter sich. Doch das Schloß konnte man selbst mit einer Haarnadel öffnen, und Gail wußte, daß es nicht lange standhalten würde. Ein kräftiger, gut gezielter Stoß, und die Tür würde aufspringen. Sie sah hinüber zum Fenster und spielte einen Moment lang mit dem Gedanken hinauszuspringen. Sie befanden sich zwar im zweiten Stock und würden sich bei dem Sturz vielleicht ernsthaft verletzen, aber Gail entschied, das sei immer noch besser, als sich dem sicheren Tod zu überlassen. Denn die beiden Verrückten, denen es inzwischen gelungen war, bis in ihr Schlafzimmer vorzudringen, würden sie und ihre Tochter umbringen. Vergebens sah sie sich nach etwas um, womit sie die Fenster zertrümmern könnte.

Die Männer waren an der Badezimmertür. Sie lachten und unterhielten sich laut und ausgelassen darüber, wem die Ehre zuteil werden sollte, die Tür aufzubrechen, und welche der beiden Frauen sie sich zuerst vornehmen würden. Gail riß Jacks Rasiermesser aus dem Medizinschränkchen und sprang gerade noch rechtzeitig zurück, ehe die Tür aufflog.

»Raus aus dem Versteck, raus aus dem Versteck«, parodierte einer der beiden Männer in vulgärem Singsang ein altes Kinderlied. Während sein Kumpan das Schlafzimmer auf den Kopf stellte, steuerte der Kerl – es war der junge mit den hellbraunen Haaren – zielbewußt auf das Schränkchen unter dem Waschbecken zu, so als weise ihm eine geheimnisvolle Zaubermacht den Weg. Er bückte sich, um die Tür zu öffnen, doch da machte Gail einen Satz auf ihn zu, umschlang seinen Kopf mit beiden Armen und riß ihn zurück. Das Rasiermesser fuhr über seinen Hals und hinterließ eine Spur, die aussah wie von roter Tinte. Der Mann stieß einen gurgelnden Laut aus und sank zu Boden. In seinen Augen spiegelte sich eher Verwunderung als Schmerz. Als der andere ihm zu Hilfe eilen wollte, entdeckte Gail, daß auch er jung war und die gleiche Haarfarbe hatte wie der andere.

Gail spürte, wie starke Arme sie um die Taille faßten und in die Luft hoben. Sie strampelte heftig, bis es ihr gelang, einen Fuß erst vor- und dann zurückzuschwingen und ihrem Angreifer damit genau zwischen die Beine zu treten. Er schrie laut auf vor Schmerz und ließ Gail los. Sie wirbelte herum und stieß ihm das Rasiermesser in die Kehle, ehe er hinfiel. Blut schoß aus der Wunde und spritzte gegen die Wände. Sie hatte die Halsschlagader getroffen. Gail holte aus und trat ihm noch einmal zwischen die Beine. Dann erst entdeckte sie die Pistole, die bei dem Handgemenge heruntergefallen sein mußte. Sie hob die Waffe auf und zielte damit auf den Kopf des Mannes. Dreimal hintereinander drückte sie ab. Als nichts mehr übrig war von seinem Gesicht und als das Blut sein hellbraunes Haar dunkel gefärbt hatte, ging Gail ganz ruhig hinüber zu dem zweiten Mann und erschoß auch ihn. Dann entglitt die Pistole ihren Händen, und sie stürzte zu Boden.

»Mami«, ertönte eine verängstigte Stimme vom Waschbecken her. Gail raffte sich auf, lief zu dem Schränkchen, öffnete es und half ihrer Tochter heraus. Jennifers Arme umschlangen ihren Nacken. Vor Erleichterung schloß Gail die Augen. Sie bettete den kleinen Körper in ihren Schoß und preßte ihn gegen ihr blutverschmiertes Nachthemd. Mutter und Tochter wiegten sich sanft vor und zurück.

»Ich habe dich gerettet«, wiederholte Gail ein ums andere Mal im Rhythmus ihrer Bewegung. Doch als sie auf ihre Tochter hinuntersah, da war es Cindy und nicht Jennifer, die sie in den Armen hielt. Sie preßte Cindy fest an ihre Brust. »Ich habe mein wunderschönes Baby gerettet.«

Mit einem Ruck setzte Gail sich im Bett auf und sah nach der Uhr. Es war kurz vor sieben.

Jack lag schlafend neben ihr. Behutsam beugte sie sich vor und stellte den Wecker ab.

Alles war nur ein Traum gewesen.

Aber dieser Traum war anders als die erdrückenden Träume voller Frustration, die sie bisher heimgesucht hatten. Das waren Alpträume gewesen, weil Gail sich in ihnen nicht wehren konnte. Nacht für Nacht hatte sie dem Mörder ihrer Tochter gegenübergestanden, aber jedesmal war sie unfähig gewesen, sich zu rühren, hatte auch nicht den kleinsten Schritt machen können, um ihr Kind zu rächen. Wenn sie schreiend aus jenen Träumen erwachte, war sie in kalten Schweiß gebadet gewesen, ihr Kopf hatte gedröhnt und ihr Herz wild geklopft.

Jetzt empfand sie nur eine seltsame Ruhe und die gleiche merkwürdige Befriedigung, die sie schon am Abend zuvor überkommen hatte, als sie von dem Ladenbesitzer in Florida las, der die beiden Möchtegern-Einbrecher niedergeschossen hatte, und von den aufgebrachten New Yorkern, die Selbstjustiz geübt hatten.

Jack bewegte sich neben ihr. Gail beobachtete ihn, während er an der Grenze zwischen Schlaf und Bewußtsein schwebte. Ob auch er solche Träume hatte?

Sie sah an ihrem Nachthemd hinunter. Das blaßrosa Mieder zeigte nicht einen der verräterischen roten Flecken ihrer Phantasie. Ihre Hände waren sauber und trocken.

Sie stand auf, ging ins Bad, stellte sich neben die Wanne und betrachtete das fröhliche Tapetenmuster, während sie die kühlen Fliesen unter ihren Füßen spürte.

Normalerweise wäre sie jetzt unter die Dusche gegangen. Aber heute morgen schien das ein zu jäher Auftakt für den Tag. Sie brauchte ein langsameres, sanfteres Erwachen.

Sie ließ sich ein Bad ein. Nach wenigen Minuten lag sie friedlich in der Wanne, blickte auf die in ihrer Phantasie mit Blut bespritzten Wände und hing dem Traum nach, sie habe ihre kleine Tochter gerettet.

XIII.

Fast unmerklich änderte sich während der kommenden Wochen der Rhythmus im Haushalt der Waltons. Gail stand zwar morgens immer noch als erste auf. Sie machte nach wie vor das Frühstück für Mann und Tochter, räumte den Tisch ab, sobald die beiden gegessen hatten, und verabschiedete sie, wenn sie das Haus verließen, Jack, um in seine Praxis zu fahren, Jennifer, um ihrem Vater zu assistieren. Gail wusch ab wie immer, ging hinauf, machte die Betten und holte Fleisch fürs Abendbrot aus der Gefriertruhe. Dann nahm sie sich die Morgenzeitung vor, daneben griffbereit die Straßenkarten von New Jersey. Sie war Lieutenant Coles Meinung: Im Interesse ihrer Nachforschungen mußte sie davon ausgehen, daß Cindys Mörder den Staat nicht verlassen hatte. War er fortgezogen, gab es keine Hoffnung mehr, ihn zu finden. Gail redete sich ein, der junge Mann mit dem aschblonden Haar, der ihre sechsjährige Tochter vergewaltigt und umgebracht hatte, sei immer noch irgendwo in Reichweite. Er lebte zurückgezogen in New Jersey, vielleicht sogar noch in Livingston. Es kam nur darauf an, ihn aufzuspüren.

Sie beschloß, sich auf dieselben Viertel zu konzentrieren wie die Polizei – East Orange, Orange, eventuell auch Newark, Bezirke mit hoher Fluktuationsrate, in denen ein Durchreisender leicht anonym bleiben konnte und wo der Begriff »ohne festen Wohnsitz« nicht nur eine griffige Formulierung für die Presse war. Aber im Gegensatz zur Polizei würde Gail sich nicht geschlagen geben.

Ungeachtet ihrer Entschlossenheit war sie nervös. Schließlich war sie nur ein Amateur. Die Polizisten waren Profis und hatten trotzdem nichts erreicht. Immerhin hatte sie in den letzten vierzehn Tagen die meiste Zeit darauf verwandt, sich vorzubereiten. Auf den Karten kannte sie sich inzwischen bestens aus, und es gab kaum noch etwas, das sie hätte aus Büchern und Zeitungen lernen können. Lieutenant Cole wußte nichts Neues zu berichten. Sie hatte lange genug gezögert.

Am Morgen des 18. Juli spürte Gail, daß es an der Zeit sei, die Karten wegzulegen und hinaus auf die Straße zu gehen. Hatte sich Sharon Tates Vater nicht einen Bart wachsen lassen, Hippie-Kleidung angezogen und mit den Aussteigern am Sunset Strip zusammengelebt, als er auf der Suche nach den unmenschlichen Mördern seiner Tochter war? Gail würde es ihm gleichtun.

Jack war beim Frühstück ungewöhnlich gesprächig, vielleicht weil er spürte, daß sie mit ihren Gedanken woanders war.

»Gestern hatte ich einen deutschen Schäferhund in der Praxis. Eine unvorstellbar ulkige Geschichte! Das Tier war angeblich als Wachhund abgerichtet, aber es war einer der sanftesten Hunde, der mir je untergekommen ist. Unvorstellbar, daß der jemandem was zuleide tun könnte.«

»Na, und was war so lustig?« fragte Jennifer lächelnd, bereit, sich über seine Geschichte zu amüsieren.

Gail sah ihren Mann über den Tisch hinweg an und versuchte, ein interessiertes Gesicht zu machen, doch in Gedanken saß sie bereits hinter dem Steuer ihres Wagens.

»Tja, anscheinend ist jemand bei den Besitzern des Hundes eingebrochen. Alle schliefen. Der Hund war unten im Flur, wo er seinen Schlafplatz hatte. Alles blieb ruhig. Aber als Mr. und Mrs. Simpson am nächsten Morgen hinunterkamen, hatte man ihnen das halbe Haus ausgeräumt. Und der verdammte Köter saß da und wedelte mit dem Schwanz. Er hatte die ganze Nacht keinen Laut von sich gegeben. Nicht ein einziges Mal gebellt. Die Einbrecher hatten in aller Seelenruhe absahnen können. Na, die Simpsons riefen die Polizei, und die kam auch gleich. Und stellt euch vor, der Hund hat einen Polizisten gebissen!«

Jennifer quietschte vor Vergnügen.

Gail blickte Jack unverwandt freundlich an, zeigte aber sonst keinerlei Reaktion.

»Mom, das ist 'ne lustige Geschichte, findest du nicht auch?« fragte Jennifer.

»Was?« Gail schrak auf und kehrte in die Realität zurück. »Entschuldigt, aber ich war nicht bei der Sache. Ich hab' die Pointe nicht mitgekriegt.«

Jack schüttelte den Kopf. »Es war nichts Wichtiges.«

»Kommt ziemlich oft vor in letzter Zeit, daß du nicht bei der Sache bist«, maulte Jennifer.

»Tut mir leid«, sagte Gail aufrichtig. »Erzähl die Geschichte noch mal, Jack. Ich möchte sie gern hören, bestimmt.«

Gehorsam wiederholte Jack den bescheidenen Witz, und Gail konzentrierte sich fest aufs Zuhören. Doch jetzt fehlte seiner Erzählung die Spontaneität, und als er geendet hatte, lachte niemand. »Wahrscheinlich hättest du dabeisein müssen«, meinte Jack, unverhohlene Enttäuschung in der Stimme.

»Nein«, widersprach Gail matt, »es war eine sehr gute Geschichte. Der Hund hat den Polizisten gebissen. Das ist wirklich lustig.«

»Ich muß gehen.« Jennifers Stimme verriet ihren Ärger. Sie stand auf, beugte sich vor und küßte ihre Mutter auf die Stirn. »Bis später.«

»Wiedersehen, Baby«, sagte Gail. »Gib gut auf dich acht.«

Jennifer, die schon auf dem Weg nach draußen war, blieb an der Küchentür stehen. »Ich bin kein Baby, Mom«, sagte sie bedächtig.

»Nein, natürlich nicht«, bestätigte Gail. »Was sollte denn das heißen?« wandte sie sich an Jack, sobald die Haustür hinter ihrer Tochter ins Schloß gefallen war.

»Jennifer behauptet, du behandeltest sie neuerdings wie ein kleines Kind.«

»Wie ein kleines Kind? Bloß weil ich ›Baby‹ zu ihr sage? Es ist ein Kosewort, weiter nichts. Das weißt du doch. Und *sie* weiß es auch. Ich hab' sie schon immer ›Baby‹ gerufen oder ›Spatz‹ und...«

»Das war vorher. Sie hatte nichts dagegen, daß du sie ›Baby‹ nanntest, solange sie das Gefühl hatte, du behandelst sie wie eine Erwachsene.«

»Sie ist aber nicht erwachsen. Sie ist doch erst sechzehn.«
Jack zuckte die Achseln. »Ich will nicht mit dir streiten. Du hast mich gefragt, was mit Jennifer los ist.«

»Was noch? Offenbar hat sie dir gründlich ihr Herz ausgeschüttet.«

»Das ist alles.«

»Jack...«

»Sie ist ein bißchen verletzt, weil du nicht mehr Interesse für ihre Arbeit bei ihrem Vater gezeigt hast. Sie sagt, sie hätte verschiedene Male versucht, dir von ihren Erlebnissen mit Mark zu erzählen, aber du würdest buchstäblich wegtreten, wenn sie mitten drin ist. Sie hat Angst, du seist böse auf sie.«

»Warum sollte ich ihr böse sein?«

»Sie denkt, es paßt dir vielleicht nicht, daß sie für Mark arbeitet.«

»Das ist doch albern. Sie müßte wissen, daß mir das nichts ausmacht.«

»Außerdem hat sie Angst, du könntest ihr böse sein wegen der Sache mit Cindy, von der sie dir erzählt hat, daß sie gemein zu ihr gewesen ist...«

Auf einmal verlor Gail die Geduld. »Das ist lächerlich. Sie weiß, was ich davon halte. Wir haben es besprochen. Ich hab' ihr gesagt...«

»Dann sag's ihr eben noch mal. Sie braucht das Gespräch mit dir, Gail. Sie braucht deine Liebe und deine Anerkennung.«

»Sie *hat* meine Liebe und Anerkennung!«

»Sie braucht deine Aufmerksamkeit.« Er schenkte ihr ein zaghaftes Lächeln. »*Ich* brauche deine Aufmerksamkeit auch.«

Gail senkte den Kopf. »Entschuldige. Ich war in letzter Zeit zu sehr von anderen Dingen in Anspruch genommen. Und ich war launisch. Ich will versuchen, mich zu bessern.«

»Jennifer ist wirklich Feuer und Flamme für ihre Arbeit.« Jack lachte. »Du solltest mal hören, wie sie über Stative und Belichtungsmesser redet, und die Fotografie ist ja auch ein recht faszinierendes Gebiet. Gail...«

»Ja?«

»Was hab' ich gerade gesagt?«

Gail sah die momentane Verärgerung in seinem Blick. »Entschuldige, ich habe nicht zugehört, was du gesagt hast...«

Jack stand auf. »Ich geh' jetzt wohl besser.« Er beugte sich zu ihr hinunter und küßte sie auf die Stirn, wie Jennifer es vorhin getan hatte. »Ich ruf' dich nachher mal an.«

»Vielleicht bin ich außer Haus«, sagte sie rasch.

»Oh? Wo willst du denn hin?«

»Ich dachte, ich fahr' ein bißchen spazieren.«

»Wär' eigentlich keine schlechte Idee, den Wagen mal überholen zu lassen«, sagte Jack im Hinausgehen. »Den letzten Inspektionstermin haben wir ja verpaßt.«

Als er aus dem Haus war, goß Gail sich eine zweite Tasse Kaffee ein. Sie fühlte sich gereizt, und ihr war nicht wohl in ihrer Haut. Ihr war nicht bewußt geworden, wie abwesend sie in letzter Zeit gewirkt hatte, so sehr, daß Jennifer es bemerkt und sich dadurch verletzt gefühlt hatte. Und Jack auch. Sie stellte die Tasse hin. Sie würde sich in Zukunft besonders anstrengen müssen, um den beiden ihr Interesse zu beweisen. Das ist wichtig, sagte sie sich und griff nach der Morgenzeitung.

Auf Seite 20 stand eine bemerkenswerte Geschichte. Ein Achtzehnjähriger hatte unter starker Drogeneinwirkung mit einem

Hammer die Mutter seines besten Freundes erschlagen. Ein mitleidiger Richter hatte den Jungen unter Berufung auf seine ohnehin ausgeprägte Suizidalität zu drei Jahren Haft auf Bewährung verurteilt. »Auf Bewährung«, wiederholte Gail laut. Sie hatte diesen Begriff früher zwar schon tausendmal gehört, aber erst vor kurzem war ihr seine volle Tragweite klar geworden. Eine Frau war tot; ihr Mörder lief frei herum. Auf Bewährung. Die Gesellschaft würde seine Strafe verbüßen.

Ein kurzer Artikel auf Seite 5 fesselte ihre Aufmerksamkeit. Sie überflog ihn, stand dann rasch auf und suchte auf dem Telefontischchen nach einem Rotstift. Als sie ihn gefunden hatte, kehrte sie damit zu ihrer Zeitung zurück, las den Artikel ein zweites Mal und unterstrich die für sie wichtige Information. Übers Wochenende waren in ein und derselben Straße in Newark drei Einbrüche verübt worden. Sie unterstrich den Straßennamen: Washington Street. Ein Leihhaus, ein Herrenbekleidungsgeschäft sowie eine Spar- und Darlehenskasse waren allesamt von einem einzelnen bewaffneten Banditen überfallen worden. Der Mann, der auf einen Kunden geschossen und ihn verletzt hatte, als dieser ihm den Fluchtweg versperren wollte, war der Beschreibung nach ein Weißer Mitte zwanzig, hatte aschblondes Haar, war etwa einen Meter fünfundsiebzig groß und schlank. Alles paßte mit der Beschreibung zusammen, welche die Jungen von dem Mann gegeben hatten, der nach Cindys Ermordung aus dem Park gerannt war. Gail ließ die Zeitung auf den Tisch sinken. Allein in der Gegend von Livingston gab es mindestens hundert junge Männer, auf die diese Beschreibung zutraf.

Das Telefon klingelte.

»Ich lasse keine Ausrede gelten«, sprudelte Laura fröhlich los, sobald Gail sich gemeldet hatte. »Heute lade ich dich zum Lunch ein. Du darfst das Restaurant aussuchen.«

Gail versuchte abzuwehren. »Laura, ich kann nicht...«

»Wenn du 'nen Termin beim Zahnarzt hast, dann sag' eben ab. Wenn du beim Gynäkologen angemeldet bist, vergiß es. Und wenn du schon eine Essenseinladung hast, dann laß sie sausen. Ich werde dich ausführen, und ich lasse mir keinen Korb geben. Also, wo möchtest du essen?«

Gail raschelte nervös mit der Zeitung. »Zur Zeit hab' ich mittags eigentlich keinen Hunger...« Sie brach ab, als ihr Blick auf die Anzeige fiel. »Maestro's« stand da in schwungvollen Lettern. »Die Nummer eins der italienischen Küche.« Die Adresse war Washington Street.

»Gail, ißt du etwa nicht ordentlich?« hörte sie Lauras besorgte Stimme.

»Maestro's«, sagte Gail.

»Was?«

»Du hast gesagt, ich darf mir das Restaurant aussuchen. Ich möchte gern ins Maestro's.«

»Davon hab' ich noch nie gehört.«

»Es ist angeblich die Nummer eins der italienischen Küche.«

»Fein, ich esse gern italienisch. Wo ist denn dieses Lokal?«

»In der Washington Street.«

Einen Moment lang herrschte Schweigen in der Leitung. »Washington Street? Meinst du Washington Street in Newark?«

»Ja«, antwortete Gail entschlossen. »Ich hab' gehört, es sei ganz phantastisch.«

»Himmel, Gail, gibt's denn nichts, was günstiger gelegen ist? Ich meine, in einer hübscheren Gegend? Ich dachte zum Beispiel an Mayfair Farms.«

»Maestro's.« Gail blieb fest.

»Also gut, Maestro's«, willigte Laura nach kurzem Zögern ein.

»Ich hol' dich um zwölf ab«, sagte Gail.

Ohne Laura Zeit für weitere Fragen zu lassen, verabschiedete sie sich und legte auf.

»Gail, was machen wir hier?« Laura beugte sich weit über den Tisch und flüsterte, als seien sie beide Mitglieder einer geheimen Verschwörung.

»Wir essen zu Mittag.« Gail lächelte.

»Du vielleicht. Ich bin so aufgeregt, daß ich keinen Bissen runterkriege.«

»Schade, der Salat schmeckt köstlich.« Gail lachte.

»Gail, hast du dich mal umgesehen? Das ist hier der reinste Gangstertreff, verdammt noch mal.«

»Laura, übertreibst du nicht ein bißchen...«

»Nein, ganz und gar nicht. Sieh dich doch um. Na los! Mach's nur nicht zu auffällig.«

Gail legte die Gabel beiseite und ließ den Blick langsam durch den großen, schwach erleuchteten Raum wandern, obgleich das eigentlich ganz überflüssig war. Sie hatte das Lokal gleich beim Eintreten gründlich in Augenschein genommen, genau wie die Washington Street in all ihrer schäbigen Armseligkeit. Im Vorbeifahren hatte sie jede zersprungene Fensterscheibe registriert, den schlurfenden Schritten eines Wermutbruders nachgeschaut und das Gekicher der alten Stadtstreicherin gehört, die an einer Ecke die Abfalltonnen durchwühlte. Als sie das Lokal betraten, hatten Gails Augen sich in Sekundenschnelle an das schummrige Licht gewöhnt. Sie stellte fest, daß die Gäste zum größten Teil relativ gut gekleidet waren; vermutlich Geschäftsleute. Ihr war klar, daß sie Cindys Mörder hier nicht finden würde, aber es war immerhin ein Anfang.

Die beiden Frauen bestellten Salat und Spaghetti. Gail stellte überrascht fest, daß sie großen Appetit hatte. Sie sprach ihrem Salat herzhaft zu, während Laura nur in ihrer Schüssel herumstocherte.

»Entspann dich doch, Laura.« Gail blickte die Freundin über den Tisch hinweg an. »Niemand wird hier reinkommen und uns über den Haufen schießen.«

»Ach nein? Weißt du noch, was in diesem Restaurant in New York passierte? Vier harmlose Typen nahmen nichtsahnend an der Bar einen Drink, als ein Kerl mit 'ner Maschinenpistole reinkam und auf sie losballerte. Und dann stellte sich heraus, daß er die Falschen erwischt hatte.«

»Jeden Tag sterben unschuldige Menschen«, sagte Gail schlicht.

Laura, die gerade halbherzig ihren Salat in Angriff nahm, hielt mitten in der Bewegung inne.

»Entschuldige«, bat Gail, »ich hab's nicht so gemeint.«

»Was machen wir hier, Gail?« wiederholte Laura langsam ihre Frage.

»Wir essen zu Mittag«, antwortete Gail wie zuvor. »Sag mal, hast du Nancy in letzter Zeit gesehen?«

»Sie hat mich letzte Woche einmal in ihren übervollen Terminkalender zwängen können. Aber leicht war das nicht. Zwischen Friseurbesuch, Massage und Vorbereitungen der nächsten Modenschau hat sie schon Schwierigkeiten, eine Maniküre einzuschieben, von 'nem Lunch ganz zu schweigen.«

»Ich glaube, sie war sehr verletzt, daß Larry sie damals verließ«, sagte Gail mehr zu sich selbst als zu ihrer Freundin. »Wir hätten ihr vielleicht mehr Verständnis entgegenbringen sollen.«

»Vielleicht. Aber mein Mitleid hat sie sich verscherzt, als sie so rachsüchtig wurde und anfing, Larry bis aufs Hemd auszunehmen.«

»Larry konnte das Geld verschmerzen. Wie willst du beurteilen, wer im Recht war?« Gail dachte an den Abend bei Lloyd Michener. »Richtet nicht, auf daß ihr nicht gerichtet werdet«, wiederholte sie laut das Motto der Gruppe.

»Wahrscheinlich hast du recht. Wie dem auch sei, du kannst damit rechnen, daß du im September die Einladung im Briefkasten hast.«

»Was denn für 'ne Einladung?«

»Na, für die Modenschau! Nancy organisiert sie dieses Jahr. Ich glaube, sie sagte, am 15. Oktober.«

»Ich denke, ich bleib' diesmal zu Hause.«

»Kommt überhaupt nicht in Frage. Hör mal, ein paar Stunden an einem kalten Herbstnachmittag zwischen albernen, oberflächlichen Frauen sind genau das richtige für dich. Ich hab' mich schon oft gefragt, wie so hohle Köpfe soviel Lärm machen können.«

»Laura...«

»Ja, ich weiß, ich übe schon wieder negative Kritik. Aber dazu sind Clubs wie der von Nancy schließlich da. Es gibt sie, damit wir anderen darüber herziehen können. Ich würde diese Modenschau um nichts in der Welt verpassen. Und du genauso wenig! Also, tu mir den Gefallen und komm mit. Es würde mir keinen Spaß machen, wenn niemand da wäre, mit dem ich über die andern lästern könnte. Bitte. Mir zuliebe.«

Gail nickte stumm. Der 15. Oktober schien sehr weit weg.

Laura spießte ein Stück Tomate auf ihre Gabel und führte es zum Mund. »Hast du schon mal daran gedacht, eine Arbeit anzunehmen?«

»Ich? Was sollte ich denn tun?«

Laura zuckte die Schultern. »Vielleicht könntest du zurück auf die Uni und deinen Abschluß nachholen.«

»Das wär 'ne Möglichkeit.«

»Und bis es soweit ist – was machen eigentlich deine Klavierstunden? Hast du vor, wieder Unterricht zu geben?«

»Nein, das kann ich nicht«, antwortete Gail rasch. Der Kellner kam an ihren Tisch, räumte die Salatschüsseln ab und erschien gleich darauf mit den Spaghetti. »Ich hab' ein paarmal versucht, mich ans Klavier zu setzen und zu spielen, aber nicht mal das bringe ich fertig. Meine Hände fangen an zu zittern. Ich sehe Cindy vor mir...«

»Ich finde, du brauchst eine Beschäftigung, bei der du aus dem Haus kommst.«

»Genau das habe ich mir auch überlegt«, sagte Gail und wikkelte Spaghetti um ihre Gabel. Aber sie wußte, daß sie und Laura keineswegs an dasselbe dachten.

XIV.

Den Rest des Sommers verbrachte Gail zwischen Hausarbeit und ihren Ausflügen nach Newark und East Orange.

Sie fuhr von einer heruntergekommenen Straße zur nächsten und beobachtete dabei die Geschäfte, in die kürzlich eingebrochen worden war; ungefähr so, wie sie sich vorstellte, daß der Täter es vor seinem Überfall gemacht hatte. Prüfend betrachtete sie die Leute, die ein- und ausgingen, und alle, die in der Nachbarschaft herumlungerten, immer auf der Suche nach jemandem, auf den die Beschreibung von Cindys Mörder paßte. Anfangs stieg sie fast nie aus dem Wagen.

Um vier Uhr nachmittags war sie stets wieder zu Hause, um rechtzeitig das Abendessen für Jack und Jennifer herzurichten. Wenn ihr Mann und ihre Tochter heimkamen, fanden sie Gail regelmäßig in der Küche, wo sie letzte Vorbereitungen für die Mahlzeit traf. Die beiden hatten keine Ahnung von dem, was Gail tagsüber trieb.

»O Mann, bin ich erschossen«, stöhnte Jennifer eines Abends und ließ sich auf ihren Stuhl in der Küche fallen.

»War wohl 'n harter Tag, wie?« fragte Gail, die gerade den Braten auf den Tisch stellte.

»Sieht gut aus«, sagte Jack und bediente sich.

»Hoffentlich schmeckt's auch«, meinte Gail besorgt. Auf dem Rückweg von East Orange war sie in einen Verkehrsstau geraten und deshalb zu spät nach Hause gekommen. Sie fürchtete, das Fleisch sei in der kurzen Zeit nicht gar geworden.

»Ich weiß nicht, wie Dad das jeden Tag schafft«, sagte Jennifer. »Also die Leute... da gibt's welche, die können nicht zwei Sekunden lang stillsitzen. Bei andern muß man kopfstehen, um sie zum Lachen zu kriegen, so steif sind die. Manche meinen aber auch, sie seien ein Gottesgeschenk für die Kamera. Wie die sich in Positur werfen, also das müßtet ihr mal sehen! Aber Dad wird mit allen prima fertig. Er hat so wahnsinnig viel Geduld. Er hört den Leuten zu, wenn sie ihm erzählen, welches ihre Schokoladenseite ist und welche Stimmung das Bild einfangen soll, und dann macht er die Aufnahme einfach so, wie er es von Anfang an vorhatte.«

Gail lächelte. Das hörte sich ganz nach Mark an.

»Manchmal denke ich, dieses Bild wird gut, weil die Frau, die er fotografiert, so schön ist. Aber Dad meint, ich soll abwarten. Und dann stellt sich tatsächlich raus, daß die Frau nicht fotogen war. Doch Leute, die gar nicht besonders hübsch sind, lassen sich zum Teil phantastisch fotografieren. Dad sagt, ob einer fotogen ist oder nicht, das sei angeboren.«

Gail setzte sich und nahm ein kleines Stück Fleisch. »Die Arbeit macht dir also Spaß, ja?« Sie war sehr stolz auf ihre Tochter und freute sich, daß Jennifer sich offenbar so glänzend bei der Arbeit unterhielt.

»Ich kann's gar nicht fassen, daß der Sommer schon halb rum ist.« Jennifer seufzte.

»Ist er das?« fragte Gail ehrlich erstaunt.

»Morgen haben wir den 1. August.«

»Den 1. August.« Gail war wie betäubt. Die Zeit verging so schnell, bald war sie abgelaufen. Und ich habe nichts erreicht, dachte Gail.

»Gail. . .« Jacks Stimme klang besorgt. »Geht's dir gut?«

»Ja, sicher.« Gail zwang sich, ihre Gedanken wieder auf die Unterhaltung zu konzentrieren. »Ist das Fleisch durch?«

»O ja, genau richtig«, versicherte Jack. »Was haltet ihr davon, wenn wir heute abend ins Kino gehen?«

»Klingt großartig«, rief Jennifer prompt.

»Ich weiß nicht«, sagte Gail gleichzeitig. »Geh du nur ruhig mit Jack«, setzte sie hinzu.

»Ach, komm doch mit, Gail. Es wird uns allen guttun, mal rauszukommen.«

»Wir gehen doch am Freitag aus«, erinnerte ihn Gail. Carol hatte am Wochenende angerufen und ihr mitgeteilt, sie habe Karten für die neueste Broadway-Sensation. Die ganze Familie sei eingeladen, und sie lasse keine Ausrede gelten.

»Aber bis Freitag ist's doch noch so lange«, maulte Jennifer. »Heute ist erst Dienstag.«

»Das reicht als Abwechslung für eine Woche«, sagte Gail, und ihr Tonfall ließ erkennen, daß sie die Diskussion für beendet hielt. »Jetzt iß, bevor alles kalt wird«, ermahnte sie ihre Tochter.

Jennifer warf Jack über den Tisch hinweg einen flehenden Blick zu.

»Wir geh'n ins Kino«, versprach er ihr. »Wenn deine Mutter ihre Meinung noch ändern sollte, kann sie ja mitkommen.«

Gail lächelte, aber sie wußte, daß ihr Entschluß endgültig war, und die beiden wußten es auch.

Als sie tags darauf nach East Orange fuhr, beschloß Gail, daß es nun an der Zeit sei, aus dem Auto auszusteigen.

Sie begann diese neue Phase ihrer Unternehmung damit, ein Konto bei der Zweigstelle einer Bank einzurichten, auf die in jüngster Zeit eine Reihe von Überfällen verübt worden war. Während sie in der langen Schlange vor dem Schalter wartete, betrachtete sie eingehend die anderen Kunden. Es waren fast ebenso viele Schwarze wie Weiße unter ihnen. Die meisten waren mittleren Alters, und die Frauen befanden sich weit in der Überzahl. Der Schalterraum sah aus wie der jeder anderen Bank.

Gail fragte sich, was sie eigentlich hier tue, und steuerte schon wieder auf den Ausgang zu, als die Tür sich öffnete und ein schlanker, junger Mann mit aschblondem Haar hereinkam. Ein paar Minuten lang lungerte er in der Halle herum, trat von einem Fuß auf den anderen und blickte dauernd von einer Seite zur anderen. Gail verfolgte wie gebannt jede seiner Bewegungen. Er wippte vor und zurück. Jetzt verschwanden seine Hände in den Taschen. Sein rastloser Blick glitt über die Kunden hinweg und blieb kurz auf Gail haften. Er betrachtete sie von Kopf bis Fuß, dann wandte er sich ab. Hatte er sie als Ziel für seine Kugel ausersehen? Gail überlegte fieberhaft und versuchte, seinen Blick wieder auf sich zu ziehen. Aber der junge Mann kümmerte sich nicht mehr um sie, sondern hatte nur noch Augen für ein junges Mädchen in engen roten Elastikhosen. Gail sah ihn zu einem Schalter schlendern, an dem Ein- und Auszahlungsscheine auflagen. Sein Blick ließ die Hosen des Mädchens nicht los.

Gails Schlange rückte ein paar Schritte auf. Plötzlich spürte sie, wie jemand dicht hinter sie trat. Als sie den Kopf wandte, erkannte sie das Profil des jungen Mannes.

Sie wollte ihn ansprechen, aber da fühlte sie, wie ein harter Gegenstand sich zwischen ihre Rippen bohrte. Sie hob den Ellbogen und erkannte den schwarzen Lauf einer Pistole. Atemlos wartete sie auf den nächsten Schritt. Aber nichts geschah, und als sie sich noch einmal umdrehte, sah sie hinter sich nicht den jungen Mann, sondern einen Herrn mit Aktentasche, der ihr einen Stups gegeben hatte, damit sie vorrücke. Sie war an der Reihe.

Gail eröffnete ein Konto, zahlte aber nur zehn Dollar ein. Die Bankangestellte schien das nicht zu berühren. Gail wurde in einem Viertel der Zeit abgefertigt, die sie mit Warten verbracht hatte. Sie trödelte noch ein paar Minuten und tat so, als suche sie etwas in ihrer Handtasche, während sie in Wahrheit herauszubekommen versuchte, was der junge Mann vorhatte. Gleichzeitig beobachtete sie die Kommenden und Gehenden, wobei ihr wieder einmal klar wurde, auf wie viele junge Männer doch die Beschreibung schlank und blond paßte. Ich darf mich nicht entmutigen lassen, ermahnte sie sich, nachdem der junge Mann sich nach einem geglückten Annäherungsversuch mit der Rotbehosten an ihr vorbei zum Ausgang gedrängt hatte, als sei sie Luft.

In den nächsten zwei Tagen eröffnete Gail Konten in einer ganzen Reihe von Banken und Sparkassen aller zwielichtigen Gegenden von Essex County. Sie verbrachte Stunden hinter dem Steuer, aber noch mehr Zeit damit, zu Fuß die Straßen auszukundschaften. Dabei hielt sie die Augen offen und wartete.

Sie wurde häufiger Gast der vielen Leihhäuser in Newark und East Orange. Anfangs verwirrte sie das ungemein breitgefächerte Warenangebot. Am ersten Tag ließ sie sich auf keine Geschäfte ein. Wann immer jemand fragte, ob sie etwas Bestimmtes suche, schüttelte sie den Kopf und murmelte undeutlich ihr stereotypes »Ich seh' mich nur mal um.« Am nächsten Tag brachte sie von zu Hause einige Sachen mit (eine alte Brosche, allerhand Plunder, der seit Jahren unbenutzt herumlag) und versetzte sie. Dafür bekam sie insgesamt achtzehn Dollar, die sie auf eins ihrer neuen Konten einzahlte.

Am Mittwoch war Gail zum Lunch in einer der einschlägigen schäbigen Imbißstuben eingekehrt. Sorgfältig prägte sie sich die Gesichter der Gäste ein, die hier zu Mittag aßen. Am Donnerstag brachte sie sich ihr Essen in einer Papiertüte von zu Hause mit und verzehrte es in einem nahegelegenen Park in Gesellschaft von Männern, die in ihren Papiertüten freilich nur billigen Wein versteckt hatten. Sie fing zahlreiche mißtrauische Blicke auf und merkte, daß ihre Kleidung daran schuld war. Sie sah einfach zu wohlhabend aus, um als Gast solcher Parks und Imbißketten glaubhaft zu wirken. Sie würde ihr Aussehen verändern müssen. Im Geiste ging sie auf der Suche nach passenden Kleidungsstücken ihre Garderobe durch.

Am Freitag fuhr sie widerstrebend nach Manhattan, um sich mit ihrer Schwester zum Lunch zu treffen. Carol hatte darauf bestanden, daß sie früher in die Stadt käme, damit die beiden Schwestern ein paar Stunden für sich allein hätten. Jack hatte diesen Vorschlag unterstützt. Seine Sprechstundenhilfe würde ihn und Jennifer am Abend in ihrem Wagen nach New York mitnehmen. Gail hatte schließlich eingewilligt, aus Angst, eine Szene heraufzubeschwören oder etwas zu sagen, das mißverstanden werden könnte. Sie hielt es für wichtig, allen den Eindruck zu vermitteln, sie freue sich gleich ihnen auf den Abend in New York. Innerlich empfand sie freilich nur Leere.

Jack hatte seinen Beruf; Jennifer hatte ihren Ferienjob und die Gesellschaft von Vater und Stiefvater. Mann und Tochter schienen sehr gut ohne sie auszukommen. Gail wurde einfach nicht mehr gebraucht, auch wenn alle Welt ihr das Gegenteil einzureden versuchte. Abgesehen von gelegentlichen kleinen Ausrutschern hielten Gails Familie und ihre Freundin die Rolle, welche sie ihnen vorspielte, für echt, und sie war zunehmend darauf bedacht, ihre wahren Gefühle zu verbergen.

Was aber sind meine wahren Gefühle? überlegte sie auf der Fahrt nach Manhattan. Sie hatte keine. Sie war innerlich tot. Eine Broadway-Show würde kaum genügen, um sie ins Leben zurückzuholen, auch wenn sie lachen würde und klatschen und so tun, als amüsiere sie sich ebenso gut wie die anderen.

In Wahrheit fühlte sie sich nur dann lebendig, wenn sie dem Tod auf der Spur war. Aber es wäre sinnlos, das jemandem erklären zu wollen. Alle würden ihr besorgt raten, sich in psychiatrische Behandlung zu begeben. Keiner würde sie verstehen. Aber verstand sie sich denn selbst?

Carol hatte einen Tisch im Russischen Tea-room bestellt. »Ich weiß, daß es 'n Touristenlokal ist und ziemlich ausgeflippt, aber was soll's?« Sie lachte, und Gail stimmte ein. »Du siehst gut aus. Aber 'n bißchen dünn.«

Die beiden Schwestern gingen über den Broadway in Richtung Siebenundfünfzigste Straße. Gail beobachtete unterwegs die Straßenhändler und betrachtete aufmerksam die heruntergekommenen Läden rechts und links.

»Ich hatte vergessen, wie dreckig es hier ist«, sagte Gail, während sie einen Bogen um eine Lache Erbrochenes machten.

»Jetzt ist's verhältnismäßig sauber hier«, widersprach Carol. »Vor ein paar Jahren sah's noch ganz anders aus.«

Gail blickte in die Schaufenster der zahlreichen Elektrogeschäfte, aber die schienen jetzt mehr Videokassetten mit Pornofilmen anzubieten als Stereoanlagen. An der Ecke sah Gail eine Gruppe von Menschen, die einen einzelnen Mann umringte. Er schwenkte irgend etwas in der Luft und sprach mit kräftiger, erhobener Stimme.

»Komm, wir gehen auf die andere Seite«, meinte Carol.

»Worüber redet der?« Gail achtete nicht auf den Rat ihrer Schwester und trat auf die Gruppe zu.

Was der Mann in der Hand hielt, war eine Petition, die härtere Strafen für Gewaltverbrechen forderte. Gail lauschte wie gebannt der Erzählung des Mannes, dessen Sohn vor zehn Monaten bei einem versuchten Diebstahl erstochen worden war. Der Unterschriftensammler berichtete weiter, daß der jugendliche Täter schon kurz nach dem Mord gefaßt und vor Gericht gestellt worden sei. Nach zahlreichen Aufschüben sei die Verhandlung endlich zum Abschluß gebracht worden. Man habe den Schuldigen wegen Totschlags zu einundzwanzig Monaten Gefängnis verurteilt. Der Schock über dieses milde Urteil wurde noch verstärkt, als die Polizei dem Vater des Ermordeten mitteilte, daß der Täter wahrscheinlich schon nach sieben Monaten wieder auf freiem Fuß sein werde.

»Komm, wir gehn«, flüsterte Carol beklommen und zerrte Gail am Ärmel.

Gail befreite sich sanft aus dem Griff ihrer Schwester und versuchte von den Gesichtern der Umstehenden ihre Reaktion auf die Worte des Mannes abzulesen.

Immer mehr Leute blieben stehen. Sie hörten aufmerksam, fast respektvoll zu. Auf ihren Gesichtern spiegelte sich Anteilnahme, sogar Erschrecken und vielleicht auch Bewunderung, als der Mann weitererzählte, daß er nach dem Prozeß seinen Arbeitsplatz aufgegeben habe und durch die Staaten gereist sei, um eine landesweite Unterschriftenkampagne zu starten, die härtere Strafen für Gewaltverbrechen fordere. Er rühmte sich, inzwischen fast eine Million Unterschriften gesammelt zu haben.

Gail trug sich in die Liste ein, und Carol schloß sich ihr an. Eine Frau neben ihnen war der Ansicht, eine solche Aktion würde nicht viel nützen, da Politiker an notorischer Taubheit litten, wenn nicht gerade eine Wahl vor der Tür stehe. Doch auch diese Frau hatte unterschrieben.

»Ich habe jede Petition unterschrieben, die mir je vor die Augen kam«, erklärte sie den beiden Schwestern. »Ich habe mich auch immer wieder für die Wiedereinführung der Todesstrafe eingesetzt...«

»Wozu soll die Todesstrafe denn gut sein?« mischte sich eine andere Frau ins Gespräch. »Die hat noch niemanden abgeschreckt. Wir müssen lernen, uns geistig und körperlich von all diesem Haß zu befreien. Sonst werden wir nie in Frieden leben. Wir müssen uns zu Gott bekennen und einsehen, daß Sein Weg der einzig wahre ist...«

»Ich kann mir nicht vorstellen, daß Gottes Wille gschieht, wenn Unschuldige sterben und ihre Mörder ungeschoren davonkommen.«

»Verschont uns mit diesen Sonntagsschuldebatten über die Existenz Gottes«, meldete sich ein untersetzter Mann unwirsch zu Wort. »Wenn es einen Gott gibt, dann hat Er zumindest auf mein Leben nicht den geringsten Einfluß.« Die Frau, die zuvor von Gott gesprochen hatte, bekreuzigte sich und flüsterte ein Gebet für die Umstehenden. »Worum geht's denn wirklich? Was man unterschreibt oder wen man hier in New York wählt, ist völlig unerheblich. Unser Gouverneur hat versprochen, sein Veto gegen jede von der Legislative verabschiedete Gesetzesvorlage zur Wiedereinführung der Todesstrafe einzulegen, genau wie's auch sein Vorgänger getan hat. Außerdem würde sich durch die Wiedereinführung der Todesstrafe auch nichts ändern.«

»Es wäre ein Anfang«, sagte jemand.

»Ich bin nicht für die Todesstrafe«, rief ein Mann hinter Gail. »Das bringt doch nichts.«

»Ich bin ganz Ihrer Meinung«, sagte eine Frau, die sich bisher nicht an der Diskussion beteiligt hatte. »Mit der Todesstrafe wären wir bloß ebenso barbarisch wie die Mörder.«

»Blödsinn!« rief der Untersetzte.

Carol zerrte wieder an Gails Ärmel. »Gail, komm doch endlich.«

»Wenn man wenigstens drauf hoffen dürfte, daß die Gerichte solche Kerle lebenslänglich einsperren...«

»Darauf können Sie lange warten.«

»Die sind eher wieder draußen, als Sie glauben«, sagte der Mann mit der Unterschriftenliste bitter. »Alle Welt hat Mitleid mit ihnen. Sie sind unverstanden. Sie hatten eine unglückliche Kindheit. Tja, das ist ihr Pech. Ich bin jedenfalls der Meinung, wir sollten endlich aufhören, uns so verdammt viel um die Verbrecher zu sorgen. Statt dessen wär's endlich an der Zeit, sich auch mal um die Opfer und deren Familien zu kümmern. Wir müssen nämlich für den Rest unseres Lebens mit dem fertig werden, was diese Mörder angerichtet haben.«

»Das ist ein überholtes Argument.«

»Ich wüßte nicht, was daran überholt sein soll.«

Die Stimmen folgten rasch aufeinander, fielen eine über die andere wie ein Haufen Dominosteine. Gail konnte nicht mehr unterscheiden, wer sprach. Sie schloß die Augen und lauschte auf den Klang der zornigen, verworrenen Stimmen. Die Gesichter waren unwichtig. Sie brauchte die Leute nicht zu sehen, um sie wiederzuerkennen. Sie sah all diese Sprecher tagtäglich in ihrem eigenen Spiegelbild.

»Gail, jetzt hab' ich wirklich genug. Laß uns zum Essen gehen.«

»Ich möchte weiter zuhören.«

»Ich nicht«, sagte Carol ungestüm und wandte sich zum Gehen. »Hör mal, wir haben die Petition unterzeichnet. Mehr können wir nicht tun. Also komm endlich.« Gail rührte sich nicht. »Gail, ich gehe. Die Hälfte der Leute, die diese blöde Liste unterschrieben haben, sind Taschendiebe und Gauner. Ich will hier weg.«

»Ich treff' dich im Restaurant«, sagte Gail.

»Gail!«

Gail wandte ihre Aufmerksamkeit wieder der Menge zu. Wie nebenbei registrierte sie, daß Carol den Platz neben ihr geräumt und jemand anders ihn eingenommen hatte.

»Die Todesstrafe versucht einen Mord durch einen zweiten zu rächen. Wie können Sie das richtig finden?«

»Die Gesellschaft hat das Recht, gewaltsam gegen Verbrecher vorzugehen.«

»Niemand hat das Recht zu töten.«

»Unsere ermordeten Kinder macht nichts wieder lebendig.«

»Darum geht's doch gar nicht.«

»Worum denn dann?«

»Es geht darum«, hörte Gail eine Stimme sagen, während sie im Geiste sah, wie jemand ihre Tochter in den Schlamm warf, »es geht darum, daß gewisse Subjekte ihr Leben einfach nicht verdienen.«

»Genau.« Der Mann neben ihr nickte bekräftigend.

Dann schien der Versammlung der Zündstoff auszugeben, und die Leute zerstreuten sich allmählich.

Gail sah sich nach Carol um, aber die war verschwunden. Sie mußte ihr nachgehen und sie um Entschuldigung bitten. Gail wandte sich in Richtung des Russischen Tea-rooms, da bemerkte sie einen blonden jungen Mann, der sie aus einiger Entfernung beobachtete.

Als ihre Blicke sich trafen, wandte er rasch den Kopf und ging davon. Er wirkte ziemlich befangen und blickte sich mehrmals über die Schulter nach ihr um. Gail gab sich alle Mühe, ihn im Auge zu behalten, aber er verschwand gleich darauf im Fußgängerstrom.

Angestrengt spähte sie in die Menge, aber der junge Mann war wie vom Erdboden verschluckt. Gail ging langsam weiter, schaute unterwegs in jedes Schaufenster und überlegte, was sie wohl an dem Jungen so magisch angezogen haben mochte.

Er hatte sie beobachtet. Ob er sie von den Zeitungsfotos her kannte? Hatte er gewußt, wer sie war? War Cindys Mörder womöglich nach New York geflohen, um hier zwischen vielen anderen Illegalen und Unerwünschten unterzutauchen? War es möglich, daß sie auf so wunderbare Weise auf ihn stieß? Nein, das ist verrückt, dachte Gail. Ihre Schwester fiel ihr ein, und sie wollte gerade kehrtmachen, um zurück zur Siebenundfünfzigsten Straße zu gehen, da sah sie ihn auf der anderen Straßenseite. Er betrat gerade einen der Läden, die euphemistisch als »Buchhandlungen für Erwachsene« firmieren.

Gail holte tief Luft und überquerte die Straße. Sie öffnete die Tür zu dem Geschäft und spürte, wie mehrere Augenpaare sich auf sie richteten, als sie eintrat und langsam hinter dem Jungen her die erste Regalreihe entlangschritt.

Worauf sie auch immer gefaßt gewesen sein mochte, das, was sie sah, überraschte sie doch und erfüllte sie mit Ekel. »Zwanzig neue Mösen« nannte sich ein Blatt lakonisch und zeigte im Innenteil die entsprechenden Großaufnahmen. Gail blätterte flüchtig in den am wenigsten anstößigen Heften, die sie finden konnte, während sie sich unaufhaltsam ans andere Ende des Ladens durchdrängelte.

Die nächste Reihe enthielt fast nur Beiträge zum Thema Züchtigung und Folter. Gail sah Fotos von Frauen, die ausgepeitscht wurden, Frauen, die in Ketten lagen oder mit Brenneisen gemartert wurden. »Wie vergewaltige ich eine Jungfrau?« lautete die Überschrift eines Artikels. Auf einem einprägsamen Foto wurde eine Frau in einen Fleischwolf gesteckt.

Gail schloß die Augen und versuchte, den Brechreiz zu unterdrücken. Mit zitternder Hand schob sie die Illustrierte zurück in das Fach. Sie dachte an Jennifer, die bei ihrem Vater die Kunst des Fotografierens erlernte. Was waren das für Leute, die *solche* Bilder machten? Und was für Männer, vor allem aber Frauen posierten für diese Aufnahmen?

Sie erreichte den letzten Gang. Auch hier das gleiche Angebot – nur noch drastischer. »Männer, die Knaben lieben«, las sie, nahm das Heft aus dem Regal und betrachtete das Foto eines etwa dreißigjährigen Mannes und eines höchstens vierzehnjährigen Jungen. »Verirrtes kleines Mädchen« lautete ein anderer Titel. Die zugehörigen Abbildungen zeigten ein junges Mädchen, das hergerichtet war wie ein Kind. Ihr langes Haar war zu Zöpfen geflochten und mit Schleifen geschmückt. Ihr knabenhafter Körper steckte in einem kurzen, offenen Leibchen. Sie trug Kindersöckchen und dazu passende Schuhe. Da sie keinen Schlüpfer anhatte, sah man, daß ihr Schamhaar abrasiert war. Mehrere Männer mittleren Alters streichelten das Mädchen.

Was mache ich nur hier? fragte sich Gail, plötzlich von Panik ergriffen. Sie hatte das Gefühl, unbedingt frische Luft zu brauchen, und rannte zum Ausgang. Aber da tauchte aus dem Nichts ein ausgestreckter Arm auf und versperrte ihr den Weg.

Gail fuhr zusammen und sah sich dem jungen Mann gegenüber, dem sie gefolgt war. Er war größer, als sie angenommen hatte, vielleicht über einsachtzig, und trotz seines schlanken Wuchses sehr muskulös.

»Suchen Sie mich?« fragte er spöttisch lächelnd.

Gail rang vor Verblüffung nach Luft. Hinter ihm lud ein Schild die Kunden ein, sich im Nebenzimmer das beachtliche Filmangebot vorführen zu lassen.

»Gehn wir zusammen ins Kino?« Der Spott in seiner Stimme war unverkennbar.

Gail zwang sich, ihn anzuschauen. Seine kleinen Augen hatten einen stechenden Blick. Sein Teint war unrein, Nase und Mund waren schmal, die Haare ungleichmäßig lang und nicht gekämmt. Er war weder blond noch braun. Sie schätzte ihn auf etwa zwanzig.

Er trat dichter an sie heran. »Warum laufen Sie mir nach?« fragte er und näherte seine Lippen ihrem Gesicht. »Kann ich vielleicht was für Sie tun? Soll ich's Ihnen besorgen, gleich hinterm Vorhang da drüben? Sie brauchen nur zu sagen, wie Sie's haben wollen, Lady, ich mach's Ihnen.«

Gail versuchte, etwas zu erwidern, aber ihre Stimme versagte.

Er brachte sein Gesicht dem ihren noch näher, streckte die Hand aus und faßte sie am Hinterkopf.

»Hübsches Haar«, sagte er und versuchte, sie an sich zu ziehen.

»Bitte . . .«, flüsterte sie.

»Bitte? Oh, das gefällt mir. Ich mag's, wenn meine Frauen brav und höflich sind.«

Gail schlug mit beiden Händen zu. Ihre plötzliche Reaktion überraschte sie fast ebenso wie den jungen Mann. Er ließ sie los und trat einen Schritt zurück, unsicher, was das zu bedeuten habe. Ehe er sich wieder fassen konnte, stürmte Gail an ihm vorbei. Dabei warf sie einen Stapel Zeitschriften um und sah entsetzt auf die Bilder gefesselter und geknebelter Frauen, die ihr leblos vor die Füße fielen. Im nächsten Augenblick stand sie draußen auf der Straße. Sie rang nach Luft und betete, der junge Mann möge sie nicht verfolgen.

Was hatte sie sich nur dabei gedacht, ihm in den Laden nachzugehen? Selbst wenn man außer acht ließ, wie unwahrscheinlich es war, den Mörder hier zu finden, konnte dieser Junge nicht der sein, den sie suchte. Er war zu groß, zu frech, zu unverschämt. Und er hatte offenbar keinerlei Probleme mit älteren Frauen. Er war nicht der Typ, der sich an Kindern vergriff, es sei denn, das Kind war alt genug, um es mit ihm aufnehmen zu können. Sein Interesse richtete sich auf größere Beute. Gail faßte sich langsam wieder, straffte die Schultern und machte sich auf den Weg zum Russischen Tea-room.

Als sie dort eintraf, hatte Carol bereits das zweite Glas Wein bestellt. »Entschuldige, daß ich dich einfach so stehengelassen habe«, sagte sie, ehe Gail die Chance hatte, ihre Verspätung zu erklären.

»Nein, ich muß mich bei dir entschuldigen«, beteuerte Gail aufrichtig.

»Das reicht«, entschied Carol und winkte dem Ober. »Ich hab' einen Bärenhunger.«

Carol hielt Wort und erwähnte den Vorfall weder Jack noch Jennifer gegenüber, als sie abends im Theater zusammentrafen.

Es wurde ein vergnügter Abend, und am Ende waren sich alle einig, daß sie bald wieder zusammen ausgehen sollten.

XV

Nachdem sich zwischen Highway 280 und New Jersey Turnpike eine Reihe besonders abscheulicher Morde ereignet hatte, fuhr Gail jeden Tag dort entlang. Zunächst ging es ihr darum, den genauen Tatort zu bestimmen. Aber selbst nachdem sich auf ihren ersten Streifzügen herausgestellt hatte, daß es keinerlei Anhaltspunkte gab, weder eine Polizeisperre noch Blutspuren auf der Fahrbahn, die ihren Ausflügen die Langeweile genommen hätten, fuhr sie weiterhin täglich die gleiche Strecke.

Die Presseberichte mit ihren unklaren Formulierungen waren wenig hilfreich. Ihre Tatortbestimmung beschränkte sich auf die Angabe Highway 280, westlich vom New Jersey Turnpike. Die schrecklichen Verbrechen waren allerdings in allen Einzelheiten dargelegt.

Der erste von insgesamt vier Morden hatte sich am 16. September zugetragen, kurz nach Mitternacht. Eine junge Frau, Alter zweiunddreißig, hatte den Abend mit Freunden in New York verbracht und befand sich auf der Heimfahrt. Sie war allein im Wagen. Das Auto, das ihr auflauerte und sie von der Straße abdrängte, hatte genau auf solch eine Gelegenheit gewartet, wie die Polizei aus den Reifenspuren in der Nähe des Tatorts schloß. Man hatte die Frau die Böschung hinuntergeschleppt, sie ausgezogen, mit einer abgesägten Schrotflinte bedroht, sie sexuell mißbraucht und sie anschließend umgebracht.

Zwei Tage danach wurde kurz nach zweiundzwanzig Uhr wieder ein Wagen in ähnlicher Weise von der Straße abgedrängt. Nach Aussage eines hysterischen Kraftfahrers, der den Überfall im Vorbeifahren gesehen hatte, sich aber erst mehrere Tage später bei der Polizei meldete, wurden die Insassen des Wagens, ein Mann und eine Frau um die vierzig, mit vorgehaltener Waffe zum Aussteigen gezwungen und ins hohe Gras am Straßenrand geführt. Niemand als ihr Mörder vermochte ihre

Furcht, ihr Entsetzen zu ermessen. Die Polizei konnte nur von ihren grauenvollen Wunden berichten. Beide Opfer waren vergewaltigt worden. Auf beide hatte man mehrmals geschossen; beide hatte man nach ihrem Tod verstümmelt im Straßengraben liegenlassen, wo Autofahrer auf dem Weg zur Arbeit sie am nächsten Morgen entdeckten. Der Zeuge, der mit angesehen hatte, wie das Paar in den Tod geführt wurde, behauptete, er habe nur einen Schützen gesehen. Es sei ein Weißer gewesen, der noch jung zu sein schien und vermutlich blondes Haar habe. Aber es sei dunkel gewesen, und er habe solche Angst gehabt, daß er seine Beobachtungen nicht beschwören könne.

Die Polizei versicherte, der fragliche Straßenabschnitt werde streng kontrolliert. Trotzdem kam es in der nächsten Woche zu einem zweiten Mord: Ein junger Mann, der noch spät nachts von einem Rendezvous heimkehrte, wurde von der Straße abgedrängt und auf die gleiche Weise umgebracht wie die drei anderen Opfer.

Die Polizei bezweifelte den Medien zufolge zwar entschieden, daß der Mörder noch einmal an derselben Stelle zuschlagen werde, riet aber dennoch den Kraftfahrern, die nachts zwischen den Staaten New Jersey und New York verkehren mußten, die Bundesstraße 24 zu benutzen oder eine andere für sie geeignete Alternativstrecke zu wählen. Der Highway 280 zwischen New Jersey und New York war von nun an nach Einbruch der Dunkelheit wie ausgestorben.

Tagsüber freilich herrschte weiterhin ebenso reger Verkehr wie bisher. Niemand glaubte, daß der oder die Mörder am Tage zuschlagen würden. Gail fuhr gewöhnlich vor zwölf Uhr mittags auf den Highway und kehrte gegen vier nach Hause zurück. In der Zwischenzeit schaffte sie die Strecke zwischen beiden Staaten zweimal. Gelegentlich hielt sie unterwegs für ein paar Minuten am Straßenrand an und versuchte sich das Entsetzen zu vergegenwärtigen, das ein Mensch empfinden mochte, der aus seinem Wagen gezerrt und mit vorgehaltener

Waffe gezwungen wurde, die Böschung hinunterzugehen. In den Tod.

Nach ein paar Tagen stieg sie aus und ging zu Fuß den Randstreifen neben dem belebten Highway entlang. Die Vorbeifahrenden warfen ihr seltsame Blicke zu, schauten aber gleich wieder in eine andere Richtung. Niemand hielt an, um zu fragen, ob sie Hilfe brauche. Sie richtete ihre Aufmerksamkeit auf das hohe Gras, durchstreifte es mit den Füßen und fragte sich, ob es hier wohl Schlangen gebe. Sie stellte sich vor, sie würde die Böschung hinuntergeführt, gezwungen, sich auszuziehen und hinzulegen. Sie glaubte, im Gras zu versinken wie in einem offenen Grab. Sie spürte das kalte Metall eines Gewehrlaufs, der über ihre Schenkel fuhr und brutal in sie eindrang. Sie hörte das Klicken des Abzugs, sah, wie ihr Körper explodierte und empfand... nichts.

»He, was zum Teufel machen Sie denn da?«

Gail fuhr herum und sah einen silberfarbenen Ford neueren Modells, aus dessen Seitenfenster sich ein Mann mittleren Alters mit gelichtetem Haar lehnte. »Was ist los mit Ihnen?« fuhr der ärgerlich fort. »Sind Sie verrückt? Wissen Sie denn nicht, was auf dieser Straße passiert ist? Es ist verdammt gefährlich, hier auszusteigen! Müssen Sie vielleicht mal pinkeln? Dann warten Sie gefälligst bis zum nächsten Rasthaus!«

Gail dankte dem Mann für seine Fürsorge und kehrte verschüchtert zu ihrem Wagen zurück. Er wartete, bis sie eingestiegen war, ehe er weiterfuhr. Als er Gail überholte, schüttelte er verständnislos den Kopf.

Ich habe nichts erreicht, dachte sie nervös, ohne auf den Verkehr zu achten. Ihre Ausflüge nach Newark und East Orange waren vergeblich gewesen. Jeder ist schuldig, entschied sie zynisch. Es gibt keine Unschuldigen.

Am hellichten Nachmittag würde sie gewiß keinem Mörder auf dem Highway begegnen. Ihre Erkundungsfahrten waren völlig sinnlos gewesen.

Nach ein paar Tagen gab Gail es auf, am Nachmittag über den

Highway 280 zu fahren. Von jetzt an würde sie ihr Glück bei Nacht versuchen.

Sie wartete den Abend ab, an dem Jack wieder zu einem von Lloyd Micheners Gruppentreffen ging. Sie weigerte sich auch diesmal, ihn zu begleiten, doch kurz nachdem er gegangen war, erklärte sie Jennifer, sie sei nervös und wolle ins Kino gehen, um sich abzulenken. Als Jennifer ihr anbot mitzukommen, erinnerte Gail sie an ihre Schularbeiten und verließ das Haus, ehe Jennifer noch etwas einwenden konnte.

Der Highway bei Nacht schien einer anderen Welt anzugehören. Die Dunkelheit nahm ihm den Schutzmantel der Zivilisation und verwandelte die schlangengleichen Biegungen und Kurven in eine spürbare Bedrohung. Gail hatte das auch vor den Morden schon so empfunden, etwa an dem Abend, als sie mit Jack und Jennifer von New York heimgefahren war. Sie war noch nie ein Nachtmensch gewesen. Als Kind hatte sie bei offener Tür geschlafen, damit das Licht aus dem Bad in ihr Zimmer fiel. Bei Tage fühlte sie sich mitten im Geschehen, dazugehörig, behütet, geborgen. Aber mit der Dunkelheit kam die Isolation. Sie fühlte sich wie ein Beobachter auf einem fremden Planeten, und diese Vorstellung hatte ihr schon immer Angst eingejagt. Als ihr jetzt, hier auf dem dunklen Highway, bewußt wurde, daß ihr Wagen weit und breit der einzige war, verstärkte sich das Gefühl der Isolation und drohte sie zu überwältigen. Sie kämpfte gegen den Impuls, umzukehren, sich in die Geborgenheit ihrer hellerleuchteten Küche zu flüchten und den nächsten Morgen abzuwarten. Da fiel ihr ein (als ob sie es je auch nur für einen Augenblick vergessen könnte), daß Cindy im hellen, freundlichen Tageslicht umgebracht worden war, daß Ungeheuer sich also nicht nur vom Mondschein leiten lassen. Ihre Augen versuchten die Dunkelheit am Straßenrand zu durchdringen. (»Gibt es echt Monster, Mama?« – »Natürlich nicht, Spätzchen.«) Ihre Hände umklammerten das Steuerrad, und sie fuhr mit erhöhtem Tempo weiter geradeaus.

Und dann sah sie den anderen Wagen.

Sie hatte schon fast die Grenze nach New York erreicht, als sie ihn entdeckte. Er war hinter ein paar Bäumen versteckt und zusätzlich durch seine dunkle Farbe getarnt. In Sekundenschnelle nahm er die Verfolgung auf und schob sich immer näher an ihren hinteren Kotflügel heran. Gail gab Gas. Doch der andere Wagen blieb dicht hinter ihr. Sie schaute in den Rückspiegel, aber die Dunkelheit und das blendende Scheinwerferlicht des anderen Wagens machten es ihr unmöglich, ihre Verfolger zu sehen. Sie erkannte nur, daß es zwei Männer waren. Plötzlich drehte der Wagen nach links ab und verschwand aus ihrem Blickwinkel. Gleich darauf war er neben ihr und versuchte, sie von der Straße abzudrängen. Gail trat das Gaspedal bis zum Boden durch, aber der andere Wagen ließ sich nicht abschütteln. Der Mann auf dem Beifahrersitz winkte sie ungestüm auf die Standspur. Dann hörte sie die Sirene und schaute mit spürbarer Erleichterung zu dem Wagen hinüber. Der Mann auf dem Beifahrersitz winkte ihr mit irgend etwas zu, etwas, das aussah wie eine Dienstmarke, und sie begriff, daß er den Alarm ausgelöst hatte, obwohl das Auto nicht als Polizeifahrzeug gekennzeichnet war. Sie nahm den Fuß vom Gas, verringerte langsam das Tempo und kam schließlich auf dem Seitenstreifen zum Stehen. Der andere Wagen hielt direkt hinter ihr. Sie hörte die Türen schlagen und sah zwei Männer auf sie zurennen, Pistolen im Anschlag. Plötzlich fiel ihr ein, daß niemand wußte, wie den früheren Opfern aufgelauert worden war. Was wäre leichter, dachte sie, während die Männer sich ihrer Wagentür näherten und sie ihre Waffen deutlich erkennen konnte, was wäre leichter, als sich als Polizisten auszugeben. Die Polizei schafft es, jeden anzuhalten. Keiner bezweifelt die Glaubwürdigkeit einer Uniform oder Dienstmarke.

Sie spürte die Pistole an ihrer Schläfe und stieg wortlos aus. Niemand sprach ein Wort, als die Männer sie vom Wagen fort und ins hohe Gras führten. Niemand fuhr vorbei, der ihren erzwungenen Striptease hätte bezeugen können. Kein Mensch sah, wie sie nackt auf die kalte Erde gelegt wurde, eine Waffe an der Schläfe, während der andere sich an ihrem Bein hinauftastete. Vielleicht würden die beiden sie nur erschießen und ihr die Qualen der Folter ersparen. Ich bin schon genug gefoltert worden, dachte sie und sah durchs Seitenfenster in die besorgt, ja ängstlich dreinblickenden Augen des jungen Mannes, der neben ihrem Wagen stand. Sie betätigte den automatischen Fensterheber.

»Polizei, Madam«, sagte der junge Mann und hielt ihr seine Dienstmarke entgegen. Gail warf nur einen flüchtigen Blick darauf. Sie hätte ohnehin nicht zwischen einem echten Abzeichen und einer Fälschung unterscheiden können. »Würden Sie bitte aussteigen, Madam.« Es war keine Frage, sondern ein Befehl. Gail holte tief Luft und atmete dann langsam aus. Ihre Knie zitterten, als ihre Füße den Boden berührten. Das Gras streifte ihre Knöchel. Die Luft war kühl. Es war wesentlich kälter geworden, seit sie von zu Hause losgefahren war. Der Herbst ist da, dachte sie und wunderte sich, wieso ihr das bisher entgangen war. Wie unerbittlich die Zeit doch verstrich. Der zweite Mann ging um ihr Auto herum zur Beifahrerseite und leuchtete mit einer Taschenlampe auf den Rücksitz. »Wir möchten uns den Wagen gern mal ansehen«, sagte der erste. Gail nickte. Gehörte das zu dem Spiel dazu? Sollte das Opfer sich entspannen und in Sicherheit wähnen, ehe man es zur Schlachtbank führte? »Darf ich Ihren Führerschein sehen, Madam?« fragte einer der Beamten – Gail beschloß, sich fürs erste vorzustellen, die beiden seien Polizisten. Er sprach höflich, wenn er sie auch wachsam im Auge behielt, als sie ihre Handtasche öffnete, die Brieftasche herausnahm und ihm entgegenstreckte. Aber er nahm sie nicht, trat vielmehr betont einen Schritt zurück. »Bitte nehmen Sie den Führerschein heraus«, sagte er.

Gail lächelte. Sie hatte ihn getestet. Sie wußte, daß Polizisten einen Kraftfahrer ersuchen mußten, die Papiere aus der Brieftasche herauszunehmen und ihnen separat zu übergeben.

Wenn der Mann von ihr das nicht verlangt hätte, dann hätte sie jetzt die Gewißheit gehabt, daß er nicht war, wofür er sich ausgab. Aber offenbar hatte er seine Rolle gut gelernt. Sie beobachtete ihn, während er ihren Führerschein überprüfte.

»Hier ist alles in Ordnung«, rief der andere Polizist. »Würden Sie bitte noch den Kofferraum öffnen?« setzte er, an Gail gewandt, hinzu. Gail langte in ihren Wagen, zog den Zündschlüssel ab und übergab ihn dem jungen Beamten. Der warf ihn übers Autodach seinem Kollegen zu. Als er den Kofferraum öffnete, fand er ihn leer bis auf das Reserverad. Der erste Mann ging nun zurück zu seinem Wagen und gab der Zentrale telefonisch die Nummer ihres Führerscheins zur Überprüfung durch. Als er wenige Minuten später zurückkam, schien er zufrieden. Seine Pistole steckte jetzt im Halfter. »Würden Sie uns verraten, was zum Teufel Sie zu so später Stunde auf dem Highway verloren haben, und noch dazu allein?« fragte er. Seine Stimme schwankte zwischen Neugier und Ärger.

»Ich hatte Streit mit meinem Mann.« Es war die erstbeste Notlüge, die ihr in den Sinn kam. Gail war immer noch nicht sicher, ob diese Männer wirklich zur Polizei gehörten. Sie sah Jacks Gesicht vor sich und überlegte, ob er wohl schon von seiner Sitzung zurück sei. Würden sie ihn anrufen und ihm erzählen, wo sie gewesen war? »Ich mußte für ein Weilchen raus, um mich abzureagieren.«

»Auf diesem Highway?« fragte der zweite Mann ungläubig. Es war der ältere von beiden. Sein Haar war dunkel, der andere aber war blond.

»Er schien mir nicht schlechter als die anderen«, sagte Gail, die nicht wußte, was sie sonst hätte sagen sollen.

»Lesen Sie denn keine Zeitung?« fragte der Jüngere. »Wissen Sie etwa nicht, was auf diesem Highway passiert ist?«

»Wir waren verreist«, sagte Gail. »In Florida. Wir sind gerade erst zurückgekommen.«

»Sie sind aber nicht sonderlich braun«, bemerkte der Ältere, der ihr mit seiner Taschenlampe ins Gesicht leuchtete.

»Ich leg' mich nicht gern in die Sonne«, erklärte sie. »Das ist nicht gesund.«

»Um diese Zeit allein auf einem Highway rumzukutschieren, auf dem in den letzten zwei Wochen vier Menschen ermordet wurden, ist auch nicht gesund.«

»Das wußte ich nicht«, sagte Gail stockend. »Wir waren doch verreist.«

»Tja, also sehen Sie zu, daß so was nicht noch mal vorkommt«, sagte der Ältere. »Wenn Sie sich abreagieren müssen, dann fahren Sie in der Nachbarschaft spazieren, aber nicht auf dem Highway. Noch besser wär's, Sie würden gar nicht erst mit Ihrem Mann streiten. Der arme Kerl hat wahrscheinlich sowieso schon Ärger genug.«

Gail dachte, daß er vermutlich recht habe. »Haben Sie eine Ahnung, wer der Mörder ist?« fragte sie.

»Wir arbeiten an dem Fall«, lautete die stereotype Antwort.

Gail nickte, so als habe die Auskunft sie beruhigt. »Darf ich jetzt gehen?« fragte sie schüchtern. Sie überlegte, ob Lieutenant Cole wohl von dem nächtlichen Abenteuer erfahren und wenn ja, was er dazu sagen würde.

Der jüngere Beamte gab ihr den Führerschein zurück, nachdem er sich noch einmal vergewissert hatte, wie sie hieß. »Hören Sie, Mrs. Walton«, sagte er so behutsam, daß Gail einen Moment lang fürchtete, er könne sie erkannt haben. »Wir wollten Sie nicht erschrecken, aber wir sind hier nicht in 'nem Fernsehkrimi, wo die Helden immer rechtzeitig auftauchen, um die bedrängte Unschuld zu retten. Hier draußen werden Menschen umgebracht. Unschuldige werden buchstäblich abgeschlachtet. Der Highway ist kein Spielplatz. Sie hatten echt Glück, daß wir Sie angehalten haben und nicht irgendein Verrückter.« Gail nickte zerknirscht. »Wir begleiten Sie noch, bis Sie vom Highway runter müssen.«

»Ach, das ist nicht nötig«, wehrte Gail ab.

»O doch, das ist es!«

»Ich danke Ihnen«, sagte Gail erleichtert.

»Nach Ihnen«, befahl der Polizist. Gail stieg wieder in ihren Wagen und ließ den Motor an. Das Polizeiauto fuhr hinter ihr her, bis sie den Highway verlassen mußte. Als sie abbog, hupte sie dankbar. Die Polizisten antworteten mit einem Handzeichen.

Jack wartete im Wohnzimmer auf sie.
»Wie war der Film?« fragte er tonlos.
»Nicht besonders.« Sie vermied es, ihn anzusehen, und wandte sich gleich zur Treppe.
»Wie hieß er denn?«
Gail blieb auf der zweiten Stufe stehen, ihr Kopf war vollkommen leer. »An den Titel erinnere ich mich nicht«, sagte sie. »Es war einer von diesen blöden Filmen mit lauter Verfolgungsjagden. Weißt du, wo ständig ein Auto hinterm andern herfährt. Immer den Highway rauf und runter. Nichts wie Polizisten und Gangster.« Sie stockte. »Wie war's in der Gruppe?« fragte sie nach einer Weile, um Jack vom Thema abzubringen.
»Gut. Ich würde gern mit dir drüber reden.«
»Hat das nicht Zeit bis morgen früh?« fragte sie rasch. »Weißt du, ich bin so schrecklich müde...«
»Sicher.« Jack gab sich keine Mühe, seine Enttäuschung zu verbergen.
»Ich bin wirklich völlig erschöpft.« Das stimmt sogar, dachte sie.
»Gute Nacht, Gail«, sagte er leise.
Gail brachte ein winziges Lächeln zustande. »Gute Nacht«, antwortete sie und ging hinauf ins Schlafzimmer.

XVI.

Am 1. Oktober wurde die Leiche einer neunundzwanzigjährigen Frau, Mutter von drei Kindern, am Stadtrand von Livingston gefunden. Man hatte sie vergewaltigt, mit zwei Schüssen ins Herz getötet und in einem flachen Grab verscharrt. Der Mann der Ermordeten war ein prominenter und erfolgreicher Immobilienmakler. Die Zeitungen waren tagelang voll mit Fotos der attraktiven jungen Frau und ihrer trauernden Familie.

»Glauben Sie, daß es da eine Verbindung zu unserem Fall gibt?« wollte Gail von Lieutenant Cole wissen, als sie ihn zwei Tage später endlich ans Telefon bekam.

»Nein«, antwortete er bestimmt.

»Warum nicht?« Gails Stimme klang ängstlich und gehetzt.

»Die Fälle sind zu verschieden«, erklärte Lieutenant Cole und zählte die Einzelheiten dieses letzten Mordes auf: »Veronica MacInnes war eine erwachsene Frau; sie wurde nicht erwürgt, sondern erschossen...«

»Man hat sie vergewaltigt...«

»Männer, die sich an Kindern vergreifen, vergewaltigen fast nie Frauen im gebärfähigen Alter.«

»Aber es könnte doch sein...«

»Gail«, sagte Richard Cole ruhig, »es gibt keine Verbindung.«

Gail drückte den Hörer an ihre Brust und blickte zum Küchenfenster hinaus. Dann besann sie sich, nahm den Hörer wieder ans Ohr und fragte: »Was geschieht jetzt?«

Er antwortete nicht gleich. »Ich fürchte, ich verstehe Ihre Frage nicht«, sagte er schließlich.

»Wissen Sie, wer diese Frau umgebracht hat?«

»Noch nicht. Wir haben...«

»Ich weiß. Sie verfolgen mehrere Spuren.«

»Gail...«

»Was wird nun mit Cindys Mörder?«

»Wir bearbeiten den Fall Ihrer Tochter natürlich weiter.«

»Veronica MacInnes war die Frau eines sehr vermögenden und

einflußreichen Mannes. Wollen Sie mir etwa einreden, Sie hätten nicht all Ihre Männer darauf angesetzt, den Mörder dieser Frau zu finden?«

»Das schließt aber nicht aus, daß wir nach wie vor den Mann suchen, der Ihre Tochter umgebracht hat.«

»Ach nein?«

»Nein.«

Gail wollte ihm widersprechen, besann sich dann aber eines Besseren und schwieg. Es hatte keinen Sinn, mit dem Kommissar zu streiten. Sie kannte die Wahrheit, selbst wenn er sich nicht dazu bekennen durfte, und diese traurige Wahrheit lautete, daß ihre Tochter für die Polizei kein Thema mehr war. Sie würden ihre Aufmerksamkeit auf einen neuen Fall richten, den zu lösen sie noch eine Chance hatten. Die Jagd nach Cindys Mörder würde man abblasen. Die Spitzel, die noch auf den Straßen von New Jersey unterwegs waren, würde man anderswo sinnvoller einsetzen können.

Sie wollte schon auflegen, als Lieutenant Cole sie mit einer Frage überraschte. »Was sagten Sie?« fragte sie zurück, um Zeit zu gewinnen.

»Ich möchte wissen, wo Sie letzten Monat gewesen sind«, wiederholte er.

»Wie meinen Sie das?«

»Ganz einfach. Ich hab' öfter versucht, bei Ihnen anzurufen, aber Sie waren nie zu Hause. Da habe ich mich natürlich gefragt, was Sie die ganze Zeit treiben.«

Gail versuchte sich zu räuspern, verschluckte sich dabei und hustete in die Muschel. »Ich war mal hier, mal da«, sagte sie schließlich. »Wirklich nicht der Rede wert.«

»Geht's Ihnen gut?«

»Ja, danke.« Gail war jetzt sehr daran gelegen, das Gespräch zu beenden.

Als sie den Hörer auflegte, wußte sie, daß sie eine neue Phase erreicht hatte. Es war Zeit für einen weiteren Vorstoß. Sie mußte den nächsten Schritt ihres Plans verwirklichen.

In den letzten Wochen hatte sie eine Reihe von Häusern beobachtet, in denen möblierte Zimmer vermietet wurden, hatte sich die Bewohner einzuprägen versucht und darauf geachtet, wann die einzelnen kamen und gingen.

Jetzt war es an der Zeit, ihren Beobachtungsposten aufzugeben und sich unter die Leute in diesen Häusern zu mischen. Sie hatte diesen Schritt immer wieder hinausgezögert, in der Hoffnung, die Polizei würde etwas finden.

Und das hatte sie ja auch. Gail lachte bitter, als sie sich ans Steuer ihres Wagens setzte und ihn aus der Einfahrt lenkte. Sie hatte eine weitere Leiche gefunden.

Die Johnson Avenue war eine schmale, triste Straße, die im rechten Winkel auf die Broad Street zuführte. Sie wurde zu beiden Seiten von heruntergekommenen Backsteinhäusern gesäumt, von deren Holzverschalung die Farbe abblätterte. Die Stufen, die zu den Haustüren hinaufführten, waren geborsten und ausgetreten. Auf den Bürgersteigen trieb der Wind das Herbstlaub vor sich her, das zusammenzufegen sich niemand die Mühe machte.

Gail wählte diese Straße aus einer ganzen Reihe ähnlicher aus, weil sie ihr am unauffälligsten schien. Die Johnson Avenue war weder die beste noch die schlechteste Straße in diesem Viertel. Gail war mehreren jungen Männern hierher gefolgt, immer in sicherem Abstand, das Gesicht im hochgeschlagenen Kragen ihres Übergangsmantels verborgen.

Einmal hatte sie, als sie gerade um eine Ecke bog, in einer Schaufensterscheibe einen flüchtigen Blick auf ihr Spiegelbild erhascht und hätte beinahe laut losgelacht über sich: hochgeschlagener Kragen, Kopf eingezogen, hängende Schultern, schlurfender Gang. Seither hatte sie das Klischee ein wenig abgeschwächt und sich bemüht, nicht zur Karikatur zu werden, sondern so echt zu wirken wie die anderen, die diese Straße bevölkerten, so echt und so unauffällig wie sie. Es war nicht schwer. In vieler Hinsicht fühlte sie sich tatsächlich wie eine von ihnen – allein, zornig, verzweifelt. Es gab Tage, da fühlte sie sich in diesem Viertel eher daheim als in den Straßen rings um den Tarlton Drive. Hier kannte sie wenigstens die Gefahren. Aber in Livingston, in dem gepflegten Viertel für die gehobene Mittelklasse namens Cherry Hill, wo sie wohnte, ignorierte man die Gefahr. Der Mörder trieb sich irgendwo hier in diesen Straßen herum, dessen war sie ganz sicher. In einem der alten, heruntergekommenen Häuser verbarg er sich vor der Welt. Aber nicht vor ihr, jedenfalls nicht mehr lange.

Sie suchte sich das Haus Nr. 17 aus, weil es sie auf seltsame Weise anzog. Ungeachtet des bröckelnden Anstrichs und der kaputten Dachrinne konnte Gail sich vorstellen, wie das Haus früher einmal ausgesehen haben mochte – solid, massiv, ja sogar anheimelnd. Sie hatte mehrere schlanke, blonde junge Männer hineingehen sehen. Und auf eine ganze Reihe anderer paßte die etwas großzügig ausgelegte Personenbeschreibung des Mannes, den sie suchte. Er konnte sich schließlich die Haare gefärbt haben. Vielleicht hatte er sich auch einen Bart oder einen Schnurrbart stehen lassen. Möglicherweise war er inzwischen dicker geworden. Oder er hatte sich kahlscheren lassen.

Auf einem Schild im Fenster des Erdgeschosses stand: »Zimmer frei«. Man konnte für einen Tag, für eine Woche oder einen ganzen Monat mieten.

»Ich möchte gern ein Zimmer«, erklärte Gail der Frau, die ihr öffnete.

»Für wie lange?« fragte die Frau, die mit ihrem Pantoffel einen knurrenden Dobermann in Schach zu halten suchte.

»Ich weiß noch nicht«, antwortete Gail. Sie rechnete damit, in etwa einer Woche in ein anderes Haus ziehen zu müssen, wenn sie hier nichts erreichte.

»Dann zahlen Sie eben pro Nacht. Bar und im voraus«, verlangte die Frau. Gail sah, daß sie eine Zigarette zwischen den Fingern hielt. »Los, rein mit dir, Rebecca«, fauchte sie den Hund an, der sofort den Schwanz einzog.

Gail fand, Rebecca sei ein merkwürdiger Name für einen Dobermann. »Was kostet das Zimmer?« fragte sie und überlegte, ob die Frau wohl Ironie im Sinn gehabt habe, als sie ihren Hund Rebecca taufte.

»Fünfzehn Dollar die Nacht.«

»Fünfzehn Dollar«, wiederholte Gail. Sie suchte in ihrer Manteltasche nach Geld. »Das ist aber teuer.«

»Weiter unten kriegen Sie vielleicht was Billigeres«, meinte die Frau, »aber da ist's auch nicht so hübsch wie bei mir. Fünfzehn Dollar pro Nacht. Wollen Sie das Zimmer nun oder nicht? Ich kann nicht den ganzen Tag hier rumstehen und quatschen. Ich verpass' sowieso schon 'ne halbe Fernsehstunde.«

Gail überlegte, welche Serie die Frau sich wohl anschaue, wagte aber nicht zu fragen. »Schon gut, ich nehm's«, sagte sie und reichte der Frau die fünfzehn Dollar.

Die Frau zählte die Scheine nach, nickte und sagte: »Ich hol' die Schlüssel.«

Als die Wirtin sie die Treppe hinaufführte, bemerkte Gail auf der schmutzigweißen Wand Flecken, die aussahen wie Blut. »Was sind das für Flecken?« fragte sie und deutete mit dem Finger auf die häßlichen, blaß-braunen Spuren an der Wand.

Die Frau sah nur flüchtig hin. »Keine Ahnung«, sagte sie, so als sei die Frage eigentlich gar keiner Antwort wert.

»Sieht aus wie Blut.«

Zum erstenmal lächelte die Frau. »Hm«, meinte sie, »das kann gut sein.«

Gail zog es vor, nicht darüber nachzudenken, wie das Blut dort hingekommen sein mochte. Statt dessen richtete sie ihre Aufmerksamkeit auf die Beine der Frau, die vor ihr die Treppe hinaufging. Die Frau war nicht nur dünn, sie sah aus, als leide sie an Anorexie. Ihre Schenkel, die sich unter der schmuddeligen Hose abzeichneten, waren kaum dicker als Handgelenke. Komischerweise war sie tadellos frisiert, ihr Haar schien frisch gewaschen und eingelegt, ihre Nägel waren sorgfältig maniküirt und in einem kräftigen Rot lackiert.

»Sind jetzt alle Zimmer belegt?« fragte Gail, als sie vor einer Tür haltmachten und die Wirtin den Schlüssel ins Schloß steckte.

»Eins ist noch frei«, sagte die Frau, stieß die Tür auf und gab Gail den Schlüssel. »Das ist es. Na?«

»Bitte?« fragte Gail unsicher zurück.

»Gehn Sie jetzt rein, oder was ist los?«

»Ja, ja«, versicherte Gail rasch. »Es ist sehr hübsch.«

»Weiter unten gibt's billigere«, sagte die Frau noch einmal, »aber die sind nicht so hübsch. Ich versuch' das Haus so sauber zu halten wie möglich. Vorschriften gibt's nur 'n paar: keine laute Musik nach Mitternacht, nicht im Bett rauchen, ich will nämlich nicht, daß die Bude abbrennt, und weder Alkohol noch Drogen im Treppenhaus. Was Sie in Ihrem Zimmer machen, ist mir egal, obwohl Sie wissen sollten, daß das hier kein Puff ist. Sie wissen schon, eben kein Bordell. Sie können natürlich Männer mitbringen, soviel Sie wollen. Bloß sorgen Sie dafür, daß es nicht auffällt.«

»Ich werde keine Herrenbesuche haben.«

Die Frau sah sie mißtrauisch an. »Nein? Na ja, das ist Ihre Sache. Ich will nur keinen Ärger mit der Polizei. Sie wissen, was ich meine.«

»Also ich trinke nicht, ich rauche nicht, und Drogen nehm' ich auch nicht...« begann Gail, doch die Frau war schon halb die Treppe hinunter. »Möchten Sie nicht wissen, wie ich heiße?« rief Gail ihr nach.

»Wozu?« fragte die Frau zurück, ohne sich umzudrehen. Auf dem Fußboden bemerkte Gail verstreute Zigarettenasche. Ein paar Sekunden stand sie nachdenklich in dem leeren Flur, dann betrat sie ihr Zimmer.

Das Zimmer war nicht besser, als sie erwartet hatte. Die Wände waren in verschiedenen Gelbgrüntönen gestrichen, und auf den Holzdielen lag kein Teppich. Wenigstens ist es sauber, dachte Gail erleichtert. Die Einrichtung bestand nur aus dem

Allernötigsten: in der Mitte ein Doppelbett mit einer billigen, blaugeblümten Tagesdecke darüber; ein farblich undefinierbarer Lehnstuhl, der völlig durchgesessen war; eine billige Lampe auf einem noch billigeren Plastiktisch; eine Kommode.

Gail setzte sich aufs Bett und stellte erstaunt fest, daß es stabil war. Aber das spielte keine Rolle, denn sie würde sowieso nicht darin schlafen. Plötzlich fühlte sie sich beklommen, die Wände schienen auf sie zuzukommen und sie zu erdrücken. Sie eilte ans Fenster. Es war klein, und davor hing eine fadenscheinige blaue Gardine. Gail blickte hinunter in einen düsteren Hinterhof. Sie fühlte sich isoliert, abgeschnitten von der Straße und von ihrer Routine. Wie konnte sie hoffen, hinter diesen abweisenden Türen jemanden zu finden?

Ihr wurde übel, und sie wäre beinahe gegen den kleinen Tisch gefallen. Sie mußte zur Toilette. Wo war nur das Bad?

»Wo ist die Toilette?« fragte sie die Wirtin, als ihr Klopfen endlich Gehör fand.

Die Frau hatte die Tür nur einen Spaltbreit geöffnet. »Oh, hab' ich's Ihnen nicht gezeigt? Am Ende vom Gang. Es gibt ein Klo in jedem Stock.«

»Heißt das, im Zimmer ist keins?«

»Haben Sie eins gesehen?«

»Ich dachte nur...«

»Wissen Sie, was es mich kosten würde, in jedem Zimmer 'ne Toilette installieren zu lassen? Sie machen wohl Witze? Und wer sollte die Dinger instand halten? Ich müßte doch dauernd Angst haben, daß einer was in den Abfluß schmeißt, was da nicht reingehört. Das dürfen Sie übrigens nicht machen. Bei mir wohnen nicht oft Frauen, deshalb vergeß ich's manchmal zu erwähnen.«

»Was für Leute wohnen denn so bei Ihnen?«

»Was soll die Frage?« Die Frau faßte die Klinke fester und schloß die Tür so weit, daß Gail nur noch ein Viertel ihres Gesichts sehen konnte. »Sind Sie von der Polizei?«

»Ich? Von der Polizei?« Gails Lachen war echt. »Nein, ich bin nur... einsam«, gestand sie und wunderte sich selbst über ihre Worte.

Die Frau entspannte sich und stieß mit dem Fuß die Tür auf.

»Wollen Sie was trinken?« fragte sie.

»Ich hätte gern eine Tasse Tee«, sagte Gail, ohne zu überlegen.

»An Tee hatte ich nicht gerade gedacht«, sagte die Frau. »Aber ich schätze, daß hier noch irgendwo 'n alter Wasserkessel rumsteht. Kommen Sie rein.«

Das Zimmer war etwa doppelt so groß wie das, welches Gail gerade gemietet hatte. Eine Tür führte in das angrenzende kleine Schlafzimmer. Außerdem gab es noch eine Kochnische und ein Bad. Die Wände waren in dem gleichen Gelbgrün gestrichen wie das übrige Haus, und die Möbel stammten samt und sonders von der Heilsarmee. Die Frau suchte in der Anrichte nach dem Kessel.

»Da ist er ja«, rief sie schließlich triumphierend. »Ich wußte doch, daß ich irgendwo einen habe. Ich glaube, ich weiß noch, wie man Wasser kocht. Setzen Sie sich und machen Sie's sich bequem.«

»Ich heiße Gail«, sagte Gail, die im letzten Augenblick beschlossen hatte, nicht zu lügen.

»Und ich bin Roseanne«, stellte die Frau sich vor, während sie am Spülbecken Wasser in den Kessel füllte und ihn aufsetzte. »Na los, nehmen Sie Platz. Vor dem Hund brauchen Sie keine Angst zu haben. Rebecca tut Ihnen nichts, außer, wenn ich's ihr sage. Rebecca, runter von der Couch!« Der Hund gehorchte sofort, sprang von seinem gemütlichen Plätzchen auf dem verschossenen weinroten Samtsofa herunter auf den Boden und legte sich vor den Fernseher.

Gail blickte unbehaglich zwischen dem kleinen Schwarzweiß-Fernseher und der großen schwarzbraunen Hündin hin und her. Zögernd setzte sie sich.

»Wie kamen Sie darauf, sie Rebecca zu nennen?« fragte sie und zwang sich, dem Hund zuzulächeln.

»So hieß meine Schwiegermutter«, Roseanne setzte sich neben sie und schaute wie gebannt auf die Mattscheibe. »Rebecca sieht genauso aus wie meine Schwiegermutter. Man braucht einen Hund, wissen Sie, wenn man allein lebt. Besonders in dieser Gegend. Die Männer denken, sie hätten leichtes Spiel mit 'ner alleinstehenden Frau. Aber wenn sie Rebecca sehen, nehmen sie sich in acht.«

»Sie leben also allein?« fragte Gail und überlegte, wie alt die Frau neben ihr wohl sein mochte.

»Schon seit sechzehn Jahren«, sagte Roseanne. »Es ist besser so. Mein Alter ging eines Abends weg, um 'n Viertelliter Milch zu holen...«

Sie ließ den Satz unvollendet und lauschte für einen Augenblick der Unterhaltung auf dem Fernsehschirm. Als das Programm für eine Werbeeinlage unterbrochen wurde, fuhr sie fort: »Wenigstens hat er mir die Milch gebracht, ehe er abgehauen ist.« Sie ging in die Küche und nahm den Kessel vom Herd. »So, wollen mal sehen, ob ich noch Teebeutel habe.« Gail sah zu, wie sie in mehreren Schubfächern kramte. »Dacht' ich's mir doch! Sie sind allerdings schon ziemlich alt. Aber Tee wird nicht schal, oder?«

»Nein.« Gail lächelte.

»Ich hab' schon ewig keinen Tee mehr getrunken«, fuhr die Frau fort, während sie einen Teebeutel in eine Tasse fallen ließ und Wasser darübergoß. »Ich hab' weder Milch noch Zucker. Sie werden ihn schwarz trinken müssen.«

»Das macht nichts. Aber was ist mit Ihnen? Trinken Sie nicht mit?«

»Ich nehme nie was zwischen den Mahlzeiten.« Roseanne hielt Gail die Tasse hin. »Gucken Sie auch die Serie da?« fragte sie mit einer Geste zum Fernseher. Gail schüttelte den Kopf.

»Das ist mir die liebste von allen. Sie können sich nicht vorstellen, was da alles passiert! Ehebruch, Mord, russische Spione – und alles in derselben Familie. Das da ist Lola. Die stiftet immer alle möglichen Leute zu was an. Darum mag ich sie auch am besten leiden. Jedesmal, wenn sie auftritt, wird's spannend.«

Gail sah, wie die schöne Frau mit dem langen dunklen Haar die Arme um den Nacken eines gutaussehenden Mannes in mittleren Jahren schlang, der einen Arztkittel trug und eine gequälte Miene zeigte.

»Der, dem sie sich da an den Hals wirft, das ist Will Tyrell. Er ist mit Anne Cotton verheiratet, einer Ärztin, die seit der Hochzeit mit ihm lammfromm geworden ist. Früher war sie ganz anders. Will ist ihr vierter Mann in fünf Jahren. Sie hatte einen Nervenzusammenbruch und ermordete Ehemann Nummer drei. Da haben sie ihr dann haufenweise Pillen gegeben, von denen ist sie süchtig geworden. Dann hatte sie 'n hysterischen Anfall und war 'ne Zeitlang blind, ehe sie Will kennenlernte, ihn heiratete und so langweilig wurde. Ich hab' das Gefühl, die werden sie bald rausschmeißen aus der Serie.«

Gail verbiß sich das Lachen, als sie begriff, wie ernst Roseanne ihre Fernsehserie nahm. »Aber diese Lola, das ist echt 'n Wahnsinnstyp. Keiner weiß, wo sie herkommt, und sie lebt sehr zurückgezogen. Man sieht nie, wo sie wohnt oder so, aber sie hat immer die tollsten Kleider an, und sie bringt's fertig, im bodenlangen Nerzmantel mit nichts darunter aufzukreuzen. Dauernd ist sie hinter den Männern anderer Frauen her. Die arme Kleine, der sie zuletzt den Mann weggenommen hat, die hat sich das Leben genommen. Ich möchte wissen, ob sie Anne Cotton auch so loswerden wollen.«

»Ich hab' mir eine Zeitlang auch solche Serien angeschaut...
›Licht im Dunkel‹ hieß die eine. Und dann war da noch ›Morgen beginnt ein neuer Tag‹.«

»Oh, die hab' ich früher auch gesehen. Betrügt Erica immer noch ihren Mann, den Richard?«

Gail mußte einen Moment nachdenken. »Ich glaube, ihr Mann heißt Lance.«

»Lance? Was denn, sie hat Lance geheiratet? Diesen wilden Gauner?! Na, da hat sie sich aber angeschmiert. So was, einen netten, anständigen Kerl wie Richard stehenzulassen. Ich meine, mit anderen zu flirten ist ja gut und schön, aber ihn abschieben und Lance heiraten! Na, die verdient, was sie sich eingebrockt hat.«

Gail blickte sich unruhig um. Wieder hatte sie das Gefühl, die Wände rückten zusammen und schlössen sie ein. »Ich muß nach Hause.« Als ihr klar wurde, was sie gesagt hatte, schaute sie Roseanne ängstlich an.

Aber Roseanne war zu sehr in die Probleme von Will Tyrell, Anne Cotton und Lola-wie-immer-sie-hieß vertieft, um Gails Ausrutscher zu bemerken. Gail wischte sich mit dem Handrücken die Schweißperlen von der Oberlippe. Sie würde in Zukunft vorsichtiger sein müssen. Ein törichter Versprecher wie dieser konnte all ihre sorgfältigen Pläne zunichte machen. Sie stand so abrupt auf, daß der Hund hochschrak und die Zähne fletschte, als wolle er ihr jeden Augenblick an die Kehle springen.

»Platz, Rebecca!« kommandierte Roseanne, und langsam ließ das geschmeidige Tier sich wieder zu Boden gleiten. »Mir ist ein bißchen schwindlig. Ich sollte vielleicht für 'ne Weile an die frische Luft«, sagte Gail.

»Sie sind mir keine Erklärung schuldig. Ich bin ja nicht Ihre Mutter.«

»Danke für den Tee.«

Roseanne winkte ab, ohne den Blick vom Bildschirm zu lösen.

Gail sah sich noch einmal im Zimmer um, ehe sie hinaus in den Flur ging und die Tür hinter sich schloß. Sie schaute auf die Uhr. Es war fast drei. Zeit, sich auf den Heimweg zu machen.

An der Haustür stieß sie mit einem jungen Mann zusammen. Er war kaum über zwanzig und hatte einen unmodernen Bürstenschnitt. Sein Haar war so kurz, daß man die Farbe kaum erkennen konnte. Mit gesenktem Blick schob er sich an Gail vorbei und steuerte zielstrebig auf die Treppe zu. Sie war nicht sicher, ob er sie überhaupt bemerkt hatte. Gail horchte auf seine Schritte, während er mit seinen schweren Stiefeln die Treppe hinaufhastete, immer zwei Stufen auf einmal. Als er über ihr den Flur entlangging, war ihr, als halle das Gewicht seiner Tritte in ihrem Kopf wider. Sie riß die Tür auf und stürzte aus dem Haus. Die Luft war kühler und feuchter als am Morgen. Sie drehte sich um. Seine Schritte hatten ihr verraten, daß der junge Mann in einem der Zimmer wohnte, die zur Straße hin lagen. Gail spähte an der Hauswand hinauf. Er beobachtete sie vom Fenster aus. Doch als sie zu ihm hochschaute, verschwand er hinter dem Vorhang. Gail zögerte einen Moment, dann machte sie kehrt und ging zu ihrem Wagen zurück. Während sie die Straße entlangschlenderte, spürte sie die Blicke des Jungen im Rücken.

XVII.

Vier Tage vergingen, ehe sie den jungen Mann wiedersah. Sie hatte sich angewöhnt, ihre Zimmertür in der Pension nur anzulehnen, damit sie auf Geräusche aus den anderen Räumen achten und die Haustür hören konnte. Gewöhnlich war es geradezu unheimlich still im Haus. Außer Schritten und Türenschlagen hörte man so gut wie nichts. Manchmal klangen Schimpfworte aus der Halle herauf, oder auf der Treppe entbrannte ein Streit, aber meist herrschte Grabesstille. In Gedanken summte Gail »The Sounds of Silence« vor sich hin. In den vier Tagen, die sie hier verbracht hatte, war es ihr nicht gelungen, mit einem der anderen Logiergäste mehr als ein paar belanglose Worte zu wechseln. Sie ging morgens gegen zehn hinauf in ihr Zimmer und wanderte zwischen Stuhl und Bett hin und her, bis es Zeit war fürs Mittagessen. Nach etwa einer halben Stunde kam sie zurück und vertrieb sich die Zeit bis zur Heimfahrt um drei so gut es ging. Sie prägte sich jeden, der in der Pension wohnte, genau ein. Von Leuten, deren Namen sie nicht wußte, merkte sie sich die Zimmernummern. Auf der ersten und zweiten Etage waren jeweils fünf Zimmer, im Erdgeschoß dagegen nur zwei, weil Roseannes Apartment relativ viel Platz beanspruchte. Die Pension konnte also zwölf Gäste aufnehmen.

Die Zimmer im Erdgeschoß bewohnten zwei alternde Schnapsbrüder mit ungewaschenem langem Haar, ungepflegtem Bart und stets finsterer Miene. Wenn Gail morgens kam, saßen die beiden nebeneinander auf den Stufen, die zur Haustür hinaufführten. Zu ihrer Verwunderung lüfteten sie jedesmal mit altmodischer Galanterie den Hut, wenn Gail vorbeiging. Aber als sie am dritten Tag den Versuch machte, mit ihnen ins Gespräch zu kommen, fragte, wie lange sie schon hier wohnten und was sie von den anderen Gästen hielten, da schauten die beiden sie an, als spräche sie eine fremde Sprache, und setzten dann ihre seltsame, bruchstückhafte Unterhaltung fort, als sei Gail überhaupt nicht vorhanden.

Die Gäste im ersten Stock hatten seit Gails Einzug schon fast alle gewechselt. Es handelte sich in der Regel um Vagabunden und Arbeitslose, Männer zwischen zwanzig und fünfzig Jahren. Aber gestern war ein merkwürdiges Paar unbestimmbaren Alters eingezogen, das nicht recht zusammenzupassen schien.

Der junge Mann, dem Gail am ersten Tag begegnet war, wohnte nach wie vor im ersten Stock in dem Zimmer mit Blick auf die Straße. Sie hatte seither zweimal bemerkt, daß er ihr vom Fenster aus nachsah, wenn sie zum Mittagessen ging.

Im zweiten Stock wohnten außer Gail eine Rothaarige, die etwa in ihrem Alter war und auch ihre Größe hatte, ein älterer, stets schlechtgelaunter Mann von kleiner Statur und schließlich ein dunkelhäutiger Typ. Das fünfte Zimmer war noch frei. Die Rothaarige hatte als einzige schon vor Gails Einzug auf dieser Etage gewohnt. Gail hatte von Anfang an nach einer Gelegenheit gesucht, um mit ihr ins Gespräch zu kommen, aber jedesmal, wenn sie einander begegneten, war die Frau in Begleitung eines anderen Mannes, und Gail hatte nicht gewagt, sie anzusprechen.

Am Nachmittag des vierten Tages hörte Gail die Schritte der Frau im Flur. Sie sprang vom Bett auf und lief hinaus. »Kann ich was für Sie tun?« Die Frau schien zwar verdutzt über diese unerwartete Begegnung, aber keineswegs erschrocken.

Gail zögerte. »Ich dachte, wir könnten uns vielleicht 'n bißchen unterhalten...« Sie versuchte, einen zwanglosen Ton anzuschlagen, was allerdings kläglich mißlang.

Die Rothaarige stand schon vor der Tür zu ihrem Zimmer. »Worüber denn?« fragte sie mißtrauisch.

»Ach, über alles mögliche. Wär doch nett, sich kennenzulernen, nicht?«

»Ich mach' nicht in Frauen.«

»Wie bitte?«

»Frauenkundschaft is' bei mir nicht drin. Bedaure, Schätzchen, ich geh' zwar auf'n Strich, aber ich bin nun mal nicht linksrum, da ist nix zu machen.« Sie steckte den Schlüssel ins Schloß.

»Ich möchte mich bloß unterhalten«, rief Gail ihr nach, als sie in ihrem Zimmer verschwand. »Das ist alles. Ganz bestimmt.«

Die Frau machte kehrt. »Wozu?« fragte sie verwundert.

Gail zuckte die Schultern. Sie wußte keine Antwort.

»Sie wollen also reden, hm? Na schön, kommen Sie rein und erzählen Sie mir was, während ich meinen Kram packe.«

»Sie ziehen aus?« Gail folgte der Rothaarigen in ihr Zimmer. Es war genauso eingerichtet wie Gails, befand sich aber in einem völlig anderen Zustand. Gail hatte nie in ihrem Bett geschlafen, ja es nicht einmal aufgedeckt. Das Bett der Rothaarigen dagegen wirkte, als sei es nie gemacht worden. Achtlos hingeworfene Kleider und ungepflegte Perücken türmten sich auf dem Sessel in der Ecke. Jemand hatte den Tisch mit der Lampe gegen die Wand gestoßen, sich aber nicht die Mühe gemacht, ihn wieder geradezurücken. Der Toilettentisch verschwand fast unter einem Wust von Make-up-Tuben, Cremetöpfen und anderen Kosmetika.

»Entschuldigen Sie das Durcheinander«, sagte die Frau mit einer Spur von Ironie in der Stimme. »Ich war nicht auf Besuch gefaßt.«

»Sie wollen also weg von hier?«

»Wollen? Man hat mir den Laufpaß gegeben.« Die Frau zerrte einen abgewetzten Pappkoffer unterm Bett hervor und warf ihn auf die zerwühlten Laken. Es roch nach Schweiß und Sex. Gail spürte, wie ihr Körper sich verkrampfte. Gleich würde ihr schlecht werden.

»Darf ich die Tür auflassen? Meine steht nämlich weit offen, und meine Handtasche liegt auf dem Bett. Es wär' mir eine Beruhigung, mein Zimmer im Auge zu behalten.« Gail rang verzweifelt nach Luft. »Außerdem«, fuhr sie zögernd fort, »außerdem krieg' ich in geschlossenen Räumen leicht Beklemmungen.«

Die Frau zuckte gleichmütig die Schultern und packte weiter. »Ja, ist mir aufgefallen, daß Ihre Tür dauernd offensteht. Was mich angeht, ich bin lieber ungestört. Ist besser fürs Geschäft, wenn Sie wissen, was ich meine.«

»Arbeiten Sie schon lange als Prostituierte?« Gail bemühte sich vergeblich, ihre Naivität zu verbergen.

»Erst seit ich beim Physikum durchgefallen bin«, spottete die Frau, die jetzt die Kosmetika vom Toilettentisch einsammelte und im Koffer verstaute. »Wie heißen Sie eigentlich? Dem Typ nach müßten Sie eine Carol sein.«

Gail lächelte. »So heißt meine Schwester. Ich bin Gail.«

»Und ich Brenda. Übrigens – für 'ne ›Prostituierte‹ verdien' ich weiß Gott nicht genug. Was machen denn Sie eigentlich?«

Auf diese Frage war Gail nicht gefaßt. »Im Augenblick gar nichts, ehrlich gesagt. Ich suche eine Stelle, aber zur Zeit ist auf dem Arbeitsmarkt anscheinend alles zu.«

»Aber Sie sind doch gebildet, nicht? So wie Sie reden.«

»Nein«, widersprach Gail rasch. »Ich hab' weder ein Examen noch ein Diplom oder so was.«

»Aber die mittlere Reife?«

Gail nickte.

»Ich hab' mal 'nen Kurs für Stenotypistinnen gemacht. Bin aber nie auf mehr als zweihundert Anschläge pro Minute gekommen, und davon war noch die Hälfte falsch.«

»Ich kann überhaupt nicht maschineschreiben.«

»Also ohne das kriegen Sie garantiert keinen Job«, sagte Brenda entschieden. »Da nützt Ihnen der Mittelschulabschluß auch nichts. Haben Sie was gespart?«

»Ein bißchen, ja. Für 'n paar Wochen reicht's bestimmt.«

»Haben Sie schon mal daran gedacht, auf'n Strich zu gehn?«

Gails Augen weiteten sich. »Sie würden zwar nicht das große Geld machen. Denn wenn wir ehrlich sind, haben wir beide die besten Jahre hinter uns, nicht? Aber Sie sehen gut aus, die Figur ist tadellos. Sie könnten sich leicht 'n paar Dollar nebenbei verdienen. Ich könnte Ihnen helfen, Sie ein paar Leuten vorstellen...«

»Ich glaub', das wär' nichts für mich.«

Brenda hob die Schultern und packte weiter.

»Hat Roseanne Sie rausgeworfen?«

»Heut' in aller Früh. Sie meint, ich mach's zu auffällig. Als ob sie nicht von Anfang an gewußt hätte, wovon ich lebe. Vielleicht ist sie sauer, weil sie keine Prozente bekommt. Oder es stinkt ihr, daß sie keinen Kerl mehr abkriegt, wer weiß?«

Brenda lachte. »Ich halte sie ehrlich gesagt für lesbisch. Oder sie hat was mit diesem Köter.«

Gail mußte unwillkürlich an die abstoßenden Bilder in jener »Buchhandlung für Erwachsene« in New York denken, und ihr schauderte. »Wie lange haben Sie denn hier gewohnt?« fragte sie, um das Thema zu wechseln.

»'n paar Monate.« Brenda hatte inzwischen all ihre Sachen im Koffer verstaut und ließ den Deckel zuschnappen. »Wurde sowieso Zeit, daß ich abhaue. Mir ist's egal, wo ich wohne. Ein Zimmer ist wie das andere.«

»Haben Sie denn keine Freunde?«

»Freunde? Soll das ein Witz sein? Meine beste Freundin sind Sie.«

»Haben Sie sich manchmal mit den anderen Mietern unterhalten?«

»Nur mit den Zahlungskräftigen.«

»Die Leute hier ziehen ziemlich oft um, nicht?«

»So? Ist mir nie aufgefallen.«

»Doch, doch. Der junge Mann im ersten Stock ist allerdings eine Ausnahme. Wissen Sie, wen ich meine? Er wohnt zur Straße raus.«

»Nein, kenn' ich nicht«, sagte Brenda, ohne nachzudenken.

»Er ist noch sehr jung, höchstens Anfang zwanzig. Hat einen Bürstenschnitt und guckt immer so unfreundlich.«

»Ach, jetzt weiß ich, wen Sie meinen. Richtig unheimlich, der Kerl, nicht? Ja, den kenn' ich. Hab' mal versucht, ihn anzumachen. Aber wie ich ihn frag', ob er nicht Lust hätte auf 'ne heiße Nummer, da geht der gleich zehn Schritte zurück, als ob ich Lepra hätte! Aber so ist das nun mal, jeder nach seinem Geschmack.«

»Wissen Sie, seit wann er hier wohnt?«

»Wie?« fragte Brenda abwesend. Sie sah gerade im Schrank nach, ob sie etwas vergessen habe.

»Ich dachte nur, daß Sie mir vielleicht sagen können, wie lange er schon hier wohnt.«

»Woher soll ich das wissen? Als ich einzog, war er jedenfalls schon da. Er ist immer allein, das ist alles, was ich von ihm weiß. Warum interessiert Sie das?« fragte sie, plötzlich mißtrauisch geworden.

Gail lachte. »Er erinnert mich an jemanden, in den ich mal schrecklich verknallt war.« Sie hoffte, Brenda würde ihr diese Lüge abnehmen.

»Nein, wirklich? Na, jedenfalls ist er's nicht, und Sie hatten früher 'nen scheußlichen Geschmack«, scherzte Brenda.

»Halt, haben Sie nichts gehört?«

Gail hielt den Atem an, das Blut pochte in ihren Schläfen. Sie spitzte die Ohren und lauschte gespannt.

»Bleiben Sie hier«, warnte Brenda. »Ich seh' mal nach.«

Gail ließ sich in den inzwischen leergeräumten Sessel fallen. Wovor fürchtete sie sich? Hatte sie Angst, der junge Mann könne sie belauscht haben? Ihre Hände zitterten, und sie preßte die Hände zwischen die Knie.

»Blinder Alarm«, sagte Brenda, als sie wenige Minuten später zurückkam. »Reine Einbildung von mir, liegt wohl am Alter.« Sie nahm den Koffer vom Bett. »So, ich muß los.« Gail stand auf. »War nett, Sie kennenzulernen, Gail. Vielleicht sehn wir uns mal wieder, wer weiß, die Welt ist bekanntlich ein Dorf.«

»Alles Gute für Sie«, rief Gail ihr nach. Wer wird wohl als nächstes in diesem Bett schlafen? dachte sie.

Sie hörte die Haustür auf- und zugehen, dann kehrte sie in ihr Zimmer zurück.

Ihre Handtasche lag offen da, der Inhalt war auf dem Bett verstreut. Gail begriff nicht gleich, was geschehen war. Fieberhaft durchsuchte sie ihre Brieftasche. Sozialversicherungsausweis, Kreditkarten und Führerschein – alles da, nur das Bargeld fehlte.

Plötzlich ging ihr ein Licht auf: Brenda! Sie hatte gar kein Geräusch gehört. Das war nur eine raffinierte List gewesen, die sie sich ausgedacht hatte, um in Gails Zimmer gehen und ihr Geld stehlen zu können. Gail hatte ihr gesagt, daß ihre Tür offenstehe und ihre Handtasche auf dem Bett liege. Großer Gott, sie hatte ihr sogar anvertraut, daß sie genügend Ersparnisse für ein paar Wochen habe!

Ich gebe einen schönen Detektiv ab, dachte Gail, während sie die Treppe hinunterhastete, um Brenda aufzuhalten. Sie hatte sich eingebildet, wichtige Informationen zu sammeln, doch in Wirklichkeit war es Brenda gelungen, alle wesentlichen Details aus ihr herauszuholen und sich mit über hundert Dollar aus dem Staub zu machen.

Auf der Straße war weit und breit kein Mensch. Der Himmel sah nach Regen aus. Der Wetterbericht hatte schon einen ungewöhnlich strengen Winter prophezeit. Gail fröstelte in ihrer dünnen Bluse. Sie machte kehrt und ging ins Haus zurück.

Er beobachtete sie vom Treppenabsatz aus. Sie war zuerst so in Gedanken versunken, daß sie ihn gar nicht bemerkte. Sie machte sich Vorwürfe. In Zukunft würde sie vorsichtiger sein müssen. Sie beschloß, alles, was sie nicht unbedingt brauchte, daheim zu lassen. Den Führerschein würde sie in ihre Hosentasche stecken und ständig bei sich tragen. Sie blickte auf und sah ihn am Geländer lehnen.

»Oh!« Sie versuchte zu lächeln, doch ihr war unbehaglich zumute. »Haben Sie mich erschreckt! Ich hab' Sie gar nicht bemerkt.«

Er schwieg.

»Kalt hier draußen, nicht?« Sie rieb sich die Hände. »Das Radio hat Regen angesagt.«

Er schwieg noch immer, sah sie nur unverwandt an, und Gail fragte sich, ob er sie von den Zeitungsfotos her kannte, ob er der Mörder ihres kleinen Mädchens war. Sie sah ihm fest in die Augen. Sag es mir, befahl sie ihm stumm. Mich kannst du nicht belügen.

Aber sein Blick war leer und verriet ihr nichts. Im nächsten Moment kam er die Treppe heruntergerannt und drängte sich wortlos an ihr vorbei. Gail hörte ihn die Tür öffnen, spürte die kalte Zugluft im Rücken, dann fiel die Tür ins Schloß, und sie stand wieder allein im Treppenhaus. Während sie noch um Luft rang, drang aus Roseannes Apartment das monotone Geleier des Fernsehers an ihr Ohr. Langsam stieg sie die Treppe hinauf.

Es hätte schlimmer kommen können, dachte sie und versuchte, das düstere Bild des Jungen zu verdrängen. Brenda hätte sie schon vor dem Mittagessen ausnehmen, oder der Parkwächter hätte statt morgens erst abends kassieren können. Was hätte sie dann gemacht? Ich wäre mit knurrendem Magen zu Fuß zurück nach Livingston gegangen, versuchte sie sich aufzuheitern.

Auf dem ersten Treppenabsatz machte sie halt und blickte den Flur entlang. Die Tür zum Zimmer des Jungen zog sie an wie die geheimnisvolle Tür in einem Alptraum. Wie ein surrealistisches und zugleich erschreckendes Bild schien sie völlig losgelöst ein paar Zentimeter über dem Boden zu schweben. Zaghaft machte Gail einen ersten Schritt darauf zu. Bei jedem weiteren Schritt redete sie sich ein, dieser Junge sei höchstwahrscheinlich nicht Cindys Mörder. Trotz seines merkwürdigen Benehmens und des wissenden Ausdrucks in seinen Augen hielt sie es kaum für möglich, dem Täter gleich im ersten Haus, in dem sie ihr Glück versuchte, über den Weg zu laufen. Andererseits hatte sie ja schon im Juli mit ihrer Suche begonnen, und mittlerweile war es Oktober geworden. Dieses Haus hatte sie sorgfältig ausgesucht. Er könnte es sein, dachte sie, als sie die Hand auf die Klinke legte. Er könnte es sein.

Die Tür war natürlich abgeschlossen. Gail war darüber enttäuscht, aber auch erleichtert. Nicht jeder war so dumm wie sie und ließ sein Zimmer offen, so daß bequem ein ungebetener Gast hineinspazieren konnte.

»Ach du meine Güte!« entfuhr es ihr laut, als ihr einfiel, daß sie genau das schon wieder getan hatte: Ihre Tür stand weit offen, und der Inhalt ihrer Handtasche war einladend auf der schäbigen blau-geblümten Tagesdecke ausgebreitet. Sie lief hinauf in den zweiten Stock.

Gail fand das Zimmer genauso vor, wie sie es verlassen hatte. All ihre Sachen waren übers Bett verstreut. Als sie ihre Papiere durchsah, stellte sie erleichtert fest, daß nichts fehlte. Sie nahm die weiße Basttasche und räumte alles wieder ein – Lippenstift, Bürste, eine Packung Tampons, die Wagenschlüssel, ihre Brieftasche mit Führerschein und Kreditkarten.

Ihr Blick fiel auf die offene Tür. Sie abzuschließen bedeutete nur bedingten Schutz, denn das Schloß war ziemlich altersschwach. Womöglich genügte eine große Haarnadel, um es aufzubrechen. Sie schaute in ihre geöffnete Handtasche. Oder eine Kreditkarte.

Sie fuhr zusammen. Ängstlich spähte sie hinaus in den Flur, als könne dort jemand ihre Gedanken belauscht haben. Tu's nicht, hörte sie eine schwache Stimme in ihrem Innern rufen. Geh da nicht rein. Er wird dir auflauern.

Aber ihre Füße bewegten sich wie von allein die Treppe hinunter, den Flur entlang, bis zu dem Zimmer an der Straßenseite. Und wenn er nun zurückkommt? Wenn er plötzlich auftaucht und mich dabei überrascht, wie ich seine Sachen durchwühle? Reglos blieb sie vor der Tür stehen. Sie zog die American-Express-Karte aus ihrer Brieftasche. »Das Zahlungsmittel, das Sie stets bei sich tragen sollten«, dröhnte der überschwengliche Werbeslogan in ihrem Ohr. Ich kann ihn vom Fenster aus sehen, wenn er zurückkommt, dachte sie. Außerdem werde ich die Haustür hören. Dann bleibt mir noch genügend Zeit zu verschwinden, bevor er raufkommt.

Sie schob die Kreditkarte in den schmalen Spalt zwischen Türfüllung und -rahmen und bewegte sie aufs Geratewohl hin und her, so wie sie es in zahllosen Fernsehkrimis gesehen hatte. Kein Grund zur Aufregung, redete sie sich ein und stellte gleich darauf halb enttäuscht, halb erleichtert fest, daß Aufregung schon deshalb fehl am Platz sei, weil sie nie und nimmer in dieses Zimmer gelangen würde. Im Fernsehen erschien es zwar ganz leicht, aber die Wirklichkeit sah anders aus, und das Schloß erwies sich als stabiler, als sie gedacht hatte.

Und dann gab die Tür nach.

Langsam, fast widerstrebend, schwang sie gegen die Wand zurück und forderte den Eindringling auf, einzutreten und das Geheimnis des Zimmers zu entdecken.

Gail holte tief Luft, spürte, wie ihre Knie weich wurden, und machte einen Schritt über die Schwelle.

Sie eilte ans Fenster und sah im Schutz der Gardine auf die Straße hinunter. Kein Mensch weit und breit. Trotzdem war es ratsam, sich zu beeilen. Er konnte jeden Augenblick zurückkommen. Sie durfte sich nicht lange hier aufhalten. Sie mußte methodisch vorgehen und alles wieder an den richtigen Platz zurückstellen. Er durfte nicht merken, daß jemand hier gewesen war.

Sie wandte sich vom Fenster ab und ließ einen prüfenden Blick durchs Zimmer gleiten. Als erstes fiel ihr auf, wie makellos sauber, wie *übertrieben* ordentlich der Raum war. Das Bett hätte eine Krankenschwester nicht akkurater machen können, der billige Plastiktisch war poliert, am Lampenschirm fand sich kein einziges Staubkörnchen, und nicht einmal eine Socke lag irgendwo herum.

Was roch nur so merkwürdig? Nach einigem Schnuppern erkannte sie den starken, betäubenden Geruch eines Desinfektionsmittels. Warum hatte sie das nicht gleich bemerkt? Und wie konnte er schlafen in diesem ätzenden Gestank, der ihn einhüllte wie eine zusätzliche Decke?

Die niedrige Kommode war ebenso blank poliert wie das Tischchen. Es standen weder Bilder darauf noch Flaschen. Keine Bürsten oder Kämme – nichts als eine spiegelnde Platte, in der sie beinahe ihr Gesicht sehen konnte.

Ein Geräusch schreckte sie auf, und als Gail ans Fenster stürzte, riß sie die Lampe um, die polternd gegen die Wand fiel. »O Gott«, seufzte sie. Draußen vor dem Eingang stritten die beiden Schnapsbrüder aus dem Erdgeschoß sich darum, wem der erste Schluck aus der gerade organisierten Flasche gebühre. Rasch stellte Gail die Lampe wieder an ihren Platz. Ihr Atem kam stoßweise. Furcht und Panik hatten sie erfaßt.

Im Lampenschirm war eine kleine Delle. Einem normalen Menschen würde das vielleicht gar nicht auffallen, aber ihr war inzwischen klar, daß sie es mit keinem Normalen zu tun hatte. Der Junge würde die Delle sofort entdecken und daraus schließen, daß jemand in seinem Zimmer herumgeschnüffelt hatte. Mit fliegender Hast bemühte sie sich, den Schaden zu beheben. Sie mahnte sich zur Ruhe, versuchte sich klarzumachen, daß sein Verdacht höchstwahrscheinlich auf die Wirtin fallen würde und nicht ausgerechnet auf sie. Gail verlor kostbare Zeit mit dem Versuch, den Lampenschirm auszubeulen. Es gelang ihr zwar, die Delle ein wenig auszugleichen, aber sie wußte, daß das nicht genügte. Schließlich stellte sie die Lampe auf den

Tisch zurück, mit der Delle zur Wand. So würde er sie vielleicht doch übersehen.

Sie öffnete den Schrank. Die zwei Paar frisch gebügelten Hosen waren zwar alt und abgetragen, aber so sorgsam aufgehängt, als handele es sich um teure Exportartikel aus Italien oder Frankreich. In einer Ecke standen unauffällig eine große Flasche Lysol und eine kleine Spraydose mit einem anderen Desinfektionsmittel.

Der Junge war gestört, daran bestand kein Zweifel. Aber war er so krank, daß er ein sechsjähriges Kind vergewaltigt und getötet hätte?

Gail trat an die Kommode und zog die oberste Schublade auf. Sie war vollgestopft mit dicken schwarzen Socken. Gail sah die einzelnen Stapel durch. Es waren mindestens fünfzig Paar, alle gleich, alle ordentlich zusammengerollt, und alle dufteten nach Weichspüler.

In der zweiten Schublade bewahrte er seine Unterhosen auf. Genau wie die Socken waren auch sie ordentlich zusammengefaltet und gestapelt, jeweils fünf Jockey-Shorts auf einem Stoß. Gail zählte insgesamt sechs solcher Stapel.

In der dritten Schublade lagen die Unterhemden. Wieder waren schön säuberlich je fünf aufeinandergeschichtet. Alle waren weiß und hatten V-Ausschnitt. Drei Stapel.

Die unterste Schublade enthielt zwei Oberhemden, ein schwarzes und ein blau-grau kariertes. Sie lagen nebeneinander, die Kragen frisch gebügelt, die Taschen leer, die Ärmel nach innen gefaltet.

Gail achtete sorgfältig darauf, daß jedes Kleidungsstück wieder genauso dalag wie zuvor, ehe sie sich der nächsten Schublade zuwandte. Im selben Moment, indem sie die unterste Schublade schloß, hörte sie Schritte auf der Treppe.

Sie war so in ihre Suche vertieft gewesen, daß sie auf kein Geräusch geachtet hatte. Und jetzt kam jemand die Treppe herauf. Sie konnte nicht mehr entwischen, es war zu spät. Sie saß in der Falle.

Die Schritte hielten inne. Jetzt war er draußen auf dem Flur. Er lauerte ihr auf. Gail stand wie gelähmt mitten im Zimmer. Dann hörte sie Schlüssel klirren. Am anderen Ende des Gangs wurde eine Tür aufgesperrt. Sie wartete, bis die Tür ins Schloß fiel. Dann brach sie in Tränen aus.

Hör auf zu weinen! Mit dem Handrücken wischte sie sich die Tränen von den Wangen, dann sah sie sich ein letztes Mal im Zimmer um. Wonach hatte sie eigentlich gesucht? Hatte sie etwa gehofft, den konkreten Beweis dafür zu finden, daß dieser Mann ihre Tochter umgebracht hatte? Hatte sie von einem Indiz geträumt, das ihn als den entlarvte, für den sie ihn hielt? Das Zimmer verriet ihr nichts weiter, als daß sein Bewohner ein Reinheitsfanatiker war, und gemessen an dem, was sie gelesen hatte, gehörte dieser Tick entschieden zu den harmloseren. Vielleicht ist er ein Voyeur, dachte sie, schon auf dem Weg zur Tür. Mach, daß du raus kommst, befahl ihre innere Stimme, doch ihr Blick kehrte zurück zum Bett. Darunter hatte sie noch nicht nachgesehen. Raus hier, schnell, flehte die Stimme.

Gail ging entschlossen auf das Bett zu, kniete nieder und tastete mit der Hand den Boden ab. Sie stieß gegen etwas Hartes. Wieder ein Stapel, diesmal Zeitschriften. Gail erriet sofort, um welches Genre es sich handelte. Es waren die gleichen, die sie schon in jenem schrecklichen Laden gesehen hatte. Rasch durchblätterte sie das oberste Heft, starrte auf Fotos von gefolterten und verstümmelten Frauen. »O mein Gott«, stöhnte sie. Als sie die Magazine wieder unters Bett schob, wurden vor dem Haus aufgeregte Stimmen laut.

Er war zurückgekommen! Gail wußte es, noch ehe sie aus dem Fenster schaute. Er stritt sich mit den Schnapsbrüdern herum und versuchte sich an ihnen vorbeizudrängen. Aber sie waren störrisch und versperrten ihm den Weg. Ärgerlich blickte der Junge nach oben. Gail schrak zurück und preßte sich gegen die Wand. Hatte er sie gesehen? War sie schnell genug gewesen? Sie hatte keine Zeit, darüber nachzudenken. Sie stürzte aus dem Zimmer. Als sie die Tür hinter sich schloß, hörte sie unten die Haustür aufgehen. Sie würden sich im Flur begegnen, und Gail wußte nicht, wohin sie sich wenden sollte. Sie entschied, es sei verdächtiger, hinaufzulaufen. Wenn sie hinunterging, hatte sie immerhin eine Chance.

Als sie auf dem Treppenabsatz zusammentrafen, beachtete er sie ebensowenig wie bei ihrer ersten Begegnung vor vier Tagen. Gail war sich nicht einmal sicher, ob er sie überhaupt gesehen hatte. Mit gesenktem Kopf und hängenden Schultern, den Blick fest auf seine blankgeputzten braunen Lederstiefel gerichtet, ging er an ihr vorbei, als sei sie Luft. Gail klammerte sich haltsuchend ans Geländer. Endlich hörte sie seine Tür zuschlagen.

XVIII.

Als sie am nächsten Morgen in die Pension kam, war der Junge ausgezogen.

»Was soll das heißen, er ist weg?« wollte Gail von Roseanne wissen, die das Bett in seinem Zimmer frisch bezog.

»Er ist in aller Frühe abgehauen.«

»Hat er Ihnen gesagt, wo er hinwollte?«

Roseanne bedachte Gail mit einem Blick voller Lebensüberdruß und schwieg. Enttäuscht sah Gail sich in dem leeren Zimmer um. Der Schrank war offen, die Hosen waren verschwunden, ebenso wie die ordentlichen Wäschestapel aus der Kommode. Roseanne steckte träge die Laken fest, warf das Kissen ans Kopfende und rollte nachlässig die billige blaugeblümte Tagesdecke darüber. »Eins muß man ihm lassen, er war pieksauber. Seine Sachen rochen immer so frisch. Mieter wie ihn verliere ich ungern. Er war ruhig und zurückhaltend, und immer allein, hatte nie Besuch.«

Gail spürte einen stechenden Schmerz in der Magengrube. Er war fort. Sie hatte ihn aus den Augen verloren. »Hat er gesagt, warum er auszieht?«

Die Hauswirtin zuckte mit den Schultern, machte sich aber nicht die Mühe zu antworten.

»Wie hieß er denn? Kennen Sie seinen Namen?«

Roseanne sah unverwandt zur Decke hinauf, als betrachte sie einen Riß im Verputz. »Ich glaub' nicht, daß er mir gesagt hat, wie er heißt. Und ich hab' wohl auch nicht danach gefragt. Wozu auch? Sie sagen einem ja doch nie ihren richtigen Namen.«

»Haben Sie sich überhaupt mal mit ihm unterhalten?«

Roseanne wandte sich Gail wieder zu. »Weshalb hätte ich das tun sollen?«

Jetzt war es an Gail, die Achseln zu zucken.

»Warum interessieren Sie sich so für den Jungen?«

»Ach, ich interessiere mich überhaupt sehr für Menschen. Es macht mir Spaß, die Leute zu beobachten und rauszukriegen, was sie in Schwung hält, warum sie bestimmte Dinge tun und andere unterlassen. Stille Wasser sind manchmal die interessantesten Typen, einfach weil man mit ihnen die meisten Überraschungen erlebt. Man kommt und kommt nicht dahinter, was sie denken.«

»Mich hat's nie gekümmert, was die Leute denken.«

»Ich find's spannend.« Gail versuchte, das Gespräch in Gang zu halten. »Man liest doch ständig von irgend 'nem geistesgestörten kranken Mörder in der Zeitung. Die Polizei verhört all seine Freunde und Nachbarn, und die lassen sich darüber aus, wie ruhig er war, daß er immer für sich allein lebte und sie eigentlich nie wußten, was in seinem Kopf vorging. Sie sind immer völlig sprachlos, wenn sich herausstellt, daß dieser unauffällige Mann in seiner Freizeit Leute umbrachte.« Roseanne warf ihr einen merkwürdigen Blick zu. »Die ruhigen Typen muß man im Auge behalten.« Gail lachte gezwungen.

»Na, dann brauchen wir uns um Sie ja keine allzu großen Sorgen zu machen.« Roseanne wandte sich zum Gehen. »Wollen Sie das Zimmer haben?«

»Wie?«

»Ob Sie das Zimmer möchten, hab' ich gefragt. Es ist freundlicher als Ihres, weil's zur Straße rausgeht, statt zum Hinterhof. Allerdings ist es dafür 'n bißchen lauter...«

»Nein, ich will das Zimmer nicht«, unterbrach Gail sie rasch. »Ich muß nämlich auch ausziehen. Und zwar heute schon.« Roseanne zwängte sich an ihr vorbei und trat hinaus auf den Flur. »Halten Sie das, wie Sie wollen, aber Ihr Geld kann ich Ihnen nicht zurückgeben.«

»Haben Sie wirklich keine Ahnung, wo er hinwollte?« Roseanne wandte sich um. »Er mußte noch 'n paar Leichen beiseite schaffen, das hat er erwähnt.« Ihr glucksendes Lachen hallte im Treppenhaus wider, bis sie in ihrer Wohnung verschwand. »Ich glaube, Sie sehen zuviel fern«, rief sie Gail noch zu, ehe sich die Tür hinter ihr schloß. Ein paar Minuten später stand Gail draußen auf der Straße. Wo mochte er hingegangen sein? Welches Haus hatte er sich ausgesucht? Bestimmt hatte er gemerkt, daß jemand in seinem Zimmer gewesen war. Welches Geheimnis trug er mit sich herum? In welche Richtung mochte er gegangen sein? Wie ein Polizist auf Streife machte Gail die Runde durch das heruntergekommene Viertel. Von welchem Fenster sah er wohl jetzt auf sie hinunter?

Der Tag hatte nicht gut angefangen. Sie hatte schlecht geschlafen und sich am Morgen wie zerschlagen gefühlt. Jennifer war schlechtgelaunt am Frühstückstisch erschienen und hatte beim Essen so lange getrödelt, daß sie überstürzt aufbrechen mußte, um nicht zu spät zur Schule zu kommen. Jack hatte spürbar gereizt, ja verärgert reagiert, als sie sich erneut weigerte, ihn zum nächsten Treffen des Selbsthilfeverbandes der Opfer von Gewaltverbrechen zu begleiten. Jäh wechselte er das Thema und erzählte, seine Mutter sei von ihrer Reise in den Orient zurückgekehrt. Als Gail gestand, sie habe gar nicht gewußt, daß seine Mutter fort gewesen sei, zuckte er nur die Schultern und sparte sich die Wiederholung dessen, was er seiner Frau in letzter Zeit so oft vorgehalten hatte: sie igele sich ein in ihrer kleinen Welt;

und die Kluft zwischen ihnen beiden vergrößere sich unaufhaltsam.

Sie hätte Jack gern von ihren Nachforschungen erzählt, vor allem von dem Verdächtigen, dem sie auf der Spur war, aber sie fürchtete, er würde ihre Detektivarbeit für zu gefährlich halten und ihr verbieten, sie fortzusetzen. Bestimmt würde er sagen, das sei Sache der Polizei. Deshalb hatte sie geschwiegen. Bevor er in seine Praxis ging, hatte er ihr noch einmal nahegelegt, ihren Wagen noch vor dem ersten Kälteeinbruch zur Inspektion zu bringen.

Man könnte fast glauben, dieses Auto hat Ohren, dachte Gail, als sie etwa eine Stunde später erfolglos versuchte, den Wagen zu starten. Der Motor fauchte und spuckte, sprang aber nicht an. »Komm schon«, befahl sie ungeduldig und trat das Gaspedal bis zum Boden durch, womit sie freilich nur erreichte, daß zehn Minuten lang gar nichts geschah, weil zu allem Überfluß auch noch der Motor abgesoffen war. Warum habe ich nur nicht auf Jack gehört, dachte Gail reumütig. Seit Monaten riet er ihr nun schon, den Wagen überholen zu lassen. Sie war drauf und dran, auszusteigen und jemanden um Hilfe zu bitten, als der Wagen wider Erwarten doch noch ansprang. »Gott sei Dank«, seufzte sie und schwor sich, das Auto am Wochenende in die Werkstatt zu bringen.

Sie war am Morgen nach Newark gerast, hatte sich in fiebrige Erwartung hineingesteigert, aber bei ihrer Ankunft erfahren müssen, daß der Junge seinen Koffer gepackt und sich davongemacht hatte. Seinen Koffer, dachte sie und stellte sich den Schrank und die Kommode vor, die sie durchsucht hatte. Sie hatte keinen Koffer bemerkt. Und doch mußte er einen gehabt haben. Was hatte sie wohl sonst noch übersehen?

Gail verbrachte den Rest des Tages mit der Suche nach einem neuen Zimmer. Ihre Wahl fiel schließlich auf eine Absteige in der Howard Street, zwei Querstraßen von Roseannes Pension entfernt. Das Zimmer war kleiner als ihr erstes und kostete einen Dollar weniger, aber, wie Roseanne vorausgesagt hatte, ließ es an Sauberkeit zu wünschen übrig. Der Portier, ein störrischer alter Mann mit einem ausgeprägten Sprachfehler, ermahnte sie, keine lauten Partys zu feiern, war jedoch ansonsten nicht sehr gesprächig. Am Nachmittag lag sie auf ihrem Bett und hörte durch die dünnen Wände, wie nebenan ein Mann und eine Frau miteinander stritten. Ob er wohl auch hier gelandet war? Sie hatte Portiers und Pensionswirte im ganzen Viertel befragt, doch die meisten hatten behauptet, ihn nicht zu kennen. Manche räumten ein, er habe vielleicht ein Zimmer bei ihnen gemietet. Er sei frühestens heute morgen eingezogen, hakte Gail nach. Er sei leicht zu erkennen: jung, schlank, extrem kurzer Bürstenhaarschnitt. Vielleicht, wiederholte man obenhin, ohne sich die Mühe zu machen, genauer zu überlegen.

Als Gail gegen drei Uhr nachmittags zu ihrem Wagen zurückkehrte, lag die Enttäuschung wie eine Zentnerlast auf ihren Schultern. Wieder sprang der Wagen nicht an. »Fabelhaft!« Sie lächelte, um die aufsteigenden Tränen zurückzudrängen. »Einfach fabelhaft.« Sie trat dreimal aufs Gas, diesmal jedoch ganz sacht, damit der Motor nicht wieder absoff. Aber sie wartete vergeblich auf das vertraute Tuckern. Der Motor war kalt und tot.

»Mein Wagen springt nicht an«, erklärte sie dem Parkwächter. »Was soll ich machen?«

»Den AAA anrufen«, riet er.

»Ich kann nicht warten, bis die kommen. Ich muß heim, ich hab's eilig.«

Der Mann hob ungerührt die Arme. Was hatte sie auch erwartet? Es war nicht sein Auto. Es war nicht sein Problem. »Kann ich den Wagen über Nacht hier stehenlassen?«

»Macht fünf Dollar.«

»Ich bestell' den AAA morgen früh her«, versprach sie. Ihm war es offenbar völlig gleichgültig, was sie tat, solange sie die Parkgebühr bezahlte. Sie gab dem Mann, was er verlangte, und trat hinaus auf die Straße. Ein eisiger Wind peitschte ihr ins

Gesicht. Es galt, auf dem schnellsten Weg nach Hause zu gelangen. »Fang bloß nicht an zu heulen«, sagte sie laut, während sie vergeblich nach einem Taxi Ausschau hielt. »Untersteh dich und weine. Diese verdammte Kiste!«

Sie ging ein Stück zu Fuß. Aber sie konnte unmöglich bis Livingston laufen. Vielleicht verkehrte ein Bus...

Sie sah die beiden erst, als sie einen von ihnen beinahe umgerannt hätte.

»Menschenskind, so passen Sie doch auf, wo Sie hinlatschen! Sie sind schließlich nicht allein auf der Welt.«

»Verzeihung«, flüsterte Gail und warf einen schüchternen Blick auf die beiden jungen Männer, einer dunkel, der andere – mit ihm war sie zusammengestoßen – blond. Blond und schlank. Es gab so viele davon. Sie begann leise zu weinen, unfähig, den Enttäuschungen dieses Tages noch länger zu trotzen.

»Nicht doch, so schlimm war's ja auch wieder nicht«, versuchte der Dunkelhaarige sie zu beruhigen. »Er hat's nicht so gemeint, ehrlich. Das ist so seine Art, verstehn Sie?«

Aber Gail konnte nicht aufhören zu weinen, obwohl sie spürte, daß die beiden sie befremdet musterten.

»Die hat 'nen Stich«, meinte der Blonde, als sie weitergingen.

»Du hättest sie nicht so anschnauzen dürfen«, tadelte der andere.

Als Gail sich die Tränen abwischte und wieder aufblickte, fand sie sich vor einem Laden für Videospiele wieder. Durch die Schaufensterscheibe konnte sie erkennen, daß drinnen eine Menge Jugendliche an den Geräten spielten, die eigentlich in der Schule hätten sein müssen. Im nächsten Augenblick stand sie im Eingang des Geschäfts und hielt die Tür mit dem Absatz einen Spaltbreit offen. Sie betrachtete die Halbwüchsigen – nicht ein einziges Mädchen war darunter, wie sie nebenbei feststellte –, die verbissen mit den komplizierten Programmen kämpften, sie sah den Ausdruck äußerster Konzentration auf ihren Gesichtern und überlegte, ob wohl einer von ihnen sich je so bei seinen Hausaufgaben anstrengte. Sie lachten; sie fluchten vor Enttäuschung; sie steckten immer wieder Geld in den Schlitz des Automaten. Nach einer Weile spürten sie den kalten Luftzug vom Eingang her und merkten, daß jemand sie beobachtete. Der Lärm verebbte, das Spiel brach ab.

»He, wollen Sie rein oder raus?« rief ihr ein Junge zu. »Das zieht wie Hechtsuppe«, schlossen sich mehrere Stimmen dem mutigen Vorreiter an.

»Kann ich Ihnen behilflich sein?« fragte der Mann an der Kasse, aber Gail ging schon wieder rückwärts hinaus, begleitet vom Gelächter der Jugendlichen.

»Ihr Sohn spielt wahrscheinlich bei der Konkurrenz«, hörte sie jemanden sagen, ehe die Tür hinter ihr ins Schloß fiel.

Der junge Mann aus der Pension war nicht im Laden gewesen. Gail hatte schon vorher gewußt, daß sie ihn hier nicht finden würde.

An der nächsten Ecke blieb sie stehen. Zwei Mädchen, nicht älter als Jennifer, standen mit ausgestrecktem Arm am Straßenrand, den Daumen nach oben. Gail beobachtete sie besorgt. Wußten diese Mädchen denn nicht, wie gefährlich es war, per Anhalter zu fahren? Na, wenigstens waren sie zu zweit. Gail seufzte. Im nächsten Augenblick hielt ein Wagen, in dem drei junge Männer saßen. Die beiden Mädchen stiegen ein. Soviel zur Faustregel, zu zweit sei man sicherer, höhnte ihre innere Stimme, während Gail schon zu der Stelle eilte, wo eben noch die beiden Tramperinnen gestanden hatten. Sie streckte den rechten Arm aus und hielt den Daumen in den Wind. Warum nicht? dachte sie. Man kann nie wissen, wen man auf diese Weise kennenlernt.

Sechs Autos fuhren vorbei, ohne anzuhalten.

»Kann ich Sie mitnehmen?« fragte eine Stimme hinter ihr. Rasch wandte sie sich um. Vor ihr stand einer der Jungen aus dem Videogeschäft. Er war etwa siebzehn, achtzehn Jahre alt, hatte dunkles Haar und trug enge Röhrenjeans, die sich wie eine zweite Haut um seinen hageren Körper spannten. Er betrachtete sie, als wisse er, wer sie sei. Gail fröstelte, aber nicht vor Kälte.

Die Beschreibung von Cindys Mörder paßte nicht auf ihn, aber das Aussehen eines Menschen ließ sich verändern.

»Die Busse haben dauernd Verspätung«, sagte sie, während sie neben ihm her zu einem Wagen ging.

»Wenn Sie an der Haltestelle warten, hält vielleicht eher einer. Wo wollen Sie denn hin?«

»Nach Livingston.« Sie suchte in seinem Gesicht nach einer Reaktion.

»Livingston? Das ist 'ne ganze Ecke weg. So weit fahre ich nicht.«

»Sie können mich irgendwo absetzen, wo's für Sie günstig ist.«

Sein Auto stand im Parkverbot. Der Junge hatte einen forschen Gang, die Kälte trieb ihn zusätzlich an, und Gail mußte fast rennen, um mit ihm Schritt zu halten. Der Wagen war zweifarbig lackiert, rot und grau, mindestens fünf Jahre alt, aber tadellos gepflegt. Die Sitze waren pompös mit weinrotem Samt überzogen. Weder zerknüllte Tempotaschentücher noch Kaugummipapier lagen auf dem Boden, ganz im Gegensatz zu ihrem Auto. Gail ließ sich auf den Beifahrersitz fallen. Ein Junge und sein Auto, dachte sie, als er die Zündung einschaltete und mühelos den Wagen in Gang setzte.

»Flotter Schlitten, was?« meinte der Junge stolz.

Gail verwünschte insgeheim ihr Auto, das auf dem Parkplatz festsaß. »Sie haben ihn aber auch gut in Schuß. Muß 'ne Menge Arbeit kosten.«

»Hmhm. Ist eben mein Hobby, die Karre.«

»Sie haben Glück, daß man Ihnen keinen Strafzettel verpaßt hat«, sagte sie, als er sich in den Verkehr einfädelte. Worauf hatte sie sich da nur eingelassen?

»Hier schreibt nie jemand auf. Ich parke immer an der Stelle.«

»Kommen Sie oft her?« Er nickte. »Gehen Sie nicht zur Schule?«

»Manchmal.« Er lächelte. »Sind Sie vom Schulamt?«

»Nein. Hattet ihr Angst, ich würde nach Schulschwänzern suchen?«

»Wär' ja immerhin möglich. Dachten Sie, Ihr Sohn wär' in dem Laden?«

»Haben Sie mich deshalb mitgenommen? Weil Sie rauskriegen wollten, was ich mache?«

»Nein, mir ist völlig egal, was Sie tun. Ich wollte bloß nicht, daß Sie sich einen abfrieren bei der Kälte.«

»Sie haben sich wirklich Sorgen um mich gemacht?« Gail lachte. Sie hätte gern gewußt, wo er hinfuhr.

»Na ja, Sie sehn nicht gerade so aus, wie man sich 'n Tramper vorstellt. Ich meine . . . ach, Sie wissen schon, was ich meine.«

»Daß ich zu alt bin?« Gail merkte überrascht, daß ihr die Unterhaltung Spaß machte.

»Nicht direkt alt, eben älter. Sie sehen aus, als hätten Sie Kinder.«

»Hab' ich auch. Aber nur Töchter.« Sie berichtigte ihren Versprecher nicht.

»Ach, ich weiß, Mädchen sind viel leichter zu erziehen. Jedenfalls hält meine Mutter mir das ständig vor.«

»Sie wäre sicher nicht erbaut davon, wenn sie wüßte, daß Sie heute nachmittag die Schule schwänzen.«

»Da haben Sie recht.« Als er um die nächste Ecke bog, fragte Gail sich wieder, wo er wohl hinfuhr. Sie hatte unterwegs nicht auf die Straßenschilder geachtet und wußte nicht mehr, wo sie sich befanden. Doch das beunruhigte sie nur flüchtig.

»Wie kommen Sie auf die Idee zu trampen?« fragte er.

»Mein Wagen ist nicht angesprungen.«

»Hab' ich's doch gewußt, daß Sie das nicht regelmäßig machen. Sie wirken irgendwie unnatürlich.« Seine Stimme bekam einen fast väterlichen Ton, was Gail amüsierte.

»Sie sollten sich wirklich in acht nehmen. Es gibt 'ne Menge Verrückte auf unseren Straßen. Man kann nie wissen, mit wem man sich einläßt. Eine Freundin von mir hat mal beim

Trampen 'nen Typ erwischt, der sie auf die Fahrerseite rüber-
winkte und ihr erklärte, sie müsse da einsteigen, weil die Tür
zum Beifahrersitz klemmt. Mensch, da hat sie aber gemacht,
daß sie wegkam, weil sie nämlich gleich kapiert hat, was läuft.
Der Typ hatte den Wagen präpariert, war Absicht, daß die Tür
nicht aufging. Wenn sie eingestiegen wäre, hätte sie in der
Falle gesessen.« Er atmete hörbar aus. »Bei dem Mädchen hatte
er Pech, die hat jede Menge Erfahrung mit 'm Trampen, die
kennt sich aus, ist echt auf Draht.« Prüfend betrachtete er Gail
von der Seite. »Sie sehen nicht so aus, als würden Sie jeden
Trick durchschaun.«
Den Rest der Fahrt legten sie schweigend zurück.
»Danke fürs Mitnehmen«, sagte sie, als er anhielt und sie aus-
steigen ließ.
»Hören Sie auf zu trampen.«
»Hören *Sie* mit dem Schuleschwänzen auf.«
Sie blieb am Straßenrand stehen und sah seinem Wagen nach.
Wo war sie? Und was sollte sie jetzt tun? Sie schaute auf ihre
Armbanduhr. Es war spät geworden. Jennifer würde schon von
der Schule zurück sein. Wie sollte sie ihr erklären, wo sie gewesen war und warum sie in diesem Aufzug herumlief? Sie
schaute an ihrer ausgebeulten Hose hinunter, betrachtete die
alte, abgetragene Bluse, die der dünne graue Wickelmantel
kaum verdeckte. Sie hatte ihn neulich bei der Heilsarmee er-
standen. Jennifer würde sich bestimmt darüber wundern und
ihr unangenehme Fragen stellen.
Was soll's, dachte sie, bis mich jemand mitnimmt, hab' ich
noch genug Zeit, mir eine Ausrede zu überlegen. Sie wartete,
bis der Wagen des Jungen außer Sicht war, ehe sie einen Fuß
auf die Fahrbahn stellte, den rechten Arm hob und zögernd den
Daumen reckte. Es dauerte fast zehn Minuten, bis ein Auto
hielt. Der Fahrer, ein gutgekleideter Mann Mitte Vierzig,
beugte sich vor und öffnete die Tür zum Beifahrersitz.
»Wo möchten Sie denn hin?« fragte er lächelnd.
Gail entspannte sich. Sie war zu durchgefroren und erschöpft,

als daß sie es mit einem weiteren schlanken jungen Mann hätte aufnehmen können, ob er nun blond war oder nicht.

»Nach Livingston.«

Er sah einen Augenblick unschlüssig drein, doch dann nickte er. Sie setzte sich neben ihn, und er fuhr los.

»Ist Ihnen kalt?« fragte er nach einer Weile.

»Ich bin halb erfroren.«

»Wie wär's mit 'nem heißen Kaffee?« Er lächelte. »Oder lieber einem Schnaps? Zum Aufwärmen?«

»Vielen Dank, aber ich muß nach Hause.«

»Verheiratet?«

»Bei meinem Mann muß das Essen auf dem Tisch stehen, wenn er zur Tür reinkommt.« Ein unbehagliches Gefühl beschlich sie.

»Und was sagt der gestrenge Herr dazu, daß seine Frau trampt?«

»Oh, das wäre ihm ganz und gar nicht recht.« Gail merkte, daß der Mann unablässig auf ihren Busen schielte. Sie zog den dünnen Mantel fester um sich.

»Was tun Sie sonst noch, ohne daß Ihr Mann es weiß?« fragte er mit einem lüsternen Seitenblick.

Gail überhörte die Anspielung und blickte aus dem Fenster. Der Mann versuchte nicht, die Unterhaltung wieder in Gang zu bringen, und nach einer Weile erkannte Gail die vertrauten Straßen von Livingston. »Hier bin ich richtig.« Sie fühlte sich ungeheuer erleichtert. »Bitte, lassen Sie mich aussteigen.«

Er bremste. Gail wollte die Tür öffnen, doch er hielt sie zurück und legte ihr die Hand aufs Knie. »Hören Sie mal, kleine Frau«, sagte er so beiläufig, als fiele es ihm jetzt erst ein. »Ich hab' Ihnen zuliebe einen Riesenumweg gemacht. Ich finde, daß ich mir 'ne kleine Belohnung verdient habe.«

»Nehmen Sie die Hand da weg«, sagte Gail ruhig.

»Komm schon, Süße, mach's mir auf französisch.«

»›Französisch?‹« Gail schob mit der Linken seine Hand beiseite und tastete gleichzeitig mit der Rechten nach dem Türgriff. Ihr

179

Blick, der schweigendes Einverständnis heuchelte, ließ den seinen nicht los.

»Ja, doch.« Er knöpfte seinen Hosenlatz auf. »Du weißt schon, was ich meine, komm, blas mir einen.«

Als er den Arm hob, um ihren Kopf in seinen Schoß zu ziehen, stieß Gail die Tür auf und sprang aus dem Wagen.

»Du Dreckshure du!« schrie er ihr nach. Sie hörte die Reifen quietschen, als er mit rasantem Tempo davonfuhr. Er hatte offenbar keine Lust, sich noch länger hier aufzuhalten. Gail blieb stehen. Tränen brannten auf ihren Wangen. Sie beugte sich über eine Mülltonne am Straßenrand und übergab sich.

Gail fühlte sich immer noch elend, als sie zu Hause ankam. Jennifer spielte im Wohnzimmer Klavier. Beim Anblick ihrer Mutter sprang sie auf.

»'n Abend, Mom. Du bist ja ganz blau gefroren. Wo warst du denn? Was ist das für ein scheußlicher Mantel?«

Gail verstaute ihn eilig in der hintersten Ecke des Garderobenschrankes. »Den hab' ich schon ewig.«

»Und wo ist der hübsche rote, den du sonst immer trägst?«

»In der Reinigung.«

»Was hast du denn bloß heute für Klamotten an?« Jennifer schnappte nach Luft. »Wo um alles in der Welt hast du dieses Zeug her?«

»Ich hab' Laura geholfen, die Möbel in ihrem Büro umzustellen.« Gail war überrascht, wie leicht ihr die Lügen über die Lippen kamen. »Dafür waren mir meine guten Sachen zu schade.«

»Laura?« fragte Jennifer verstört.

»Was hast du denn?«

»Nichts... Bloß hat Laura vorhin angerufen. Sie wollte dich sprechen. Sie sagte, sie versuche seit Tagen vergeblich, dich zu erreichen...«

»Hab' ich ›Laura‹ gesagt? Entschuldige, ich meine natürlich Nancy.«

»Seit wann hat Nancy ein Büro?«

»Seit ihr der Gedanke kam, sich eins einzurichten«, antwortete Gail ungehalten und ging an ihrer Tochter vorbei in die Küche. Sie machte den Kühlschrank auf, nahm die Reste vom gestrigen Abendessen heraus und stellte sie auf die Anrichte. Aber Jennifer ließ sich nicht abschütteln.

»Wo ist dein Wagen?«

Die Frage überrumpelte Gail im ersten Moment, doch dann fiel ihr wieder eine Notlüge ein: »Ich mußte ihn in die Werkstatt bringen.«

»Und wie bist du heimgekommen?«

»Zu Fuß.«

»Du bist von Harold's Garage bis zu uns gelaufen?« Jennifer schaute sie fassungslos an.

»So weit ist es nun auch wieder nicht.«

»Ach nein?«

»Jennifer, bist du mit deinen Hausaufgaben fertig?«

»Ja.«

»Ganz bestimmt?«

»Ja doch!« Jennifer nahm eine Möhre vom Teller und setzte sich an den Küchentisch.

»Laß das.«

»Was? Darf ich mich etwa nicht setzen?«

»Natürlich. Aber du sollst nicht vor dem Essen naschen. Tu nicht so, als hättest du mich nicht verstanden.«

»'tschuldige. Ich wußte nicht, daß eine Möhre dir was ausmacht.«

»Du siehst ja selber, daß ich heute abend knapp bin mit dem Essen.« Gail betrachtete zaghaft die magere Auswahl, dann wandte sie sich plötzlich brüsk an ihre Tochter.

»Jennifer, fährst du manchmal per Anhalter? Sag mir die Wahrheit!«

»Ganz selten«, antwortete Jennifer widerstrebend. Sie spürte, daß Ärger in der Luft lag.

»Das ist doch das Letzte!« Gail schlug mit der Faust auf den Tisch.

»Ich tu's nicht mehr«, versicherte Jennifer rasch. »Ich bin nicht mehr getrampt seit...«

»Wenn ich je erfahre, daß du's noch mal machst, kriegst du ein halbes Jahr Hausarrest. Hast du mich verstanden?«

Jennifer betrachtete ihre Mutter mit wachsender Besorgnis. »Ja.« Sie senkte den Blick.

»Großer Gott, wie konntest du nur so leichtsinnig sein?«

»Wie kommst du ausgerechnet jetzt aufs Trampen? Ist vielleicht was passiert? Ist von unseren Bekannten jemand verletzt worden, oder was?«

»Muß erst jemand zu Schaden kommen, damit du Vernunft annimmst?«

»Warum schreist du mich so an?«

»Ich verbiete dir, jemals wieder zu trampen. Ist das klar?«

»Ja!« schrie Jennifer zurück. »Ich hab' dir doch gesagt, ich tu's nicht mehr.«

Sie schwiegen beide. Gail ließ Wasser ins Spülbecken laufen.

»Und da ist noch was, worüber ich mit dir reden wollte.« Sie wählte ihre Worte mit Bedacht.

»Und das wäre?«

»Eddie.«

Jennifers Augen weiteten sich vor Staunen. »Was ist mit Eddie? Ich dachte, du magst ihn.«

»Ja. Aber ihr beide steckt jetzt seit fast zwei Jahren ständig zusammen, und ich fände es gut, wenn du dich auch mal mit ein paar anderen jungen Leuten treffen würdest.«

»Wir sind seit neunzehn Monaten zusammen«, korrigierte Jennifer ihre Mutter. »Und ich will mit niemand anderem ausgehen. Ich liebe Eddie.«

»Woher willst du wissen, ob du ihn liebst, wenn du keine Vergleichsmöglichkeiten hast?«

»Ich brauche ihn mit niemandem zu vergleichen!«

»Spätzchen, ich sag' ja auch nicht, daß du dich nicht mehr mit ihm treffen sollst. Ich rate dir nur, auch einmal andere Jungen kennenzulernen.«

»Ich will aber niemand anderen kennenlernen! Wie kommst du
bloß plötzlich auf solche Ideen?«

»Schon gut, schon gut. Ich hab' ja nur einen Vorschlag gemacht. Willst du mir einen Gefallen tun und wenigstens mal
drüber nachdenken?«

»Nein.«

Mutter und Tochter tauschten trotzige Blicke. »Julie hat angerufen und mich zum Abendessen eingeladen. Ich hab' gesagt,
ich würde wahrscheinlich nicht kommen, aber wenn's dir recht
ist, möchte ich doch hingehen. Du hast nur Reste für heute
abend, und wenn ich bei Julie und Dad esse, reicht es für dich
und Jack. Bist du einverstanden?«

»Nur wenn dein Vater dich abholt und wieder heimbringt.«

»Das tut er bestimmt.« Jennifer stand auf und ging ans Telefon. Gail tat so, als höre sie nicht zu, während ihre Tochter ungezwungen mit der Frau ihres Exmannes plauderte.

»Dad holt mich in 'ner halben Stunde ab.«

Gail nickte schweigend, als Jennifer aus der Küche ging.

XIX.

Am Freitagmorgen bestand Jack darauf, am Wochenende mit
Gail allein wegzufahren. Sie brauchten Zeit füreinander, nur
sie beide, betonte er; sie müßten für ein paar Tage aus allem
heraus.

Er entschied sich für Cape Cod.

Zum erstenmal waren Gail und Jack in ihren Flitterwochen auf
Cape Cod gewesen, vor neun Jahren also. Damals war es ihr
zauberhaft erschienen, aber damals hatte sie das ganze Leben
wunderbar gefunden. Zwar konnte selbst ein übersättigter
Weltenbummler den Charme der Halbinsel nicht leugnen, aber
Gail empfand ihn jetzt nicht mehr so wie früher. Hier und da
hatte ein fröhlicher Anstrich den alten Holzhäusern rechts und

links der Straße neues Leben eingehaucht – unwillkürlich fühlte man sich an das Wörtchen »malerisch« aus dem Patti-Page-Song erinnert; aber anderswo war der Zauberstab so ziellos und sprunghaft am Werk gewesen, daß malerische Effekte sich in Kitsch verwandelt hatten.

Selbst im Oktober waren die Touristen den Einheimischen zahlenmäßig noch überlegen. Die Dünen wirkten kleiner, die salzige Luft roch nicht mehr so angenehm wie früher. Neun Jahre lang hatte Gail Cape Cod für ein Paradies auf Erden gehalten. Jetzt wußte sie, daß es so etwas nicht gab, nirgends. Ein Ort war wie der andere. Damals hatte sie alles ringsum als friedlich und heiter empfunden, wenn sie Arm in Arm mit Jack durch diese Straßen spaziert war, doch nun störten sie jedes laute Hupen und jeder defekte Auspuff. Die einst so liebliche Brise peitschte jetzt ihre Wangen. Sie sehnte sich nach der Geborgenheit ihres Zimmers, traute sich aber nicht, Jack zu sagen, daß sie lieber ins Haus ginge.

Als sie sich zu dem Ausflug hatte überreden lassen, war ihr die Fahrt von Livingston hierher angenehm vorgekommen. Die Sonne schien, und der Wetterbericht versprach ein paar relativ milde Tage. Die Verkehrsverhältnisse waren passabel. Sie sahen unterwegs zwar zwei Unfälle, aber beide waren nicht schwerwiegend. Blitzartig war ihr angesichts eines Auffahrunfalls die Frage durch den Kopf geschossen, wie es wohl sei, wenn einen von hinten unerwartet ein Auto ramme. Was wäre es für ein Gefühl, den eigenen Körper explodieren zu sehen, während ein Auto sich hindurchfraß? Ob sie überhaupt etwas dabei empfinden würde?

Jack zog unterwegs immer wieder seine neue Karte zu Rate (»Wo sind bloß all meine Straßenkarten geblieben?« hatte er vor der Abfahrt gefragt und an der ersten Tankstelle, die sie passierten, eine neue gekauft), obgleich er den Weg genau kannte und Cape Cod wahrscheinlich sogar mit verbundenen Augen gefunden hätte.

Gail überlegte, wie Jennifer wohl mit Mark und seiner Frau zurechtkommen würde. Ob Julie sie erwartete, wenn Jennifer heute von der Schule zurückkam? Würde sie Jennifer Montag früh zeitig genug wecken oder nur daran denken, selbst pünktlich zur Arbeit zu kommen? Julie arbeitete als Sekretärin bei einem Wirtschaftsprüfer. Würde sie abends noch die Zeit und die Kraft haben, sich um einen launischen Teenager zu kümmern? Jennifer liebte ihren Vater zwar abgöttisch, aber würde er streng genug sein, ihre Hausaufgaben zu überwachen und darauf zu achten, daß sie genug Schlaf bekam? Würde er dafür sorgen, daß Gails Ausgangsverbot für Jennifer und Eddie eingehalten wurde?

Während der langen Autofahrt war Gail öfter versucht gewesen, Jack zum Umkehren zu bewegen, hatte sich aber jedesmal daran erinnert, daß sie schließlich schon Montagabend wieder zu Hause sein würden und Jennifer für ein paar Tage bestimmt sehr gut ohne sie zurechtkäme. Wahrscheinlich sogar besser, dachte sie, wenn man bedenkt, wie oft wir uns in letzter Zeit gestritten haben.

Gail war sich darüber klar, wie wichtig die kommenden Tage für sie und Jack sein würden. Er hatte recht – sie brauchten ein wenig Zeit für sich allein. Sie entfernten sich mit jedem Tag weiter voneinander. Jeder zog sich in sein Schneckenhaus zurück, um nur ja keine offene Auseinandersetzung zu provozieren, blieb mit seinem Zorn und seinen Schuldgefühlen allein, statt sich dem Partner zu stellen. Sie scheuten davor zurück, ihre Probleme offen miteinander zu diskutieren.

Gail wußte, daß Jack nicht dafür verantwortlich war. Er hatte mehrmals den Versuch gemacht, sie aus der Reserve zu locken. Anfangs hatte sie sich noch bemüht, ihm entgegenzukommen, aber so sehr sie seine Stärke früher auch bewundert und darauf gebaut hatte, jetzt verübelte sie ihm auf einmal diese Kraft. Obwohl sie es gewesen war, die darauf gedrängt hatte, daß die Familie ihr gewohntes Leben so rasch wie möglich fortsetzte, mißgönnte sie Jack die Fähigkeit, sich derart leicht wieder im Alltag zurechtzufinden.

Hör auf damit, befahl sie sich, denn sie wußte wohl, daß sie ihrem Mann gegenüber unfair war. Sie hatte keinen Grund, Jack böse zu sein (und auch Jennifer nicht), nur weil es den beiden irgendwie gelungen war, sich mit dem Unglück abzufinden. Wenn jemand Grund hatte, zu klagen und Vorhaltungen zu machen, dann war es Jack, nicht sie. Wie schafft er es nur, mir *keinen* Vorwurf zu machen? wunderte sie sich.

Er *mußte* ihr doch die Schuld geben; er *mußte* doch jedesmal, wenn er sie ansah, daran denken, daß Cindy noch leben würde, wenn Gail an jenem letzten Aprilnachmittag zu Hause geblieben wäre. Wenn ihre Blicke sich trafen, las sie jedesmal unbewußten Widerwillen in seinen Augen, und immer wenn sie versuchte, die Hand nach ihm auszustrecken, stieg der Groll – gegen was nur? – in ihr auf und hielt sie zurück.

Gail sah ihren Mann von der Seite an, während sie Hand in Hand die Straße entlanggingen. Jack schien ganz versunken in den Anblick der Schindelhäuser rechts und links vom Weg. Aber nahm er sie wirklich wahr? Oder sah er wie sie hinter jeder Gardine Cindys Gesicht, in jeder Fensterscheibe ihre Augen? Hörte auch er das unbekümmerte Lachen ihrer Tochter im Gelächter der Vorübergehenden?

»Dieses Haus haben sie neu gestrichen«, sagte er unvermittelt.

»Wie?«

»Das Haus da drüben. Das zweitletzte vor der nächsten Querstraße. Sie haben's weiß gestrichen. Es war früher blau, weißt du nicht mehr?«

»Schade, mir hat es blau besser gefallen.«

»Mir auch.«

»Wahrscheinlich wollten die Besitzer zur Abwechslung mal was anderes.«

»Und bei dem Haus da vorne hat man die Bäume gefällt.« Jack deutete auf einen Vorgarten auf der anderen Straßenseite.

»Es ist hübscher so«, sagte sie, obwohl sie sich nicht erinnern konnte, wie der Garten früher ausgesehen hatte.

»Findest du?« Es klang verwundert. »Mir hat's mit Bäumen besser gefallen.«

»Aber so kriegt das Haus mehr Sonne.«

»Das stimmt wohl.« Er zuckte die Achseln und atmete tief ein. »Ach, ich liebe den Geruch dieser Stadt.«

Gail holte tief Luft, wie Jack es getan hatte, aber sie spürte gleich darauf ein scharfes Stechen in der Brust.

»Fühlst du dich nicht wohl? Sollen wir umkehren? Oder möchtest du irgendwo einen Kaffee trinken?«

»Nein, der Spaziergang tut mir gut.« Sie versuchte, ihrer Stimme einen überzeugenden Klang zu geben, wußte sie doch, daß er sich nicht mehr so leicht täuschen ließ.

»Wie wär's, wenn wir runter zum Strand gingen?« schlug er vor.

»Einverstanden.«

»Wird es auch nicht zu kühl sein für dich?«

»Ach wo, und wenn, können wir ja jederzeit umkehren.« Daß ihnen wenigstens in diesen kleinen Dingen noch eine Wahlmöglichkeit geblieben war, tröstete sie ebenso wie die belanglose Plauderei, in die sie sich zuvor geflüchtet hatten.

Er sollte recht behalten – es war kühl am Strand, ja sogar unfreundlich, auch wenn sie beide für eine Weile so taten, als spürten sie es nicht. Jack hat ein so liebenswertes Gesicht, dachte Gail und betrachtete sein Profil, die vorspringende Nase, die vom Wind geröteten Wangen.

Ein junges Paar kam ihnen entgegen und nickte ihnen im Vorbeigehen zu. Die Gesichter der beiden waren zum Schutz gegen die Kälte tief in den Mantelkrägen vergraben.

»Diese verrückten Touristen!« Jack lachte. »Kein Einheimischer würde auf die Idee kommen, bei der Kälte am Strand spazierenzugehen.«

Gail sah dem anderen Paar nach, das durch den Sand davoneilte. Sie versuchte sich an die Stelle der Frau zu versetzen und überlegte, was die wohl dachte, während sie Arm in Arm mit ihrem Mann den Strand entlangwanderte, so wie Gail neben

Jack ging. Ein ganz normales amerikanisches Ehepaar, vielleicht denkt die Frau jetzt genauso über Jack und mich nach, wie ich über sie. Gail versuchte zu erraten, welche Geheimnisse sich hinter den rosigen Wangen und den lächelnden Augen der Frau verbargen, denn jeder Mensch hatte Geheimnisse, das hatte sie inzwischen gelernt. Geheimnisse und Narben. Gail wußte, daß die Dinge nur selten so waren, wie sie zu sein schienen. Glück war nur die Illusion eines Augenblicks. Versetze dich eine Stunde lang an meine Stelle, dachte Gail. Und dann fiel ihr ein: Richtet nicht, auf daß ihr nicht gerichtet werdet.

Sie verscheuchte die unwillkommenen Gedanken mit einem Schulterzucken. Jack legte den Arm um sie und zog sie fest an sich, um sie zu wärmen.

»Laß uns umkehren«, sagte er. »Mir reicht's.« Gail nickte schweigend. »Nicht ganz dasselbe bei der Kälte, hm?«

Gail antwortete nicht. Sie wußten es ohnehin beide. Die Witterung hatte nichts damit zu tun, daß Cape Cod nicht mehr dasselbe war.

Sie gingen zurück in ihre Pension, wo sie sich eine Weile mit Mrs. Mayhew unterhielten. Sie habe sich Sorgen um sie gemacht, als sie im Sommer nicht wie gewöhnlich gebucht hätten. Das Geschäft sei allgemein nicht sonderlich gut gewesen. Die Bewohner der Halbinsel machten die allgemeine Wirtschaftslage dafür verantwortlich. Überall im Lande gingen die Geschäfte schleppender. Was solle man da machen?

Sie erkundigte sich nach Jacks Praxis – ob er auch unter den schlechten wirtschaftlichen Verhältnissen litt? Jack antwortete, Tiere würden nach wie vor krank, aber auch er habe bemerkt, daß die Leute Einsparungen machten, etwa wenn es um exklusive Tierpflege ging. Dann fragte Mrs. Mayhew nach ihren Kindern. Jack erklärte leise, sie hätten einen Todesfall in der Familie gehabt, ihre kleine Tochter sei gestorben. Er verschwieg, wie Cindy ums Leben gekommen war, und Mrs. Mayhew stellte keine weiteren Fragen. Die Unterhaltung geriet ins Stocken, und Jack führte Gail hinauf in ihr Zimmer. Wie sehr sich diese Pension doch von denen unterschied, in denen sie neuerdings verkehrte, dachte Gail, während sie den warmen Flur mit den dezenten Tapeten entlangschritten. Eine kostbare Brücke bedeckte den dunklen Holzfußboden; in der Ecke stand ein antikes Tischchen mit passender Lampe, deren matte Birne ein einladendes Licht verbreitete.

Auch ihr Zimmer, in dem gedämpfte Braun- und Altrosétöne vorherrschten, war hübsch. Das französische Bett war ebenso bequem wie es aussah. Volkskunst von den kanadischen Küstenprovinzen schmückte die Wände. Gail sah sich beifällig um. Sie hatte dieses Zimmer von Anfang an gemocht.

»Erinnerst du dich an das Hündchen, von dem ich dir erzählt habe?« fragte Jack, während er seine Jacke auszog. Gail nickte. »Sie ist endlich trächtig und wird in ein paar Monaten werfen. Dann dauert's nur noch etwa sechs Wochen, ehe man die Mutter von ihrem Wurf trennen und die Kleinen fortgeben kann. Hast du dir überlegt, ob wir eins nehmen wollen?«

»Eigentlich noch nicht«, bekannte Gail schuldbewußt. »Aber ich werd' darüber nachdenken.«

Jack trat dicht vor sie hin. »Ich will dich nicht drängen.«

Als er sie in die Arme nahm, wußte sie, daß er nicht nur von dem Hündchen sprach.

»Das tust du nicht.« Sie spürte, daß sie es nicht länger hinauszögern durfte, daß der Moment gekommen war, wieder mit Jack zu schlafen. Sie blickte zu ihm auf und sah seinen Mund näher kommen. Als seine Lippen die ihren berührten, streckte sie die Arme aus und schlang sie um seinen Nacken.

Es war ein sanfter Kuß mit kaum geöffneten Lippen. Sie hörte ihn aufseufzen und spürte seine Hände, die über ihren Rücken strichen, behutsam, als habe er Angst, ihr weh zu tun. Er küßte ihre Wange, ihre Augenlider, ihren Nacken. Langsam fanden seine Lippen zu ihrem Mund zurück. Diesmal war der Kuß ein wenig drängender, er öffnete den Mund, und seine Zunge suchte zärtlich die ihre.

Seine Hände glitten hinunter zu ihren Jeans, umspannten ihr Gesäß und wanderten schließlich hinauf zu ihren Brüsten. Ein paar Sekunden später fühlte sie seine Finger an den Knöpfen ihrer Bluse. Ungeschickt wie ein Pennäler öffnete er sie, und ebenso schüchtern streifte er ihr das Kleidungsstück über die Schultern und ließ es zu Boden gleiten. Er fummelte ungeschickt am Verschluß ihres Büstenhalters, und einen Augenblick lang kicherten sie beide über ihr albernes Benehmen. Dann langte Gail nach hinten und hakte selbst die Ösen auf.

Jack ließ sich auf die Knie nieder, streckte die Hände nach ihren Brüsten aus und barg den Kopf zwischen ihnen. Gail streichelte sein Haar. Sie spürte, wie ihre Gürtelschnalle sich öffnete, hörte das Zurren des Reißverschlusses und fühlte ein Ziehen zwischen den Beinen, als Jack ihr die derben Jeans auszog.

Sie konnte sich nicht erinnern, wann er sich seiner Kleider entledigt hatte. Sie wußte weder, wie sie aufs Bett gekommen waren, noch in welchem Augenblick ihr Magen sich aufzubäumen begann. Sie hatte nicht absichtlich Cindys Gesicht vor ihre geschlossenen Augen geholt; sie hatte sich im Gegenteil krampfhaft bemüht, die Erinnerung an den letzten April zu verdrängen und das, was jetzt mit ihr geschah, nicht mit dem zu vergleichen, was ihrem Kind vor sechs Monaten angetan worden war.

Aber es war doch das gleiche. Sie riß die Augen weit auf und blickte Jack an. Auf einmal verstand sie den Widerwillen, den sie so lange schon spürte, ohne ihn zu begreifen. Es war seine Männlichkeit, die sie abstieß. Dieser sogenannte Liebesakt war das gleiche, was man ihrer Tochter kurz vor ihrem Tode aufgezwungen hatte.

Und auf einmal empfand sie nur noch Schmerz, ihren eigenen und den ihrer Tochter, und sie stieß einen qualvollen Schrei aus.

»Was hast du?« fragte Jack bestürzt. »Hab' ich dir weh getan?« Er löste sich von ihr, als er ihre Tränen sah. »Was hast du, Gail? Bitte, sag mir, was los ist.«

»Ich kann nicht«, schluchzte sie. »Ich kann's einfach nicht.«
Sie legte den Kopf auf ihre Knie und weinte hemmungslos.
»Ich hab's versucht. Ich wollte es genauso wie du. Bitte, glaub
mir. Ich wollte es wirklich. Ich liebe dich. Ich wollte mit dir
schlafen, wollte, daß wir zusammen sind, aber ich kann es ein-
fach nicht.«
»Ich hab' dich bedrängt.« Jack nahm sofort alle Schuld auf sich.
»Ich hätte nicht versuchen sollen, etwas zu erzwingen, das mit
der Zeit...«
»Du hast nichts erzwungen. Es liegt an mir, Jack. Nicht an dir.
Du hast alles getan, was du nur irgend tun konntest. Du warst
geduldig, nachsichtig und liebevoll... Es hat nichts mit dir zu
tun. Auf keinen Fall...«
»Ich hätte warten können.«
»Nein.« Gail schüttelte traurig den Kopf. »Das hätte auch
nichts geändert. Schau, das versuche ich dir ja gerade klarzumachen. Ich werde in einem Jahr noch genauso empfinden.« Er
wollte ihr widersprechen, doch sie ließ ihn nicht zu Wort kommen. »Ich kann heute nicht mit dir schlafen... Ich werde es
auch in Zukunft nicht können, ganz gleich, wieviel Geduld du
aufbringen magst, ganz gleich, wie lange du auch wartest...
Denn wenn du mich berührst, kann ich an nichts anderes denken als daran, daß dieses Ungeheuer das gleiche mit unserem
Kind gemacht hat. Ich sehe nur die Hände dieser Bestie auf dem
Körper unseres kleinen Mädchens. Ich spüre sein Gewicht auf
ihrem zarten Leib und fühle, wie er mit Gewalt in sie eindringt.
O mein Gott, ich würde alles darum geben, nicht so zu empfinden, aber ich komme nicht dagegen an. Wenn ich dich nackt
sehe...« Ihr Schluchzen drohte ihre Worte zu ersticken. »Ich
hab's versucht. Ich dachte, ich könnte es. Ein paar Minuten
lang schien es, als hätte ich vergessen, daß... Aber dann war
die Erinnerung wieder da, und mit ihr der Haß, der Ekel, die
Scham. Ich weiß, daß ich nie mehr mit einem Mann zusammensein kann, weil das Bild dieses Unmenschen, der sich an
unserem Kind vergreift, mich nicht loslassen wird. Tagsüber

oder wenn ich allein bin, kann ich es einigermaßen unterdrükken, aber wenn wir beide so wie jetzt zusammen sind, dann kommt alles wieder hoch. O Gott, Jack, verlaß mich.« Sie schluchzte wild. Tränen liefen über Jacks Wangen. »Such dir eine andere Frau, und fang ein neues Leben an. Such dir eine, die dich so lieben kann, wie du es brauchst und wie du es verdienst, du lieber, wunderbarer Mann, du.« Jack wollte etwas sagen, aber sie legte ihm sanft die Hand auf die Lippen. »Nein, Jack, bitte hör mir zu. Es ist nicht fair dir gegenüber. Ich weiß, daß du mich liebst. Es wäre nicht fair von mir, dich weiter in der Hoffnung leben zu lassen, ich könne je wieder anders empfinden...«

»Du könntest...«

»Nein... ganz gewiß nicht. Trenn dich von mir, Jack. Such dir eine andere Frau. Ich bin nicht mehr dieselbe wie früher. Ich kann nie mehr so sein. Such dir eine andere. Ich werde Verständnis dafür haben.«

»So, wirst du das?« Er drehte sich um und zog ein Laken über seinen nackten Körper. »Dann versuch auch das zu verstehen: Ich liebe dich, und nichts, was du sagst oder tust oder auch nicht tust, wird mich dazu bringen, dich zu verlassen. Mich wirst du nicht los, ob dir das nun paßt oder nicht. Denn ich liebe dich, und ich brauche dich... Aber das ist es nicht allein, verdammt, du bist mein bester Kamerad, du bist mir so vertraut... Und selbst wenn dieser Verrückte mir nicht nur meine Tochter geraubt, sondern mir auch die Frau weggenommen hat, wird er mir doch nicht den besten Freund nehmen, den ich auf Erden habe. Das lasse ich nicht zu. Er hat uns genug gestohlen, Gail. Bitte, laß ihn nicht noch mehr bekommen.«

Gail beugte sich vor und bettete Jacks Kopf in ihren Schoß. So saßen sie beieinander, bis es dunkel wurde und sie unter die Decke krochen. Als Gail endlich die Augen schloß und einschlief, war sie fester denn je davon überzeugt, daß Jack ein besseres Schicksal verdiene und ohne sie leichter durchs Leben käme.

XX.

Das Telefon klingelte, als Gail den Mantel anzog, um aus dem Haus zu gehen.

»Hallo?«

Sie versuchte, ungeduldig zu klingen, damit die Person am anderen Ende der Leitung sofort begriffe, daß sie in Eile sei und keine Zeit für ein ausgiebiges Telefonat habe.

Sie brannte darauf, nach Newark zu fahren und ihre Nachforschungen wieder aufzunehmen.

»Na endlich!« vernahm sie Lauras triumphierende Stimme. »Ich kann's gar nicht fassen, daß ich dich endlich erreicht habe. Wo hast du denn gesteckt?«

»Jack und ich waren ein paar Tage auf Cape Cod. Wir sind erst gestern abend zurückgekommen.«

»Klingt ja fabelhaft! Wie war's denn?«

»Kalt«, antwortete Gail, die es vorzog, die eigentliche Bedeutung der Frage zu überhören.

»Wo bist du denn vor eurer kleinen Reise gewesen?«

»Wie meinst du das?«

»Ich hab' wochenlang täglich versucht, bei dir anzurufen. Aber du warst nie zu Hause.«

»Ich hab' mich nach 'nem Job umgesehen.« Gail begann sich sicherer zu fühlen, wenn sie log, als wenn sie die Wahrheit sagte. »Ich hatte zwar bis jetzt noch kein Glück, aber...«

»Du, das finde ich großartig. Wo hast du dich denn beworben?«

»Ach, praktisch überall.« Gail lachte. »Aber erzähl noch niemandem davon, auch Jack nicht, hörst du? Ich möchte ihn überraschen.«

»Keine Sorge, ich werde nichts verraten. Aber kann ich dir vielleicht irgendwie helfen? Brauchst du Referenzen?«

»Ich melde mich, wenn's soweit ist.« Gail wollte das Gespräch so schnell wie möglich beenden. »Du, entschuldige, aber ich bin auf'm Sprung.«

»Okay, laß dich nicht aufhalten. Ich wollte mich bloß vergewissern, daß du unsern Lunch nicht vergessen hast.«

»Lunch?«

»Ja doch, in Nancys Club. Weißt du's denn nicht mehr? Wir haben schon vor Monaten vereinbart, daß wir zusammen hingehen. Heute ist der 15. Oktober, und da steigt die Modenschau in Nancys Club. Du hast mir versprochen mitzukommen.«

»Ich hab's vergessen«, gestand Gail. »Entschuldige, aber das ist mir völlig entfallen.«

»Das ist aber 'n starkes Stück. Na, macht nichts. Ich bin bloß froh, daß ich dich noch rechtzeitig erwischt habe. Ich hol' dich gegen halb eins ab.«

»Laura, ich kann nicht mitkommen.«

»Aber natürlich kommst du mit, du hast es versprochen.«

»Ich habe einen wichtigen Termin...«

»Und ich habe zwei Plätze reservieren lassen *und* sie im voraus bezahlt. Du mußt mitkommen. Verschieb den Termin.«

»Ich hab' nichts anzuziehen. Du weißt, wie aufgetakelt die in dem Club immer sind.«

»Unsinn, ich hol' dich um halb eins ab. Du brauchst dich nicht mal umzuziehen.«

Gail hörte das Klicken in der Leitung. Sie schaute an sich hinunter. Sie trug ihre ältesten und schäbigsten Jeans und einen ausgeleierten schwarzen Rollkragenpullover. Als sie den Hörer auflegte, wünschte sie nachträglich, sie hätte das Telefon einfach klingeln lassen. Klar, dachte sie, ich brauch' mich nicht mal umzuziehen.

Gail kämpfte mit dem Reißverschluß eines roten Leinenkleides, als es an der Haustür klingelte.

Sie blickte auf die Uhr. Es war erst zwölf, und Laura, die ein eher unpünktlicher Typ war, sah es nicht ähnlich, eine halbe Stunde zu früh aufzutauchen.

»Laura?« fragte sie trotzdem in die Gegensprechanlage.

»Sheila«, korrigierte die kühle Stimme ihrer Schwiegermutter.

Sheila? Was mochte die von ihr wollen?

»Ich komm' gleich runter«, versicherte Gail eilig. »Nur einen Augenblick.«

Sie zog den Reißverschluß mit einem energischen Ruck hoch und lief die Treppe hinunter. Wieso kam ihre Schwiegermutter unangemeldet vorbei? Gail öffnete die Tür. »Guten Tag«, grüßte sie freundlich.

Sheila Walton trat ein. Sie trug einen dunkelbraunen Nerzmantel und zeigte eine bittere Miene. »Du bist in letzter Zeit schwer zu erreichen. Ich hab' oft versucht, dich anzurufen, aber...«

»Jack und ich waren übers Wochenende verreist«, warf Gail ein und hoffte, ihre Schwiegermutter damit zufriedenzustellen. Ein Blick in ihr Gesicht überzeugte sie vom Gegenteil. »Und ich war sehr beschäftigt. Ich mußte oft außer Haus.«

»Das hab' ich mir gedacht.« Sheila Walton betrachtete kritisch den alten Mantel, den Gail achtlos über einen Stuhl geworfen hatte. »Wolltest du grade wieder weggehen?«

Gail nahm den abgetragenen grauen Tuchmantel auf und hängte ihn an seinen Platz hinten im Garderobenschrank. »Natürlich nicht in dem Mantel.« Sie versuchte zu lächeln, obwohl sie sich mehr und mehr in die Enge getrieben fühlte.

»Aber du gehst aus.« Es war keine Frage, sondern eine Feststellung.

»In einer halben Stunde.«

»Ich will versuchen, es kurz zu machen.«

»Bitte, komm doch ins Wohnzimmer. Darf ich dir einen Kaffee anbieten oder irgendwas anderes?«

»Nein, danke.« Sheila Walton ging vor ihr her ins Wohnzimmer und setzte sich aufs Sofa. »Ich will dich nicht aufhalten. Meinetwegen sollst du keine von deinen Verpflichtungen versäumen.«

Gail wappnete sich gegen das Klagelied von der vernachlässigten Schwiegermutter. Sie sah ein, daß Sheila dazu sogar eine gewisse Berechtigung hatte. »Entschuldige, daß ich dich nicht angerufen habe«, bat sie. »Ich hatte es vor, wirklich. Wie geht's dir denn?« Gail hatte sich in der Gesellschaft von Jacks Mutter nie sonderlich wohl gefühlt. Sie war von Haus aus kühl und distanziert, und seit dem Tode ihres einzigen Enkelkindes hatte sie sich noch mehr zurückgezogen. Ihre Reserviertheit hatte Gail früher nicht gestört, wußte sie doch von Jack, daß seine Mutter allen Menschen so begegnete. Seit dem Hinscheiden ihres Mannes – sie gehörte zu den Leuten, die das Wort »sterben« nicht in den Mund nehmen – hatte sie ausgedehnte Reisen unternommen, darunter zwei Kreuzfahrten rund um die Welt, und wann immer ihr der heimische Trott auf die Nerven ging, entfloh sie nach Europa oder in den Orient.

»Danke, mir geht's gut, und dir?«

»Ich kann nicht klagen. Wie war deine Reise?«

»Japan ist immer ein Erlebnis. Aber ich bin schon seit Wochen zurück. Ich hab' mit Jack gesprochen und dir Grüße ausrichten lassen. Aber du warst anscheinend zu beschäftigt, um zurückzurufen…«

»Sei mir nicht böse. Ich weiß, das ist keine Entschuldigung, aber ich hatte in letzter Zeit wirklich furchtbar viel um die Ohren.«

»Wo gehst du denn heute hin?« Es klang fast wie ein Vorwurf.

»Eine Freundin hat mich zum Mittagessen eingeladen. Laura. Ich glaube, du hast sie mal bei uns kennengelernt.«

»Ja, die Blonde. Sehr attraktive Frau. Ich wußte gar nicht, daß du gesellschaftlich so aktiv bist. Für mich warst du immer das Hausmütterchen, das stillvergnügt in der Küche sitzt und darauf wartet, daß die Kinder aus der Schule heimkommen. Ich hielt dich für die vollkommene Mutter…«

»Ich habe nie behauptet, daß ich vollkommen sei«, verteidigte sich Gail. Ihr war unbehaglich zumute, und sie fragte sich, wohin diese Unterhaltung führen werde.

»Aber nun gehst du mittags auswärts essen«, fuhr Mrs. Walton fort, ohne Gails Einwand zu beachten. »Du bist zu beschäftigt, um die Mutter deines Mannes nach einer langen Reise auch nur anzurufen und zu fragen, wie es ihr geht. Du mußt Freundinnen treffen, Verpflichtungen wahrnehmen.« Sie brach unvermittelt ab. »Du warst an dem Nachmittag einkaufen, nicht?«

»An welchem Nachmittag?« fragte Gail, obwohl sie die Antwort kannte.

»An dem Nachmittag, an dem Cindy verschied«, sagte Sheila Walton, und Gail spürte, daß sie schon lange auf diesen Augenblick gewartet hatte.

»Was willst du damit sagen?« Gail begann an allen Gliedern zu zittern. »Daß ich schuld bin? Daß ich sie auf dem Gewissen habe?«

»Natürlich nicht.« Sheila Walton schien zu begreifen, daß sie zu weit gegangen war. »Ich stelle nur fest, daß du mehr persönliche Interessen hast, als ich mir vorgestellt hatte. Und ich finde es tragisch, daß du ausgerechnet an dem bewußten Nachmittag mit einer Freundin ausgehen und Kleider kaufen mußtest.« Sie schluckte und blickte zur Tür. »Damit sage ich gewiß nichts, was du dir nicht selbst schon hundertmal vorgehalten hast.«

Gail sah sich hilflos im Zimmer um. »Warum tust du mir das an?« fragte sie. Hundertmal? Hunderttausendmal träfe wohl eher zu, dachte sie.

»Mein einziges Enkelkind ist nicht mehr am Leben.«

»Ein Kind, das du höchstens zwei-, dreimal im Jahr gesehen hast.« Gail stellte mit Befriedigung fest, daß ihr Pfeil ins Schwarze getroffen hatte.

»Deine Eltern haben sie auch nicht öfter gesehen«, konterte Sheila Walton, als sei damit alles wieder im Lot.

»Meine Eltern leben in Florida. Aber du wohnst gleich um die Ecke!«

»Wage ja nicht, mir vorzuwerfen, ich hätte mein Enkelkind nicht geliebt!«

»Das hab' ich nie behauptet.«

»Ich liebte es sehr.«

»Sicher.«

»Ich hätte sie nicht allein von der Schule nach Hause gehen lassen, darauf kannst du dich verlassen. Meinen Sohn habe ich nie solchen Gefahren ausgesetzt. Ich habe darauf geachtet, daß ihn immer jemand abholte, und ich hätte auch darauf geachtet, daß Cindy nicht allein gegangen wäre. Ich hätte mich nicht zu meinem Vergnügen rumgetrieben, statt...«

»Warum sagst du nur so etwas?« Gail ertrug es nicht länger, zuzuhören.

»Wie kannst du es wagen!« Sheila Walton funkelte ihre Schwiegertochter über den Tisch hinweg an. »Wie kannst du es wagen, mir zu unterstellen, ich hätte mein Enkelkind nicht geliebt.«

»Ich habe dir überhaupt nichts unterstellt.« Gail schluchzte.

»Wie kannst du es wagen«, zischte Sheila Walton aufgebracht.

»Ich bitte dich, geh, bevor noch schlimmere Worte fallen.«

»Ach ja, dein Lunch! Den hätte ich beinahe vergessen.«

Gail stürzte sich auf ihre Schwiegermutter und zerrte sie vom Sofa hoch. »Raus hier!« schrie sie außer sich vor Wut und Schmerz. »Mach, daß du rauskommst, oder ich bring dich um. Hast du mich verstanden? Scher dich raus!« Halb schleifte und halb schubste sie die verängstigte Frau zur Tür.

»Das werde ich dir nie verzeihen.« Sheila Waltons Stimme zitterte.

»Ich werde *dir* nie verzeihen.«

Als Gail die Haustür hinter ihrer Schwiegermutter schloß, brach sie weinend zusammen.

Eine Viertelstunde später erschien eine strahlende Laura Cranston, um Gail abzuholen.

XXI.

Gail zitterte noch immer, als Lauras Wagen vor dem Manor Club hielt. Der Page, ein schlanker junger Mann um die zwanzig mit tadellos gepflegtem braunem Haar, eilte herbei, um ihnen beim Aussteigen zu helfen. Gail betätigte die automatische Türverriegelung.

»Was machst du denn da?« fragte Laura erschrocken.

»Ich kann es nicht«, flüsterte Gail. »Bitte, Laura, ich steh' das nicht durch.«

Laura wandte sich ihrer Freundin zu und sah ihr ins Gesicht. »Aber natürlich stehst du's durch. Komm schon. Das wird dich auf andere Gedanken bringen.«

»Sie hat so schreckliche Sachen gesagt, Laura. Sie hat mir praktisch vorgeworfen, ich hätte den Tod meiner Tochter verschuldet.«

»Sie fühlte sich bloß vernachlässigt, weil du gesagt hast, daß du ausgehst. Das hat sie wütend gemacht. Sie hat wahrscheinlich selber Schuldgefühle, die sie quälen. Jedenfalls war sie nicht gerade eine Bilderbuchoma, habe ich recht? Sie macht sich bestimmt selbst Vorwürfe.«

»Ich hätte ihr nicht solche Gemeinheiten an den Kopf werfen dürfen.«

»Ach was, du kannst sie nachher anrufen und dich entschuldigen. Außerdem verlangst du einfach zuviel von dir. Hast du schon immer getan.« Laura griff nach Gails Hand. Der Page stand neben der verschlossenen Tür und beobachtete die beiden Frauen im Wagen mit wachsendem Interesse. »Hör mir mal gut zu«, fuhr Laura fort, ohne den neugierigen Jungen zu beachten. »Du hast das Unglück sehr tapfer getragen. Vielleicht sogar zu tapfer. Nach außen wirkst du wie der sprichwörtliche Fels in der Brandung. Aber wie sieht es in deinem Innern aus, Gail? Du hast alles in dich hineingefressen. All der Zorn, der sich in dir aufgestaut hat, wird sich, muß sich eines Tages irgendwie Bahn brechen. Dieser Zusammenstoß mit deiner

Schwiegermutter mußte früher oder später passieren, und du wirst womöglich auch noch mit anderen Leuten aneinandergeraten.«

»Mein Gott, Laura, nur das nicht.«

»Die Menschen, die dich lieben, werden es verstehen.« Laura deutete auf den jungen Mann, der ungeduldig neben dem Wagen wartete. »Bist du bereit?« Gail nickte, und Laura drückte auf den Knopf, der die Verriegelung aufhob.

Der Page hielt Gail die Tür auf und blickte die beiden Frauen verlegen an. »Steigen Sie aus?« fragte er schüchtern.

Gail betrachtete sein Gesicht, die schmalen braunen Augen und die lange, gerade Nase. Sein heller Teint war glatt wie der eines Babys, und er hatte kräftige, ebenmäßige Zähne. Ihr Blick fiel auf seine Hand am Wagenschlag. Es war eine große Hand mit kurzen, dicken Fingern und Nägeln, die bis aufs Fleisch abgekaut waren. Sie stellte sich vor, wie diese Hand ihr an die Kehle griff. »Gail!« Laura kam ums Auto herumgelaufen und half ihr beim Aussteigen. »Deine Schuhe werden Nancy gefallen«, sagte sie und probierte ein Lächeln.

Sie mußten Schlange stehen, und als ihnen endlich ein Tisch zugewiesen wurde, fanden sie sich in der Gesellschaft von zehn anderen Frauen wieder. Gail erkannte keine von ihnen, wofür sie dankbar war. Sie schaute sich so diskret wie möglich im Saal um, den Kopf gesenkt, so als wolle sie sich am liebsten unsichtbar machen. Etwa zweihundert Frauen waren versammelt, alle phantastisch angezogen und voll gespannter Erwartung.

Gail suchte nach Nancy, konnte sie jedoch nicht finden.

»Trink ein Glas Wein«, riet Laura ihr leise. »Er ist schön trokken.«

»Wo ist Nancy?«

Laura sah sich um. »Wahrscheinlich gibt sie hinter der Bühne die letzten Anweisungen. Du weißt doch, wie Nancy ist. Sie will immer alles unter Kontrolle haben.«

»Unter Kontrolle«, wiederholte Gail und nippte an ihrem

Wein. Wie bedeutungslos solche Worte in Wirklichkeit doch waren.

»Ihr Mann ist Anwalt, nicht?« fragte eine Frau Laura über den Tisch hinweg. Laura nickte, und ein gezwungenes Lächeln huschte über ihr Gesicht. Sie hatte sich schon immer dagegen gesträubt, beruflich im Schatten ihres Mannes zu stehen.

»Man hat mich als Geschworene berufen«, fuhr die Frau fort.

»Sie steht auf der Geschworenenliste«, wiederholte eine andere Frau laut, damit auch alle am Tisch es verstanden.

»Machen Sie kurzen Prozeß und hängen Sie ihn auf«, warf eine dritte ein.

»Ich will überhaupt nichts damit zu tun haben«, jammerte die erste. »Mich interessiert bloß, wie ich aus der Sache rauskomme.«

»Überhaupt nicht«, sagte Laura beiläufig. »Es sei denn, Sie können nachweisen, daß die Belastung zu groß für Ihre Familie oder für Ihre Gesundheit würde. Andernfalls müssen Sie das Amt annehmen. Das ist Ihre staatsbürgerliche Pflicht.«

»Oh, wie furchtbar! Hat man Sie schon mal als Geschworene aufgestellt?«

»Nein, das wäre auch unmöglich. Denn wie Sie richtig bemerkten, ist mein Mann Anwalt.«

»Und deshalb läßt man dich nicht als Geschworene zu?« fragte Gail mit plötzlich erwachendem Interesse. Ihr wurde auf einmal klar, wie wenig sie sich doch im Rechtssystem ihres Landes auskannte.

»Anscheinend disqualifiziert mich der Umstand, daß ich zuviel weiß, oder zumindest wissen könnte. Das altbekannte Argument von der Gefährlichkeit der Halbbildung. Außerdem fürchtet man, wer mit einem Anwalt verheiratet ist, könne sich von dessen Meinung über Gebühr beeinflussen lassen.«

»Ich dachte, Geschworene dürfen nicht über den Prozeß reden, dem sie beiwohnen«, sagte eine der Frauen am Tisch.

»Es gibt vieles, was man nicht darf und trotzdem tut«, antwortete Laura, und wie aufs Stichwort wandten die Frauen sich wieder ihren Privatgesprächen zu, die sie für diese kurze Allgemeinunterhaltung unterbrochen hatten.

Gail blickte über den langen Tisch hinweg, an dem je sechs Frauen einander gegenübersaßen. In dem großen, reich geschmückten Saal waren zu beiden Seiten des Laufstegs insgesamt zwanzig solcher Tische aufgestellt. Auf allen prangte in der Mitte ein Arrangement aus frischen Blumen. Zwischen kostbarem Porzellan lockte vor jedem Gedeck ein Champagnerglas mit Fruchtsalat. Aber niemand schien willens, mit dem Essen zu beginnen. Gail überlegte, ob die Frauen wohl darauf warteten, daß jemand ein Tischgebet spreche.

»Nun erzähl mir aber von deinen Vorstellungsgesprächen«, wandte Laura sich unvermittelt an die völlig verdutzte Gail.

»Ach, die waren alle nicht sonderlich aufregend. Jedesmal die gleichen Routinefragen, nichts Besonderes.«

Ihre Antwort war zu ausweichend und Laura zu gewieft und zu hartnäckig, um sich damit zufriedenzugeben.

»Um was für Stellen hast du dich denn beworben? Mit wem hast du gesprochen? Bei welchen Firmen bist du gewesen? Nun sei doch nicht so mundfaul, erzähl mir 'n paar Einzelheiten.«

Gail zwang sich zu einem Lächeln. »Ich hab' mit so vielen verschiedenen Leuten über alle möglichen Jobs gesprochen...«

»Zum Beispiel?«

»Sekretärin, Sprechstundenhilfe...«

»Ich wußte gar nicht, daß du Steno und Maschineschreiben kannst.«

»Kann ich auch nicht.« Gail lachte. »Vielleicht hab' ich deshalb nirgends Erfolg.«

»Und wie war's in Cape Cod?«

Einen Moment lang sah Gail ihren Mann vor sich, wie er seinen nackten Körper mit dem zerknitterten Laken bedeckte, niedergeschlagen, mit hängenden Schultern. »Es war sehr nett«, sagte sie. »Nur furchtbar kalt.«

»Ja, ja, um den Altweibersommer hat man uns dieses Jahr wirklich betrogen.« Laura seufzte.

»Da ist Nancy!« rief Gail und zeigte über die Köpfe der Menge hinweg auf den erhöhten Tisch an der Stirnseite des Saals. Nancy Carter trat ans Mikrophon.

Es dauerte ein paar Minuten, ehe die Gespräche im Saal verstummten und Nancy mit ihrer Ansprache beginnen konnte. Sie sah blendend aus in ihrer leuchtendroten Taftbluse und dem langen schwarzen Rock. Untertriebene Eleganz, der trotzdem jeder ansieht, was sie kostet, dachte Gail. Nancy sprach mit ruhiger, klarer Stimme.

»Sie hat ihren Beruf verfehlt«, flüsterte Laura, sobald Nancy ihre Rede beendet und ihnen allen guten Appetit und viel Vergnügen bei der Modenschau gewünscht hatte. »Sie hätte Königin werden sollen.«

»Aber sie sieht phantastisch aus«, sagte Gail.

»Also ich weiß nicht, ihre gefärbten Haare finde ich jedenfalls eine Katastrophe. Viel zu hart, dieses Schwarz. Na ja, wahrscheinlich ist sie inzwischen schon grau wie 'n Esel.« Laura machte sich über ihren Fruchtsalat her, und ihre Tischgenossinnen folgten ihrem Beispiel.

Nach dem Fruchtsalat gab es pürierten Lachs, dazu Spargel und weiße Kartöffelchen. Nach den winzigen Portionen zu urteilen, ging der Küchenchef davon aus, daß Frauen, die zu einer Modenschau gingen, grundsätzlich Diät hielten.

Die Kellner räumten das Geschirr ab und servierten als Nachspeise ein erdbeerfarbenes Scherbett, von dem eine Frau lautstark verkündete, daß es eigentlich ein Sorbet sei. Gail dachte, das eine sehe aus wie das andere, und als sie gekostet hatte, fand sie auch im Geschmack keinen Unterschied. Sie bemerkte, daß auch Laura nur einen Löffelvoll probierte. Auf einmal wurden die Lichter im Saal abgeblendet, und aus den Lautsprechern ertönte Rockmusik, die Standarduntermalung moderner Modenschauen. Ein Scheinwerfer flammte auf, dann ein zweiter und ein dritter, und in ihrem gleißenden Licht stolzierten drei hinreißende junge Mädchen in Frühjahrsmodellen über den Laufsteg.

Die Mannequins tänzelten mit wiegenden Schritten vor ihrem entzückten Publikum auf und ab, die Hüften leicht vorgeschoben, die Schultern gestrafft. Gail sah sie ihr Lächeln an- und abstellen wie ferngesteuerte Automaten, sie lauschte den grellen Klängen der Musik und spürte, wie eine tiefe Melancholie sie überkam. Wie konnten diese Mädchen nur jetzt schon die Mode für den nächsten Frühling vorführen?

Die Show endete ebenso unvermittelt, wie sie begonnen hatte. Allerdings war das Finale wirklich sensationell. Eine aufreizende Brünette in einem abenteuerlichen Ensemble führte zwei fauchende Leoparden über den Laufsteg. (Die kühn gemusterte Kreation war genau auf das Fell der Tiere abgestimmt.) Gail fragte sich, ob die Leoparden nicht womöglich Betrug witterten und dagegen aufbegehren würden, indem sie vom Laufsteg sprangen und sich ein improvisiertes Mittagsmahl einverleibten. Aber trotz ihres Fauchens waren die beiden Wildkatzen enttäuschend zahm.

»Das war 'n glatter Verschnitt von Oscar de la Rentas Show aus dem letzten Jahr«, spottete eine Frau, als es im Saal wieder hell wurde. Eine andere pflichtete ihr bei. »Ich hab' genau so was schon vor *zwei* Jahren bei Valentino gesehen«, behauptete die Dame, die als Geschworene nominiert worden war. »Und diese Kleine mit den Leoparden, mein Gott, die sah ja aus, als hätten die Viecher sie reinschleifen müssen.« Sie lachte ausgiebig über ihren kümmerlichen Witz.

»Was kann man schon von einem Modeschöpfer erwarten, der aus Hackensack stammt?«

»Hackensack? Soll das 'n Witz sein?«

»Ganz im Gegenteil. Angeblich hat er dort ein sehr gutgehendes Geschäft.«

»Also ich werde mich da bestimmt nicht hin verirren«, mischte sich eine andere Frau ins Gespräch. Sie erntete ringsum beifälliges Gemurmel.

Nancy Carter kam an ihren Tisch. »Na, wie hat's euch gefallen?« fragte sie erwartungsvoll.

»Einfach großartig«, sagte die Oscar-de-la-Renta-Anhängerin.

»Bildschöne Stoffe«, schwärmte die Valentino-Geschulte, und die Runde nickte zustimmend.

»Wie fanden Sie das letzte Mannequin?« fragte Nancy weiter. »Die Dunkle mit den Leoparden.«

»Entzückend«, antwortete die Frau, ohne mit der Wimper zu zucken.

»Meine Tochter.« Nancy lachte. Ihre Stimme schwankte zwischen Stolz und Neid, als sie wiederholte: »Ja wirklich, das Mannequin ist meine Tochter.«

»Ich hätte nicht gedacht, daß Sloane schon erwachsen ist«, rief Gail verwundert.

Nancy wandte sich nach ihr um. Sie hatte Gail bisher nicht bemerkt. Alle Farbe wich aus ihrem Gesicht. »Gail, lieber Himmel, ich hatte ja keine Ahnung, daß du hier bist.« Vorwurfsvoll sah sie Laura an. »Laura, du hättest mir doch sagen können, daß du Gail mitbringst.«

»Ich wollte dich überraschen.«

»Wie geht es dir, meine Liebe?« Nancys Blick flehte um eine nichtssagende Antwort.

»Ganz gut, danke.«

»Du siehst großartig aus«, flötete Nancy, meinte aber offensichtlich das Gegenteil. »Ich freue mich so, dich hierzuhaben. Warum hast du mich nicht angerufen? Ich hab' mir solche Sorgen um dich gemacht!«

Gail zuckte mit den Schultern. Was sollte sie darauf antworten?

»Wie geht's Jack?« fragte Nancy und lächelte dabei einer Frau am Nachbartisch zu.

»Ihm geht's gut, und Jennifer auch.«

»Wie schön.« Nancy wandte sich zum Gehen. »Wie schön. Ich finde, ihr haltet euch großartig, ihr alle. Das meine ich ganz ehrlich.« Sie holte tief Luft, so als habe sie sich bei den letzten Worten völlig verausgabt.

»Du redest Scheiße.« Laura sagte es so liebenswürdig, als habe sie Nancy ein Kompliment über ihr Aussehen gemacht.

Verwundert beobachtete Gail Nancys Gesicht. Es zeigte keinerlei Reaktion. Sie hatte nichts mitbekommen, und zwar ganz einfach, weil sie nicht zugehört hatte. »Ich muß weiter«, entschuldigte Nancy sich fröhlich. »Ihr wißt ja, wie das ist, wenn man die Gastgeberin spielen muß. Ich bin dafür verantwortlich, daß alle sich wohl fühlen.« Sie wandte sich noch einmal nach Gail um, sah ihr aber nur sekundenlang in die Augen, und senkte rasch den Blick. »Hör mal, du rufst mich doch ganz bestimmt an, wenn du mich brauchst, nicht wahr? Wenn ich irgendwas für dich tun kann, dir irgendwie helfen...« Ohne den Satz zu beenden, ging sie zum Nachbartisch hinüber.

Wie konnte ich diese Frau nur jemals für meine Freundin halten? dachte Gail traurig.

»Früher fandest du sie amüsant«, sagte Laura, die ihre Gedanken erriet. »Komm, laß uns gehen.« Laura schob ihren Stuhl zurück. »Ich muß zurück ins Büro.«

»Hast du sehr viel zu tun?« fragte Gail, als Laura sie heimfuhr.

»Das übliche. Alkoholiker, mißhandelte Ehefrauen, Inzest. Als Fürsorgerin sieht man nicht viel von der Sonnenseite des Lebens.«

»Inzest?«

»Ja, hier in River City.« Laura lachte leise vor sich hin. »Es sieht aus, als hätte ich dich schockiert. Dachtest du denn, wir in New Jersey machen so was nicht?«

»Ich kann mir nicht vorstellen, daß man so was überhaupt macht, egal wo«, sagte Gail aufrichtig.

»Dann hinkst du deiner Zeit aber ganz schön hinterher. Vorsichtige Schätzungen haben ergeben, daß einer von zehn Jungen und eins von vier Mädchen in ihrer Kindheit von erwachsenen Verwandten belästigt werden. Es ist die reinste Epidemie.«

Gail spürte, wie ihr Magen sich hob. »Aber was kann einen erwachsenen Mann an einem Kind reizen?« Falls Laura begriff, daß Gail nicht mehr von den anonymen Fällen der Statistiken sprach, die tagein, tagaus über ihren Schreibtisch wanderten, ließ sie es sich nicht anmerken. Sie konzentrierte sich auf den Verkehr, und als sie Gails Frage beantwortete, tat sie das nur in ihrer Rolle als Sozialarbeiterin. »Du würdest dich wundern, wie sexy einige dieser Fünf- oder Sechsjährigen sind«, sagte sie sachlich.

»Laura!« Gail rang nach Luft.

Erst jetzt wurde Laura die eigentliche Bedeutung ihrer Worte bewußt. Sie fuhr an den Straßenrand und stellte den Motor ab. »Also jetzt mal langsam. Worüber reden wir hier eigentlich?« Sie wandte sich Gail zu und blickte ihr ins Gesicht. »Ich hab' doch nicht Cindy gemeint...«

Gail ließ sie nicht ausreden. »Es ist ganz egal, wen du gemeint hast. Weißt du denn nicht, was du gesagt hast? Du hast behauptet, fünf- oder sechsjährige Kinder seien sexy!«

»Manche sind das wirklich«, verteidigte Laura sich unsicher. »Schau, Gail, du weißt nicht, was in der Welt vorgeht. Du hast nicht meine Erfahrung. In mein Büro kommen tagtäglich Menschen, deren Familienleben zu scheitern droht. Da sitzt dann die prüde Ehefrau, die sich höchstens alle halbe Jahre herabläßt, mit ihrem Mann zu schlafen, weil sie 'n neues Kleid will. Und daneben die kleine Tochter, die unverhohlen mit ihrem Vater flirtet. Vielen Männern fehlt die Kraft zu widerstehen, wenn...«

»Dann sollen sie sich, verdammt noch mal, zusammenreißen.« Gail hatte Tränen in den Augen. »Sie sollen, verdammt noch mal, aufhören, sich auf ihre Frauen rauszureden, und sich endlich auf ihre Verantwortung als Erwachsene besinnen. Wenn sie andere Frauen brauchen, dann sollen sie sich gefälligst welche suchen! Aber Frauen, verstehst du mich? Die Auswahl ist weiß Gott groß genug. Kein Mann ist gezwungen, sich an einem wehrlosen Kind zu vergreifen, das nicht einmal kapiert, was mit ihm geschieht.« Verzweifelt bäumte sie sich auf. »Du bist auf den ganzen Schwindel reingefallen. Wenn's in der Gesellschaft ein Problem gibt, halte dich nicht an den Täter, sondern an das Opfer! Gib nicht den Verantwortlichen die Schuld, sondern denen, die man am leichtesten unterbuttern kann – den Frauen! Wenn ein Mann seine fünfjährige Tochter vergewaltigt, ist seine frigide Frau dafür verantwortlich. Und seine Tochter, die so aufreizend ›sexy‹ ist. Aber den wirklich Schuldigen, den Mann, den klagt niemand an, Gott bewahre!«

»Gail, bitte beruhige dich. Ich wollte doch nicht sagen...«

Aber Gail war nicht zu bremsen. »Ich bin entsetzt darüber, daß du, eine intelligente Frau, glauben kannst, eine Fünfjährige habe einen wirklichen Begriff von ihrer Sexualität und suche bei einem Mann mehr als Zuneigung, besonders, wenn dieser Mann ihr Vater ist. Es macht mich krank zu hören, wie leicht du diesen Mann von der Verantwortung für sein Kind, ja für *alle* Kinder, entbindest. Ein Kind kann nicht die gleichen rationalen Entscheidungen treffen wie ein Erwachsener. Ein Kind läßt sich von den Erwachsenen lenken, braucht deren Führung und vertraut darauf, daß es sie bekommt. Und was tun wir, die ›Gesellschaft‹? Wir lassen es zu, daß ein Erwachsener dieses Vertrauen untergräbt und zerstört, und dann geben wir dem Kind die Schuld! Was ist nur aus dieser Welt geworden? Was tun wir unsren Kindern an?«

Gail senkte den Kopf und weinte hemmungslos. Nach einer Weile spürte sie, wie eine Hand ihr sanft über den Rücken strich.

»Verzeih mir«, sagte Laura leise. »Ich hab' geredet, ohne zu denken.« Gail hielt die Augen geschlossen. Sie fühlte instinktiv, daß Laura noch nicht fertig war, daß ein »Aber« in der Luft hing. »Aber du mußt lernen«, fuhr Laura mit unsicherer, stokkender Stimme fort, »die Dinge im richtigen Verhältnis zu sehen. Du darfst nicht ständig alles, was geschieht, mit Cindys Unglück in Verbindung bringen.«

»Ich lese täglich Zeitung, Laura.« Gails Stimme war nur ein

Flüstern. »Ich verfolge einen Fall nach dem anderen, und immer wieder muß das Opfer die Schuld tragen. Ich höre den Leuten zu, Menschen wie dir, die es gut meinen. Ich höre auf das, was ihr zu sagen habt, und ihr sagt alle dasselbe – daß nämlich das Opfer irgendwie verantwortlich sei für das Verbrechen. Und der Angeklagte kommt mit Bewährungsfrist davon oder mit einer Geldbuße, und ich werde wahnsinnig bei dem Gedanken, die Polizei könne eines Tages dieses Ungeheuer fassen, das mein Kind umgebracht hat! Was dann? Man würde den Mörder vor Gericht bringen, und er würde aufstehen und sagen, meine kleine Tochter habe ihn ins Gebüsch gelockt, es sei ihre Schuld, daß sie sterben mußte, und man würde ihn laufenlassen.«

»Sie werden ihn nicht laufenlassen«, sagte Laura mit einer Gewißheit, um die Gail sie beneidete. »Er ist zweifellos ein sehr kranker Mensch. Man wird ihn in eine Anstalt stecken. Auf keinen Fall wird man ihn laufenlassen.«

In eine Anstalt, wiederholte Gail in Gedanken. In eine Anstalt. Er ist zweifellos ein sehr kranker Mensch.

»Aber vorläufig sollten wir uns um dich sorgen.« Laura zögerte. »Ich will's mal ganz vorsichtig formulieren, und bitte, versteh mich nicht falsch... In Zeiten, wie du sie jetzt durchmachst, neigen Menschen dazu, die Verstorbenen zu verherrlichen, sie mit einem Heiligenschein zu umgeben und in etwas zu verwandeln, was sie im Leben...«

Gail hob langsam den Kopf und sah die Freundin entsetzt an. »Die Verstorbenen!« zischte sie höhnisch. »Hier geht es um meine sechsjährige Tochter, nicht um irgendeinen namenlosen Toten, und wenn ich mich daran erinnere, daß sie mir so viel Freude gemacht hat, solange sie am Leben war...«

»Gail, so beruhige dich doch. Genau das meine ich. ›So viel Freude‹ hat sie dir gemacht? Gail, ich erinnere mich an Tage, da brachte dein Kind dich schier um den Verstand. Manchmal, wenn ich dich anrief, wolltest du nichts weiter, als fünf Minuten für dich allein sein.«

»Sei still!« Gails zerquältes, verzweifeltes Gesicht brachte Laura zum Schweigen. »Sind das die Ratschläge, die du den Leuten gibst, wenn sie bei dir Hilfe suchen, ja? Du erinnerst eine Frau, deren Kind vergewaltigt und erwürgt wurde, daran, daß sie hin und wieder den Wunsch hatte, fünf Minuten allein zu sein? Daß sie auch nur ein Mensch war, genau wie ihr Kind? Du redest der Mutter ein, weil das Kind nicht immer vollkommen war und ihr manchmal auf die Nerven ging, solle sie, solle *ich* weniger um es trauern? Bist du wirklich so gefühllos, Laura? Bist du tatsächlich so abgrundtief dumm?«

Die beiden Frauen saßen nebeneinander wie Fremde. Sie schwiegen lange.

Als Laura endlich das Wort ergriff, zitterte ihre Stimme, und ihre Hände bebten. »Ich verstehe nicht, wie es dazu kommen konnte, daß wir uns derart überworfen haben. Ich wollte dir nichts von dem unterstellen, was du herausgehört hast. Mir ging es lediglich darum, daß du...«

»...daß ich die Dinge so sehe, wie du es für richtig hältst?«

»Nein, ganz und gar nicht. Sieh mal, ich merke ja, daß du völlig aufgelöst bist, wahrscheinlich hat der Streit mit deiner Schwiegermutter dir so zugesetzt. Aber jetzt sprichst du mit *mir*, Gail. Ich bin deine Freundin, und ich habe dich aufrichtig lieb. Das mußt du doch verstehen.«

»Und *du* mußt begreifen, daß ich jeden meiner sogenannten Freunde ohne Bedenken opfern würde, und das gilt auch für dich, für dich ganz besonders, wenn ich dafür nur fünf Minuten mit meiner Tochter verbringen dürfte, die man mir genommen hat.«

Die beiden Frauen senkten den Blick und wandten die Gesichter nach vorn. Für den Rest der Fahrt machte keine den Versuch, das Schweigen zu brechen, denn sie wußten beide, daß es nichts mehr zu sagen gab.

XXII

Gail hockte auf der alten, durchgelegenen Matratze ihres Zimmers in der Barton Street 26 und überdachte die Ereignisse der letzten paar Tage.

Alles brach auseinander. Die Fassade, die sie mit soviel Mühe aufgebaut hatte, bröckelte unaufhaltsam ab. Sie geriet ständig in Streit, erst mit ihrer Schwiegermutter, dann mit Laura, und heute morgen hatte ein neuerlicher Zank mit Jennifer zu einer Auseinandersetzung mit Jack geführt. Worum war es diesmal gegangen? fragte sie sich und versuchte, sich an die Reihenfolge des Geschehens zu erinnern.

»Laura hat gestern abend schon wieder angerufen«, hatte Jennifer beim Frühstück gesagt, und als Gail nicht darauf reagierte, hatte sie ihr die Frage gestellt: »Warum willst du nicht mit ihr sprechen, Mom?«

Gail nippte an ihrem Kaffee und schwieg. Sie merkte, daß Jack von seiner Zeitung aufblickte.

»Warum willst du nicht mit ihr reden?« hatte Jennifer noch einmal gefragt.

»Laura und ich hatte eine kleine Meinungsverschiedenheit.«

»Worüber denn?«

»Nichts von Bedeutung.«

»Warum weigerst du dich dann schon die ganze Woche, mit ihr zu sprechen? Warum gehst du nie ran, wenn sie am Telefon ist?«

»Was ist mit Laura?« mischte Jack sich ein.

»Nichts«, sagte Gail.

»Scheint aber ernst zu sein, wenn du dich sogar weigerst, mit ihr zu reden.«

»Mom, was ist passiert?«

»Also wirklich, Jennifer, das geht dich nichts an! Wenn ich mit dir darüber sprechen wollte, dann hätte ich es getan. Und jetzt hör endlich auf mit der Fragerei! Bitte«, setzte sie leise hinzu.

»Ich komme zu spät zur Schule.« Jennifer sprang auf, ihre Gabel fiel klirrend auf den Teller mit Rührei, von dem sie kaum etwas gegessen hatte.

»Jennifer, du hast noch jede Menge Zeit«, sagte Jack. »Setz dich wieder hin. Ich bring' dich im Wagen zur Schule.«

»Nein, danke.« Jennifer rannte aus der Küche. Sekunden später hörten sie die Haustür zufallen.

»Meinst du nicht, daß du sie etwas zu hart angefaßt hast?« Gail fuhr sich mit den Fingern durchs Haar und stellte fest, daß es unbedingt gewaschen werden mußte. »Es tut mir leid, das war nicht meine Absicht. Ich werde heute abend in Ruhe mit ihr sprechen.«

»Worüber hast du mit Laura gestritten?«

»Ach, nichts.«

»Das gleiche Nichts, dessentwegen du mit meiner Mutter aneinandergeraten bist?«

»Wann hast du mit deiner Mutter gesprochen?«

»Sie ist völlig durcheinander«, sagte er, ohne ihre Frage zu beantworten.

Gail holte tief Luft und sah wieder das verstörte Gesicht der alten Frau vor sich, als sie mit Gewalt aus dem Haus ihres Sohnes gedrängt worden war. »Ich werde mich bei ihr entschuldigen müssen«, sagte Gail kaum hörbar.

»Was ist passiert, Gail? Was geht hier vor? Kannst du denn nicht mit mir darüber sprechen?«

Ich wünschte, ich könnte es, dachte Gail. »Da gibt's nichts zu besprechen«, sagte sie laut. »Es wird sich schon alles von selbst regeln.«

»Da bin ich mir nicht so sicher.«

Gail zuckte nur wortlos die Schultern. Sie wollte sich nicht mit Jack zanken.

»Was ist mit Laura? Wird euer Streit sich auch von allein regeln?«

Sie hatte nicht geantwortet, und Jack war schließlich, des Wartens müde, aufgestanden und gegangen.

Was wird mit mir und Laura? fragte sich Gail jetzt. Kann eine so lange Freundschaft in ein paar Minuten zerbrechen? Wie hatte Laura nur so etwas zu ihr sagen können? Wie hatte sie Laura solche Gemeinheiten an den Kopf werfen können? Laura war immer für sie dagewesen, hatte mit ihr gelacht und geweint und sich so sehr bemüht, ihr zu helfen. Eine echte Freundin, dachte sie und verglich Laura mit Nancy, die nicht einmal wußte, was Freundschaft bedeutete. Was für interessante Erkenntnisse man doch durch ein Unglück gewinnt, stellte sie verwundert fest.

Jetzt hatte sie beide verloren, die echte und die falsche Freundin. Aber was spielte das am Ende für eine Rolle? Ihre anderen Freunde und Bekannten riefen schon seit geraumer Zeit nicht mehr an und luden Gail und Jack auch nicht mehr ein. Sie hatten zu oft eine Absage bekommen. Die Leute verlieren die Geduld, hörte sie im Geiste die Frau aus der Selbsthilfegruppe sagen.

Es ist mir egal, dachte sie und erinnerte sich daran, wie wertvoll all diese Beziehungen früher für sie gewesen waren. Jetzt konnte sie ohne Freunde auskommen. Wenn sie lernen mußte, ohne ihr Kind zu leben, würde sie bestimmt auch lernen, auf Freunde zu verzichten.

Gail sah sich in dem kahlen, weißgetünchten Raum um. Von allen Zimmern, die sie gemietet hatte, und in den letzten paar Tagen war sie dreimal umgezogen, glich dieses am meisten einer Gefängniszelle. Der Raum war winzig, kaum größer als ein begehbarer Kleiderschrank. Die rissigen Wände waren mattweiß gekalkt; auf dem schmalen Bett lag nur eine dünne, verschossene Decke von undefinierbarer Farbe. Es gab keinen Stuhl, und die einzige Beleuchtung war eine nackte Glühbirne, die von der Decke baumelte. Der Hauswirt, ein untersetzter, älterer Mann mit vorstehendem Bauch, hatte ihr weder eine Mieterordnung genannt noch sie auf Dinge hingewiesen, die in dieser Pension verboten waren. Soweit es ihn anging, durfte sie im Bett rauchen, sich auf dem Flur betrinken oder eine Schießerei im Treppenhaus veranstalten. Das Zimmer kostete zwölf

Dollar pro Tag. Die Gäste unterschieden sich nicht sonderlich von den Bewohnern der anderen Häuser, in denen sie sich eingemietet hatte. Allerdings war sie noch nicht lange genug hier, um jemanden kennengelernt zu haben, außer einem offenbar geistesgestörten jungen Mann, der im Parterre wohnte und anscheinend nie das Haus verließ.

Er hatte die etwas enervierende Angewohnheit, »Alle Mann in den Schützengraben!« zu rufen, sobald jemand das Haus betrat.

Wie in allen Pensionen, wo sie bisher ihr Glück versucht hatte, ließ sie auch hier ihre Zimmertür offen, lauschte auf die Schritte im Flur und versuchte, Gesprächsfetzen aufzuschnappen. Sie hörte zwar oft ein paar zänkische, ärgerlich gerufene Worte, aber noch fehlte ihr jeglicher Hinweis, der einen der Bewohner mit dem Tode ihrer Tochter hätte in Verbindung bringen können. Doch Gail erlaubte sich nicht, an die Möglichkeit zu denken, ihre Suche könne für immer erfolglos bleiben. Sie hörte, wie sich unten die Haustür öffnete und schloß. »Alle Mann in den Schützengraben!« ertönte das gewohnte Kommando. Gail mußte unwillkürlich lächeln. Als sie Schritte auf der Treppe vernahm, glitt sie vom Bett und schlich zur Tür.

»Kostet zwölf Dollar die Nacht«, hörte sie den Hauswirt sagen, als sie am Türspalt Posten bezog.

»In Ordnung«, antwortete der Mann neben ihm und suchte in den Taschen seiner ausgewaschenen Jeans nach ein paar zerknitterten Geldscheinen. Er gab sie dem Hauswirt erst, als der die Tür des Zimmers aufgestoßen und ihm den Schlüssel ausgehändigt hatte. Gail wartete vergeblich auf einen abschließenden Höflichkeitsaustausch. Kein »Schönen Tag noch«, kein »Angenehmen Aufenthalt«, nicht mal ein schlichtes »Dankeschön«. Der Hauswirt steckte schweigend das Geld ein und wandte sich zur Treppe. Er hielt einen Augenblick inne, als er Gail erblickte, sprach sie aber nicht an. Nur seine hochgezogenen Augenbrauen bezeugten, daß er sie überhaupt gesehen hatte.

Jetzt entdeckte sie auch der Neuankömmling. »Kann ich was für Sie tun?« fragte er über den Flur hinweg. Seine Stimme schwankte zwischen Spott und Neugier.

Gail schüttelte den Kopf und zog sich in ihr Zimmer zurück. Sie zitterte am ganzen Leib. Dieser Mann kam ihr bekannt vor mit seinem bulligen Körper, dem Stiernacken und den dichten, ungepflegten dunklen Locken. Sie hatte ihn schon irgendwo gesehen, und zwar mehr als einmal.

Gail hörte die Tür zum Zimmer des Mannes zuschlagen. Im selben Moment stieß sie mit den Kniekehlen gegen die Bettkante. Sie sank auf die zerschlissene Matratze. Wo war sie diesem Mann schon begegnet?

In Gedanken ließ sie die letzten paar Tage in Newark an sich vorbeiziehen. Es hatte sich nichts Ungewöhnliches ereignet. Sie hatte mit niemandem gesprochen, war immer allein zum Essen gegangen... Halt, das war's! Harrys Imbißstube. Gestern. Sie hatte an einem Tisch ziemlich weit hinten gesessen, von wo sie das Kommen und Gehen der Gäste beobachten konnte. Das Lokal war etwa zur Hälfte besetzt gewesen. Am Ecktisch ganz vorn hatten zwei Schwarze miteinander gestritten. Ein Weißer mit beginnender Glatze hatte direkt vor Gail gesessen und ärgerlich Selbstgespräche geführt. Als er mit dem Essen fertig war, gesellte sich eine übergewichtige Frau zu ihm, die leicht angetrunken wirkte. Ganz hinten in der Ecke saß ein älteres Paar; beide blickten stumm in ihre Kaffeetassen. Drei Gäste hatten an der Theke Platz genommen – eine Frau weit über Sechzig, die mit Harry flirtete wie ein alberner Teenager, ein Schwarzer mit grüner Baskenmütze und ein etwa dreißigjähriger Weißer, der sich tief über seine Kaffeetasse beugte; ein Mann mit bulligem Körper, Stiernacken und dichten, ungepflegten dunklen Locken.

Gail lehnte sich mit dem Rücken an die Wand hinter ihrem Bett. Im Geiste sah sie sich gestern beim Essen, dann die Rechnung bezahlen und das Lokal verlassen. Aus den Augenwinkeln hatte sie gesehen, wie der Mann mit den dunklen Locken

seinen Kaffee hinunterkippte und aufstand. Aber sie hatte ihn
nicht weiter beachtet.

Und doch hatte sie ihn eine knappe Stunde später wiedergesehen. Mit einem Ruck setzte sie sich auf, ihre Finger zuckten
nervös. Sie war zur National State Bank gegangen, einen kleineren Betrag abzuheben. Als sie wieder auf die Straße hinaustrat, war er dagewesen. Sie hatte kaum Notiz von ihm genommen, aber jetzt sah sie ihn in der Erinnerung ganz deutlich vor
sich, wie er an dem Schild einer Bushaltestelle lehnte und sich
ostentativ eine Zigarette anzündete. Er hielt den Kopf gesenkt,
den Oberkörper nach vorn gebeugt, die Hand vor dem Gesicht,
so als sei er einzig darauf bedacht, sein Streichholz vor dem
Wind zu schützen. Aber es war zweifellos derselbe Mann, den
sie in Harrys Imbißstube gesehen hatte. Der Mann, der gerade
ein Zimmer genau gegenüber dem ihren gemietet hatte.
Verfolgte er sie?

»Entschuldigen Sie«, sagte Gail wenige Minuten später zum
Hauswirt. Sie stand vor seiner Wohnung im Erdgeschoß. »Ich
wollte nur mal fragen, wer der Mann ist, der das Zimmer mir
gegenüber gemietet hat.« Sie behielt die Treppe wachsam im
Auge.

»Warum fragen Sie ihn das nicht selber?« Gelangweilt blickte
der Hauswirt an ihr vorbei.

»Das möchte ich lieber nicht tun«, antwortete Gail ausweichend. »Ich hatte gehofft, Sie könnten mir helfen.«

»Ich hab' kein Vermittlungsbüro. Sie wollen wissen, wer er ist,
also fragen Sie ihn.«

Gail begriff, daß die Unterhaltung für ihn beendet war, noch
ehe der Hauswirt ihr die Tür vor der Nase zuschlug. Sie stand
allein im Flur und überlegte, was sie jetzt tun solle. Möglicherweise war der Mann rein zufällig hier eingezogen; vielleicht
verfolgte er sie nicht, und seine Anwesenheit im Restaurant
und vor der Bank, ja sogar sein Erscheinen in dieser Pension
waren nichts weiter als eine Kette von Zufällen. Möglich,
dachte sie, aber höchst unwahrscheinlich.

Sie hörte Schritte aufs Haus zukommen. Die Eingangstür öffnete sich, und zwei junge Männer betraten Hand in Hand das Haus. »Alle Mann in den Schützengraben!« tönte der übliche Schrei durch den Flur. Gail zog den Mantel fest über der Brust zusammen und eilte hinaus.

Es war zwar kalt, aber windstill, als Gail eilig die Straße entlanglief. Es riecht nach Regen, schoß es ihr durch den Kopf, während sie in Gedanken immer noch in ihrem winzigen Zimmer weilte. Wieder hörte sie die Schritte auf der Treppe, sah den Mann auf der anderen Seite des Flurs, erkannte, daß sie ihn schon früher gesehen hatte, wußte, daß er ihr folgte. Warum?

»Kann ich was für Sie tun?« hatte er gefragt.

Ja, antwortete sie ihm jetzt. Sie können mir verraten, wer Sie sind. Sagen Sie mir, warum Sie mich verfolgen. Sagen Sie mir, was Sie von mir wollen.

Vielleicht bin ich der Mann, den Sie suchen, meinte er.

Nein, antwortete sie rasch und schüttelte den Kopf. Der können Sie nicht sein. Der Mann, den ich suche, ist größer, schlanker, jünger und hat helleres Haar als Sie.

Warum folge ich Ihnen denn dann?

Gail bog um die Ecke.

Sie können's nicht sein, hätte sie beinahe laut gesagt. Cindys Mörder war blond und schlanker; er war jünger und größer. Sie können nicht der Mann sein, den ich suche. Sie sind zu stämmig, zu breit gebaut, zu dunkel, zu alt.

Warum folge ich Ihnen also?

Und dann sah sie ihn. Er war größer, schlanker, blonder, jünger. Er ging etwa fünfzig Meter vor ihr her, und mit jedem Schritt vergrößerte sich der Abstand zwischen ihnen. Sie sah nur seinen Rücken, aber das genügte ihr. Er war mittelgroß, gut gewachsen und hatte langes, aschblondes Haar. Er wirkte sehr jugendlich. Er trug Bluejeans und eine gelbe Windjacke. Gail stockte der Atem. Es begann zu nieseln. Sie hatte ihn gefunden. Sie hatte Cindys Mörder gefunden.

Gail wartete ein paar Minuten, ehe sie ihm folgte. Der Junge blieb unvermittelt stehen und verschwand in einem Eckhaus. Gail näherte sich vorsichtig. Sie wußte noch nicht, was sie sagen sollte, als sie bereits auf die Klingel gedrückt hatte.

»Was gibt's?« fragte die Frau, deren graues Haar auf altmodische Lockenwickler gedreht war.

»Haben Sie ein Zimmer frei?«

»Tut mir leid, alles belegt.« Die Frau wollte die Tür schließen.

»Warten Sie«, bat Gail. »Ich suche jemanden.«

»Irene, wer ist denn da?« rief eine ungeduldige Männerstimme aus dem Innern des Hauses.

»Ich weiß nicht, wie er heißt«, fuhr Gail rasch fort, als sie merkte, daß die Frau es eilig hatte, sie loszuwerden. »Er ist etwa einsfünfundsiebzig groß, schlank und noch ziemlich jung. Er hat langes, dunkelblondes Haar. Trägt 'ne gelbe Windjacke...«

Die Hauswirtin schüttelte den Kopf.

»Er ist eben hier reingegangen, ich hab' ihn selbst gesehen.«

»Irene, wer zum Teufel ist denn da?«

»Ach, sei doch still. Bloß 'ne Frau, die 'n Typ mit blonden Haaren und gelber Windjacke sucht.«

»Sag ihr, sie soll im Branchenbuch nachsehen!« Der Mann lachte, offenbar stolz auf seinen dürftigen Humor. Gail hörte ihn zur Tür kommen, und einen Augenblick lang fürchtete sie, er könne der Junge sein, dem sie gefolgt war. Aber als seine massige Gestalt im Türrahmen erschien, stellte sie erleichtert fest, daß ihre Befürchtung grundlos gewesen war. Er bedeutete ihr mit einer ungeduldigen Handbewegung zu gehen.

»Warte mal«, sagte die Frau, als die Tür ins Schloß fiel. »Vielleicht meint sie Nick Rogers vom dritten Stock.«

»Ich kenne keinen Nick Rogers«, sagte der Mann, und Gail hörte drinnen Gelächter erschallen.

Sie stand vor der verschlossenen Tür und blickte hinauf zum dritten Stock. Nick Rogers, wiederholte sie stumm. Nick Rogers.

»Nick Rogers«, flüsterte sie später am selben Abend ins Telefon.

»Tut mir leid, aber ich kann Sie nicht verstehen. Sie müssen schon etwas lauter sprechen.« Lieutenant Coles Stimme klang freundlich, wenn auch etwas müde.

Gail wiederholte ihre Botschaft ein wenig lauter, versuchte aber, ihre Stimme nicht zu heben, um sich nicht zu verraten.

»Nick Rogers, Amelia Street 44 in Newark. Er hat die kleine Walton umgebracht. Im April.«

»Wer spricht, bitte?« Lieutenant Cole versuchte, gelassen zu klingen, doch sein Interesse war offenbar geweckt.

Gail schenkte der Frage keine Beachtung. Als sie weitersprach, zitterte ihre Stimme. »Mein Name tut nichts zur Sache. Nick Rogers. Amelia Street 44, Newark. Die kleine Walton. Überprüfen Sie's.«

Sie legte den Hörer auf und verbarg das Gesicht in den Händen. Sie zitterte am ganzen Körper. Hatte der Kommissar ihre Stimme erkannt? Wußte er, daß sie es war, die ihn angerufen hatte? Gail nahm die Hände vom Gesicht und starrte auf den Telefonapparat.

Sie war völlig überrascht gewesen, als Lieutenant Cole sich gemeldet hatte. Sie hatte damit gerechnet, daß irgendein diensthabender Polizist den Anruf entgegennehmen würde. Es war schon nach acht. Sie hatte angenommen, der Kommissar sei längst zu Hause. Hatte der Mann denn gar kein Privatleben? An welchem Fall er wohl jetzt arbeiten mochte? Wie würde er auf ihren Anruf reagieren? Würde er ihn ignorieren, weil sie sich geweigert hatte, ihren Namen preiszugeben? Oder würde er sich die Mühe machen, Nachforschungen anzustellen? Hatte er ihre Stimme erkannt?

»Stimmt was nicht?« Jack stand in der Tür.

Gail zuckte zusammen.

»Entschuldige, ich wollte dich nicht erschrecken.« Er trat neben sie und strich ihr sanft über den Rücken. »Geht's dir gut?«

»O ja, danke.« Gails Stimme war heiser und trocken.

»Du klingst, als kriegtest du 'ne Erkältung.«

»Ach, das glaube ich nicht.«

»Na, dann ist's ja gut.« Jack ging zum Kühlschrank und nahm die Milch heraus. »Möchtest du auch ein Glas?« Gail schüttelte den Kopf. »Mit wem hast du gerade gesprochen?«

»Wie?«

»Mir war so, als hätte ich dich telefonieren hören.«

»Nein«, log Gail.

»Führst du etwa wieder Selbstgespräche?« versuchte Jack zu scherzen.

Gail antwortete nicht, ihre Gedanken kreisten noch immer um Lieutenant Cole. Hatte er ihre Stimme erkannt? Würde er Nick Rogers überprüfen? »Gail, fehlt dir was?«

»Nein, mir geht's gut«, antwortete Gail und hoffte, sie habe die Frage richtig verstanden.

»Ich hab' mir überlegt, daß wir vielleicht für ein paar Wochen nach Florida fahren könnten...«

»Jetzt nicht«, sagte Gail tonlos.

»Ich meine ja auch nicht sofort.« Er bemühte sich um einen unverfänglichen Ton. »Ich dachte an die nächste Zeit...«

»Jetzt nicht«, wiederholte Gail.

Als sie sich wenig später nach ihm umwandte, war er nicht mehr da.

Gail wartete einen ganzen Tag lang, und als sie nichts von der Polizei hörte, rief sie Lieutenant Cole an.

»Ich wollte mich bloß mal erkundigen, ob's was Neues gibt.« Gail hoffte, daß es einigermaßen beiläufig klang.

»Ich wünschte, ich könnte Ihnen eine positive Antwort geben«, sagte er.

»Es hat sich also gar nichts getan?« Gail versuchte vergeblich, ihr Erstaunen zu verbergen. »Ich hatte so ein untrügliches Gefühl, daß sich was Neues ergeben habe...« Sie stockte, aus Angst, sich zu verraten, wenn sie noch mehr sagte.

»Wir werden schon noch vorankommen«, versicherte er.

»Wann?«

»Das kann ich Ihnen natürlich nicht im voraus sagen.«

»Was können Sie mir denn sagen?«

»Daß wir weiter an dem Fall arbeiten und nicht aufgeben.«

»Was heißt das konkret? Können Sie mir nichts Genaueres sagen? Verfolgen Sie eine neue Spur?«

»Nichts Handfestes.«

»Wie meinen Sie das? Gehen Sie denn nicht allen Hinweisen nach? Ganz gleich, wie unbedeutend sie scheinen mögen? Jeder Telefonanruf, jeder Tip, wie unwahrscheinlich er auch klingt... Prüfen Sie das denn nicht alles nach?«

»Natürlich tun wir das. Gail, worauf wollen Sie hinaus?«

»Nichts, gar nichts«, versicherte Gail rasch. »Ich hatte bloß gehofft, Sie seien ein Stück weitergekommen.«

»Das werden wir. Geben Sie nicht auf.«

»Das habe ich nicht vor«, sagte Gail und legte auf.

XXIII.

Der Abend vor Allerheiligen war kalt und stürmisch. Halloween, die Nacht der Hexen, dachte Gail, als sie aus dem Küchenfenster schaute. Die Nacht der Elfen und Kobolde, aber auch die der Freaks.

»Ich hab' dir schon vor 'ner Woche von der Party erzählt«, jammerte Jennifer hinter ihr.

»Tut mir leid, Spätzchen, aber ich kann mich nicht erinnern.« Gail suchte den Himmel nach Sternen ab. Doch es war eine finstere Nacht. »Ich hätte dir auf keinen Fall erlaubt, hinzugehen. Es ist ein Werktag, und du weißt genau, daß du unter der Woche nicht ausgehen darfst.«

»Ich hab's dir erzählt, ganz bestimmt. Du hast bloß nicht zugehört. Du hörst ja überhaupt nicht mehr zu.«

»O doch, natürlich höre ich dir zu«, sagte Gail ungeduldig, aber darauf bedacht, sich nicht in die Defensive drängen zu lassen.

»Ich hab' dir erzählt, daß Marianne an Halloween eine Party gibt, und du hast gesagt: ›Das klingt ja großartig.‹«

Gail drehte sich zu ihrer Tochter um. »Tut mir leid, Spätzlein, aber ich erinnere mich nicht. Zumindest hast du mir sicher nicht gesagt, daß die Party unter der Woche stattfindet.«

»Ist doch nicht meine Schuld, daß Halloween dieses Jahr auf einen Wochentag fällt«, jammerte Jennifer.

»Haben die Damen etwa Schwierigkeiten?« Jack kam in die Küche, vor dem Gesicht eine furchterregende Maske.

Jennifer brach in Gelächter aus und vergaß für einen Moment den Streit mit ihrer Mutter. »O Jack, wo hast du denn die aufgetrieben?«

»Ich hab' sie vor 'n paar Jahren auf einem Kostümfest getragen. Erinnerst du dich?« wandte er sich an Gail. »Bei den Thompsons.«

»Du willst doch nicht an die Tür gehen, wenn's klingelt, oder?« fragte Jennifer.

»Doch, genau das hatte ich vor.« Jack lächelte.

»Wann fängt denn deine Party an?«

»Um acht, aber Mom sagt, ich darf nicht hingehen.«

»Nanu? Warum denn nicht?«

»Frag doch *sie*!«

»Gail?«

»Ich kann mich nicht erinnern, daß Jennifer mir etwas davon gesagt hat, daß diese Party unter der Woche stattfindet.«

»Aber natürlich hat sie das«, widersprach Jack. »Neulich beim Frühstück. Da hat sie uns erzählt, daß eine Mary Sowieso...«

»Marianne«, korrigierte Jennifer, die sich dem Sieg nahe glaubte.

»Ich finde es einfach nicht richtig, daß sie heute abend weggeht.« Gails Stimme drohte sich zu überschlagen. »Die irrsten Typen ziehen an Halloween durch die Gegend. Heute abend treiben sich 'ne Menge Verrückte auf den Straßen rum, die

Halloween als Entschuldigung für ihre Wahnvorstellungen benutzen. Ihr braucht nur Radio zu hören, da wird ständig davor gewarnt, Kinder ohne Begleitung Erwachsener rauszulassen. Eltern sollen die Äpfel, die man ihren Kindern schenkt, nach Rasierklingen untersuchen und sich vergewissern, daß Bonbons und Schokolade nicht mit irgendwelchen Giften versetzt sind. Den Eltern kleiner Kinder rät man sogar, Halloween dieses Jahr ganz ausfallen zu lassen. Es sei zu gefährlich.«

»Aber Mom, ich will doch nicht bei fremden Leuten Klingelstreiche machen. Ich geh' mit Freunden auf eine Party.«

»Du gehst *nicht*!«

»Warum nicht?« Jennifers Blick wanderte von Gail zu Jack. »Jack, bitte...«

»Gail?«

»Halt dich da raus, Jack«, fuhr Gail ihn an. Gleich darauf entschuldigte sie sich. »Bitte verzeih, ich wollte dich nicht...«

»Nein, du hattest ganz recht«, unterbrach er sie rasch. »Jennifer, das geht nur deine Mutter und dich etwas an. Ich hätte mich nicht einmischen dürfen.«

»Warum nicht? Sie ist unfair, und du weißt es.«

Jack hob die Schultern, als wolle er sagen: Was kann ich dagegen machen?, und verließ wortlos die Küche.

»Warum tust du mir das an?« fragte Jennifer wütend.

»Ich möchte dich nur beschützen, nichts weiter.«

»Du beschützt mich doch nicht! Du drückst mir die Luft ab! Ich kann nicht einmal mehr atmen in deiner Nähe. Du behandelst mich wie ein kleines Kind. Aber ich bin fast erwachsen, Mom. Ich werde siebzehn. Ich lerne fleißig. Ich bringe gute Noten nach Hause. Verdammt, Mom, du kannst dich doch wirklich nicht über mich beklagen.«

»Das weiß ich, Jennifer, das weiß ich.«

»Warum machst du mir dann das Leben so schwer? Vertraust du mir denn nicht mehr?«

»Ich vertraue dir doch«, flüsterte Gail. »Ich will nur verhindern, daß man dir weh tut.«

»Mir passiert schon nichts, Mom, das versprech' ich dir.«
Mami, wenn wir sterben, können wir's dann zusammen tun?
Hältst du mich dabei an der Hand? Versprichst du's mir?
»Na schön.« Gail war zu müde, um den Streit fortzusetzen.
»Geh auf die Party. Aber nur dieses eine Mal. Von jetzt ab
gehst du unter der Woche nicht mehr aus.«
Jennifer nickte. »Danke.«
Lange schwiegen sie beide. »Ist noch was?« fragte Gail, als sie
bemerkte, wie Jennifers Blick unstet hin und her irrte.
»Mom...« Jennifer stockte, holte tief Luft und platzte schließ-
lich mit der Frage heraus: »Hast du einen Liebhaber?«
»Was?« Gail war wie vor den Kopf geschlagen. »Wie, um Himmels willen, kommst du denn auf so eine alberne Idee?« Sie
mußte unwillkürlich lachen.
»Ist sie albern?« Jennifer stimmte erleichtert in ihr Lachen
ein.
»Es ist das Idiotischste, was ich seit langem gehört habe. Wie
bist du bloß auf einen so absurden Gedanken verfallen?«
»Weiß ich selber nicht.« Jennifer zuckte die Achseln. »Aber du
bist mit deinen Gedanken dauernd woanders. Tagsüber bist du
nie zu Hause. Ich bin mittags ein paarmal heimgekommen,
aber du warst nie da.«
»Warum kommst du mittags extra nach Hause?« Jennifer hob
die Schultern. »Warum hast du mir nichts davon erzählt?«
»Ich hatte Angst, du würdest sagen, das ginge mich nichts an,
so wie du's zu Laura gesagt hast. Ich dachte, Laura hätte vielleicht rausgekriegt, daß du ein Verhältnis hast, und daß du deshalb nichts mehr mit ihr zu tun haben willst.«
»Jennifer, ich habe kein Verhältnis«, versicherte Gail mit erzwungener Ruhe. »Nichts liegt mir ferner, das kannst du mir
glauben.«
»Aber wo bist du denn tagsüber dauernd?«
»Bloß spazieren, zu Fuß oder mit dem Wagen. Einfach so ins
Blaue, um mich abzulenken, weißt du?«
Jennifer trat neben ihre Mutter und legte ihr den Arm um die

Schultern. Gail stellte überrascht fest, daß sie gleich groß waren. Die Kinder wachsen so schnell, dachte sie.

»Ich liebe dich«, sagte Jennifer.

»Ich liebe dich auch.«

»Die Leute sagen, mit der Zeit ertrüge man's leichter.« Jennifer holte tief Luft. »Aber sie haben keine Ahnung, nicht wahr?« Gail zog ihre Tochter fest an sich. »Wenn du auf diese Party willst, mußt du dich langsam fertigmachen.«

»Was tust du heute abend?«

Gail lächelte. »Jemand muß dableiben und die vergifteten Äpfel verteilen«, sagte sie.

Es war schon fast zehn, und doch hatten erst drei Kinder an ihrer Tür geläutet. Das erste war als Superman verkleidet, die beiden nächsten kamen als E. T. Gail hatte mehrere Päckchen mit Süßigkeiten in ihre aufgehaltenen Beutel gesteckt und lächelnd festgestellt, daß Jennifer recht hatte, als sie voraussagte, die meisten Kinder würden genau wie in den letzten Jahren in der Maske des gummiartigen kleinen Wesens aus dem Weltraum erscheinen. Verschätzt hatten sie sich nur bei der Zahl der Kinder, die heute abend unterwegs waren. Jack hatte genug Süßigkeiten für fünfzig kostümierte kleine Halloween-Boten eingekauft. Voriges Jahr waren auch fünfzig gekommen, und vor zwei Jahren sogar über hundert. Aber mit jedem Jahr wurden die Warnungen dringlicher, mehrten sich die Berichte von Kindern, die in Schokolade verborgene Stecknadeln verschluckt hatten oder die mit furchtbaren Magenkrämpfen ins Krankenhaus eingeliefert wurden, weil sie den mit Blausäure versetzten Nußkuchen freundlicher Nachbarn probiert hatten. Im Radio riet man den Eltern, alles fortzuwerfen, was nicht fertig gekauft und originalverpackt war. Vielleicht war das der Grund dafür, daß dieses Jahr nur drei Kinder an die Tür gekommen waren. War es überall so, oder machten die Kleinen nur um ihr Haus einen Bogen? Hatten die Eltern ihre Kinder ermahnt, diesmal nicht bei den Waltons zu klingeln?

225

Kurz vor zehn, als Gail sich gerade anschickte, das Licht auszumachen und zu Bett zu gehen, klingelte es zum viertenmal. Sie war müde. Sie wünschte sich nichts sehnlicher, als schlafen zu gehen, was Jack schon vor einer Stunde getan hatte. Sie wußte, daß sie ihn tief verletzt hatte, obgleich er auch ihre nochmalige Entschuldigung mit der Versicherung zurückgewiesen hatte, sie habe sich nichts vorzuwerfen, er habe sich zu Unrecht eingemischt. Aber die Maske, die er so voller Freude hervorgekramt hatte, blieb achtlos auf dem Couchtisch liegen, als er Müdigkeit vorschützte und früh zu Bett ging.

Was ist nur los mit mir? Gail hatte sich diese Frage in letzter Zeit oft gestellt. Sie hatte früher alles getan, um Auseinandersetzungen zu vermeiden.

Wer immer draußen läutete, war hartnäckig. Gail ging in die Diele und öffnete vorsichtig die Tür. Was ist nur mit manchen Eltern los? dachte sie. Wie kann man die Kinder nur um zehn noch herumziehen lassen?

Aber vor der Tür standen keine Kinder, sondern Jugendliche in Jennifers Alter, ein Junge mit wild funkelnden Augen und zwei Mädchen mit krausem Haar. Ihr Lächeln und der Ausdruck des Wahnsinns in ihren Augen flößten Gail Angst ein. Wie angewurzelt stand sie da und spürte, daß sie sich fürchtete. Sollte sie Jack rufen? Wen stellten die drei mit ihren seltsamen Kostümen nur dar?

Der Junge hielt seinen Sack auf. »Eine kleine Gabe versöhnt die bösen Geister.« Er grinste hämisch.

Gail stopfte wortlos jedem der drei ein paar Süßigkeiten in ihre Beutel.

»Ist das alles?« fragte eins der Mädchen.

Gail überließ ihnen nach kurzem Zögern alle Päckchen und Tüten, die sie noch übrig hatte.

»Das ist schon besser«, sagte der Junge. »Aber was ist los mit Ihnen? Sind Sie stumm oder was?«

Gail fand ihre Stimme wieder. »Seid ihr nicht schon ein bißchen zu alt fürs Halloween-Betteln?«

»Man ist nie zu alt, um sich zu amüsieren«, antwortete der Junge mit einem lüsternen Seitenblick. »Möchten Sie, daß ich meine zwei Puppen hier wegschicke? Damit wir beide uns 'n bißchen amüsieren?«

»Ich hab' Leukämie«, sagte Gail laut und deutlich. Sie beobachtete befriedigt, wie der Junge erbleichte.

Er trat ein paar Schritte zurück. »Ach? Tut mir leid, wirklich.« Er gab seinen Begleiterinnen einen Wink. »Zeit für uns. Der alte Charlie muß noch 'n paar Häuser überfallen.«

»Charlie?« fragte Gail. Übelkeit stieg in ihr auf.

»Wir sind die Charles-Manson-Bande«, antwortete er stolz. »Haben Sie's noch nicht gehört? Man hat uns wegen guter Führung entlassen.«

Gail schlug die Tür zu und sperrte sein obszönes Lachen aus. Zitternd stand sie in der Diele und wußte nicht, was sie tun sollte. Sie dachte an Jennifer auf Mariannes Party. »Ich bin um Mitternacht zurück«, hatte ihre Tochter versprochen. Sie dachte an Jack, der oben schlief. »Ich weiß nicht, was heut abend mit mir los ist«, hatte er gesagt. »Ich kann die Augen nicht offenhalten.« Kurz entschlossen holte Gail den abgetragenen Mantel und die alte Tasche aus dem Garderobenschrank, öffnete die Haustür und trat hinaus in die kalte Nachtluft.

Es waren nur noch wenige Passanten unterwegs, als Gail auf die Uhr sah und feststellte, daß es gleich elf war. Die Umhängetasche schlug gegen ihre Hüfte, und Gail bemerkte, wie hell der weiße Bast in der Dunkelheit leuchtete. Sie lächelte. Eine weiße Basttasche Ende Oktober. Nancy würde bei ihrem Anblick in Ohnmacht fallen. Aber für ihre Freunde in den dunkleren Gegenden von Newark bedeutete eine Sommertasche im Spätherbst nichts Ungewöhnliches. Vielleicht waren sie auch nur zu höflich, um darüber zu reden. Wie dem auch sei, sie würde allen Kritikern den Gefallen tun und in Zukunft die braune Ledertasche mitnehmen, die sie voriges Jahr ausrangiert hatte, die aber noch irgendwo auf dem Speicher liegen mußte. Sie würde sie gleich morgen herunterholen, um Nancy eine Freude zu machen. Gail schmunzelte. Auf einmal fand sie sich am Memorial Park wieder. Im Schwimmbecken hatte man das Wasser abgelassen und auf den Tennisplätzen die Netze entfernt. Sie zögerte einen Moment am Eingang, ließ den Blick über das gespenstische Panorama aus schwarzen Bäumen und hellen Spazierwegen schweifen und fragte sich, ob sie absichtlich hergekommen sei. Der Park stand seit kurzem in dem Ruf, nachts ein Treffpunkt für Penner und Wermutbrüder zu sein. Wie in anderen Städten, so wurde auch hier die Bevölkerung davor gewarnt, nach Anbruch der Dunkelheit in Parks zu gehen. Gail steckte die Hände in die Manteltaschen und betrat die Anlage.

Sie ging ziemlich rasch, bis sie merkte, wie schnell sie lief, und sich zu einer langsameren Gangart zwang. Es hatte keinen Sinn zu rennen. Wenn sie schon einmal hier war, wollte sie die Gelegenheit nutzen, nach Spuren suchen und der Dunkelheit ihr Geheimnis entreißen. Der Mörder war ein Einzelgänger, der sich vermutlich viel in Parks herumtrieb. Vielleicht hatte er in diesem Park seine Schlafstelle. Vielleicht hatte sie in all den Wochen umsonst in Newark und East Orange nach dem Mörder gesucht, während dieser die ganze Zeit gemütlich in ihrer unmittelbaren Nachbarschaft kampierte? Gail verlangsamte ihre Schritte noch ein wenig, aber sie erreichte die Tennisplätze, ohne einer Menschenseele begegnet zu sein.

Sie stand mitten auf einem Spielfeld, da, wo eigentlich das Netz hätte sein müssen, und sah einen unsichtbaren Ball in hitzigem Kampf hin- und herfliegen. Die Kräfte des Guten und des Bösen. Sie kicherte, während sie zusah, wie das Böse ans Netz vorpreschte, um den entscheidenden Schlag zu führen, der seinen Sieg bedeutete. Gail wandte sich um und verließ die Tennisplätze. Sie ging auf eine Baumgruppe zu. Davor standen zwei Bänke. Auf jeder von ihnen schlief ein Betrunkener, neben sich eine leere Weinflasche. Sie suchte in den Gesichtern nach Spuren von Leben, aber ihre Züge erzählten nur von jahrelanger Verwahrlosung und Selbstzerstörung. Gail wandte den Blick ab. Sie wollte nichts mehr sehen.

Hinter sich hörte sie ein Rascheln und fuhr herum, sah aber nur ein paar Büsche. Sie lauschte, doch alles blieb still. Sie war plötzlich schrecklich müde, der kalte Wind ließ sie frösteln, und sie beschloß umzukehren. Hier würde sie nichts finden. Sie war fast am Ausgang angelangt, als etwas Hartes in ihren Rücken gestoßen wurde. Sie rang nach Luft und wandte sich um, aber ihr Gegner war stark und behende. Er warf sie brutal zu Boden, trat sie in die Rippen, packte sie an den Schultern und drehte sie mit Gewalt auf den Rücken.

Erst als sie vor Schmerz zitternd dalag, unfähig, etwas anderes zu spüren als ihre geschundenen Rippen, ging ihr plötzlich auf, daß er nicht hinter ihr her war, sondern hinter ihrer Tasche. Gail rollte sich über sie, aber ein neuerlicher Tritt in den Brustkorb warf sie herum, und sie landete würgend im Dreck. Der Mann, der sie überfallen hatte, entriß ihr die Tasche. Doch als Gail aufblickte, um sein Gesicht zu sehen – es war alles so schnell gegangen, und sie hatte nichts erkennen können, außer daß ihr Gegner groß und hager war –, da traf seine Faust mit einem heftigen Schlag ihre Wange, und sie sank halb bewußtlos auf die kalte Erde zurück.

Sie lag ganz still, lauschte den Schritten, die in der Dunkelheit verhallten, und wunderte sich, daß sie so plötzlich die Beherrschung verloren hatte. Als sie die Augen schloß, war ihr letzter Gedanke, daß sie sein Gesicht überhaupt nicht gesehen hatte.

Jack kam kurz nach zwei Uhr morgens ins Krankenhaus, um sie abzuholen.

Ein Streifenpolizist hatte eine leere weiße Basttasche am Eingang zum Memorial Park gefunden und Verdacht geschöpft. Er hatte einen Kontrollgang durch den Park gemacht, hatte Gail bewußtlos aufgefunden und sie ins Krankenhaus gebracht. Gail konnte sich nicht an die Fahrt dorthin erinnern, und es dauerte eine Weile, ehe sie begriff, daß sie den Überfall im Park nicht bloß geträumt hatte. Ein paar schreckliche Minuten lang hatte sie geglaubt, sie erwache im Krankenhaus gleich nach Cindys Tod und alles, was in den vergangenen sechs Monaten geschehen war, sei nur ein anhaltender Alptraum gewesen, den sie jetzt noch einmal von vorn durchleben müsse. Aber dann hatte der stechende Schmerz in ihrer Wange und in ihrem Brustkorb sie davon überzeugt, daß der nächtliche Überfall Wirklichkeit gewesen war.

Ihr fiel ein, daß jemand ihr etwas sehr Übelriechendes unter die Nase gehalten hatte, daß man sie wachgerüttelt und von einem Raum zum anderen gebracht, sie gestochen, betastet, geröntgt und später endlos mit Fragen bombardiert hatte. Aber sie erinnerte sich nur verschwommen an den Überfall und konnte den Täter so gut wie gar nicht beschreiben. Die Polizei schien sich im übrigen mehr dafür zu interessieren, was *sie* mitten in der Nacht im Park gesucht habe. Ob sie denn nicht wisse, daß es gefährlich sei, nachts dort spazierenzugehen. Ob sie sich mit jemandem verabredet hatte. Ob sie dort Kundschaft gesucht habe. *Wer* sie denn eigentlich sei. Am Ende hatte sie ihnen ihren Namen genannt, und sie hatten sie in Ruhe gelassen.

Gail schloß die Augen.

Als sie wenig später erwachte, standen Jack und Lieutenant Cole neben ihrem Bett. Wieder fühlte sie sich verunsichert. War heute wirklich heute, oder der Tag vor sechs Monaten? Hatte sie sich alles nur eingebildet? Hatte man sie wirklich überfallen, oder war sie immer noch in den grauenhaften Schlingen jenes letzten Aprilnachmittags gefangen?

»Wollen Sie uns nicht verraten, was Sie nachts im Park verloren hatten?« fragte der Kommissar. Jack rieb sich die Augen, und Gail sah, daß er geweint hatte.

»Ich wollte bloß einen Spaziergang machen.« Sie wünschte, ihr würde irgend etwas einfallen, das ihn beruhigen könne, und merkte, wie unglaubwürdig ihre Worte selbst in ihren Ohren klangen. »Ich konnte nicht schlafen, und ich dachte, ein bißchen frische Luft würde mir guttun.«

»Und da sind Sie um Mitternacht allein durch den Park gegangen – noch dazu an Halloween?«

»Ich weiß, es war töricht...«

»Mehr als das, Gail. Es war sehr gefährlich. Sie hatten unwahrscheinliches Glück, daß dieser Kerl Sie nicht umgebracht hat und Sie mit einem blauen Auge und ein paar angeknacksten Rippen davongekommen sind.«

War das wirklich Glück? »Warum sind Sie hier?« fragte sie laut. Es mußte schon furchtbar spät sein.

»Einer der Beamten, die Sie vernommen haben, erkannte Ihren Namen wieder und rief mich zu Hause an.«

»Tut mir leid.«

»Das sollte es, weiß Gott, aber nicht um meinetwillen.«

»Ist Jennifer gut nach Hause gekommen?«

Jack nickte stumm.

»Jack, würden Sie so gut sein und einen Moment draußen warten?« bat Lieutenant Cole freundlich.

Jack gehorchte schweigend.

»Ihm fehlt doch nichts?« Der tranceähnliche Zustand ihres Mannes erschreckte Gail.

»Er ist ziemlich durcheinander, was ja auch verständlich sein dürfte. Der Anruf der Polizei hat ihn aus dem Schlaf gerissen. Er wußte nicht einmal, daß Sie ausgegangen waren. Was glauben Sie wohl, wie er sich fühlt?« Gail versuchte es sich vorzustellen, antwortete aber nicht. »Gail... gibt es irgendwas, das ich wissen sollte?«

»Was zum Beispiel?«

»Keine Ahnung. Oder doch. Vielleicht den wahren Grund für Ihren nächtlichen Spaziergang?«

»Sie kennen den Grund«, sagte sie und versuchte fieberhaft, einen zu erfinden. »Es gibt keinen besonderen Grund.« Fragend sah sie den Kommissar an. »Darf ich jetzt nach Hause?«

»Wenn es das ist, was Sie möchten.« Seine Stimme klang traurig.

»Ja, genau das möchte ich.«

XXIV.

Sobald sie wieder bei Kräften war, kehrte Gail nach Newark zurück. Ihr Zimmer in der Barton Street 26 war anderweitig vergeben worden, als sie am Morgen nach dem Überfall im Park ausgeblieben war und die Miete für den nächsten Tag nicht bezahlt hatte.

Gail war nicht erstaunt darüber, sie fühlte sich sogar erleichtert. Sie überlegte, wie wohl der Mann mit den dunklen Locken ihr Verschwinden aufgenommen haben mochte; oder hatte er es vielleicht gar nicht bemerkt?

Sie ging auf dem kürzesten Weg zur Amelia Street 44. Ob die Polizei auf ihren Anruf hin überhaupt etwas unternommen hatte?

»Haben Sie ein Zimmer frei?« fragte sie die Hauswirtin, deren graues Haar auch heute bunte Lockenwickler zierten. Die Frau erkannte sie offenbar nicht wieder. Sie bemerkte zwar ihr blaues Auge, sagte aber nichts.

»Zwölf-fünfzig die Nacht, und Sie müssen im voraus bezahlen.«

»Ja, ich weiß.« Gail kramte in ihrer Tasche nach dem Geld und gab der Frau, was sie verlangte. »Wohnt Nick Rogers noch hier?« fragte sie, als die Hauswirtin sie hinauf in den ersten Stock führte.

»Hab' nie von einem Nick Rogers gehört«, sagte die Frau.

Sie erkannte ihn schon von weitem und wollte um die nächste Ecke verschwinden, doch er hatte sie bereits gesehen und kam mit raschen Schritten auf sie zu. Gail wappnete sich gegen einen Schwall von Fragen. Sie zog den abgetragenen Tuchmantel fester um die Schultern.

(»Um Gottes willen, Gail, meinst du nicht, es sei an der Zeit, daß du dir einen neuen Mantel kaufst?« hatte Jack sie gefragt, als sie vor drei Nächten vom Krankenhaus heimfuhren. Sonst hatte er nichts gesagt.)

»Gail!« Er griff nach ihrem Arm. »Mein Gott, ich kann's kaum glauben. Was, zum Teufel, machst denn du in dieser Gegend?« Er betrachtete sie von oben bis unten. »Gehst du auf einen Lumpenball?« scherzte er und fuhr mit ernster Stimme fort: »Was ist mit deinem Auge?«

»Guten Tag, Mike.« Sie ignorierte seine Fragen. »Wie geht's Laura?«

»Danke, gut. Du fehlst ihr sehr. Aber sie ist zu stolz, um dich dauernd vergeblich anzurufen. Hör mal, du hast meine Fragen nicht beantwortet. Was ist mit deinem Gesicht?«

Gail betastete automatisch die geschwollene Stelle unter ihrem linken Auge. »Ich bin überfallen worden. Jemand hat meine Tasche gestohlen.«

»O Gott! Haben sie ihn geschnappt?«

»Nein.« Gail schüttelte den Kopf und zuckte zusammen. Solch abrupte Bewegungen schmerzten immer noch. »Aber die Polizei verfolgt mehrere Spuren.« Sie fragte sich, ob Mike wohl den unterschwelligen Sarkasmus aus ihren Worten herausgehört hatte.

»Und was tust du hier?« fragte er noch einmal.

»Ich hab' einiges zu erledigen.«

»In Newark?«

»Warum nicht in Newark? Du bist doch auch hier.«

»Ich bin Strafverteidiger, und ich besuche einen Mandanten. Hör mal, es ist schrecklich kalt hier draußen. Wollen wir nicht irgendwo einen Kaffee trinken?«

»Mir nach!« Gail wußte, daß sie bei Mike mit Ausflüchten nichts erreichen würde. Sie führte ihn durch eine Seitenstraße und bog dann in eine zweite ein. »Da sind wir.« Sie standen vor Harrys Imbißstube, Gails Lieblingslokal unter den hiesigen Kneipen. »Der Kaffee ist prima hier«, sagte sie.

Mike sah sich um, als fürchte er, ein Bekannter könne ihn beim Betreten eines solchen Schuppens ertappen, dann folgte er Gail.

»Tag die Dame«, grüßte Harry von der Theke her, als er Gail

erkannte. Gail lächelte ihm zu und führte Mike zu ihrem Stammplatz an einem der hinteren Tische.

Harry folgte ihnen auf den Fersen, wischte den Tisch ab und brachte zwei Glas Wasser. »Wie sieht denn der Gegner von diesem Boxkampf aus?« fragte er, legte Gail die Hand unters Kinn und drehte ihr Gesicht dem Licht zu. »Das ist ja 'n Prachtveilchen! Was darf's sein?«

»Nur einen Kaffee, bitte.«

»Für mich dasselbe«, sagte Mike.

»Ich hab' 'ne frische Lieferung von den Kirschtörtchen, die Sie so gern mögen.« Harry grinste verheißungsvoll.

»Heute nicht«, sagte Gail.

Er nickte und ging. Das schätzte Gail an Harry – er bot an und fragte, aber er bedrängte seine Gäste nie. Harry war ihr außerdem eine große Hilfe, denn er plauderte mit ihr über seine Stammgäste und hielt sie über die Ereignisse in der Nachbarschaft auf dem laufenden. Sie lächelte, als sie merkte, wie verwirrt Mike sie über den Tisch hinweg anstarrte.

»Bist du hier Stammgast?« Sein Lachen sollte eine ernstgemeinte Frage als harmlosen Kalauer erscheinen lassen.

»Ich komme ab und zu her.« Gail hob die Schultern.

Mike sah sich um. Das Lokal war klein und eng; Holztische auf der einen Seite, die Theke auf der anderen, umgeben von hohen Metallhockern. Verwaschene Grün- und Grautöne bestimmten die Farbpalette. Das Besteck war kaum besser als gewöhnliches Plastik. Außer ihnen beiden saßen nur wenige Gäste im Lokal, denn die Mittagszeit war vorbei. Gail konnte Mike vom Gesicht ablesen, welche Anstrengung es ihn kostete, sein Befremden für sich zu behalten.

»Na«, nahm er einen neuerlichen Anlauf, »wie ist es dir denn ergangen, abgesehen davon, daß man dich überfallen und ausgeraubt hat?«

»Gut, danke.« Sie nickte.

»Ich hab' gehört, du und Jack, ihr wart ein paar Tage auf Cape Cod?« Gail nickte wieder. »Und, wie war's?«

»Kalt.«

»Das hast du Laura auch geantwortet, stimmt's?« Auch diesmal nickte Gail nur.

»Wie geht's Jennifer?«

»Gut.«

»Kommt sie in der Schule klar?«

»Ja, ganz gut.«

»Schön.«

Harry brachte zwei Tassen dampfenden Kaffee an ihren Tisch. Zu Mikes Gedeck gehörten zwei Portionen Milch.

»Sie haben die Milch für die Dame vergessen«, sagte Mike.

»Sie trinkt ihren Kaffee schwarz«, antwortete Harry und ging.

»Er scheint dich besser zu kennen als ich.« Mike versuchte nicht mehr, seine Verwirrung zu verbergen.

»Wir sind zusammen zur Schule gegangen.«

Es dauerte einen Moment, ehe Mike Cranston begriff, daß Gail ihn auf den Arm genommen hatte, aber auch als der Groschen gefallen war, lächelte er nicht. »Gail, was ist los? Was machst du hier?«

»Ich trinke mit einem Freund Kaffee.« Ihr Blick sagte ihm, daß er nicht mehr aus ihr herausbekommen würde.

»Na schön, wie du willst.« Er trank einen Schluck, verbrannte sich die Zunge und goß rasch etwas Milch nach. »Hör mal«, begann er erneut, »warum hast du nie abgehoben, wenn Laura bei euch anrief? Sie hat sich diesen Streit zwischen euch furchtbar zu Herzen genommen. Du weißt, daß sie dich nie mit Absicht verletzen würde. Sie hat dich sehr, sehr gern. Könntest du sie nicht anrufen und ihr sagen, die Sache sei erledigt?«

»Nein, das kann ich nicht.«

»Warum denn nicht, um Himmels willen?«

»Weil die Sache für mich nicht erledigt ist.«

»Sie wollte dir doch nur helfen.« Mike fuhr fort, gewandt den Standpunkt seiner Frau zu vertreten: »Seit dem Tag, an dem dieses schreckliche Unglück geschah, hat sie nichts anderes versucht, als dir zu helfen, dir deinen Verlust zu erleichtern. Sie hatte Cindy wirklich lieb, Gail. Und du bedeutest ihr so viel. Sie würde sich eher die Hand abhacken, als dir absichtlich weh zu tun.« Seine Stimme versagte.

»Ich dachte, Anwälte dürfen ihre Gefühle nicht zeigen?« Gail griff über den Tisch hinweg nach seiner Hand und drückte sie.

»Ich spreche zu dir nicht als Anwalt, sondern als Freund.«

»Dann möchte ich dich bitten, ein paar Minuten lang als Anwalt mit mir zu reden. Es gibt einiges, worüber ich mir Klarheit verschaffen möchte.«

»Wirst du über das nachdenken, was ich dir gesagt habe?« Gail nickte. »Wirst du meine Fragen beantworten?«

»Schieß los.«

»Was geschieht mit jemandem, der wegen Mordes verhaftet wird?«

»Das kommt ganz auf den Betreffenden an.« Die Antwort kam wie aus der Pistole geschossen.

»Gibt's denn da unterschiedliche Verfahrensweisen?«

»Tja, eine Menge Faktoren müssen berücksichtigt werden. Handelt es sich zum Beispiel um ein großes Tier bei der Mafia, dann wird er wahrscheinlich schon nach ein paar Stunden gegen Kaution freigelassen.«

»Selbst, wenn es um Mord geht?«

»Falls das Gericht eine Million als Kaution verlangt, und du 'ne Million auftreiben kannst, muß man dich auf freien Fuß setzen, auch bei Mord.«

»Ich dachte, Mord sei von einer solchen Regelung ausgenommen.«

»Ich sag' ja, es kommt drauf an. Wenn die Frau des Gouverneurs den Zeitungsjungen erschießt, hat sie weit größere Chancen, gegen Kaution freizukommen als umgekehrt. Dann sind da noch die sogenannten ›mildernden Umstände‹ zu berücksichtigen. Insofern kann man zu dem Thema kaum eine allgemeingültige Auskunft geben.«

»Na schön. Aber was ist mit einem ganz gewöhnlichen Mörder, jemand, der weder Beziehungen hat noch Geld, und der auch keine ›mildernden Umstände‹ für sich in Anspruch nehmen kann?«

»Nun, der kommt bis zu seiner Verhandlung in Untersuchungshaft. Es sei denn, er ist aufgrund seines Geisteszustandes nicht in der Lage, einen Prozeß durchzustehen. In dem Fall würde er in eine staatliche Anstalt überstellt, bis man ihn juristisch für voll verantwortlich erklärt.«

»Und wenn das nicht geschieht?«

»Bleibt er in der Anstalt.«

»Für immer?«

»Möglicherweise, ja. Allerdings ist es wahrscheinlicher, daß man ihn irgendwann für prozeßtauglich erklärt; sofern er nicht völlig umnachtet ist.«

Gail lehnte sich zurück. »Und was geschieht dann?«

»Also inzwischen hat der Betreffende einen Rechtsbeistand, entweder einen Anwalt eigener Wahl oder einen vom Gericht bestellten Pflichtverteidiger, und mit dem gemeinsam bereitet er dann seine Aussage vor.«

»Ob er sich schuldig bekennen soll oder nicht?«

Mike lachte. »Ganz so einfach ist das nicht. Man muß unterscheiden zwischen vorsätzlichem Mord, Mord im Affekt, fahrlässiger Tötung, vorsätzlicher Körperverletzung mit tödlichem Ausgang; zwischen nicht schuldfähig wegen geistiger Umnachtung und verminderter Schuldfähigkeit aus dem gleichen Grund. Auch Notwehr käme in Betracht. Und so weiter, und so weiter. Die Zeiten des einfachen ›Schuldig‹ oder ›Nicht schuldig‹ sind längst vorbei.«

»Verstehe. Dann beginnt also der Prozeß?«

»Manchmal. In der Regel versucht jedoch der Anwalt, sowohl dem Staat als auch seinem Mandanten den damit verbundenen zeitlichen wie finanziellen Aufwand zu ersparen, und er strebt einen Vergleich an.«

»Was heißt das?«

»Der Angeklagte gibt etwas preis und erhält im Gegenzug einen Vorteil. Eine Art Kompromiß, wenn du so willst. Ein Status quo, auf den beide Seiten sich einigen können. Nimm zum Beispiel an, ein Typ erschießt seinen Kumpel, nachdem er ihn beim Falschspielen ertappt hat. Beide waren zur fraglichen Zeit schwer betrunken. Dann würde der Verteidiger vermutlich auf verminderte Schuldfähigkeit plädieren und versuchen, die Klage auf Totschlag zu drücken. Nehmen wir aber nun weiter an, der Beschuldigte sei im Besitz von Informationen über ein anderes Verbrechen und willens, der Polizei zu helfen, vorausgesetzt, die Anklage gegen ihn und folglich auch das Strafmaß fallen milder aus. Dann beginnt man zu handeln, und wahrscheinlich würde die Anklage zum Schluß auf *fahrlässige* Tötung lauten, was bedeutet, daß der Kerl mit ein paar Jahren Gefängnis davonkäme, ohne daß je eine Verhandlung stattzufinden bräuchte. Bei guter Führung und mit ein bißchen Glück würde der Angeklagte in weniger als einem Jahr auf Bewährung freigelassen.«

»Und das soll Gerechtigkeit sein?«

»Tja, Gail, es ist die beste, die wir haben, glaub mir.«

»Klingt nicht sehr ermutigend.«

»Dann laß mich dir verraten, wie die Alternative aussähe. Man würde dem Typ den Prozeß machen, ihn der vorsätzlichen Tötung anklagen und erst mal in einem Netz kostspieliger Aufschubsmanöver und Verzögerungstaktiken hängenbleiben. Wenn es dann endlich zur Verhandlung kommt, hat der Kerl die Chance, daß der Urteilsspruch genauso ausfällt wie im ersten Beispiel und er keinen Tag länger abzusitzen braucht.«

»Du meinst, er läuft in weniger als einem Jahr wieder frei rum?«

»Höchstwahrscheinlich. Man kann die Leute nicht ewig hinter Gitter stecken.«

»Wenn aber nun jemand des vorsätzlichen Mordes angeklagt wird?«

»Die Todesstrafe hat man zwar wieder eingeführt, doch in unserem Staat ist seit langem niemand mehr hingerichtet worden. Lebenslängliche Haftstrafen werden schon eher verhängt.«

»Und was heißt das im Klartext?«

»Zwanzig Jahre. Im Höchstfall. Wenn einer sich gut führt und Bewährung kriegt, wahrscheinlich weniger als die Hälfte davon.«

»Und der Mann, der meine kleine Tochter getötet hat?« fragte Gail ruhig. »Was bekäme der?«

»Weißt du«, begann Mike behutsam, »jemand, der eine Sechsjährige vergewaltigt und umbringt, ist ohne Zweifel geistesgestört. Aber psychische Fälle sind für die Verteidigung äußerst heikel. Die juristische Definition mißt die Zurechnungsfähigkeit des Angeklagten daran, ob er zur Tatzeit zwischen Recht und Unrecht unterscheiden konnte oder nicht. Und das ist sehr schwer festzustellen.« Er schüttelte den Kopf. »Ich meine, die Polizei wird nur dann eine Festnahme vornehmen, wenn entweder ein Geständnis vorliegt oder ein klarer Indizienbeweis. Die Geschworenen werden ihn für schuldig befinden, und er wird in Einzelhaft kommen, zum Schutz vor den anderen Gefangenen.«

»Zu *seinem* Schutz?«

»Vor dem Gesetz hat auch dieser Mann gewisse Rechte.« Mike senkte den Kopf. »Ich weiß, wie das in deinen Ohren klingen muß, und in vieler Hinsicht ist es auch der reinste Mist, aber du darfst nicht vergessen, daß diese Gesetze ursprünglich zum Schutz unschuldiger Bürger erlassen wurden.«

»Und was ist mit den Schuldigen?«

Mike zuckte hilflos mit den Schultern. »Was soll ich dir darauf antworten?« Gail sah ihn erwartungsvoll an. »Ich wünschte, ich könnte irgendwas für dich tun. Ich würde den Kerl selbst abknallen, wenn dir damit geholfen wäre.«

»Erst einmal müssen wir ihn finden.«

»Sie kriegen ihn bestimmt«, sagte Mike und änderte dabei unbewußt das Personalpronomen. Er stand auf. »Ich muß jetzt gehen. Mein Mandant wird sich schon wundern, wo ich

bleibe.« Er schob einen Dollarschein unter seine leere Kaffeetasse. »Möchtest du Laura nicht etwas bestellen?«

Gail hatte das Gefühl, sie sehe ihre Freundin vor sich, und der
Text eines alten Liedes aus ihrer Schulzeit fiel ihr ein. »Sag
Laura, daß ich sie liebe«, sang eine klagende Stimme in den Tie-
fen ihres Gedächtnisses. »Sag Laura, daß sie mir fehlt.«

Aber die Worte wollten nicht über ihre Lippen. »Sag Laura...«
Sie stockte, schüttelte den Kopf und senkte den Blick auf ihre
Kaffeetasse.

Mike wartete darauf, daß sie wieder zu ihm aufschauen würde,
doch als das nicht geschah, machte er kehrt und verließ mit ent-
schlossenem Schritt das kleine Lokal. Gail hörte die Tür zuschlagen, aber sie sah ihm nicht nach, um festzustellen, in welche Richtung er ging.

Nach einer Weile hatte sie das unbehagliche Gefühl, jemand
beobachte sie. Gail schaute auf.

Er stand an der Theke, doch ehe ihr Blick dem seinen begegnen
konnte, wandte er sich ab und tat so, als interessiere er sich nur
für seinen Kaffee. Gail erkannte ihn sofort. Unter der saloppen
Kleidung zeichnete sich sein gedrungener Körper ab, die dunklen Locken fielen ihm tief in die Stirn.

Jetzt bestand kein Zweifel mehr – wer immer der Mann auch
sein mochte, er verfolgte sie. Blieb nur die Frage nach dem
Warum.

XXV.

An ihrem vierzigsten Geburtstag machte Gail Hausputz. Es
war ein Samstag, und Jack hatte ihr versprochen, etwas mit ihr
zu unternehmen, aber seine Sprechstundenhilfe hatte früh-
morgens angerufen und einen Notfall gemeldet.

Gail lag noch im Bett, als Jack sich mit einem Kuß von ihr verabschiedete, um in seine Praxis zu fahren. Sie spielte mit dem
Gedanken, nach Newark zu fahren, doch seit gestern schneite

es, zum erstenmal in diesem Winter, und die Straßen waren noch nicht geräumt. Außerdem wußte sie nicht, wann Jack zurückkommen würde. Also beschloß sie, daheimzubleiben. Sie duschte, zog sich an, stand dann lange im Schlafzimmer am Fenster und sah durch die blaue Gardine hinaus in die wirbelnden Flocken, die New Jersey seit dem gestrigen Nachmittag in einen weißen Mantel hüllten. Die Rückfahrt von Newark war dadurch gestern sehr anstrengend gewesen. Mehrmals hatte sie nur im letzten Moment einen Unfall vermieden. Beim ersten Schneefall schienen die Leute jedes Jahr das Autofahren zu verlernen. »Fahren Sie vorsichtig«, hatte der Radiosprecher gewarnt. »Achten Sie auf entgegenkommende Fahrzeuge.« Cindy hätte sich über diesen Schnee wahnsinnig gefreut, dachte Gail und trat vom Fenster zurück. So unvorstellbar es auch schien – in sieben Wochen war Weihnachten, Gails erstes Weihnachten nach über sechs Jahren ohne ihre kleine Tochter.

Eine flüchtige Kindheitserinnerung stieg unvermutet in ihr auf. Sie sah sich als kleines Mädchen, wie sie lächelnd zu ihrem Vater aufschaute, der im gestreiften Schlafanzug mitten im Wohnzimmer stand, das Gesicht vor Zorn und Anstrengung gerötet, und sich vergeblich bemühte, den Christbaum aufzurichten. Der Baum war mit Kugeln und Lametta überladen, und der Ständer, den ihr Vater gekauft hatte, konnte ihn nicht halten. Mochte er sich auch noch so sehr bemühen, ihm seine schönsten Lieder vorsingen, ihn beschimpfen und verfluchen, es gelang ihm nicht, den störrischen Baum geradezustellen. Nachdem er sich fast eine Stunde lang geplagt, die Arme an den Ästen wund gekratzt und die nackten Füße an den winzigen Splittern der vielen zerbrochenen Christbaumkugeln zerschnitten hatte, befahl er mit schweißglänzendem Gesicht seiner inzwischen fast hysterischen Frau, den »verfluchten Baum« zu halten, während er Hammer und Nägel holen ging und die Tanne direkt am Fußboden festnagelte! »Wollen doch mal sehen, ob er jetzt immer noch umkippt«, verkündete er triumphierend seiner Frau und den beiden Töchtern, die ihm sprachlos vor Staunen zusahen.

Wie alt mochte sie damals gewesen sein? Zehn? Zwölf? Die Erinnerung war noch so frisch. Jetzt war sie vierzig. Zwischen diesem Kindheitserlebnis und heute lagen dreißig Jahre.

Irgendwann war sie erwachsen geworden und hatte selbst zwei Töchter bekommen, genau wie ihre Mutter vor ihr. Und dann war es nur noch eine, dachte sie, und ein Schauder lief durch ihren Körper, als zwei Männer vor ihrem inneren Auge auftauchten. Der eine war nicht besonders groß und hatte dichte, ungebändigte schwarze Locken; das Haar des anderen war hell, und er trug eine gelbe Windjacke.

Sie hatte den dunkelhaarigen Mann seit jener Begegnung im Restaurant Anfang der Woche nicht mehr gesehen, wohl aber mehrmals seine Gegenwart gespürt. Nick Rogers hatte sie noch nicht wiedergefunden.

(»Sind Sie ganz sicher, daß Sie keinen Nick Rogers kennen?« hatte sie die Hauswirtin ein zweites Mal gefragt und ihr eine genaue Beschreibung des Jungen gegeben. »Ich glaube, er wohnt im dritten Stock. Vielleicht ist das auch nicht sein richtiger Name.« Aber auch diesmal hatte sie keinen Erfolg gehabt. »Wer ist da, Irene?« hatte der Dicke aus der Wohnung gebrüllt, und Irene hatte Gail schroff die Tür vor der Nase zugeschlagen.)

Einen Tag vor dieser Unterredung war Gail in den dritten Stock hinaufgegangen, hatte sich ans Treppengeländer gelehnt und gewartet, aber niemand hatte eins der Zimmer betreten oder war herausgekommen. Als sie an dem Tag die Pension verließ, um zum Tarlton Drive zurückzufahren, hatte die Hauswirtin ihr mißtrauisch nachgesehen.

Gail hatte das Gefühl, sie stehe schon sehr lange reglos mitten im Schlafzimmer. Im Haus war alles still. Jennifer verbrachte das Wochenende bei Mark und Julie. Sie hatte Gail ihr Geburtstagsgeschenk – ein Paar schwarze Lederhandschuhe – schon gestern abend gegeben.

Gail fand, ihr vierzigster Geburtstag eigne sich genausogut für den Hausputz wie jeder andere Tag. Jack hatte neulich darüber geklagt, daß er seine Wintersachen nicht finden könne. Das wenigste, was sie für ihn tun konnte, war, seinen Schrank in Or!nung zu bringen.

Sie begann mit dem Schlafzimmer, räumte sämtliche Schubladen aus und machte sie sauber, ehe sie die Kleidungsstücke frisch gefaltet wieder hineinlegte. Als nächstes nahm sie sich die Schränke vor, räumte die leichten Baumwollsachen nach hinten und holte die schweren Wintersachen nach vorn. Dann kniete sie sich auf den Boden und sortierte die vielen Paar Schuhe, die unten im Schrank standen. Weiße Sandalen mußten schwarzen Pumps Platz machen, und leichte Ballerinas verschwanden hinter gefütterten Stiefeln. Plötzlich fiel ihr Blick auf eine Tragtasche, die hinter das letzte Paar Schuhe in die Schrankecke gezwängt war. Ihr Puls schlug schneller, während ihre Hand sich danach ausstreckte. Es war eine große Tüte, und sie war Gail wohlvertraut, obschon sie ihr nicht mehr vor die Augen gekommen war, seit am 30. April die Polizeiautos vor ihrem Haus gestanden hatten. Da hatte sie die Tüte auf den Bürgersteig fallen lassen und mit ihr noch einige andere, die jetzt hinter der ersten im Schrank zum Vorschein kamen. Ihre Einkäufe von jenem Tag. Sie schleppte die Tüten und Päckchen zum Bett, riß sie auf und holte die Sachen heraus, die sie gekauft hatte, während ihre Tochter hinter einem Gebüsch vergewaltigt und erdrosselt wurde, in einem friedlichen kleinen Park in der Nachbarschaft.

Irgend jemand mußte die Tüten und Päckchen gefunden und ins Haus gebracht haben. Ihr Name stand auf den beiliegenden Rechnungen. Nacheinander packte sie jedes Teil aus, ein paar Shorts und die dazu passenden Tops für Jennifer, ein hübscher Baumwollhänger; zwei bezaubernde Sommerkleidchen für Cindy.

Was hatte sie noch für sich gekauft? Was hatte sie so dringend gebraucht? Was hätte nicht bis zu einem anderen Tag, bis zu einer passenderen Zeit warten können? Sie zog ein blauweiß bedrucktes Baumwollkleid hervor. Es war sommerlich leicht, fröhlich in den Farben, doch sein Anblick erfüllte sie mit Ekel. Zusammen mit einem kessen, rotweiß gestreiften Badeanzug stopfte sie es zurück in die zerrissene Tragtasche.

Gail verstaute sämtliche Tüten und Päckchen in einer großen grünen Mülltüte und warf eine frühere Lieblingsbluse obenauf, die sie ärgerlich vom Bügel riß.

Als nächstes nahm sie sich Jennifers Zimmer vor, lüftete ihre Sachen aus und vertauschte die leichten Sommerkleider mit Thermohosen und dicken Pullovern. Was hatte ihre Familie in den letzten Monaten eigentlich angezogen, fragte sie sich jetzt.

Sie hatte nicht darauf geachtet.

Vor Cindys Tür zögerte sie.

Seit dem letzten Apriltag hatte niemand mehr das Zimmer betreten. Nicht einmal die Einbrecher hatten sich hineingewagt. Gail stand vor der geschlossenen Tür und hielt den Atem an. Langsam streckte sie die Hand aus und legte sie auf die Klinke. Aber sie drückte sie nicht hinunter, sondern schluckte nur mühsam und sah sich um, als wolle sie sichergehen, daß niemand sie beobachte. Nach ein paar Minuten, in denen ihre Hand mit der Klinke zu verschmelzen schien, öffnete sie mit einem Ruck die Tür und trat einen Schritt zurück.

Gail erwartete beinahe, Cindy vor ihrem Bett knien und mit ihren Barbie-Puppen spielen zu sehen. Aber der Lieblingsplatz ihres Kindes war leer, und der Beutel mit den Barbies – bei ihrer letzten Zählung war Gail auf mindestens zehn gekommen –, die gewöhnlich überall im Zimmer verstreut lagen, lag schön ordentlich in einer Kiste. Der fliederfarbene Teppich war leer.

Gail ließ die grünen Mülltüten fallen, die sie die ganze Zeit über in der Linken gehalten hatte, und trat an das weiße Himmelbett. In Cindys Zimmer hatten von Anfang an diese beiden Farben dominiert: Weiß und Lila. Zuerst hatten auf weißgrundiger Tapete Zauberblumen geblüht, umgaukelt von Schmetterlingen und Vögeln. Vor zwei Jahren waren sie unter einer etwas dezenteren Tapete verschwunden, die Cindy selbst ausgesucht hatte; auf ebenfalls weißem Hintergrund prangten nun zarte, niedliche Veilchen. Der fliederfarbene Webteppich war noch derselbe. Die weiße Wiege war mit dem Himmelbett für ihre Prinzessin vertauscht worden.

Doch es gab keine Prinzessin mehr.

Gail schloß die Tür hinter sich.

»Mami, spielen wir Barbie?«

»Ach, Spätzchen, jetzt nicht.«

»Bitte. Nur ein Weilchen.«

»Na schön, aber wirklich nur zehn Minuten.«

»Is' gut. Setz dich.«

Gail hockte sich neben dem Bett auf den Fußboden und fuhr mit der Hand über den weichen Teppich. Er fühlt sich immer noch warm an, dachte sie.

»Du darfst Western-Barbie sein.«

»Und wer bist du?«

»Ich glaub', ich nehme Angel-Face-Barbie.«

Gail zog die Spielkiste zu sich heran. In diesem viereckigen Behälter bewahrte Cindy ihren Barbie-Schlafsack auf, wie sie ihn nannte. Darin schliefen alle Barbie-Puppen, wenn nicht mit ihnen gespielt wurde. Gail griff in den Beutel und zog die Püppchen eines nach dem anderen heraus.

Alle waren hübsch gekleidet und ordentlich gekämmt. Die erste trug den treffenden Namen »Meine erste Barbie«, denn sie war eigens für ungeschickte kleine Händchen gemacht und ließ sich am leichtesten von allen Barbies an- und ausziehen. Stimmt, dachte Gail, zupfte an dem gelben Hosenanzug und überlegte, wie viele Stunden sie wohl damit zugebracht hatte, die winzigen Kleidungsstücke über diese wohlgerundeten Hüften zu streifen. Als nächstes holte sie eine der beiden Western-Barbies hervor. (Jacks Mutter hatte eine gekauft, obwohl sie wußte, daß Cindy schon die gleiche besaß. Sie behauptete, das Geschäft habe nur diese eine Barbie gehabt, und Gail könne sie ja jederzeit umtauschen.) Aber Cindy liebte ihre zweite Western-Barbie ebenso wie die erste und wie alle anderen Püppchen, die Gail nun auf dem Teppich aufstellte. Der zweiten Western-Barbie fehlte ein Stiefel; Gail suchte den Beutel ab, bis sie ihn gefunden hatte, und streifte ihn über den kleinen Plastikfuß. Langsam wanderte ihr Blick von einem großen blauen Augenpaar zum nächsten. Sie lächelte, als sie Angel-Face-Barbie erkannte, deren makellose Wangen noch immer rot leuchteten von dem Make-up, das Cindy ihr aufgetragen hatte. Die Namen der anderen Puppen hatte Gail nie behalten, aber Cindy kannte sie alle auswendig. Für sie waren ihre Barbies ebenso unverwechselbar wie für eine Mutter ihre leiblichen Kinder. Die beiden Western-Barbies waren ihre eineiigen Zwillinge, und Cindy hatte nie Mühe, sie auseinanderzuhalten.

»Mach schon, spiel!«

»Na gut. ›Taaag, ich bin Western-Barbie!‹«

»Nein.«

»Nein?«

»Das spielen wir doch jetzt nicht! Du mußt sagen: ›Mein Kleid ist schöner als deins.‹«

»Ach so. ›Mein Kleid ist schöner als deins.‹«

»›Nein, ist es nicht.‹«

»›Doch, ist es wohl.‹«

»›Nein, ist es nicht.‹«

»›Doch‹... Cindy, wie lange soll das noch so weitergehen?«

»Mami, du hast's versprochen!«

»Ja, ja, ist schon gut. Also: ›Doch, ist es wohl.‹«

»›Du bist häßlich.‹«

»Das sagt man aber nicht.«

»Mami, ganz falsch!« Cindy zog ihren unwiderstehlichen Schmollmund. »Du mußt sagen: ›*Du* bist häßlich.‹«

»Das möchte ich aber nicht sagen.«

»Doch, das mußt du sagen.«

»Wer sagt das?«

»Ich.«

»Warum muß ich immer das sagen, was du willst? Warum darf ich nicht meine eigenen Sätze sagen?«

»Weil du nicht darfst, darum.«

»Cindy, wenn ich schon mit diesen dummen Barbies spiele, dann will ich wenigstens das sagen, was mir gefällt.«

Als Gail begriff, wie lächerlich sie sich in diesem Streit benahm, war es schon zu spät. Cindys Schmollmund verzog sich kläglich, und im nächsten Augenblick vergoß sie bittere Tränen.

»Meine Barbies sind nicht dumm.«

»Nein. Du hast ganz recht. Natürlich hast du recht. Sie sind nicht dumm.« Cindy lag inzwischen zusammengerollt im Schoß ihrer Mutter, und Gail bedeckte die Stirn ihres Kindes mit Küssen. »Ich bin dumm, ich ganz allein. Komm, laß uns weiterspielen.« Sie mußte eine ganze Weile auf Cindy einreden, ehe die Kleine sich dazu bewegen ließ, wieder an ihren Platz zu gehen.

»Also, was muß ich jetzt sagen?«

Gail betrachtete das Gesicht jeder einzelnen Puppe, ehe sie eine nach der anderen in den Sack zurücksteckte. Dann rappelte sie sich hoch und trat an den Schrank. Cindys Kleider hingen ordentlich in einer Reihe. Ein paar mußten länger, die neugekauften kürzer gemacht werden, und aus anderen war Cindy schlicht und einfach herausgewachsen. Sie wuchs so schnell. Zu schnell, hatte Gail oft gedacht. Ein Schauder lief ihr über den Rücken, als ihr das jetzt einfiel.

Gail schob die Sachen Stück für Stück beiseite und suchte nach dem purpurnen Samtkleidchen. Als sie die ganze Reihe durchgeschaut und sich überzeugt hatte, daß es nicht da war, glaubte sie sich zu erinnern, die Polizei habe es als Beweisstück behalten. Mit einem Ruck riß sie die Kleider von der Stange und stopfte sie in die grünen Mülltüten, die sie an der Tür abgestellt hatte. Binnen weniger Minuten waren der Schrank und die Kommodenschubladen ausgeräumt. Sie warf Steifftiere und andere Spielsachen auf die Kleider, sammelte Puzzles und Gesellschaftsspiele ein und legte sie samt dem Beutel mit den Barbie-Puppen obenauf. Dann band sie die Mülltüten zu und ließ sie stehen.

Sie lief in ihr Schlafzimmer, griff zum Telefon und wählte die Nummer der Heilsarmee. Sie habe Kinderkleidung und Spielzeug, stammelte sie. Die Dame am anderen Ende konnte sie kaum verstehen, weil sie weinte und die Worte halb verschluckte. Wann sie die Sachen abholen würden? Nein, nächste Woche sei zu spät... Ja, übermorgen passe ihr gut. Nein, es sei alles in Ordnung. Sie erwarte sie also übermorgen.

Gail saß auf dem Bett und bebte vor Zorn und Schmerz. Ihre Hände zitterten. Plötzlich überkam sie das unbändige Verlangen, mit jemandem zu sprechen; der Telefonhörer lag immer noch schwer in ihrer Hand. Sie rief Jacks Praxis an und erfuhr von der Sprechstundenhilfe, daß er immer noch operiere. Ob sie etwas ausrichten könne? Gail lehnte dankend ab. Sie wollte den Hörer schon auf die Gabel zurücklegen, doch ihre Finger wählten instinktiv eine andere Nummer. Das Freizeichen piepste in ihr Ohr. Sie saß da und wartete.

»Hallo?« meldete sich die vertraute Stimme.

»Nancy?« flüsterte sie.

»Wer spricht da?«

»Ich bin's... Gail.«

»Wer? Tut mir leid, aber ich kann Sie nicht verstehen. Sie müssen lauter reden.«

»Hier spricht Gail«, sagte sie, nachdem sie sich geräuspert hatte.

Einen Moment lang blieb es still. »Gail, du meine Güte, ich hab' deine Stimme nicht erkannt.«

»Ich hab' geweint.« Selbst durch die Leitung spürte Gail Nancys Unbehagen.

»Ach du armes Ding! Ich wünschte, ich könnte dir helfen. Dieses gräßliche Wetter ist schuld. Der Schnee, weißt du. Alle Welt hat Depressionen. Hast du gehört, Sally Field und Tom Selleck sind in der Stadt. Sie wollen bei uns einen Film drehen, und nun sieh dir an, was für 'n Wetter sie haben! Ich meine, kannst du dir vorstellen, was für ein Bild von New Jersey sie mit nach Kalifornien nehmen werden? Mir geht das jedesmal an die Nieren, wenn wir Prominente hier haben, und das Wetter spielt nicht mit.«

»Ich hab' Geburtstag«, unterbrach Gail Nancys Redeschwall. »Ich werde heute vierzig.«

»O Gott! Kein Wunder, daß du Depressionen hast, du armes Ding! Ich weiß noch genau, wie deprimiert ich an meinem Vierzigsten war. Den ganzen Tag bin ich im Bett geblieben. Weißt du, was du tun solltest?« Gail begriff, daß Nancy ihr nie die Chance geben würde, über das zu reden, was sie wirklich auf dem Herzen hatte. Nancy war oberflächlich und ichbezogen, aber dumm war sie nicht. Sie hatte bewußt eine Entscheidung darüber getroffen, welchen Problemen sie sich stellen wollte und welchen nicht. Gail und der wahre Grund für ihre Depressionen gehörten zu dem Problemkreis, dem sie sich nicht stellte. »Du solltest dir die Haare machen lassen. Bei mir wirkt das jedesmal Wunder. Ich hab' ein phantastisches neues Talent bei Tyler entdeckt. Malcolm heißt der Junge, ein wahrer Zauberkünstler! Ruf ihn doch einfach an. Sag ihm, du hast Geburtstag. Vielleicht kann er dich heute nachmittag irgendwo dazwischenschieben . . .«

»Ich bin beim Hausputz.« Gail hatte plötzlich nur noch den Wunsch, das Gespräch zu beenden.

»Was? Ist das dein Ernst? Gail, wann nimmst du endlich Vernunft an und besorgst dir eine Putzfrau? Soll ich dir eine empfehlen? Als Rosalina mal krank war und ich mir einfach nicht mehr zu helfen wußte, da hat mir jemand ein großartiges Mädchen besorgt. Warte, wie hieß sie doch gleich? Ach richtig, Daphne! Ihren Nachnamen weiß ich nicht, ist aber auch unwichtig. Sie war einfach fabelhaft! Ich hab' die Telefonnummer. Hast du was zum Schreiben?«

Gail zog die Schublade ihres Nachttischs auf, kramte Papier und Bleistift heraus und schrieb gehorsam die Nummer auf, die Nancy ihr diktierte.

»So, und jetzt rufst du sie gleich an. Hast du mich verstanden? Du solltest keinen Hausputz machen. Und schon gar nicht an deinem Geburtstag. Glaub mir, ich mein's doch nur gut mit dir. Geh zum Friseur und laß dir die Haare machen. Schon als wir uns das letzte Mal sahen, dachte ich, Gail braucht 'nen anständigen Haarschnitt. Und gönn dir 'ne Massage, du weißt doch, wie das entspannt. Gott, ich weiß nicht, in welchem Zustand meine Nerven wären, ohne meine wöchentliche Massage! Besonders, seit ich in letzter Zeit so viel mit dem Rücken zu tun habe. Hach, wie die Zeit vergeht! Jetzt muß ich aber wirklich los. Brauchst du sonst noch irgendwas?« fragte sie zaghaft.

»Nein, und hab' vielen Dank.« Gail legte Papier und Bleistift zurück und machte die Schublade zu.

Als sie den Hörer wieder ans Ohr nahm, war die Leitung tot; sie preßte ihn an die Brust, bis ein aufdringlicher Piepston erklang und sie ermahnte, den Hörer aufzulegen. Erschrocken sprang sie auf und riß dabei den Apparat zu Boden. Sie beugte sich vorsichtig hinunter und legte den Hörer auf die Gabel. Das Piepsen verstummte.

Sie dachte daran, Laura anzurufen, unterließ es dann aber. Laura würde ihr sofort verzeihen und sich überdies vielmals für ihre eigenen verbalen Ausrutscher entschuldigen. Sie würde versuchen, Gail aufzuheitern und ihr dringend raten, ärztliche Hilfe in Anspruch zu nehmen. Aber Gail wollte keine ärztliche Hilfe. Und sie wollte auch keine Aufmunterung. Gail stieg die Treppe hinunter und verbrachte die nächsten Stunden damit, die Küchenschränke sauberzumachen.

Das Service, das Jack und sie bei ihrer Hochzeit angeschafft hatten, war noch fast komplett. In all den Jahren hatte sie nur einen Teller zerbrochen, und zwei Untertassen hatten in der Spülmaschine einen Sprung bekommen. Jetzt fiel ihr erst ein großer Teller aus der Hand und dann ein zweiter. Beide zerbrachen auf den harten Fliesen. Als Gail alle Schränke aus- und nach dem Säubern wieder eingeräumt hatte, lag die Hälfte des

Geschirrs in Scherben im Abfalleimer unter der Spüle. Sie wußte nicht, ob sie lachen oder weinen sollte. Sie hatte dieses Lalique-Service immer gemocht, besonders das Sträußchen roter und gelber Blumen inmitten der weißen Teller mit grünem Rand. Sie hatte gelesen, daß dieses Modell ausgelaufen sei. Es würde schwer, wenn nicht unmöglich sein, die zerbrochenen Teile zu ersetzen. Cindy hatte dieses Geschirr geliebt und immer von seinen »lachenden Blumen« geschwärmt.

Gail kniete sich auf den Boden, sammelte die restlichen Scherben ein und betrachtete traurig die nun entwurzelten, verstreuten Blumen. Sie wußte, daß es große Mühe kosten würde, ihrer Familie diesen Vorfall zu erklären. Sie warf Stück für Stück in den Abfalleimer unter der Spüle. Als sie sich vorbeugte, um mit der Rechten eine halbmondförmige Scherbe aufzuheben, deren gelbe Blüte den Stiel verloren hatte, bohrte sich ein kleineres Porzellanstück in das Handgelenk ihrer Linken, mit der sie sich abgestützt hatte. Blut sickerte aus der Wunde, und Gail sah fasziniert zu, wie die Tropfen, roten Tränen gleich, in ihren Schoß fielen und auf ihren Jeans dunkle Flecken hinterließen. Aber der Schnitt war harmlos und das Blut bald gestillt.

Gail hielt den Porzellanhalbmond hoch, der einmal Teil eines Frühstückstellers gewesen war. Sie berührte damit ihr Handgelenk und mimte einen schnellen, scharfen Schnitt. Nein, das würde nicht gehen, dachte sie und fuhr sich mit der Scherbe der Länge nach über den Arm. Wenn man ins Krankenhaus wollte, schnitt man quer; wollte man sterben, schnitt man genau an der Vene entlang. Dann konnte niemand mehr die Blutung stillen. Sie drückte die Kante der Scherbe gegen ihren Arm, doch die war nicht scharf genug, um sich ernsthaft daran zu verletzen.

Was sie brauchte, war ein Messer. In der obersten Schublade verwahrte sie ein ganzes Sortiment. Sie erhob sich und warf auch diese letzte Scherbe in den Abfalleimer. Dann zog sie die oberste Schublade auf.

Die Messer lagen der Größe nach nebeneinander. Gail streckte die Hand nach einem aus, und ihre Finger umklammerten den Holzgriff. Sie nahm das Messer aus der Schublade, hielt es an ihren Arm und versuchte den Verlauf der Vene abzuschätzen. Es wäre schnell vorüber, dachte sie. Schon nach Minuten würde sie tot am Boden liegen, um sie herum eine Blutlache. Sie preßte die Klinge gegen ihre Haut.

Das Telefon klingelte.

Fast wie im Kino, dachte sie und hätte beinahe gelacht. Sie ließ es drei-, viermal klingeln, entschied aber dann, es sei ratsam, den Hörer abzunehmen. Wenn Jack anzurufen versuchte und sie sich nicht meldete, würde er womöglich Verdacht schöpfen, auf dem schnellsten Wege heimkommen und sie gerade noch rechtzeitig ins Krankenhaus bringen. Vielleicht war es aber auch Lieutenant Cole, der anrief, um ihr mitzuteilen, er habe den Schuldigen gefunden. Diesen letzten, bitteren Triumph durfte sie dem Mörder ihrer Tochter nicht gönnen.

»Grüß dich, mein Kind! Herzlichen Glückwunsch zum Geburtstag.« Es war die Stimme ihrer Mutter.

Gail lächelte. Ihre Mutter paßte auf sie auf, beschützte sie sogar, ohne es zu wissen. Sie hatte das bei ihrem eigenen Töchterchen nicht geschafft.

Gail hörte zu, wie ihre Mutter ihr versicherte, sie habe das Leben noch vor sich. Weder unterbrach sie den munteren Redeschwall, noch antwortete sie, daß der Rest ihres Lebens ein einziges Warten auf den Tod sei.

Nach dem Telefonat legte Gail das Messer in die Schublade zurück. Die Zeit dafür war noch nicht gekommen. Erst mußte sie ihre Aufgabe beenden und Cindys Mörder zur Strecke bringen. Eins nach dem anderen, beschloß sie.

XXVI

Gail saß auf dem Bett in ihrem Zimmer in der Amelia Street 44, als es klopfte.

»Wer ist da?« Erschrocken fuhr sie auf. Sie hatte dieses Zimmer schon fast zwei Wochen, und doch geschah es zum erstenmal, daß jemand bei ihr anklopfte. »Wer ist da?« wiederholte sie, als es draußen still blieb. Wahrscheinlich die Hauswirtin, dachte sie und ging zur Tür. Sie versuchte sich zu erinnern, ob sie die Miete für heute schon bezahlt habe. Vorsichtig öffnete sie.

»Ich hab' gehört, Sie suchen mich.« Er drängte sich lässig an ihr vorbei ins Zimmer und machte die Tür hinter sich zu.

Gail antwortete nicht. Sein Anblick hatte ihr die Sprache verschlagen.

»Nick Rogers.« Er genoß sichtlich ihr Unbehagen. »Falls Ihnen der Name entfallen sein sollte.«

Er trug ein schwarzes T-Shirt und Bluejeans, die Uniform seiner Generation. Sein Haar war geschnitten worden, seit sie ihn zuletzt gesehen hatte. Ansonsten war er derselbe Junge, dem sie vor zwei Wochen bis zu diesem Haus gefolgt war und den wiederzusehen sie schon fast die Hoffnung aufgegeben hatte. Jetzt stand er vor ihr, blickte sie herausfordernd an und versuchte, sie zum Sprechen zu bringen.

Gail betrachtete sein glattes, faltenloses Gesicht. Er war höchstens zwanzig. Das Blau seiner Augen war so klar wie das Wasser in den Tropen. Die Nase war schmal und gerade, er hatte einen kleinen Mund, aber volle Lippen. Unter anderen Voraussetzungen und in einer anderen Umgebung hätte man ihn ohne weiteres hübsch nennen können. Gail war von ihrer eigenen Objektivität überrascht.

Ihr Blick glitt an seinem Körper hinunter. Er war ungefähr so groß wie Jack, etwa einen Meter fünfundsiebzig, und wog um die 63 Kilo, vielleicht auch weniger. Unter den engen, ausgewaschenen Jeans lugten seine schwarzen Lederstiefel hervor.

Wie war das möglich, fragte sie sich, daß all diese Jungs, wie arm sie auch sein mochten, genug Geld für Lederstiefel hatten?

»Möchten Sie was zu rauchen?« Er zog eine selbstgedrehte Zigarette aus der Jackentasche und zündete sie an. Der schwere, süßliche Duft von Marihuana erfüllte das Zimmer. Gail schüttelte den Kopf. »Sie sollten's mal versuchen. Das würde Sie von Ihren Problemen ablenken.« Er lächelte. »Und Sie haben doch Probleme?« fügte er überflüssigerweise hinzu, ehe er ihr den Joint hinhielt.

Gail räusperte sich und versuchte, ihrer Stimme Herr zu werden. Schließlich brachte sie ein kaum hörbares »Nein« heraus.

Wie oft schon hatte sie sich gewünscht, ihren Schmerz mit Alkohol oder Drogen betäuben zu können, dachte sie, während sie zusah, wie er inhalierte und den Rauch in der Lunge festhielt. Aber wenn sie abends mehr als ein Glas Wein trank, wurde sie nur müde und ein bißchen wacklig auf den Beinen. Scharfe Sachen dagegen schmeckten ihr nicht gut genug, um sich damit zu betrinken. Wahrscheinlich würde ihr davon bloß schlecht werden. Für Rauschgift hatte sie sich nie sonderlich interessiert. Auf dem College hatte sie einmal Hasch geraucht und später noch ein zweites Mal zusammen mit Mark. Danach war sie sicher, daß sie sich nichts daraus mache. Sie war lieber Herr der Lage, als die Kontrolle über sich zu verlieren. Kontrolle, dachte sie und starrte den Jungen an, was für ein Witz.

»Weshalb wollten Sie mich sprechen?« fragte er. Es klang fast liebenswürdig.

»Ich...« Gail sah verlegen zu Boden. Was sollte sie jetzt bloß sagen?

»Irene erzählte mir, Sie hätten nach mir gefragt. Ich war 'ne Weile untergetaucht, hatte nämlich Zoff hier in der Gegend. Wie ich nun zurückkomme, sagt Irene zu mir, daß im ersten Stock 'ne Mieze wohnt, die nach mir sucht. Sogar meinen Namen haben Sie gewußt.«

»Ich dachte, Sie seien jemand, den ich kenne.« Gail war erstaunt darüber, wie klar und fest ihre Stimme klang.

»Ach wirklich?« fragte er neugierig. »Was dagegen, wenn ich mich setze?« Ohne ihre Antwort abzuwarten, ließ er sich mit dem Rücken zur Wand aufs Bett fallen und streckte die Beine aus. Fast genauso hatte Gail vorhin dagesessen, bis er an ihre Tür klopfte.

»Ich hab' Sie mal nachmittags auf der Straße gesehen. Sie kamen mir bekannt vor. Ich dachte, Sie seien der Sohn eines Freundes, der spurlos verschwunden war.« Die Lüge klang nicht sehr überzeugend. »Da bin ich Ihnen nachgegangen und hab' die Hauswirtin nach Ihnen gefragt. Aber sie hat behauptet, sie kenne Sie nicht.«

»Heißt der Sohn Ihres Freundes etwa Nick Rogers?« fragte er mit wohldosierter Ironie in der Stimme.

»Nein«, antwortete Gail rasch. »Natürlich nicht. Ich hab' zufällig gehört, wie Irene den Namen erwähnte, als von Ihnen die Rede war. Ich schloß daraus, daß Sie ihr einen falschen Namen angegeben hätten.«

»Und dann sind Sie hier eingezogen und haben darauf gewartet, daß ich wieder aufkreuze?« Gail nickte zögernd. »Ist das nicht 'n bißchen viel für 'n Freundschaftsdienst?« Er beugte sich vor, zog die Knie an und stützte die Arme darauf. Gail schwieg. Was auch immer sie jetzt sagte, würde der Junge ohnehin als Lüge durchschauen. »Es sei denn, man hat Sie für Ihre Schnüffelei bezahlt.«

»Bezahlt?«

»Als Privatdetektiv oder so was. Wie in ›Drei Engel für Charlie‹.« Er machte eine Pause. »Oder sind Sie von der Polizei?« Er zog ein letztes Mal an seinem Joint, warf ihn auf den Boden und nahm automatisch einen Fuß vom Bett, um die Kippe auszutreten.

»Ich bin weder von der Polizei noch arbeite ich für ein Detektivbüro«, sagte Gail.

»Aber Sie haben mir die Bullen auf den Hals geschickt, nicht?«

Es war eher eine Feststellung als eine Frage. Er sah das Erstaunen in ihren Augen und stand vom Bett auf. »Sie *müssen* es gewesen sein. Sie haben die Bullen auf mich gehetzt.« Gail wich zur Tür zurück, aber der Junge kam unaufhaltsam näher. »Wer, zum Teufel, sind Sie, Lady? Was wollen Sie von mir?«

Voll Verwunderung starrte Gail den Jungen an. Dann hatte die Polizei ihren Anruf also doch ernst genommen. Man hatte jemanden hergeschickt, um ihn zu verhören. Und dann hatten sie ihn laufenlassen. Warum?

»Ich bin ihre Mutter«, sagte sie leise.

»Ihre Mutter?« fragte er. »Was soll das heißen? Mutter? Wovon reden Sie eigentlich? Ich warne Sie, wenn Sie nicht bald mit der Sprache rausrücken, dann...«

»Cindy Waltons Mutter«, sagte Gail langsam. »Das kleine Mädchen, das Sie vergewaltigt und umgebracht haben.«

Nick Rogers verzog das Gesicht zu einem breiten, freundlichen Grinsen. Er schwieg ein paar Sekunden. »Das kleine Mädchen, das ich vergewaltigt und umgebracht habe«, wiederholte er schließlich. »Da müssen Sie mir schon 'n bißchen auf die Sprünge helfen. Es waren so viele...«

»Es war im letzten April.« Gail sprach ruhig, empfindungslos. »In Livingston. In einem kleinen Park nicht weit von der Riker-Hill-Schule. Sie war sechs Jahre alt. Ich bin ihre Mutter.«

»Das ist ja interessant.« Nick Rogers wiegte den Kopf hin und her. »Jetzt begreife ich endlich, was all diese Fragen zu bedeuten hatten, die sie mir auf dem Polizeirevier gestellt haben.« Er hielt inne. »Erzählen Sie weiter.«

»Ich weiß nicht, was Sie noch hören wollen.«

»Einzelheiten. Ich will Einzelheiten.«

»Sie kennen die Details.«

»Dann frischen Sie mein Gedächtnis auf.«

Gail blickte ihm in die Augen. »Meine Tochter war auf dem Heimweg von der Schule. Allein. Sie lauerten ihr im Park auf, hinter einem Gebüsch versteckt. Sie...« Gail stockte, beherrschte sich aber gleich wieder. »Sie zerrten das Kind hinter die Büsche und vergewaltigten es. Danach haben Sie meine Tochter umgebracht.« Gail spürte, wie ihr die Tränen über die Wangen liefen.

Der Junge grinste noch breiter. »Bin kein besonders netter Kerl, was?«

Gail sah den Spott in seinen Augen und stellte sich vor, wie diese Augen ihr Kind beobachteten, als die Kleine die Straße entlanghüpfte, stellte sich vor, wie er ins Gebüsch kroch und auf eine Chance zum Angriff wartete. Plötzlich warf sie sich auf den Jungen, ihre Nägel gruben sich in sein Fleisch, genau unter diesen unheimlichen Augen. Sie sah das Blut über seine Wangen laufen, wie ein rotgefärbtes Abbild ihrer Tränen.

»Du verrücktes Weibsstück!« Er packte ihre Arme und bog sie mit Gewalt nach hinten. Dann faßte er sie um die Taille, hob sie hoch und warf sie aufs Bett. Mit den Füßen bändigte er ihre strampelnden Beine, während seine Hände ihre Arme mit eisernem Griff umklammert hielten.

Gail war verblüfft über seine Kraft. Er war nur ein paar Zentimeter größer als sie und wog höchstens zehn Kilo mehr, und doch war es ihm mühelos gelungen, sie zu überwältigen und wehrlos zu machen. Was für ein leichtes Spiel mußte er erst mit ihrem Kind gehabt haben.

»Wie, zum Teufel, kommen Sie ausgerechnet auf mich?« schrie er. »Warum haben Sie mir die verdammten Bullen auf den Hals gehetzt? Glauben Sie vielleicht, das war ein Vergnügen? Meinen Sie, ich hätte nicht schon genug Schwierigkeiten? Ich *war* im Bau, Lady. Denken Sie etwa, ich wär' so scharf drauf, da wieder reinzukommen, daß ich so 'n Scheiß mache?«

»Sie haben mein Kind ermordet!«

»Ich hab' niemanden ermordet! Und wenn Sie alle Bullen des Landes auf mich hetzen oder hinter mir herlaufen, bis wir beide die Radieschen von unten begucken – diese Vergewaltigungsgeschichte werden Sie mir *nie* anhängen!«

»Sie haben aber doch gestanden.« Gail schluchzte. »Sie haben's zugegeben. Sie haben's getan, das haben Sie selbst gesagt.«

»Was reden Sie denn da für 'n Scheiß?« Er wurde zusehends wütender. Wie Schraubstöcke bohrten seine Hände ihre Gelenke in die Matratze.

»Vorhin, hier in diesem Zimmer. Sie haben so gut wie gestanden, daß...«

Gails Blick ließ den seinen nicht los. »Das war doch bloß 'n Trick.« Er lachte höhnisch. »Ich wollte Ihnen 'n bißchen Dampf machen, Ihnen zurückzahlen, was Sie mir angetan haben. Ich hab' nichts gestanden, gar nichts...«

Er ließ plötzlich von ihr ab, sprang auf den Boden und tastete mit fliegender Hast die Unterseite des Bettes ab. Seine Hände zerrten an den Laken. »Mir werden Sie diesen Scheiß nicht anhängen, mir nicht!« Er richtete sich auf und suchte die Wände ab. Dabei stieß er das Tischchen am Fußende des Bettes um. Er kniete nieder und tastete die Dielenbretter darunter ab.

»Was suchen Sie denn?«

Er war auf einmal furchtbar aufgeregt, trat von einem Fuß auf den anderen und konnte nicht einen Moment stillstehen. »*Das* hab' ich gesucht!« Er warf etwas nach ihr, das aussah wie ein Fingerhut. Das winzige Ding prallte an ihrer Wange ab und kullerte über den Fußboden.

»Was ist das?« Gail spürte, wie auch in ihr die Panik wuchs.

»Versuchen Sie mir bloß nicht die naive Unschuld vorzuspielen, Sie Flintenweib! Ich weiß genau, wie 'ne Wanze aussieht.«

»Eine ›Wanze‹? Was soll das? Wovon reden Sie?«

»Sie werden mir keinen gottverdammten Kindermord anhängen, Sie Miststück. Ist das klar?«

Gail sprang vom Bett auf und rannte zur Tür. Im nächsten Augenblick spürte sie seine Hände auf ihren Schultern. »Nein!« Sie hoffte, jemand würde ihren Schrei hören. Außer sich vor Angst tastete sie nach dem Türgriff und drückte ihn, so daß die Tür aufsprang.

Vor ihr stand der bullige Mann mit den dunklen, ungewaschenen Locken. Im ersten Augenblick dachte Gail, das sei das

Ende. Sie hatte recht gehabt; er war ihr gefolgt. Er und Nick Rogers gehörten irgendwie zusammen.

»Polizei!« schrie sie, als der Mann mit den dunklen Locken nach ihrem Arm griff. Nick Rogers drängte sie beide brutal gegen den Türrahmen und rannte aus dem Zimmer. Sie hörte seine Schritte die Treppe hinunterstolpern. Der Dunkelhaarige führte sie zum Bett. »Polizei«, flüsterte sie und blickte ihn an, ehe sie auf die zerwühlte Decke niedersank. Und plötzlich, bevor er auch nur ein Wort gesprochen hatte, wußte sie, woher er kam: er war von der Polizei.

»Wie lange haben Sie mich schon beobachten lassen?« fragte sie Lieutenant Cole knapp eine Stunde später. Sie saßen nebeneinander auf dem Bett in ihrem Zimmer in der Amelia Street 44.

»Seit Sie sich aufs Detektivspielen verlegt haben. Oh, ich bin Ihnen natürlich nicht gleich draufgekommen. Ich schöpfte Verdacht, weil ich Sie telefonisch nie erreichen konnte. Als ich Sie dann doch endlich mal erwischte, haben Ihre Ausflüchte mich noch mißtrauischer gemacht. Da beschloß ich, Ihnen nachzufahren, um rauszukriegen, wohin Sie tagtäglich verschwanden.«

»Warum haben Sie mich nicht aufgehalten?«

»Wir leben in einem freien Land. Ich kann Ihnen nicht verbieten, nach Newark zu fahren. Aber ich hielt es für ratsam, Ihnen einen Beschützer an die Fersen zu heften, deshalb schickte ich Peter hinter Ihnen her.«

»Haben Sie die Wanze in meinem Zimmer versteckt?«

»Ja, aber nicht nur hier, sondern in allen Zimmern, die Sie gemietet haben.«

»Was ist mit Nick Rogers?«

»Wir haben ihn gleich nach Ihrem Anruf überprüft.«

»Sie wußten, daß ich das war, am Telefon?«

»Nun, sagen wir, ich nahm es an.«

»Und?«

»Er behauptet, er habe keine Ahnung von dem Mord an Ihrer Tochter. Er will den ganzen April und Mai über in Kalifornien gewesen sein. Sein Alibi ist zwar noch nicht überprüft, aber wir haben auch nicht den geringsten Beweis dafür, daß er etwas mit dem Mord an Cindy zu tun hat. Wir haben uns 'nen Durchsuchungsbefehl besorgt und sein Zimmer auf den Kopf gestellt. Nichts. Seine Schuhgröße ist mindestens eine Nummer kleiner als die von dem Abdruck, der am Tatort gemacht wurde.«

»Aber er ist vorbestraft. Er war im Gefängnis, das hat er mir selbst gesagt.«

»Weil er mit fünfzehn in ein Lebensmittelgeschäft eingestiegen ist. Außerdem war's kein Gefängnis, sondern eine Besserungsanstalt. Er stand von Kind an auf seiten der Verlierer, Gail. Aber ich glaube nicht, daß er Ihre Tochter auf dem Gewissen hat.« Gail sackte zusammen, und der Kommissar legte den Arm um sie. Sie barg das Gesicht an seiner Schulter und spürte die Waffe unter seinem Jackett. »Gehn Sie nach Hause, Gail. Überlassen Sie die Polizeiarbeit uns, statt uns noch zusätzlich welche zu machen.«

»Bitte, sagen Sie Jack nichts davon«, flüsterte sie.

»Er weiß es schon.« Gail richtete sich auf und sah dem Kommissar forschend in die Augen. »Sobald ich erfuhr, was sich hier abspielte, hab' ich ihn angerufen. Ich hatte das Gefühl, das sei ich ihm schuldig. Er wartet zu Hause auf Sie. Ich bring' Sie heim.«

»Ich bin mit dem Wagen hier.« Ihre Stimme klang fremd, so als gehöre sie jemand anderem. Sie fühlte sich schwach und körperlos.

»Geben Sie mir die Schlüssel«, bat Lieutenant Cole. »Einer von meinen Leuten wird sich um Ihr Auto kümmern.«

Gail gehorchte. Sie händigte ihm die Schlüssel aus, stand auf und folgte dem Kommissar zur Tür.

Sie sah sich ein letztes Mal in dem trostlosen Zimmer um. Lieutenant Cole schien ihre Gedanken zu erraten. »Nehmen Sie Abschied, Gail«, sagte er.

XXVII.

Jack empfing sie an der Tür. Er schwieg, bis Lieutenant Coles Wagen abgefahren war und Gail die Haustür geschlossen hatte. Stumm beobachtete er sie, während sie ins Wohnzimmer ging, ohne den Mantel auszuziehen, aufs Sofa sank und blicklos vor sich hinstarrte.

Gail hörte Jack hinter sich das Zimmer betreten, wußte, daß er nur ein paar Schritte entfernt von ihr stand, sie anschaute und darauf wartete, daß sie etwas sagte, ihm ihr Verhalten erklärte. Das war sie ihm schuldig, sie wußte es, doch sie fand nicht die richtigen Worte.

Es war vorbei, war alles, was sie denken konnte. Ihre Suche war zu Ende. Sie hatte ihre Tochter ein zweites Mal im Stich gelassen. Sie hatte noch ein Versprechen gebrochen.

»Gail...« Jacks Stimme versagte.

»Ein Polizist bringt meinen Wagen nach Hause«, sagte sie tonlos.

»Was kümmert mich das verdammte Auto!« fuhr er sie ungeduldig an, entschuldigte sich jedoch gleich darauf: »Verzeih mir, ich hatte mir fest vorgenommen, nicht die Nerven zu verlieren.«

»Du hast weiß Gott Anlaß, die Nerven zu verlieren.« Gail war erleichtert zu hören, daß es Vorsätze gab, die auch er nicht halten konnte.

»Aber damit erreicht man doch nichts«, sagte er müde und setzte sich neben sie. »Willst du mir nicht erzählen, was passiert ist?«

»Ich dachte, Lieutenant Cole hätte dich schon über alles informiert?«

»Er hat mir nur gesagt, daß meine Frau in einer Pension in Newark sitzt und sich um ein Haar noch ein paar gebrochene Rippen eingehandelt hätte, daß er sie heimbringen wolle und es am besten fände, wenn ich hier auf sie warte.«

»Wo ist Jennifer?« fragte Gail abwesend.

»Ich hab' sie zu Julie und Mark geschickt.«

»Das war gut.«

»Sag mir jetzt endlich, was los ist, Gail«, drängte Jack.

Gail sah ihrem Mann in die Augen, sah den Schmerz, der sich tief in seine Züge eingegraben hatte und wandte sich ab.

»Ich wollte es dir schon lange erzählen.«

»Und warum hast du's nicht getan?«

»Weil... weil ich Angst hatte, du würdest mir verbieten weiterzumachen.«

»Weitermachen, womit? Sag's mir, Gail. Ich bemüh' mich wirklich, dich zu verstehen.«

Und dann sprudelte die ganze Geschichte aus ihr heraus. Sie sah, wie Jacks Miene zuerst Neugier, dann Besorgnis und schließlich schieres Entsetzen spiegelte, während sie eine Episode nach der anderen vor ihm ausbreitete. »Ich wußte, daß ich es würde tun müssen, Jack. Ich wußte es vom ersten Tag an, als sie mir im Krankenhaus all diese Fragen wegen Eddie und Mark stellten. Ich wußte, daß weder Eddie noch Mark Cindy getötet haben konnten, und ich begriff schon damals, daß die Polizei den Mörder nicht finden würde. Aber ich beschloß, ihnen eine Chance zu geben, und das tat ich auch, Jack. Sechzig Tage habe ich ihnen gegeben. Aber natürlich haben sie den Täter nicht gefaßt, und nach den zwei Monaten war Cindy für sie nur noch eine Zahl in der Statistik. Denk nicht, daß ich ihnen das übelnehme. Für die Polizei ist unsere Tochter nur ein Fall, einer unter vielen. Sie ist nicht ihr Kind, und sie haben so viele andere Morde aufzuklären. Aber in der Zwischenzeit konnte sich der Täter in Sicherheit bringen, und irgend jemand mußte versuchen, ihn zu finden. Also begann ich mich über Triebtäter zu informieren und in der Zeitung die Polizeiberichte zu verfolgen. Ich versuchte festzustellen, wo in unserem Umkreis die meisten Verbrechen verübt werden, und dann fing ich an, mich in der betreffenden Gegend umzuschauen, vor allem in East Orange und Newark. Nachdem diese schrecklichen Morde auf dem Highway passiert waren, bin ich dort entlanggefahren, weil die Beschreibung des Verdächtigen auch auf Cindys Mörder gepaßt hätte. Ich dachte, ich könnte ihn vielleicht überführen, aber die Polizei hielt mich an und zwang mich umzukehren.«

Gail ignorierte die aufflackernde Angst in den Augen ihres Mannes und fuhr mit ihrem Bericht fort, in der Hoffnung, Jack werde sie nicht unterbrechen. »Nachdem diese Mrs. MacInnes umgebracht worden war, mußte ich mehr tun, mich der Situation unmittelbar stellen. Ich fing an, in einer üblen Gegend Zimmer zu mieten, und verfolgte Männer, die mir verdächtig vorkamen. Ich machte gleich zu Beginn einen guten Fang, einen Jungen mit Bürstenschnitt und einem Stapel dreckiger Sexheftchen unter dem Bett.« Sie las die Frage in Jacks Augen. »Das mit den Heften weiß ich, weil ich sein Zimmer durchsucht habe. Ich hab' die Tür mit einer Kreditkarte aufgebrochen. Aber er muß davon Wind gekriegt haben, daß jemand in seinen Sachen geschnüffelt hat. Jedenfalls war er verschwunden, als ich am nächsten Morgen in die Pension zurückkam. Ich hab' ihn bis heute nicht wiedergefunden. Er *könnte* es also gewesen sein. Vielleicht war er es...« Ihre Stimme erstarb.

»Gail...«

»Jedenfalls habe ich weitergesucht. An einem Tag sprang mein Wagen nicht an«, erinnerte sie sich, »und deshalb bin ich getrampt. Ich dachte, vielleicht würde Cindys Mörder mich mitnehmen, aber natürlich kam es ganz anders. Ein Junge nahm mich ein Stück mit, ein wirklich netter Kerl, der sich um mich Sorgen machte, und dann dieser gräßliche Mann, der wollte, daß ich... Ach, ist ja egal, jedenfalls hat mich das auch nicht weitergebracht.«

»Gail...«

»An Halloween ging ich nachts im Park spazieren. Ich dachte, er würde sich vielleicht dort verstecken. Aber du weißt ja, was passierte. Vielleicht war er's wirklich. Doch das werden wir nie erfahren, denn ich konnte sein Gesicht nicht sehen.« Sie spürte Jacks wachsende Ungeduld; aus Angst, er könne sie unterbrechen, sprach sie hastig weiter; ihre Worte überstürzten sich. »Ich zog von einer Pension zur anderen. Nach einer Weile merkte ich, daß jemand mich verfolgte. Ich hielt ihn nicht für Cindys Mörder, denn die Beschreibung paßte nicht auf ihn. Aber dann sagte ich mir wieder, die Beschreibung müsse ja nicht unbedingt stimmen. Warum mochte er mir nachlaufen? Und dann sah ich *ihn*, diesen Jungen, auf den die Beschreibung genau paßte, Wort für Wort. Er trug sogar eine gelbe Windjacke. Ich nahm mir ein Zimmer in dem Haus, in dem er logierte. Ich hab' sogar die Polizei angerufen und ihn angezeigt, aber nichts geschah. Bis heute. Da stand er plötzlich vor meiner Tür, und ich fragte ihn, ob er Cindy getötet habe. Er sagte, er könne sich nicht erinnern, es seien so viele gewesen. Und ehe ich begriff, was ich tat, hatte ich mich schon auf ihn gestürzt. Wir kämpften miteinander, und dann warf er plötzlich etwas nach mir und behauptete, es sei eine Wanze. Er dachte, ich sei von der Polizei, und er schrie, es würde mir nie gelingen, ihm den Mord an Cindy anzuhängen. Ich versuchte zu fliehen, aber als ich die Tür aufmachte, stand der Mann draußen, der mich verfolgt hatte. Er war von der Polizei. Sie hatten in all meinen Zimmern Wanzen versteckt und mich belauscht. Der Kommissar sagte, er glaube nicht, daß dieser Nick Rogers der Mörder sei, weil seine Schuhgröße nicht zu dem Abdruck passe, den sie am Tatort gefunden haben...«

»Gail, hör auf...«

»Wir wissen nicht viel über Cindys Mörder, aber wir wissen doch einiges. Er ist jung, hat dunkelblondes Haar, ist schlank, mittelgroß und hat Schuhgröße 43.«

»Gail, hör endlich auf, um Gottes willen!« Jack konnte sich nicht länger zurückhalten. »Was zum Teufel erzählst du denn da?« Er sprang auf und lief im Zimmer hin und her.

»Daß ich versucht habe, Cindys Mörder zu finden!« rief sie. Konnte er das denn nicht begreifen!?

»Gail, hör mir mal zu. Ich möchte, daß du einen Psychiater aufsuchst.«

»Warum? Glaubst du, der kann mir sagen, wer Cindy umgebracht hat?«

»Ich schlage dir nicht vor, zum Psychiater zu gehen, ich bestehe darauf, Gail.«

»Ich brauche keinen Psychiater. Genau darum habe ich dir verschwiegen, was ich die ganze Zeit über getan habe. Ich brauche keinen Psychiater. Ich bin nicht verrückt!«

»Du meinst also nicht, daß nächtliche Autofahrten über einen Highway, auf dem ein Wahnsinniger seinen Opfern auflauert, oder die Verfolgung von Fremden und das Durchsuchen ihrer Zimmer – was noch? – ach ja, Trampen und mitternächtliche Spaziergänge im Park, bei denen man ausgeraubt wird...«

»Das hab' ich nicht gewollt!«

»Nein, da hast du verdammt recht!« schrie Jack sie an. »Ich glaube auch nicht, daß du vorhattest, dich bestehlen zu lassen. Ich denke, du wolltest dich umbringen lassen!«

»Was redest du da?«

»Merkst du denn gar nicht, was du sagst, Gail? Hast du nicht begriffen, was du mir erzählt hast? Du willst wissen, wovon *ich* rede? Ich spreche von einer Frau, die wiederholt ihr Leben aufs Spiel gesetzt hat, die von einem finsteren Loch zum nächsten zieht, sich einer Gefahr nach der anderen aussetzt und die nur darauf wartet, ja die es darauf *anlegt,* daß ihr etwas zustößt. Verdammt noch mal, Gail, du bist keinem Mörder auf der Spur. Du willst nichts weiter, als dich umbringen lassen!«

Gail lehnte sich zurück. Ihr war der Wind aus den Segeln genommen. Es wäre sinnlos gewesen zu widersprechen.

Jack hatte recht.

XXVIII.

»Wie denken Sie über Ihren Besuch bei mir?«

»Was glauben denn Sie, wie ich darüber denke?«

Der Mann hinter dem wuchtigen Schreibtisch lächelte und kritzelte etwas auf den Notizblock, der vor ihm lag. »Sie bedienen sich meiner Taktik«, sagte er und wartete darauf, daß sie sein Lächeln erwidere. Gail begegnete seinem Blick mit finsterer Entschlossenheit.

Dr. Manoff war jung. (Alle sind jung, dachte Gail, zumindest im Vergleich zu mir.) Ein Kranz schwarzer Haare umrahmte eine völlig kahle Schädelpartie, und er tat nichts, um diese Glatze zu kaschieren. Gail fand das sympathisch. Ihr gefiel auch, daß er weder einen weißen Kittel trug noch ein Jackett. Für jemanden seines Berufsstandes wirkte er überhaupt sehr salopp. Zum rosakarierten Hemd trug er eine marineblaue Krawatte, die ziemlich locker gebunden war. Das rosa Hemd sollte vielleicht dokumentieren, daß er sich in seiner Männlichkeit sicher fühle und mit seinem Image keinerlei Probleme habe. Sie war sich nicht sicher, was die blaue Krawatte bedeutete und warum sie nicht korrekt gebunden war. Versuchte er ihr zu suggerieren, er sei nichts weiter als ein Kumpel, mit dem man offen sprechen könne? Gail kam zu dem Schluß, es wäre ihr doch lieber gewesen, wenn er einen weißen Kittel getragen hätte. Dann wäre es nicht so schwierig, ihn einzuschätzen.

»Worüber denken Sie nach?« fragte er.

»Über meine Kindheit«, log sie.

»Ihre Kindheit?« Sein Interesse war geweckt.

»Meine Mutter war verrückt.«

»Möchten Sie mir von ihr erzählen?«

»Eigentlich nicht.«

»In welcher Beziehung war sie verrückt?«

Gail zuckte die Achseln. Das machte Spaß. Und es war so leicht. Kein Wunder, daß Geisteskranke es immer wieder schafften, lange vor ihrer Heilung entlassen zu werden.

»Erzählen Sie mir von Ihrer Mutter. In welcher Beziehung war sie verrückt?« wiederholte Dr. Manoff seine Frage.

»Es machte ihr Spaß, Mutter zu sein.«

»Und das finden Sie verrückt?«

»In der heutigen Zeit sieht man es so. Sie begriff nicht, daß ihre Kinder ihr die Nerven raubten, daß ihr Leben erfüllter gewesen wäre, wenn sie einen Beruf gehabt hätte, und sie konnte nicht einsehen, daß Kinder lästige Quälgeister sind, die einen bei jeder kreativen Beschäftigung stören.«

»Aber die meisten Frauen aus der Generation Ihrer Mutter blieben doch zu Hause bei ihren Kindern.« Gail konnte den Blick nicht von seinen Augen lösen. »Von wem sprechen Sie in Wirklichkeit, Gail?«

Es war also doch nicht so einfach, dachte sie und gab dem guten Doktor ein paar Pluspunkte. Sie würde es klüger anstellen müssen. Gail zwang sich, den Blick zu senken. Sie schaute in ihren Schoß.

»Wie alt sind Sie, Dr. Manoff?«

»Fünfunddreißig.«

»Ich bin vierzig.« Sie hielt inne. Beide warteten sie darauf, daß der andere weiterspräche. »Sie müßten jetzt eigentlich sagen: ›Wirklich? Sie sehen aber viel jünger aus.‹«

»Was für ein Gefühl ist das für Sie, vierzig zu sein?« fragte er statt dessen.

Gail hob die Schultern. »Alter hat für mich nie viel bedeutet.«

»Aber Sie haben das Thema angeschnitten.«

»Nur um etwas zu sagen. Ich soll Ihnen doch was erzählen, nicht?«

»Nur, wenn Sie möchten.«

»Nein, das möchte ich nicht. Ich möchte überhaupt nicht hier sitzen.«

»Warum sind Sie dann gekommen?«

»Weil mein Mann darauf bestand.«

»Sie sind also ihm zuliebe hier?«

»Nach dem, was in Newark passiert ist, hatte ich wohl kaum

eine andere Wahl. Ich dachte, wenn ich einwillige und zu Ihnen komme, würde er mich für eine Weile in Ruhe lassen.«

»Möchten Sie denn in Ruhe gelassen werden?«

»Jawohl, genau das.«

Sie schwiegen beide.

»Wenn Sie sich dagegen sträuben, kann ich Ihnen nicht helfen«, sagte Dr. Manoff, als er merkte, daß sie entschlossen war, das Schweigen nicht zu brechen.

»Ich will nicht, daß Sie mir ›helfen‹.«

»Warum nicht?«

»Weil ich keine Hilfe möchte. Ich möchte sterben.«

Sie sah den Schatten, der über sein Gesicht huschte. »Ich habe zwei Söhne«, sagte er leise. »Der eine ist fünf, der andere noch nicht ganz drei Jahre alt. Manchmal habe ich Alpträume, in denen einem von meinen Jungen etwas zustößt. Ich kann mir nichts Schrecklicheres vorstellen. Und das geht, glaube ich, den meisten Eltern so.« Er schluckte, und Gail spürte, daß seine Rührung echt war und nicht gespielt. »Wir werden dazu erzogen, Verlust ertragen zu lernen. Freunde verlassen uns, Eltern sterben, ganze Völker werden ausgelöscht. Aber ich bin davon überzeugt, daß nichts auf der Welt einen Menschen auf den Verlust seines Kindes vorbereiten kann. Und wenn ein Kind so umkommt, wie Ihre Tochter... Ich kann das wahre Ausmaß Ihres Schmerzes nicht einmal erahnen. Ich will nicht versuchen, Sie zu täuschen. Ich kann mich zwar an Ihre Stelle versetzen, aber nur bis zu einem gewissen Grad. Ich glaube Ihnen, wenn Sie sagen, daß Sie sich den Tod wünschen. Ich denke, ich würde wahrscheinlich genauso empfinden.«

»Und wie wollen Sie mir dann helfen?« fragte Gail, dankbar für seine Aufrichtigkeit.

»Indem ich Ihnen zuhöre«, antwortete er schlicht.

Gail forschte in seinen Augen. »Was erwarten Sie von mir? Ich habe alle vorgeschriebenen Phasen durchgemacht. Ich war voller Haß, habe meinen Glauben verloren, habe versucht, mit Gott zu verhandeln. Ich habe so getan, als sei es gar nicht geschehen, und ich hab's, verdammt noch mal, sogar akzeptiert. Aber ich möchte immer noch sterben.« Sie stieß einen Seufzer aus, der zitternd im Raum schwebte. »Ich weiß Ihre Arbeit zu schätzen, Dr. Manoff. Ich finde es großartig, daß Sie bereit sind, Menschen zuzuhören, die sich aussprechen möchten, die das Bedürfnis haben, mit jemandem zu reden. Aber ich gehöre nicht dazu. Ich habe Ihnen nichts zu sagen.« Gail sah sich im Zimmer um. Sie suchte nach Worten, die ihr den Weg zum Ausgang ebnen würden. »In den letzten acht Monaten habe ich nur dann einen Funken Leben verspürt, wenn ich mich draußen herumtrieb und dem Tod in die Arme zu laufen suchte! Und wenn Sie bis in alle Ewigkeit hier sitzenbleiben und mir erzählen, daß mein Mann und meine Tochter mich lieben und brauchen, dann kann ich Ihnen nur antworten, daß ich das alles weiß und daß auch ich sie liebe, aber daß es mir nicht hilft. Es ändert nichts an meinem Entschluß. Ich hatte eine glückliche Natur, Dr. Manoff. Ich war eine von denen, die ein halbleeres Glas sehen und sagen, es sei halbvoll. Ich glaubte allen Ernstes, jeder neue Tag sei der strahlende Beginn meines weiteren Lebens.«

»Ich hatte mal einen Kopf voller Haare«, sagte Dr. Manoff sanft, und Gail fing an zu lachen. Dann brach sie plötzlich in Tränen aus, die sie jedoch mit einer ungeduldigen Handbewegung fortwischte. »Ich habe eine Freundin«, begann sie, nachdem sie sich die letzte Träne aus dem Augenwinkel getupft hatte. »Vor ein paar Jahren hat ihr Mann sie verlassen. Er ging mit seiner Maniküre durch. Und als er auszog, da sagte er zu meiner Freundin, meiner früheren Freundin... na ja, sie war eigentlich nie richtig meine Freundin, sondern eher eine Bekannte... Jedenfalls, als ihr Mann sie verließ, da begründete er es damit, daß er die täglichen Szenen und Kämpfe satt habe. Er wollte keinen Streit mehr.« Gail lächelte Dr. Manoff zu. »Und wissen Sie, was meine Freundin, diese Bekannte eben, wissen Sie, was die ihm geantwortet hat?« Dr. Manoff sah sie erwartungsvoll an. »Sie sagte: ›Du willst nicht mehr kämpfen? Dann leg dich hin und stirb.‹ Genau das hat sie gesagt. Und es war vermutlich die scharfsinnigste Bemerkung, die je über ihre Lippen kam«, stellte Gail mit wachsendem Erstaunen fest. »Ich hab' das nur bisher nie richtig verstanden.« Sie schüttelte den Kopf. »Ich weiß gar nicht, warum ich Ihnen diese alte Geschichte erzählt habe.«

»Vielleicht, weil Sie auch nicht mehr kämpfen wollen.«
Gail strich sich die Haare aus der Stirn. »Ja, das wollte ich wohl damit sagen.« Sie atmete tief. »Ich bin müde, Dr. Manoff. Und ich möchte kein Rezept, das mir hilft, mich besser zu fühlen. Das Leben besteht aus zu vielen Kämpfen. Ich möchte tot sein.«

»Warum sind Sie's dann nicht?« fragte er.
Einen Moment lang war Gail durch seine Frage wie gelähmt. Dann begann ihr Herz rasend schnell zu klopfen. »Ich weiß es nicht«, antwortete sie schließlich. »Es reicht wohl nicht, sich etwas bloß zu wünschen.« Sie schüttelte den Kopf. »Wahrscheinlich fehlt mir einfach der Mut.« Sie erinnerte sich, daß sie vor Monaten ihrer Mutter gegenüber eine ähnliche Bemerkung gemacht hatte. »Und die Pistole«, fügte sie leise hinzu, als ihr einfiel, was sie damals noch gesagt hatte.

»Es gibt andere Möglichkeiten.« Gail begriff sehr wohl, daß er nicht vorhatte, sie über die verschiedenen Selbstmordpraktiken aufzuklären, sondern im Gegenteil versuchte, ihr das Geständnis abzuringen, daß sie sich trotz allem für das Leben entschieden habe.

»Ich sag's ja, mir fehlt der Mut«, wiederholte sie. »Außerdem hat Jack Ihnen gewiß schon gesagt, daß ich probiert habe, die Drecksarbeit jemand anderem aufzuhängen.«

»Das ist es ja grade! Als Sie im Park überfallen wurden, haben Sie sich gewehrt. Als Sie in der Pension angegriffen wurden, haben Sie nach der Polizei gerufen.«

»Ich hatte Angst. Es war keine Zeit nachzudenken. Ich habe aus reinem Reflex reagiert.«

»Sie haben sich instinktiv gewehrt.«

270

»Ja. Wunderbarer Schöpfungseinfall, dieser Instinkt, nicht?«
meinte sie sarkastisch.

»Der Überlebenswille ist in jedem Menschen mächtig.«
Gail schwieg.

»Ich wollte nur sagen...«

»Lassen Sie, Doktor, ich weiß schon«, unterbrach sie ihn. »Sie
versuchen mir einzureden, daß ein kleiner Teil von mir gar
nicht sterben will. Denn sonst würde ich eine Überdosis Schlaf-
tabletten nehmen oder mir die Pulsadern aufschneiden oder 'ne
Portion Abflußreiniger schlucken oder was Leute, die ernsthaft
zu sterben versuchen, sonst noch alles anstellen. Vielleicht haben Sie sogar recht. Ich weiß es nicht.« Sie senkte den Blick.

»Es ist mir, offen gesagt, auch egal.«
Sie stand auf. Für sie war die Sitzung beendet.

»Und wenn die Polizei nun den Mann faßt, der Ihr Kind getötet
hat?«

»Den werden sie nicht finden.«

»Nehmen wir trotzdem an, sie schnappen ihn, was dann?«

»Dann werden sie ihm eins auf die Finger geben und ihn ermahnen, es nicht wieder zu tun. Und dann lassen sie ihn laufen.«

»Sie haben sehr wenig Vertrauen in unser Rechtssystem«,
konstatierte er, ohne ihr zu widersprechen.

»Dieser Mann hat schließlich auch Rechte.«

»Und wir übrigen? Was ist mit unseren Rechten?«

»Wissen Sie das noch nicht? Sie haben keinerlei Rechte, ehe Sie
nicht jemanden umgebracht haben.«

Es schien, als gebe es danach nichts mehr zu sagen, und Gail
verließ schweigend seine Praxis.

XXIX

Gail hoffte, Weihnachten würde ohne großes Trara an ihr vorübergehen. Weihnachten ist was für Kinder, hatte sie abzuwehren versucht, aber Jack hatte darauf bestanden, daß sie einen Baum kauften, und Gail hatte weder die Kraft noch den
Mut, mit ihm zu streiten.

»Willst du das nicht jetzt schon aufmachen?« Jack kam mit einer Riesenschachtel ins Schlafzimmer, wo Gail, schon im
Nachthemd, auf der Bettkante saß und ihr Haar bürstete.

»Weihnachten ist doch erst morgen«, erinnerte sie ihn.

»Ach was, in vielen Familien wird schon vor dem Heiligabend
beschert.« Er stellte die Schachtel auf ihren Schoß und sah sie
erwartungsvoll an.

»Na schön.« Sie zog an der leuchtendroten Schleife, die sich
fast wie von selbst löste, und hob den Deckel ab. »O Jack, das ist
ja ein Traum.« Gail zog den glänzenden schwarzen Nerz aus
der Verpackung und hielt ihn gegen das Licht.

»Ich dachte, du könntest einen neuen Mantel brauchen.« Jack
lächelte schüchtern.

»Aber ich hab' für dich nicht annähernd so was...«

»Das habe ich auch nicht erwartet.«

»Ich kann ihn nicht annehmen. Er ist zu kostbar, ich verdiene
es nicht, daß...«

»Ich liebe dich, Gail.« Er setzte sich zu ihr aufs Bett. »Probier
ihn doch mal an.«

»Jetzt? Überm Nachthemd?«

»Ich fand schon immer, daß Flanell und Nerz gut zusammen-
passen.« Er lachte, und Gail stimmte mit ein. Sie sprang auf
und drapierte den weichen, dunklen Pelz um ihre Schultern.

»Wie sehe ich aus?« Sie drehte sich, immer noch lachend, von
einer Seite zur anderen.

»Wunderschön«, rief Jennifer von der Tür her. »Darf ich reinkommen, oder ist das 'ne Privatparty?«

Gail streckte die Arme nach ihrer Tochter aus.

»Ich hab' auch was für dich.« Jennifer hielt ihr ein kleines, hübsch eingeschlagenes Päckchen entgegen.

»Möchtest du, daß ich's jetzt aufmache?«

Jennifer nickte.

»Also gut.« Gail setzte sich wieder aufs Bett, der schwarze Nerz glitt von ihren Schultern und ergoß sich über die weiße Daunendecke.

Gail riß das Silberpapier auf, öffnete das kleine Etui, das darunter zum Vorschein kam, und zog ein zartes goldenes Kettchen heraus, an dem eine ausgesucht schöne Perle hing, eingefaßt von zwei winzigen Diamanten. Sprachlos wandte Gail sich ihrer Tochter zu. »Jennifer, das geht doch nicht«, stammelte sie endlich.

»Gefällt sie dir nicht?«

»Was? Aber wie könnte sie mir denn nicht gefallen? Sie ist zauberhaft. *Du* bist zauberhaft. Aber ich kann nicht zulassen, daß du all dein Geld für mich ausgibst. Diese Kette ist doch viel zu teuer...«

»Mach dir darum keine Sorgen«, unterbrach Jennifer sie. »Dad hat mir was zugeschossen.«

»Hat er das?« fragte Gail erstaunt. Soweit sie sich erinnern konnte, war Mark nur dann großzügig gewesen, wenn ihn sein Schuldgefühl plagte. »Ich wollte dir gern was Besonderes schenken, und Dad war einverstanden. Er fand auch, daß diese Kette wie für dich gemacht sei.« Jennifer sah Jack an. »Gefällt sie dir?«

»Ich finde sie wunderschön. Und ich bin sicher, daß sie am Hals deiner Mutter noch schöner aussehen wird. Komm, ich helf' dir.«

Er legte Gail das Kettchen um den Hals und ließ den Verschluß zuschnappen. Gail trat vor den Spiegel und betrachtete die Frau im weißen Flanellnachthemd mit dem funkelnden Geschmeide um den Hals. Als Jack ihr den Nerz um die Schultern legte, lächelte sie. Ihr Spiegelbild sah genauso unwirklich aus, wie sie sich fühlte. »Jetzt bin ich so fein rausgeputzt, fehlt nur noch die

Einladung zum Ball«, scherzte Gail, als Jack und Jennifer sie umarmten.

»Frohe Weihnachten«, sagte Jack.

»Habt ihr beide Silvester was vor?« Ahnungslos brach Jennifer mit ihrer Frage den Zauber.

»Nicht daß ich wüßte«, antwortete Gail.

»Carol hat uns nach New York eingeladen«, sagte Jack gleichzeitig.

»Ach, wirklich?«

»Ich hab' gestern mit ihr telefoniert. Sie hat einen neuen Freund, den sie uns vorstellen möchte. Ich dachte, wir könnten gemeinsam zu Abend essen und im Plaza übernachten.«

»Und was wird mit Jennifer?«

»Mach dir um mich keine Sorgen. Eddie und ich gehen zu 'ner Party. Und schlafen kann ich bei Dad.«

»Ich weiß nicht.« Gail zögerte. »Vielleicht haben Mark und Julie selber was vor. Könnte doch sein, daß sie wegfahren...«

»Das tun sie bestimmt nicht«, warf Jennifer ein. »Julie hat sich in letzter Zeit nicht besonders wohl gefühlt.«

»Nein? Aber wenn sie krank ist, wird sie schon gar nicht wollen, daß...«

»Sie ist nicht krank. Sie ist schwanger.«

»Sie ist was?« fragte Gail, obwohl sie Jennifer sehr wohl verstanden hatte.

»Julie bekommt ein Baby.«

»Wann?« Gail tastete nach dem Kettchen an ihrem Hals.

»Erst nächsten August. Sie hat grade das Testergebnis gekriegt.«

Gail ließ den Nerz von ihren Schultern gleiten. »Ich wußte gar nicht, daß sie Kinder wollten.«

»Wollten sie eigentlich auch nicht. Jedenfalls früher nicht.«

Gail nahm das Kettchen ab. »Tja, dann vergiß nicht, den beiden meinen Glückwunsch auszurichten. Und sag deinem Vater vielen Dank von mir... weil er dir mit der Kette geholfen hat. Das war sehr großzügig von ihm.«

»Er meinte, sie sei wie für dich gemacht«, wiederholte Jennifer.

»Fröhliche Weihnachten.«

»Na, wie gefällt er dir?« fragte Carol.

»Ich finde, er sieht Dad ähnlich«, sagte Gail. Die beiden Schwestern standen in der Küche von Carols winzigem Apartment. Der Hauptgang war beendet, das Geschirr abgetragen, und jetzt warteten sie darauf, daß der Kaffee durchlief. »Machst du Witze? Wie Dad?! Das kann doch nicht dein Ernst sein.«

»Ja, siehst du die Ähnlichkeit denn nicht?«

»Ich meine, er sieht 'n bißchen wie Jack Nicholson aus.«

»Jack Nicholson hat entfernte Ähnlichkeit mit Dad.«

»Ist mir nie aufgefallen.«

»Dad kann sich durchaus sehen lassen«, versicherte Gail ihrer jüngeren Schwester und kicherte vergnügt. Sie war fast den ganzen Abend guter Stimmung gewesen und hatte viel gelacht. Sie hatte sich wirklich amüsiert und sich nur ab und zu darüber gewundert, daß es ihr gelang, ihre Erinnerungen zu verdrängen.

»Weißt du, was du mir da erzählst? Jetzt ist die Verwandlung komplett. Ich klinge sowieso schon von Tag zu Tag mehr wie Mom. Kannst du dir vorstellen, daß ich sogar angefangen habe, genau wie sie dauernd die Möbel umzustellen? Und nun willst du mir einreden, daß mein neuer Freund aussieht wie mein Vater. Also das ist einfach zuviel!«

»Ach, nimm's nicht so schwer«, scherzte Gail. »Ist doch sowieso bloß für zwei Jahre.«

Einen Moment lang herrschte Schweigen. Die beiden Schwestern tauschten einen liebevollen Blick.

»Es scheint dir viel besser zu gehen«, sagte Carol schließlich.

»Wirklich?« fragte Gail. Der Gedanke beunruhigte sie, ohne daß sie hätte sagen können, warum.

Um Mitternacht erhoben sie ihre Gläser und stießen auf das neue Jahr an.

Als Jack sich zu ihr beugte und ihr einen Kuß geben wollte, stand Gail hastig auf und stellte ihr Glas weg.

»Was hast du denn?« fragte Jack.

»Ich denke, es wird Zeit, daß wir gehen.«

»Was?« rief Carol. »Der Abend fängt doch erst an. Fühlst du dich nicht wohl?«

»Ich möchte gehen«, wiederholte Gail, ohne eine Erklärung zu geben.

»Gail ist müde«, entschuldigte Jack sie. »Wir werden ins Hotel fahren und uns mal richtig ausschlafen.«

»Ich will aber nicht ins Hotel. Ich will nach Hause.«

»Heute nacht noch? Gail, ich bitte dich, wir können doch gleich morgen früh fahren.«

»Es *ist* schon morgen.«

»Aber was ist denn passiert?« fragte Carol verwirrt. Steve, ihr neuer Freund, saß stumm auf der Couch und beobachtete die Szene mit einer Mischung aus Neugier und Verlegenheit. »Vor ein paar Minuten haben wir doch noch miteinander gelacht und uns alle prächtig amüsiert!«

»Das ist es ja gerade!« Gail lief gequält im Zimmer auf und ab. »Ich habe kein Recht, mich zu amüsieren. Verstehst du das denn nicht? Vergessen, lachen, plötzlich wieder Freude am Leben haben, wenn auch nur ein wenig – das alles ist Verrat an Cindy! Wie darf ich mir erlauben, an irgend etwas Freude zu empfinden, wo doch meine sechsjährige Tochter ermordet wurde? Kannst du mir das sagen?!«

Die Frage blieb unbeantwortet im Raum stehen. Es gab keine Antwort darauf. Jack half Gail in den neuen Pelzmantel. Auf der langen Heimfahrt, die sie schweigend zurücklegten, stand die Frage immer noch zwischen ihnen.

Knapp eine Stunde später hielten sie vor der Einfahrt zum Haus Nummer 1042 am Tarlton Drive.

»Ist das nicht Eddies Wagen?« fragte Gail und deutete auf den blauen Trans Am, der am Straßenrand parkte.

»Vielleicht wollte Jennifer zu Hause vorbeifahren und ihre Sachen holen.«

»Warum ist dann drinnen alles dunkel?« Gails Unruhe wuchs.

»Gail, bitte, reg dich nicht auf. Vielleicht ist es gar nicht Eddies Wagen.«

»O doch!« sagte Gail sehr bestimmt. »Und ich will wissen, was hier vorgeht.«

Gail war ausgestiegen, ehe Jack sie zurückhalten konnte.

»Gail, so warte doch! Tu nichts, was dir nachher leid tun könnte. Bleib ruhig. Herrgott, wirst du wohl auf mich warten?«

Aber noch ehe Jack ausgestiegen war, stand Gail an der Haustür, und bevor er sie einholen konnte, schloß sie auf und betrat den Flur.

Sie saßen zusammen auf dem Sofa. Gail bemerkte sie nicht gleich, und die beiden konnten sie weder sehen noch hören, so sehr waren sie mit sich selbst beschäftigt. Gail lief durch die Diele, ohne Licht zu machen oder die Tür hinter sich zu schließen. Sie rannte unverzüglich ins Wohnzimmer, als sie das unterdrückte Stöhnen vernahm. Und dann sah sie die beiden.

Er hielt sie in den Armen, und trotz der Dunkelheit konnte Gail den entblößten Schenkel ihrer Tochter erkennen. Jennifer hatte die Arme um den Nacken des Jungen geschlungen. Beider Lippen waren aufeinandergepreßt, die ganze Szene wirkte wie eine Parodie auf Teenager-Leidenschaft.

Gail trat an den Ecktisch und knipste die Leselampe an. Sie fuhren auseinander. Jennifer faßte sich mit fliegender Hast an den Rock und zog ihn über die Knie hinunter. Eddie verschränkte die Hände im Schoß. Ihre erhitzten Gesichter waren rot und verquollen.

»Mom!« Jennifer sprang auf und strich ihren Rock glatt. »Was machst du denn hier?«

»Komisch, dasselbe wollte ich dich gerade fragen.« Gail blickte von ihrer Tochter zu Eddie, der seine Erektion mit den Händen zu verbergen suchte. »Frohes neues Jahr.« Ihre Stimme triefte vor Ironie.

»Mom, bitte... Wir haben nichts Unrechtes getan.« Jennifer begann zu weinen.

»Ich hab' genau gesehen, was ihr getan habt!«

»Es war meine Schuld, Mrs. Walton«, versuchte Eddie sie zu schützen. »Ich hab' Jennifer überredet, früher von der Party wegzugehen.«

»Hast du sie auch dazu überredet, mich zu belügen?« herrschte Gail ihn an.

»Ich hab' nicht gelogen! Wir *waren* auf der Party. Und ich wollte nachher zu Dad und Julie und dort übernachten«, verteidigte sich Jennifer.

»Du meinst, wenn ihr mit der Schlaferei hier fertig gewesen wärt.«

»Gail, gib acht, was du sagst«, warnte Jack von der Tür her.

»Wir haben nichts getan!« Schluchzend lief Jennifer zu ihrem Stiefvater. »Wir sind nicht zu weit gegangen, das schwöre ich!«

»Ich glaube, es ist besser, wenn du jetzt gehst«, sagte Gail zu dem Jungen, der wie ein Häuflein Elend dahockte.

»Nein!« widersprach Jennifer.

»Laß nur«, sagte Eddie. »Deine Mutter hat recht. Ich ruf' dich morgen früh an.« Er stand auf und ging hinaus.

»Das halte ich für keine gute Idee«, rief Gail ihm mit schneidender Stimme nach. »Ich möchte nicht, daß du meine Tochter morgen anrufst. Oder übermorgen. Ich möchte, daß du sie überhaupt nicht mehr anrufst.«

»Mom! Was redest du da?«

Gail stürzte sich mit unglaublicher Heftigkeit auf ihre Tochter. »Wie konntest du nur? Hast du's etwa schon vergessen? Kannst du dich nicht mal bis zum April zurückerinnern? Muß ich dein Gedächtnis auffrischen?«

»Mom, bitte hör auf.«

»Du hattest eine kleine Schwester. Erinnerst du dich?«

»Gail, hör sofort auf!«

»Mrs. Walton«, bat Eddie, »bitte tun Sie das nicht.«

»Du wagst es noch, hier den Mund aufzumachen?« Gail wandte sich wieder ihrer Tochter zu. »Sie hieß Cindy und war erst sechs Jahre alt. Sie wurde von einem Kerl vergewaltigt und erwürgt, der sie vorher genauso abtatschte, wie du dich von dem da hast begrapschen lassen.«

»Mrs. Walton...«

»Wer weiß?« Gail fiel ein, daß Eddie der Polizei noch immer kein Alibi hatte liefern können. »Vielleicht ist's ein und derselbe.« Sie bedauerte ihre letzten Worte, kaum daß sie ausgesprochen waren. Sie sah die Qual in Eddies Gesicht, las das Entsetzen in den Augen ihrer Tochter, den Kummer in Jacks Haltung und wußte, daß sie zu weit gegangen war. Was hatte sie angerichtet? Natürlich wußte sie, daß Eddie nichts mit Cindys Ermordung zu tun hatte. Sie hatte ihn nicht eine Sekunde lang verdächtigt. Ihr Blick wanderte von den gespenstisch verzerrten Zügen des Jungen hinunter zu seinen zitternden Händen.

»Fahr nach Hause, Eddie«, hörte sie Jack leise sagen. Gleich darauf schlug die Haustür zu.

Die drei Menschen im Zimmer waren zu erschöpft, um sich zu rühren. Wir stehen da wie leblose Statuen, dachte Gail und suchte den Blick ihrer Tochter.

»Jetzt haßt du mich«, sagte sie voller Scham über ihren Wutausbruch.

»Nein«, antwortete Jennifer. »Ich könnte dich nie hassen.«

»Ich wollte das nicht sagen. Ich war einfach nicht ich selbst. Als ich dich so mit Eddie sah, da hab' ich die Nerven verloren.«

»Ich weiß. Ich kann's verstehen.«

Gail sah ihrer Tochter forschend in die Augen. »Ist das wahr? Verstehst du's wirklich?«

Jennifer nickte. »Wenn's dir recht ist, möchte ich jetzt gern zu Bett gehen.«

»Natürlich.«

»Ich ruf' Dad vom Schlafzimmer aus an und sag' ihm, daß ich heute nacht nicht mehr komme.«

Gail nickte. »Ich liebe dich«, flüsterte sie, aber Jennifer war bereits aus dem Zimmer gegangen.

XXX.

Am nächsten Tag kam Jennifer erst gegen Mittag herunter. Gail war nicht erstaunt darüber; vermutlich hatte Jennifer in der letzten Nacht nicht viel geschlafen, genausowenig wie sie und Jack.

Gail hatte Jennifer nachts mehrmals ins Bad gehen, einen Schluck Wasser trinken und wieder in ihr Zimmer zurückkehren hören. Sie hatte erwogen, ihrer Tochter nachzugehen und noch einmal alles zu erklären. Aber sie wußte, das hatte keinen Sinn. Sie hatte überreagiert, daran gab es nichts zu deuteln. Es war nichts weiter als eine harmlose Teenager-Knutscherei gewesen. Das versuchte sie sich wieder und wieder einzureden, bis sie schließlich in einen unruhigen Schlaf fiel.

Jack war morgens sehr früh aufgestanden und hatte das Haus verlassen, mit der Begründung, er brauche unbedingt frische Luft, um wieder einen klaren Kopf zu bekommen. Die Szene, die Gail heraufbeschworen hatte, war ihm sehr nahegegangen, auch wenn er kein Wort darüber verlor, wohl weil er einsah, daß es nichts mehr zu sagen gab. Als Gail geduscht hatte und in die Küche hinunterkam, war er noch nicht zurück.

Sie setzte sich mit der letzten Sonntagsausgabe der »Times« an den Tisch und las einen Artikel über eine Frau, die man wegen Mißachtung des Gerichts mit einer Haftstrafe belegt hatte, weil sie sich – aus Angst um ihr Leben – geweigert hatte, gegen zwei Männer auszusagen, die beschuldigt wurden, sie vergewaltigt zu haben. Die beiden Männer waren wieder auf freiem Fuß. In einem anderen Bericht war von einem überführten Mörder die

Rede, der zwar zu lebenslänglich verurteilt worden war, nun aber nach sieben Jahren Gefängnis auf Bewährung freigelassen werden sollte. Allerdings wurde sein Straferlaß rückgängig gemacht, als sich in der Bevölkerung empörter Protest regte. Doch das Appellationsgericht legte Wert auf die Feststellung, daß die Entrüstung der Öffentlichkeit nicht bewirken könne, einem Menschen Straferlaß zu verweigern, und so bestand nach wie vor die Chance, daß der Mörder freikommen würde. Dem Pressesprecher der Haftanstalt zufolge besaß dieser Mann, der einen Jugendlichen umgebracht, ferner drei Frauen vergewaltigt und fast ein Dutzend weiterer Kapitalverbrechen begangen hatte, eine »unter dem Durchschnitt« liegende Neigung zu Gewalttätigkeit. Gail war noch in ihre Lektüre vertieft, als Jennifer kurz vor Mittag herunterkam. Rasch legte sie die Zeitung weg und stand auf, um ihre Tochter zu begrüßen.

»Was möchtest du zum Frühstück?« fragte sie und bemerkte, daß Jennifer geweint hatte. Ihre Augen waren rot, die Lider geschwollen, auf ihren Wangen brannten hektische Flecken. Jennifer wich dem Blick ihrer Mutter aus. Sie starrte auf ihre Hände und kratzte mit dem Finger an der Tischplatte. »Ich hab' keinen Hunger«, sagte sie.

»Möchtest du was trinken? Einen Orangensaft?«

Jennifer schloß die Augen und atmete tief durch. »Na gut«, sagte sie schließlich.

Gail ging zum Kühlschrank und goß ihrer Tochter ein großes Glas Orangensaft ein. »Konntest du letzte Nacht nicht schlafen?« Jennifer schüttelte den Kopf, nahm das Glas, das ihre Mutter ihr reichte, und setzte es an die Lippen. Doch sie trank nicht. »Ich dachte, du seist vielleicht gegen Morgen doch noch eingeschlafen«, fuhr Gail fort. Sie hatte Angst, wenn sie auch nicht wußte, wovor.

Jennifer schüttelte wieder den Kopf. »Ich hab' fast den ganzen Morgen telefoniert.«

»Oh.« Gail war völlig überrascht. »Ich hab' dich gar nicht gehört.«

»Ich hab' mit Eddie gesprochen.« Jennifer setzte das Glas ab, ohne auch nur einen Schluck getrunken zu haben.

»Wie geht's ihm?« fragte Gail ehrlich besorgt. »Ich werde ihn nachher anrufen und um Entschuldigung bitten.«

»Ich glaube nicht, daß er das möchte.«

»Aber das ist doch das mindeste, was ich tun kann.«

»Bitte, Mom, mach's nicht noch schlimmer, als es sowieso schon ist.«

»Na schön, wenn du's nicht möchtest, werde ich ihn nicht anrufen. Du kannst ihm ja von mir bestellen, wie leid es mir tut, daß ich gestern abend so häßlich zu ihm war.«

Jennifer sah ihre Mutter an. »Ich werde nicht mehr mit ihm sprechen«, sagte sie langsam. Tränen traten ihr in die Augen. »Er meint, es sei besser, wenn wir uns eine Weile nicht träfen.« Ihre Stimme klang verzweifelt, so als könne sie es nicht fassen.

»O Spätzchen, es tut mir ja so leid für dich...«

»Es tut dir leid? Wie kannst du das sagen? Jetzt hast du doch erreicht, was du wolltest, oder etwa nicht? Du wolltest doch, daß wir Schluß machen. Monatelang hast du mich bekniet. Tja, nun hast du's endlich geschafft. Du hast dein Ziel erreicht, also wage ja nicht, mir vorzumachen, es täte dir leid. Denn das stimmt nicht. Du freust dich drüber!«

»Nein, mein Liebes, ganz bestimmt nicht. Bitte, laß mich zu ihm gehen. Ich bin sicher, wenn ich mit ihm rede und ihm alles erkläre...«

»Nein«, sagte Jennifer entschieden. »Ich will nicht, daß du hingehst. Er hat gesagt, er sei die ganze Nacht auf gewesen, weil er schreckliche Magenkrämpfe hatte. Er habe alles mit seinen Eltern besprochen, und sie hielten es so für das Beste.« Eine Weile schwiegen beide, dann fuhr Jennifer fort: »Da ist noch was, worüber ich mit dir reden muß.«

»Was denn?«

»Gleich nachdem ich mit Eddie gesprochen hatte, hab' ich Dad angerufen.«

»Und?« Gail war zumute, als werde sich jeden Moment die Erde vor ihr auftun.

Jennifer holte tief Luft und platzte dann mit ihrem Geständnis heraus: »Ich möchte zu ihm ziehen.« Gail spürte, wie ihr schwindlig wurde, und sie griff haltsuchend nach der Stuhllehne. »Dad sagt, wenn ich es wirklich will, dann sind er und Julie einverstanden. Platz haben sie, und ihnen ist's recht. Julie könnte sowieso ein bißchen Hilfe brauchen, und wenn erst das Baby da ist, kann ich mich wirklich nützlich machen.«

»Wovon sprichst du?« fragte Gail.

»Ich ziehe zu Julie und Dad«, wiederholte Jennifer.

»Aber warum? Bloß weil ein Junge sagt, daß er sich nicht mehr mit dir treffen will?«

»Nein, nicht nur deswegen. Es spielen 'ne Menge Dinge mit, nicht bloß das mit Eddie oder der Krach gestern abend.«

»So was wird nicht wieder vorkommen, Spätzlein, ich verspreche es dir.«

»Mom, du verstehst mich nicht. Es ist nicht nur wegen gestern nacht. Sicher, das gehört dazu, es war sozusagen der Auslöser, aber früher oder später wär's sowieso passiert. Wenn nicht jetzt, dann ein andermal. Mom, ich komm' mir vor wie im Gefängnis. Ich kann hier nicht atmen. Ich brauche ein bißchen Platz für mich.«

»Ich werde dir Platz geben, bestimmt.«

»Du kannst es nicht, Mom. Du schaffst es nicht.«

Gail ließ sich auf den Stuhl fallen. »Wann willst du ausziehen?« Ihre Stimme brach.

»Dad wird gleich hier sein.« Wie schnell sich alles entwickelt, dachte Gail bestürzt. »Gepackt hab' ich schon«, erklärte Jennifer.

»Du hast wirklich keine Zeit verloren«, sagte Gail und setzte hastig hinzu: »Entschuldige den Sarkasmus, ich hab's nicht so gemeint.«

»Ist schon gut.« Jennifer nahm das Glas vom Tisch und stürzte den Orangensaft in einem Zug hinunter.

Als Mark zwanzig Minuten später kam, um Jennifer abzuholen, empfing Jack ihn im Wohnzimmer.

»Tag, Jack«, hörte Gail ihren Exmann sagen. Falls ihm die Situation peinlich war, merkte man das zumindest seiner Stimme nicht an. Welche Ironie, dachte Gail. Jetzt würde Mark zwei Kinder bekommen, während sie keines mehr hatte.

»Jennifer schaut nur noch mal nach, ob sie nichts vergessen hat«, sagte Jack, als Gail ins Zimmer trat. »Ich fürchte, ich verstehe nicht ganz, was hier vorgeht«, fuhr er fort. »Ich bin erst vor zehn Minuten zurückgekommen. Gail sagte mir, Jennifer möchte für eine Weile bei dir und Julie wohnen?«

»Es war nicht meine Idee«, sagte Mark mehr zu Gail als zu ihrem Mann.

»Von dir geht doch nie die Initiative aus«, erwiderte Gail.

Mark überhörte die spitze Bemerkung. »Ich bin sicher, wenn sie sich wieder beruhigt hat, wird sie zurückkommen.«

Gail antwortete nicht, denn Jennifer stand in der Tür. »Na, alles klar?« fragte Mark offenbar erleichtert über ihr Erscheinen.

Jennifer nickte. Mark nahm ihre Koffer und wandte sich zum Gehen.

»Du kannst es dir jederzeit anders überlegen«, sagte Gail zu ihrer Tochter.

»Ich weiß.«

Gail ging auf sie zu und zog sie fest an ihre Brust. »Auf Wiedersehen, mein Kleines.«

»Wiedersehen, Mom.«

Ein paar Minuten später standen Gail und Jack sich allein in dem großen, stillen Zimmer gegenüber. Jack machte nicht den Versuch, ein Gespräch zu beginnen; das war auch gar nicht nötig. Die Sprache seiner Augen war nur allzu beredt. Bald wird uns nichts mehr bleiben, sagten sie klar und deutlich. Wir müssen eine Lösung finden.

XXXI.

Seine Lösung hieß Ferien in Florida.

Sie hörte ihn am Telefon kurzfristige Entscheidungen treffen. Er buchte zwei Flüge. In drei Tagen sollten sie abreisen. Er stellte eine Liste mit Tierärzten zusammen, die bereit waren, in Notfällen für ihn einzuspringen. Er rief Lieutenant Cole an, teilte ihm mit, daß sie zwei Wochen verreisen würden, und gab ihm die Nummer, unter der er sie erreichen konnte. Er vereinbarte mit Dr. Manoff einen Termin für Gail, unmittelbar nach ihrer Rückkehr. Er teilte Gails Eltern ihre genaue Ankunftszeit mit. Sie hatten Jack und Gail schon vor einiger Zeit eingeladen, nach Florida zu kommen. Sie selbst wollten nach New York, um Carol und deren neuen Freund zu besuchen. Sie würden ein paar Tage mit Gail und Jack verbringen und den beiden dann ihre Wohnung überlassen. Vielleicht sei das ihre letzte Chance, im Eden Rock zu wohnen, hatte Gails Mutter ihrem Schwiegersohn verraten. Sie und ihr Mann trügen sich nämlich mit dem Gedanken, weiter unten am Strand eine andere Wohnung zu nehmen.

»Wir fliegen nach Miami«, sagte Jack.

»Nach Miami? Wieso das?«

»Es war der einzige Flug, den ich kriegen konnte. Wir werden einen Wagen mieten und nach Palm Beach fahren. Haben wir doch schon mal gemacht«, erinnerte er sie. »Ist ja nicht mehr als eine gute Stunde mit dem Wagen.«

»Und die Strecke ist hübsch.«

»Du hast deine Eltern länger nicht gesehen. Es wird bestimmt schön für dich, wieder mal mit ihnen zusammenzusein.«

Gail nickte. »Und du bist gewiß urlaubsreif.«

»Du hast recht. Ich glaube, es wird uns beiden guttun, mal richtig auszuspannen.«

Es trat eine Pause ein, und Gail suchte fieberhaft nach Worten, um sie zu überbrücken. Alles war erträglich, solange die harmlose Plauderei im Fluß blieb.

»Wie's scheint, ist der Winter dieses Jahr phantastisch da unten. In der Zeitung steht, es habe seit November nicht mehr geregnet. Die Einheimischen beklagen sich natürlich bitter wegen der Ernte, na, du weißt ja, was sie immer für'n Aufhebens machen mit der Dürre. Aber die Touristen sind anscheinend im siebenten Himmel.«

»Hört sich verlockend an«, sagte Jack, aber seine Stimme klang sorgenvoll. Von Vorfreude war ihm nichts anzumerken.

Gail war sich schmerzlich bewußt, daß dies ihre erste Reise nach Florida ohne Cindy werden würde. Sie sah sich mit dem Kind am Strand entlanggehen, hörte sich ihre Tochter ermahnen, nur ja nicht auf die Dinger zu treten, die wie blaue Blasen aussahen. »Sie heißen portugiesische Galeeren, und sie stechen ganz fürchterlich«, hatte sie gesagt und Cindy fest an der Hand gehalten, wenn sie nahe ans Wasser kamen. Sie erinnerte sich, wie sie Cindy zum Muschelnsammeln mitgenommen hatte, als das Kind gerade ein Jahr alt war. Es war an jenem Morgen sehr windig gewesen. Sie hatte Cindy auf den Arm genommen und über den schlüpfrigen Sand getragen, in dem sie mehrmals bis zu den Knöcheln versank. Schließlich mußte sie sich geschlagen geben. Das Gewicht des Kindes und der Sturm zwangen sie zur Umkehr. Auf dem Rückweg blies ihr der Wind direkt ins Gesicht. Jack wartete in den Dünen mit seiner Kamera auf sie. Er hatte eine Aufnahme von Mutter und Tochter gemacht, als sie mit eng aneinandergeschmiegten Gesichtern auf ihn zukamen; ihr Haar flatterte um sie her, als gehöre es zu einem einzigen Kopf. Gail hatte geglaubt, dieser Schnappschuß sei verschwendetes Filmmaterial, aber als das Bild entwickelt war, fanden sie es so reizend, daß sie es vergrößern und rahmen ließen. Es hing bei ihrer Mutter im Wohnzimmer. Es wartete im Eden Rock auf sie.

»Wir brauchen dringend ein bißchen Sonne«, sagte Jack, und Gail spürte, daß er sich ebenso zu überzeugen versuchte wie sie.

Gail schaute vom Schlafzimmerfenster aus hinaus zu dem

grauverhangenen Himmel. Ob ein Winter streng oder mild war, schien weniger ausschlaggebend als das ewig düstere Firmament, unter dem die Menschen zwischen November und April zu leiden hatten.

Am Tag vor dem Abflug kündigte Jacks neue Sprechstundenhilfe. Er hatte sie gerade erst einen Monat lang angelernt, und nun eröffnete sie ihm ohne jede Vorwarnung, daß sie nicht weiter für ihn arbeiten werde. Als er darauf bestand, den Grund für ihre Kündigung zu erfahren, gab sie an, sie habe eine unüberwindliche Angst vor Schlangen. Er versicherte ihr, die Boa constrictor, die man ihm gestern morgen gebracht habe, sei seit zehn Jahren die erste Schlange, die er behandelte. In seiner Praxis habe er hauptsächlich mit Hunden und Katzen zu tun, und ab und zu noch mit Papageien und Wellensittichen, die für Abwechslung sorgten. Sie wandte ein, sie fürchte, eine Katze könne sie kratzen und infizieren, oder sie bekäme womöglich die Papageienkrankheit. Sie habe schreckliche Angst vor AIDS, fuhr sie fort, und Jack hatte sie in hilflosem Zorn angesehen und sich geschlagen gegeben. Sie ließ sich nicht einmal dazu überreden, wenigstens noch die zwei Wochen zu bleiben, in denen Jack auf Urlaub war. Buchstäblich in letzter Minute war Jack gezwungen, eine Aushilfskraft einzustellen und ihr Überstundengeld dafür zu zahlen, daß sie noch am selben Abend in die Praxis kam und sich von ihm einweisen ließ, damit er am nächsten Morgen abreisen konnte.

»Wir können den Flug stornieren«, schlug Gail vor, als Jack um Mitternacht heimkam und sich ans Kofferpacken machte. Die Maschine ging um acht Uhr früh.

»Wir würden aber keinen anderen Flug kriegen. Ich hab' mich erkundigt. Außerdem hab' ich dem neuen Mädchen vier Stunden lang alles erklärt. Ich glaube, sie wird zurechtkommen.« Er ließ sich aufs Bett fallen. »Warum bricht eigentlich immer ausgerechnet dann das Chaos aus, wenn man mal weg will?«

»Ich dachte, AIDS kriegen nur Homosexuelle?« fragte Gail mit echtem Interesse.

»Wovon redest du?« Jack setzte sich auf und starrte sie an, als habe sie völlig den Verstand verloren.

»Du hast gesagt, einer der Gründe für Mandys Kündigung sei ihre Angst vor AIDS gewesen. Aber ich dachte immer, AIDS sei eine Homosexuellenkrankheit.«

»Keiner weiß genau, was es ist. Sicher scheint nur, daß es durchs Blut übertragen wird. Wie Hepatitis. Ich nehme an, sie fürchtete, ein AIDS-Kranker, der sich in den Finger geschnitten hat, könnte ihr seine verletzte Katze reichen, und dabei würde sein Finger die Wunde berühren, auf die auch sie ganz zufällig die Hand legte. Dann würde beider Blut sich vermischen, ihr gesamtes Immunsystem zusammenbrechen und sie ein AIDS-Opfer werden.« Er lächelte bei dem Gedanken. »Ich glaube, ich habe grade die Ängste meiner Sprechstundenhilfe auf einen Nenner gebracht.«

»Das klingt, als seist du heilfroh, sie los zu sein.«

»In zwei Wochen hätte es mir besser in den Kram gepaßt.«

»In zwei Wochen würde Cindy ihren siebten Geburtstag feiern.« Gail sah, wie er zusammenzuckte.

»Ich weiß.«

»Sie wäre sieben Jahre alt geworden«, sagte Gail leise vor sich hin und setzte sich ans Fußende des Bettes.

XXXII.

Jack nahm die Küstenstraße von Miami nach Palm Beach. Auf dieser Strecke dauerte die Fahrt zwar eine gute halbe Stunde länger, aber die malerische Landschaft entschädigte reichlich für die Verzögerung. Die Sonne schien, und am Himmel war kein Wölkchen zu sehen. Aus dem Radio erklangen die neuesten Country-Melodien, zuerst ein Lied über verbotene Liebe in einer tristen, verfallenen Absteige, dann eins über die Gefahren des Alkohols. Als nächstes kam der Wetterbericht: Für die kommenden fünf Tage war ununterbrochen Sonnenschein angesagt. Weit und breit kein Tief. Es folgten die Nachrichten zur vollen Stunde. Eine traurige Meldung aus Miami, verkündete der Sprecher bedauernd. Eine vierköpfige Familie konnte nur noch tot aus einem brennenden Wagen geborgen werden: Die Polizei hatte den Mann, seine Frau und ihre beiden Söhne im Alter von zwei und vier Jahren mit gefesselten Händen in dem Wrack gefunden. Gegenwärtig war noch unklar, ob man die Familie bereits tot oder lebendig in den brennenden Wagen geschafft hatte.

Jack drehte am Radio.

»Was machst du denn da?« Gails Hand hielt die seine fest.

»Ich such 'n bißchen Musik.«

»Ich möchte das aber zu Ende hören.«

»Warum, um Himmels willen? Es ist doch grauenvoll.«

»Ich halte es für wichtig, über diese Dinge Bescheid zu wissen.«

»Worüber denn nur? Etwa darüber, daß auf dieser Erde eine Menge kranker Menschen herumlaufen? Ich dachte, einer der Gründe für diese Reise sei unser Wunsch, genau das zu vergessen.« Er schüttelte Gails Hand ab und suchte einen anderen Kanal.

Sie hörten das Ende eines Liedes über unerwiderte Liebe, und dann meldete sich auch hier ein Nachrichtensprecher. Eine vierköpfige Familie, begann er, doch Jack brachte ihn mit einem ärgerlichen Knopfdruck zum Schweigen.

»Es ist überall«, sagte Gail leise und schloß die Augen vor dem satten Grün des wohlgepflegten Rasens und der ordentlich gestutzten Bäume, hinter denen gelb und pinkfarben die Vorstadthäuser hervorblitzten. Die Bilderbuchwelt von Palm Beach, dachte sie und erinnerte sich, daß es selbst in Märchen von bösen Hexen und häßlichen Ungeheuern wimmelte.

»Wir sind da«, sagte Jack, als sie die Augen öffnete und sich verwundert umblickte. »Du bist eingeschlafen.« Sie schaute aus dem Seitenfenster auf das sechsstöckige weiße Gebäude, das dekorativ von Palmen umrahmt war. »Willkommen im Eden Rock«, rief er und sprang aus dem Wagen. »Die Luft riecht wunderbar!« Das sagte er immer. Jedesmal, wenn sie nach Florida kamen, jedesmal, wenn sie vor dem Haus hielten, in dem ihre Eltern eine Eigentumswohnung besaßen, jedesmal, wenn er den Fuß auf den Boden setzte und an dem luxuriösen Gebäude emporblickte, sagte er denselben Satz: »Die Luft riecht wunderbar.« Gail lächelte vor sich hin, als sie ausstieg.

Der Portier empfing sie am Eingang und verständigte über die Sprechanlage Gails Eltern, die im vierten Stock wohnten, mit Blick aufs Meer. Dann sprach Jack mit ihrem Vater, während Gail sich in der Halle umsah. Nichts hatte sich verändert.

Das war so schön an Florida, dachte Gail, daß sich nie etwas veränderte. Es kam ihr vor wie eine von diesen Kitschserien im Fernsehen, wo man ein, vielleicht sogar zwei Jahre überspringen konnte, und wenn man sich dann wieder einschaltete, war es, als habe man keine Folge verpaßt.

Sandfarbene Marmorfliesen bedeckten den Fußboden in der Halle des Eden Rock. Teppich und Sitzgruppe waren im gleichen Ton gehalten, nur aufgelockert durch die weinroten Tupfen auf den Sofas. Sehr geschmackvoll. Nichts, woran man auch nur die geringste Kritik hätte üben können. Aber wie in den meisten Nobelherbergen hier unten, so fanden auch im Eden Rock die Bewohner mehr als genug, woran sie Anstoß nehmen konnten, was sie denn auch nach Kräften taten.

Vor allem gegen Kinder schienen sie eine Menge Vorbehalte zu haben. Da die Mehrzahl der Bewohner im Pensionsalter waren und sich nur noch um die eigenen Wehwehchen zu kümmern hatten, entwickelten sie skurrile Schrullen und spielten selbst die kleinsten Unannehmlichkeiten zum Drama hoch. Sie verabscheuten Krach und laute Musik, womit sich zwangsläufig eine starke Aversion gegen Teenager verband. Sie haßten unerwartetes Kreischen wie überhaupt alles Unerwartete, und da kleine Kinder sich nur selten nach den geordneten Spielregeln der Erwachsenen verhalten, machten Kinder sie nervös. Sie hatten eine Heidenangst davor, daß ein Kind etwas Unschickliches im Swimming-pool zurücklassen könne, und untersuchten das Wasser ständig nach Verunreinigungen. Gail hatte einige ältere Herren darauf aufmerksam gemacht, daß sie von alten Blasen doch wohl mehr zu befürchten hätten als von jungen, eine Bemerkung, die sich in Windeseile in der Anlage verbreitete und Gails Mutter an ihrem nächsten Bridge-Nachmittag in arge Verlegenheit brachte.

Jedesmal, wenn Gail mit ihrer Familie zu Besuch kam, fanden sie neue Bestimmungen vor.

Als Gails Eltern hier einzogen, war das Eden Rock brandneu, und es gab noch keinerlei Vorschriften. Doch schon im nächsten Jahr waren überall Verbotstafeln aufgestellt: Essen und Trinken am Swimming-pool untersagt; Rennen und ins Becken springen nicht erlaubt; der Pool ist kein Spielplatz; Kindern unter vier Jahren ist das Schwimmen verboten; Luftmatratzen im Wasser nicht gestattet; Duschen vor Benutzung des Pools Pflicht; nach Strandspaziergängen Füße reinigen; die Liegestühle am Pool dürfen nicht reserviert werden. Als Gail sich durch den Schilderwald gearbeitet hatte, meinte sie lakonisch: »Warum stellen sie nicht einfach *ein* Schild hin mit der Aufschrift: ›Jedes Vergnügen am Pool streng verboten‹?« Auch dieser Kommentar verbreitete sich wie ein Lauffeuer in der Wohnanlage.

In dem Jahr, als die Eigentümergemeinschaft im Freien einen Whirl-pool anlegen ließ, hatte Gail Cindy ein paar Minuten lang mit hineingenommen. Bei ihrem nächsten Besuch wies ein Schild am Whirl-pool darauf hin, daß Kinder unter dreizehn nicht darin baden dürften.

Gail fragte sich, welche neuen Vorschriften sie diesmal erwarteten, doch dann fiel ihr ein, daß sie ohne ihre Kinder davon vermutlich unbehelligt bleiben würde. Nicht, daß die Bewohner des Eden Rock kinderfeindlich gewesen wären – die meisten von ihnen hatten selbst Enkel –, aber sie schätzten eine gewisse Distanz zu Kindern. Was ihnen eigentlich gegen den Strich ging, das waren die Unbequemlichkeiten, die Kinder mit sich bringen. Darin unterscheiden diese Alten sich nicht sonderlich vom Rest der Menschheit, dachte Gail.

Auf einmal stand ihr Vater an ihrer Seite. »Mein Liebling, schön, daß du da bist!« Er drückte sie an sich. Gail erwiderte seine Umarmung. Sie freute sich wirklich, ihn wiederzusehen, sogar mehr, als sie erwartet hatte.

»Kommt rauf«, sagte ihr Vater und nahm Jack einen Koffer ab. »Deine Mutter erwartet euch oben. Sie hat die Wohnung ein wenig hergerichtet, 'n paar Möbel umgestellt. Na, ihr werdet ja sehen.«

Sie betraten den Aufzug und drückten auf den Knopf für den vierten Stock. »Was ist denn das?« Gail deutete auf einen Kanister an der Wand.

»Sauerstoff«, sagte ihr Vater.

»Sauerstoff? Aber wozu?«

»Na, du weißt doch, wie viele alte Menschen hier wohnen. Manche haben Angst, sie könnten im Aufzug einen Herzanfall bekommen oder nicht genug Sauerstoff kriegen. Also haben sie 'ne Reserve reingehängt. Übrigens einer der Gründe dafür, daß deine Mutter umziehen möchte. Sie sagt, das Haus verwandle sich in ein Asyl für Tattergreise.«

Die Fahrstuhltüren öffneten sich, und sie gingen über den weinrot und sandfarben gewürfelten Teppichboden auf die Wohnung am Ende des Gangs zu. Die Tür stand offen, drinnen waren auch die Balkontüren weit geöffnet, und es sah aus, als ergieße sich das Meer direkt ins Wohnzimmer, ein Effekt, den die leuchtendblauen Keramikfliesen auf dem Fußboden noch verstärkten.

»Gail!« Ihre Mutter kam mit ausgebreiteten Armen auf sie zu. Gail zog sie fest an sich. »Laß dich anschauen.« Lila Harrington trat einen Schritt zurück. »Geht's dir gut? Du siehst aus, als hättest du noch mehr abgenommen.«

»Das glaub' ich nicht. Jedenfalls esse ich tüchtig. Manchmal kommt's mir vor, als sei das überhaupt alles, was ich tue.«

»So? Na, ich finde, du kannst ruhig noch was zulegen. Ich hab'
für heute abend bei Capriccio einen Tisch bestellt.«
»Hört sich verlockend an.« Gail hoffte, ihre Stimme klinge
halbwegs begeistert. »Was hast du denn mit der Wohnung ge-
macht? Hier hat sich ja alles verändert!«
»Ich hab' bloß die Möbel 'n bißchen umgestellt, das Sofa an die
Wand gerückt und den Fernseher ins Schlafzimmer gescho-
ben.«
»Und das hat sie nur gemacht, um mich zu ärgern«, warf ihr
Vater ein. »Ich hasse es, im Bett fernzusehen.«
»Sei nicht albern, ich hab' ihn da rein gestellt, weil ein Fernse-
her im Wohnzimmer kein schöner Anblick ist.«
»Vier Jahre lang war an dem Anblick nichts auszusetzen.«
Gails Mutter wehrte weitere Einwände mit einer ungeduldigen
Handbewegung ab.
»Und du hast die Sessel neu bezogen«, stellte Gail fest.
»Gefällt's dir?«
Ehe sie antworten konnte, ergriff ihr Vater wieder das Wort:
»Wir hatten früher so ein schönes Muster, ein herrliches Grün
mit weißen Blumen...«
»Aber es paßte nicht zu den Fliesen, und außerdem war ich die
Blumen leid. Diese blauweißen Streifen wirken vornehmer.«
»Zu was brauchen wir vornehme Sessel?« fragte ihr Vater gif-
tig. »Ich jedenfalls muß keinem Bridge-Club imponieren.«
»Ich wollte gar nicht den Damen vom Bridge-Club imponieren.
Ich dachte nur, es würde so hübscher aussehen. Wie findest
du's, Gail?«
»Mir gefällt's«, sagte sie aufrichtig.
Ihre Mutter wandte sich Jack zu. »Jack, guten Tag, mein
Junge.« Sie umarmte ihn.
»Grüß dich, Lila«, sagte er herzlich. »Mir gefallen deine neue
Polster auch.«
»Ihr habt eben alle keinen Geschmack«, brummelte Dave.
»Sieht aus, als hätten wir einen strahlenden Tag vor uns.« Lila
versuchte das Thema zu wechseln.

»Es sieht nach Regen aus«, widersprach Dave automatisch.

»Ach was, es hat seit Monaten nicht mehr geregnet. Möchtet ihr euch mal anschauen, was ich aus eurem Zimmer gemacht habe?« fragte Lila.

»Es ist das reinste Chaos«, sagte Gails Vater. »Sie hat alles durcheinandergebracht.«

»Wo ist das Bild?« fragte Gail, als sie hinter ihrer Mutter herging.

Sie wandten sich um und blickten auf die Stelle, wo das vergrößerte Foto gehangen hatte, auf dem Gail und Cindy gegen den Wind ankämpften.

»Ich hab's weggetan«, sagte ihre Mutter leise. »Ich konnte es nicht mehr ertragen, jeden Tag das Bild anzuschauen und...«

»Damit fing's an«, warf ihr Vater ein. »Als sie das Bild abgehängt hatte, da fing's an sie zu jucken, und sie stellte die ganze Wohnung auf den Kopf. Und als sie endlich alles umgekrempelt hatte, kam sie auf die Idee, wir sollten hier ausziehen.«

»Es ist einfach an der Zeit für einen Tapetenwechsel.« Lila führte Gail und Jack ins Gästezimmer.

»Du meinst also, es ist Zeit?« rief Dave hinter seiner Frau her.

»Ja, Zeit, daß du dich auf deinen Geisteszustand untersuchen läßt.«

»O Dave, jetzt sei endlich still!«

Was war nur mit ihren Eltern los? überlegte Gail, während sie vorgab, die Möbel im Gästezimmer zu bewundern. Früher hatten sie fast nie gestritten. Sie erinnerte sich nicht, daß ihr Vater je die Stimme erhoben hatte, außer zum Singen. Jetzt schien schon ein Blick oder ein belangloses Wort zwischen ihnen zum Zankapfel zu werden. Aber warum?

»Was ist los mit Dad?« fragte Gail ihre Mutter, sobald ihr Vater aus dem Zimmer gegangen war.

»Er hat sich verändert«, sagte sie widerwillig, so als wolle sie es nicht wahrhaben.

»Wie meinst du das?«

Gails Mutter zuckte die Achseln. Sie konnte die Tränen nicht mehr zurückhalten. »Er hat das Malen aufgegeben. Er singt auch nicht mehr, nicht mal unter der Dusche. Er sagt, es gibt nichts mehr, worüber man singen könne. Er ist dauernd gereizt. Ich kann ihm nichts recht machen. An allem, was ich sage, hat er was auszusetzen. Er hat sich eben – verändert.« Sie blickte von Gail zu Jack und dann wieder auf ihre Tochter. »Jetzt packt erst mal aus und erholt euch ein bißchen«, sagte sie liebenswürdig. Sie hatte ihre Selbstbeherrschung wiedergefunden. »Nachher können wir schwimmen gehen oder am Strand einen Spaziergang machen, wenn ihr Lust habt.« Sie wandte sich zum Gehen, zögerte aber noch einen Moment an der Tür. »Du bist mir nicht böse, oder? Ich meine, wegen des Bildes.« Sie schaute zu Boden. »Weißt du, ich konnte es einfach nicht mehr ertragen, es noch länger anzuschauen.«

»Schon gut.« Gail setzte sich auf die Bettkante. »Ich kann dich verstehen.« Ihre Mutter lächelte traurig, mit zitternden Lippen. Sie nickte vor sich hin und ging hinaus.

»Mir kommt das Zimmer gar nicht verändert vor«, sagte Jack, sobald sie allein waren.

»Das Bett stand früher auf der anderen Seite. Und die Vorhänge sind neu.«

Er hörte gar nicht richtig zu. »Kommst du mit zum Schwimmen?« fragte er abwesend.

Gail schüttelte den Kopf. Sie legte sich aufs Bett. »Nein, ich versuche ein bißchen zu schlafen.«

»Du vergeudest einen herrlichen Nachmittag.«

Sie hörte noch, wie er seinen Koffer aufmachte und sich umzog, dann nickte sie ein. Seine Stimme holte sie an die Schwelle des Bewußtseins zurück. »Willst du wirklich nicht mitkommen?«

Bevor er sie noch einmal fragen konnte, war sie fest eingeschlafen.

Sie brauchten fünfunddreißig Minuten bis zu dem Restaurant. Es war eigentlich nicht sonderlich weit, aber die Leute in Palm

Beach schienen ungern schneller als dreißig Stundenkilometer zu fahren. (»Warum wundert dich das?« hatte ihre Schwester Carol einmal scherzhaft gefragt. »Die Leute hier sind halb blind, und die Hupe hören sie auch nicht mehr. Außerdem haben sie's nicht eilig.«)

»Wie geht's Carol?« fragte sie aus ihren Gedanken heraus.

»Sie klang letztens am Telefon ein bißchen deprimiert.«

»Und warum?« Gail hoffte, ihre Schwester habe sich nicht mit ihrem neuen Freund überworfen.

»Sie haben ihr wieder mal eine Rolle nicht gegeben, um die sie sich beworben hatte. Und ich glaube, sie hat ein bißchen Manschetten vor unserem Besuch.«

»Was? Aber Mutter, bildest du dir das nicht bloß ein?«

»Nein, nein. Ich hab' den Eindruck, sie hat Angst, daß wir mit diesem Stephen nicht zurechtkommen könnten, mit dem sie zusammenlebt. Ihr habt ihn doch kennengelernt, nicht, Gail?«

Gail bejahte.

»Wie ist er denn?«

»Ich fand ihn sehr nett. Er sieht Jack Nicholson ähnlich.«

»Ich dachte immer, dein Vater habe Ähnlichkeit mit Jack Nicholson«, sagte ihre Mutter.

»Du bist ja verrückt, Lila«, brummte Dave Harrington. Danach schwiegen sie alle, bis der Wagen vor dem Restaurant hielt.

Das Capriccio war überfüllt, und trotz der Vorbestellung mußten sie eine halbe Stunde auf ihren Tisch warten. Als sie Platz genommen hatten, sah Gail sich verstohlen in dem farbenprächtigen Raum um und beobachtete die anderen Gäste. Die meisten waren vornehm gekleidet und tadellos frisiert. Gail schätzte das Durchschnittsalter auf fünfundsechzig.

Das Essen ließ auf sich warten, und Gail hielt sich am Wein schadlos. Als endlich serviert wurde, hatte sie keinen rechten Appetit mehr. Sie aß wenig, trank aber zügig weiter. Ihre Mutter fragte laut, ob es nicht besser sei, sie höre auf. Aber ihr Vater sagte, seine Tochter dürfe gelegentlich ruhig einen kleinen Schwips haben, und schenkte ihr nach. Gail zuckte die Schultern und nahm einen Schluck. Sie fühlte sich ein wenig benommen, und der Raum begann sich um sie zu drehen.

»Du hast genug getrunken«, sagte Jack ruhig.

»Gibt's hier auch nur einen Gast unter achtzig?« Gail kicherte laut.

»Keinen außer uns vieren«, antwortete ihr Vater ebenso laut.

Gail dachte an die Sauerstoffflasche im Aufzug des Eden Rock.

»Sie klammern sich weiß Gott dran«, bemerkte sie, während sie an Jacks Arm schwankend zum Parkplatz stolperte.

»Woran?« fragte Jack, als er ihr auf den Rücksitz half.

»Das Leben«, murmelte sie und lehnte den Kopf an seine Schulter.

Ehe sie die Augen schloß, fiel ihr Blick auf einen Aufkleber am hinteren Kotflügel des Autos neben ihnen: »Mit Gott, Kanonen und Schneid«, stand da zu lesen, »siegt Amerika jederzeit.«

XXXIII.

Der Wetterbericht hatte nicht zuviel versprochen. Der Himmel leuchtete so blau wie im Reiseprospekt. Die Temperatur sank selbst nachts selten unter fünfundzwanzig Grad, und das Wasser war einladend warm. So weit das Auge reichte, sah man überall Surfer.

Gail lag in ihrem Liegestuhl am Swimming-pool (ein seltsam geformtes Gebilde, das als Quadrat begann, dann nach rechts ausschweifte und in ein großzügiges Orthogon mündete). Sie beobachtete die Sonnenanbeter ringsum. Ihr Vater lag neben ihr, die Augen geschlossen, den unvermeidlichen Walkman im Ohr. Er rührte sich fast den ganzen Tag nicht. Kurz nach acht Uhr morgens legte er sich zurecht und blieb in dieser Stellung bis Punkt zwölf. Dann richtete er sich so plötzlich auf, als folge er einem automatischen Weckruf, und ging zum Mittagessen ins Haus. Um eins war er wieder auf Posten am Swimming-pool und lag unbeweglich da, bis die Sonne aus seiner Ecke verschwand. Dann rollte er sein Handtuch zusammen und ging hinauf in die Wohnung. Er sprach nur selten, und wenn er den Mund aufmachte, dann tat er es entweder, um jemandem zu widersprechen, oder um das Enkelkind anderer Leute zur Ruhe zu mahnen. Gail fragte sich, was er wohl mache, wenn es regnete. Ihre Mutter, die nur selten an den Pool kam (sie fürchte, die Sonnenstrahlen seien krebserzeugend, gestand sie und erntete damit den Spott ihres Mannes), erzählte ihr, Dave Harrington verließe an Regentagen nur noch selten das Bett. Früher hatten sie bei schlechtem Wetter einen Einkaufsbummel gemacht, waren zur Nachmittagsvorstellung in ein Kino gegangen oder hatten Freunde besucht. Aber in letzter Zeit taten sie das alles nicht mehr, sagte sie, ohne weitere Erklärungen anzubieten. Und Gail fragte nicht danach.

Gail hielt nach Jack Ausschau, der gerade die letzte der fünfzig Bahnen beendete, die er seit ihrer Ankunft täglich schwamm. Triumphierend hob er den Kopf aus dem Wasser und schüttelte sein Haar, so wie sich ein Hund nach dem Bad schüttelt. Er fing ihren Blick auf und winkte ihr zu. Sie winkte zurück, als er aus dem Becken stieg und auf sie zukam.

»Müde?« fragte sie und reichte ihm ein Handtuch.

Er fuhr sich damit übers Haar. »Nein. Es wird mit jedem Tag leichter. Vielleicht versuch' ich morgen fünfundfünfzig Längen.«

»Überanstreng dich nur nicht.«

»Keine Angst.« Er lächelte, offensichtlich erfreut darüber, daß sie sich um ihn sorgte. »Hast du Lust auf 'n Spaziergang?«

Gail schüttelte den Kopf. »Jetzt nicht.«

Er wirkte enttäuscht. »Macht's dir was aus, wenn ich gehe?«

»Aber nein, warum sollte es mir was ausmachen?«

»Ach, ich dachte bloß.« Er ließ das Handtuch auf den Liegestuhl neben ihr fallen. »Ich bin in einer Stunde zurück.«

»Laß dir nur Zeit.« Gail sah ihm nach, wie er über die grasbewachsenen Dünen an den Strand hinunterging. Dann drehte sie sich nach ihrem Vater um. Er hielt die Augen geschlossen. Seine Haut war fast genauso braun und faltig wie seine Badehose. Es hatte beinahe den Anschein, als fordere er die Sonne heraus, ihm zu schaden. Gail lehnte sich zurück und betrachtete die Leute ringsum.

Stimmen näherten sich, und als Gail den Kopf wandte, sah sie drei unglaublich schlanke Jünglinge die Plätze auf der anderen Seite ihres Vaters einnehmen. Sie wirkten fast feminin, ihre Gesten waren theatralisch überzogen, ihre Bewegungen im höchsten Grade unnatürlich, und sie brachten jede Platitüde so vor, als sei sie von größter Wichtigkeit. Das mußten die jungen Männer sein, von denen sie neulich gehört hatte. Sie waren das Klatschthema Nummer eins im Eden Rock. Sie hatten für den Winter von der alten Mrs. Shumaker eine Wohnung gemietet. Man munkelte, einer der drei sei ihr Neffe. Die Arme, hieß es bedauernd; einen so eindeutigen Fall in der Familie zu haben mußte doch schrecklich sein.

Gail musterte die drei unverhohlen, die nur Augen füreinander hatten. Sie trugen äußerst knappe Badehosen – gewiß ein weiterer Grund für die Hausbewohner, sich zu entrüsten – und rieben sich gegenseitig so hingebungsvoll mit Sonnenöl ein, als sei das ihr Lebenswerk. Gail überlegte, ob die jungen Männer sich wohl vor AIDS fürchteten. Sie schaute weg, als einer der drei ihren Blick erwiderte, schloß die Augen zum Schutz vor der Sonne und versuchte, ihre Unterhaltung zu ignorieren. Aber die Stimmen waren so laut und affektiert, daß man sie gar nicht überhören konnte. Gail lauschte ihrem Gespräch wie ein Schauspielschüler, der seine Kollegen abhört.

»Den schwersten Schlag«, sagte gerade einer, »versetzte mir die Bühnenbildnerin, diese Helene van Elder, gräßliche Person. Warum sie die überhaupt engagiert haben? Da hab' ich mir zweieinhalb Jahre lang den Hintern wundgesessen, um das verdammte Stück zu schreiben, und da erzählt mir diese Ziege, sie will den ganzen Prospekt mit Silberfolie verkleiden. Ich dachte, ich fall' tot um.«

»Und wie habt ihr euch geeinigt?«

»Überhaupt nicht. Das Stück ist nie aufgeführt worden. Der Regisseur hatte 'ne Art Nervenzusammenbruch.«

»Wer war denn der Regisseur?«

»Tony French«, kam die Antwort. Gail hatte den Namen schon gehört. French war am Broadway kein Unbekannter. Sie fragte sich, ob sie womöglich auch die Namen der drei schon auf einem Theaterplakat gelesen habe. Sie hätte sie sich gern genauer angesehen, aber die Sonne schien ihr in die Augen und blendete sie.

»Armer Tony«, seufzte der mit der höchsten Stimme. »Er hat Auschwitz einfach noch nicht überwunden.«

»Das mußt du grade sagen, Ronnie! Du hast doch noch nicht mal die Mittelschule überwunden.«

Der Bühnenautor kicherte. »Hatte auch nicht viel zu lachen auf der Schule.« Er machte eine dramatische Pause. »Aber vielleicht war's ganz gut, daß sie das Stück abgesetzt haben. Ratet mal, wen sie für die Hauptrolle vorgesehen hatten. Ich wette, darauf kommt ihr nie!«

»Wen denn? Sag schon, los!«

»Raquel Welch! Könnt ihr euch das vorstellen? Die Welch als Sechzigjährige mit 'nem total vernarbten Körper. Sie meinten, durch diese Besetzung würden sie den nötigen Schuß Sex-Appeal reinkriegen. Natürlich hab' ich Schreikrämpfe bekommen. Als ich fragte, ob sie schon jemals von einer Sechzigjährigen mit Sex-Appeal gehört hätten, kamen sie mir prompt mit Marlene Dietrich und Mae West. Darauf sagte ich, von Mae West wisse ich bloß, daß sie tot sei. Sie schlugen selbstredend zurück und warfen mir vor, ich hätte keine blassen Dunst von Frauen, sexy hin oder her. Ich hatte Monica Campbell für die Rolle vorgeschlagen.«

»Monica Campbell? Diesen Saurier? Das kann doch nicht dein Ernst sein!«

»Die kann doch nicht mal mehr lachen, seit sie sich das letzte Mal hat liften lassen, geschweige denn spielen.«

»Jetzt macht aber mal 'n Punkt, Kinder.«

Gelächter erklang. »Du weißt doch, Ronnie, daß wir nicht zimperlich sind mit unserm Urteil.« Wieder lachten sie.

Gail ließ sich durch eine Unterhaltung zu ihrer Rechten ablenken. Hier ging es um ein weitaus alltäglicheres Thema: Wo sollte gegessen werden? »Ich geh' nicht gern zu Bernard«, sagte eine Frau unter lautstarkem Protest ihrer Begleiterinnen. »Oh, ich weiß, es ist euer Lieblingsrestaurant, aber mir ist's dort einfach zu chic und zu laut. Ich möchte wohin, wo's ruhig und gemütlich ist.«

»Du willst bloß in 'n billiges Lokal«, warf man ihr vor.

»Habt ihr schon das Ehepaar gesehen, das auf 502 eingezogen ist?« unterbrach eine andere Frau. »Ich bin gestern mit ihnen zusammen im Aufzug gefahren. Er sieht einfach umwerfend aus – genau wie Don Ameche.«

»Ich dachte, Don Ameche sei tot?«

»Ach, wirklich?«

»Ich hab' ja nicht gesagt, er *ist* Don Ameche. Ich hab' bloß gesagt, er sieht aus wie Don Ameche. Mein zweiter Mann hatte auch Ähnlichkeit mit Don Ameche«, fuhr sie fort. »Woher weißt du, daß er tot ist?«

Gail wandte sich wieder den drei Homos zu.

»Habt ihr den Film mit dieser großartigen Mel Gibson gesehen? ›Das gefahrvolle Jahr‹, so hieß er, glaub' ich«, sagte die Stimme, die sie als Ronnies erkannte. Die beiden anderen murmelten etwas Unverständliches. »Ich hab' mir vorgenommen, ein Stück für die Frau zu schreiben, die den Mann spielte, ihr wißt schon, diesen Zwerg.«

»Die ist doch tot«, sagte einer der beiden anderen.

»Die ist gestorben? Mein Gott, wann denn?«

»Ich glaube, du irrst dich. Ich hab' nirgends gelesen, daß sie tot ist.«

»Wie auch immer, da ist doch noch der Typ, der früher in ›Insel der Träume‹ mitgespielt hat. Schreib doch was für den.«

»Der ist tot.«

»Was? Sag mal, was redest du für 'n Stuß zusammen? Er ist nicht tot. Woran sollte er denn gestorben sein?«

»Ich weiß es nicht.« Er machte eine dramatische Pause. »Zwerge sterben eben«, sagte er endlich und hob seine mageren Schultern.

Gail stand auf und ging den Strand entlang. Anscheinend hatten die Leute nur noch zwei Gesprächsthemen: Essen und Sterben. Zumindest in Palm Beach drehte sich alles darum: Wer war gestorben, und wo hatte man gestern zu Abend gegessen.

Sie stieg die Düne hinauf und achtete dabei sorgfältig auf Schlangen. Auf dem Weg zum Swimming-pool hatte sie gehört, wie die Hausverwalter sich über Kletternattern unterhielten, die angeblich hier draußen nisteten, wohlversteckt in dem dichten Baumstreifen, den zu stutzen die Regierung den Anwohnern untersagt hatte. Weil er einen natürlichen Schutzwall gegen das Meer bildete, hatte Jack zu erklären versucht. Gail hielt wachsam nach den Schlangen Ausschau, obgleich sie angeblich harmlos waren. Sie erreichte die Dünenkuppe und blickte auf die Wasserfläche hinunter.

Jedesmal, wenn sie hier oben stand, nahm der Anblick ihr den Atem. Diese unendlichen, brausenden Wassermassen kamen unmittelbar vor ihren Füßen plötzlich zum Stillstand. Einfach unfaßbar, dachte sie und stand da wie verzaubert. Und doch lauerte im verborgenen die Angst, das Meer könne eines Tages all die teuren Wohnanlagen und das weitverzweigte Straßennetz wegspülen. Es ging sogar das Gerücht, daß irgendwo dort draußen unter Sand und Seegras schon ein alter Highway begraben läge. Jack tat solche Geschichten als romantisches Gefasel ab, doch Gail fragte sich, wie jemand Tod und Zerstörung mit Romantik in Verbindung bringen könne.

Sie war schon auf den Stufen, die zum Strand hinunterführten, als sie das Schild sah.

Es stand mitten auf der Treppe, und Gail begriff nicht, wie sie es hatte übersehen können. Haie, verkündete die Tafel in kühngeschwungenen schwarzen Lettern, waren auf dem Zug nach

Süden gesichtet worden. Badegästen wurde dringend geraten, sich vom Meer fernzuhalten und mit dem Swimming-pool vorliebzunehmen. Gail wandte sich von dem Schild ab und sah hinaus aufs Wasser. Gut ein Dutzend Menschen vergnügten sich in der Brandung, ungeachtet der schrecklichen Gefahr. Gail suchte zwischen den weißen Schaumkronen nach Haifischflossen, doch sie konnte keine entdecken. Ein Flugzeug kreiste in geringer Höhe über ihr. Sie dachte, es sei wahrscheinlich ein Kontrollhubschrauber, der den Zug der Haie beobachte, doch als sie aufsah, erblickte sie einen Doppeldecker, der ein flatterndes Band hinter sich herzog, auf dem für ein Mittel gegen Juckreiz geworben wurde. Es schien ihr ein passendes Geleit, und sie eilte die Stufen hinunter, immer zwei auf einmal nehmend.

Wenn sich auch nicht viele Leute im Wasser tummelten, so war der Strand dafür um so belebter. Menschen, wohin man schaute: Sie lagen auf Handtüchern, Liegestühlen oder auf dem bloßen Sand. Kinder gruben Tunnels, und die Erwachsenen beaufsichtigten sie, während sie gleichzeitig versuchten, möglichst nahtlos braun zu werden. Gail schlängelte sich durch das Gewirr von Leibern, wobei sie es sorgsam vermied, auf eine der portugiesischen Galeeren zu treten, die von der Flut an Land gespült worden waren. Sie hatte es immer amüsant gefunden, daß diese schädlichen kleinen Kreaturen sich proportional zu den Touristenströmen zu vermehren schienen. Gail machte einen Bogen um zwei täuschend harmlos wirkende, hübsche blaue Blasen und marschierte zielstrebig ins Wasser.

Es war kälter, als sie erwartet hatte und sehr dunkel. Ungestüm überrollten die Wellen einander, schlugen mit gewaltiger Kraft gegen ihren Körper und warfen sie um. Ihre Füße verloren den Halt, sie spürte den starken Sog der Unterströmung, ließ sich kampflos mit fortreißen und von der Küste abtreiben. Widerwillig kam sie abermals auf die Füße, wurde jedoch Sekunden später von der nächsten Woge umgerissen und weiter aufs Meer hinausgetragen. Durch nasse Wimpern spähte sie zum

Horizont und fragte sich, was sie wohl empfinden würde angesichts einer verräterischen Flosse.

Sie bemerkte ihn erst, als er schon fast über ihr war.

»Was zum Teufel machst du hier draußen?« keuchte Jack fassungslos. »Hast du denn das Schild nicht gelesen?« Unsanft zerrte er sie ans Ufer zurück.

»Andere schwimmen doch auch«, verteidigte sie sich zaghaft.

»Ja, vor allem Haie!« Er zog sie am Ellbogen aus dem Wasser. Gail stolperte und wäre beinahe gefallen. »Warum mußtest du ausgerechnet heute im Meer schwimmen? Das hast du doch noch kein einziges Mal gemacht, seit wir hier sind.«

»Deswegen dachte ich ja, es sei allmählich Zeit. Ich hielt es wirklich nicht für gefährlich.«

»Gail, wir kommen schon seit Jahren hierher. Hast du jemals zuvor so ein Schild gesehen? Nein! Wenn nun plötzlich eins da ist, heißt das doch, daß Gefahr bestehen muß!«

Gail schwieg.

»Wollen wir ein Stück gehen?« fragte er, und als sie nicht antwortete, setzte er hinzu: »Ich meine, ein Spaziergang wird dir guttun.«

Sie gingen eine ganze Weile schweigend am Strand entlang. Gail hielt immer wieder nach Haien Ausschau, konnte aber keine entdecken. Ihr fiel auf, daß heute nicht ein einziger Surfer auf dem Wasser war. Sie fröstelte.

»Ist deine Mutter fertig mit Packen?« fragte Jack, nur um das beklemmende Schweigen zu brechen.

»Ich glaube schon. Mein Vater bestand natürlich darauf, in den letzten Stunden vor der Abreise noch die Sonne zu genießen.«

»Sie sind länger mit uns zusammengeblieben, als sie ursprünglich vorhatten.«

»Es war schön, sie wiederzusehen«, sagte Gail, die jedoch in Wahrheit froh war, daß ihre Eltern endlich abreisten. Anfangs hatte sie das Zusammensein mit ihnen wirklich genossen, doch schon bald fühlte sie sich durch ihre Fürsorge eingeengt und litt vor allem unter den dauernden Sticheleien ihres Vaters. Sie fühlte sich wieder in die Rolle des Kindes gedrängt und verstand zum erstenmal, was Jennifer in den letzten Monaten zu Hause empfunden haben mußte.

»Paß auf«, mahnte Jack, als Gail um ein Haar auf eine purpurfarbene portugiesische Galeere getreten wäre. »Dieses Biest sieht ganz so aus, als könne es einen Menschen ernsthaft verletzen.« Er beugte sich nieder, um das Tier genauer zu untersuchen. Gail betrachtete die große, pralle Blase mit ihren langen, dünnen Tentakeln und versuchte sich vorzustellen, was für ein Gefühl es sei, von ihr gestochen zu werden, zu spüren, wie das Gift in die Adern strömte. Jede Wohnanlage hielt am Swimming-pool irgendein Gegenmittel für solch einen Unglücksfall bereit. Angeblich linderte dieses Zeug den Schmerz. Aber oft mußte jemand, der gestochen worden war, auch unverzüglich ins Krankenhaus. Das hing ganz davon ab, wie schwer die Verletzung war.

Gail sah wieder hinaus aufs Meer, folgte mit den Blicken dem stürmischen Rhythmus der Wellen. Als sie merkte, daß Jack gedankenverloren den Horizont betrachtete, schaute sie verstohlen wieder hinunter auf das Ungeheuer zu ihren Füßen. Langsam hob sie den linken Fuß und setzte ihn mitten auf die glitschige Blase.

Jack begriff nicht gleich, was geschehen war. Gail rührte sich nicht. Weder schrie sie auf noch griff sie haltsuchend nach seinem Arm. Sie tat gar nichts, weil sie zunächst überhaupt nichts spürte. Einen Augenblick lang war sie versucht zu glauben, all die schrecklichen Geschichten über diese gefährlichen Ungeheuer seien genauso aus der Luft gegriffen wie die Sage von dem versunkenen Highway.

Dann spürte sie auf einmal ein winziges Prickeln unter der Fußsohle, das sich mit rasender Geschwindigkeit ausbreitete, erst an ihrem Bein und dann an ihrem ganzen Körper emporzüngelte, bis der Schmerz ins Gehirn einzudringen schien und in ihren Eingeweiden wütete, als habe sie tausend winzige Nadeln verschluckt. Ihr wurde übel, die Knie wankten und drohten unter ihr wegzusacken. Jack fing sie gerade noch rechtzeitig auf.

»O mein Gott, Gail!« schrie er. »Was hast du getan?«

Sein Rufen lockte ein paar Spaziergänger herbei, mit deren Hilfe er Gail in den Sand bettete. Gemeinsam versuchten sie, ihren Fuß von der zerquetschen Gallertblase zu befreien, die sich jedoch unlösbar festgesaugt hatte.

»Sand«, rief jemand. »Packt 'ne Menge Sand drauf.«

Gail sah noch, wie man die widerliche Masse von ihrem Fuß löste, dann verlor sie das Bewußtsein.

»Da hast du uns ja ein schönes Abschiedsgeschenk beschert«, sagte ihre Mutter, als Gail die Augen öffnete.

»Wie spät ist es?« Gail richtete sich im Bett auf. Sie war in der Wohnung ihrer Eltern.

»Gleich vier.«

»Und euer Flugzeug?«

»Die Maschine geht erst um halb sieben«, sagte ihr Vater, der auf der anderen Seite des Bettes stand.

»Wir müssen aber nicht heute fliegen«, versicherte ihre Mutter. »Wir können genausogut noch ein paar Tage bleiben.«

»Nein«, widersprach Gail. »Mir geht's schon viel besser, wirklich.« Bei dem Gedanken an die klebrige blaue Masse zwischen ihren Zehen zuckte sie angewidert zusammen.

»Tut's wieder weh?« fragte ihre Mutter. »Der Arzt sagte doch, er habe dir ein schmerzstillendes Mittel gegeben.«

»Nein, ich spüre gar nichts«, erwiderte Gail wahrheitsgemäß. »Was denn für ein Arzt?«

»Wir haben dich ins Krankenhaus gebracht«, sagte Jack von der Tür her. »Du hast Glück gehabt«, fuhr er monoton fort. »Der Arzt meinte, es hätte wesentlich schlimmer ausgehen können. Aber du mußt ein paar Tage im Bett bleiben, und wahrscheinlich wirst du dich ziemlich elend fühlen.«

»Du mußt in Zukunft besser auf dich achtgeben, Liebling«, mahnte ihre Mutter traurig.

Gail spürte, wie ihr die Tränen über die Wangen liefen. »Es tut mir ja so leid«, sagte sie. Ihre Mutter ergriff ihre Hand, ihr Vater beugte sich zu ihr hinunter und tätschelte ihre Schulter. Nur Jack blieb unbeweglich im Türrahmen stehen, machte keinerlei Anstalten, sie zu trösten, sondern blickte sie nur stumm an. Sie wußte, daß er ihrer Entschuldigung keinen Glauben schenkte.

XXXIV.

In den zwei Tagen, die sie das Bett hütete, lernte Jack ein Ehepaar kennen, das erst vor kurzem nach Florida gezogen war. Sie verbrachten viel Zeit miteinander und spielten Tennis, ja sogar Golf, wofür er sich früher nie interessiert hatte. Gail hörte ihn ohne sonderliche Anteilnahme von Sandra und Larry Snider schwärmen, bis sie begriff, daß er sie in ihre gemeinsamen Unternehmungen mit einbeziehen wollte.

»Mein Fuß tut immer noch weh«, wehrte sie ab.

»Morgen ist er wieder in Ordnung. Außerdem spielen wir 'ne Doppelpartie. Da brauchst du nicht viel zu laufen.«

»Ich spiele aber doch so schlecht. Diese Leute wollen hernach bestimmt nie wieder mit dir auf den Tennisplatz.«

»Ein Spiel ist besser als keins.« Damit war für ihn das Thema beendet.

»Was sind das eigentlich für Leute?«

»Sie stammen aus Toronto. Sie hatten die langen Winter dort satt, zudem gingen seine Geschäfte nicht eben rosig. Da beschlossen sie, den ganzen Kram hinzuwerfen und hier unten noch mal von vorn anzufangen.«

»Haben sie Kinder?«

»Nein.«

»Und was ist er von Beruf?«

»Dachdecker. Er ist selbständig. Sie ist in seinem Geschäft Buchhalterin und Sekretärin in einer Person. Reizende Leute.

Sie sind Mitglieder in Golfclub. Sie ist wohl von Haus aus ziemlich vermögend. Jedenfalls hab' ich so den Eindruck.«

»Interessierst du dich deshalb plötzlich so für Golf?« Gail lächelte.

»Sie haben uns für morgen nachmittag auf ein Spiel in ihren Club gebeten. Und abends sind wir bei ihnen zum Essen eingeladen.«

»Klingt vielversprechend.«

»Ich bin sicher, es wird sehr nett. Es ist bestimmt viel besser für dich, unter Menschen zu kommen, was zu unternehmen und Sport zu treiben, als den ganzen Tag bloß in der Sonne zu liegen.«

Hört sich ganz nach Ferienlager an: morgens Tennis, nachmittags Golf, dachte Gail. Alle Mann raus aus dem Wasser!

Sandra und Larry Snider waren ein gutaussehendes Paar Anfang vierzig. Sie hatte kurzgeschnittenes, dunkles Haar und genau die Figur, die Gail sich immer gewünscht hatte, schlank, aber dennoch weiblich. Ihr apartes Gesicht war faltenlos, und sie setzte sich offenbar nur selten der Sonne aus.

»Gleich als wir hier runterzogen«, erklärte sie Gail auf dem Weg zum Tennisplatz, »habe ich mir geschworen, alles zu tun, um in ein paar Jahren nicht auszusehen wie eine verschrumpelte Backpflaume. Ich lege mich pro Tag höchstens eine halbe Stunde in die Sonne, und oft lass' ich's ganz sein.«

Gail fragte sich, warum sie mit dieser Einstellung überhaupt nach Florida gekommen war, aber sie sagte nichts, sondern lächelte nur zustimmend.

Larry Snider war sehr groß, Gail schätzte ihn gut über einsachtzig. Er war vollschlank und wirkte ausgesprochen unsportlich, aber auf dem Tennisplatz erwies er sich als erstaunlich geschmeidig. Er hatte eine sympathische Stimme und eine gewinnende Art. Gail fühlte sich sofort zu ihm hingezogen.

Gail und Jack spielten gegen die Sniders und verloren sechs zu vier. Ohne es zu wollen, freute Gail sich darüber, daß Jack und sie sich so gut geschlagen hatten. Zu ihrer Verblüffung machte es ihr sogar Spaß, den Ball übers Netz zu schmettern.

Kurz nach eins brachen sie zum Golfclub auf. Sie fuhren den South Ocean Boulevard entlang, dann den Southern Boulevard und kamen schließlich auf den Dixie Highway. Der Dixie Highway war eine fade, langweilige Straße, rechts und links gesäumt von ungemütlichen Schnellrestaurants und Tankstellen, fensterlosen Bars und ebenerdigen Läden und Werkstätten. Nichts an dieser tristen Straße ließ ahnen, daß unmittelbar östlich von ihr das Meer lockte. Wären sie und Jack allein gewesen, hätte Gail vor einer solch traurigen Szenerie die Augen verschlossen, aber Larry und Sandra unterhielten sie pausenlos mit amüsanten Anekdoten über ihre jeweiligen Schwiegereltern – sie fragten Gail nicht nach ihrer Familie, woraus sie schloß, daß Jack den beiden schon von ihrer »Tragödie« erzählt haben mußte –, und so hielt sie Augen und Ohren offen. Sie warteten an einer Ampel bei Rot, als Gail jenseits der Kreuzung einen fensterlosen Laden erblickte, dessen Fassade mit knalligbunten Plakaten beklebt war. Darüber stand in riesigen blutroten Lettern der Name des Geschäfts: »Mother's«, und gleich darunter war in ebenso großer, abwechselnd schwarzer und blauer Schrift zu lesen: »An- und Verkauf von Waffen aller Art – alt, neu, gebraucht. Die größte und beste Auswahl in ganz Florida.« Und weiter unten: »Gewehre, Revolver, Pistolen.« Der Laden handelte auch mit anderen Waren, für die ebenfalls an der weißen Fassade des niedrigen Gebäudes geworben wurde: Campingausrüstung, Angelzubehör, Werkzeuge. Schießeisen- und Hobby-Markt unter einem Dach, sinnierte Gail, als die Ampel auf Grün schaltete und der Wagen anfuhr. Im Vorbeifahren sah sie, daß die etwas zurückgesetzte Eingangstür mit Maschendraht überzogen war. Eine Festung, dachte sie und reckte den Hals, um einen letzten Blick auf das Geschäft zu erhaschen. Mother's, Mutters Laden, wiederholte sie still für sich. Ein Name, den sie bestimmt nicht vergessen würde. »Das ist aber 'n imposantes Geschäft«, sagte sie laut.

»Kann man wohl sagen«, bestätigte Larry. »Da kriegt man einfach alles. Die führen jeden erdenklichen Waffentyp.«

»Haben Sie eine Waffe?« fragte Gail interessiert.

»Gleich als wir hier runterzogen, hab' ich mir 'ne Pistole gekauft«, antwortete er.

»Und warum?« Gail rutschte auf ihrem Sitz nach vorn.

»Heutzutage muß man einfach eine Waffe haben. Reiner Selbstschutz. Die Guten müssen endlich anfangen, sich zu wehren.«

Jack lachte. »Aber wie soll man dann noch zwischen Guten und Bösen unterscheiden können?« fragte er.

»Wer zum Schluß noch aufrecht steht, das ist der Gute.«

Gail lächelte über Larrys Antwort.

»Die Bestimmungen über den Erwerb von Schußwaffen sind hier unten der reinste Witz«, sagte Sandra. »Man kann etwa eine Pistole kaufen, wie man sich im Supermarkt was aus dem Regal nimmt. Man muß nur ein Formular ausfüllen und versichern, nicht vorbestraft zu sein. Dann wird gezahlt, und die Kanone gehört Ihnen – so einfach ist das.«

»Gibt es denn keine Wartefristen?« fragte Gail.

»Die Regierung versucht immer wieder, eine dreitägige Wartefrist einzuführen, doch bisher wurde dieser Antrag stets niedergeschlagen.« Sandra lachte. »Wär' ja auch schade um all die improvisierten Jagdausflüge, die ins Wasser fielen, wenn man drei Tage auf ein Gewehr warten müßte.«

»Also kann jeder in so einen Laden reinspazieren und eine Waffe kaufen«, wiederholte Gail, um sich zu vergewissern.

»Genauso ist es«, bekam sie zur Antwort.

Der Golfclub war so wie die meisten seiner Art – wellige grüne Hügel, hübsche kleine Caddies, von noch hübscheren Leuten gezogen, deren farbenfrohe Lilly-Pulitzer-Hemden und Lacoste-T-Shirts weithin über den Platz leuchteten. Gail und Jack wurden im Clubhaus mit passenden Schuhen und Schlägern ausgerüstet, und los ging's.

Jack, der von Natur aus sportlich war, hatte den Bogen schon bald heraus. Gail tat sich wesentlich schwerer. Nachdem ihre Ungeschicklichkeit endlose Verzögerungen bewirkt hatte – andere Spieler standen vor dem Abschlagsplatz Schlange –, erbot sie sich, den Caddie zu übernehmen und die verschlagenen Bälle zurückzuholen. Die anderen protestierten zwar höflich gegen diesen großherzigen Vorschlag, erklärten sich aber doch rasch einverstanden, und für den Rest des Nachmittags fungierte Gail offiziell als Caddie und Ballsucherin.

Sandra schlug den Ball weit übers Ziel hinaus, und er landete in einem der zahlreichen Wasserlöcher. Gail lief los, um ihn zurückzuholen.

»Nein«, rief Larry ihr nach. »Lassen Sie ihn nur liegen. Man soll nie versuchen, in dieser Gegend einen Ball aus dem Wasser zu fischen. Denn ob Sie's glauben oder nicht, in manchen dieser Tümpel gibt's Krokodile.«

Jack lachte, ohne Larrys Worte ernst zu nehmen. »Krokodile? Na, das sind wenigstens mal ordentliche Hindernisse«, scherzte er.

»Das ist kein Witz«, versicherte Larry. »Wir sind hier in einem Sumpfgebiet. Man kann nie wissen, was hinter diesen Büschen lauert. Und in den Wasserlöchern sind schon Mokassinschlangen und Krokodile gesichtet worden. Der Club warnt ausdrücklich davor, verschlagene Bälle zu holen, wenn sie in einem dieser Golfhindernisse gelandet sind.«

Gail sah auf den Boden hinunter. Aber im Gras regte sich nichts. Sie ließ den Blick zum Wasserloch schweifen und suchte seine Oberfläche nach einer Spur der tödlichen Schlange ab. Aber nichts trübte den ruhigen Spiegel, sie erspähte keinen Krokodilskopf, den sie irrtümlich für einen Felsbrocken hätte halten können. Als die anderen sich wieder auf ihr Spiel konzentrierten, schlich sie näher an das Wasserloch heran. Wachsam spähte sie nach allen Seiten. Sie konnte den Golfball deutlich erkennen. Sie brauchte nur die Hand danach auszustrecken. Sie hörte den Schlamm unter ihren Füßen blubbern, als sie ihr Gewicht verlagerte, und hob rasch den Kopf, um sich zu vergewissern, daß niemand sie beobachtete. Gail hörte die anderen lachen. Keiner schien ihre Abwesenheit zu bemerken. Sie tauchte die Hand ins Wasser und wartete. Als sich nichts regte, ließ sie den Arm tiefer, fast bis zum Ellbogen, hineingleiten und schwenkte ihn unter Wasser hin und her. Sie hörte ein Geräusch hinter sich, zog die Hand aus dem Wasser und wandte sich erschrocken um. Jack stand nur wenige Schritte von ihr entfernt. Er starrte sie wortlos an, bis sie sich erhob, dann machte er kehrt und ging zurück zu den anderen.

Am nächsten Tag lehnte sie die Einladung auf den Golfplatz ab und ging zum Swimming-pool, während Jack Sandra und Larry in ihren Club begleitete. Gail hatte sich erboten, am Abend für alle zu kochen.

Sie saß im Liegestuhl ihres Vaters und beobachtete Ronnie und seine Freunde beim allmorgendlichen Einölungsritual ihrer ohnehin schon fettglänzenden Körper. Sie fragte sich, wie es möglich sei, daß manche Männer sozusagen ohne Hüften auf die Welt kamen, und überlegte, ob das eine Voraussetzung für Homosexualität sei. Die drei diskutierten über Tennessee Williams' intellektuellen Niedergang in den letzten Jahren seines Lebens, verbannten Edward Albee aus dem Musentempel, und einer von ihnen ging laut der Frage nach, wie es wohl ohne Homos um das amerikanische Theater stände, ein Thema, das Gail für ausgesprochen diskussionswürdig hielt, welches von den dreien aber nicht ernsthaft untersucht wurde. Ihr Gespräch wandte sich vielmehr der Frage zu, wohin sie zum Essen gehen wollten.

Gail spürte, daß ihre Wangen spannten, und beschloß, ein wenig Sonnenmilch aufzutragen. Sie griff nach ihrer Badetasche, um die Flasche herauszuholen, hielt aber mitten in der Bewegung inne. Ein Tag ohne Sonnenschutzmittel würde ihr schon nicht schaden. Sie schloß die Augen und schlief ein.

Als sie zwei Stunden später erwachte, spannten nicht nur ihre

Wangen, sondern der ganze Körper, und als sie die Augen aufschlug und ihre Beine betrachtete, waren sie rosafarben und geschwollen. Sie schloß die schmerzenden Lider wieder und blieb reglos liegen.

»Sie sind ja krebsrot«, sagte eine Stimme hinter ihr. Sie legte die Hand über die Augen und blinzelte. Die Stimme gehörte einem der drei Männer, deren Unterhaltung sie mitangehört hatte.

»Meinen Sie?« fragte Gail, weil sie nicht wußte, was sie sonst hätte sagen sollen.

»Ich kenne natürlich Ihren Hauttyp nicht, aber für mich sieht das nach 'nem bösen Sonnenbrand aus. Was für 'ne Creme benutzen Sie denn?«

»Gar keine.«

»Allmächtiger!« stieß er hervor. »Sie müssen sich immer einschmieren. Sie könnten sonst 'nen Sonnenstich kriegen. Das ist sehr gefährlich. An Ihrer Stelle würde ich in den Schatten gehen«, sagte er zum Abschied. Sie sah zu, wie er und seine Freunde ihre Handtücher zusammenrollten und an den Strand hinuntergingen.

Auf der Uhr neben dem Pool war es fast zwölf, und Gail verspürte plötzlich Hunger. Doch als ihr einfiel, daß sie Vorbereitungen fürs Abendessen treffen mußte, beschloß sie, das Mittagessen ausfallen zu lassen. Wenn sie um vier anfinge zu kochen, würde sie zeitig genug mit dem Essen fertig werden. Sie drehte sich auf den Bauch. Um vier versuchte sie aufzustehen. Ihr Körper brannte wie Feuer, und in ihrem Kopf drehte sich alles. Sie wollte in ihre Sandalen schlüpfen, doch die paßten nicht mehr. Nun würde sie den Prinzen also doch nicht bekommen, dachte sie, faßte die Sandalen an den dünnen Riemchen, zog ihr Handtuch vom Liegestuhl und ging ins Haus.

Als Jack sie sah, rief er die Sniders an und sagte das Essen ab. Seine Frau sei in der Sonne eingeschlafen, hörte Gail ihn am Telefon erklären. Sie sei krebsrot und nicht in der Verfassung zu essen, geschweige denn zu kochen. Es täte ihm sehr leid, und er würde sich bald wieder bei ihnen melden.

»Sei mir bitte nicht böse«, bat Gail vom Bett her. »Ich hab' gar nicht gemerkt, daß ich einen Sonnenbrand kriege.«

Jack antwortete nicht. Er riß die Schranktür auf und holte seinen Koffer heraus.

»Was machst du da?« fragte sie bestürzt.

»Ich packe.«

»Das sehe ich.« Sie schaute zu, wie er die Schubladen ausräumte und seine Sachen in den abgeschabten Lederkoffer schichtete. »Aber warum?«

»Weil ich abreise.«

»Willst du zurück nach Livingston?« fragte sie ungläubig.

»Weil ich zu lange in der Sonne gelegen habe? Weil ich das Essen für die Sniders nicht machen konnte?«

Jack hielt mit dem Packen inne. »Ich fahre nach Hause, weil ich nicht länger mit ansehen kann, was du dir antust. Ich will nicht erleben, wie du auf die nächste portugiesische Galeere trittst oder den Haien entgegenschwimmst oder deine Hand in einen Tümpel voller Giftschlangen steckst...«

»In diesem Wasserloch waren gar keine Schlangen«, widersprach Gail.

»Das wußtest du aber nicht.« Er packte weiter. »Du hast gehofft, daß welche drin wären. Du hast gehofft, eine davon würde dich beißen, genau wie du vorsätzlich probiert hast, einen Sonnenstich zu kriegen. Du versuchst mit Gewalt, dich zu zerstören, Gail. Genau wie du es schon zu Hause getan hast. Ich habe mich geirrt, als ich dachte, ich könne dich daran hindern.«

»Hältst du mich für verrückt?« fragte sie.

Wieder hielt er inne. »Nein.« Er schüttelte den Kopf. »Ich glaube, du weißt ganz genau, was du tust. Ich meine, daß du dich bewußt dafür entschieden hast zu sterben, und daß es nichts, aber auch gar nichts gibt, womit ich oder sonst jemand dich daran hindern könnte. Ich glaube, ich bin es, der hier verrückt ist, und nicht du. Oder zumindest würde ich es werden, wenn ich noch länger hierbliebe und zusähe, wie du dich umbringst. Ich kann nicht mehr. Wenn ich bliebe, würde ich mich der Beihilfe zum Selbstmord schuldig machen.« Er stopfte die letzten Kleinigkeiten in den Koffer und schlug den Deckel zu. »Ich werde versuchen, heute abend noch einen Flug zu bekommen. Wenn ich keinen mehr bekomme, übernachte ich in einem Hotel und fliege morgen früh.«

»Was ist mit den Sniders?« fragte sie.

Er schaute sie fassungslos an. »Die Sniders?« wiederholte er ungläubig. »Ich werde sie vom Flughafen aus anrufen und mich von ihnen verabschieden.« Er stand da und sah sie erwartungsvoll an. »Ist das alles, was du mir zu sagen hast?«

»Bestell Jennifer alles Liebe von mir«, flüsterte Gail, dann drehte sie das Gesicht zur Wand und ließ ihn gehen.

XXXV.

Am nächsten Tag mietete Gail einen Wagen und fuhr zu »Mother's«. Sie stellte das Auto auf dem Firmenparkplatz ab und betrat den Laden durch den Hintereingang.

Auf den ersten Blick unterschied er sich nicht sonderlich von vergleichbaren Geschäften, die sie von zu Hause her kannte. Er war nur größer. Alles wirkte imposanter und eindrucksvoller. Die Auswahl schien unbegrenzt. Gail bahnte sich einen Weg durch endlose Reihen mit den verschiedenartigsten Ausrüstungsgegenständen; vorbei an zusammenklappbaren Zweimannzelten und Taschenlampen, an Angelzeug und Werkzeugkästen gelangte sie in den vorderen Teil des Ladens. Hier sah alles anders aus. Das friedliche Campingzubehör machte der nicht so friedlichen Welt der Jäger Platz. Gewehre, Pistolen und Revolver jeder Größe und aller nur erdenklichen Fabrikate hingen an den Wänden, lagen in Vitrinen und Schaukästen.

Gails Augen weiteten sich, während sie das Sortiment betrachtete.

»Kann ich Ihnen behilflich sein?« fragte eine tiefe, schleppende Stimme über den Ladentisch hinweg. »Allmächtiger! Sie sehen ja furchtbar aus«, rief der Mann, als sie den Kopf hob und ihn anschaute. »Wir haben wohl Hühnchengrillen gespielt, was?« Er pfiff durch die Zähne.

»Ich bin in der Sonne eingeschlafen.«

»Das muß ja höllisch weh tun.« Er betonte jedes Wort orakelhaft.

»Es läßt sich aushalten«, log Gail. Sie hatte sich die halbe Nacht lang übergeben, und jeder Zentimeter Haut fühlte sich an, als habe man ihren Körper zwischen zwei weit auseinanderstehende Pfähle gespannt und mit einem Käsehobel geschabt. Der Mann trug ein Schildchen an seinem blumenbedruckten Hawaii-Hemd, auf dem sein Name zu lesen stand: Irv. Irv schüttelte sich, um anzudeuten, er könne nachfühlen, welche Schmerzen sie ertragen müsse. »Was kann ich für Sie tun?« fragte er.

»Ich möchte einen Revolver kaufen.« Gail bemühte sich, das Zittern in ihrer Stimme zu unterdrücken.

»Dachten Sie an ein bestimmtes Modell?« fragte er ungezwungen, ohne ihre Nervosität zu bemerken.

»Ich weiß nicht... Ich kenne mich da nicht aus, aber nach dem, was ich so in den Zeitungen lese, hab' ich den Eindruck, ich bräuchte eine Waffe zu meinem Schutz. Mein Mann ist sehr viel auf Reisen, und da fürchte ich mich manchmal...«

»Und das zu Recht. Man lebt gefährlich heutzutage. Sie wollen also was für den eigenen Gebrauch?«

Gail nickte. »Ich kenne mich mit Waffen nicht aus«, wiederholte sie, als er den Schaukasten aufschloß und einen kleinen schwarzen Revolver herausholte.

»Der sieht ja aus wie ein Spielzeug«, sagte sie laut.

»Ist er aber nicht«, versicherte Irv. »Hier, probieren Sie mal, wie schwer der ist.«

Er legte die Waffe in ihre ausgestreckte Hand. Gail war überrascht von dem unvermuteten Gewicht. »Tatsächlich, der ist ganz schön schwer«, sagte sie und sah zu ihm auf.

»Ist kein Spielzeug«, wiederholte er.

»Was ist denn das für eine Marke?«

»Ein zweiundzwanziger H & R. Ich meine, das ist für Ihre Zwecke der beste.«

»Kann man damit töten?« fragte Gail leise.

»Scheiß drauf, wenn man das nicht könnte. Entschuldigen Sie meine Ausdrucksweise. Aber da können Sie ganz beruhigt sein, mit dem Ding legen Sie mühelos jeden Einbrecher um. Sie zielen auf Brust oder Kopf, drücken ab, und schon liegt der Schuft tot zu Ihren Füßen. Wenn Sie wollen, kann ich Ihnen auch was Größeres verkaufen. Ich hab' da zum Beispiel 'n neun Millimeter Magnum, ausgezeichneter Revolver, läßt sich aber nicht so leicht bedienen wie der hier. Probieren Sie das Ding doch einfach mal aus«, schlug er vor.

Gail nahm den Revolver sachgerecht in die Hand. Sie war immer noch erstaunt über sein Gewicht. Irv kam um den Ladentisch herum.

»So ist's richtig«, sagte er. »Sie haben sich's wohl im Fernsehen gut angeschaut, was?« Er lachte. »Sehen Sie, da in die Trommel kommen die Patronen rein, neun Schuß.«

»Neun? Ich dachte immer sechs.«

»Hängt vom Fabrikat ab. Der hier faßt neun Patronen. Da haben Sie neunmal die Chance.« Er lächelte. »So, und jetzt legen Sie den Finger an den Abzug. So ist's gut. Hahn spannen entfällt, Sie brauchen bloß abzudrücken.«

Gail probierte es, doch der Abzug ließ sich nicht bewegen. »Es geht nicht«, sagte sie nach dem zweiten Versuch.

»Sie müssen schon fester drücken«, belehrte Irv sie. »Durch so 'nen leichten Druck gehn die Dinger nicht los. Strengen Sie sich mal richtig an.«

Gail drückte so fest sie konnte den Abzug. Es machte »Klick«.

»Oh!«

»Mitten ins Schwarze«, lobte Irv.

»Was kostet der?« fragte Gail, als Irv wieder hinter den Ladentisch trat.

»Normalerweise verkaufen wir ihn für hundertneunundzwanzig Dollar, aber er ist ein paar Wochen im Sonderangebot und kostet jetzt nur neunundneunzig das Stück. Die Patronen werden extra berechnet.«

»Ich nehme ihn«, sagte Gail rasch.

Er schob ihr ein gelbes Formular zu. »Das müssen Sie ausfüllen.«

»Und was ist das?« Gail überflog das Blatt.

»Der Waffenerwerbsschein.« Aus seinem Mund klang das Wort fremd und steif. »Haben Sie Kinder?« Mit dieser Frage hatte Gail nicht gerechnet.

»Ja«, antwortete sie, »zwei.«

»In welchem Alter?«

»Siebzehn und...« Sie zögerte. »Unser Nesthäkchen wird in drei Tagen sieben«, fuhr sie leise fort.

Irv lächelte. »Das ist ein bißchen zu klein. An Ihrer Stelle würde ich noch ein Jahr warten, ehe ich ihm zeige, wie man damit umgeht.«

»Sie meinen, Sie würden einem Kind beibringen, eine Waffe zu gebrauchen?« fragte Gail erstaunt.

»Dieser Revolver ist ideal für Kinder«, sagte der Mann ernsthaft. »Hören Sie, man kann nie wissen, was passiert, hab' ich recht? Es könnte jemand bei Ihnen einbrechen, während Sie nicht zu Hause sind. Nehmen wir an, der Babysitter weiß sich nicht zu helfen. Wenn da Ihr Kind mit dem Ding umzugehen versteht, könnte es ein Unglück verhüten.«

»Oder eins heraufbeschwören«, widersprach Gail gegen ihre Überzeugung.

»Nicht, wenn Sie's dem Kleinen richtig beigebracht haben. Aber mit sieben ist er wirklich noch zu klein. Warten Sie noch ein Jahr.«

»Es ist eine Sie.« Gail fragte sich, warum sie ihm das erzählte.

»Schön, geben Sie ihr noch ein Jahr Zeit«, sagte Irv ohne zu zögern. »Inzwischen können Sie den Abzug mit einem Bindfaden sichern, sehen Sie, so.« Er machte es ihr vor. »Dann kann nichts passieren.«

Gail suchte in ihrer Handtasche nach einem Kugelschreiber, doch ohne Erfolg. Irv schob ihr einen zu. Dann packte er den Revolver ein. Gail las das gelbe Formular durch. »Waffenerwerbsschein« stand oben drüber, und gleich darunter: »Teil I – Verkauf innerhalb eines Bundesstaates«. Es folgten Rubriken für Name und Anschrift. Sie trug »Gail Walton« ein und die Adresse ihrer Eltern. Sie mußte Größe, Gewicht, Hautfarbe, Geburtsdatum und -ort angeben. Gail füllte jedes Kästchen gewissenhaft aus. Interessanter waren die folgenden Fragen, die sie nur mit *ja* oder *nein* zu beantworten brauchte: Sind Sie eines Vergehens angeklagt, das mit Gefängnis geahndet wird? Sind Sie je zu einer Haftstrafe von mehr als einem Jahr verurteilt worden? Sind Sie vor dem Gesetz auf der Flucht? Treiben Sie Drogenmißbrauch bzw. sind Sie drogenabhängig? Sind Sie je für schwachsinnig erklärt oder in eine Heilanstalt eingewiesen worden? Hat man Sie wegen unehrenhaften Betragens aus der Armee ausgestoßen? Sind Sie ein illegaler Einwanderer? Sind Sie ein Bürger der USA, der auf seine Staatsbürgerschaft verzichtet hat?

Im Kleingedruckten warnte man sie davor, daß sie sich durch eine unwahre Antwort strafbar mache. Gail bekam prompt ein schlechtes Gewissen und kreuzte bei allen Fragen *nein* an. Amüsiert überlegte sie, ob wohl jemals eine davon mit *ja* beantwortet wurde. Nun brauchte sie nur noch Datum und Unterschrift einzusetzen. Den Rest des Formulars mußte der Verkäufer ausfüllen. Gail schob Irv das Blatt zu. Sie hätte den Kugelschreiber beinahe in ihre Tasche gesteckt, doch im letzten Moment fiel ihr ein, daß er ihr gar nicht gehörte. Schuldbewußt legte sie ihn in Irvs aufgehaltene Hand.

Er überflog die Antworten. »Sie sind vierzig?« fragte er und musterte sie prüfend. Gail nickte. »Hätt' ich nicht gedacht.

Aber bei der verbrannten Haut läßt sich's natürlich schlecht schätzen.« Er sah wieder auf das Formular. »Ich brauche Ihren Führerschein«, sagte er.

Gail kramte ihre Brieftasche hervor und holte den Führerschein heraus.

»Was ist denn das?« fragte er, als sie ihm das Dokument reichte.

»Mein Führerschein«, antwortete Gail verwirrt.

»Aber der ist ja aus New Jersey«, sagte er.

»Stimmt. Ich bin aus New Jersey. Wir sind erst vor ein paar Monaten hierhergezogen.«

»Sie brauchen aber einen Führerschein aus Florida.«

Gail schwieg. Sie wußte nicht, was sie darauf sagen sollte.

Er bemerkte ihre Verwirrung.

»Kein Grund, sich aufzuregen«, sagte er freundlich und schaute auf seine Armbanduhr. »Heute ist's schon ein bißchen spät. Ich glaube nicht, daß Sie's schaffen würden, ehe die schließen, noch dazu, wo heute Freitag ist. Aber das ist kein Problem, wirklich nicht. Ich lege den Revolver für Sie zurück, und den Wisch heben wir bis Montag auf. Montag früh gehen Sie dann aufs Rathaus in Lake Worth.« Er überflog noch einmal das Kleingedruckte auf dem Formular, um sich zu vergewissern. »Das liegt Ihrer Wohnung am nächsten. Da machen Sie 'ne kleine Prüfung und kriegen den Führerschein.«

»Ich muß eine Prüfung machen?«

»Reine Formalität. Daß Sie Auto fahren können, ist ja sowieso klar. Sie brauchen nur einen schriftlichen Test abzulegen, und zehn Minuten später haben Sie Ihren Schein. Mit dem kommen Sie zu mir, und ich gebe Ihnen den Revolver.«

»Ich muß also bis Montag warten«, wiederholte sie.

»Ist Ihr Mann übers Wochenende verreist?« Gail nickte. »Ich wünschte, ich könnte Ihnen helfen«, versicherte er aufrichtig.

»Aber...« Er hob die Hände, als wolle er sagen: ›Was soll ich machen? Vorschrift ist Vorschrift.‹

Gail steckte ihren Führerschein in die Brieftasche zurück. »Ich komme am Montag wieder.« Während sie das sagte, fiel ihr ein, daß Montag Cindys Geburtstag sei. Vielleicht war es Bestimmung.

Sie verbrachte das Wochenende in der Wohnung. Ihre Mutter rief an. In New York sei es zwar kalt, aber ansonsten phantastisch. Carol sehe großartig aus. Stephen sei ein Traummann. Carol habe Karten für zwei Broadway-Aufführungen besorgt, und sie hatten sich beide Male großartig amüsiert. Sie hatten im »Vier Jahreszeiten« gegessen, wo keine Preise auf der Speisekarte stehen, und David Susskind hatte mit einer reizenden Blondine am Nachbartisch gesessen. Die Rechnung für alle vier – Stephen hatte darauf bestanden, sie zu übernehmen – hatte über dreihundert Dollar betragen. Lila fragte nach Jack, nach dem Wetter und ob sie sich immer noch gut amüsiere. Gail antwortete, Jack gehe es gut, das Wetter sei wunderbar, und sie habe sich selten so wohl gefühlt. Gails Vater kam an den Apparat und wiederholte den gleichen Bericht aus einem anderen Blickwinkel. Das Wetter in New York sei unerträglich. Carol sehe müde aus. Stephen sei ein aufgeblasener Langweiler. Die beiden Vorstellungen, in die man ihn geschleift habe, seien eintönig und fad gewesen – er habe Mühe gehabt, wach zu bleiben. Und das Essen im »Vier Jahreszeiten«, schloß er, sei das Geld nicht wert gewesen.

Als letztes sprach sie mit Carol. Ihre Schwester gestand, daß die Eltern ihr auf die Nerven gingen und sie nicht wisse, wie lange sie ihre Streitereien noch ertragen könne. Was sei nur los mit den beiden? Steve wisse nicht, wie er sich ihr Benehmen erklären solle. Sie hätten sich alle Mühe gegeben, den Eltern den Aufenthalt angenehm zu gestalten, aber man könne ihnen anscheinend nichts recht machen, gestand sie am Ende des Gesprächs niedergeschlagen. So leid es ihr tue, aber sie freue sich auf den Tag, an dem die beiden wieder abreisen würden.

Sonst riefen nur noch die Sniders an. Jack hatte vom Flughafen aus mit ihnen telefoniert und erklärt, es gebe einen Notfall in seiner Praxis, mit dem die Aushilfskraft nicht allein fertig werde, und deshalb müsse er sofort zurückfliegen. Gail würde noch ein paar Tage bleiben. Die Sniders erkundigten sich nach ihrem Befinden. Sie fragten, ob sie Lust habe, vor der Abreise noch einmal mit ihnen essen zu gehen. Gail bedauerte. Sie sei nur noch bis Montag hier. Sandra meinte, es sei eine Schande, daß man sich heutzutage auf niemanden mehr verlassen könne. Gail stimmte ihr zu und vergaß, sich zu verabschieden, ehe sie auflegte. Den Rest des Wochenendes verbrachte sie im Bett.

Irv hatte recht gehabt – es war die reinste Farce.

Gail überflog den Fragebogen, der vor ihr lag. Unbegrenzte Zeit stand ihr zur Beantwortung von zwanzig grundlegenden Fragen zur Verfügung. Außerdem verlief der Test nach dem Multiple-choice-Verfahren, und sie durfte einen Fahrschulkommentar verwenden. Wenn sie bei einer Frage nicht wußte, welche der angebotenen Lösungen sie ankreuzen sollte, brauchte sie bloß nachzuschlagen. Ferner hatte man sie, als sie zur Prüfung erschien, darüber belehrt, daß es ihr freistehe, jemanden mitzubringen, der sie beraten könne. Gail blickte sich um. Außer ihr machten noch etwa ein halbes Dutzend Leute den Test. Manche schienen ganz vertieft in ihre Aufgabe. Ein junger Kubaner hatte unverkennbar Schwierigkeiten. Wahrscheinlich liegt es an der Sprache, dachte Gail und sah an ihm vorbei auf ein junges Mädchen, das seinen Vater als Berater mitgebracht hatte.

Gail nahm den Kugelschreiber zur Hand und kreuzte rasch die richtigen Antworten an: Ein achteckiges rotes Schild bedeute (a) Vorfahrt beachten, (b) Stop, (c) Gefahrenzone, (d) kurvenreiche Strecke. Ein nach rechts gerichteter Pfeil zeige an (a) die Straße biegt nach links ab, (b) die Straße biegt nach rechts ab, (c) die Straße verläuft weiter geradeaus, (d) die Straße endet in einer Sackgasse. Achtzehn weitere Fragen nach dem gleichen Muster. Als Gail fertig war, gab sie ihren Testbogen bei der

Aufsichtsperson ab. Die Frau verschwendete mehr Zeit auf die Korrektur, als Gail zum Ausfüllen gebraucht hatte. Beamte kriegen wahrscheinlich Unterricht in Langsamkeit, dachte Gail, während die Frau ihre Punkte zusammenzählte. »Alles richtig.« Sie lächelte. »Gehen Sie damit nach nebenan zu Mrs. Hartly. Die wird Ihnen den Führerschein ausstellen.«

Gail bedankte sich, nahm das Papier fest in die Hand und ging aus dem Zimmer. Wie Irv es vorausgesagt hatte, war sie zehn Minuten später im Besitz ihres Führerscheins.

»Hier ist er, brandneu!« rief Gail, holte den eben erworbenen Führerschein aus der Tasche und reichte ihn Irv über den Ladentisch. Er trug wieder eins dieser grellbunten Hawaii-Hemden. Diesmal waren Frauen in Grasröckchen und Bikinis darauf. »Ich habe alles richtig beantwortet«, sagte sie nicht ohne Stolz und lachte.

»Na prima.« Er holte das gelbe Formular aus einer Schublade und trug die Nummer ihres Führerscheins in das vorgeschriebene Kästchen ein. »Sie sehen heute schon viel besser aus. Tut nicht mehr so weh, was?«

»Dafür schäle ich mich. Meine Beine sehen aus, als hätte ich Schlangenhaut.«

»Ich hatte schon immer was übrig für Schlangen.« Irv zwinkerte ihr zu und deutete auf ihre Beine, die sie unter langen Hosen verbarg.

»Ich kann die Biester nicht ausstehen.« Gail schauderte. »Ich fürchte mich vor ihnen. Schon als Kind.«

»Ich hab' die Erfahrung gemacht, die einzigen Schlangen, vor denen man Angst haben muß, sind solche, die auf zwei Beinen daherkommen.« Irv packte den Zweiundzwanziger H & R aus und übertrug Seriennummer sowie alle nötigen Informationen auf das gelbe Formular. Dann setzte er das Datum ein und unterzeichnete.

»Das Wochenende haben Sie also lebend überstanden«, sagte er, während er die Waffe wieder verpackte.

»Na ja, knapp«, scherzte Gail. »Ich war ziemlich nervös wegen der dummen Prüfung.« Das stimmte. Sie hatte schon immer unter Prüfungsangst gelitten. In ihrer Collegezeit hatte sie während einer Examensphase manchmal bis zu vier Kilo abgenommen, und sogar die Halbjahresprüfungen in der Schule hatten sie in Panik versetzt. Sie war zwar jedesmal gut vorbereitet und bekam auch dementsprechend gute Noten, aber ihre Angst steigerte sich von einem Jahr zum anderen. Insofern war es eine Erlösung gewesen, das Studium abzubrechen und Mark zu heiraten.

»Vergessen Sie die Patronen nicht«, sagte Gail.

Irv verschnürte das Päckchen, suchte die passende Munition heraus und steckte alles zusammen in eine Plastiktüte, die er ihr über den Ladentisch reichte. »Drücken Sie erst ab, wenn Sie das Weiße in seinen Augen sehen.« Er lächelte.

XXXVI.

Auf dem Heimweg hielt Gail, einer augenblicklichen Regung folgend, vor einer Bäckerei und kaufte einen kleinen Geburtstagskuchen. »›Herzlichen Glückwunsch zum Geburtstag‹ genügt«, sagte sie zu der Verkäuferin, die sich erkundigte, ob Gail auch einen Namen darauf wünsche. Es war ein runder Kuchen, mit weißem Zuckerguß überzogen und mit ein paar rosafarbenen Blumen obenauf. Gail kaufte auch noch eine Schachtel Geburtstagskerzen. Als sie in die Wohnung ihrer Eltern zurückfuhr, lagen Kuchen und Revolver neben ihr auf dem Beifahrersitz.

Zu Hause angekommen, stellte sie den Kuchen auf den Küchentisch, packte die Waffe aus und legte sie neben den Kuchen. Dann zog sie ihren Badeanzug an und ging an den Strand.

Heute schienen weniger Leute draußen zu sein als sonst, obwohl der Himmel unverändert in makellosem Blau erstrahlte. Die drei Homos waren am Wochenende abgereist. Die Saison dauerte höchstens noch einen Monat, dann würden auch die letzten Touristen verschwinden und die Einheimischen wieder unter sich sein. Die Hälfte der Geschäfte und eine ganze Reihe von Restaurants würden bis zum nächsten Oktober schließen. Man würde Fenster und Türen vernageln und zum Schutz gegen drohende Stürme alle Läden schließen. Wie man anderswo ein Ferienhäuschen winterfest macht, würde Palm Beach sich sommerfest verbarrikadieren.

Gail spazierte über den breiten Strand. Der Sand war hart, und es ging sich angenehm darauf. Sie hatte diesen Küstenabschnitt immer besonders gern gemocht. Selbst in der Hochsaison war es hier nie so überfüllt wie in Fort Lauderdale oder in Miami. Gail löste den Blick vom Meer und sah zu der Silhouette weißer Flachbauten hinüber. Die neueren Wohnanlagen wiesen abenteuerlich geschwungene und verwinkelte Formen auf, die alle dazu dienten, den Blick aufs Meer so weit wie möglich auszunutzen und die Fensterfronten bis zum äußersten zu vergrößern. Balkongitter führten um Hausecken herum; Menschen sonnten sich in Liegestühlen, vor sich eine Flasche Wein. Kann das Leben schöner sein? schienen sie zu fragen.

Gail kam an die Brücke von Boynton Beach. Rechts und links warfen Fischer ihre Angel aus. Sie ging an ihnen vorbei bis ans äußerste Ende der Brücke. Das Meer war ruhig, die Wellen kräuselten sich leicht. Gail schaute hinunter ins Wasser. Seine Ruhe hatte sich schon immer auf sie übertragen, und selbst heute wirkte der Zauber des Meeres. Nichts war wirklich so wichtig, wie man glaubte, schienen die Wellen ihr zuzuflüstern. Man durfte das Leben nicht so ernst nehmen.

Gail machte kehrt und ging zurück zur Wohnung ihrer Eltern. Als sie am Swimming-pool vorbeikam, sah sie nach der Uhr und stellte fest, daß ihr Spaziergang über zwei Stunden gedauert hatte. Ihre Beine schmerzten; sie hatte sich erneut einen Sonnenbrand zugezogen. Was soll's, dachte sie und sprang ins

Becken, um sich abzukühlen. Wenigstens werde ich eine braungebrannte Leiche sein. Sie sieht so gut aus, hörte sie die Leute flüstern, die an ihrem offenen Sarg vorbeidefilierten. Nein, dachte sie, als sie auftauchte, um Luft zu holen, den Sarg würde man zweifellos verschließen. Die wenigsten würden sich einen halb weggeschossenen Kopf anschauen wollen, ganz gleich, wie gebräunt der übrige Körper sein mochte.

Sie mußte über sich selbst lachen, so albern kam sie sich vor. Vom Beckenrand her machte eine Frau ihr Zeichen. Gail schwamm zu ihr hin. »Ja?« fragte sie und neigte den Kopf hin und her, um das Wasser aus den Ohren zu schütteln.

»Ich hab' gesagt, Sie müssen duschen, ehe Sie in den Pool gehen«, tadelte die Frau mürrisch und wies dabei auf ein Schild neben sich. »Das steht ausdrücklich in den Vorschriften.«

Zum Abendessen machte Gail sich einen schmackhaften Salat. Es waren noch ein paar von den Shrimps übrig, die Jack vor seiner Abreise gekauft hatte. Gail überlegte, ob sie wohl noch gut seien. Sie roch daran, war sich zwar nicht sicher, kippte sie aber trotzdem in den Salat. Dann nahm sie eine Flasche ihres Lieblingsweins, einen Verdicchio, aus dem Kühlschrank. Sie entkorkte die Flasche und goß sich ein volles Glas ein. Dann setzte sie sich an den Tisch, vor sich den Salat, den Wein, den Geburtstagskuchen und den Revolver.

»Zum Wohl«, sagte sie.

Sie aß den Salat. Als sie fertig war, ging sie mit dem Teller zur Spüle und wusch ihn ab. Sie wollte kein schmutziges Geschirr zurücklassen. Wer immer sie entdecken würde, sollte die Wohnung in tadellosem Zustand vorfinden. Wer wird es wohl sein? überlegte sie, während sie das Glas leerte und sich ein zweites einschenkte. Höchstwahrscheinlich der Hausverwalter. Irgend jemand würde ihm berichten, daß man sie schon längere Zeit nicht mehr gesehen habe. Vielleicht würde auch jemand versuchen anzurufen und sich Sorgen machen, weil niemand abhob. Hoffentlich würden nicht ihre Eltern sie finden. Nein, das war

nicht anzunehmen. Bestimmt würde man sie entdecken, bevor
ihre Eltern zurückkamen. Sie würden die Wohnung durchsuchen und sie schließlich in der Dusche finden. Dort würde sie
die wenigsten Spuren hinterlassen. Sie wollte keinen unnöti-
gen Dreck machen. Ihr Selbstmord verstieß womöglich sowieso schon gegen die Vorschriften.

Sie setzte sich mit dem zweiten Glas Wein an den Tisch und
überlegte, ob sie eine Nachricht hinterlassen sollte. Was
könnte sie schreiben? Leb wohl, grausame Welt? Ich habe dich
zu ernst genommen. Ich überlasse dich deinen Ungeheuern.
Ich will nicht in einer Welt leben, in der Kinder vor ihrem siebten Geburtstag sterben. Ihr Blick fiel auf den Kuchen.

Sie brauchte keine Nachricht zu hinterlassen. Alle würden ihre
Beweggründe kennen. Man würde richtig bemerken, daß sie
seit Cindys Tod nicht mehr sie selbst gewesen sei. Laura würde
sich Vorwürfe machen wegen ihrer unangebrachten Äußerun-
gen; Nancy würde sagen, sie habe versucht zu helfen, aber Gail
habe ja nie angerufen. Sie würde nicht zur Beerdigung kommen, doch gewiß ein riesiges Bukett schicken. Laura würde
Jack und Jennifer etwas zu essen machen. Ihre Eltern würden
zuerst wie betäubt sein, aber dann würde Gails Tod sie vielleicht wieder zusammenführen.

Und Jennifer? Der Selbstmord ihrer Mutter würde sie nieder-
schmettern, sie würde ihr Leben lang darunter leiden, würde
sich die Schuld geben, genau wie Gail sich schuldig gefühlt
hatte an Cindys Tod. Wenn sie nur dies getan und jenes unterlassen hätte. Schuld – die sinnloseste und zugleich verbreitetste
aller menschlichen Empfindungen. Gail betete, daß es Mark
und Julie gelingen möge, Jennifer zu helfen, sie zu überzeugen,
daß niemand Schuld trug am Tode ihrer Mutter. Alle hatten
sich doch so sehr um sie bemüht.

Und Jack. Was würde er empfinden? Was würde sie ihm antun? Wie Jennifer würde auch er sich die Schuld geben. Wenn
er sie nicht verlassen hätte, wäre das nie geschehen. Nicht,
wenn er bei ihr geblieben wäre und ihr freundschaftlich zur

Seite gestanden hätte, wie es immer sein Wunsch gewesen war.

Aber das stimmte nicht, und Gail hoffte, Jack werde seinen Irrtum mit der Zeit einsehen. Sie wußte, daß er nie vorgehabt hatte, sie zu verlassen. Er hatte nur gehofft, dieser letzte verzweifelte Schritt werde sie zur Vernunft bringen, sie zwingen einzusehen, was sie allen Nahestehenden antat, vor allem aber sich selbst.

Sie sah Jack vor sich, wie er auf ihrem Bett in Mrs. Mayhews Haus in Cape Cod gesessen hatte. Was hatte er gesagt? Etwas über Cindys Mörder. Laß ihn uns nicht alles wegnehmen. So etwas Ähnliches.

Ich drehe mich im Kreis, dachte sie, rieb sich die Stirn und goß sich noch ein Glas Wein ein. Sie war schon ein bißchen beschwipst und mahnte sich zur Vorsicht. Wenn sie mit dem verdammten Revolver auf ihren Kopf zielte, wollte sie schließlich nicht danebenschießen und den Duschvorhang treffen.

Gail stolperte zum Schrank, holte das Schächtelchen mit den Geburtstagskerzen und nahm acht Stück heraus – eine für jedes Lebensjahr und die überzählige als Glücksbringer. Sie stellte sieben Kerzen rings um den Rand auf und plazierte die glückbringende achte in der Mitte. Sie suchte in den Schubladen nach Streichhölzern, fand schließlich eine Schachtel mit der Reklame eines Restaurants namens »Banana Boat«, riß ein Streichholz an, schaffte es aber nur, eine einzige Kerze damit anzuzünden, ehe es abbrannte. Sie brauchte ein Streichholz pro Kerze. Dann brannten endlich alle acht. »Wünsch dir was«, befahl sie sich laut und gehorchte: »Ich wünschte, ich wäre tot«, sagte sie.

Mami, wenn wir sterben, können wir's dann zusammen tun? Hältst du mich dabei an der Hand? Versprichst du's mir?

Sie blies die Kerzen aus. Aber die in der Mitte wollte nicht erlöschen.

Sie schnitt sich ein kleines Stück von dem Kuchen ab, aß es rasch auf und spülte es mit dem restlichen Wein hinunter.

Dann saß sie da und starrte den kleinen schwarzen Revolver an, der soviel schwerer war, als er aussah, und soviel gefährlicher.

Sie nahm ihn in die Hand und hielt ihn sich an den Kopf. Durch die Schläfe oder durch den Mund? Es war eine schwierige Frage, aber eine sehr wichtige. Steckte sie sich die Waffe in den Mund, bestand die Möglichkeit, daß die Kugel die falsche Richtung nahm und in ihrem Schädel steckenblieb. Dann würde sie vielleicht erblinden, aber nicht sterben, würde im Koma landen, aber nicht im Grab. Nein, das Risiko war zu groß. Sie hob die Waffe an die Schläfe.

Dann begann sie zu lachen. Sie warf den Kopf zurück und ließ den Revolver auf den Tisch fallen. »Kugeln«, sagte sie laut. »Mit Kugeln schießt sich's besser.« Sie stolperte zur Anrichte und holte das Päckchen mit der Munition. In ihrem Kopf drehte sich alles, auch das Zimmer schwankte. Mit zitternder Hand griff sie nach der Waffe, hob sie dicht vor die Augen und steckte in jede der neun Kammern eine kleine tödliche Kugel, genau wie Irv es ihr gezeigt hatte. »Feuer frei«, sagte sie und hielt sich den Revolver wieder an die Schläfe.

Sie mußte auf die Toilette.

Kannst du nicht warten? fragte sie ihre Blase, wußte aber, daß es sinnlos war. Als sie aufzustehen versuchte, fiel ihr ein, daß sie sowieso vorgehabt hatte, es im Bad zu tun.

Sie setzte sich auf die Klobrille und preßte den Revolver gegen die weiße Porzellanschüssel. In ihrem Kopf hämmerte und pochte es. Sie konnte froh sein, daß sie den Kater nicht mehr erleben würde.

Das Telefon klingelte.

Zuerst glaubte sie, das Geräusch komme aus ihrem Kopf, aber nach dem vierten Läuten wußte sie, daß jemand anderer dafür verantwortlich war. Sie überlegte einen Augenblick, der ihr freilich wie eine Ewigkeit erschien, ob sie den Störenfried einfach ignorieren sollte, doch dann beschloß sie abzunehmen. Ihre letzten Worte. Sie rappelte sich auf und wankte an den Apparat im Schlafzimmer.

»Hallo?« lallte sie und versuchte, sich an der Bettkante aufrecht zu halten.

»Gail?«

Es war Jack. Sie wollte sich räuspern, verschluckte sich dabei fast und konnte nur mit Mühe die Augen offenhalten.

»'n Abend, Jack«, brachte sie endlich heraus. Wenn ich doch bloß nicht so betrunken wäre, dachte sie.

»Ist alles in Ordnung? Du klingst so komisch. Hab' ich dich geweckt?«

»Ich bin betrunken.«

Es herrschte Schweigen in der Leitung. »Verdammt noch mal«, fluchte er schließlich leise. Es klang aufgeregt, aber nicht wütend. »Bist du allein?«

»Aber ja.« Gail bemühte sich, zusammenhängend zu sprechen.

»Zu Hause alles in Ordnung?«

»Ja, alles bestens. Ich hab' mit Jennifer telefoniert. Ihr geht's gut.«

»Fein.«

»Gail, ich möchte, daß du heimkommst.«

»Nein.« Sie schüttelte den Kopf und sah zu, wie das Zimmer Karussell fuhr.

»Dann komme ich und hole dich.«

»Nein, Jack, bitte nicht.«

»Ich finde, du solltest jetzt nicht allein sein. Es war dumm von mir, einfach abzureisen. Ich dachte wohl, ich könne dich mit Gewalt zur Vernunft bringen, aber...«

»Ich weiß. Bitte, gib dir nicht die Schuld.«

»Ich kann dich nicht verstehen, Gail. Du nuschelst so.«

Gail war erstaunt. Sie hatte sich eingebildet, recht deutlich zu sprechen. »Bitte, gib nicht dir die Schuld«, wiederholte sie langsam.

»Ich fliege morgen runter.«

»Nein, Jack. Bitte nicht. Das brauchst du nicht. Es ist fast vorbei.«

»Was? Ich verstehe dich nicht.«

»Ich will nicht nach Hause«, sagte Gail laut. »Jack...«
»Ja, was ist?«
»Ich möchte...« Sie schluckte mühsam. Ihre Kehle war furchtbar trocken. Sie brauchte ein Glas Wasser. »Ich möchte, daß du die Scheidung einreichst.« Sie wußte, daß eine Scheidung für einen Witwer reichlich überflüssig war, doch sie wollte ihm die Schuldgefühle ersparen, so gut es ging.
»Gail, du bist betrunken. Jetzt ist nicht der Zeitpunkt für...«
»Ich will, daß du dich von mir scheiden läßt.«
»Ich liebe dich, Gail.«
Der Hörer drohte ihrer zitternden Hand zu entgleiten.
»Ich liebe dich auch«, murmelte sie an der Sprechmuschel vorbei.
»Wie? Was hast du gesagt? Ich kann dich nicht verstehen.«
»Ich muß jetzt auflegen, Jack.«
»Gail...«
Sie ließ den Hörer auf die Gabel fallen. »Ich brauche ein Glas Wasser«, sagte sie laut und stolperte ins Bad. Sie drehte den Wasserhahn auf und trank in großen, gierigen Schlucken. Ihr fiel ein, daß sie den Revolver auf dem Bett liegengelassen hatte.
»Zu blöd«, schimpfte sie laut und tastete sich an der Wand des schmalen Flurs entlang zurück ins Schlafzimmer. Also wird Jack mich finden, dachte sie, beugte sich übers Bett und griff nach der Waffe. Ihre Knie stießen gegen die niedere Kante, und sie fiel vornüber. Als ihr Kopf auf die weiche Steppdecke sank, berührte sie mit der Schläfe die Mündung des Revolvers, und ihr letzter Gedanke vor dem Einschlafen war die Frage, ob es ihr gelungen sei, abzudrücken.

Das Klingeln schien von weit, weither zu kommen, und deshalb machte sie sich gar nicht erst die Mühe, die Augen zu öffnen. Die Ereignisse der letzten Nacht fielen ihr ein. Sie begriff blitzartig, daß es Morgen sein müsse, und schlug die Augen auf. Sie war nicht tot. Der Revolver hatte zwar dicht neben ihrer Schläfe gelegen, war aber nicht abgefeuert worden. Sie hatte sich so betrunken, daß sie den Abzug nicht mehr betätigen konnte. Nirgends war Blut zu sehen. Seltsamerweise hatte sie auch keinen Kater. Vielleicht, dachte sie, als sie nach dem Telefon tastete, um das Klingeln abzustellen, vielleicht bin ich doch tot.

»Hallo«, sagte sie und setzte sich auf.

»Gail!« Jacks Stimme klang laut und eindringlich. Nichts mehr von dem zögernden Ton der letzten Nacht. »Hör mir zu. Kannst du mich verstehen?«

»Ja.« Sie war wütend auf sich und auf ihr Versagen. Ich habe einen Revolver, dachte sie, aber den Mut habe ich immer noch nicht. Der oberste Richter hatte ihr einen unwillkommenen Strafaufschub gewährt und sie zu lebenslänglichem Überleben verurteilt.

»Ich muß dir etwas sagen, und ich möchte sicher sein, daß du nicht zu betrunken bist, um mich zu verstehen.«

»Was ist passiert?« fragte Gail ängstlich und verwirrt. »Ist etwas mit Jennifer? Du sagtest doch, Jennifer geht's gut...«

»Nein, mit Jennifer hat es nichts zu tun.«

»Was ist denn dann geschehen?«

»Ich erhielt den Anruf erst vor ein paar Minuten. Ich hatte grade aufgelegt, aber ich mußte dich sofort verständigen. Die Polizei hat mich benachrichtigt...«

»Jack, um Gottes willen, was ist los?«

»Sie haben ihn«, sagte Jack, und Gail verstand nicht gleich, was er meinte. »Den Mann, der Cindy umgebracht hat. Ein Vagabund. Er hat gestanden.«

Gail spürte, wie sie am ganzen Körper zu zittern begann, jeder Nerv zuckte, und sie konnte einfach nicht mehr stillsitzen. Sie wiegte sich vor und zurück, stand auf und setzte sich gleich wieder hin. Sie wußte nicht wohin mit ihren Händen. Sie schlug mit dem Revolver auf die Bettdecke; im einen Augenblick umklammerte sie den Griff der Waffe, im nächsten fiel sie ihr beinahe aus der Hand. »Gail, hast du gehört? Sie haben Cindys Mörder gefaßt. Er hat gestanden.«

»Ich komm' nach Hause«, sagte Gail, und ihre Finger schlossen sich fest um den Lauf des Revolvers. Die Fluggesellschaft würde ihr vielleicht Schwierigkeiten machen, wenn sie die Waffe mit an Bord nehmen wollte. »Ich miete einen Wagen«, fuhr sie fort und dachte, daß sie das Leihauto auch in Livingston würde abgeben können. »In ein paar Tagen bin ich da.«

»Mit dem Wagen?! Gail, du kannst doch unmöglich die ganze Strecke allein fahren. Das ist viel zu weit für eine Person.«

»Vergiß nicht, daß ich an lange Autobahnfahrten gewöhnt bin«, entgegnete Gail. »Ich schaff' das schon, Jack. Glaub mir, beim Autofahren kann ich mich am besten entspannen. Also mach dir keine Sorgen. Sind sie auch sicher, daß sie den Richtigen erwischt haben?«

Selbst durch die Leitung konnte sie Jacks Verwirrung spüren.

»Die Polizei ist sich ganz sicher«, sagte er. »Außerdem hat er ja gestanden.« Er zögerte. »Paß auf, ich fliege nach Palm Beach, und wir fahren zusammen hoch, wenn du das unbedingt möchtest...«

»Ich bin in zwei, drei Tagen zu Hause«, unterbrach sie ihn.

Sie legte den Hörer auf. Dann packte sie ihren Koffer, schob den Revolver in die Handtasche und trug ihre Sachen zum Wagen. Dann fuhr sie ohne Pause durch bis Livingston. Sie schaffte es in vierundzwanzig Stunden.

XXXVII.

Als Gail in Livingston ankam, hatte der Vagabund sein Geständnis bereits widerrufen. Er behauptete, man habe ihm seine Rechte vorenthalten und ihn unter Druck gesetzt, damit er das Geständnis unterschreibe. Die Polizei bestritt das. Man habe den Angeklagten in Gegenwart mehrerer Zeugen über seine Rechte belehrt; es sei keinerlei Druck auf ihn ausgeübt worden. Der Mann habe im Gegenteil den Eindruck gemacht, er rede nur zu gern über seine Tat, ja er habe sich fast damit gebrüstet. Jedenfalls, so schloß der Polizeibericht in den Nachrichten, rechne man zuversichtlich mit einer Verurteilung, gleichgültig, ob mit oder ohne Geständnis.

Gail war zunächst bestürzt über den Widerruf. Sie war in der Hoffnung heimgekommen, daß nun alles geklärt sei und man den Mörder rasch verurteilen würde. Statt dessen war der Fall, der ohnehin viel zu lange unklar gewesen war, noch verworrener als vorher. Wie vor neun Monaten erwartete ihre gesamte Familie sie im Wohnzimmer. Das Déjà-vu-Erlebnis war zwar erschreckend, aber Gail fand es nicht so übermächtig, wie es ihr vielleicht noch vor ein paar Wochen erschienen wäre. Jetzt war sie weder über die Zeit im Zweifel, noch brauchte sie zu befürchten, daß sie die Ereignisse der letzten Monate nur geträumt habe. Sie wußte jetzt, daß der Alptraum erschreckende Wirklichkeit war und daß sie ihn mit wachen Sinnen durchlebt hatte.

Vor neun Monaten, dachte sie und war sich der Ironie wohl bewußt, erlebte ich bei meiner Rückkehr aus dem Krankenhaus eine ähnliche Szene. Sie sah ihre Eltern an; die beiden waren ebenso braun wie damals, wirkten aber nicht mehr so kräftig. Carol zog nervös an ihrer obligatorischen Zigarette. Jennifer saß durchsichtig und blaß zwischen Julie und Mark. Lieutenant Cole unterhielt sich in einer Ecke lebhaft mit Laura und Mike. Jack stand allein am Fenster.

Gail eilte in die Arme ihres Mannes. Gleich darauf liefen alle zusammen, und jeder umarmte sie, alle netzten sie mit ihren Tränen. Tränen des Zorns, der Freude, der Erleichterung. »Erzähl mir alles ganz genau«, bat Gail, die Jacks Hand fest umklammert hielt. »Im Radio hörte ich, er habe sein Geständnis widerrufen. Ist die Polizei immer noch sicher, daß er es war?«

Jack führte sie zum Sofa. Die anderen gruppierten sich um sie herum.

»Wir sind ganz sicher.« Lieutenant Coles Stimme ließ keinem Zweifel Raum.

Gail sah die Zeitungen auf dem Couchtisch und beugte sich vor, um die körnigen Schwarzweiß-Fotos auf den Titelseiten besser erkennen zu können.

»Er heißt Dean Majors«, begann der Kommissar. »Wir waren auf der richtigen Spur. Er ist ein Vagabund, hat keine feste Adresse, aber ein langes Strafregister; Trunkenheit, ordnungswidriges Verhalten. Vor ein paar Jahren war er sechs Monate wegen Beleidigung mit tätlichem Angriff im Gefängnis.«

Gail nahm eine Zeitung zur Hand. Das Gesicht, das ihr entgegenblickte, gehörte einem Mann mittleren Alters.

»Er ist zweiundvierzig«, sagte Lieutenant Cole, als habe er ihre Gedanken erraten. »Wir haben ihn in einer Absteige in East Orange gefunden...«

»In welcher Straße?« unterbrach sie ihn.

Der Kommissar lächelte. »Shuter Street.«

Gail schüttelte den Kopf. Die gehörte nicht zu dem Gebiet, in dem sie sich auskannte.

»Es geschah folgendermaßen«, fuhr der Kommissar fort. »Ein neuer Mieter war eingezogen, ein gewisser Bill Pickering. Noch 'n ganz junger Bursche, aber mit ähnlichem Werdegang wie Majors. Eines Abends tranken sie was zusammen, kamen ins Gespräch und versuchten sich gegenseitig damit zu imponieren, was für tolle Dinger sie schon gedreht hätten. Majors brüstete sich, er habe letztes Frühjahr das kleine Mädchen im Park umgebracht. Tja, dieser Bill Pickering hatte selbst schon 'n paar Jährchen wegen Einbruch und Diebstahl gesessen, und wer Sträflinge kennt, der weiß, daß Sexualverbrecher für die der Abschaum sind, vor allem, wenn es um Kinder geht. Die beiden gerieten in einen fürchterlichen Streit, und Pickering schlug Majors zusammen. Vielleicht hätte er ihn sogar umgebracht, wenn der Hauswirt nicht dazwischengetreten wäre und Pickering an die Luft gesetzt hätte. Pickering brach noch in derselben Nacht in ein halbes Dutzend Häuser in Short Hills ein. Ein Anruf brachte uns auf seine Spur, und wir nahmen ihn fest. Da erzählte er uns von Majors.«

Der Kommissar machte eine Pause. »Wir besorgten uns einen Haussuchungsbefehl und stellten Majors' Zimmer auf den Kopf. Wir fanden die gelbe Windjacke und Stiefel, deren Größe genau mit dem Fußabdruck im Park übereinstimmt. Wir hatten also alles, was wir brauchten. Majors gestand sofort. Er spielte sich ziemlich auf und fragte uns ganz frech, warum wir solange gebraucht hätten, um ihn zu finden.«

»Wann hat er sein Geständnis zurückgezogen?« fragte Gail.

»Ihm wurde ein Pflichtverteidiger zugesprochen und...«

»Verstehe«, sagte Gail, »sein Rechtsbeistand hat ihn beraten.«

»Du darfst nicht den Anwälten die Schuld geben«, bat Mike Cranston. »Wir tun doch bloß unsere Pflicht. Den Zeitungen zufolge behauptet Majors' Anwalt, die Polizei habe seinem Mandanten schwer zugesetzt. Der Kerl hat tatsächlich am ganzen Körper Prellungen und blaue Flecke. Die Polizei sagt, sie rührten von der Schlägerei mit Pickering her, aber das zu entscheiden ist natürlich Aufgabe des Gerichts.«

»Wie sieht's also konkret aus?« wollte Gail wissen.

»Sein Anwalt wird wahrscheinlich versuchen, eine Änderung des Gerichtsstandes durchzusetzen. Es geht da so ein Gerücht, wonach Majors in unserem Bezirk nicht mit einem fairen Prozeß rechnen könne. Der Staatsanwalt wird natürlich dagegen ankämpfen. Vorläufig sitzt Majors jedenfalls im Gefängnis. Er wird auch nicht gegen Kaution freikommen, sondern bleibt bis zur Verhandlung in Haft.«

»Und wann ist die Verhandlung?«

Lieutenant Cole zuckte die Schultern. »In einem Monat, vielleicht auch erst in einem Jahr. Aber ich vermute, sein Anwalt wird auf Eile dringen.«

»Und Majors wird bei seinem Widerruf bleiben.« Gail sah, wie Mike und der Kommissar nickten.

»Machen Sie sich deswegen keine Sorgen, Gail«, sagte Lieutenant Cole. »Seine Schuld ist einwandfrei erwiesen. Das Geständnis war nur 'ne schöne Zugabe.«

»Man sollte das Schwein erschießen«, fluchte Dave Harrington vor sich hin.

»Ich möchte gern ein Weilchen allein sein«, bat Gail leise.

»Aber Gail...« wandte ihre Mutter besorgt ein.

Jack kam ihr zu Hilfe. »Ich denke, Gail sollte sich etwas ausruhen. Geben wir ihr noch Zeit, alles erst einmal zu verkraften, hm?«

Laura nickte. »Kommt, wir gehn einen Happen essen.« Damit komplimentierte sie einen nach dem anderen hinaus. Gail wandte den Kopf und sah ihnen nach. Laura stand in der Tür, und ihre Lippen formten lautlos einen aufmunternden Gruß. Gail dankte ihr mit einem Lächeln.

Sie sah Mark und Julie, die beide noch kein Wort gesprochen hatten, mit Jennifer hinausgehen. An der Tür löste Jennifer sich plötzlich aus dem schützenden Arm ihres Vaters und lief zu Gail zurück. Sie sank auf die Knie nieder und legte den Kopf in den Schoß ihrer Mutter. »O Mom«, schluchzte sie.

»Ist ja gut, Spätzlein, ist ja gut«, tröstete Gail sie und strich begütigend über das weiche Haar ihrer Tochter. »Nicht weinen, Liebes, nur nicht weinen.«

Jennifer sah zu ihrer Mutter auf. Gail wischte ihr die Tränen von den Wangen. »Darf ich heimkommen?« fragte Jennifer.

Gail zog sie fest an sich. »Natürlich darfst du, aber sicher doch.«

Jennifer stand auf und umarmte Jack, ehe sie wieder zu ihrem Vater trat.

»Lila«, rief Gails Vater, »müssen wir denn immer auf dich warten?«

»Wir sind bald wieder da«, versicherte Lila Harrington ihrer Tochter.

»Soll ich auch gehen?« fragte Jack, als die anderen schon draußen standen.

Gail streckte die Hand nach ihm aus. »Nein«, sagte sie leise. »Du sollst bei mir bleiben.«

Gail verbrachte über eine Stunde damit, die Fotos des Mannes auf den Titelseiten der Zeitungen zu studieren. Das Gesicht eines Durchschnittsamerikaners, dachte sie, und dann fiel ihr ein, daß sie sich selbst früher ebenso charakterisiert hätte. Er wäre ihr nicht aufgefallen, auch wenn sie ein dutzendmal auf der Straße an ihm vorbeigegangen wäre.

Er hatte keine besonderen Kennzeichen, sah weder gut aus, noch war er häßlich. Seine Augen waren weder auffallend groß noch sonderlich klein. Ihr Abstand voneinander war durchaus normal, und auf einem Foto lag sogar etwas wie ein Leuchten in ihnen, das zwar nicht unbedingt auf Intelligenz, aber doch auf Vitalität schließen ließ. Seine Nase war krumm, was aber nicht unangenehm wirkte. Anscheinend hatte er sie sich bei Schlägereien mehrmals gebrochen, aber nie für ärztliche Behandlung Sorge getragen. Seine Lippen waren schmal und kräuselten sich zu einem wissenden kleinen Lächeln, das man beinahe ölig hätte nennen können. Sein glattes Haar war hellbraun und für die jetzige Mode etwas zu lang. Gail fand, er sehe weit weniger bedrohlich aus als der Junge mit dem Bürstenschnitt, dessen Zimmer sie durchsucht hatte. Er hatte abfallende Schultern, und auf den Fotos, wo er zwischen zwei Polizisten auf die Kamera zukam, schien sein Rücken gebeugt. Seine Hüften waren schmal. Gail fuhr sich mit den Fingern durchs Haar. Er sah so *alltäglich* aus.

Ihr Blick wanderte von Foto zu Foto, und sie überflog die Bildunterschriften. Das war der Mann, der ihr sechsjähriges Kind vergewaltigt und erwürgt hatte, ein Mann, der selbst im Alter von fünf Jahren von seinem eigenen Vater mißbraucht worden war, ein Mann mit einem IQ knapp unter hundert – unterer Durchschnitt, aber durchaus normal. Normal, wiederholte Gail still für sich. *Normal.*

Einen Moment lang versuchte sie sich vorzustellen, was für ein Leben dieser Mann geführt haben mochte, der durch Zufall in ein liebloses Zuhause hineingeboren worden war. Er hatte nicht darum gebeten, auf die Welt zu kommen. Er war gezeugt worden, geboren worden und war dann wehrlos den verrückten

Launen seiner sogenannten Familie ausgesetzt. Ihr war klar, daß er nie eine wirkliche Chance gehabt hatte. Doch den Versuch, Mitleid mit ihm zu empfinden, gab sie rasch wieder auf. Sie war dazu einfach nicht fähig.

Es gab bessere Menschen als sie, Gail wußte das, Menschen, die solche Grausamkeiten überleben und immer noch Mitgefühl für die Schuldigen aufbringen konnten. Aber zu denen gehörte sie nicht. Es war leichter, Verständnis zu zeigen, wenn das Schreckliche jemand anderem widerfuhr. Großmut ließ sich nur in der Theorie mühelos praktizieren. Wenn man hingegen selbst von der Tragödie betroffen wurde, ja wenn sie um ein Haar das eigene Heim zerstörte, sah der Fall anders aus. Nein, dachte Gail, als sie die Zeitungen zusammenfaltete und weglegte, ich empfinde kein Mitleid mit diesem Mann. Sie wollte kein Erbarmen mit ihm haben. Es war zu spät, ihm zu helfen, genau wie es zu spät war, ihrem toten Kind zu helfen.

Gail stellte sich die bange Frage, ob es auch für ihre übrige Familie zu spät sei.

XXXVIII.

Sechs Monate vergingen, ehe die Verhandlung begann. Es war ein heißer Juli. Der Sommer hatte lange auf sich warten lassen und schien nun das Versäumte mit Gewalt nachholen zu wollen. Der April war kühl und feucht gewesen und hatte sich am letzten Nachmittag mit einem heftigen Gewitter verabschiedet. Wenn es doch nur vor einem Jahr so geregnet hätte, dachte Gail. Dann suchte sie Zuflucht in der tröstlichen Gewißheit, daß man wenigstens Cindys Mörder gefaßt hatte.

Auch der Mai war naßkalt und unfreundlich gewesen, und selbst im Juni blieb es für die Jahreszeit zu kühl. Aber dann war das Wetter plötzlich umgeschlagen; die Sonne war durch die Wolken gebrochen und hatte sich behauptet; die Temperaturen waren stetig gestiegen. Das erste Juliwochenende, an dem man den Unabhängigkeitstag feierte, brach alle Hitzerekorde der letzten Jahre.

Seit Prozeßbeginn versammelte sich Gails Familie jeden Tag im Gerichtsgebäude auf der Livingston Avenue. Nach einer langwierigen und hitzigen Debatte war der Antrag auf Überstellung an ein anderes Gericht abgelehnt worden. Die Verhandlung fand in Livingston statt. Die Medien hatten in der Vorphase ihre Bereitschaft bekundet, möglichst unvoreingenommen zu berichten. Man kam zu dem Schluß, die Chancen des Angeklagten auf einen fairen Prozeß seien in Essex County nicht schlechter als anderswo.

Das Geständnis des Angeklagten war für ungültig erklärt worden. Einige Anzeichen sprächen dafür, daß es sich um ein erzwungenes Schuldbekenntnis handele, urteilte der Richter, und damit war das unterzeichnete Geständnis gegenstandslos.

Der Staatsanwalt blieb zuversichtlich. Er hatte einen Zeugen, der beschwören würde, daß der Beschuldigte ihm den Mord in allen Einzelheiten geschildert habe. Zwar mußte auch der Anklagevertreter einräumen, daß Bill Pickering nicht gerade der Prototyp des unbescholtenen Bürgers war – tatsächlich hatte man ihm sogar eine »Gegenleistung« für seine Aussage zugesichert –, aber sein Alibi für den Nachmittag des Mordes war hieb- und stichfest, und sein Lebenswandel machte ihn über jeden Verdacht erhaben, was das grausige Verbrechen an einem Kind betraf.

Der Angeklagte hatte kein Alibi für die Tatzeit; er war als Einzelgänger bekannt; niemand in der Pension, wo er logierte, konnte sich erinnern, ihn je mit einer Frau gesehen zu haben. Schlimmer noch, die Polizei hatte in seinem Schrank versteckt einen Stapel Pornohefte mit Aufnahmen von Kindern gefunden.

Die Last der Indizienbeweise war erdrückend. Majors' Fußabdruck stimmte mit dem überein, den die Polizei am Tatort gefunden hatte. Er besaß eine gelbe Windjacke, wie die Jungen im

Park sie an dem flüchtenden Mörder gesehen hatten. Den schwerwiegendsten Beweis lieferte freilich die gerichtsmedizinische Untersuchung, die eine unleugbare Verbindung zwischen Mann und Kind ergab.

Am ersten Verhandlungstag kamen die Waltons frühzeitig und sahen die Neugierigen in Scharen vor dem Gerichtsgebäude eintreffen. Nach einer Weile standen die Leute Schlange bis auf die Straße. Viele wurden wegen Überfüllung der Zuschauertribüne abgewiesen, als man Gail und ihre engsten Verwandten hineinführte. Fotoreporter schossen nun wenige Zentimeter vor Gails Gesicht ihre Aufnahmen. Das Blitzlichtgewitter blendete sie, doch die Journalisten zögerten nicht, ihre Verwirrung im Bild festzuhalten und für die Titelseite auszuschlachten. Wie Dauerlutscher hielten sie Gail ihre Mikrophone vor den Mund. Sie wollten wissen, ob Dean Majors in ihren Augen schuldig war, und ob sie hoffte, daß man ihn zum Tode verurteilen werde. An der Tür zum Gerichtssaal stellte Gail sich den Fragen der Zeitungsleute, während um sie herum unablässig Kameras klickten und Blitzlichter aufflammten. Die erste Frage beantwortete sie mit einem schlichten Ja; sie sei von Majors' Schuld überzeugt. Ob sie auf die Todesstrafe für ihn hoffe? Sie schüttelte den Kopf – sie hoffe auf gar nichts mehr, erklärte sie.

Das brachte die Reporter zum Schweigen. Die Blitzlichter erloschen. Die Fragen verstummten. Gail betrat den überfüllten Gerichtssaal und setzte sich auf ihren Platz in der ersten Reihe.

Während des gesamten Prozesses drängten Familienmitglieder und Freunde sich eng zusammen: Gail und Jack hatten Carol und ihre Eltern neben sich; direkt hinter ihnen saßen Jacks Mutter und Mark Gallagher; seine Frau Julie, die inzwischen hochschwanger war, blieb daheim. Auch Laura und Mike waren da – alle in Reichweite. Nach dem ersten Verhandlungstag hatte Gail Jennifer überredet, Julie Gesellschaft zu leisten. Sie wollte ihrer Tochter die Folter dieses Prozesses ersparen. Es ist so viel geschehen, dachte Gail, während sie in die vertrauten Gesichter neben sich schaute und im Geiste auf die letzten fünfzehn Monate zurückblickte. Still für sich zählte sie alles auf, was sich verändert hatte. Sie waren nicht mehr dieselben Menschen wie früher – sie würden den Rest ihres Lebens für das büßen, was dieser Mann getan hatte.

Gail sah Jack an, der den Kopf gesenkt hielt und mit seinen Händen die ihren umklammerte. Er hatte sie schließlich doch überredet, an den Treffen des Selbsthilfeverbandes der Opfer von Gewaltverbrechen teilzunehmen, und als ihre anfängliche Beklemmung sich gelegt hatte, stellte sie fest, daß diese Leute ihr tatsächlich halfen.

»Wir haben alle den Wunsch, uns zu rächen«, hatte Lloyd Michener ihr versichert, und die Gruppe hatte nickend ihr Einverständnis bekundet, als der über ein Jahr mit Gewalt unterdrückte Zorn endlich aus ihr herausbrach.

Die Befreiung von ihrem Haß half ihr, die nächsten sechs Monate zu überstehen. Doch Gail wußte, daß immer noch etwas fehlte, um ihr das Leben wieder erträglich zu machen. Sie hatte gelernt, ihren Zorn anzunehmen, mit ihrer Bitterkeit und ihrer Enttäuschung zu leben, und war sogar zu der Einsicht gelangt, daß ihre Mutter recht gehabt hatte – das Leben ging weiter, mochte man sich auch noch so sehr bemühen, das Rad anzuhalten. Die Zeit war zwar nicht das Wunderheilmittel, als das alle Welt sie pries, aber es gelang ihr immerhin, dem Leben allmählich wieder den Anschein von Normalität zu verleihen, auch wenn es sich noch so sehr von früher unterschied.

Doch etwas fehlte, etwas nicht Greifbares, das sie nicht in Worte zu fassen vermochte.

Irgendwann in den letzten sechs Monaten hatten Gail und Jack auf wunderbare Weise wieder zusammengefunden. Sie hatten sich eines Nachts in den Armen gehalten, und ihre Körper waren ganz natürlich wieder eins geworden. Der Ekel und die Scham, von denen sie geglaubt hatte, sie könne sie nie überwinden, waren verschwunden. Zwar wußten sie beide, daß sie einander nie mehr mit der sorglosen Unbeschwertheit früherer Zeiten lieben würden, aber Gail entdeckte überrascht, welch heilsamen Trost der Liebesakt ihr spendete.

Sie erinnerte sich an die ersten tastenden Erfahrungen ihrer Teenager-Zeit, das erste Erwachen körperlicher Gefühle, das erste Entzücken über die Berührung durch einen Mann, die beglückende Seligkeit, sich einem geliebten Menschen hinzugeben. Cindy waren all diese Erlebnisse verwehrt worden. Sie durfte nie erfahren, welche Zärtlichkeit in der Vereinigung von Mann und Frau liegen kann.

Der Coroner, der in Fällen gewaltsamen Todes die Untersuchungen leitet, bezeugte, Cindy sei zum Zeitpunkt der Vergewaltigung bewußtlos gewesen. Der unmittelbare physische Schmerz war ihr also erspart geblieben. Gail seufzte hörbar, als sie das hörte. Tränen tropften in ihren Schoß.

Sie betrachtete die Geschworenen. Nach dreitägigem erbittertem Feilschen zwischen Anklagevertreter und Verteidigung hatte man schließlich acht Männer und vier Frauen nominiert. Obwohl sie in der Gruppe ebenso unauffällig wirkten wie der Angeklagte, war doch jedes einzelne Mitglied des Ausschusses mit größter Sorgfalt ausgesucht worden. Die Verteidigung hatte erbittert – und mit Erfolg – darum gekämpft, keine Mütter auf der Geschworenenbank zuzulassen. Ihr einziges Zugeständnis war eine Frau, deren Kinder, zwei Söhne, schon fast erwachsen waren.

Von den drei übrigen Frauen war die jüngste geschieden, die beiden anderen, eine davon Zahntechnikerin und im gleichen Alter wie der Angeklagte, waren ledig.

Die Männer hatte man gleichermaßen unter die Lupe genommen und wenn irgend möglich Väter kleiner Mädchen ausgesondert. Die einzige Ausnahme bildete ein junger Mann, dessen Tochter noch ein Baby war. Die Verteidigung hatte sich bei der Auswahl der Geschworenen auf beruflich besonders engagierte Bürger konzentriert, die nur wenig Zeit fürs Familienleben erübrigen konnten.

Gails Blick wanderte von einem der zwölf ernsten Gesichter zum anderen. Sie wirken aufgeregter als der Angeklagte, dachte sie einmal, noch in der Anfangsphase des Prozesses. Wenn der Richter ihnen juristische Details erklärte, wurden sie spürbar nervös und schienen zu befürchten, sie könnten einen entscheidenden Punkt nicht verstehen.

Den Ausführungen der Gutachter folgten sie je nach Thema gelangweilt oder voller Entsetzen. Eine Frau weinte, als Fotos des toten Kindes herumgereicht wurden. Gail studierte alle zwölf Gesichter so gespannt, wie die Geschworenen gemeinsam in den Zügen des Angeklagten forschten. Sie versuchte, in ihre Gedanken einzudringen, ihre Reaktionen zu erraten, aber es gelang ihr nicht, hinter die höfliche Fassade zu blicken, die sie zur Schau trugen. Sie war ebensowenig in der Lage, sich ein Urteil darüber zu bilden, ob diese zwölf Menschen das Ausmaß der Tragödie ermessen konnten, mit der sie hier konfrontiert wurden.

Gail lauschte aufmerksam den Aussagen aller Zeugen der Anklage und zwang sich, jedes grauenhafte Detail anzuhören, widerstand dem Drang, ihre Ohren vor dem zu verschließen, was sie nicht noch einmal durchleiden wollte. Sie zergliederte Satz für Satz, als handele es sich um eine grammatische Übung. Ein Polizeibeamter beschrieb die Szene am Tatort, die beiden Jungen schilderten ihre verschwommenen Erinnerungen an den Mann, den sie hatten fliehen sehen, und der Coroner faßte die unwiderlegbaren Ergebnisse der gerichtsmedizinischen Untersuchung zusammen. Sie hörte Lieutenant Coles sichere, kräftige Stimme von dem Fund berichten, den seine Leute in Dean Majors Zimmer gemacht hatten. Gail erkannte, daß die Staatsanwaltschaft einen unangreifbaren Fall aufbaute.

Besondere Beachtung schenkte sie Bill Pickering, dem Denunzianten; ein Blick zur Geschworenenbank belehrte sie, daß sein verschlagenes Gesicht ihnen ebensowenig gefiel wie ihr. Er wirkte arrogant und gemein. In einem mißlungenen Versuch, den Regeln der Schicklichkeit Rechnung zu tragen, hatte er sich in einen Anzug gezwängt. Leicht fiel ihm diese selbstauferlegte Pflichtübung offenbar nicht, denn er schwitzte und zupfte dauernd unbehaglich an Kragen und Manschetten. Die Verteidigung betonte, daß es sich bei diesem Zeugen um einen ehemaligen Häftling handele, und versuchte ihn als Spitzel abzustempeln, dem es nur darauf ankomme, die eigene Haut zu retten. Er hatte die Polizei erst dann über Majors unterrichtet, als er sich davon einen Vorteil versprechen durfte. War es nicht möglich, gab der Verteidiger zu bedenken, daß Pickering das Belastungsmaterial in Majors' Zimmer geschmuggelt hatte? Immer wieder wies der Anwalt während Pickerings Vernehmung auf die Eventualität hin; beharrlich ritt er darauf herum, daß dieser Zeuge nicht vertrauenswürdig sei und berechtigte Zweifel an der Wahrheit seiner Aussage bestünden. Darüber vergaß er, die für seinen Mandanten höchst ungünstigen Ergebnisse des gerichtsmedizinischen Gutachtens auch nur zu erwähnen.

Dean Majors saß neben seinem Anwalt, ohne sich zu regen und ohne etwas zu sagen, so wie er es vom ersten Prozeßtag an gehalten hatte. Gail hatte sich oft gefragt, was sie empfinden würde, wenn sie ihm zum erstenmal gegenüberstände. Er war ein seltsamer Mensch, bleich, mit Nägeln, die bis aufs Fleisch abgekaut waren. Anscheinend fühlte er sich nicht wohl in seiner Haut, denn er wandte immerzu den Kopf ruhelos von einer Seite zur anderen, und doch wirkte er irgendwie herausfordernd.

Gail haßte ihn vom ersten Augenblick an. Konnte er ihren Abscheu spüren? Dreh dich um, befahl sie ihm stumm. Sieh mich an. Aber sein Blick begegnete dem ihren nie. Jedesmal, wenn sie glaubte, er würde sie anschauen, wandte er sich im letzten Moment ab.

Die Verteidigung hatte keine Zeugen geladen. Auch der Angeklagte wurde nicht aufgerufen. Sein Anwalt beharrte im Schlußplädoyer beredt auf seinen berechtigten Zweifeln. Aber in Wahrheit gab es keine Zweifel. Die Geschworenen berieten nur knapp eine Stunde, ehe sie Dean Majors schuldig sprachen.

Gail sank Jack in die Arme und weinte, während man sie von allen Seiten mit Glückwünschen überhäufte. Sie schaute auf, als Majors hinausgeführt wurde. Ihre Blicke trafen sich fast zufällig, und er begegnete dem ihren wie ein Gefangener, der wehrlos in der Falle sitzt. Die Kraft ihrer Empfindungen bannte ihn.

Die Menge im Gerichtssaal schien verschwunden. Nur sie beide waren übrig, traten einander so offen entgegen, daß zwischen ihnen nur die Wahrheit Platz hatte.

Die Szene dauerte nur wenige Sekunden, aber ihr kam es vor wie eine Ewigkeit, bis seine Augen den ihren gestanden, was seine Zunge leugnete, daß er ihr Kind vergewaltigt und umgebracht hatte, daß er ihr Töchterchen ins Gebüsch gezerrt, sie bewußtlos geschlagen und ihr die Kleider vom Leib gerissen hatte, daß er brutal in sie eingedrungen war, ehe seine Finger sich um ihren zarten, kleinen Hals schlossen.

Ich bin der Mann, nach dem du gesucht hast, sagte er wortlos zu ihr – der Mann im Buchladen, im Leihhaus, im dunklen Gang. Der Mann auf dem Highway, der Mann auf der Straße. In deinem Alptraum siehst du mein Gesicht, in diesem Alptraum, der um genau siebzehn Minuten nach vier an einem ungewöhnlich warmen und sonnigen 30. April begann, dem Alptraum, der einen Anfang hat, aber kein Ende.

Man sollte das Schwein erschießen, hörte sie ihren Vater sagen.

Mami, wenn wir sterben, können wir's dann zusammen tun? Hältst du mich dabei an der Hand? Versprichst du's mir?

Gail dachte an ihr früheres Leben – an die Unbeschwertheit, mit der sie jeden neuen Tag begrüßt hatte, an die vertrauten Werte, mit denen sie am Morgen erwacht, und an die schlichten Ideale, mit denen sie des Abends zu Bett gegangen war. Alles dahin. Dieser eine Nachmittag hatte ihre Unschuld zerstört, und sie war für immer verloren.

Wie weit sie sich doch von ihrem ursprünglichen Wesen entfernt hatte. Der Spiegel zeigte ihr nicht mehr das Gesicht einer Durchschnittsamerikanerin. Wie sehr unterschied sie sich heute von ihrem früheren Selbst.

Und auf einmal wußte Gail, was in diesen letzten Monaten in ihrem Leben gefehlt hatte – all das, was dieser Mann ihr an jenem Aprilnachmittag geraubt hatte, und alles, was sie sich von ihm hatte nehmen lassen.

Der Gedanke an ihn hatte ihre Tage ausgefüllt und ihre Träume beherrscht. Wohin sie auch ging, er war immer bei ihr, lenkte jeden ihrer Schritte, schlich sich in ihre Gedanken ein wie der Geruch eines starken, unerwünschten Parfums, ließ ihr kaum Luft zum Atmen. *Sie* war die Gefangene. Sie hatte einem Fremden, der im Gebüsch lauerte, die Herrschaft über ihr Leben abgetreten.

Gail sah, wie Dean Majors' Lippen sich zu jener seltsamen Andeutung eines Lächelns kräuselten, das man beinahe ölig hätte nennen können. Aber jetzt, sagte sie zu ihm, während das Lächeln sich fast unmerklich auf ihre Lippen übertrug, jetzt will ich diese Herrschaft zurück. Das Lächeln breitete sich über ihr ganzes Gesicht, während sie die lang entbehrte Kontrolle zurückgewann, so deutlich spürbar, so greifbar wie der Revolver, der plötzlich aus ihrer Tasche in ihre Hand geraten war. Man sollte das Schwein erschießen, wiederholte eine Stimme, aber diesmal war es nicht die ihres Vaters, sondern ihre eigene.

Vom ersten Schuß bis zu dem Augenblick, als Dean Majors von fünf Kugeln getroffen tot zu Boden sank und jemand ihr die Waffe aus der Hand nahm, bevor sie ein weiteres Mal abdrücken konnte, spürte Gail nur diese wiedergewonnene Herrschaft über sich und ihr Leben.

Ganz allmählich drang auch die Außenwelt wieder in ihr Bewußtsein – sie hörte Geräusche, Stimmen, eilende Schritte. Viele Hände hielten sie fest, obgleich sie gar nicht den Versuch machte, sich zu rühren. Sie sah die Leute zusammenlaufen, die ihre Neugier befriedigen wollten, beobachtete die allgegenwär-

347

tigen Kameras, die Sinn in das Unfaßbare zu bringen suchten, hörte Schreie wie »Mein Gott!« und »Er ist tot!« die Stimmen übertönen, die an die Menge appellierten, Platz zu machen.

Gail wunderte sich still über das, was sie getan hatte. Ihr Blick hing an den Augen ihres Mannes. Sie fragte sich, was wohl mit ihr geschehen werde. Vielleicht würde eine Geschworenenversammlung sie zum Tode verurteilen, als Warnung für andere, nicht zu weit von der Herde fortzulaufen. Sollte es so kommen, war sie bereit, sich zu beugen.

Und dann hörte sie es, ein anderes Geräusch, das ihr verkündete, sie habe sich vielleicht doch nicht gar so weit von der Herde entfernt. Gail warf den Kopf zurück, sog den Klang auf und ließ sich von ihm einhüllen. Er schwoll an, breitete sich aus wie ein Feuer im trockenen Unterholz, bis er den ganzen Gerichtssaal erfüllte.

Rauschender Beifall.

Joy Fielding

JOY FIELDING
*Verworrene
Verhältnisse*
ROMAN

(03100)

JOY FIELDING
*Lebenslang
ist nicht genug*
ROMAN

(60387)

JOY FIELDING
*Sag Mammi
Goodbye*
ROMAN

(60386)

JOY FIELDING
*Ich will
Ihren Mann*
ROMAN

(01667)

JOY FIELDING
*Ein mörderischer
Sommer*
ROMAN

(60388)